최신 무역관계법

이 춘 삼

우용출판사
1997
www.choolpansa.com

Preface
머리말

무역학강의 「시리즈」 의 간행을 계획한 것은 지난 1979년의 일이었으며 그 후 2008년까지 30년여 동안에 국제무역·통상관계법 및 국제상무론 분야에 관한 교과서를 전7권(국제통상법·대외무역법·국제관세법·미국반덤핑법·국제상무론·글로벌통상법·국제계약론)으로 엮어냈다.

30년이라는 세월의 경과는 이들 교과서의 전면적인 개정을 불가피하게 하였으며 이번에 내놓게 된 것이 마지막의 무역관계법이다.

21세기 들어 작금의 국제통상·무역질서는 범위가 매우 넓고 또 빠른 속도의 변화를 겪고 있다.

1995년의 세계무역기구(WTO) 출범, 1996년의 경제협력개발기구(OECD) 가입 등 국제통상환경과 틀이 근본적으로 변화를 겪는 격변기에 「외환·금융국경」 마저도 서서히 사라져 가는 이른바 「국경없는 무한경쟁시대」 를 맞고 있다. 「국경없는 무한경쟁」 이란 과거와 같이 상품의 비교우위를 가지고 경쟁하는 것이 아니라 어느 나라가 국제통상활동의 최적여건과 생산력을 제공할 수 있느냐 하는 총체적인 절대 우위의 경쟁을 하게 되는 상황을 말한다.

따라서 경제·통상의 국제화추구라는 세계사적 조류에 합류하기 위하여 한편으로는 바깥세계로부터 선진 기술과 자본 및 두뇌뿐만 아니라 국제통상법질서와 제도 및 관행을 국내적으로 소화·접목시키는 「수용 (Inward Accomodation)」 과 다른 한편으로는 능동적으로 밖으로 뻗어나가 세계경제의 장에서 우리의 몫과 구실을 키워 나가는 「진출 (Outward Advancement)」 이라는 두 교호작용을 슬기롭고 조화롭게 성취해야 할 중대과업이 우리 앞에 다가와 있다.

특히 WTO체제의 출범 14년을 맞아 우리의 통상관계법질서·제도·관행을 국제규범수준으로 일치시키기 위하여 대외무역·관세·외국환·자본·외국인투자·지적재산권·정부조달·경쟁·환경관련 제법규와 제도가 크게 재개편됨에 따라 무역관계법의 체제와 구성내용도 전면 국제규범에 맞도록 객관화·투명화시킬 필요성이 불가피하게 되었다.

한편 지난 30년 동안 외국환관리법의 골조를 형성했던 외국환제도가 폐지되고 또 해외부동산투자나 해외증권투자·해외예금·외화상품거래 등 새로운 행태의 개방형·국제형 경제활동이 등장하고 환율도 선진국형 자유변동환율제가 도입(1996년)됨에 따라 — 준폐쇄외국환관리체제에서 완전개방체제로의 이행 — 사실상 외국환관리법제는 폐지된 것과 다름없게 되었다. 그리하여 본서에서는 외국환거래법은 다루지 않았다.

아무쪼록 이 책이 국제통상업무에 종사하는 기업인·공무원·법조인들과 특히 관세사·국제무역사에 뜻을 두고 있는 수험생 여러분들에게 널리 활용되고 국제통상법 연구에도 크게 이바지하기를 바라는 마음 간절하다.

끝으로 「글로벌 무역의 이해」, 「글로벌 전자 무역상무론」에 이어 본서를 출간해주신 우용출판사 고종식 사장님과 편집에 수고해 주신 여러분께 감사를 드린다.

2008년 2월

李春三

Contents
목차

Part Ⅰ 대외무역법

제 13 장 대외무역법상의 행정벌

Part Ⅱ 관세법

제 1 장 관세의 개요

제 4 장 탄력관세제도

제 6 장 관세의 감면

제 7 장 수출용원재료에 대한 관세 등 환급제도

[표 차례]

[그림 차례]

Part I

대외무역법

Chapter Ⅰ
대외무역법의 본질

1 대외무역법의 의의 및 성격

1 형식적 대외무역법

대외무역법(International trade law)이라 함은 이를 형식적 의미와 실질적 의미로 정의할 수 있는데, 형식적으로 정의할 경우에는 1986년 12월 31일 법률 제3895호로서 제정·공포된 대외무역법이란 명칭을 가진 제정법을 말한다. 이러한 의미의 대외무역법은 그 나라의 입법방식이나 체재에 의하여 정하여진다. 자유방임주의(自由放任主義)를 기반으로 한 자본주의의 급격한 발달은 현실적으로 사회 조화적 요구를 충족하기 위해서는 개인의 경제활동 면에 대한 국가의 적극적인 관여를 불가피하게 만들었으며, 따라서 국가는 국민의 대외경제 질서를 일정한 방향으로 규제할 목적으로써, 단순히 사실로서의 일정한 행위를 금지·제한하는 데 그치는 것이 아니라 직접 대외법률관계의 효력을 제한·보충한다거나 혹은 적극적으로 대외법률관계를 형성·변경·소멸시키고 있다.

이 대외무역법은 주로 재화의 대내·대외적 이동(수출입)에 관하여 규율하는 내용을 내포하고 있다. 그러므로 형식적 의의의 대외무역법은 바로 이러한 수출입무역을 관리대상으로 하는 법이라고 전제하고서 설명을 전개할 수 있다.

우리나라 대외무역법은 사경제주체의 대외무역거래에 관한 법으로서 경제법의 범위에 속하며, 그 골격은 제1조의 입법목적의 명시를 비롯하여 제3조의 자유롭고 공정한 무역의 원칙선언, 제8조 통상의 진흥, 제9조의3 전자무역촉진, 제13조 수출입의 원칙, 제22조 산업설비수출, 제39조 불공정한 수출입행위의 금지에 관한 관리 등을 주요 내용으로 하는 단행법으로 구성되어 있다. 그리고 그 입법방식은 법률의 추상적·포괄적 성격으로 말미암아 규범의 실질적 내용은 시행령 및 대외무역관리규정에 위임되어 있는 형식을 취하고 있다.

2 실질적 대외무역법

대외무역법을 실질적으로 정의할 경우에는 이상과 같은 제정법의 존재 여부와는 관계없이 통일된 이념에 의하여 종합적·체계적으로 구성할 수 있는 특수한 법영역으로서, 대외무역거래라는 국가[1]간의 상거래에 적용되는 법규의 전체를 의미한다.

대외무역거래를 광의로 이해하자면, 재화(상품)의 국제적 이동뿐만 아니라 서비스, 지적재산권, 자본, 노동 등 각종의 유형재 및 무형재를 포함하는 모든 국제간의 교역활동을 포함하게 되지만, 그러나 이들 후자에 관하여는 각각 별도의 관리법규가 존재하고 있으므로 대외무역법에는 협의의 대외무역거래에 관한 관리, 즉 물품의 대내외적 이동(수출입)[2]에 관한 관리만을 포함하는 것으로 이해함이 일반적이다.

그리고 여기서의 물품이라 함은 외국환거래법에서 정하는 지급수단·증권 및 채권(債券)을 화체(化體)한 서류 이외의 동산을 말한다.[3]

그러나 제정법인 대외무역법은 형식적으로는 대외무역법이라는 명칭을 가지고 있지만, 이는 대외무역관리에 관한 모든 규정을 빠짐없이 내포하고 있는 것은 아니기 때문에 형식적 의미의 대외무역법에 규정하고 있지 아니한 대외무역거래에 관계되는 공법·사법뿐만 아니라 또 국제법도 포함하는 모든 법률규정을 포괄하여 이해하여야 할 것이다. 그러므로 형식적 의미의 대외무역법과 더불어 제 관련법 규정은 실질적 의미의 대외무역법이라는 관계가 성립된다.

3 대외무역법의 목적

대외무역법 제1조는 「이 법은 대외무역을 진흥하고 공정한 거래질서를 확립하여 국제수지의 균형과 통상의 확대를 도모함으로써 국민경제의 발전에 이바지함을 목적으로 한다」고 규정하고 있다.

---

1) 무역거래상 국가개념의 정립문제는 종래 이론이 있는 바이지만, 일반적으로는 정치상의 국가를 의미하며, 나아가 화폐제도·관세제도·법률·민족·언어·관습 등을 달리하는 원격지간 거래에 있어서는 비록 동일 주권하에 있는 속령·식민지·위임통치국 등도 외국에 준하여 취급하여야 할 것이다. 세계무역기구협정의 이행에 관한 특례법(법률 제4858호, 1995.1.3) 제5조에 의하면 「남북한간의 거래는 민족내부거래로서 협정에 의한 국가간의 거래로 보지 아니한다」고 규정하고 있다.

2) 대외무역법 제2조 1호.

3) 대외무역법 제2조 2호.

따라서 전단의 대외무역을 진흥한다 함이 우리나라의 대외무역법의 기본 목적이고, 궁극적인 목적은 후단의 통상의 확대를 통하여 국제수지의 균형에 기여하고 종래는 국민경제의 발전에 기여함에 있다.

특히 이 법은 제3조에서 「헌법에 의하여 체결·공포된 무역에 관한 조약과 일반적으로 승인된 국제법규가 정하는 바에 따라 자유롭고 공정한 무역을 조장함을 원칙으로 한다」라고 선언함으로써 우리나라 무역정책이 나아갈 기본 방향을 명백히 하고 있다.

또한 「정부는 대외무역법이나 타법률 또는 헌법에 의하여 체결·공포된 무역에 관한 조약과 일반적으로 승인된 국제법류에서 무역에 대한 제한을 정한 규정이 있는 경우에는 그 제한을 정한 목적을 달성하기 위하여 필요한 최소한의 범위 안에서 이를 운영하여야 한다」고 규정함으로써[4] 우리나라가 세계무역기구(WTO) 가맹국으로서 WTO 협정의 기본 정신에 따라 무역관리를 최소한의 필요에 국한시키는 동시에 궁극적으로는 WTO이념에 완전히 일치하려는 최후 목표를 표방한 것이라고 할 수 있다.

국제수지의 균형은 일국의 수입(receipts)과 지급(payments)과의 조화를 꾀하여 대외지급능력을 강화하는 것으로서, 넓은 의미에 있어서 국제수지에는 자본의 이동[5]등도 포함되지만 좁게는 상품 및 용역의 이동에 따른 자금의 이동을 의미한다.

따라서 무엇보다 상품의 이동에 따른 무역수지의 균형이 이루어지도록 하는 것이 바람직한 것이라고 할 수 있으며, 가능한 한 상품의 수입량보다 수출량이 더 많아져서

---

4) 대외무역법 제3조 2항.

5) 국제수지 집계방식이 외국과의 거래내용을 쉽게 알아볼 수 있도록 전면 개편되었다. 즉 상품, 서비스, 투자 및 노동 등 생산요소, 자본거래 등 돈이 국경을 넘어 이동하게 된 성격에 따라 국제수지를 분류, 어떤 거래를 통해 돈이 들어오고 나갔는지를 한눈에 알 수 있게 되었다. 우리나라는 1998년 1월 1일부터 국제수지 통계방식을 국제통화기금(IMF)의 새로운 기준에 따라 전면 개편하였는데, 우선 무역수지를 상품수지로 바꾸고 일반상품, 가공용재화 등 상품특성별로 5개 항목으로 분류키로 하였다. 국경을 넘는 상품이동에 따른 돈의 이동을 분명히 하고 상품특성을 세분화해 수출입구조를 쉽게 알아볼 수 있도록 하였다.

기존의 무역외수지는 서비스수지와 소득수지로 재분류하였다. 서비스수지는 운수, 여행, 통신, 보험, 특허권 등 순수한 서비스거래만 포함하고 소득수지는 임금, 배당, 이자 등 투자소득 등을 집계토록하였다. 우리경제의 개방이 가속화되는 점을 반영, 생산요소의 이동에 따른 돈의 유출입을 볼 수 있도록 하였다.

경상수지는 상품수지와 서비스수지, 소득수지, 경상이전수지로 구성된다. 경상이전수지는 기존의 이전수지 중 해외이주비(자본수지편입)를 빼고 집계한다.

또 기간별로 장기·단기로 분류되던 자본수지는 투자수지와 자본이전수지로 재분류되고 투자수지는 직접투자, 포트폴리오투자, 기타투자로 세분돼 국내에 들어온 외국자금의 성격을 쉽게 파악, 정책지표로 활용할 수 있다.

국제수지항목에서 빠져 있던 금융계정도 자본수지 중 투자수지항목으로 편입시켰다. 예전에는 은행들이 경상수지적자를 메우기 위해 해외에서 돈을 들여왔으나 지금은 상업적인 목적으로 돈을 들여오는 비중이 절대규모를 차지할 정도로 금융개방 폭이 커졌기 때문이다.

외환보유고를 많이 확보하는 것이 이상적이라고 말할 수 있다.

한편, 일국의 국민경제발전이나 성장은 여러 가지 요인에 의하여 이루어지는 것이지만 오늘날 무역부문의 역할이 국민경제에서 차지하는 비중이 크게 됨으로써 무역부문에서의 발전이나 성장은 국민경제 전체의 발전에 기여하는바 비중이 더욱 커지고 있다. 따라서 자원의 적정배분이나 산업구조의 고도화 및 국민소득수준의 균등한 향상을 위하여 보탬이 될 수 있도록 대외무역관리가 이루어져야 한다는 것이다.

요컨대, 무역관리는 일단 무역에 대한 장애(barriers to trade)이므로, 이러한 장애가 국민경제의 발전에 저해 요인이 되지 않도록 무역관리 정책의 수행상 유의하여야 할 것이다.

이상과 같이, 대외무역법의 목적은 국가 이익이 되는 방향으로 수출입 무역을 관리하자는 데 있다 함은 앞에서 설명된 바와 같지만, 그러면 이러한 목적은 과연 정당한 것인가의 문제의식을 갖게 된다.

특히, 세계경제적 차원에서 요청되는 무역자유화의 이념과 상충되지 않느냐, 그리고 기업의 이익과도 충돌되지 않느냐 라는 문제이다.

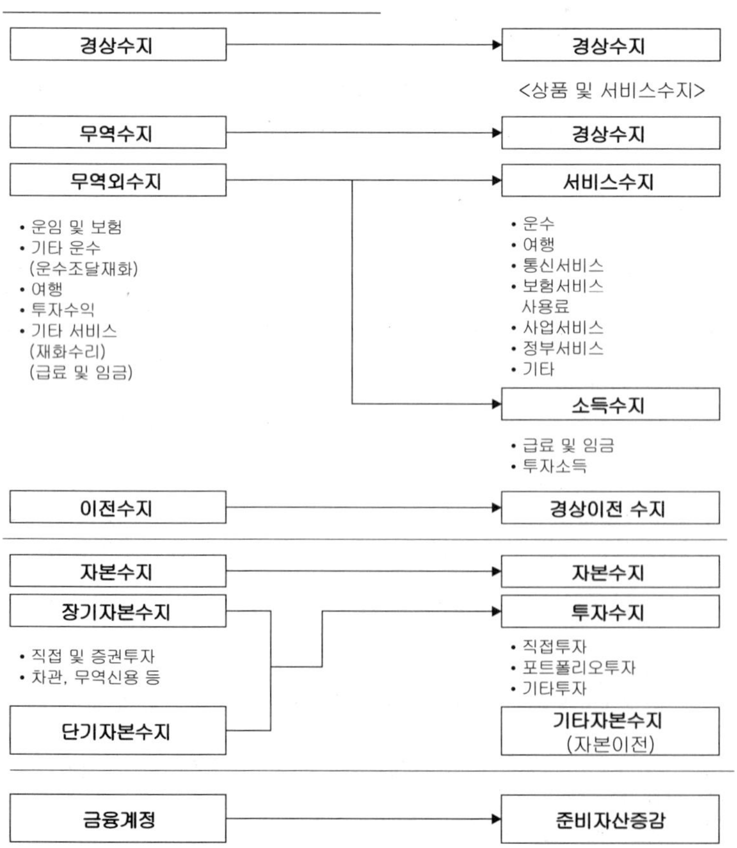

국가이익은 기업(개인)의 이익보다도 우선하며 타국의 이익보다도 우선한다는 점은 오늘날 일반적으로 허용되는 결론이며, 또한 국가는 경제정책적 차원에서 유치산업을 보호하고 정체산업을 육성하며 성숙산업의 국제경쟁력을 강화하기 위하여 여러 가지 경제정책을 펴나가는 것이 책임이며, 또한 오늘날의 국가기관이다라고 볼 때 대외무역관리의 목적을 충분히 정당화시켜 준다고 말할 수 있다.

이는 우리 헌법 제125조의 「국가는 대외무역을 육성하며, 이를 규제·조정할 수 있다」고 명시한 헌법상의 무역이념과도 일치한다.

❹ 대외무역법의 성질

대외무역법의 본질은 대외적인 무역활동을 국민경제적인 차원에서 간섭 내지 조정하는 대외경제통제법이다. 따라서 대외무역법은 국민경제적 차원에서 대외적 상거래를 규제·조정함으로써 공·사익간의 조화를 도모하는 일에 국가권력이 직접 개입하도록 하는 근거를 제공하는 법으로서 타 법령에 비하여 다음과 같은 여러 가지 특수한 성질을 가진다.

1. 국제성

대외무역법에 의한 수출입관리는 국제적으로 타당하다고 인정되는 범위 내에서 이루어져야 한다. 특히 우리나라는 1993년 12월 15일 타결된 UR협정(세계무역기구(WTO) 설립협정, GATT 1994, 분쟁해결 절차 및 규칙에 관한 양해각서(DSU), 무역과 환경·서비스무역에 관한 일반협정(GATS), 무역관련지적재산권협정(TRIPs))을 계기로 대외무역법에 의한 자주적인 무역관리도 국제조약에 의하여 제약을 받게 된다. 이러한 대외무역법의 국제성·대외성은 본법 제3조에서 「......무역에 관한 조약과 일반적으로 승인된 국제법규가 정하는 바에 따라......」라든가, 제5조의 「무역에 관한 제한 등 특별조치」, 제39조에서 「불공정한 수출입행위의 금지」, 제41조의 「무역거래자간 무역분쟁의 신속한 해결」, 제43조의 「수출입질서유지를 위한 조정명령(調整命令)」을 인정한 예 등은 대외무역법의 대외성을 표방하는 것이다.

2. 정책종합성

대외무역법은 정책종합적인 성격을 가지고 있다. 대외무역법은 국민경제 질서 중의 대외적 경제 질서를 종합적으로 규율하는 법이다. 이를테면, 본법 제15조의 「산업자원부장관은 물품의 수출입 요령을 통합하여 공고한다」고 하는 것은 대외무역법의 정책종합적 성격을 표현한 그 좋은 예라 할 수 있다.

3. 포괄성

대외무역법은 그 규제대상이 포괄적인 성격을 가지고 있다. 즉, 대외무역법의 규제내용은 구체적 거래를 대상으로 하는 것이 아니라, 일반적인 사항에 관하여 다수의 당사자를 전제로 하여, 무역거래업체와 관련된 일반적인 사항을 포괄적으로 규정하려는 것이 이 법의 태도이다.

4. 위임입법성

대외무역법은 유동적인 대외거래를 규율하는 법이기 때문에 탄력적인 법 형식의 요청으로 입법경직성(立法硬直性)이 강한 의회는 원칙적인 사항만을 제정법에 규정하고 시행에 관한 세부적 사항은 이를 행정부가 제정하는 시행령과 관리규정에 위임하는 이른바 위임입법이라는 방식을 취하고 성격을 가지고 있다.

5. 기술성

대외무역법은 국민경제의 발전을 위한 경제정책에 맞도록 대외 거래를 규율하고자 하는 기술적인 성격을 가진다. 따라서 윤리성은 모두 배제되고 오로지 국가 이익을 위한 기술로서의 법일 따름이며, 마땅히 그렇게 되어야 한다는 당위성이 특히 강조되는 법이다.

6. 정치적 지도성

대외무역법은 국가가 단순한 대외경제 질서의 외부적 보호자로서가 아니라 한걸음 더 나아가 적극적인 경제규제자 및 경제조정자로서 작용하는 법적 근거이다. 그러므로 대외경제 질서의 구체적인 방향을 제시하고 그에 관한 국가의 대외거래정책을 표명하는 의미를 지니기 때문에 타 법령에 비하여 정치적 지도성이 강하게 나타난다.

5 대외무역법의 기본원칙

우리나라 대외무역법은 무역을 진흥하고 공정한 거래질서를 확립하여 국제수지의 균형과 통상의 확대를 도모함으로써 국민경제의 발전에 이바지함을 목적으로 다음과 같은 기본 원칙을 갖고 있다.

1. 이원적 관리

현행의 무역관리는 대외무역법에 의한 수출입무역관리와 외국환거래법[6]에 의한 대금결제관리로 크게 둘로 나눌 수 있는데, 우리나라는 이에 관하여 관리의 간소화보다는 관리의 철저화를 기하기 위하여 일원적인 관리 방식을 취하지 아니하고 이원적 관리 방식을 택하고 있다.

---

6) 1999년 4월 1일부터 종래의 '외국환관리법'은 폐지되고 신규입법형식으로 '외국환거래법'이 새로이 제정되었다.

그 결과, 후자를 위하여 외국환거래법이 별도로 제정되어 있으며 이 대금결제관리, 즉 외국환거래관리의 주무관청은 재정경제부이다. 이는 수출입무역관리의 주무관청이 법상 산업자원부인 점과 구별된다.

2. 무역통상진흥관리

현재 우리나라 모든 경제정책의 기본 방향이기도 한 통상진흥제일주의를 그 기본 원칙으로 하고 있다. 따라서 주로 행정면에서 수출입질서를 유지하고 수출시장의 심화 및 다변화로 항구적인 수출증대와 수출체제를 확립하고자 산업자원부장관은 무역의 진흥을 위하여 필요하다고 인정할 때에는 대통령령이 정하는 바에 의하여 물품의 수출입을 지속적으로 증대하기 위하여 필요한 조치를 할 수 있다는 동법 제4조에 의거하여, ① 수출산업의 국제경쟁력 제고를 위한 여건의 조성 및 설비투자의 촉진, ② 외화가득률 제고를 위한 품질향상 및 원료 등의 국산사용의 촉진, ③ 지역별 무역의 균형화를 위한 수출입의 연계, ④ 민간의 통상활동 및 산업협력의 지원 등의 제반 수출 진흥 조치를 취할 수 있는 여러 제도는 통산진흥 곧 수출제일주의원칙과 연결되는 것이다.

3. 전면관리주의

우리나라 대외무역법은 무역관리에 관하여 전면관리주의를 취하고 있다. 즉 무역업에서부터 무역업 활동의 제 분야에 이르기까지, 그리고 그 거래의 사후적 관리에 이르기까지 전반적으로 관리하는 태도를 취하고 있다.

4. 중앙집권적 관리

우리나라는 중앙집권적 무역관리방식을 택하고 있다. 이를테면, 모든 무역관리가 법상 산업자원부장관의 권한인 것으로 되어 있고, 다만 산업자원부장관은 일정 범위 내에서 그 권한의 일부를 다른 기관에 위임 또는 위탁할 수 있도록 하고 있다. 즉 대외무역법 제53조에 의하면 「산업자원부장관은 대통령령이 정하는 바에 의하여 이 법에 의한 그 권한의 일부를 ……외국환은행의 장……에 위탁할 수 있다」고 규정하고 있는데, 이와 같이 대외무역의 상당부분을 은행으로 하여금 관리하도록 하는 원칙을 은행주의라고 하며, 이는 정부주도형에서 민간주도형으로 변천하는 과정에서 계속 확대되는 경향에 있다.

5. 공개주의

우리나라의 무역관리는 원칙적으로 공개하는 방향으로 운영되고 있다. 예컨대, 대외무역법 제15조의 「수출입의 통합공고 등」은 이 공개주의의 천명이며, 이는 또한 우리나라 무역관리 방식이 민주적인 관리 방식을 취하고 있다는 증거이기도 하다.

6. 자유·공정무역주의

대외무역법은 자유·공정무역의 구현 및 국제성의 인정을 기본 원칙으로 하고 있다. 즉 전술한 바와 같이 이 법 제3조 제1항에서는 「정부는 헌법에 의하여 체결·공포된 무역에 관한 조약과 일반적으로 승인된 국제법규가 정하는 바에 따라 자유롭고 공정한 무역을 조장함을 원칙으로 한다」고 규정하고 있으며, 또한 동조 제2항은 「정부는 이 법이나 다른 법률 또는 헌법에 의하여 체결·공포된 무역에 관한 조약과 일반적으로 승인된 국제법규 기타 국제협정에서 무역에 대한 제한을 정한 규정이 있는 경우에는 그 제한을 정한 목적을 달성하기 위하여 필요한 최소한의 범위 안에서 이를 운영하여야 한다」고 규정함으로써 공정무역 및 국제성을 그 기본원칙으로 표방하고 있다.

2 대외무역법의 변천추이

이 절에서 설명하는 대외무역법의 사적(史的) 관찰은 편의상, ① 무역법 제정의 이전시대로서, 해방 후 미군정하에서부터 1948년 8월 15일 정부수립 후 1957년 12월 무역법이 제정되기 전까지의 기간과, ② 1957년 소위 무역법의 제정 이후부터 1967년 1월 무역거래법이 제정되기 전까지의 시기, ③ 1967년 1월 무역거래법의 제정 이후 1986년 12월 31일 법률 제3895호로 새 대외무역법이 제정되기 이전까지의 시기 및 ④ 1987년 새 대외무역법의 출현시대인 모두 4단계로 크게 구분하여 설명하기로 한다.

❶ 무역법의 제정이전시대(1948~1957년)

해방 직후에는 외국과의 민간무역은 거의 없었으며 대외무역활동은 일제치하 중 일본인회사에 의해 거의 전적으로 독점되었고, 제2차 세계대전 중에는 그것마저 중단되었던 까닭에 외국무역에 경험있는 한국인은 많지 않았으며, 무역업을 영위할 수 있는 자본도 충분치 못하였다. 따라서 해방 후 우리나라의 무역은 타경제부문에 있어서와 마찬가지로 미군정청의 관리하에 들어갔다. 즉 민간부문의 대외무역은 대외무역규칙(미군정법령 제39호)[7]이 1946년 1월 3일에 공포된 뒤에 재개되었다. 이 규칙에 의해서 모든 대외무역활동은 군정 당국의 허가를 받아야 했다.

---

7) 이 규칙은 38도선 이남의 남한과 타지역과의 화물이나 재산의 운수는 그 허가의 권한이 미군정장관이나 그 대리자에게 있으며, 그 허가없이는 자유로운 대외적 거래행위를 금한다고 규정하고 있어, 무역허가제를 내용으로 하는 강력한 무역통제원칙을 취하고 있다. 군정법령 제39호 「대외무역규칙」에 대한 상세한 설명은 이춘삼외, 「한국관세사」, 한국관세연구소, 1985, pp.366~368 참조.

따라서 해방 직후 우리나라 무역은 주로 외상들이 주도하는 한편, 정부보유물자의 수출이나 미 점령군 당국에 의한 수입독점 등 군정상의 필요에 의한 군정무역만이 정부무역형태로 존재하고 있었고 합법적인 민간무역은 거의 없었다고 해도 과언이 아니다.

그 후 1948년 8월 15일 한국정부수립을 계기로 수출입은 질적 통제 이외에 양적 통제를 병합해서 새로이 「쿼터제」(quota system)를 택함으로써 무역을 국민경제에 기여하는 방향하에 유인하려고 하였다. 즉 구 헌법 제87조에서 「대외무역은 법률이 정하는 바에 의하여 국가의 통제하에 둔다」는 규정이 있었지만 근거법률도 제정치 못한 채, 과거의 군정법령을 약간의 수정을 거쳐 대통령령 제324호(1950년 4월 10일 공포)가 규제법규로 되었다. 그러나, 1950년 6월 25일 전란으로 그간 자주무역으로 발전하려는 우리나라의 무역은 완전히 좌절되었을 뿐만 아니라, 당시 부산항구에 저장되었던 수출상품은 위탁판매를 위하여 일본의 보세창고로 선적되었으나 전화, 수송상의 애로, 국내 인플레이션 및 그 밖의 경제적 혼란으로 인해서 다른 수출활동은 사실상 중단되었다.

1950년 후반기에는 민간부문에 의한 수입은 실질적으로 전혀 없었으나 1951년부터는 정부가 식량과 기타 상품의 전시부족을 메우기 위해서 수입을 장려함에 따라 민간의 수입활동이 매우 활성화되어감에 따라, 1952년 3월 상공부고시 제88호로 「대외무역 수속에 관한 건」이 공포되어 1957년 무역법이 제정될 때까지의 무역제도의 법적인 근거가 된 것이다.

1955년부터 1956년에 이르는 기간에는 무역제도 및 정책면에서 많은 변화를 보여주었는데, 특기할 만한 것은 1956년 12월 대통령령 제1199호로서, 예산의 범위 내에서 수출로 인한 결손액 및 경비의 일부 도는 전부를 보조하는 것을 내용으로 하는 「수출장려보조금교부규칙」이 제정·공포되었다.

2 무역법시대 (1958~1966년)

1957~1958년도는 우리나라 무역정책에 있어 괄목할 만한 해로 집약할 수 있을 것이다. 이는 그간 오랫동안 논의되어 오던 대외무역의 기본법인 무역법(전문 18조 및 부칙)의 제정·공포와 더불어, 무역법시행령·무역위원회규정·무역법시행세칙 등의 제정·공포로 그 동안 군정법령 또는 상공부령에 의하여 통제·운영되어 왔던 무역행정이 정비·강화되었으며, 무역수지의 균형과 국내산업의 균형적 발전을 확립할 수 있는 새로운 전기가 마련되었기 때문이다. 즉 1957년 12월 31일에는 법률 제460호에 의하여 무역법이 제정·공포되었고, 뒤이어 1958년 3월 18일에는 동 시행령과 무역위원회규정이, 동년 5월 7일에는 동 시행 세칙이 제정·공포되어 무역정책의 기본 도표가 밝혀졌던 것이다.

이러한 무역법의 주요 내용을 요약하여 보면, 무역의 통제와 자유화의 한계, 무역정책의 일원화, 무역계획의 종합작성, 수출장려정책, 수입정책, 자금도피방지책, 무역절차의 간소화책, 대외신용의 확보책, 무역위원회의 자문사항 등을 규정하고 있었다.

한편, 1961년에는 수출장려보조금의 적기교부와 교부사무의 능률을 꾀하고자 종래의 수출장려보상금교부요령(1961년 7월 25일 상공부공고 제2719호)과 수출시장개척비교부요령(1961년 5월 25일 상공부공고 제2713호)에 대체되는 수출장려보조금교부에 관한 임시조치법을 동년 9월 18일 법률 제716호로 공포함으로써 동보조금의 교부업무를 입법화하였고, 1962년 3월 20일에는 수출진흥법을 공포하여 수출품제조원료의 수입에 대한 특혜조치, 대외무역활동의 보장, 실적주의에 의한 수입허가의 제한강화 및 연대보증에 의한 무역금융의 대출 등을 입법화하여 국내산업의 수출산업으로의 유도를 위한 제도적 기틀을 마련하기도 하였다.

❸ 무역거래법시대(1967~1986년)

이미 설명한 바와 같이 무역거래법이 제정·공포되기 이전에는 무역에 관한 법령으로는 무역법을 비롯하여 수출진흥법·수출장려보조금교부에 관한 임시조치법 등이 있었으나, 이 법률들은 규제 목적이 거의 같은 내용이면서도 개별적으로 산재되어 이를 통합, 정비할 필요성이 요청되었고, 다른 한편으로는 대외무역에 관한 헌법상의 이념[8]이 크게 변천됨에 따라 이에 부응하기 위해서도 새로운 무역거래법의 제정이 불가피하게 되었다.

요컨대, 무역관계법령의 정비와 통합, 그리고 무역정책에 관한 헌법상의 이념 변천 및 무역규모의 확대와 무역관계법규 중 관세법·외국환관리법·외자도입법 등의 내용에 대하여 이를 무역거래법에서도 적절히 조화시켜 주는 규정의 반영이 절실히 요청되어 동법의 제정이 필요했던 것이다.

이상과 같은 무역거래법의 제정요청에 의하여 1957년 무역법이 제정된 후 10년만인 1967년 1월 16일에 1967년 4월 1일전까지의 무역법·수출진흥법·수출장려보조금교부에 관한 임시조치법 등을 통합, 무역거래법의 제정을 보게 되었고, 그동안 동법은 1970년 12월 31일 법률 제2266호로 비적성공산지역(非敵性共産地域)과의 교역을 허용하기 위한 제1차의 개정을 본 뒤, 1972년 12월 30일에는 법률 제2407호로서 비적성공산지역과의 교역을 확대하기 위한 제2차 개정을 단행하였으며, 1975년 7월 25일에는 법률 제2781호로서 무역관리내용의 대폭적인 개선을 위한 개정을 하여 20여 년간 운영되어 오다가 지난 1987년 7월 1일자로 폐지되었는데 마지막 제3차 개정의 주요 개정내용을

---

8) 구헌법 제87조에서 「대외무역은 법률이 정하는 바에 의하여 국가의 통제하에 둔다」고 규정되어 있었으나, 현행헌법 제125조에서는 「국가는 대외무역을 육성하며 이를 규제·조정할 수 있다」고 규정하고 있다. 여기서 규제·조정은 처음부터 국가가 계획을 수립하여 국가적 목적에서 이를 규율하는 것을 말한다.

요약하며, ① 수출입질서 확립과 법 위반자에 대한 벌칙의 강화, ② 수출입허가요건의 조정 및 수출입업의 대형화·전문화 유도, ③ 행정권한의 위임 확대, ④ 대외무역에 관한 특별조치를 취할 수 있도록 하는 것 등이다.

4 대외무역법시대 (1987~현재)

1. 제정배경

기존의 무역거래법은 우리나라가 수출입국을 표방하여 경제개발계획을 본격적으로 추진하기 시작하던 1967년에 제정되었고, 그 후 1970년, 1972년 그리고 1975년에 각각 부분개정이 이루어졌던 것으로서 그 기본 정신이 그 당시의 경제사정을 반영하여 수출을 진흥하고 수입을 조정하는 관리무역체제를 기조로 하고 있다. 그러나 무역거래법의 시행 이래 20여년이 경과하는 동안 우리의 무역환경은 크게 변화하였다. 국제무역환경은 자유무역주의가 쇠퇴하고 선진국의 사양산업을 보호하기 위한 신보호무역주의가 대두하였고 공정무역과 상호주의가 강조되었다. 우리의 무역규모도 1967년에 13억불에 불과하였던 것이 신법제정 당시에는 1,600억불이 넘어 세계 제12위의 중견무역국으로 부상하게 되어 세계무역질서에 주도적으로 참여하게 되었고 이에 상응하는 의무도 부담하도록 강요되고 있다. 한편, 국내적으로도 우리의 경제규모가 확대됨에 따라 종래 정부주도의 경제운용방식으로서는 효율적인 운영이 불가능하게 되어 부작용과 능률이 노정되게 되었다. 이에 따라 1980년에 들어와 우리 경제정책의 운용기조도 자율과 개방을 바탕으로 하는 시장경제체제로 전환하게 되었고 무역정책에 있어서도 대외개방을 주요정책과제로 추진하게 되었다.

이러한 대내외 무역여건의 변화는 종래의 관리무역체제하의 과도한 규제를 완화하여 자유무역원칙을 점진적으로 수용하고 수출입절차를 더욱 간소화함으로써 무역업계의 비용을 절감시킬 것을 요구하였고, 수입이 자유화됨에 따라 수입자유와 정책과 국내 산업의 보호를 합리적으로 조정할 수 있는 객관적이고도 명료성 있는 수입구제제도를 마련하도록 하였으며 교역대상국의 수입규제에 사전 대응하고 국제무역질서 형성에 적극적으로 참여하기 위하여 공정한 무역을 할 것을 강화하였다.

이와 더불어 20여 년간 무역거래법을 운영해 오는 과정에서 현실에 맞지 않아 불필요하게 된 규제조항이 많이 생기게 되었고, 현실적 요구를 하위규정에서 무리하게 충족시키지 않을 수 없음에 따라 간혹 처음의 법률 조문의 제정 취지와는 맞지 아니하는 규정도 생기게 되었으므로 이를 체계화하는 작업도 필요하게 되었다. 또한 무역관리 및 지원에 관한 법률도 무역거래법, 산업설비수출촉진법, 수출조합법 등의 법률과 수출입에 관한 개별법 등으로 중복되거나 분산되어 있어 상호간에 연결성이 부족하여 무역관계법체제의 전면적인 체제 개편이 필요하게 되었다.

그리하여 대외무역법은 1986년 12월 31일 법률 제3895호로 공포하고 1987년 7월 1일부터 공식으로 시행되게 되었다.

이상, 우리나라 무역법의 제·개정 추이를 요약하면 다음과 같다.

【그림 Ⅰ-1-1】 무역법의 생성과 변천

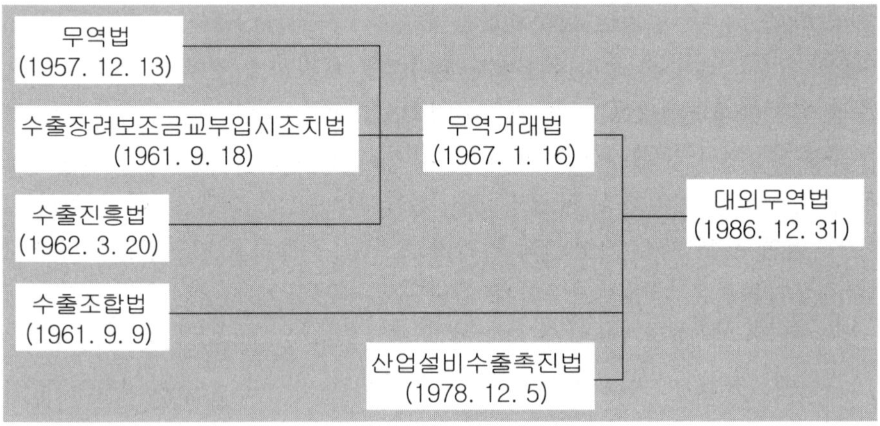

2. 주요 내용

(1) 법의 명칭

이 법의 명칭을 대외무역법으로 하였는데 그 이유는 헌법에서 「국가는 대외무역을 육성하며, 이를 규제·조정할 수 있다」라고 하였고, 기존의 무역거래법 제1조에서도 「이 법은 수출을 진흥하며 수입을 조정하여 대외무역의 건전한 발전을 촉진함으로써......」라고 하여 "대외무역"을 법률용어로 사용하고 있으며, 일본법의 명칭에서도 "외국 위채(爲替) 및 외국무역관리법"으로 하여 "외국무역"이라는 용어를 사용하고 있기 때문이다. 일반적으로 무역(trade)이라 함은 대내거래와 대외거래를 포괄하는 것으로 여기서 규율하고자 하는 외국과의 거래를 말할 때에는 대외무역이라고 분명히 하는 것이 보다 정확한 표현일 것이다.

(2) 자유공정무역의 선언

기존의 무역거래법의 목적은 수출을 진흥하며 수입을 조정하는 것으로 되어 있어 통상마찰을 야기할 우려가 있고 우리의 국제적인 지위에 상응하지 못하였기 때문에 새로운 법에서는 대외무역을 진흥하고 공정한 거래질서를 확립하여 국제수지의 균형과 통상의 확대를 도모하는 것으로 하였으며 정부는 헌법에 의하여 체결·공포된 무역에 관한 조약과 일반적으로 승인된 국제법규가 정하는 바에 따라 자유롭고 공정한 무역을 조장함을 원칙으로 한다고 선언함으로써 우리의 무역정책이 앞으로 나아갈 방향을 분명히 하였다.

(3) 무역에 관한 제한 등 특별조치

교역상대국에 전쟁·사변 또는 천재·지변이 생겨 통상적인 수출입규제절차와 방법에 의하여서는 신속히 대처할 수 없기 때문에 다음과 같은 각호의 경우에는 물품의 수출입의 제한 또는 금지에 관한 특별조치를 할 수 있도록 하였다.

① 우리나라 또는 우리나라의 무역의 상대국(이하 "교역상대국"이라 한다)에 전쟁·사변 또는 천재·지변이 있을 때,
② 교역상대국이 조약과 일반적으로 승인된 국제법규에서 정한 우리나라의 권익을 부인할 때,
③ 교역상대국이 우리나라의 무역에 대하여 부당하거나 차별적인 부담 또는 제한을 가할 때,
④ 헌법에 의하여 체결·공포된 무역에 관한 조약과 일반적으로 승인된 국제법규에서 정한 국제평화와 안전유지 등의 의무의 이행을 위하여 필요할 때,
⑤ 인간의 생명·건강 및 안전, 동물·식물의 생명 및 건강, 환경보전 또는 국내자원 보호를 위하여 필요할 때.

(4) 무역에 관한 기본법적 성격의 구체화

무역에 관하여는 일단 대외무역법이 정하는 바에 의하도록 하여 대외무역법이 무역을 규율하는 기본법이라는 것을 명료하게 규정하였으며, 대외무역법의 법령에서 물품의 수출입을 제한하는 규정을 정하고자 하는 관계행정기관의 장은 미리 산업자원부장관과 협의하도록 함으로써 산업자원부장관이 통상을 담당하는 부서로서 모든 수출입을 통할하도록 하였다.

(5) 불공정한 수출입행위의 금지

외국의 상표나 의장(意匠)을 모방하여 수출하는 것은 불공정한 무역행위로서 선진 각국은 규제를 강화하고 있는 추세에 있다. 우리나라도 국제무역질서에 부합하는 공정무역을 함으로써 외국과의 통상마찰을 방지하기 위하여 대외무역법에서는 교역상대국의 법령에 의하여 보호되는 상표권 또는 의장권을 침해하는 물품을 수출입하는 행위와 허위로 표시한 물품을 수입하는 행위를 불공정한 수출입행위로 규정하여 이를 금지하고 이에 위반하는 자에 대하여는 산업자원부장관이 그 시정조치명령을 할 수 있도록 하였다.

(6) 무역분쟁의 신속한 해결

우리나라의 대외신용을 제고시키는 데는 이미 수출한 물품에 대한 클레임에 관한 것도 무시할 수 없다. 이에 관한 규정은 종래 무역관리규정에 규정되어 있기는 하였지만 그 규제의 강도가 미흡하였다. 따라서 대외무역법에서는 무역업자, 물품의 수출입을 위임하는 자 또는 위임을 받은 자[9]는 정당한 사유가 없는 한 무역분쟁의 해결을 지연시키지 않도록 하고 산업자원부장관은 필요한 경우에는 분쟁의 당사자에게 의견을 진술하게 하거나 서류의 제출을 요구하고 사실조사를 할 수 있도록 하였으며 분쟁의 해결을 위한 중재계약을 체결할 것을 권고할 수 있도록 하였다.

5 세계무역환경의 변화와 대외무역정책의 변천

전후, 국내외 무역의 특징을 10년을 주기로 하여 살펴보면 세계무역조류는 경제협력기구의 탄생(1940년대) → 자유무역성장기(1950년대) → 자유무역전성기(1960년대) → 신보호무역주의의 태동기(1970년대) → 신보호무역주의의 만연기(1980년대) → 무역질서개편기(1990년대) → 뉴라운드(밀레니엄라운드) 조성기(21세기 초)로 특징지을 수 있고 한국무역의 조류는 무역정책부재기(1940년대) → 무역정책태동기(1950년대) → 무역기반구축기(1960년대) → 무역도약기(1970년대) → 무역구조전환기(1980년대) → 무역선진화질서 구축기(1990년대) → 지식기반산업, 하이테크산업기반 구축기(21세기초)로 특징지을 수 있다.

【표 Ⅰ-1-1】 국내외 무역조류의 특징적 양상

구분 / 기간	한국무역조류	세계무역조류
	무역정책부재기	경제협력기구의 탄생
종전 ↓ 1950년대	- 미군정하의 엄격한 통제경제 - 수입억제정책과 밀무역의 성행	- IMF와 IBRD의 발족(1945) - GATT의 탄생(1948) - 미국주도하의 세계경제 질서 구축
	무역정책태동기	자유무역성장기
1951년 ↓ 1960년	- 무역법의 제정, 시행(1958) - 수출진흥을 위한 직접지원체제 (달러우대, 구상무역, 수출장려보조금, 수출실적링크) - 수입억제정책의 지속 (수출용 원조자금배정, 쿼터제, 고율의 관세) - 무역금융에 관한 규정 제정	- 관세인하를 위한 다자간 협상 - EC와 일본의 성장 - 반등회의(1955)로 제3세계국가의 단결 (GATT의 구조적결함 지적) - GATT - IMF체제의 본격적인 기능수행 시작

9) 대외무역법 제2조 제3호는 이들을 '무역거래자'라고 정의하고 있다. 즉 이 법에서 무역거래자란 「수출입을 하는 자, 외국의 수입자 또는 수출자의 위임을 받은 자 및 수출입을 위임하는 자 등 물품의 수출입행위의 전부 또는 일부를 위임하거나 행하는 자」를 말한다.

	무역기반구축기	자유무역전성기
1961년 ↓ 1970년	- 경제발전계획의 추진 - 수출진흥종합시책실시 · 무역거래법제정(1967) · 수출금융제도정착 · 수출에 대한 지원정책변경 (직접지원→간접지원) - 수입개발정책의 시작 · 수출입기별공고체제의 전환 (Positive List System → Negative List System) · GATT가입(1967) - 탄력관세제도의 도입	- GATT의 케네디라운드 타결(1967) (평균관세율 35% 인하) - GATT의 개도국우대조치허용 (개도국에 대한 GSP제도 채택) - 미달러화의 위기시작 (월남전 후유증으로 달러의 금태환 정지)
	무역도약기	신보호무역주의의 태동기
1971년 ↓ 1980년	- 수출의 급성장 (71년 10억불, 77년 100억불) - 수출금융규정의 개편(1972) (4개 개별규정을 단일화) - 종합무역상사제도 채택(1975) - 수출산업구조의 변경 (경공업→중화학공업) - 관세환급제도의 실시(1975) - 수입자유화정책의 본격추진 (링크수입 및 실수요자 수입제도의 폐지, 수입감시 및 예시제도의 실시)	- IMF체제 변동 (Stagflation 현상 시작, SDR 창출, 변동환율제도의 채택) - 석유파동(73, 79)으로 인한 경제위기 - 비관세장벽으로 인한 신보호무역주의 만연 - GATT동경라운드 성립(1979)(비관세장벽제거 합의) - 미국의 무역적자 심화(일본 및 EC의 대미흑자 확대) - 세계무역의 성장 둔화(6~7%→3~2%)
	무역구조전환기	신보호무역주의만연기
1981년 ↓ 1990년	- 무역흑자시대의 개막(1986~89) - 경제성장 기조변화(고도성장→안정성장) - 경제주도 세력의 변화(관주도→민주도) - 수출지원제도의 축소 (무역금융, 관세환급의 특혜 축소) - 자본자유화 시작 (IMF 8조국 가입, 1987) - 수입자유화정책의 실질적 추진 · 선진제국의 개방압력 가중 · 대외무역법 제정 · GATT의 BOP졸업 · 각종 수입규제제도의 완화 및 폐지	- 국제고금리정책의 지속 - 개도국의 외채부담가중 - NICs의 탄생 - 교역수지의 국가간 불균형 심화 - GATT의 우루과이라운드 출범(1986) - 미국 등 선진국의 보호무역장벽 확대 · 규제품목의 확대 : 경공업제품→중화학제품 · 규제수단의 강화 : 관세부과에 의한 수입수량 규제→VER, OMA 수입 감시
	무역선진화질서구축기	무역질서개편기
1991년 ↓ 2006년	- 무역수지의 적자 재도래(1990) · 1990년부터 적자로 반전 · 1992년부터 적자폭의 단계적 축소 · 1995년부터 흑자로 전환 - 무역구조선진화 작업 개시 · 무역업을 허가제에서 등록제로 전환(1993. 7)→신고제(1997. 3) · 외환관리체제자유화(1992. 9)	- GATT의 우루과이라운드 협상타결(1993. 12. 15) 및 WTO 출범(1995. 1) - EC통합 성공 · 역내 공업규격 통일 · 역내 상품이동의 자유와 · 경제, 통화동맹 결성 - NAFTA의 태동(1992) · EC에 대항하는 미주대륙의 경제블럭화

	(Positive System→Negative System) • 수출입통관제도 개편(1993) - 국내산업보호체제개편 • 사전물량규제방식→사후피해구제방식 • 산업피해구제제도정착(무역위원회의 기능강화) • 무역업·무역대리업 등 신고제 폐지→완전자유와(2000년) • 한·칠레 FTA, 한·싱가포르 FTA 타결, 한·미 FTA 추진	• 미·카·멕시코 3국내의 산업협력 체제구축 - 미국의 통상보호체제 구축 • 슈퍼301조 재발동 - 공산체제 몰락(1990)과 COCOM체제 붕괴 (1994. 3) - EURO화 출범(1999. 1) - 밀레니엄라운드 협상(2000) - 신IMF체제 발족 - WTO/DDA 추진

3 대외무역법의 법원

법의 연원(Rechtsquellen)을 짧게 줄여서 법원이라고 한다. 법원이라는 말은 여러 가지 뜻으로 사용되고 있어서 반드시 명백한 용어는 아니지만, 일반적으로는 법의 존재형식 또는 현상·형태라는 의미로 쓰이고 있다. 따라서 대외무역법의 법원이라고 할 때에는 그것은 실질적 의미에 있어서의 대외무역법의 존재형식을 말할 수 있겠지만, 대외무역법은 원래 자유로워야 할 무역거래 활동을 국가적인 차원에서 규제하는 법이므로, 입법기관의 법정립 행위를 경유하여 만들어진 제정법만을 그 법원으로 함이 원칙이다.

무역관리를 실현하기 위하여 발동되는 법규의 존재 형식은 일반법과 특별법 및 무역관리를 위한 관계법규로 나누어 고찰할 수 있는데 전자, 즉 무역관리에 관하여 일반적으로 적용됨과 동시에 기본법의 역할을 갖는 법규에는 헌법·대외무역법·대외무역법시행령·대외무역관리규정 등이 있고, 대외무역과 동등한 위치를 차지하는 제정법으로서는 대외무역법을 보완하는 수출검사법 등이 있다.

한편, 무역관리에 관한 일반법에 대한 예외로서 일반법에 우선 적용되는 특별법의 예로서는 마약법, 석유사업법, 농산물수출진흥법, 향정신성의약품관리법 등이 있으며, 끝으로 무역관리와 간접적으로 관련성을 맺고 있는 법규에는 외국환거래법·관세법·수출보험법·자유무역지역설치법·조세감면규제법·부가가치세법·법인세법·수출산업공업단지개발조성법·군납촉진에 관한 임시조치법 등이 있다.

4 대외무역법과 타법과의 관계

❶ 대외무역법과 헌법과의 관계

우리나라 헌법의 경제 질서는 사유재산제를 바탕으로 하고 경제활동의 자유와 자유경쟁을 존중하는 자본주의적 자유시장경제를 골간으로 하면서, 자유시장경제에 수반되는 모순들을 제거하고 사회정의와 경제민주화를 실현하기 위하여 국가적 규제와 조정을 광범위하게 인정하고 있으므로 전체적으로는 사회적 시장경제 질서, 즉 혼합경제·수정자본주의적 경제 질서의 성격을 갖고 있다.

따라서 사유재산제의 보장, 자유시장경제 질서 채택, 사회정의와 경제민주화 지향을 그 내용적 특징으로 삼고 있다. 여기서 '자유시장 경제의 원칙'의 발현은 헌법 전문에서 「모든 영역에 있어서 각인의 기회를 균등히 하고 능력을 최고도로 발휘하게 하며」라고 하고 제119조 제1항에서는 「대한민국의 경제 질서는 개인과 기업의 경제상의 자유와 창의를 존중함을 기본으로 한다」라고 하고 있으며, 제15조에서는 직업선택의 자유를 규정하여 우리 헌법의 경제 질서가 원칙적으로 자유경쟁에 입각한 시장경제 질서를 근간으로 하고 있음을 천명하고 있다. 경제상의 자유에는 물론 계약의 자유, 경쟁의 자유, 기업의 자유 등이 포함된다.

이상과 같이 우리 헌법은 자유시장경제의 원칙을 채택하면서도 대외무역과 관련하여 제125조에서는 「국가는 대외무역을 육성하며 이를 규제·조정할 수 있다」고 규정함으로써 자유시장경제에 대한 수정을 의미하는 예외 조항을 두고 있다.

❷ 대외무역법과 상법과의 관계

대외무역법은 주로 국내 상거래에 적용되는 상법과는 그 적용 기초가 다음과 같이 현저하게 다르기 때문에 상법의 영역과는 독립된 법 영역으로서 파악하지 않으면 안 된다.

첫째, 시장의 이질성을 들 수 있다.

둘째, 대외무역거래에는 관세 기타의 인위적 간섭이 수반된다. 대내 상업 정책은 국가적 입장에서 그 구성분자인 국민간의 상거래가 합리적·신속적으로 이루어지는 한 원칙적으로 특별한 경우 이외에는 국민 상호간의 상거래에 대하여는 간섭·통제를 가하지 아니한다. 그러나 대외무역정책은 국민경제의 이익을 옹호하는 입장에서 그 국민경제에 속하는 사(私)경제적·경영 경제적 주체를 다른 국민경제와의 관계에 있어서 보호·통제하려고 하는 인위적 간섭을 가함이 보편적이다.

셋째, 통화의 변동, 즉 국내시장에 있어서의 상품매매는 일반적으로 모든 시장에서 동일률의 통화를 가지고 양도되나 국제간에 있어서는 교환의 매개가 한결같지 않으며 또한 문제의 국가의 통화가치가 결코 동일하다고 할 수 없다.

이상과 같이 통화의 변동과 외국환의 불안정이 대외무역거래가 국내상거래와 다른 요인을 지니고 있다.

넷째, 노동과 자본의 이동성에 대한 인위적 장벽을 쌓는 것은 내외거래의 차이가 아닐 수 없다.

다섯째, 대외무역거래에 있어서 대부분을 차지하고 있는 물품의 국제간 이동에는 계약의 내용으로서 혹은 이에 부수해서 필연적으로 해상운송이 따르게 마련이며 그 결과 대외무역거래는 국내상거래와는 달리 해상운송계약과의 불가분성을 띠고 있다.

여섯째, 해상운송을 하거나 상품을 선박에다 선적하든가 또는 선박으로부터 양육할 때에는 해상 특유의 위험이 수반된다. 따라서 대외무역거래의 당사자는 계약상 위험의 이전시기, 다시 말해서 상품의 인도(引渡)·인수(引受)시점을 어떻게 정할 것인가 하는 문제는 국내상거래의 경우와는 비교가 되지 않을 정도로 중요한 조건이 된다. 이에 해상위험을 담보하기 위한 해상보험계약과 대외무역거래는 불가분의 관계에 있다.

일곱째, 대외무역거래에는 상품대금의 조기회수 및 상품의 도착 이전에 상품을 처분할 수 있게 하는 방법으로서 B/L 및 화환어음·L/C등의 제도가 현저히 발달함으로써 은행계약과 밀접한 관련성을 띠고 있다.

이 밖에도 대외무역거래는 국제상관습의 법원성, 국가정책의 개재, 상대방의 협력의무, 법률분쟁의 개연성 등 국내 상거래와는 많은 차이점이 있다.

그러나 대외무역거래가 이상과 같이 법역을 달리하는 국제상거래라고 하더라도 상거래의 속성인 신속성·확실성·집단성·반복성·기술성 때문에 이를 규율하는 법의 원리에는 국가에 따라 큰 차이는 없다.

3 대외무역법과 경제법[10)]

10) 경제법이라는 용어가 학문상 사용되게 된 것은 주로 제1차 대전 후의 독일에서부터 비롯되었다. 당시 독일에서는 제1차 대전 중에 전시경제정책을 위해서 경제에 대한 새로운 입법활동, 법현상이 나타났으며, 전후에는 전시경제부흥에 관한 법령, 그리고 바이마르헌법체제하에 사회화법 등 기타 새로운 법현상을 볼 수 있게 되었다. 이러한 법현상에 자극을 받고 발생한 것이 이른바 경제법이라는 포괄적인 용어이다. 그러나 경제법의 개념에 대하여는 학설이 구구하여 정설은 없다. 다만 경제학과 관련하여 케인즈경제학에 있어서는 「경제에 대한 국가의 후견적 기능이 강조되는데 현대국가에서는 국가의 기능은 법률에 의하여 현실적으로 수행되며 따라서 이러한 국가의 경제규제기능을 수행하는 데 있어서 발생하는 법」을 경제법이라고 하는 것은 사실에 입각하여 경제법의 개념을 정의한 것으로 본다.

대외무역거래는 교역당사자간에 국정을 달리할 뿐만 아니라, 개개의 거래 대상이 그 태양을 달리하므로 계약 내용도 각각 다르다. 따라서 그 적용 및 해석에 있어서 문제의 소지가 많다. 그러나 국제통상은 보편성을 요구하는 까닭에 가능한 통일적으로 해결하려는 움직임이 강하다.

대외무역법이 존재하는 까닭도 바로 이 점에서 연유한다. 즉 대외무역법의 주된 법원인 국제법규와 국제상관습은 대외무역법의 보편성을 통일적으로 해결해 주는 것이다.

그런데 국가의 대외경제에 대한 자유방임의 시대나 현대의 국가가 이념으로 삼고 있는 무역의 자유화를 철저히 수행하는 경우에는 대외무역법의 국제법규와 국제상관습법으로도 해결될 수 있을지 모른다.

그러나 각국의 경제환경은 결코 동일할 수 없어서 국가마다 정도의 차이는 보이지만 대내적으로는 사회조화적 요구를 충족하기 위하여 국제적으로는 국제수지의 개선을 목적으로 개인의 대외경제활동면에 대한 국가의 적극적인 관여를 불가피하게 만들고 있다.

따라서 국가는 국민의 대외경제 질서를 일정한 방향으로 규제할 목적으로 단순히 사실로서의 일정한 행위를 제한·금지하는 데 그치는 것이 아니라 직접 대외법률관계의 효력을 제한·보충한다거나 혹은 적극적으로 대외법률관계를 형성 변경 소멸시키고 있다.

우리나라에서는 이러한 법률로서 전술한 형식적 의미의 대외무역법을 비롯하여 외국환거래법·관세법 등 각종의 법률들이 제정되어 있다.

그러한 의미에서 대외무역법과 경제법은 경제법적 성격을 갖는 대외경제법령이 점하는 범위 내에서 겹쳐져 있다.

4 대외무역법과 국제통상법과의 관계

우리나라는 WTO회원국으로서 우루과이라운드 협상에서 합의된 내용을 이행하기 위하여 국제통상관계에 관련된 국내법인 대외무역법과 관세법 등을 개정하였다. 이러한 점에서 볼 때 국제통상법은 국제법인 국제통상법의 1차적 존재와 그 국제통상법의 국내에서의 연장인 관련 국내법의 2차적 존재로 이해될 수 있다. 따라서 전통적 법학의 영역 구분인 국내법과 국제법의 2분법으로서 이해한다면 국제통상법의 기본영역은 국제법이며 그 방계 영역은 관련 국내 통상법이 된다. 이는 국제사회에서 국가들 관계가 긴밀하여 짐에 따른 결과이다. 그리고 여기서 '국제통상법'이란 「국경을 넘어 이루어지거나 또는 달리 두 국가이상에 관련하는 상품, 자본, 노동, 무형재산, 기술, 선박

다른 한편 경제법은 「국가가 국민경제 전체를 정당하게 질서지우기 위하여 경제를 규제하는 법규범과 법제도의 총체이다」라고 개념 정의하기도 한다 (권오승, 경제법, 법문사, 1999, p.13).

또는 항공기 등의 이동에 관련된 거래와 같은 경제적 거래를 규율하는 모든 국제법과 국제협정으로서 개인이 아닌 국가의 행태를 규율하는 공법규칙」을 말한다.

【그림 Ⅰ-1-2】 국제통상법(국제경제법)과 국내통상법의 구조적 이해

5 대외무역법과 독점규제 및 공정거래에 관한 법률과의 관계

독점규제 및 공정거래에 관한 법률은 독점규제정책의 실현을 목적으로 하는 법이다. 동법 제1조는 「이 법은 사업자의 시장지배적 지위의 남용과 과도한 경제력의 집중을 방지하고 부당한 공동행위 및 불공정거래행위를 규제하여 공정하고 자유로운 경쟁을 촉진함으로써 창의적인 기업활동을 조장하고 소비자를 보호함과 아울러 국민경제의 균형있는 발전을 도모함으로 목적으로 한다」고 규정하여 이 법률의 실질적인 목적이라고 생각되는 것을 비교적 적절하게 표명하고 있다. 즉 이 법은 공정하고 자유로운 경쟁의 촉진을 직접적인 목적으로 하고, 나아가 소비자의 보호와 국민경제의 균형있는 발전을 도모함을 그 궁극적인 목적으로 하고 있다.

따라서 이 법은 전환기에 선 우리 경제를 민간 주도로 운용하기 위한 기본법으로서, 민간기업의 창의력과 자유경쟁을 바탕으로 하는 시장기능의 이점을 최대한으로 살리기 위하여 경쟁을 저해하거나 왜곡시키는 행동을 규제하고 모든 사업자의 경제활동에 관한 항구적이고 기본적인 행동규범을 정하는 법으로써 경제법적 성격을 갖고 있다.

한편 이 법은 국제계약에 있어서의 불공정거래행위도 규제하고 있는데, 즉 이 법 제32조는 「사업자 또는 사업자단체는 불공정거래행위에 해당하는 국제적 협정이나 계약을 체결하여서는 안 된다」고 규정하고 있다.

이상과 같이 이 법은 부당한 거래제한 혹은 불공정한 거래방법에 해당하는 사항을 내용으로 하는 협정 또는 계약을 금지 내지 방지하려고 하는 것이지만 이 규정이 1국내의 거래협정 또는 계약에 대한 것뿐만 아니라, 그 영역을 넘어서 2국간 내지 다수국간에 있어서의 국제적 협정 또는 계약에 대해서도 규제를 가하고 있다는 점에 대외무역법과 그 정신을 같이한다고 볼 수 있다.

그런데 대외무역법 제51조에서는 산업자원부장관의 조정명령의 이행에 대하여는 독점규제 및 공정거래에 관한 법률을 적용하지 않는다. 다만 이 경우 산업자원부장관의 조정명령이 독점규제 및 공정거래에 관한 법률 제2조 제1항의 규정에 의한 사업자간의 국내시장에서의 경쟁을 제한하는 것인 때에는 공정거래위원회와 미리 협의하여야 한다고 규정하고 있다.

6 대외무역법과 관세법과의 관계

관세법은 관세의 부과·징수 및 수출입물품의 통관을 적정하게 하여 국민경제의 발전에 기여하고 관세수입의 확보를 기함을 목적[11]으로 제정된 법으로써 무역관리법인 대외무역법과 간접적으로 매우 긴밀한 관련성을 맺고 있는 경제법의 한 분과이다.

그러므로 대외무역법과 같이 그 성격면에서도 국가권력으로써 명령·강제하는 권력관계이고 따라서 공권력관계로 이루어지는 공법이며, 대등관계나 사익에 관한 법인 사법이 아니며, 특히 기술적 합목적성을 지배원리로 하는 법이다.

7 대외무역법과 국가보안법과의 관계

대외무역법에 의한 물품의 수출입행위에 대해서는 당해 행위가 업무수행상 정당하다고 인정되는 범위 안에서는 국가보안법의 적용을 배제한다고 대외무역법 제52조는 밝히고 있다.

여기서 업무수행상 적당하다고 인정되는 범위란, 예컨대 무역관리당국의 수출입 허가·승인을 받은 행위는 이에 해당된다고 할 것이다.

8 대외무역법과 WTO법과의 관계

1. 서설

대외무역거래는 본래 사인간의 사적자치의 원칙에 기하여 이루어지는 상거래지만 그것은 또한 2국간 내지 그 이상의 다수국간에서 행하여지는 상거래라는 점에서 국제법에 의해서도 여러 가지의 규제가 가하여지고 있다. 그 가장 기본적인 것은 국가간의 자유로운 경제활동에 법적 근거를 부여하는 항해통상조약(commercial treaty and convention)[12]이다.

---

11) 관세법 제1조.

12) 항해통상조약(treat of commerce and navigation, friendship commerce and navigation treaty)이 규정하는 내용은 매우 광범한데 그것은 직접으로 통상과 항해에 관계하는 사항뿐만 아니라 체약국의 경제·사회·문화의 모든 방면에 걸치는 사항까지 미치는 것이 보통이다. 즉 첫째, 수출입·관세·물품의 유통·창고 기타 체약국의 물품과 상인에 대해서 타방체약국의 영역내에서 인정되는 이익과 권리를 보장하는 규정 둘째, 선박의 통과와 입항의 자유·화물의 적하와 양륙·해난구조 기타 체약국의 선박과 승무원에

통상조약은 기원전 509년에 로마와 카르타고와의 그것을 시초로 하여 중세에는 주로 이탈리아의 상업도시국가간에서 체결되었으나, 그것은 주로 정치적 성질의 것이었다. 그 후 점차로 무역촉진이 이루어짐에 따라 18세기 이후에 있어서의 통상조약은 자유통상의 기초로 되었다.

그런데 제2차 세계대전 후에는 국제통상에 대한 국제법적 규제는 그 비중이 더욱 높았다. 그 대표적인 것이 이른바 관세 및 무역에 관한 일반협정(General Agreement on Tariffs and Trade : GATT)의 움직임이 바로 그것이다.

현재까지도 GATT (1994) / WTO를 중심으로 한 통상조약이 국제통상의 기본이 되고 있음은 변함이 없다. 국제법적 질서는 한 나라의 국제통상에 대하여 큰 역할을 다하는 것이고 그 국내법도 또한 원칙적으로는 이러한 국제법의 범위 안에서 제정되지 않으면 안 된다. 그리고 오늘날 무역에 관한 국내법의 입법 및 그 운영은 이러한 WTO협정 등 국제법에 의한 규제로 말미암아 좌우되는 경우가 많다.

예컨대 우리나라의 대외무역법 제2조의 「정부는 헌법에 의하여 체결·공포된 무역에 관한 조약[13]과 일반적으로 승인된 국제법규가 정하는 바에 따라 자유롭고 공정

대하여 타방체약국의 영해 및 항구에서 인정되는 권리와 특권 등 통상과 항해에 관한 규정 셋째, 체약국의 국민의 입국·거주·여행·직업의 자유로부터 신체·재산의 보호·종교의 자유에 이르기까지 체약국의 국민이 타방체약국의 영역내에서 향유하는 사법상의 지위에 관한 규정 등이 그것이다.

13) 조약에는 실질적 의미와 형식적 의미의 두 가지 뜻이 있다. 실질적 의미의 조약이라 함은 국제법 주체간의 명시적 합의를 총칭한 것이고, 형식적 의미의 조약은 이와 같은 조약 중에 특별히 구체적으로 'Treaty'라는 명칭이 붙은 것을 말한다. 그런데 조약의 국제법상의 효과는 명칭여하에 관계없이 동일하며, 조약에 적용될 실체법규도 명칭 여하에 차별을 두고 있지 아니하다. 다만 국제관례상 다음과 같은 구별이 발견된다(이한기, 「국제법학(상)」, 박영사, 1986, pp.318~319).

① **조약군(The Treaty Group)** ; Treaty(조약), Pact(협약), Convenant(규약), Charter(헌장), Constitution (헌장), State(규정), Convention(협정), Act(의정서), Declaration(선언) 등이 이에 속한다.

② **약정군(The Agreement Group)** ; Agreement, Accord, Arrangement(이상, 모두 약정으로 번역 된다), Protocol(의정서), Modus Vivendi(잠정협정), Exchange of Notes(교환공문) 등이 이에 속한다.

③ **기타** ; 그 자체 조약을 구성하지 않는 Memorandum(각서), Note Verbal(구상서), Procés Verbal(의사록) 등이 있다.

미국의 경우 통상협정의 합헌성 여부와 관련하여 1930년 이전까지만 해도 조약(의회의 동의를 얻은 것)이 아닌 협정(의회의 동의를 얻지 않은 것)의 유효성 여부에 대하여 논란이 많았으나 「핑크케이스」이후에는 역사적 의미밖에 없다. 즉 외국과 맺은 국가간의 합의가 법적 효력을 갖기 위해서는 명칭 여하를 불문하고 조약이어야 하고 조약인 한 상원에서 그 재적의원 2/3 이상의 동의를 얻어야 한다는 것이 과거 행정협정위헌론의 주된 이유였다. 이에 대하여 연방대통령은 계속 협정의 합헌성을 지지해 왔으며 그 이유는 다음과 같다. 즉 「국제협정을 맺는 것은 헌법상의 조약은 아니다. …비록 헌법은 이를 확인하고 있지 않지만…그럼에도 불구하고 이러한 협정은 유효한데 그 이유는 주권이라는 개념에서 나오는 것으로 헌법상 명문규정의 유무에 불구하고 불가분적이고 원천적으로 존재한다」. 한편 벨몬트 케이스(U.S v. Belmont et al., Executors 301. U.S. 324)에서 법원은 「대외관계는 권력이 분립되어 있지 않고 미국 국가라는 전체에 배타적으로 귀속되어 있으며 헌법상 조약은 공공의 복리를 위한 국가간의 계약을 의미하나 헌법상 의회의 관여가 필요한 조약 이외의 국가간 계약은 배타적으로 귀속된 주권에 의해 향유되며 체결되어진다. 더욱이 대통령에게 특정 분야의 통상에 관한 협정을 맺을 권리가 부여된 경우에는 그 효력에 관

한 무역을 조장함을 원칙으로 한다」고 국내법적 차원에서의 선언이 그것이다.

주지하는 바와 같이 우리나라는 1967년 4월 15일 GATT 가입을 계기로 대외무역법에 의한 자주적인 무역관리를 GATT 테두리 내에서 설정·운영하여 왔다.

더욱이 1995년 1월 1일 발효한 WTO법 제18.4조는 WTO협정 발효일 이전에 회원국의 법률·규정 및 행정절차를 WTO 협정문에 일치시키도록 의무화하고 있다. 이를테면 우리나라 대외무역법이 WTO법과 정면으로 배치되는 부분은 이를 협정문과 일치시켜야 한다. 이는 모든 WTO회원국에게 주어진 공통의 의무이기도 하다.

2. 조약의 국내법상지위

우리 헌법상 조약을 협상하고 체결, 비준하는 권한은 대통령에 속한다.[14] 대통령이 조약을 체결하고 비준하는 데는 두 가지 요건이 있다. 모든 조약안은 국무회의의 심의를 거쳐야 하며[15] 국회는 상호원조 또는 안전보장에 관한 조약, 중요한 국제조직에 관한 조약, 우호통상항해조약, 주권의 제약에 관한 조약, 강화조약, 국가나 국민에게 중요한 재정적 부담을 지우는 조약 또는 입법사항에 관한 조약의 체결·비준에 대한 동의권을 가진다.[16] 여기서 입법사항이라 함은 국민의 권리나 의무에 관계됨으로써 현행법의 개정이나 신규 입법을 요하는 사항을 의미한다. 위에 열거되지 않은 사항에 대한 조약이나 협정, 예컨대 열거된 조약의 위임 사항, 시행 사항 또는 비입법 사항에 관한 행정협정 등은 국회 동의를 요하지 않는다.

국회는 동의 과정에서 선별적인 동의 다시 말하면 조약 원안에 수정을 가한 후 동의를 부여할 수 있는가라는 문제는 아직까지 구체적 선례나 판례가 없는 가운데 학설상 차이가 있으나 통설은 특정한 결론을 표시하여 구속하는 것은 위헌으로 보며 다만 상대국과 협의하에 수정하도록 조건부로 동의할 수는 있는 것으로 본다. 국회에서 조약안의 수정가결이 허용되지 않는 다는 점에서 한국 국회의 조약안에 대한 동의는 소위 '신속절차'를 영구적으로 채택하고 있다고 말할 수 있다.

미국 등 여타 국가들과 비교하여 한국국회의 조약체결을 위한 교섭 · 체결 · 비준 과정에서의 역할은 위에서 언급한 중요 조약에 대한 동의권 행사 외에는 별로 없었다고 할 수 있으며 지금까지 동의가 거부된 사례도 아직 없다.

위에 설명한 헌법 절차에 따라 체결 공포된 조약과 일반적으로 승인된 국제 법규

하여 다툼이 있을 수 없다」고 판시하고 있다(U.S. v. Pink 315 U.S. 203·1942에 관해서는 Gunt, G. Dowling N. Constitutional Law, p.599 참조). 따라서 현재로서는 협정의 합헌성 여부 등에 관한 논란은 거의 없다.

14) 헌법 제73조.

15) 헌법 제89조.

16) 헌법 제60조 1항.

는 국내법과 같은 효력을 가진다.[17] 따라서 원칙적으로 조약은 국내법화 하는 별도의 입법조치가 필요 없이 국내법으로서의 직접 효력을 갖는다. 다만 예외적으로 조약 자체가 그 집행을 위하여 별도의 국내 입법 조치를 전제하고 있는 경우에는 물론 그러한 입법 조치가 필요하다고 하겠다.

앞에서 국내법과 동일한 효력을 갖는다는 헌법규정이 곧 모든 조약이 국회의 입법절차에 따라 제정된 「법률」과 같은 지위를 갖는다고 볼 수는 없다. 따라서 국회의 동의를 받지 않은 조약은 원칙적으로 대통령령이나 부령의 지위를 갖는다고 보아야 할 것이다. 법령과 법령의 충돌이 있는 경우 일반적으로 신법우선 원칙과 특별법우선 원칙이 인정된다. 조약은 위에서 말한 것처럼 국내법과 동등한 지위에 있으므로 후에 제정된 국내법이 특정 조약의 효력의 제한이나 상실을 가져올 가능성을 배제할 수 없다. 그러나 이러한 충돌과 저촉 가능성은 우선적으로 행정부내 법제처 업무수행에 의하여 방지되고 있으며 궁극적으로는 법원이 판단하여야 할 과제이다.

3. WTO협정의 국내법상 지위

WTO 제협정은 「세계무역기구 창설에 관한 마라케시협정」으로서 1994년 12월 16일 일괄하여 국회의 동의를 얻었으며 12월 23일 대통령의 비준을 거쳐 12월 30일 공포되었다. 따라서 WTO협정은 헌법 제6조 제1항에 규정에 따라 국내법과 동등한 직접 효력을 갖는다는 것은 의심의 여지가 없다. 이미 대법원은 GATT조문의 직접 적용을 수차례에 걸쳐 확인한 바 있다.[18]

국회가 WTO협정의 비준과 관련하여 한 가지 특기할 것은 정부가 제안한 조약안을 그대로 동의하는데 그치지 않고 「WTO협정 이행특별법」이란 별도 입법을 하였다는 점이다. 앞에서 본 것처럼 헌법상 이와 같은 별도의 이행법은 불필요하다. 여기서 한 가지 주의할 사항은 이 이행특별법은 그 이름의 유사성에도 불구하고 미국이나 유럽연합에서 말하는 UR이행법과는 전혀 다른 법적 성질을 갖고 있다는 점이다. 조약의 직접적 국내 효력을 부인하는 미국이나 EU의 경우 이행을 위한 국내법의 제정은 필수적이며 그 내용도 WTO 전협정의 구체적 조항을 모두 포함하여야 하나 우리나라의 경우 WTO협정은 그 자체가 국내법적 효력을 가지므로 우리나라에서 제정된 WTO 이행특별법은 WTO협정을 대신하는 것이 아니라 다만 WTO협정에 관련한 몇 가지의 특별한 사안에 대한 추가적 조치를 내용으로 하고 있다는 점이다. 즉 그 주 내용은 WTO협정으로 가장 타격을 받을 것으로 예상되는 농어민 등에 대한 특별보

17) 헌법 제6조 제1항.

18) 대법원 판결번호 85누 448(1987), 91누 10763(1992) 두 사건 모두 관세부과처분취소건으로 GATT 조문과 한국관세법조문을 동시에 검토·적용한 것이다.

호조치를 강구하는데 있으며 그러한 특별조치를 하는데 있어서도 「WTO협정과 관계법령이 정하는 바에 따라」라고 명시하여 WTO협정과의 충돌을 피하고 있다.

또한 동 특별법의 원 제안법안에는 「WTO협정의 어느 조항도 국가의 경제 주권을 상실 또는 침해하는 것을 용인하는 것으로 해석할 수 없다.」(제2조) 또는 「WTO협정은 이 법에 특별한 규정을 두거나 개별 국내법을 개정하지 않은 사항에 관하여 국내법의 효력을 상실 또는 배제하지 못한다.」(제3조)고 하는 등 헌법 제6조 제1항 규정과 정면으로 대립하는 듯한 제안들이 있었으나 심의 과정에서 모두 삭제되었다.

이상에서 본 바와 같이 WTO협정의 제조항은 국회의 동의를 얻은 헌법 제6조 제1항상의 조약으로서 원칙적으로(별도 국내입법을 전제하거나 너무 모호하여 법적 집행력을 부여하기 어려운 경우를 제외하고) 국내법상 직접 효력을 갖는다.

한편 WTO 분쟁해결절차에 관련한 패널보고서는 국내법상 어떤 효력을 갖는다고 보아야 할 것인가라는 문제에 아직 한 번도 GATT 패널보고서의 집행에 관한 구체적 케이스가 없기 때문에 분명치는 않으나 국내법상 구속력이 인정되어야 하리라고 본다. WTO 패널보고서는 WTO 분쟁조정위원회의 채택결의에 의한 국제기구의 결의사항이라고 볼 수 있기 때문이다.

4. 미국 통상법의 경우

(1) 미국 통상법과 WTO협정과의 관계

구 GATT체제(1947~94)와 신 WTO 출범(1995~)을 주도적으로 이끌어 왔던 미국의 통상정책은 한편으로는 다자간 통상 질서의 재편을 그들의 이익을 위한 방향으로 꾸준히 추진해 나가는 동시에, 다른 한편으로는 지역간, 산업구조간의 경제 블록화를 통해 그들의 실리와 세계경제에서의 주도권 확보를 도모하여 왔다. 더욱이 한국을 비롯한 주요 교역대상국들과의 개별 협상을 통해 통상이익을 추구해 나가는 등 소위 3원적 통상정책을 전개하고 있다. 자국의 이익을 위한 이러한 통상정책 및 통상법의 변화는 자유무역이라기보다는 그들의 기준에 의한 공정무역(fair trade)내지는 관리무역(managed trade)의 형태를 취하게 됨에 따라 GATT/WTO 법을 근간으로 하고 있는 국제통상법과 여러 부문에서 많은 충돌(conflict of laws)을 빚고 있다.

예컨대 미국의 경우 전술과 같이 GATT/WTO 체제가 그들의 주도로 7년여의(1986~93.12.15) 협상 끝에 합의되었음에도 불구하고 「UR이행법」[19]에서 이에 위반

19) 원칙적으로 1994년 4월 15일 Marrakesh 회의에서 WTO협정으로 조인을 받기 이전에는 UR 또는 UR협정이라는 명칭이, 동회의 이후에는 WTO협정이라는 명칭을 사용하는 것이 옳다. 그런데 미국에

되는 많은 조항을 삽입하였고, 특히 그동안 일방적 무역보복조치로 세계의 비난을 받아 온 1974 통상법 301조가 GATT/WTO의 새로운 분쟁해결절차에도 불구하고 아직도 가장 강력한 통상규제수단으로 활용되고 있다는 점 등이 그 대표적인 예에 속한다.

지난 1995년 1월 1일부터 발효된 WTO법은 국제적 조약으로서 동협정에 서명한 각국을 구속하며 이에 위반하는 국가는 동협정의 분쟁해결절차에 따라 제재를 받게 됨은 조약법의 성격상 너무나 당연하다.

그러나 문제는 WTO협정의 이와 같은 국제법상의 효력이 곧 각국내에서 국내법으로서 유효하다는 것을 뜻하는 것은 아니다. 즉 이 문제는 개별 국가의 헌법과 법령이 대외적인 통상조약에 대하여 어떠한 효력을 부여하고 있느냐에 달려 있다.[20] 그리하여 만일 조약의 국내법적 직접효력을 부인하는 법체제하에서는 (미국 및 EU가 그러하다) 당해 조약에 따른 의무를 이행하기 위한 이행법을 국내법으로 별도 제정하게 된다. 이 경우, 그 이행법이 조약 내용과 반드시 일치한다는 보장은 없다.

WTO법의 실효성 논란이 야기된 근본 요인이 여기에 있다. 미국의 법체계는 매우 복잡한 양상을 띄고 있다. 우선, 첫째로 미국헌법과 개별 국내법간의 통상에 관한 체계가 불명확하고, 둘째로 입법과정에서의 독특한 정치적 성격, 사법부의 판례를 통한 기존 법률이나 정책결정의 위헌선언, 연방법과 주법간의 관계 등이 그 예이다.

기본적으로 미 헌법 제2조[21]에 근거하여 대통령이 확정한 국제조약은 제6조[22]의 규정에 의해 미국내 다른 국내법과 동등한 위치를 갖는다.

일반적으로 미국내 판결에 있어 미연방법이나 주법이 국제협약과 상충될 경우, 법원은 그 상충되는 규정을 조화·해석하도록 한정하고 있다.[23] 만일, 그 상충되는 규정이 너무나 명확하여 법원의 조화적 해석이 불가능할 경우, 「후법우선의 원칙(Later-in-Time Rule)」에 의해 후에 입법한 법률이나 조약은 이전의 상충되는 조약과 법률을 대체하도록 규정하고 있다.

서는 WTO 이행법이라고 하지 않고 「UR 이행법」이라는 말이 법안의 명칭으로 상정되었다.

20) 미국과 같이 WTO협정의 국내법적 효력을 직접 인정하지 않는 경우, 예로 X재의 수입관세율을 5%로 인하하기로 한 조약에도 불구하고 미 정부가 기존의 10%를 고수할 때 미국은 국제법상으로는 조약의무를 위반한 것이 확실하지만 국내법상으로는 아무런 위법이 되지 않으며 따라서 X재 수입업자는 10%로 부과된 관세에 대해서 소송이나 다른 항변을 할 수 없도록 되어 있다.

21) 미국 헌법 제2조 : "대통령은 상원의 자문과 동의를 얻어 외국과의 조약을 체결할 권한을 갖는다."

22) 미국 헌법 제6조 : "본 헌법과 법률 기타 모든 조약은 미국내에서 최고법(Suprime Law)으로서의 위치를 가진다."

23) U. S. V. PLO, 695 F. Supp, 1456(S.D.N.Y. 1988).

이에 대하여 미국 사법부는 일련의 판례법[24]을 통해 소위 「전환행위(The Act of Transformation)이론」에 입각하여, 이미 국제적으로 승인된 규범이라 하더라도 반드시 미국의회의 구체적인 입법 행위를 통해 국내법적 효력을 부여받도록 하고 있으며, 미국의회도 국제조약이나 협정은 그 자체만으로는 직접적인 효력을 갖지 못한다고 판시하고 있다.[25]

또한 일반적으로 연방법이 주법에 우선하도록 되어 있으나, 국제조약과 주법과의 관계에 있어서는 미국대법원에서 판례법(Case Law)[26]을 통해 유효한 국제조약은 주법에 우선한다는 원칙을 천명하고 있다.

결국, 미국 통상법은 많은 법률들에 의해 미국 국내법 우선의 원칙을 적용시키고 있음을 시사하고 있으며, 국제통상규범은 미국의 국내법과 동등한 효력을 가지는 것을 원칙으로 하고 있다.

그러나 실질적으로는 미국 국내법 우선의 의지를 여러 가지 형태로 천명함으로써 미국 통상정책에서 법 적용 순위는 첫째, 국제통상규범과 직접적인 마찰이 있는 경우는 미국의 국내법을 우선 적용하고, 둘째, 미국 국내법과 직접적인 마찰이 없는 경우에는 국제통상법을 적용하는 선국내법, 후국제규범의 입장을 취하고 있다.

한편 미국의 통상법은 1986년부터 1994년까지 진행된 UR의 타결에 따라 UR협상을 수용하기 위한 협정 이행법(Uruguay Round Agreement Act)을 제정하면서 많은 부분에 국제통상규범과 상충되는 규정을 포함시켰다.

미국 연방법은 WTO 협정을 우선하게 되어 있어, 미국 국내법 우선 원칙을 천명하고 있다. 또한, WTO 협정이 수년간에 걸쳐 다수국간의 합의에 의한 국제통상규범으로서의 국제관습법(Customary International Law)의 단계를 넘어선 국제조약의 성격을 가지고 있음을 감안한다면, WTO 규범의 기본효력을 무효화 또는 최소한 반감시키고 있다고 보아도 무리는 아니다.

UR협정이행법(UR Agreement Act)은 WTO 협정이 미국주법에 우선하도록 규정하고 있으나, 미국 정부에 의해 문제가 야기된 경우에만 예외적인 경우로 한정하고 있다. 또한, WTO협정이행법(UR Agreement Act)은 어떠한 경우라도 일반인들은 UR협정을 근거로 소(訴)를 제기하지 못하도록 되어 있으며, 협정문 조항을 근거로 한

---

24) 미국내에서 국제조약의 직접적 효력 여부에 대해서는 1952년 Sei Fujii v. State of California사건을 통해 UN헌장의 일부 조항은 직접적인 효력을 가지지 못한다고 판시하였다.

25) Tokyo Round 협정과 관련된 1979년의 입법 제3조(a) 및 제3조(f), NAFTA 협정문 및 UR협정을 위한 이행법률에서도 이를 명시하고 있다.,(UR Agreements Act, @ 102, 1993) 참조.

26) Missouri v. Holland 252 U. S. 416(1920).

항변을 하지 못하도록 되어 있다. 이는 어떠한 경우라도 일반인들은 WTO 협정과 상충을 근거로 연방법이나 주법의 개정을 제안할 수 없음을 내포한다 하겠다.27)

UR협정이행법(UR Agreement Act)은 미국 행정부로 하여금 미국의회에 여러 가지 형태의 보고를 하도록 하고 있으며, 필요할 경우 의회의 자문을 받도록 규정하고 있고,28) 5년간의 주기로 WTO 체제의 참여 여부에 대해 미국의회에서 심사를 할 수 있도록 규정하고 있다.29)

결국, 미국은 WTO체제를 통해 지적재산권, 투자, 금융서비스 등 미국 산업을 지원하기 위해 새로운 통상분야를 포괄하는 무역체제를 설정하는 한편, 필요할 경우 상호주의(reciprocity)30)에 근거한 쌍무주의 협상을 통해 미국의 통상이익을 추구해 나갈 수 있다는 것이다.31)

즉, 미국은 WTO체제유지에 다분히 결정적인 결함이 될 수 있는 내용을 가지고 있으며,32) 이는 미국 행정부에 의해서도 지지되고 있음을 알 수 있다.33)

(2) 미국통상법과 WTO협정과의 마찰 사례

이상에서 살펴본 바와 같이 미국의 통상법은 WTO 국제통상규범과 많은 마찰을 빚고 있는데 그 대표적인 예를 정리하면 다음과 같다.

---

27) Uruguay Round Agreements Act, @ 102(C).

28) Uruguay Round Agreement Act @@ 122, 123, 127.

29) Robert Dole상원의원의 WTO의 분쟁해결결과를 심의할 수 있는 권한을 가진 위원회(Commission)의 창설을 목적으로 한 법안의 내용을 살펴보면 다음과 같다.

① 5인의 연방고등법원 판사들로 구성되는 동 위원회는 WTO분쟁해결결과를 심의하여 패널이 미국의 의무를 증가시키거나, 미국의 각종 권리를 저해하였는지, 또는 패널의 결정에 있어 주어진 권한 사항의 범위를 초과하였는지 여부를 결정하고,

② 만약, 상기위원회가 WTO패널의 결정과 관련하여 상기 사항의 위반내용을 발견하였을 경우, WTO 분쟁해결절차의 내용들을 수정할 수 있도록 미국 대통령이 협의를 개시하도록 요구하고 있으며,

③ 만약 동위원회가 5년간 3회 이상의 상기사항에 대한 위반사항을 발견한 경우, WTO 협정의 승인철회와 WTO에서의 탈퇴 등을 할 수 있도록 규정하고 있다.

30) 상호주의란 국제무역에 있어서 교역 당사국간의 동등한 대우의 공여, 동등한 정책적 조치의 채택, 동등한 권리와 의무의 수행 등을 의미한다. 다시 말하면 상호주의란 어느 나라가 교역 상대국에 대하여 관세율의 인하, 수입규제조치의 완화, 자국 시장의 개방 등 정책적 조치를 실시하면 그 교역 상대국도 이에 대한 대가로 동일하거나, 유사한 정책적 조치를 취하도록 하는 것을 의미한다.

31) Mickey Kantor USTR 대표는 1995. 5. 26 일본의 하시모토 통산상에게 보낸 서한을 통해 "모든 국가는 WTO 협정문 이외의 사항에 관한 행위나 관습을 지양하기 위해 그 국가의 국내 무역법을 사용할 권리를 가지고 있다"고 확인하고 있다.

32) 우루과이 라운드 이행법(Uruguay Round Agreements Act of 1994)) 제1조에는 "미국 국내법에 상치되는 WTO결정에 대해서는 국내법을 우선적으로 적용한다"고 명시하고 있다. 또한 동법에서는 WTO의 결정 사항을 5년 단위로 측정하여 3회 이상 부당한 판결을 내린 경우에는 의회가 WTO 탈퇴 결의안을 상정, 통과시켜 대통령의 서명으로 정식 탈퇴하도록 하고 있다.

33) Economic Report of the President Feb. 1995, at 213.

① 다자간 무역규범의 근간이 되는 GATT/WTO 체제가 미국의 주도로 오랫동안의 협상 끝에 합의되었음에도 불구하고 미국은 그 이행법에서 이에 정면으로 배치되는 많은 조항을 삽입하였으며, 또한 WTO 분쟁해결절차에 대한 심의를 위한 위원회의 설치를 계획하는 등 GATT/WTO의 근본정신을 위반하고 있다.

② 대표적인 일방적 무역보복조치로 세계의 비난을 받아 온 1974년 통상법 301조가 GATT/WTO의 새로운 분쟁해결절차에도 불구하고 여전히 미국의 가장 강력한 통상수단으로 활용되고 있다.

③ 반덤핑관련통상법, 정부구매제도, 관세법 제337조 등 각종 통상법의 적용에 있어서 GATT의 기본정신인 내국민대우원칙에 반하고 있다.

④ 미국의 경쟁촉진정책, 파산법 등 향후국제통상문제에 지대한 영향을 미칠 수 있는 분야들이 교역상대국과의 직접적인 무역으로 인한 분규뿐만 아니라 이들 국가들의 산업구조 등까지 그 적용이 확대되어 가는 추세에 있어 이에 따른 다자간 규범과의 마찰이 심화되고 있다.

⑤ GATT 제11조에 의해 원칙적으로 금지되고 있는 수량제한조치가 많은 미국통상법에 아직도 산재해 있으며, UR협정에 의한 수출자율구제의 폐지합의에도 불구하고 자동차제조표지법 등이 실질적 수입제한조치로 대체될 가능성이 있다.

특히 위 사항 중 74통상법 제301조는 정치적·외교적 분쟁해결 수단으로서 규범지향적인 GATT/WTO의 분쟁해결방식에 배치된다. 이는 공정성을 내세우는 미국이 「규범」에 의한 합리적인 해결을 외면하고 오히려 자국의 「힘」에 의지하여 분쟁해결을 도모함으로써 오히려 불공정을 초래하고 있다는 비난을 면하기 어렵다.

구체적으로 301조는 불공정관행의 요건과 절차의 진행 및 제재조치의 발동에 이르기까지 그 일방적 성격으로 인해 GATT/WTO의 다변적 분쟁해결구조에 배치된다. 특히 WTO분쟁해결협정은 분쟁의 일방적 해결을 명문으로 금지하고 있어 301조는 이에 정면으로 위배된다.

또한 301조는 특정국을 지정하여 무역제재조치를 부과하는 차별적 조치로서 GATT/WTO의 무차별원칙에 배치된다. GATT협정 제1조의 최혜국대우원칙은 특정국에 대해 다른 국가보다 불리한 교역조건의 부과를 금지하고 있는데 301조는 일방적이고 모호한 근거에서 특정국의 불공정관행에 대해 제재조치를 부과함으로써 사실상 차별적인 운용이 가능한 것이다.

더욱이 301조는 외국의 불공정관행에 대하여 무제한적 보복조치를 과할 수 있게 함으로써 GATT/WTO의 최소규제원칙에 위배된다. GATT/WTO의 분쟁해결절차는 보복조치의 보충성과 균형성, 한시성을 요구하고 있음에 대해 301조는 법상 아무런 제한 없는 보복조치를 부과할 수 있게 되어 있다.

301조는 이와 같은 문제점이 있기 때문에 WTO가 출범한 이후에도 미국이 계속 이를 고집할 경우 모처럼 어렵게 출발한 WTO체제를 근본부터 뒤흔들 가능성마저도 있다고 하겠다. 따라서 미국이 301조 자체를 폐기하는 것이 가장 바람직하겠지만 그렇지 않을 경우 내부규정을 마련하여 GATT/WTO가 규율하지 않는 분야나 국가에 대하여만 301조를 발동하도록 규범적인 보장이 있어야 할 것이다.

Chapter Ⅱ
대외무역의 관리 및 관리기구

1 대외무역의 관리

❶ 무역관리의 의의

무역관리 (trade control)라 함은 대외무역거래에 대한 국가의 간섭 (intervention)내지 통제 (control) 및 규제 (regulation)를 말한다.[34]

무역관리는 수량제한 (quantitative restriction)이라고도 하는 것으로 외국환관리 (exchange control)[35] 및 관세 (customs tariff, zoll)와 함께 자유로운 무역을 제한하는 3대 장벽을 형성하고 있다. 국제분업 원리에 의한 비교생산비설에 의하면 국제무역은 거래쌍방에 모두 이익을 주는 것이므로 가능한 무역에 대하여 인위적인 통제라든가 간섭을 행하지 않고 자유롭게 맡겨두어야 쌍방의 이익이 극대화된다고 한다. 그러나 오늘날 세계 각국은 정도의 차이는 있어도 모두 무역에 대해 정부가 깊은 관여를 하고 있다.

34) 간섭(intervention)이라는 말은 일반적으로 권리의 제한(소극적)과 보호육성(적극적)이란 두 면에 걸치고 고권적(高權的)간섭·비고권적(非高權的) 간섭의 양자로 포괄하는 뜻으로 사용되고 있다(Mund, Government and Business, 1950, p.40 ; Steiner, Gevernment's Role in Economic Life 1983, p.1). 한편 간섭이라는 용어 대신 넓은 의미의 규제(regulation)를 사용하는 학자도 있다(金澤良雄, 경제법, p.32). 그리고 통제(control)의 관념에는 이론이 있으나 대체로 경제를 일정방향으로 규제한다든가 특정목적 달성을 위해 경제를 지도하는 의미로 쓰여지고 있다(石井照久, 상법총칙, p.31 ; 田中二郞, 행정법대의, p.309).

35) 외국환관리는 넓은 의미의 무역관리에 속한다. 이는 수출입무역관리가 직접적으로 물적면에서 수출입을 관리함에 비추어 외국환관리는 물적면의 배후에 반드시 수반하는 외국환의 관리를 하는 것으로서 금전면의 관리를 통하여 간접적으로 물적면을 관리하는 것이기 때문이다.

관세를 제외한 각종 무역장벽 요소를 비관세장벽(non-tariff-barriers)[36]이라고 하는데, 여러 가지 비관세장벽 중에서도 수량제한은 가장 직접적이고 적극적 간섭이 되기 때문에 GATT (1994) 제11조에서는 원칙적으로 이를 금지하고 있다. 그러나 예외적으로 식량 등 부족상태 해소나 「세이프가드」등 특정한 경우에 한하여 수량제한 금지의 예외를 두고 있다.

오늘날 자유주의 경제체제하에서 국가는 무역에 대하여 직접적인 관리를 할 것이 아니라, 가능한 한 가격의 자율조정기능에 의한 간접규제를 하여야 하며, 또한 이 점에 전략적 시각을 맞추어야 할 것이다. 직접통제를 행하는 가장 대표적인 예는 사회주의국가에서와 같이 무역을 완전히 국가가 장악하고 민간무역을 전반적으로 할 수 없도록 하는 경우이며, 그 밖에 일반적인 유형으로 극히 제한된 범위내에서 수출입금지 또는 제한을 행하는 경우를 들 수 있다.

간접규제를 행하는 경우에는 가격정책에 의하여 수출입 규모를 간접적으로 규제하는 것으로, 이를테면 수출입 규모의 양적인 규제를 오로지 가격기구에 맡기고 이에 인위적 조정을 행하지 않고 있는 것을 말한다.

2 무역관리의 대상

대외무역법상의 무역의 관리는 국민의 대외경제생활을 그 대상으로 한다. 즉 대외무역이 대상으로 하는 대외경제생활이란 수출입되는 물품 또는 수출입하는 행위를 관리의 대상으로 삼고 있다. 여기서 수출입이란 후술하는 바와 같이 각종 무역관계법규에 따라 그 의미하는 바가 같지 않지만, 대체로 수출은 대외판매의 목적물이 되는 상품을 대상으로 하여 외화 또는 그에 상응하는 물품을 대가로 외국에 물품을 매각하는 행위를 말하고, 수입은 매매의 목적물이 되는 상품을 대상으로 하여 외화 또는 물품을 대가로 외국으로부터 물품을 구매하는 행위를 말한다.

여기서, 이해의 정리를 위해 각 관련법규에서 규정하고 있는 수출입의 개념을 요약해 보기로 한다.

---

36) 비관세장벽에 대한 자세한 내용은, 이춘삼, 「현대무역학개론」, 동성사, 1997, pp. 440～453 참조. GATT가 분류하는 NTB 유형은 다음과 같다.
제1그룹(정부의 행정적 관여) : 정부의 투자보조금·수출보조금·상계관세·정부조달·국가무역 등
·제2그룹(세관 및 행정절차) : 관세평가제도·평가절차·덤핑규제·관세분류·· 수입관세서류 등
제3그룹(각종 규준·규제) : 산업·위생·안전에 관한 규준, 포장·표시규제
제4그룹(무역에 관한 개별적 제한) : 수입수량제한·허가제한·2국간협정·수출규제 등
제5그룹(수입에 대한 과징금) : 수입담보금·행정수수료·통계세·자동차에 관한 차별적 과세·수입신용공여규제·국경세조정·가변과징금 등
제6그룹(기타, 가격 이외의 규제) : 광고선전 및 운송규제, 상영시간 규제, 제한적 영업관행 등

1. 대외무역법상 수출입의 정의

(1) 수출의 정의

수출의 정의를 대외무역법 시행령 제 2조 제 3호에서는 다음과 같이 규정하고 있다.

① 매매·교환·임대차·사용대차·증여 등을 원인으로 국내에서 외국으로의 물품의 이동(우리나라 선박에 의하여 외국에서 채취 또는 포획한 광물 또는 수산물을 외국에 매도하는 것을 포함한다).

② 거주자의 비거주자에 대한 용역의 제공

③ 거주자의 비거주자에 대한 전자적형태의 무체물을 정보통신망을 통하여 전송하는 것

④ 유상으로 외국에서 외국으로 물품을 인도하는 것으로서 산업자원부장관이 정하는 것 등을 말한다.

여기서 임대차(**賃貸借**)란 당사자의 일방(임대인)이 상대방(임차인)에게 목적물을 사용·수익하게 할 것을 약정하는 것을 말한다. 그리고 사용대차(**使用貸借**)란 당사자의 일방(대주)이 상대방(차주)에게 무상으로 사용·수익하게 하기 위하여 목적물을 인도할 것을 약정하고, 상대방은 이를 사용·수익한 후 그 물건을 반환할 것을 약정하는 것을 말하는데, 이는 무상이라는 점에서 임대차와 상이하다. 이에 관한 예는 상대방으로부터 대가를 지급하지 아니하고 그림을 빌려서 전시회를 개최한 후에 반환하기로 하는 것 등이 이에 속한다. 또한 국내라 함은 대한민국의 주권이 미치는 지역을 말하고,[37] 외국이라 함은 국내 이외의 지역을 말한다.[38] 한편 물품이라 함은 일반적으로 유형적 재화로서 민법상의 동산과 일치하는 것을 말하며, 여기서는 외국환거래법에서 정하는 지급수단, 증권 및 채권(**債券**)을 화체(**化體**)한 서류 외의 동산을 말한다.[39]

특히 유상으로 외국에서 외국으로 물품을 인도하는 것으로서 산업자원부장관이 정하는 것을 수출로 정의하고 있는데, 여기서 유상이란 물품을 인도함으로써 그에 상응하는 반대급부로서 외화 또는 물품을 수취하는 것을 말하고, 외국에서 외국으로 물품을 인도하는 것으로서 산업자원부장관이 정하는 것이란 해외건설사업에 사용하기 위하여 외국에서 구입한 시설 및 원료·기재를 현지에서 사용한 후 현지국 또는 제3국에 판매하는 등의 외국인도방식수출을 말한다.

'외국인도수출'은 수출대금을 국내에서 영수하지만 국내에서 통관절차를 거치지 않은 수출물품을 외국으로 인도하는 수출을 말한다.

37) 대외무역법 시행령 제2조 제1호.
38) 동 시행령 제2조 제2호.
39) 대외무역법 제2조 제2호.

(2) 수입의 정의

수입의 정의를 대외무역법시행령 제2조 제4호에서는 다음과 같이 규정하고 있다.

① 매매·교환·임대차·사용대차·증여 등을 원인으로 외국으로부터 국내로의 물품의 이동
② 유상으로 외국에서 외국으로 물품을 인수하는 것으로서 산업자원부장관이 정하는 것을 말한다.
③ 비거주자의 거주자에 대한 용역의 제공
④ 비거주자의 거주자에 대한 전자적형태의 무체물을 정보통신망을 통하여 전송하는 것

두 번째의 외국에서 외국으로 물품을 인수하는 것으로서 산업자원부장관이 정하는 것이란 해외건설사업 현장에서 사용하기 위한 시설 및 원료·기재를 외국에서 구입하여 사업현장에 송부하는 등의 외국인수수입을 말한다.

'외국인수수입'은 수입대금을 국내에서 지급되지만 수입물품을 외국으로 인도하는 수입을 말한다.

2. 무역의 개념에 포함되는 용역

(1) 용역의 범위

① 경영상담업, ② 법무관련 서비스업, ③ 회계 및 세무관련 서비스업, ④ 엔지니어링 서비스업, ⑤ 디자인, ⑥ 컴퓨터시스템 설계 및 자문업, ⑦ 문화산업진흥기본법 제2조제1의 규정에 의한 문화산업에 해당하는 업종, ⑧ 지식기반용역 등 수출유망산업 고시 업종, ⑨ 국내의 법령 또는 대한민국이 당사자인 조약에 의하여 보호되는 특허권, 실용신안권, 의장권, 상표권, 저작권, 저작인접권, 프로그램저작권, 반도체집적회로의 배치설계권의 양도, 전용실시권의 설정 또는 통상실시권의 허락

(2) 용역의 공급형태

1) 용역의 수출

① 용역의 국경을 넘은 이동에 의한 제공
② 비거주자의 국내에서의 소비에 의한 제공
③ 거주자의 상업적 해외주재에 의한 제공
④ 거주자의 외국으로의 이동에 의한 제공

2) 용역의 수입

① 용역의 국경을 넘은 이동에 의한 제공
② 거주자의 외국에서의 소비에 의한 제공

③ 비거주자의 상업적 국내주재에 의한 제공
④ 비거주자의 국내로의 이동에 의한 제공

3. 관세법상 수출입의 정의

(1) 수출의 정의

관세법 제2조 제2항에서는 「수출이란 내국물품을 외국으로 반출함을 말한다」 라고 규정하고 있다. 그러므로 수출의 대상이 되는 것은 내국물품이다. 내국물품이란 ① 우리나라에 있는 물품으로서 외국물품이 아닌 것과 ② 우리나라의 선박에 의해서 공해에서 채집 또는 포획된 수산물 및 ③ 입항전 수입신고가 수리된 물품을 말한다.

그리고 외국물품이란 외국으로부터 우리나라에 도착된 물품(외국의 선박에 의해서 공해에서 채포된 수산물을 포함한다)으로서 수입신고가 수리되기 전의 것과 수출신고가 수리된 물품을 말한다.

여기서 우리나라의 선박에 의하여 공해에서 채포된 수산물을 수출의 대상으로 한 것은 수출의 경제적 의의를 고려한 것으로 우리나라의 선박에 의하여 공해에서 채포된 물품을 그대로 외국에 반출하는 경우에는 기타의 내국물품을 외국에 반출하는 것과 실제상 아무런 차이가 없기 때문이다. 한편 우리나라의 선박에 의하여 공해에서 채포된 수산물에는 이를 원료로 가공 또는 제조한 물품을 포함한다.

(2) 수입의 정의

관세법상 수입의 정의는 이 법 제2조 제1항에서 다음과 같이 규정하고 있다.

① 외국물품을 우리나라에 반입하는 것(보세구역을 경유하는 것은 보세구역으로부터 반입하는 것)
② 우리나라에서 소비 또는 사용하는 것(우리나라 운송수단 안에서의 소비·사용포함)을 말한다.

대체적으로 수입이란 외국으로부터 우리나라에 물품이 이동하는 사실 상태를 말하나 관세법에서는 이 일련의 사실상태 가운데서 최종단계인 국내로 물품을 반입하는 시점을 포착하여 수입이라고 정의하고 있다.

수입의 대상이 되는 물품은 외국으로부터 우리나라에 도착된 물품 또는 수출신고가 수리된 물품인데, 여기서 외국으로부터 우리나라에 도착된 물품에 외국의 선박에 의하여 공해에서 채포된 수산물을 포함하고 있는 것은 수입이 갖는 경제적인 의미를 고려하였기 때문이다. 즉 공해는 엄격한 의미에서는 여기서 말하는 외국에는 포함되지 않으나 외국의 선박(우리나라 국적으로 외국의 법인 또는 개인에게 용선되어 있는 경우를 포함한다)이 공해에서 포획 또는 채취한 수산물(그 수산물을 원료로 가공 또는 제조한 물품을 포함한다)을 우리나라에 반입하는 것은 경제적 관점에서 볼 때 외국으로부터 도착된 물품을 우리나라에 반입하는 것과 차이가 없기 때문에 수입의 대상으로 한 것이다.

또한 수출신고가 수리된 물품을 우리나라에 다시 반입하는 것도 수입이라고 하고 있는데, 이것은 일반적인 수입의 개념과는 다르다.

수출신고가 수리된 물품이 외국에 도착한 후 반송되어 올 경우에는 외국으로부터 우리나라에 도착된 물품으로 간주되므로 수출신고가 수리된 물품이란 수출신고수리를 받고서 아직 선적되지 않은 물품이나 외국에 도착하기 이전에 반송된 물품을 말한다. 이들 물품을 수입의 대상으로 하고 있는 것은 수출신고가 수리된 물품은 관세법상 외국물품으로 규정되어 있기 때문이다.

한편 보세구역을 경유하여 우리나라에 반입하는 것을 수입이라고 하는데, 이것은 보통의 수입에서는 대부분의 물품이 보세구역을 경유하는 실정에 비추어 보세구역을 경유하는 물품은 보세구역으로 양륙된 것만으로는 수입이 아니며, 보세구역을 거쳐 국내로 반입하고 우리나라의 경제권내에서 자유유통상태에 놓이게 되는 것이 수입이 된다는 것을 의미한다.

4. 형법상의 수출입의 정의[40)]

형법상의 개념을 보면 「위조 또는 변조한 외국화폐·지폐·은행권을 행사하거나 행사할 목적으로 수출입한 자는 ……」 이라고 규정하고 있는데 여기서 수출은 국경의 이월(移越) 또는 이출(移出)하는 것을, 그리고 수입은 상품의 국경상의 이동을 기준으로 육해상 모두 영토내에 이입(移入)하는 것을 말한다.

위에서 우리는 각 관련법규의 수출입의 개념 정립이 각각 조금씩 차이가 있음을 알 수 있는데, 이는 그 목적하는 바가 서로 다르기 때문인 것이다.

즉 대외무역법에 있어서는 수출입 최초단계에서 최종단계에까지의 일련의 과정을 중시하는가 하면, 관세법은 수출입 신고시점을, 그리고 형법은 국경을 기준으로 파악하고 있음을 알 수 있다.

40) 형법 제198조(아편 등 수입), 제200조(세관공무원의 아편 등 수입), 제207조(통화의 위조 등)등 참조.

3 무역관리의 목적

무역관리의 목적은 대외무역법 제1조에서 규정하고 있는 바와 같이 무역을 진흥하고 공정한 거래질서를 확립하여 국제수지의 균형과 통상의 확대를 도모함으로써 국민경제의 발전에 이바지하는데 있다고 할 수 있는데 이를 구체적으로 살펴보면 다음과 같다.

우리나라에 있어서는 무역관리가 대외지급능력을 강화하여야 하는 국제수지의 균형에다 1차적인 정책목적으로 두고 있다고 할 것이다.

국제수지의 균형은 한 나라의 수입과 지급과의 조화를 꾀하여 대외지급능력을 강화하는 것으로서 이의 유지를 위한 가장 강력한 수단은 역시 외국환거래에 대한 관리에 의해서 수입에 대하여 가하는 직접통제(direct control)이지만, 대외무역법에 있어서 국제수지의 균형을 위한 제도적 장치로서는 일국의 수입(受入)을 강화하는 적극적인 면과 일국의 지급을 억제하는 소극적인 면을 들 수 있다.

다음, 무역관리목적으로 설명할 수 있는 것은 국내산업을 외국의 경쟁자로부터 보호함에 있다고 할 것이다. 리스트(F. List)는 유치산업보호론을 주장하면서 외국의 산업과 비교하여 유치한 단계에 있는 산업을 일정기간 보호하고 어느 정도 외국의 산업과 경쟁할 수 있는 힘을 배양하였을 때에 비로소 개방하여야 국내산업이 육성·발전될 수 있다고 역설하였다. WTO체제하에서도 오늘날 모든 후진국은 선진공업국에 비해 공업화가 뒤져 있고 따라서 국내산업을 육성하여 공업화 내지 경제개발을 촉진하기 위해서 아직도 높은 수준의 관세 및 비관세장벽에 의거 국내산업을 보호하고 있다.

4 무역관리의 수단

무역관리의 수단은 크게 두 가지 유형으로 나누어진다. 즉, 간접적인 규제수단과 직접적인 규제수단이 그것이다. 전자의 대표적인 것으로는 수입관세가 있고, 그 밖에 수출세, 수출보조금이 포함되며 후자에는 수입할당제 혹은 수입허가제 등의 수입수량제한(Quantitative Restriction : QR)을 비롯하여 수출규제, 외국환관리, 복수환율제 등이 포함된다. 또, 관세와 수입할당제의 양자의 성격을 지니고 있는 것으로서는 할당관세(tariff quota)가 있다. 간접적 규제수단과 직접적 규제수단의 구별은 전자의 상품별, 지역별, 국별, 산업별 등에 의하여 차별하는 정부의 간섭인 데 대하여, 후자는 상품의 종류, 산업의 범위뿐만 아니라 특정의 기업 혹은 개인 등 개개의 경제주체에 대하여 간섭하는 것으로서 규제의 차원이 다르다.

한편, 무역관리의 수단을 관세와 비관세장벽으로 구분하는 경우도 있다. 비관세장벽(non-tariff barrier : NTB)은 관세 이외의 무역저해요인이며, 보다 구체적으로 정의한다면 관세 이외의 수단으로 자유로운 무역을 저해 내지 교란하는 수단이며, 정부가 국산품과 외래상품을 차별하는 직접적·간접적인 선별적 규제를 의미한다.

1. 수입관세

수입관세(Customs duties, tariffs)는 국경을 통과하는 상품에 부과되는 세금으로서 이것은 무역관리의 수단으로서 가장 전형적이고도 대표적인 것이다.

리스트(F. List)는 자유무역과 관세와의 관계를 "보호관세가 수단이며 자유무역이 목적"인 것으로 보았고, 슐러(Schüller)는 "자유무역 속에서 의당히 보호관세가 원칙적으로 용인되어야 한다"고 보았다. 그러나 국제경제의 균형적 성장과 국제무역질서의 확립 및 선후진국간의 경제적 격차를 좁히기 위하여 원칙적으로 무역자유화를 당위로 보는 입장에서는 "무역자유화는 빠르면 빠를수록, 관세율은 낮으면 낮을수록 좋다"고 본다. 관세와 무역에 관한 일반협정 GATT(1994)에서는 무역자유화와 최혜국대우를 기본원칙으로 국제경제의 건전한 발전을 위하여 직접적인 수출입제한조치를 허용하지 않고 무역규제의 수단으로서는 오로지 관세만을 인정하고 있다.

그러나 현실에 있어서는 대부분의 나라들이 앞에서 살펴보았듯이 국내유치산업의 보호, 국제수지의 개선, 국내고용유지 등을 위한다는 명목하에 자국의 경제여건에 따라 수입허가제, 할당제 등의 직접적인 무역관리방법을 취하고 있을 뿐만 아니라 관세장벽, 외국환관리 등으로 자유로운 무역거래를 제한하고 있는 것이 현실이다.

2. 수입할당제

(1) 수입할당제의 개념

수입할당제(import quota system)란, 외국으로부터 수입하는 상품을 수량 또는 금액상으로 일정한 기간 동안 규제하기 위하여 이를 지역별, 국가별, 업자별로 할당하여 실시하는 제도로서 무역정책의 직접적인 규제수단중 대표적인 것을 말한다. 그 수단은 특정상품의 수입에 대하여 일정량 이상의 수입을 허가하지 않는 제도이며, 대부분의 경우 수입업자에게 일정량의 수입할당을 허가제(licensing)로 실시하고 있기 때문에 수입허가제(import licensing)라고도 한다. 이 제도에는 일정량의 할당까지는 수입에 대하여 무관세 또는 낮은 관세율을 적용하고, 그 이상의 수입량에 대해서는 금지적인 고율의 관세를 적용하는 할당관세가 있다.

수입할당제는 보호무역이 만연된 1930년대에 각국에 의하여 채용되었으며 제2차 대전 이후에도 상당한 기간 동안 존속되었다. 1930년대에 수입제한수단으로서 관세 대신에 할당제가 채용된 데에는 다음과 같은 몇 가지 이유가 있다.

① 수입관세만으로는 수입량의 감축이 어려웠다는 점이다. 덤핑을 계속하는 등 외국의 공급 상태가 관세에 대해 거의 비탄력적인 경우에 관세에 더 큰 기대를 걸 수 없었다.

② 수입국의 수요를 초과하는 수출국의 초과공급곡선(수출공급곡선)의 모양을 알 수 없기 때문에 해외의 가격하락이 자국에 파급되는 것을 저지하기 위해서는 관세보다 할당제가 적절하였다는 점에서이다.

③ 최혜국대우의 적용 때문에 관세율조작에 의한 수입제한이 거의 불가능하였다는 점이다.

(2) 수입할당제의 형태

수입할당제는 자주적 할당(unilateral import quota system)과 협정할당(bilateral quota system)으로 나누어지는데, 자주할당이란 수입국이 교역상대국으로부터 양해와 동의를 얻지 않고 독자적으로 일방적 할당 내용을 결정하고 이를 실시하는 제도를 말하며, 협정할당은 수입국측이 교역상대국의 정부 또는 민간단체 및 공공단체와 협의하여 할당에 관한 협정을 체결하고 이 협정에 의하여 실시하는 제도를 말한다. 자주할당제는 교역상대국으로부터 보복조치를 피할 수 없으므로 협정할당제가 실시되는 경우가 많다. 협정할당제는 일반적으로 정부간 쌍무협정에 의하여 대상품목의 선정, 기준 쿼터(quota)량, 실시시기 및 기간, 쿼터량의 연간증가율에 대한 수출입을 규제한다. WTO체제하에서는 원칙적으로 쿼터방식에 의한 수입규제는 허용되지 않는다.

(3) 관세와 수입할당제와의 비교

수입관세와 수입할당제는 그 영향면에서 비슷하지만 양자간에는 다음과 같은 몇 가지 차이점이 있다.

① 일반적으로 수입에 관한 허가의 시기와 수량은 정부의 재량에 의해 결정되기 때문에 할당은 관세보다도 신축적이다. 관세율은 원칙적으로 입법부에서 제정되므로 쉽게 내정될 수 없다. 따라서 의외로 수입이 늘어나는 경우를 생각하여 행정부는 어느 정도의 범위내에서 관세를 조절할 수 있는 권한을 부여받을 수가 있는데 탄력관세제도(flexible tariff system)가 바로 그것이다.

② 할당은 커다란 가격변동을 일으킬 수 있다. 만일 수입할당량이 고정되는 경우에 그 상품에 대한 국내외의 수급상황이 어떻든 간에 독점가격이 실현될 수 있다. 관세의 경우, 상품가격은 국제가격에 관세를 포함한 수준을 유지할 것이므로, 가격변동은 할당의 경우보다 관세부과의 경우가 심하지 않다.

③ 관세는 정부의 세입을 증대시키지만, 할당은 세입을 가져오지 않는다. 할당제가

수입허가를 필요로 하는 경우에, 수입제한으로 발생하는 가격상승으로 인해 할당을 받은 수입업자는 초과이윤을 얻게 된다.

④ 할당은 어떤 과거의 수량을 기준으로 삼기 때문에 기존거래업자가 존중되는 경향이 있다. 따라서 신규업자의 진출이 어렵게 되어 결국 차별을 받게 되지만, 관세의 경우는 그러한 차별이 없다.

어떻든, 수입할당제는 국제수지를 개선시키고 국내산업을 보호하는 장점도 있지만, 이와는 정반대로 수출확대를 저해시키고 장기적으로는 국내산업의 국제경쟁력을 약화시키는 단점이 있다.

3. 외국환관리

전술한 수입관세와 더불어 외국환관리도 무역관리의 한 수단이다. 그 양태는 여러 가지가 있는데 좁은 의미의 외국환관리를 중심으로 살펴보면 대체로 다음과 같다.

① 외환시장의 공인과 외환시세의 공정
② 국제적 자본이동의 허가제
③ 무역 기타 경상거래에 수반되는 외환결제의 인허가제
④ 외환집중의무 및 외화보유의 인허가제
⑤ 외환할당제
⑥ 국가간의 외환청산협정의 체결 등을 들 수가 있다.

4. 수출자율규제

전후, 무역자유화의 추진으로 수입에 대한 수량제한의 수단으로서 수입할당제는 점차 철폐되어, 선진국의 경우 형식상 수입할당제를 실시하는 나라는 거의 없다. 그러나, 1960년대 후반에 와서 새로운 형태의 수량제한규제인 수출자율규제(voluntary export restraints)가 실시되고 있다. 이것은 수출국이 수입상대국의 제한조치를 회피하기 위해서 수출하는 상품수량을 자주적으로 제한하는 조치이며, 이는 수입상대국의 입장에 볼 때에 사실상 수입할당제의 실시와 다를 바 없는 수량제한의 효과를 초래한다.

이러한 규제는 일부 국가에 대한 특정 품목의 수출급증으로 수입제한이 필요하게 되었으나, 관세율인상이나 수입할당제의 실시가 국제적으로 제한되어 있기 때문에 궁여지책으로 만들어진 제도이다.

수출자율규제는 수입국의 이니시어티브로 2국간 내지는 다수국간의 협정에 의해서 실시되고 있으므로, 수출국이 자주적으로 수출을 규제한 것이라고는 사실상 볼 수 없으며, 수입국의 요구가 주로 반영된 규제라고 말할 수 있다.

5. 수출세와 수출보조금

(1) 수출세

오늘날 수출세(export duties)는 거의 볼 수 없으나 일부의 저개발국 가운데 주요 수출품에 대해 수출세를 부과하고 있는 나라가 있다(예 : 브라질의 커피, 스페인의 코르크, 이탈리아의 유황, 태국의 쌀, 필리핀의 원목, 말레이시아의 고무 등). 수출세부과는 국가의 재정수입을 올리는 데 그 목적이 있으며, 고율의 수출세부과는 수출을 감소시킬 가능성이 있기 때문에 사실상 어려운 것이다. 완전경쟁하에서 특정 수출품에 대한 수출세의 부과는 수입국의 입장에서 볼 때 수입관세를 부과한 것과 동일한 효과를 가져온다. 따라서 수출세부과로 당해 상품의 수입이 억제되는 효과를 초래한다.

(2) 수출보조금

1) 수출보조금의 개념

수출보조금(export subsidy) 또는 수출장려금(export bounty)이라 함은 수출품의 국제경쟁력을 강화하기 위하여 특정수출상품에 대하여 지급하는 보조금 내지 장려금을 말한다. 이 제도는 17세기 중상주의시대부터 수출진흥책의 일환으로 채택된 바 있으나 오늘날에는 자유무역을 저해하는 요인으로 작용하여 GATT(1994)에서도 원칙적으로 금지하고 있다. 그러나 연구개발보조금, 지역개발보조금, 환경보조금 등 3가지 유형에 대해서는 허용보조금으로 규정하고 있다.

2) 수출보조금의 효과

수출산업이 국가나 또는 공공단체로부터 수출보조금을 받게 되면 그 산업에서 생산되는 수출상품의 코스트가 인하되며, 동시에 이윤율은 증가된다. 따라서 보조금을 받은 수출산업은 국제비교우위가 강화되므로 수출확대의 효과가 발생한다. 이와 같이 수출보조금은 1차적으로 수출상품의 생산코스트를 인하시키고, 수출산업의 이윤율을 증가시킬 뿐만 아니라, 2차적으로는 수출량을 확대시킨다. 그러나 수출보조금의 효과는 수출품목에 따라 같지 않다. 이를테면, 비교적 단순한 품목이나 혹은 수출경쟁이 격심한 품목에 대하여 보조금이 지급되면, 이들 품목은 가격변동에 상당히 민감하고, 또 가격차가 수출량에 커다란 영향을 미치기 때문에 보조금의 효과는 비교적 크다고 말할 수 있다. 이에 비하여 최종완성품이나 자본재 등 수출공급의 탄력성이 낮은 품목은 가격차가 수출량에 별로 영향을 미치지 못하기 때문에 보조금의 효과는 그다지 크게 나타나지 않는다. 다른 한편 수출보조금은 수입을 규제하고 또 수출상품이 국내시장으로 전환되지 못하도록 규제하는데 이용된다. 예컨대, 어느 특정산업에 대하여 정부가 보조금을 지급하면 당해 산업에서 생산되는 제품의 코스트는 인하되고, 이에 따라 그 제품은 경쟁력이 생기게 되므로 수입품을 어느 정도 규제할 수 있게 된다. 따라서 보조금은 수입억제효과를 발생시키는 경우도 있다. 그리고 국내산업에 대하여 보조금이 지급되지 않는 경우 경쟁력이 약한 수출상품은 국내시장으로 판매방향이 전환되는데, 이때 산업에 대하여 보조금이 지급된다면 이를 방지할 수 있다. 수입을 억제하는 다른 보호수단과 마찬가지로 수출보조금도 국내생산을 유지하고 더욱 이를 확대시키지만, 반드시 국내산업을 보호한다고 말할 수는 없다. 국내에 초과수요가 존재할 경우 수출조성 등이 수요감소책을 수반하지 않는다면 그 유효성은 감소되거나 혹은 인플레이션의 압력으로 인하여 수입이 증감됨에 따라 효과는 상실된다.

3) 수출보조금의 단점

수출보조금은 대체로 국내산업을 보호하고 수출을 확대시키는 주요한 수단으로 인정되고 있으나 다음과 같은 단점도 아울러 갖고 있다.

① 수출보조금은 기업의 정상적 경쟁력을 악화시키는 경향이 있다.
② 수출보조금은 자원의 합리적 이용을 방해할 우려가 있다.
③ 수출보조금은 교역상대국으로부터 보복이나 상계관세의 부과 등 대응조치를 유발시키는 경향이 있기 때문에 그 본래의 효과가 제대로 반영되지 않은 경우도 있으며, 특히 국제무역의 질서를 교란시킬 위험성을 갖고 있다.

4) 관세와 보조금의 차이

수출보조금과 관세는 다같이 국내산업을 보호하지만 양자의 차이점은 다음과 같다.

① 관세는 가격메커니즘을 통하여 간접적으로 국내산업을 보호하지만, 수출보조금은 직접적으로 국내산업을 보호한다는 점,
② 관세는 교역상대국의 부담인데 비하여, 보조금은 지원국의 부담이라는 점,
③ 관세는 상품의 국내가격을 인상시키지만, 보조금은 오히려 이를 저하시킨다는 점 등이다.

6. 그 밖의 무역관리수단

(1) 수출입링크제

링크제는 수출입을 수량 또는 금액으로 연계시키는 제도로서, 여기에는 상품별·지역별·상사별 링크가 있다. 이를테면 상품별 링크제의 경우, 특정상품을 수출한 자만이 그 원료를 수입할 수 있도록 하는 것과 같이 어느 한 상품의 수출과 어느

한 상품의 수입을 상호 연결시키는 것을 말하며 지역별 링크제는 어느 국가로부터 수입하고자 할 때에는 그 나라에 수출한 만큼만 수입하게 하는 것으로, 수출입이 심한 불균형을 이루고 있을 때 이를 조정하기 위해 활용된다. 그리고 상품별 링크제는 상품의 종류에 불구하고 수출한 만큼 수입을 허용하는 것으로서 내수산업으로 하여금 수출을 하도록 장려하기 위하여 일정한 수출실적 범위내에서 수입을 허용하는 것이다. 또한, 링크품목의 선정 및 링크비율을 책정함에 있어서는 연간수급량·유통과정·수입가격 등을 종합적으로 고찰하게 된다.

(2) Barter제

바터제는 무역거래에 있어서 대금결제를 하지 아니하고 물품과 물품을 서로 교환토록 함으로써 항상 수출입이 균형되도록 하는 제도를 말한다. 오늘날 화폐제도가 발달함에 따라 실질적인 물물교환형태의 무역거래는 이루어지지 않고 있으며, 모든 거래는 화폐를 매개수단으로 하여 이루어지고 있지만, 수출된 범위내에서 수입을 허용하기 위한 제도로서 바터제를 활용하는 경우가 있다.

2 대외무역의 관리기구

1 총설

대외무역법에 의한 무역관리는 오늘날 국가의 행정기관을 통해서 행하여지고 있다. 이는 자본주의의 고도화에 수반하여 국가의 행정에 의한 대외경제적 간섭의 분야가 크게 확대되고 있음을 잘 반영해 주고 있는 것이다.

대외무역법에 있어서의 무역관리는 우선 중앙집권적이라는 것이 그 특징이다.

즉, 그것은 「총자본 = 국민경제적」 입장에서 국가의 경제정책의 일환으로서 행하는 것이므로 거기에는 중앙행정관청에 의한 통일적인 관리가 필요하게 되는 이유가 있다.

우리나라에서 무역관리에 관한 중앙행정관청으로는 산업자원부장관으로 되어 있다.

그리고 불공정한 수입으로 인한 국내산업 피해를 구제하는데 필요한 각종 조사판정 및 구제조치의 건의 등을 수행하기 위하여 산업자원부에 무역위원회를 두고 있다.

이와 같이 대외거래에 있어서의 무역관리는 행정관청에 의하여 행하여짐을 원칙으로 하지만 경우에 따라서는 독립된 특수기업 형태로 이를 행하게 하는 경우도 있다. 특히 비권력적 관리로서의 각종의 대외경제에 관하여는 독립된 특수기업 형태에 의한 능률적 운영이 요청되는 까닭이다.

또 권력적 관리에 있어서도 특수기업 형태가 가지는 전문적 능력을 활용할 필요가 있는 경우가 있다. 그리고 일정한 민간단체·사기업도 때로는 행정관청에 의한 법적 관리의 보조적 역할을 다하거나 실질적으로 대외무역법적 관리를 행하는 경우도 있다.

다음은 우리나라 무역관리의 주체에 대하여 살펴보고 그 관리 형태를 검토하여 보기로 한다.

2 중앙행정관청에 의한 관리

정부조직법에 의거 산업자원부장관이 무역행정의 최상급중앙행정관청에 속한다. 즉 산업자원부장관은 최상급의 중앙무역행정관청으로서 무역에 관한 사무를 관장·통할하고 소속공무원을 지휘·감독한다.

특히 대통령령으로 제정·공포된 산업자원부직제에서 산업자원부는 상업·무역·공업 및 공업단지에 관한 사무를 관장하도록 규정함으로써 산업자원부장관이 무역행정을 담당하는 중앙행정기관의 장이 된다.

3 협조행정관청에 의한 관리

이상과 같이, 산업자원부는 최고무역관리주체이지만, 그 모든 것을 독자적으로 주관하지 않고 경우에 따라서는 관련 관청의 협조를 요청하기도 하는데 이는 무역정책의 유기적인 통일성을 확보하기 위해서이다.

다음, 협조행정관청으로서는 외무통상장관(해외통상·조약체결 등), 행정자치부장관(총포·도검·화약류 등), 재정경제부장관(외환 등), 농림부장관(양곡·비료·농약 등), 보건복지부장관(의약품·식품·독물 및 극약·마약 등), 건설교통부장관(건설장비 등) 및 문화관광부장관(영화·출판물·음반·문화재 등) 등이 있으며, 이들은 각기 소관사무에 관하여 특별법을 가지고 운영하고 있다.

특히, 산업자원부장관이 수출입 거래 형태를 인정함에 있어서 당해 거래 형태가 외국환거래법에 의하여, 재정경제부장관의 허가를 받아야 하는 결제 방법에 해당하는 경우에는 미리 재정경제부장관과 협의하여야 하며 또한 재정경제부장관이 외국환거래법령에 의하여 무역대금결제 방법을 정하고자 할 때에는 미리 산업자원부장관과 협의하도록 하고 있다.

이와 같이 무역결제방법에 관하여 산업자원부장관과 재정경제부장관이 상호 협의하도록 하고 있는 것은 무역결제가 비록 외국환에 의하여 이루어짐으로써 외국환거래법상의 관리부문이기는 하나 그 행위가 대외무역법상의 무역거래자가 산업자원부장관의 승인을 얻고 이루어진 수출·수입의 결과라는 점에서 상호 유기적인 협의 없이 독립적인 관리만으로는 상충될 가능성이 있기 때문이다.

4 무역위원회의 기능과 운영

1. 무역위원회의 설치

특정한 물품의 수입증가, 무역·유통서비스의 공급증가 또는 불공정한 수입으로 인한 국내산업 피해를 구제하는 데 필요한 각종 조사·판정 및 구제조치의 건의 등을 수행하기 위하여 산업자원부에 무역위원회를 둔다. 또한 무역위원회의 각종 조사 및 국제무역제도에 관한 연구 등의 업무를 처리하기 위하여 무역위원회에 무역조사실을 둔다.

무역위원회는 수입으로 인하여 피해를 받게 되는 국내 산업을 보호하기 위하여 비록 공정수입에 의한 경우에도 그 수입으로 인한 국내산업 피해를 조사·판정하고 관계행정기관의 장에게 구제조치를 건의하며 또한 덤핑, 보조금지급 등에 의한 불공정물품의 수입에 대하여도 그로 인한 산업피해를 조사·판정하고 그 구제조치를 관계행정기관의 장에게 건의하는 기능을 수행한다.

한편 무역위원회는 그 기능을 수행하는 과정에서 동 위원회가 독립적으로 산업피해에 관한 조사와 판정을 한다는 점에서 준사법기관의 성격을 갖는다고 할 수는 있으나 직제 상으로는 산업자원부에 소속되어 있기 때문에 그 독립성 측면에서 제한이 따를 수밖에 없다. 또한 무역위원회의 산업피해조사는 조사만으로도 대외적으로 통상마찰을 일으킬 수 있기 때문에 행정부처의 협상력이 약화될 수도 있다. 따라서 미국과 같이 무역위원회를 준사법기구로 지위를 강화하고 그 소속도 국회의 특별기구로 하는 것이 바람직하다. 그렇게 함으로써 산업피해의 조사·판정 및 건의는 무역위원회가 완전히 독자적으로 하고 그에 따른 구제조치의 실시는 해당기관의 판단에 맡기는 것이 바람직하다.

2. 무역위원회의 기능

① 특정물품의 수입증가 등에 의한 국내산업 피해의 조사신청을 받은 때에 이에 대한 조사개시 여부의 결정 및 조사결과에 의한 산업피해 유무의 판정,
② 산업피해의 판정이 있는 경우 관계행정기관의 장에게 하는 구제조치의 건의,
③ 긴급조치가 필요한 산업에 대한 잠정조치의 건의,
④ 관계행정기관의 장이 행한 구제조치가 국내산업에 미치는 영향 등에 관한 연례 검토 및 당해 구제조치의 기간의 연장 또는 구제조치의 변경 및 해제 등의 건의,

⑤ 무역거래자 등의 불공정 수출입행위의 유무에 대한 조사와 불공정 수출입행위에 대한 시정조치명령 또는 과징금 부과의 건의,

⑥ 덤핑방지관세 및 상계관세의 부과를 위한 산업피해조사신청의 접수, 조사개시 여부의 결정, 산업피해의 조사 및 판정.

종전에는 관세법에 의한 산업피해 구제절차의 심의는 관세심의위원회에서 하도록 하고 다만 재정경제부장관이 동 위원회의 심의를 거쳐 요청하는 경우에는 무역위원회에서 조사할 수 있도록 이원화하였다. 그러나 이같은 이원적 구제기능은 비효율적이라는 비판 때문에 1992년 12월 개정시에 관세법에 의한 산업피해구제조치가 필요한 경우에도 무역위원회가 직접 조사·판정할 수 있고 관세율조정 등 관세법에 의한 구제조치가 필요한 경우에는 재정경제부장관에게 건의하도록 함으로써 미국의 법제와 거의 일치시켰다.

⑦ 특정물품의 수입 또는 무역·유통서비스의 공급이 국내산업의 경쟁력에 미치는 영향의 조사

⑧ 국제무역에 관한 법규·제도 및 분쟁사례에 관한 조사연구

⑨ 기타 공정무역의 조장 등 무역위원회가 필요하다고 인정하는 사항의 조사 및 건의

3. 무역위원회의 구성

무역위원회는 위원장 1인을 포함한 위원 9인으로 구성한다. 위원장과 위원은 산업·통상·무역법률 또는 회계분야에 관한 학식과 경험이 풍부한 자 중에서 산업자원부장관의 제청으로 대통령이 임명하되, 임기는 3년이고 연임할 수 있으며, 위원장이 사고로 인하여 직무를 수행할 수 없을 때에는 상임위원이 그 직무를 대행한다.

그리고 위원장과 위원의 신분보장을 위하여 위원장과 위원은 i) 금고 이상의 형의 선고를 받은 경우와 ii) 장기간의 심신 쇠약으로 인하여 직무를 수행할 수 없게 된 경우를 제외하고는 그 의사에 반하여 면직되지 아니한다. 다만, 위원장과 위원이 공무원이 아닌 경우에도 형법 기타 법률에 의한 벌칙의 적용에 있어서는 이를 공무원으로 본다.

4. 무역위원회의 운영

위원장은 무역위원회의 회의를 소집하고 그 의장이 되며, 위원장이 회의를 소집하고자 할 때에는 회의의 일시·장소 및 부의사항을 정하여 회의개최 7일전까지 각 위원에게 서면으로 통지하여야 한다. 다만, 긴급을 요하거나 부득이한 사유가 있는 때에는 그러하지 아니하다.

그리고 무역위원회의 회의는 이를 공개하여야 한다. 다만 무역위원회는 영업상의 비밀을 보호할 필요가 있다고 인정할 때에는 비공개로 할 수 있다. 또한 무역위원회

는 이해관계인으로 하여금 회의에 출석하여 그 의견을 진술하게 하거나 필요한 자료를 제출하게 할 수 있으며, 위원회의 의결재적위원 과반수의 출석으로 개의하고 출석위원 과반수의 찬성으로 의결한다.

한편 미국 국제무역위원회의 운영 및 주요 기능들을 살펴보면 다음과 같다.

5. 미국제무역위원회(USITC)의 경우

(1) 개요

미국제무역위(ITC)는 대통령, 의회 및 기타 정부기관에 대하여 국제무역 및 관세에 관한 연구 및 보고서, 건의 등을 제공 또는 행한다. 또한 이에 따라 ITC는 국제정책과 관련, 각종 조사 및 공청회를 개최하며 관련 특정 프로젝트를 연구한다.

ITC는 미관세위원회와 같이 1916년 9월 8일 승인된 의회법(Act of Congress)에 의해 설립된 독립기관으로서 1974년 통상법 제171조에 의거 현행의 미 ITC란 명칭으로 개칭되었다.

현재 미 ITC의 권한 및 임무는 1930년 관세법, 농업조정법, 1962년 통상확대법과 1974년 통상법 등에 대부분 규정되어 있다.

위원장 및 부위원장은 대통령에 의해 지명되고 임기는 2년이며 계속해서 같은 정당에서 맡을 수 없도록 하고 있는데 위원장은 동 위원회의 전반적인 행정관리에 대한 책임을 진다.

(2) 기능

ITC는 전술한 여러 미국의 통상관련법에서 규정한 각종 기능을 수행하고 있다.

먼저 1930년 관세법에 따라 ITC는 미국 및 외국의 관세법규와 관련사항, 국내생산 및 소비에 비교한 수입물량, 미국 산업과 경쟁관계에 있는 외국산업에 관한 사항, 기타 미국산 상품과 수입상품사이의 경쟁관계에 영향을 주는 제반요인 등의 조사권한을 부여받고 있다.

대통령 및 하원 세입위와 상원 재정위 등의 요청에 따라 정보를 제공해야 할 뿐 아니라 요청사항에 대한 조사를 행하여 보고서를 작성, 제출해야 한다. 또한 1930년 관세법의 개정을 통해 1921년 반덤핑법을 대체하게 된 1979년 통상협정법은 덤핑 및 보조금 수입으로 인한 국내산업의 피해에 대한 조사 책임을 ITC가 새로 담당토록 하였다.

전술한 바와 같은 책무를 수행하기 위해 ITC는 폭넓은 조사 및 전문적인 연구를 행해야 하며 미국의 대외통상정책과 관련한 모든 문제에 대해 고도의 전문성을 보유해야 함이 요구되고 있다

1) 통상협상에 관한 자문

위원회는 제안(提案)된 외국과의 통상협상과 관련, 관세 및 기타 무역장벽에 대한 수정이 미 국내산업 및 소비자에 미칠 경제적인 영향에 대하여 대통령을 자문한다.41)

2) 개도국특혜관세 제도(GSP)

또한 ITC는 모든 GSP수혜상품 즉 개도국으로부터 수입되는 무관세 특혜를 받는 상품의 미 국내산업 및 소비자에 대한 경제적인 영향에 관하여 대통령을 자문한다.42)

3) 국내산업에 대한 수입구제

ITC는 국내산업, 기업, 노동자그룹, 기타 한 산업을 대표하는 단체의 제소 및 청원에 따라 수입상품이 이와 직접 경합하고 있는 상품을 생산하는 미국내 산업에 대해 실질적인 피해를 입히고 있거나 피해를 줄 우려가 있는가에 대한 여부를 결정하기 위해 조사를 행한다.

만약 ITC의 조사결과가 부정적으로 나타나면 ITC의 건의를 토대로 하여 관세인상, 물량규제, OMA 및 관련 국내기업·노동자단체에 대한 특정구조조정 지원조치(Adjustment Assistance) 등의 수입구제조치가 대통령의 재량에 의해 실시된다. 만약 대통령이 ITC가 건의한 수입구제형태를 따르지 않았을 경우, 의회의 양원이 동 대통령의 결정을 승인치 않으면 대통령은 ITC가 추천한 수입구제형태를 채택하도록 되어 있다.43)

이렇게 해서 수입구제조치가 취해진 후에 ITC는 대통령에게 수입구제조치를 받는 국내산업 동향에 관하여 보고하며 관세인상 등 취해지고 있는 구제조치의 완화 및 폐지가 미칠 경제적인 영향에 대해서 자문한다. 대통령은 기존 수입구제조치를 그대로 유지하거나 수정 또는 종결시킬 수 있다.44)

4) 동서무역의 모니터링

ITC는 비시장경제국가(Non-market Economy)로부터의 수입을 감시하며 동수입이 국내관련 산업의 생산 및 고용과 직접 경합되는 국산상품에 미치는 영향에 대하여 분기당 1회 이상 보고서를 작성한다.45)

41) 1974년 통상법 131조, 19U.S.C. §2151.
42) 1974년 통상법 131, 503조, 19U.S.C. §2151, 2163.
43) 1974년 통상법 201, 202, 203조, 19U.S.C. §2251 - 2253.
44) 1962년 통상확대법 351, 19U.S.C. 1981, 1974년 통상법 203조, 19U.S.C. §2240.
45) 1974년 통상법 410조, 19U.S.C. §2240.

5) 공산국가와의 교역

ITC는 공산국가산 상품의 수입증가로 인한 미시장 교란에 대해 조사를 행하며 동 조사 결과 긍정적 판정이 내려지게 되면 대통령은 오직 공산국가로부터 수입되는 상품에 대해서만 적용한다는 점을 제외하면 기타 국내산업 피해케이스와 동일한 조치를 피할 수 있다.[46)]

6) 1930년 관세법하에서의 덤핑 및 보조금 수입에 관한 조사

ITC는 관계자의 제소에 따라 덤핑 및 보조금의 지원을 받고 있는 수입으로 인하여 국내산업이 피해를 입고 있다는 타당성 있는 조짐의 유무에 대해 예비적인 판정을 행한다(피해판정이 적용되지 않는 Subsidy Code 미가입국으로부터의 수입에 대한 상계관세 조사는 예외).

동 ITC의 예비판정후 상무성이 조사관련 수입이 덤핑 또는 보조금의 혐의가 있다고 판정을 내렸을 경우는 ITC는 그러한 수입으로 인하여 국내관련산업이 실질적인 피해를 받고 있는가에 대해 최종적인 판정을 행한다. 예비판정이나 최종판정을 불문하고 ITC가 무피해를 내릴 경우는 각 케이스의 조사절차는 종결되게 된다.

또한 만약 상무성이 덤핑 및 보조금수입으로 인한 피해영향을 배제하겠다는 합의를 수락하여 조사를 중단했을 경우 ITC는 조사가 중단된 관련상품의 수입으로 인한 피해영향이 합의에 의해 완전히 제거됐는지에 대한 여부를 조사하며,[47)] 상황변화에 따라 이러한 조사중지 합의가 여전히 계속 관련수입의 피해영향을 배제하고 있는지에 대해서도 조사한다.[48)]

또한 상무성 및 ITC가 최종적인 긍정판정을 내림에 따라 취해진 덤핑 및 상계관세 부과명령을 상황변화에 따라 수정 또는 폐지할 경우, ITC는 과연 미국 산업에 실질적인 위협을 주지 않으며 산업설립을 실질적으로 저해, 지연시키지 않을 만한 상황변화가 존재하느냐에 대해 조사를 행한다.[49)]

한편 ITC는 각종 통상협정에 포함되어 있는 미국의 관세 및 수입제한관련조항의 기능 및 효과에 대한 정보를 유지해야 하는데,[50)] 종종 ITC는 법적인 요구에 의해 특정무역관련 연구를 행하고 있다. 최근에 ITC로 하여금 미수출입은행이

---

46) 1974년 통상법 406조, 19U.S.C. §2436.
47) 1930년 관세법 704, 734조, 19U.S.C. §1671C.
48) 1930년 관세법 751조, 19U.S.C. §1675.
49) 1930년 관세법 751조, 19U.S.C. §1675.
50) 1930년 관세법 603조, 19U.S.C. §2482.

미국 각 산업에 미치는 영향에 대해서 보고서를 제출토록 요구한 법안[51]과 특정 산업 기술의 수출이 미국내 경제에 미치는 영향에 대해서 보고토록 요구한 법안[52]등이 그 좋은 실례가 되고 있다.

7) 농업계획을 저해하는 수입

대통령의 지시에 따라 ITC는 외국산농산물이 미농무성의 농산물 수급계획 등 농업계획을 저해내지는 무효화시키거나 국내농산물가공제품의 생산량을 실질적으로 감축시키는 정도의 물량 또는 조건하에서 수입되고 있거나 수입될 예정인가를 결정키 위해 조사를 행하며 그 조사결과와 함께 건의안을 작성한다.

이에 따라 대통령은 문제의 수입에 대해 수입과징금 또는 수입쿼타는 부과, 이를 제한할 수 있다.[53]

8) 불공정 수입거래

ITC는 수입거래 및 국내판매에서 공정치 못한 경쟁방법 등을 통한 불공정 행위가 행해지고 있는가를 조사하며, 이러한 행위로 인하여 효율적이며 경제적으로 운영되고 있는 미 국내산업에 실질적인 피해를 주거나 그 설립을 지연시키며 혹은 미국내 무역 및 상업거래를 제한 내지는 독점화시키고 있는가에 대해서도 조사를 행한다.

동조사에서 당해 수입행위가 미 관련 법규를 위반했다고 판정할 경우 ITC는 당해 수입상품에 대하 통관배제명령을 내리거나 또는 동 위법행위에 관련된 자에 대하여 중지명령을 발할 수 있다.

한편 ITC가 공공이익을 위하여 이러한 배제 및 중지명령을 유보할 수 있도록 하며 대통령이 ITC의 명령을 승인치 않을 수 있도록 규정한 법조항도 마련되어 있다. 또한 ITC의 위법판정은 법원의 재심을 받도록 하고 있다.[54]

9) 통계데이터

ITC는 재무성 및 상무성과 협력하여 수출입상품별 통계를 작성하며 이를 구내 생산통계와의 비교를 행한다.

이러한 활동을 통해 ITC와 양성은 국제무역거래 및 국제일차산품 코드에 관한 이해를 증진시키며 더 나아가 대(對) 의회보고를 보다 충실히 하도록 한다.[55]

---

51) 92 State. 3641, 1911조.
52) 91 State. 243, 118조.
53) 농업조정법 22조, 7U.S.C. 624로 개정.
54) 관세법 337조, 19U.S.C. §1337.
55) 관세법 484조(e), 19U.S.C. §1484(e), 1974년 관세법 608조.

10) 미국관세율표 (TSUSA)

ITC는 미국의 관세율 및 이와 관련사항에 관한 내용을 담고 있는 책자를 발간하며 관세율조정 및 상품분류 등에 대한 문제를 검토한다.[56)]

11) 국제무역에 관한 연구

ITC는 대통령, 하원 세입위, 상원 재정위 및 기타 의회의 산하위원회의 요청에 의하거나 자체 결정에 따라 전반적인 국제무역과 관련한 폭넓은 주제에 대한 연구 내지는 조사 프로젝트를 행한다. 또한 이러한 연구·조사 프로젝트의 보고서는 대부분의 경우 자료로서 발간·공표 된다.[57)]

또한 ITC는 법령에 의한 특정 무역관계 연구를 이행할 것을 요청받고 있는데 최근 ITC로 하여금 미수출입은행의 활동이 산업 및 고용에 미치는 영향에 대한 보고서를 제출토록 요구한 법안[58)]과 특정산업기술의 수출이 미국경제에 미치는 영향에 관한 보고서를 요구한 법안[59)]이 그 좋은 예가 되고 있다.

12) 무역·관세정보 Summaries 발간

ITC는 수시로 각종 무역·관세정보를 요약 이를 자료로 발간하는데 동 자료의 주요내용은 미 수입품목의 내역(미 관세율표상의), 생산방법과 미시장의 소비 및 생산, 교역 이밖에 국내산업의 체질 및 경쟁 상태에 영향을 주는 요인 등에 관한 정보 등이다.[60)]

5 권한의 위임[61)] (또는 위탁)에 의한 관리

산업자원부장관은 대통령령이 정하는 바에 의하여 대외무역법에 의한 권한의 일부를 소속기관의 장·또는 시도지사에게 위임하거나 관계행정기관의 장·세관장·한국은행총재·한국수출입은행장·외국환은행의 장 기타 대통령령이 정하는 법인 또는 단체에 위탁할 수 있다.

---

56) 1962년 관세분류법 201조, 1930년 관세법 332조(a) 및 484조(e), 19U.S.C. 1332(a) 및 1484(e).
57) 1930년 관세법 332조, 19U.S.C. §2482.
58) 92 State. 3641 제1911조.
59) 91 State. 243 제118조.
60) 1930년 관세법 332조, 19U.S.C. §1332.
61) 권한의 위임(delegation of power)이라 함은 행정관청이 자신의 법령상의 권한의 일부를 타행정기관에 이전하여 수임기관으로서 행하도록 하는 것을 말하며, 이를 또한 사무의 위탁이라고도 한다. 권한의 위임은 그 권한을 위임하는 행정관청의 하부기관 또는 보조기관에다 하는 것이 보통이지만, 위임행정관청의 직접적인 지휘·감독을 받지 아니하는 행정관청에 대해서도 할 수 있음은 물론이다. 위탁은 행정기관이 타행정기관이나 어떤 특정기관에 어떤 법률상의 행위나 사실상의 행위를 행할 것을 의뢰하는 것을 뜻한다. 대체로 위임은 상하관계에 있는 자 사이, 위탁은 대등관계자간에 이루어진다.

그리고 산업자원부장관은 위탁한 사무에 관하여 세관장·한국은행총재·한국수출입은행장·외국환은행의 장 또는 대통령령이 정하는 법인 또는 단체를 지휘·감독하고 위임 또는 위탁한 사무에 관하여 그 위임 또는 위탁받은 자에게 필요한 보고를 명할 수 있다.

1. 중앙행정기관의 장

권한의 위임 또는 위탁에 의한 관리사항을 살펴보면 다음과 같다.

① 산업자원부장관이 관장하는 품목 이외의 품목에 대하여 외화획득용 원료·기재의 수입을 제한에 관한 권한,

② 산업자원부장관이 관장하는 품목 이외의 품목에 대하여 외화획득용 원료·기재의 기준소요량의 결정에 관한 권한,

③ 산업자원부장관이 관장하는 품목 이외의 품목에 대한 외화획득의 이행기간을 결정하는 권한 및 외화획득의 이행기간을 연장하는 권한,

④ 산업자원부장관이 관장하는 품목 이외의 품목 및 외화획득용 제품 중 산업자원부장관이 정하는 품목에 대한 사후관리를 하는 권한,

⑤ 산업자원부장관이 관장하는 품목 이외의 품목 및 외화획득용 제품 중 산업자원부장관이 정하는 품목에 대한 사용목적변경승인을 하는 권한,

⑥ 산업자원부장관이 관장하는 품목 이외의 품목 및 외화획득용 제품 중 산업자원부장관이 정하는 품목에 대한 양도·양수의 승인을 하는 권한,

⑦ 전략물자수입증명서의 발급에 관한 권한,

⑧ 무역거래자에 대한 수출입질서유지를 위한 조정명령에 관한 권한,

⑨ 시도지사에게 위임된 사무에 대한 지휘·감독 및 보고에 관한 권한.

2. 국방부장관

국방부장관에게는 방위산업물자(국방부장관과 협의하여 정하는 주요 방산물자에 한한다)의 수출에 대하여 조정명령을 하는 권한을 위탁하고 있다.

3. 국립기술표준원장

① 산업자원부장관이 관장하는 품목(목재가구를 제외한다)에 대한 외화획득용 원료의 품목 및 수량의 결정기준과 그 범위를 정하는 권한,

② 산업자원부장관이 관장하는 외화획득용 원료·기재 수입의 외화획득이행 여부에 대한 사후관리권한,

③ 산업자원부장관이 관장하는 품목에 대하여 관계행정기관의 장에게 위탁한 외화획득용 원료의 외화획득이행상황의 관리에 대한 지휘·감독을 하는 권한,

④ 서울특별시장·광역시장 또는 시·도지사에게 위임한 외화획득이행기간 연장 및 사용목적 변경승인업무 중 산업자원부장관이 관장하는 품목에 대하여 지휘·감독을 하는 권한.

4. 임업연구원장

임업연구원의 장에게는 산업자원부장관이 관장하는 품목 중 목재가구에 대한 외화획득용 원료의 품목 및 수량의 결정기준과 그 범위를 정하는 권한을 위탁하고 있다.

5. 시·도지사

다음의 권한은 서울특별시장, 광역시장 또는 시·도지사에게 위임한다.

① 산업자원부장관이 관장하는 품목에 대하여 외화획득이행기간을 연장하는 권한,
② 산업자원부장관이 관장하는 품목에 대하여 사용목적변경승인을 하는 권한,
③ 수입·통관되어 국내유통중인 물품의 원산지 표시방법의 적정성 및 원산지표시 여부의 확인 등을 위하여 검사하는 권한.

6. 세관장

① 수출입승인면제의 확인에 관한 권한,
② 수입품의 원산지표시 및 원산지 확인에 대한 검사에 관한 권한,
③ 원산지증명서의 제출명령에 관한 권한,
④ 시정조치명령 또는 과징금부과에 대한 권한,
⑤ 과태료의 부과징수 이의제기접수 및 통보에 관한 권한 등.

7. 한국수출입은행장

한국기계산업진흥회장에게 위탁된 산업설비수출의 승인 및 변경승인을 하는 권한 중 연불금융지원거래인 경우에 관한 동 권한

8. 한국무역협회장

① 수출입통계 데이터베이스 등 무역정책수립을 위한 전산관리 체제의 개발·운영,
② 수출입거래에 관한 정보의 수립, 분석 등에 관한 권한.

Chapter Ⅲ
무역거래의 주체

1 거래주체의 자유화 배경

우리나라 헌법은 그 전문에서 「모든 영역에 있어서 각인의 기회를 균등히 하고 능력을 최고도로 발휘하게 하며」 라고 하고 제119조 제1항에서는 「대한민국의 경제 질서는 개인과 기업의 경제상의 자유화와 창의를 존중함을 기본으로 한다」 라고 하고 있으며 제15조에서는 직업선택의 자유를 규정하여 현행 헌법의 경제 질서가 원칙적으로 자유경쟁에 입각한 시장경제 질서를 근간으로 하고 있음을 천명하고 있다. 헌법 제119조 제1항의 경제상의 자유에는 계약의 자유·경쟁의 자유·기업의 자유·광고의 자유·소지의 자유 등이 포함된다.

그러나 헌법은 경제력남용의 방지, 대외무역의 규제·조정 등을 규정함으로써 자유시장경제에 대한 수정을 의미하는 예외 조항을 두고 있다.

그리하여 현행 헌법의 경제 질서는 사유재산제를 바탕으로 하고 경제활동의 자유화 자유경쟁을 존중하는 자본주의적 자유시장경제를 골간으로 하면서 자유시장경제에 수반되는 모순을 제거하고 사회정의와 경제민주화를 실천하기 위하여 국가적 규제와 조정을 광범하게 인정하고 있으므로 전체적으로는 사회적 시장경제 즉 수정자본주의적 경제 질서의 성격을 갖고 있다.

이상과 같은 헌법상의 경제이념에 따라 국가는 대외무역법을 제정하고 그 동안 무역업에 대하여 '허가'·'등록'·'신고'의 형태로 그 자격요건을 엄격하게 관리하여 왔다. 그러나 대외적으로 WTO의 출범, OECD가입 등에 따라 국내 무역관련 제도를 국제규범에 일치시킬 필요성이 증대되었고 원래 자유로워야 할 무역업 등에 대한 신고제도가 무역업에 대한 신규진입규제로, 제도개선의 필요성이 제기되었다.

그리하여 대외무역법 부칙 제2조(무역업 등의 신고제에 관한 적용시한 : 대외무역법 제10조 내지 제12조, 제55조 제1호의 규정은 1999년 12월 31일가지 효력을 가진다) 및 동시행령 부칙 제2조(무역업 등의 신고제에 관한 적용시한 : 제19조 내지 제23조의 규정은 1999년 12월 31일까지 효력을 가진다)에 따라 2000년 1월 1일부터는 무역업에 대한 신고없이 누구나 자유롭게 무역업과 무역대리업을 영위할 수 있도록 하였다.

위 법률규정은 일정한 기간에 한하여 효력이 있는 것으로 제정된 법률로써 이른바 한시법(限時法)에 속한다. 한시법이란 법의 유효기간이 한정되어 있고 예고되어 있는 것이 특징이다. 따라서 일반 법률의 경우 그 법률의 폐지시기가 도래하면(위의 예에서 1999년 12월 31일) 자동적으로 효력을 상실하게 된다. 한시법은 소급효가 인정되기 때문에 그 법률의 실효시기가 도래한 후에도 그것이 유효하였던 당시에 행하여진 행위에 대하여는 유효한 법률규정으로서 적용을 인정하는 것으로 되어 있다.

무역업이 완전자유화됨에 따라 무역업의 신고, 무역업의 신고면제, 무역업의 지위승계 등 조항과, 신고 또는 변경신고를 하지 아니하고 무역 또는 무역대리업을 하거나 허위 기타 부정한 방법으로 무역업·무역대리업신고 또는 변경신고를 한자에게 적용되는 벌칙규정은 그 효력이 상실되고 무역대리업도 갑류·을류 구분이 없어졌다. 따라서 세법상의 사업자 등록만으로 무역활동을 영위할 수 있는 가장 자유로운 형태가 되었다. 물론 사단법인 한국무역협회 및 대한상사중재원의 회원가입요건도 사라졌기 때문에 이들 단체에의 가입역시 완전자유이다.

이점은 내외국인 모두에게 차별 없이 공통으로 적용된다.

2 무역업에 대한 관리의 변천과정

❶ 서설

그동안 대외무역법은 무역관리의 적정화를 위하여 누구나 무역업을 영위할 수 있도록 이를 개방하지 아니하고 무역업주체적격자를 갖춘 자로서 법이 요구하는 허가·등록·신고 등 소정의 절차를 받은 자만이 무역업을 영위할 수 있도록 규제하였다. 이는 무역이 서로 법역을 달리하고 있는 국가간에 이루어지는 상거래활동이기 때문에, 특히 대외적인 공신력과 대외거래상의 질서를 유지하기 위하여 무역업의 난립을 방지하고 이를 철저하게 관리·운용하기 위한 까닭에서 일 것이다.

여기서는 구법체제하에서의 무역업에 대한 허가제 → 등록제 → 신고제에 대한 이해를 돕기 위하여 그 의의 및 성격을 살펴보기로 한다.

2 무역업의 허가주의 (1967 ~ 1993. 6)

무역업을 영위하고자 하는 자는 구법하에서는 주무부장관의 허가를 받아야 하는데 여기에서 허가의 법적 성격은 효력요건인 인가와는 구별되는 것으로서 어디까지나 적법요건의 성격을 가진다.

따라서 수출입업의 허가가 취소된 업체라 하여도 수출입 행위를 할 수 있는 경우가 있는가 하면, 허가를 득하지 아니하고 수출입을 한 자에 대하여는 3년 이하의 징역 또는 1천만원 이하의 벌금에 처하도록 되어 있었다.

그러나 허가는 행정청의 재량행위이며 이 점 기속행위(羈屬行爲)인 등록 또는 신고와 구별된다. 특히 자연적 자유의 회복(해제)에 불과하기 때문에 설권행위인 특허행위와는 다르다.

또한, 수출입업의 허가는 일반적으로 대인적 관리를 중요시한 나머지 인적요소를 위주로 한 대인허가의 성격을 갖기 때문에 이 점에서 대물허가와는 구별되며, 따라서 일단 허가를 득한 자가 그 업체를 타인에게 양도하고 할 때에는 별도의 허가를 받아야 하기 때문에 효과면에서 매매·대여·양도·교환 등 이전성이 없다.

다시 말해서 대인적 허가는 일신전속(一身專屬)으로 이전성이 인정되지 아니한다. 그러나 대물적 허가는 허가를 받은 특정인뿐만 아니라 당해 물건 또는 사업의 상속·양도 등 이전에 따라서 그 물건·사업에 부수하여 허가받은 지위를 승계할 불특정인에게도 미치게 된다.

끝으로, 허가는 수출입 행위를 하는데 있어서 자격요건으로서의 필요요건이며 충분요건은 아니다. 업의 허가는 원칙적으로 수출입거래 행위를 할 수 있다는 자격을 부여할 뿐이고, 개별적인 수출입 행위를 하는데 있어서는 각각 당해 거래 행위에 관한 규정의 규제를 다시 받아야만 한다.

3 무역업의 등록주의 (1993. 7 ~ 1997. 2)

전술한 바와 같이 허가제는 법일 일정한 행위(수출입행위)를 일반적으로 금지하고 다만 법이 정한 일정요건을 갖춘 경우에 한하여 금지를 해제하는 제도이다. 그러므로 무역업에 대한 허가제는 중소무역업체의 난립과 과당경쟁을 방지하고 무역진흥을 꾀하는 데 의의를 찾을 수 있다.

반면, 무역업이란 국민의 경제활동에 속하고 또 헌법상의 소위 직업선택의 자유라는 기본권에 비추어 볼 때 무역업은 원칙적으로 자유이어야 하며 예외적으로 필요시 최소한의 범위내에서만 국가에 의해서 제한이 가능하다고 보아야 한다.

그리하여 대외무역법은 무역업개방의 첫 번째 시도로 구법 하에서의 허가제를 등록제로 전환하였는데 허가제 채택시의 문제였던 무역업의 난립문제는 신법 하에서의 등록기준을 탄력성 있게 운용함으로써 충분히 개선되었다.

원래 '등록'은 준법률행위적 행정행위에 속하는 '공증(公證)'의 성격을 갖고 있다. 여기서 공증이란 특정사실 혹은 법률관계의 존재, 부존재를 공적으로 증명하는 행위를 뜻한다. 그리하여 효과의사의 표시가 아닌 점에서는 확인과 같지만 확인처럼 판단의 표시가 아닌 인식의 표시를 말한다.

그 결과 무역업 또는 무역대리업의 등록은 그들의 지위를 공적으로 증명하는 행위이다. 따라서 등록은 권리의 설정행위가 아니며 그 주된 효과는 무역업자라는 것을 공적으로 표시 또는 증명하는 것이므로 일종의 공증행위에 속한다. 다만, 대외무역법상 무역업등록자만이 무역업을 적법하게 영위할 수 있다는 측면에서 볼 때 등록을 한 자는 그 등록의 부수적 효과로서 무역업영위를 통한 경제이익을 향유할 수 있다. 그리고 무역업의 등록은 공증행위의 성격상 요식행위이며 기속행위 내지 기속재량행위에 속한다.

4 무역업의 신고주의 (1997. 3 ~ 1999. 12)

신고란 일정한 행위 또는 법률행위가 있을 것임을 신고행정기관 또는 수임기관에 일방적으로 통고(notify)하는 행위를 말한다. 따라서 신고제하에서는 원칙적으로 일정한 신고요건을 강제할 수 없다. 신고제하에서 신고행정기관은 신고사실이 법률상의 근거규정에 명백하게 위배되지 않는 한 신고의 접수·수리를 거절할 수 없다. 따라서 신고행정기관은 법률위반 여부만 검토한 후 신고필증을 교부한다.

그러나 등록이란 일정한 사실 또는 법률관계를 행정기관 또는 수임기관에 비치되어 있는 공부상에 기재하는 것을 말하며, 등록행정기관은 일정한 등록요건을 갖추어 등록을 신청한 자에게 재량권을 행사하지 않고 등록요건에 부합되는지 여부만을 확인하고 등록증을 교부한다. 이와 같은 등록제와 허가제의 근본적인 차이는 행정기관이 재량권을 갖는지 여부이다. 즉, 허가제하에서 허가기관은 허가여부에 대하여 재량권을 보유하고 있으나, 등록기관은 일정한 등록요건을 갖춘 경우 등록을 거부할 수 없다.

그런데 무역업 신고제하에서는 신고자가 사업자일 것이라는 최소한의 신고요건을 부과하는데 그친다. 말하자면 어떤 사업을 하는데 있어서 인허가는 가장 강한 즉 까다로운 관리절차이고 반대로 신고제는 가장 약한 관리방법이다. 민간의 자율적 성숙도가 낮거나 정부의 행정권 남용이 심한 경우는 인·허가제 중심이고 그 반대의 경우는 신고제 또는 사업자등록만으로 무역활동을 할 수 있도록 하는 것이다.

그리하여 우리나라의 무역업에 대한 자유화에로의 접근 단계도 허가제→등록제→신고제→완전자유화(2000년 1월 1일)과정을 거쳤다.

5 무역업의 자유설립주의

무역회사의 설립에 대한 국가의 태도가 시대적으로 변해 왔다 함은 기술한 바와 같다. 여기서 자유설립주의란 무역업의 창업에 관하여 아무런 제한을 두지 않고 그 실질만 갖추면 누구나 내외국인 구별없이 국내에서 무역업을 영위할 수 있다는 것을 의미한다. 말하자면 종래의 '대인적 관리'가 완전히 없어졌다는 점이다. 그러나 행위 및 대상의 관리는 그대로 존속하기 때문에 통합공고, 수출입질서유지, 수출피해조사, 무역분쟁의 해결 등 제 규정은 준수하여야 한다.

1967년 무역업허가제 이후 등록제 및 신고제를 거쳐 완전자유화에 이르기까지 주요사항을 살펴보면 【표Ⅰ-3-1】와 같다.

【표Ⅰ-3-1】 무역업 요건의 변천추이

연 도	신용장 요건	자본금 요건	자격유지 요건	수입 자격
1967 (무역거래법제정) ·허가제채택	1만 달러	500만 원	10만 달러(연간) (수출실적)	수출실적누계 10만 달러 이상
1967 (개정)		1천만 원		수출실적누계 20만 달러 이상
1969			20만 달러(연간)	
1970			15만 달러(연간)	
1972			25만 달러(연간)	
1976	50만 달러	5천만 원		수출실적누계 100만 달러 이상
1978			100만 달러 (반기)	전년도 수출실적 100만 달러 이상
1979		1억 원		
1980	30만 달러			수입자격제도폐지
1981			100만 달러(연간)	
1984	20만 달러		50만 달러(연간)	
1985	5만 달러	5천만 원	50만 달러 (2년 중 어느 연간)	
1987 (대외무역법 제정)	2만 달러			
1989	신용장요건 폐지		50만 달러(2년 중 어느 연간) (수출·수입실적)	
1993 (등록제전환)		1천만 원	5만 달러 (2년 중 어느 연간)	
1997 (신고제전환)		자본금 요건폐지	실적요건폐지	
2000 (전면자유화)				

3 무역거래의 주체

1 무역거래자

대외무역법은 무역거래의 주체로서 포괄적으로 '무역거래자'라는 용어를 설정하고 있다. 즉 「무역거래자라 함은 수출 또는 수입을 하는 자, 외국의 수입자 또는 수출자의 위임을 받은 자 및 수출·수입을 위임하는 자 등 물품의 수출·수입행위의 전부 또는 일부를 위임하거나 행자는 자」를 말한다고 정의하고 있다. 이와 같이 대외무역법은 행위주체로서 자기명의로 직접 무역거래를 하는 자만이 아니라 위임 또는 수임에 의해서 사실상 물품의 대외거래를 하는 자까지 포괄적으로 무역거래자로 규정하고 있다. 비록 무역대리업, 무역대행업 등의 무역업개념이 폐지되었다 하더라도 무역거래자의 개념중에는 당연히 무역대리업, 무역대행업 등의 개념도 포함된다.

대외무역법상 무역은 물품・용역・전자적 형태의 무체물의 수출·수입을 말하며, 무역업이란 이러한 무역을 업(業)으로 영위하는 것을 말한다. 업으로 영위한다 함은 「자기명의로 자기책임하에」영리를 목적으로 하는 행위를 계속적으로 반복하는 것을 의미한다. 자본주의 시장경제체제하에서는 민간기업인 무역거래자가 무역업을 영위하는 것이 일반적이다. 따라서 무역거래자라고 하면 영리를 목적으로 대외무역을 영위하는 민간업자를 말한다. 국영기업이 무역을 하는 경우에도 민간기업의 무역행위와 다를 바가 없으므로 구분할 실익이 없다.

산업분류상 한국표준산업분류에 의하면 우리나라의 모든 산업을 20개 군으로 대분류하고 다시 63개군으로 중분류하고 있는데, 그 중에서 수출수입은 도매 및 상품중개업(중분류 51)의 범위에 포함되는 도매업의 한 업태로서 사업체의 산업활동을 말한다.

도매 및 상품중개업이란 구입한 새로운 상품 또는 중고품을 변형하지 않고 소매업자, 산업 및 상업사용자, 단체, 기관 및 전문사용자 또는 다른 도매업자에게 재판매하는 산업활동을 말한다. 또한 개인이나 사업자를 위하여 상품 매매의 중개 또는 대리활동이 포함된다. 도매활동과 관련하여 상품을 물리적으로 조합·분류·선별·분할·재포장·상표부착·보관·냉장 및 배달과 설치 서비스 등이 부수될 수 있다.

1. 도매업

도매업의 유형에는 판매하는 상품에 대한 소유권을 갖고 소매업자에게 판매하는 도매업자와 산업체, 단체, 기관, 전문사용자 등에 상품을 공급해 주는 산업공급자 및 수출·수입업자, 고물수집상 등이 있다. 광업 및 제조업체에서 별도로 운영하는 도매사업체 또는 도매지부도 포함된다.

2. 상품중개업

상품중개업의 유형에는 상품에 대한 소유권을 갖지 않고 수수료 또는 계약에 의하여 타인을 대신하거나 타인을 위해 상품을 중개하는 상품중개인, 수탁 및 대리판매인, 대리구매 및 대리수집상, 무역중개인, 농산물공동판매조합 등이 있다.

2 종합무역상사

1. 의의

종합상사라는 말은 오랜 역사와 전통을 가진 일본 특유의 종합상사에서 비롯된다.

일본에는 상법상 '상사'라는 개념은 없다. 그러나 통산성이 매년 발표하는 무역업태통계표에는 상사란 「무역업에 종사하는 도매업, 소매업 및 백화점」이라고 정의하고 있다.

일본의 상사는 통상 그 역사적 발전과정과 기능 및 상품시장에 따라 특정의 시장을 중심으로 특정의 상품을 취급하는 전문상사(specialty merchant)와 이에 대응하여 광범위한 국내시장을 기반으로 다양한 제품을 취급하고 다각적인 기능을 수행하는 종합상사(General Trading Company)의 양대 유형으로 분류할 수 있다.

이러한 다양한 활동에 걸맞게 종합상사에 대한 개념도 보는 이의 관점에 따라 다양하다.

즉 "다종·다양한 상품의 국제적인 유통을 분담하고 이에 관련되는 서비스의 제공을 행하며 다각적인 기능을 유기적으로 활용하여 광범위한 분야에서 활동하고 신규사업의 개발도 행하는 일본 특유의 대규모상사를 말한다"[62]고 정의하는가 하면 다른 학자는 "총합상사란 세계 각국에 다수의 해외지점을 갖고 세계적인 거래망과 정보망을 기반으로 근대적인 경영을 행하는 대규모의 기업체를 말한다"[63]고 정의하기도 하며 특히 국제유통시스템(international distribution system)의 견지에서 그 경영활동의 성격상 Merchant middlemen과 Agent middlemen의 양자의 기능을 동시에 수행하는 복합적 형태(conglo-merate type)의 Middlemen이라는 개념을 추가시키는 이도[64] 있다.

이상을 종합해 볼 때 "종합상사란 취급상품·거래지역 및 업무의 종합적 다면성을 갖춘 유통활동전문의 기업으로 정의할 수 있다.

---

62) 高田 務, 現代の總合商社(日本實業出版社, 1975), p.23.
63) 律田 昇, 總合商社(産業能率短期大學出版部, 1975), p.6
64) Caeteora and Hess, International Marketing(Cambridge : Bellinger Publishing Company, 1975), p.754.

업무의 다양성이란 상품의 거래만을 업무로 하지 않고, 금융·해운·창고 등으로부터 공업화의 오거나이징(organizing), 원료·에너지 및 식량자원의 개발·수입 및 해외정보의 모집·전달에 이르는 광범한 업무를 동시병행적으로 수행하는 것을 의미한다.65)

이와 같은 성격을 가진 종합상사조직은 단일품목·단일시장거래 내지는 단일기능에만 전념하는 전문상사조직에 비해 많은 우위성을 갖고 있다.

2. 특징

종합무역상사의 개념을 보다 명백히 파악하기 위하여 종합무역상사가 전개하고 있는 기업활동의 특징을 일본의 총합상사를 중심으로 간단히 살펴보면 다음과 같다.

첫째, 종합무역상사는 기업규모가 거대하다. 흔히 기업규모를 비교하는 데 잘 사용하고 있는 지표가 매상고인데 그 까닭은 매상고는 시장의 규모와 그 점유상황을 잘 나타낼 수 있기 때문이다.

어떻든 오늘날 종합무역상사는 매상고, 자본금, 총자산, 이익금, 종업원수, 사업소수, 무역량 등 모든 면에서 타상사 규모보다 훨씬 거대하다.

둘째, 종합무역상사는 취급상품이 다양하다. 종합무역상사의 특징을 표현할 때 자주 사용되는 '미사일에서 라면까지' 또는 '다다미에서 원자력까지' 더 나아가 '에서, 까지 상사론'과 같은 표현이 나타내는 취급상품의 다양화는 '무엇이든지 취급한다'는 종합무역상사의 취급상품의 다양성에 기인한다.

셋째, 종합무역상사는 그 기능이 매우 다양하다. 종합무역상사의 주요 기능은 다음과 같다.

① 수출입기능이다. 수출입기능으로서의 종합무역상사는 자사계정 또는 타사계정으로 수출입을 대행하되 그것은 전품목·전지역을 대상으로 함이 일반적이다. 이러한 기능은 상품을 직접 생산수출하는 메이커나 단일 또는 수개의 상품만을 취급하는 전문상사와 종합무역상사를 구별하는 근본적인 차이점이 되고 있다.

즉, 종합무역상사는 전술한 바와 같이 이른바 '라면에서 미사일까지'라는 슬로건하에 다종다양한 상품을 취급하며, 또 '세계 어느 곳에나'라는 말처럼 거래대상의 광역성, 아울러 자기생산시설을 보유하지 않고 수수료상(commission merchant)으로서 거대한 자본력과 방대한 해외조직망을 통하여 수출입업무를 영위하고 잇는 것이 보통이다. 그리고 수출입의 대행에 있어서도 사무대행과 판매대행을 겸하여 여기에서 종합무역상사가 유통자본으로서 제조와 판매의 분리를 가능케 하고, 수출입업무를 보다 원활히 수행할 수 있는 근거가 되고 있다.

② 금융기능으로서 종합무역상사는 풍부한 자본력과 신용을 바탕으로 중소메이커에

65) 森川英正, 總合商社の成立と理論, 宮本又次 總合商社の經營史, 1977, p.44.

대한 자금지원과 신속한 원자재조달을 기함으로써 중소메이커를 계열화하며 이들의 생산활동을 조성하는 역할을 수행한다.

③ 정보기능으로서 종합무역상사는 해외의 정보조직을 통하여 시장조사는 물론 해외시장의 동태를 즉각적으로 파악, 시장의 다변화 내지 다양화를 꾀한다. 이상과 같은 주된 기능 이외에도 종합상사는 보완적 기능으로서 보관·운수·종합화 등 제 기능을 아울러 갖고 있다.

넷째, 종합무역상사는 거래대상지역이 광역화되어 있다. 5대주6대양에 산재한 수많은 해외지사로서 대변되는 지역적 다변화는 이를 잘 반영하고 있다.

특히, 오늘날 종합무역상사는 품목과 지역의 집합에 그치지 않고 여러 품목을 여러 지역에 걸쳐 결합하는 과정에서 새로운 활동영역, 즉 새로운 기능을 끊임없이 창출하기도 한다.

3. 장점과 단점

이상과 같은 특징을 가진 종합무역상사는 단일기능에만 전념하는 전문상사조직과 비교할 때 구체적으로 어떠한 장점과 단점을 갖고 있는가. 이에 대한 해명을 살펴보면 대체로 다음과 같다.

(1) 장점

첫째, 종합무역상사는 규모의 경제(scale merit of economy)를 달성하는 데 유리하다.

그 까닭은 거래규모의 확대에 따른 불변비용부담의 경감을 통해 거래단위당 유통코스트를 저하시키기 때문이다.

특히, 발전도상단계에 있는 나라는 일반적으로 단일품목으로써 세계적 규모를 간진 기업이 적고 따라서 단일상품취급의 전문상사의 경우보다는 다품목 취급의 종합무역상사 쪽이 거래량의 증대에 유리하며 이로 인해 규모의 경제효과를 극대화시킬 수 있다.

둘째, 종합무역상사는 위험의 분산을 꾀하는 데 용이하다.

전문상사의 경우에는 해당국의 비교우위구조의 변화에 따라 그 취급상품의 대외경쟁력 기반을 상실하기 쉽고 또한 경쟁력 기반이 취약하기 때문에 거래대상국의 경기변동에도 극히 민감해지지 않을 수 없으나 종합무역상사의 경우에는 종래 우리나라 및 일본의 경험 예에서처럼 비교우위구조의 변화에 맞춰 인적·물적 유통자원을 비교열위화하고 있는 산업에서 비교우위화하고 있는 분야로 재배치시킬 수 있고 또한 특정상품 내지는 특정거래지역의 경기변동에 직면해서도 그렇지 않은 상품 내지 지역에 혹은 국내시장의 확대에 역점을 둠으로써 경영위기를 크게 감소시킬 수 있는 유리성이 있다.

셋째, 종합무역상사는 인적자원의 활용도를 제고시킬 수 있다.

인재에 의존하지 않는 무역경영활동이란 있을 수 없지만 제조업체가 기계장치 체계에 의거하고 은행이 자금운용량에 제약되는 것에 비하면 종합무역상사의 인재의존도는 상대적으로 결정적인 중요성을 갖는다.

즉 다품목취급을 통한 거래량의 증대, 이를 통한 규모의 경제효과를 높이려고 하는 종합상사적 유통활동은 결과적으로 전문상사적 유통활동보다는 인재의 활용도를 크게 제고시킨다고 볼 수 있다.

넷째, 종합무역상사는 새로운 상품의 수출화를 촉진시키는 이점이 있다.

일단 종합무역상사적 유통활동체제가 정착화되면 수입대체상품의 수출화의 경우에도 그 유통채널을 이용하여 당해 상품의 수출활동을 보다 신속히 본 궤도에 올릴 수 있다.

특정상품을 국내 대체화단계를 거쳐 수출상품화해 가는 과정에서 전문상사적 상사활동의 환경하에서는 막대한 자금을 투하하여 대외유통활동조직을 제로(zero)의 기반 위에서 기초적인 것부터 형성해 가지 않으면 안되고, 또한 당해 상품의 품질에 상응하는 수출품으로서의 이미지(image)를 정착시키는 데 상당한 시간이 소요되게 된다. 그러나 종합무역상사적 유통활동의 환경에서는 기존의 유통기반을 이용할 수 있기 때문에 수출산업에의 육성을 보다 촉진시킬 수 있음은 두말한 필요가 없다. 여기서 기존의 유통기반이란 당해 종합무역상사의 인적·물적 제 경영자원, 네트워크(network) 및 브랜드(brand)의 활용 등을 말한다.

다섯째, 종합무역상사는 플랜트수출의 오거나이저(organizer)로서 매우 적합하다.

종합무역상사의 특징의 하나인 취급상품의 다양화 경험은 플랜트수출시 그 오거나이저적 기능을 수행하는데 적합하다.

특정국의 무역구조가 제 기계·서비스를 결합하는 이른바 플랜트수출이 큰 비중을 점하는 단계가 되면 이들을 기획하고 조정하고 종합하는 역할을 담당하는 오거나이저적 기능이 극히 중요성을 띠게 된다. 그와 같은 역할을 수행하는 오거나이저로서는 다양한 상품의 거래경험으로 인해 풍부한 상품지식을 가지며, 또한 거래상대국과의 거래교섭에 익숙한 종합무역상사의 존재가 가장 적합하다고 말할 수 있다. 그와 같은 조정기능이 체계적이고 또한 능률적으로 수행된다고 하는 것은 결과적으로 플랜트수출의 국제경쟁력을 한층 제고시키게 될 것이다.

끝으로, 종합무역상사는 비교적 개발도상국의 발전전략적 차원에서 그 유용성이 크다.

예컨대 전문상사가 수출거래, 혹은 수입거래 등 특정의 거래활동에만 전념하고 있는데 비해 종합무역상사는 국내거래, 수입 및 수출거래 등을 겸하고 있어 종합무역상사의 이같은 거래의 다면성은 개발도상국의 개발전략적 차원에서 극히 중요한 긍정적 측면을 갖고 있다.

이상이 종합무역상사가 갖는 상사활동의 유용성이라고 한다면 다음과 같은 몇 가지 부정적 측면도 내포하고 있음을 간과하지 않을 수 없다.

(2) 단점

첫째, 종합무역상사는 적정한 관리범위를 초과하기 쉽다.

기능의 다양화를 통한 위험의 분산화, 대형화를 통한 규모의 경제를 동시에 달성하려고 하면 1국의 경제구조의 확대과정에서 초대형상사가 되어 결과적으로 관리의 적정범위를 넘어서게 되어 오히려 규모의 불경제를 야기시키고 경우에 따라서는 상사활동의 독점·과점상태를 조성시킴으로써 기민한 행동력을 생명으로 하는 상사로서의 경쟁력을 약화시키는 측면도 내재한다.

둘째, 종합무역상사는 개별상품에 적합한 유통활동을 전개하기가 곤란하다.

취급상품의 수가 점차 증가해 가게 되면 판매활동의 경우 필수적으로 요구되는 상품의 전문적 지식을 습득하기 어렵고 따라서 각 상품에 적합한 마케팅활동을 전개하기 곤란한 경향이 있다.

셋째, 종합무역상사는 무역구조의 고도화에 대응하기 곤란하다.

한 나라의 무역구조가 보다 기술집약적이 되고 상품생산이 차별화단계에 이르게 되면 대규모거래에 의한 유통비용의 절약을 그 1차적 목표로 하는 종합상사형 상사활동의 역할은 점차 축소한다. 이렇게 되면 막대한 고정자본투자로 인해 일정의 이동률을 유지하지 않으면 안 되는 입장에 있는 종합무역상사로서는 거래량확보를 위한 출혈수출 내지는 가동률 저하로 인해 오히려 유통비용의 증대로 초래할 우려가 있다.

종합무역상사의 이상과 같은 양 측면, 즉 긍정적인 면과 부정적인 면 중 어느 쪽의 효과가 보다 클 것인가에 대해서는 그 나라 국민경제의 부존조건 내지는 경제발전단계 등 모든 여건의 변화와 밀접한 관계를 갖고 변화되어 갈 것이다.

4. 대외무역법상의 종합무역상사제도

(1) 제도화의 필요성과 그 배경

기업이 국제화를 추구하는 길은 당해 기업의 능력에 따라 다음 두 가지 방법 가운데 하나를 선택하는 것이 보편적이다.

그 하나는 내수시장을 기반으로 어느 정도의 규모를 갖춘 기업이 제품의 수출이나 해외직접투자를 통해 해외로 직접 진출하는 소위 다국적기업(Multinational Corporation ; MNC)의 방법이고 다른 하나는 그러한 경제적 규모를 갖추지 못한 기업이 그 기능을 대신해 주는 종합상사를 통하여 간접적으로 해외에 진출하는 방법이다.

역사적으로 볼 때 앞의 경우는 미국과 유럽제국의 나라에서 그리고 뒤의 경우는 전술과 같이 일본에서 크게 발전하고 있으며 우리나라 역시 1970년대에 이르러 위 두 방법 중 일본형의 종합상사를 이용한 국제화를 꾀하였음은 주지의 사실이다.

결과, 우리나라 수출의 주도세력 및 전진기지로서 비로소 종합무역상사가 탄생하였는데 우리나라의 경우에는 일본과 달리 자신의 전략적 필요에 의하여 자생된 것이 아니고 정부의 경제정책상 상공부고시에 의하여 인위적으로 지정·설립되었다는 데 큰 차이가 있다.

제도화의 배경으로는 1960~70년대 우리나라의 경제가 세계적인 규모의 특화품목을 갖지 못한 채 산업 및 무역구조의 고도화 내지는 다각화가 빠른 속도로 진전되었고 더욱이 내수시장의 협소성으로 인해 수출수요에의 의존도를 높여왔다.

이러한 경제발전방향은 후발자본주의국으로서 협소한 국토, 부존자원의 빈곤 및 과잉인구로 인해 소형 개방경제를 추구하는 우리나라 경제의 불가피한 진행방향이었다.

우리나라 경제가 이러한 발전단계를 맞게 되자 다품목거래를 취급하면서도 능률성을 실현하는 해외유통활동조직으로서의 종합무역상사의 존재는 커다란 관심의 대상이 되었다. 그런데 특정상사가 능률성과 다양성을 동시에 달성하는 종합무역상사로 되기 위해서는 막대한 유통활동자금의 투하가 필요하다. 그러나 1970년대까지에는 자기자본에 의해서 그와 같은 유통자금의 투하를 가능하게 할 수 있었던 상사의 존재가 아직 우리나라 상사들 중에서는 없었다. 따라서 정책적 차원에서 상사활동 육성방안이 논의되기 시작했고 드디어 1975년 4월 30일 「종합무역상사지정 등에 관한 요령」을 상공부고시 제10607호로 공포하고 동년 5월 17일자로 삼성물산을 우리나라 최초의 종합무역상사로 지정하면서부터 비롯되었다.

이상에서 논의한 우리나라 종합무역상사의 제도화의 필요성과 그 배경을 요약정리하면 【표Ⅰ-3-2】와 같다.

(2) 지정요건과 그 변천

1) 무역거래법시대

일반상사가 아닌 특수상사로서의 종합무역상사를 지정하여 특별취급을 할 수 있게 하는 법적 근거는 종래의 무역거래법시행령(대통령령) 제25조로 다음과 같다.

① 상공자원부장관은 제3조의 규정에 의해 허가 혹은 승인을 하든가 아니면 이 영에 의해 수출장려조치를 함에 있어서 당해 수출업자의 수출이행상황, 수출금융상환실적 및 그 외의 제 실적을 고려하여 차등을 둘 수 있다.

② 상공자원부장관은 해외시장의 개척을 위해 무역업자 중에서 종합무역상사를 지정하여 이를 육성할 수 있다.

③ 제1항의 규정에 의한 무역업자의 차등설정기준 및 제2항의 규정에 의한 종합무역상사지정의 기준은 별도로 상공자원부장관이 정한다.

④ 상공자원부장관은 제3항의 규정에 의한 차등설정의 기준에 따라서 무역업자에 차등을 두어 구분한다.

이상에서 소개한 근거법규를 기초로 하여 종합무역상사의 지정요건 및 그 우대조치를 존치하였다.

【표Ⅰ-3-2】 종합무역상사의 설립배경

구분	내용
기본목표	우리나라의 경제발전
전 략	수출증대
필요조건	우리나라의 경제발전

분야		현황	문제점
해외시장		오일 쇼크 이후 선진국의 신보호무역주의 등장	수출시장개척에 장애 발생
국내	제조업체	수출금융수혜를 위한 수출업체의 제조업겸업	수출업무의 전문화 및 분업화 이익상실
	수출업체	군소수출업체난립	군소업체의 비효율성 및 과당경쟁야기
정부		수출의 급속한 증대에 따른 정부지원의 비례적 팽창	정부지원능력의 한계

구분	내용
충분조건	필요조건 + 1978년 100억달러 수출목표달성을 위한 노력(수출제일주의)
모델의 부각	일본종합상사의 눈부신 발전
대 책	종합무역상사제도의 도입

2) 대외무역법시대

1999년 2월과 3월에 대외무역법 및 동 시행령을 개정하면서 종합무역상사의 규율에 대한 내용이 다음과 같이 신설되었다.

① 산업자원부장관은 해외시장의 개척 및 무역기능의 다양화를 기하고 중소기업과의 계열화 등을 통한 중소기업의 계열화 등을 통한 중소기업의 무역활동을 지원하기 위하여 무역거래자 중에서 종합무역상사를 지정할 수 있다.

② 종합무역상사로 지정받을 수 있는 자는 상장법인으로서 전년도의 수출통관액이 전년도의 우리나라 전체수출통관액의 2%이상을 점하고 있는 자로 한다.

③ 전년도의 수출실적이 미화 1백만달러 이상인 국가가 30국 이상이고, 외국에 현지법인 또는 영업소가 20개 이상인 법인이어야 한다(②와③은 선택요건).

④ 종합무역상사로 지정받고자 하는 자는 산업자원부장관이 정하는 서류를 갖추어 산업자원부장관에게 신청하여야 한다.

⑤ 산업자원부장관이 종합무역상사를 지정한 때에는 이를 공고하여야 한다.

⑥ 산업자원부장관은 종합무역상사와 중소기업과의 계열화를 통한 중소기업의 무역활동을 지원하기 위하여 종합무역상사별로 중소기업의 산업영역보호 및 기업간 협력증진에 관한 법률 제17조의 규정에 의한 수탁기업체협의회를 구성·운영하게 할 수 있다.

⑦ 지정을 받은 종합무역상사가 대통령령이 정하는 요건에 적합하지 아니한 때에는 그 지정을 취소할 수 있다. 여기서 대통령령이 정하는 요건에 적합하지 아니하게 된 때라 함은 2년 이상 계속하여 종합무역상사의 지정기준에 미달하여 종합무역상사로서의 무역활동이 심히 곤란하다고 인정하는 때를 말한다. 이 경우 청문절차를 거쳐 취소한다. 그리고 산업자원부장관이 종합무역상사의 지정을 취소한 때에는 지정할 때와 같이 이를 공고하도록 되어 있다.

3 전문무역상사

1. 의의

대외무역법은 일반무역상사 즉 '무역거래자'와 종합무역상사외에 전문무역상사제도를 도입 시행하고 있다. 이는 21세기 첨단산업제품의 해외시장 진출을 지원하기 위하여 무역거래자중에서 특별히 전문무역상사를 지정하게 되는데 주요 내용은 다음과 같다.

2. 지정요건

첫째, 자본금 요건으로서 70억원 이상인 법인이어야 한다.

둘째, 첨단산업제품으로서 산업자원부장관이 정하여 고시하는 물품의 전년도의

수출실적이 당해 법인의 전년도 총 수출실적의 50% 이상인 법인

셋째, 당해법인이 생상하지 아니한 물품 등의 전년도의 수출실적이 당해법인의 전년도 총수출실적의 50% 이상인 법인

3. 첨단산업제품의 범위

전문무역상사로 지정받고자 하는 첨단산업제품은 다음과 같다.

(1) 정보통신·전기전자수출 산업분야

① 정보기기, ② 통신기기, ③ 반도체, ④ 소프트웨어일반, ⑤ 멀티미디어 컨텐츠, ⑥ 지식기반서비스, ⑦ 유통·물류관련 소프트웨어

(2) 기계소재수출 산업분야

① 항공기 및 기기류, ② 우주비행체 및 기기류, ③ 지원장비, ④ 환경설비 및 청정생산, ⑤ 로봇 및 부품, ⑥ 수치제어 공작기계 및 부품 등, ⑦ 고기능성금속재료, ⑧ 고분자재료 및 소재, ⑨ 신주조·압연기술, ⑩ 유기금속회수 및 재활용기술, ⑪ 환경친화적인 금속열처리 및 표면처리설비

(3) 생명공학·정밀화학·고기능성섬유 수출 산업분야

① 고기능성·산업용섬유, ② 생물공학을 이용한 고기능성 물질, ③ 생물공학을 이용한 환경관련 제품 및 기기, ④ 특수기능성 첨가제 및 계면활성제, ⑤ 정밀화학원제, ⑥ 전자공업용 약품 및 사진재료, ⑦ 기타 정밀화학제품 등이다.

4 전자무역 (cyber trade)의 촉진

1 배경

오늘날 IT산업의 수출촉진과 인터넷·벤처기업의 수출기업화를 위하여 S/W, 디지털콘텐츠 등 온라인 수출이 유력한 전자적 무체물을 포함하여 무역의 대상이 대폭 확대되어 가고 있다. 대외무역법상 이들이 무역의 대상에 포함되어 수출로 인정받을 경우에는 무역금융, 신용보증한도증가, 벤처지정 등 직·간접 수혜를 받을 수 있다. 그리하여 오프라인에서 순수한 서비스 공급인 법률·교육콘텐츠 등의 콘텐츠 공급행위와 순수한 서비스 공급이 아닌 CD저장형태로 통관수출이 이루어지고 있는 소프트웨어·영상·음반·전자

서적·솔루션을 무역의 대상에 포함시키고 있다. 무역거래의 대상은 앞으로 무역업체의 수요와 기술발전상 등을 고려하여 끊임없이 확대, 추진되어야 할 것으로 판단된다.

2 전자적 형태의 무체물의 종류

대외무역법상 "무역"이라 함은 물품과 대통령령이 정하는 전자적 형태의 무체물(이하 "물품 등"이라 한다)의 수출입을 말한다. 여기서 대통령령이 정하는 전자적 형태의 무체물이란 ① 소프트웨어, ② 디지털콘텐츠 중 산업자원부장관이 정하여 고시한 것, ③ 기타 산업자원부장관이 정하여 고시하는 전자적 형태의 무체물을 말한다. ②의 경우로는 ⅰ)영상물(게임, 애니메이션, 만화, 캐릭터 포함) ⅱ)음반물 ⅲ)전자서적을 말하고 ③은 솔루션(solution)을 말한다고 규정하고 있다. 그리고 "솔루션"은 사이버몰 구축, 보안 등 특정목적을 달성하기 위하여 특화된 소프트웨어와 디지털콘텐츠의 집합체를 말한다고 개념정의하고 있다.

3 전자적 형태의 무체물의 수출입 개념

물품과 달리 온라인 전송 등의 방식으로 수출·수입되는 「전자적 형태의 무체물」의 특수성을 감안하여 수출입의 개념을 새로이 정의할 필요가 대두된다. 온라인 전송의 경우 관세선(custom line) 통과를 기준으로 하는 기존의 수출입 개념을 적용하기 곤란하다. 즉 관세선 통과를 기준으로 할 경우 hosting server가 국내에 소재하고 동 hosting server를 통하여 외국의 server로 인도할 경우에만 수출로 인정하게 되나, 전자적 형태의 무체물의 수출을 위해 외국소재 hosting server를 많이 이용하는 국내기업들의 상거래 관행을 감안할 때 hosting server 기준은 부적합하다. 따라서 제도의 실효성을 보장하기 위하여 거주자가 비거주자에게 정보통신망을 통해 「전자적 형태의 무체물」을 인도하는 경우에는 수출입으로 인정하고 있다. 예컨대 국내기업이 외국소재 hosting server에 S/W를 올려놓고 외국기업이나 소비자에게 S/W를 판매하여 외화를 영수하는 경우 수출에 해당된다. 즉, 대외무역법시행령 제2조 2-2와 2-3에서 거주자가 비거주자에게 전자적 형태의 무체물을 정보통신망을 통한 전송, 기타 산업자원부장관이 정하여 고시하는 방법으로 인도하는 것(수출) 또는 인수하는 것(수입)을 각각 수출과 수입의 정의에 추가확대시켰다.

여기서 기타 산업자원부장관이 정하여 고시하는 방법은 전자적 형태의 무체물의 휴대반출(예로 '노트북'에 탑재하는 경우 등)하는 경우를 고려한 규정이다.

한편 수출입의 정의규정과 관련하여 거래주체로서의 거주자와 비거주자는 외국환거래법 제3조 제12-13호에 따라 다음과 같다.

1. 거주자의 정의

'거주자'라 함은 대한민국 안에 주소 또는 거소를 둔 개인과 대한민국 안에 주된 사무소를 둔 법인을 말한다. 그리고 동법 시행령에서는 다음의 각 경우에 해당하는 자는 이를 거주자로 본다고 규정하고 있다.

① 대한민국 재외공관
② 국내에 주된 사무소가 있는 단체·기관 기타 이에 준하는 조직체
③ 대한민국 재외공관에서 근무할 목적으로 외국에 파견되어 체재하고 있는 자
④ 비거주자인 대한민국 국민이 일시 귀국의 목적으로 입국하여 3월이상 체재하고 있는 자
⑤ 다음 가)내지 다)에 해당하는 외국인(단, 미합중국 군대 등과 국내에 있는 외국정부 공관 및 국제기구는 제외)
가) 국내에 있는 영업소 기타의 사무소에 근무하고 있거나 국내에서 영업활동에 종사하고 있는 자
나) 6월 이상 국내에 체재하고 있는 자
다) 거주자이었던 외국인으로서 출국 후 6월 이내에 국내에 6월 이상 체재할 목적으로 다시 입국하여 체재하고 있는 자

2. 비거주자의 정의

'비거주자'라 함은 상기 거주자 외의 개인 및 법인을 말하고, 다만 비거주자의 대한민국안의 지점·출장소 기타의 사무소는 법률상 대리권의 유무에 불구하고 거주자로 본다. 그리고 동법 시행령에서는 다음의 각 경우에 해당하는 자는 이를 비거주자로 본다고 규정하고 있다.

① 국내에 있는 외국정부의 공관과 국제기구
② 대한민국과 아메리카 합중국 간의 상호방위조약 제4조에 의한 시설과 구역 및 대한민국에서의 합중국 군대의 지위에 관한 협정에 의한 미합중국 군대 및 이에 준하는 국제연합군(미합중국 군대 등), 미합중국 군대 등의 구성원·군속·군사 우편국 및 군용 은행시설,
③ 외국에 있는 영업소 기타의 사무소
④ 외국에 주된 사무소가 있는 단체·기관 기타 이에 준하는 조직체
⑤ 다음 가)내지 라)에 속하는 대한민국 국민
가) 외국에 있는 영업소 기타의 사무소에서 근무하고 있는 자
나) 외국에 있는 국제기구에서 근무하고 있는 자
다) 2년 이상 외국에 체재할 목적으로 출국하여 외국에 체제하고 있는 자
라) 2년 이상 외국에 체재하고 있는 자

⑥ 다음 가)내지 나)의 외국인은 비거주자이다.

가) 국내에 있는 외국정부의 공관 또는 국제기구에서 근무할 목적으로 국내에 파견되어 체재하고 있는 외교관, 영사 또는 그 수행원이나 사용인

나) 외국정부 또는 국제기구의 공무로 입국하는 자

끝으로 거주자 또는 비거주자에 의하여 주로 생계를 유지하는 동거가족은 당해 거주자 또는 비거주자의 구분에 따라 거주자 또는 비거주자로 구분한다.

4 전자적 형태의 무체물의 수출입실적 인정

전자적 형태의 무체물의 수출입 중 유상으로 거래되는 수출입만 수출입 실적의 인정범위에 해당되고 그 인정금액은 외국환은행 입금액(수출의 경우)이나 지급액(수입의 경우)이며 수출입 인정시점은 외국환은행 입금일이나 지급일이다.

수출입실적 확인 및 증명절차를(수출의 경우 예시)살펴보면, ①수출계약 → ②수출(인도) → ③수출확인 신청(한국무역협회, 한국 소프트웨어 산업협회; 권한위탁) → ④수출확인서 발급 → ⑤확인서 제출(외국환은행) → ⑥수출실적 확인 신청 → ⑦증명발급(외국환은행)의 순으로 진행되며, 수출실적증명서의 용도는 무역금융 융자한도 산정기준, 신용보증한도 산정기준, 벤처기업 지정기준, 병역특례인정기준 등에 쓰여지도록 해당법에 규정되어 있다.

5 전자무역 중개기관의 지정

1. 전자무역 중개기관지정의 의의

무역거래자의 전자무역을 효율적으로 지원하고 이를 확산시키기 위하여 ① 정보통신망을 통한 무역거래의 알선 또는 전자무역문서의 전달, ② 전자무역에 관한 무역거래자의 교육·홍보 및 자문, ③ 전자무역문서의 표준화지원, ④ 기타 전자무역의 촉진을 위한 사업으로서 대통령령이 정하는 사업을 하는 기관·법인 또는 단체 중에서 기술능력 등 일정한 기준을 충족하는 기관·법인 또는 단체를 전자무역 중개기관으로 지정하고 필요한 지원을 할 수 있도록 하고 있다.

2. 전자무역 중개기관의 지정기준

① 정보통신망을 통한 무역거래의 알선이나 전자무역문서의 전달을 주된 업무로 하고 지정 신청일 현재 전자무역 중개업무 경력이 6개월을 초과하였을 것. 이 기준은 신뢰성 있는 전자무역중개업무 수행능력을 보장하기 위하여 중개업무 수행경력 기준을 적용하기 위한 것이다.

② 전자무역중개업무를 수행하기 위한 설비를 갖출 것. 이 기준은 안전성, 신뢰성, 전

문성을 두루 갖춘 기관이 전자무역중개기관으로 지정될 수 있도록 일정한 설비요건을 규정한 것이다.

③ 무역거래자에 대하여 체계적이고 상시적인 전자무역교육 및 자문을 할 수 있는 교육 및 자문프로그램을 운영하고 있을 것. 이 기준은 전자무역의 확산주체로서 무역업체에 대한 체계적이고 상시적인 교육·자문이 가능한 교육프로그램 등 확보를 요구하기 위해서 마련된 요건이다.

④ 전자거래기본법에 따라 한국전자문서교환위원회가 제정한 표준전자문서 사용을 유도함으로써 문서표준화 확산을 위하여 표준전자문서를 사용할 것을 요건으로 규정하고 있다. 이 기준은 전자문서 표준화를 지원하는데 그 뜻을 두고 있다.

⑤ 이상과 같은 지정기준의 융통성 있는 운영을 위하여 세부지정기준은 하위규정에 위임하되 민간중심의 운영위원회에서 세부지정기준을 정하여 산업자원부장관이 고시함으로써 기준의 객관성과 합리성을 제고하였다. 한편, 전자무역중개기관을 지정함으로써 정부가 공인한 기관으로서의 공신력을 높이고 전자무역중개기관의 해외진출지원, 기술개발 및 인력지원 등 각종 통상정책적 지원효과가 클 것으로 전망된다.

3. 전자무역중개기관 운영위원회 구성 등

전술한 바와 같이 전자무역 중개기관의 세부지정기준은 기술적이고 전문적인 요소가 많고 최대한 투명한 기준이 설정되어야 하기 때문에 세부지정기준 제정이나 지정여부를 판단할 때 주무장관이 임의로 정하기보다는 민간중심의 전문가그룹, 즉 운영위원회를 통하여 정하는 것이 보다 적절할 것으로 판단하여 전자무역중개기관 운영위원회를 위원장을 포함하여 10인 이내로 구성하여 운영하고 있다. 한편, 전자무역중개기관에 대한 사후관리를 통하여 중개기관 제도개선방안을 도출하고 업무추진실적이 미진한 중개기관에 대한 독려를 위해 매년 12월말까지 사업실적보고를 의무화하였다. 또한 중개기관으로 지정받지 못한 자가 중개기관 명의를 사칭하는 것을 예방하기 위하여 중개기관명단 비치를 시행하고 있다.

Chapter Ⅳ 수출입품목에 대한 관리

1 수출입공고제도의 의의

❶ 수출입공고의 의의

수출입공고는 어떠한 품목의 물품을 어떠한 방식에 의하여 수출입할 수 있는가를 국민 일반에게 널리 알리는 제도로서 그 핵심은 개개의 품목에 관한 관리내용을 담고 있는 일종의 품목리스트이다. 따라서 수출입공고는 개별적인 수출입물품에 대한 수출입제한여부에 관한 종합계획으로서 관세 또는 외환의 조작에 의한 수출입규제가 가격기구에 의한 간접규제인데 비추어 수출입공고는 수출입에 관한 직접규제방식에 속한다.

대외무역법에 의하면「산업자원부장관은 헌법에 의하여 체결·공포된 조약과 일반적으로 승인된 국제법규에 의한 의무의 이행, 생물자원의 보호 등을 위하여 필요하다고 인정하는 경우에는 물품의 수출 또는 수입을 제한할 수 있다」고 규정하고 있고 또한「산업자원부장관이 헌법에 의하여 체결·공포된 조약과 일반적으로 승인된 국제법규에 의한 의무의 이행, 생물자원의 보호 등을 위하여 지정하는 물품을 수출입하고자 하는 자는 산업자원부장관의 승인을 얻어야 한다. 다만 긴급을 요하는 물품, 기타 수출입절차를 간소화하기 위한 물품으로서 대통령령이 정하는 기준에 해당하는 물품의 수출입에 대하여는 그러하지 아니하다」고 규정하고 있다.

그리고 위 규정에 의거 승인을 얻은 사항 중 중요한 사항을 변경하고자 할 때에도 변경승인을 얻어야 하고 그 외의 경미한 사항을 변경한 때에는 신고만 하도록 되어 있다.

특히 산업자원부장관은 필요하다고 인정할 때에는 위 승인대상물품의 품목별 수량·금액·규격 및 수출 또는 수입지역 등을 한정할 수 있다.[66)]

2 수출입공고의 변천

1. Positive List System

1957년의 무역법에서는 물품에 관한 관리의 내용을 "무역계획"이라는 이름으로 공고하였다. 이러한 무역계획제도는 법 제정 이전에 시행하여 오던 수출입허가제, 수출입상품표시, 특혜수출제도, 수출입 쿼터제, 수출입 링크제 등의 무역관련 규정을 하나의 체제로 통합·정비하여 이루어진 것이다.

이 무역계획은 매년 상·하반기 2회로 나누어 고시하였는데 주로 수출허가품목, 수출제한품목, 수출금지품목, 수입허가품목, 수입제한품목, 수입금지 품목으로 나누어 품목관리를 하였다. 이때의 품목관리체계는 수출입이 가능한 품목을 열거하는 "원칙금지·예외 허용"의 원칙(positive list system)으로서 국내산업보호를 위한 규제우선의 관리에 중심을 두었다.

2. Negative List System

1967년의 무역거래법에서는 물품에 관한 관리의 내용을 "수출입기별공고"로 바꾸어 시행하였다. 적용기간은 반기별 또는 매년도별로 하고 정기적으로 상공부장관이 공고하였다. 품목관리는 수출제한승인품목과 수출금지품목, 수입제한승인품목과 수입금지 품목으로 나누어 실시하였으나 1978년도부터 금지품목을 삭제하였다.

이와 같이 수출입기별공고에서는 수출·수입의 자동승인품목은 열거하지 않고 수출입이 제한되는 품목만 열거하는 "원칙 자유·예외 제한"(negative list system)을 도입함으로써 품목관리방식은 획기적인 변화를 보였다. 따라서 수출입기별공고에 게재되지 않은 품목은 별도의 규정이 없는 한 원칙적으로 수출·수입의 제한을 받지 아니하였다.

3. 수출입공고에 의한 품목관리

1987년의 대외무역법에서는 수출입기별공고의 명칭을 수출입공고로 변경하고 일정기간 동안 적용하던 것을 바꾸어 공고의 효력기간없이 정책적 필요에 따라 수시로 변경공고할 수 있도록 하고 변경공고가 없는 한 계속해서 효력을 갖도록 하였다.

66) 대외무역법 제14조 및 동법시행령 제24~25조 참조.

2 수출입공고제도의 주요 내용

1 수출입공고의 운용

수출입공고는 승인대상품목관리에 관한 기본공고이므로 수출입공고, 통합공고 등이 적용되는 품목인 경우에는 그 공고의 요건도 동시에 충족해야 한다.

또한 수출입 공고에는 승인대상품목을 게기한다. 따라서 수출입공고상의 수출승인대상품목과 수입승인대상품목으로 게기되지 않은 품목은 원칙적으로 수출입자유화품목이다. 승인대상품목을 수출입하려면 동 공고상의 품목별 수출입요령에 따라 수출입승인을 받아야 한다.

한편, 수출입 절차의 간소화를 위하여 특히 필요한 경우 수출승인대상품목, 수입승인대상품목의 수출 또는 수입요령에 불구하고 수출 또는 수입승인기관을 따로 정하여 승인하게 할 수 있다.

2 통합공고

1. 통합공고의 의의

대외무역법 이외의 법령에 의하여 물품의 수출·수입요령을 제정 또는 개정하는 경우에는 관계행정기관의 장은 해당 법령에 의하여 정하여진 물품의 수출·수입요령을 그 시행일 이전에 산업자원부장관이 통합하여 공고할 수 있도록 산업자원부장관에게 제출하여야 한다.

따라서 산업자원부장관은 관계행정기관의 장으로부터 제출받은 수출·수입요령을 통합하여 공고하여야 한다. 이 경우의 공고를 통합공고라고 한다. 이 통합공고에서 개별법이 정하는 수출입요건이 있는 경우에는 동 수출입요건에 적합한 것인지 확인(수출입요건의 확인)을 받아야 수출입을 할 수 있다.

이와 같이 통합공고는 대외무역법 이외의 다른 법령에서 해당 특정 물품에 대한 수출입 요령을 규정하여 별도의 무역관리를 하고 있는 경우에 그러한 다양한 수출입 요령을 하나의 공고로 통합하여 단순화함으로써 수출입 및 통관업무의 간소화와 무역질서 유지를 도모하고자 하는 것이다.

따라서 통합공고는 각 개별법에서의 무역관리 내용을 대외무역법의 영역으로 끌어들이는 역할을 하고 있는 것이다. 즉 개별법에서 수출입 요령을 정하더라도 그 내용이 산업자원부장관에게 제출되어 대외무역법에 의하여 통합공고되어야 한다. 통합공고에 의해서 규제되는 사항은 개별 행정법들의 목적을 달성하기 위하여 국내외 물품에 대하여 공통적으로 적용되는 것이 일반적이다. 따라서 제도적으로 특별히 외국상품에 대하여 차별적으로 다루지 아니하는 한 무역규제수단이라고 할 수 없다. 즉 수출입공고는 무역정책적 측면에서의 수량규제적 성격을 갖고 있고 통합공고는 물품의 성질별 관리의 성격을 갖고 있다. 따라서 통합공고에 의해서 규제되는 사항은 보편적으로 GATT (1994)법[67]에 의해서도 인정되는 경우가 많다. 그러나 때로는 통합공고가 우회적인 무역규제의 수단으로 활용될 수도 있기 때문에 이에 대한 합리적인 운용이 요구된다.

2. 통합공고의 연혁

통합공고는 1980년 10월 상공부가 각 개별법에 의한 수출입제한 내용을 통합 조정하여 고시토록 방침을 정하고 보건사회부 등 관계부처와 협의를 거쳐 1982년 7월 "특별법에 의한 수출입제한 내용의 통합고시 (약칭 통합고시)"라는 이름으로 35개 법령에 의한 수출입요령을 통합 조정, 고시하면서 비롯되었다.

이와 같이 통합공고시가 있기 전까지는 품목별 수출입관리가 무역거래법 및 여러 개별법으로 다원화되어 있어서 무역정책의 일관성이 결여되어 있었고 무역업자들에게도 혼란을 초래하는 등 문제점이 있었다. 그러나 이 통합공고가 이루어짐으로써 모든 수출입품목의 수출입 요령 및 절차를 단일화·집약화할 수 있었고 합리적인 무역정책추진과 무역질서 유지에 기여하게 되었다.

또한, 이 통합고시는 그 후 무역거래법의 시행령에 근거규정을 두고 운용되었고 대외무역법에서는 통합공고로 명칭을 바꾸고 동 공고의 근거도 법률사항으로 승격시켜 명실 공히 수출입공고와 함께 이원화된 품목관리체계를 구성하게 되었다.

3. 통합공고의 운용

통합공고에 의하여 해당물품의 수출입요건 및 절차 등을 통합하여 규정할 법령은 약사법, 마약법, 대마관리법, 먹는 물 관리법 등 51개법에 이른다. 이러한 법률들은 상거래 자체에 대한 규제가 아니라 인간생명의 안전·건강, 환경 등에 위해를 가하거나 사회 공서양속을 해할 가능성이 큰 물품에 대하여 특별히 관리하기 위하여 제정된 법률들이다.

---

67) GATT 제20조 ; 공중도덕, 인간·동식물의 생명·안전·건강보호, 교도소 노동산품의 규제, 문화재 보호 등을 위하여 필요한 경우에 무역제한이 가능하다.
GATT 제21조 ; 국가안보상 필요한 경우 무역제한이 가능하다.

따라서 산업자원부장관은 주무부처의 장이 제출한 소관물품의 수출 또는 수입요령 등에 관한 자료에 대하여 다음의 사항들을 검토·조정하여 해당물품의 수출 또는 수입요령을 정하여야 한다.

① 당해법령의 목적과 해당물품에 대한 규제의 필요성
② 당해법령의 적용범위 및 대상물품의 타당성
③ 규제물품의 범위지정에 따른 유사물품과의 혼동 또는 다른 용도로의 전용가능성 여부
④ 규제대상물품의 수출 또는 수입의 요건 및 절차에 대한 무역환경에의 배치여부
⑤ 기타 무역정책의 기조와 일치여부

3 수출입품목의 국제적 분류기준

무역거래나 통계작성 등에 있어서 국제적으로 많이 사용되었던 품목분류기준은 표준국제무역분류(Standard International Trade Classification ; SITC)와 CCCN(Customs Cooperation Council Nomenclature)으로서 국제무역통계에는 SITC, 그리고 관세부과시에는 CCCN이 자주 이용되었다. 그러나 SITC와 CCCN으로 이원화된 상품분류상의 불편과 문제점을 고려하여 관세협력이사회가 중심이 되어 이들을 통합한 조화제도(harmonized system ; HS)를 제정하였다.

1 SITC(표준국제무역분류)

SITC는 UN 통계분과위원회의 추천으로 1950년에 UN 경제사회이사회에서 'Standard International Trade Classification'으로 선포했으며 1960년에 다시 전면 개정되었다. SITC는 경제분석과 상품별 무역자료의 통계를 내는 데 편리하게 엮어져 있으며 10 Section, 56 Division, 177 Group, 1,1312 Basic Item 등으로 된 총 4,5000여 개의 품목을 구분하고 있다.

2 CCCN(관세협력이사회 상품분류)

CCCN은 세계 각국의 관세행정을 개선하고 통일을 도모하고자 1952년에 설립된 관세협력이사회(Customs Cooperation Council ; CCC)가 상품분류의 국제적 통일을 기하기 위해 1937년에 제정된 제네바관세품목분류집(Geneva Tariff Nomenclature)을 기초로 하여 1955년에 작성되어 CCC가 자리잡고 있는 Brussels의 이름을 따서 Brussels Tariff Nomenclature(BTN)로 명명되어 사용되어 오다가 세계 130여 개국이 사용하게 된 오늘에 아직도 품목분

류집을 Benelux 3개국이 사용하던 당시의 특정 도시이름을 계속 사용한다는 것은 불합리하다는 CCC회원국 대표들의 의견을 받아들여 1977년 1월 1일부터는 관세협력이사회 품목분류집(Customs Cooperation Council Nomenclature ; CCCN)으로 개칭 사용하게 되었다.

CCCN은 관세를 부과하기 위한 과학적 방법으로 ① 재료를 중심으로 한 분류, ② 제조과정을 중심으로 한 분류, ③ 노동과정을 중심으로 한 분류, ④ 용도를 중심으로 한 분류 등을 종합적으로 고려하여 21 Section, 99 Chapter, 1,010 Heading으로 총 60,000 여개의 상품을 분류하고 있다.

3 HS (국제통일 상품분류·조화제도)

종래 각국에서 사용되어 왔던 상품의 품목분류기준은 사용목적이나 국가에 따라 서로 다르게 운영되어, 이로 인해 비관세장벽이 형성되기도 하고 경제분석에 있어서도 국제간의 객관적 비교가 어려운 실정이었다. 이러한 점들을 감안하여 관세협력이사회에서는 1970년대 중반부터 새로운 국제통일품목분류제도의 마련을 위한 작업에 착수하여, 10 여 년의 작업 끝에 드디어 기존의 품목분류기준들을 하나로 통합한 HS (Harmonized Commodity Description and Coding System), 즉 조화제도(調和制度)를 제정하여 1988년 1월 1일부터 시행하고 있다.

HS는 여러 가지 기준을 통합하고 있지만 근본적으로는 CCCN체계를 따르고 있다. 신(新)CCCN이라고도 불리운다. 그러나 HS는 21부(section), 97류(heading)의 기본분류를 중심으로 10단위까지 분류가 가능하여 지구상에 존재하는 거의 모든 상품(약 10만 종류)을 망라할 수 있도록 되어 있다. 특히 HS에 의하면 CCCN에는 나와 있지 않던 기술개발에 따라 상품뿐만 아니라 주식·공사채 등 금융상품, 프로그램·녹음테이프 등 정보재, 지적소유권 등의 권리재도 포괄할 수 있게 되었다.

우리나라의 HS품목분류에서는 세계 공통의 6단위 분류에다 국내의 제반사정을 고려한 자체 분류 4단위를 합하여 모두 10개 단위로 품목을 분류하고 있다.

【표Ⅰ-4-1】 국제무역상품분류항목의 비교

분류	SITC	CCCN	HS
1. 원어	Standard International Trade Classification	Standard International Trade Classification	Harmonized Commodity Description and Coding System
2. 제정기관	UN 경제사회이사회	CCC(관세협력이사회)	CCC(관세협력이사회)
3. 제정년도	1950	1977	1988
4. 목적	통계이용목적 (무역 및 경제분석 비교 용이)	관세부과목적 (관세율 적용)	관세와 기타 목적 흡수 (관세 및 국제통계 통합)
5. 사용국가	- UN - 대부분의 국가에서 사용	- 153개국 • 협약가입 52개국 • 기타 101개국	- 각국협약 가입중
6. 기본구조	- 국제공통 5단위(Revision 2) • 10부 63류 • 786류(4단위) • 1,924(5단위)	- 국제공통 4단위 자국용 4단위 • 21부 99류 • 1,011개 품목(4단위) • 7,916개 품목(8단위)	- 국제공통 6단위 자국용 4단위 • 21부 97류(77류 공백, 98·99류 삭제) • 1,241개 품목(4단위) = New CCCN • 5,019개 품목(6단위) = 협약국 적용 • 10,033개 품목(10단위) = 각국 자율적용

【표Ⅰ-4-2】 국제무역상품분류원칙의 비교

SITC	CCCN	HS
선(先) : 가공단계별 후(後) : 구성재료별 - 원료와 제품이 유를 달리함(식료품, 원료, 가공품) - 무역량이 많은 것을 중심으로 세분 • 세율의 고저 불구 • 주요 교역품 - 무역량이 적은 것은 고관세의 물품도 세분 아니함	선(先) : • 구성재료별(83류 이하) • 용도·기능별(84류 이상) 후(後) : • 각류내에서 가공단위별 분류 - 원료와 제품이 동일한 유에 일괄분류 - 무역량의 다소에 불구하고 다음 조건의 것 세분 • 산업보호·관세징수 필요품 • 높은 부가가치품 • 귀중품 - 무역량이 많아도 다음 물품을 세분 안함 • 저세율품 • 무세품	1) CCCN 분류원칙원용 2) 보충 • 응용적 분류 - 응용기준 • 무역량, 신상품개발, CCCN 분류상 문제점 등을 감안해서 CCC의 HS전문위가 결정 예) 무역량기준 - 각국 수출입액이 700만 달러 이상인 상품 - 각국 수출입액이 700만 달러 이하라도 국제적 유통에 중요성이 인정되는 품목 - 현존 타상품분류상 중요성이 있는 품목 등

Chapter Ⅴ

수출입의 자유화와 예외적 승인 및 승인의 면제

1 개별수출입에 대한 '네거티브(Negative)'제

1 수출입 자유화의 의의

일반적으로 행정관리 체계는 행위주체에 관한 관리와 더불어 그 주체가 하는 행위에 대하여도 간섭하려는 경우가 많다. 그 간섭의 정도는 분야에 따라 다르게 나타난다. 무역의 경우는 그 간섭의 정도가 여전히 강하다고 볼 수 있다.

일본은 수출·수입의 행위가 원칙적으로 자유화되어 있고 특정지역과의 거래, 특정품목의 거래, 특수한 방법에 의한 거래에 관계되는 결제방법에 대하여서만 허가 또는 승인을 받도록 하고 있으며 미국의 경우도 원칙적으로는 수출·수입이 자유화되어 있고 세관을 통한 통관관리로 무역을 관리하고 있다.

과거 우리나라는 무역거래자가 실제로 수출이나 수입을 하려고 하면 개별 거래마다 주무부장관의 승인을 얻어야 하는 수출입 승인제를 시행하여 왔다. 그러나 이러한 거래 건별(件別)승인제는 사실상 무역관리의 핵심으로서 규제적인 규정으로 인식되어 왔다. 따라서 정부에서는 WTO체제 출범이후 국제적인 경쟁이 심화되고 각종 정부규제가 완화되는 추세에 맞추어 97년 3월부터 수출입은 원칙적으로 자유화하고 예외적으로 승인을 받도록 하는 「원칙자유·예외제한」의 네거티브체제로 일대개혁을 단행하였다. 이로서 대외무역법 제정 이래 계속하여 유지되어 온 수출입승인제가 폐지되고 선진국과 같이 수출입은 원칙적으로 민간의 자율에 맡기고 조약과 국제법규에 의한 의무이행을 위해 필요한 경우 등 예외적인 경우에만 수출입승인제가 유지되는 등 대폭적인 정책전환을 꾀하였다.

또한 종전에는 품목과 더불어 거래방법, 결제방법까지 승인대상으로 하고 있었으나, 결제방법은 승인대상에서 제외되고 거래방법은 특정의 경우에만 주무부장관의 인정을 받아야 하도록 함으로써 대폭 규제를 완화하였다.

품목의 경우에도 수출입공고 등에서 정하는 품목만 승인대상으로 대폭축소하고 수출입승인기관도 이를 수출입공고 등에서 지정·고시한 기관이나 단체로 일원화하였다. 따라서 수출입승인은 종전의 추천기관이 그대로 승인기관이 되고 외국환은행의 승인단계가 배제됨으로써 절차가 대폭 간소화되었다.

또한 수출·수입의 절차 간소화를 위하여 필요한 경우에는 승인 면제제를 운용함으로써 예외적 승인제의 경우에도 성격에 따라 더욱 완화하고 있다.

2 예외적 수출입승인의 의의

첫째 수출입의 승인은 수출·수입행위의 전제조건이다.

무역업자가 물품을 수출·수입할 때에는 먼저 수출·수입에 대한 승인을 얻어야 한다. 이와 같이 승인을 얻지 아니하고는 수출·수입의 행위를 할 수 없으므로 수출·수입의 승인은 수출·수입 행위의 전제 조건이다.

둘째 수출입의 승인은 주무부장관의 전속권한이다.

수출·수입에 대한 승인은 산업자원부장관에게 부여된 전속권한이다. 다만, 업무의 효율적 집행을 위하여 관계기관·단체의 장, 세관장 등에게 권한을 위탁할 수 있다.

셋째 수출입의 승인은 재량행위가 아닌 기속행위(羈束行爲)이다.

수출·수입의 승인은 법령에 규정된 요건을 갖출 경우 이를 이행하여야 하는 기속행위이다. 즉, 허가와 같이 행정기관에게 주어진 재량행위가 아니며 특정한 행위에 대하여 부여하는 동의라고 볼 수 있다.

넷째 수출입의 승인은 대인(對人) 및 대물(對物)의 혼합적 성격이다.

수출·수입의 승인은 누가 무엇을 수출·수입하는가에 대하여 심사한 후 승인하는 것이기 때문에 대인 및 대물 승인의 혼합성격을 띠고 있다. 즉, 거래하고자 하는 물품은 제공고에 의한 제한에 해당되지 않는지 등을 심사하여 적격여부를 판단하고 승인을 한다. 따라서 거래 주체가 달라지거나 품목이 바뀌게 되면 새로운 승인을 다시 받아야 한다.

끝으로 수출·수입의 승인은 이행 의무의 설정이다.

수출·수입의 승인을 얻은 자는 승인을 얻은 내용대로 일정한 유효기간 내에 이를 이행하여야 할 의무가 부과된다.

2 수출입의 승인

❶ 수출입의 자유화 원칙

물품의 수출입 및 이에 따른 대금의 영수 또는 지급은 이 법의 목적의 범위 내에서 자유롭게 이루어져야 한다. 그러나 무역거래자는 대외 신용확보 등 자유무역 질서의 유지를 위하여 자기 책임하에 거래를 성실히 수행하도록 함으로써 정책 변화에 따른 부작용을 최소화 하고자 하는 규정을 두고 있으나 이는 단순한 훈시규정(訓示規定)에 불과하다.

❷ 수출입의 제한 대상

산업자원부장관은 헌법에 의하여 체결·공포된 조약과 일반적으로 승인된 국제법규에 의한 의무의 이행, 생물자원의 보호 등을 위하여 필요하다고 인정하는 다음의 경우에는 물품의 수출 또는 수입을 제한할 수 있다. 이때 산업자원부장관은 필요하다고 인정하는 경우 승인대상 물품의 품목별 수량, 금액, 규격 및 수출 또는 수입지역을 한정할 수 있다.

① 헌법에 의하여 체결·공포된 조약이나 일반적으로 승인된 국제법규상의 의무이행을 위하여 산업자원부장관이 지정·고시하는 물품
② 생물자원보호를 위하여 산업자원부장관이 지정·고시하는 물품
③ 교역 상대국과 경제 협력증진을 위하여 산업자원부장관이 지정·고시하는 물품
④ 방위산업용 원료·기재, 항공기 및 동 부분품 기타 원활한 물자 수급·과학기술의 발전 및 통상산업정책상 필요하다고 인정하여 산업자원부장관이 당해 품목을 관장하는 관계 행정기관의 장과 협의를 거쳐 지정·고시하는 물품

❸ 수출입의 승인기관 및 승인요건

수출·수입의 승인을 하는 기관은 산업자원부장관이다. 그러나 산업자원부장관은 무역관리의 효율성을 도모하기 위하여 수출수입의 승인에 관한 대부분의 권한을 관계행정기관 또는 단체의 장 등에게 위탁하고 있다. 따라서 수출입승인은 수출입공고, 수출입별도 공고에서 산업자원부장관이 지정·고시한 기관·단체(이하 승인기관이라 한다)의 장이 하게 된다.

한편 수출입 승인기관의 장은 수출·수입의 승인을 하고자 할 때에는 다음의 각 요건에 합당한지 여부를 확인하여 승인하여야한다.

① 인적 요건(人的 要件) : 수출·수입의 승인 신청인이 승인을 얻을 수 있는 자격이 있는 자일 것.

② 물적 요건(物的 要件) : 수출·수입하고자 하는 물품이 수출입 공고 등 및 대외무역 관리규정에 의한 제한요건을 충족한 물품일 것.

③ 수출·수입하는 물품의 품목분류번호(HS)의 적용이 적정할 것.

4 수출입의 승인절차

수출·수입의 승인을 신청하고자 하는 자는 산업자원부장관이 정하는 서류를 갖추어 산업자원부장관(위탁한 경우에는 수탁기관의 장)에게 제출하여야 한다. 승인을 얻은 사항 중 물품의 수량·가격, 승인의 유효기간 및 수출 또는 수입의 당사자에 관한 사항 등 주요한 사항을 변경하고자 할 때에도 또한 변경승인을 신청하여야 하며 기타 경미한 사항의 변경의 경우에는 변경사항을 신고하여야 한다.

그리고 하나의 수출 또는 수입에 대하여 2이상의 승인을 얻어야 하는 경우 각각의 승인은 상호 독립적으로 얻어야 한다. 이 경우 두 번째 이후의 승인기관의 장은 수출입승인서상 여백에 승인사항을 표시한다.

1. 수출 승인 신청

수출 승인을 얻고자 하는 자는 수출승인신청서 {업체용, 세관용, 승인기관용(산업자원부용) 및 사본(신청자가 신청한 경우에 한한다)} 에 다음의 각 서류를 첨부하여 수출승인기관의 장에게 신청하여야 한다.

① 수출신용장·수출계약서 또는 주문서

② 수출대행계약서(공급자와 수출자가 다른 경우)

③ 수출입공고 등에서 규정한 요건을 충족하는 서류(다만, 당해 승인기관에서 제한요건의 충족여부를 확인할 수 있는 경우는 제외)

④ 수출이행계획서(산업설비수출의 경우에 한한다)

2. 수입 승인 신청

수입승인을 얻고자 하는 자는 수입승인신청서. 단, 그 수입이 외화획득용 원료일 때에는 외화획득용 원료 수입승인신청서 {업체용, 세관용, 승인기관용(산업자원부용) 및 사본(신청자가 신청한 경우에 한한다)} 에 다음의 각 서류를 첨부하여 수입승인기관의 장에게 신청하여야 한다.

① 수입계약서 또는 물품매도확약서

② 수입대행계약서(실수요자와 수입자가 다른 경우에 한한다)

③ 수출입공고 등에서 규정한 요건을 충족하는 서류(다만, 당해 승인기관에서 제한요건의 충족여부를 확인할 수 있는 경우는 제외)

3. 수출입 승인 신청

수출입이 함께 이루어지는 거래를 하고자 하는 자는 수출입 승인신청서 {업체용, 세관용, 승인기관용(산업자원부용) 및 사본(신청자가 신청하는 경우에 한한다)} 에 수출승인의 경우와 수입승인의 경우에 해당하는 다음의 각 서류를 첨부하여 수출입 승인기관의 장에게 신청하여야 한다.

① 수출신용장·수출계약서 또는 주문서
② 수입계약서 또는 물품매도확약서
③ 수출대행계약서(공급자와 수출자가 다른 경우에 한한다)
④ 수입대행계약서(실수요자와 수입자가 다른 경우에 한한다)
⑤ 수출입공고 등에서 규정한 요건을 충족하는 서류(다만, 당해 승인기관에서 제한요건의 충족여부를 확인할 수 있는 경우는 제외)

4. 수출입 승인서의 발급

수출·수입의 승인 신청이 승인요건에 합당한 경우 수출·수입승인기관의 장은 각각 수출승인서, 수입승인서. 단, 외화획득용 원료의 수입승인일 때에는 별지 제 3-4호 서식의 외화획득용 원료 수입승인서, 수출입승인서를 각각 업체용, 세관용, 승인기관용(산업자원부용) 및 사본(신청자가 요청한 경우에 한한다) 등으로 발급하여야 한다. 다만, 수출입 물품을 분할하여 통관하고자 하는 경우에는 세관용, 수출·수입 승인서를 분할하여 발급할 수 있다.

5 수출입대금의 결제

수출·수입대금(가공임, 임대료 및 임차료를 포함한다)은 외국환거래법의 규정에 의한 외국환은행을 통하여 회수 또는 지급하여야 한다. 다만, 외국환거래규정에서 인정하는 경우에는 그러하지 아니한다.

6 수출입 승인의 유효기간

수출·수입 승인의 유효기간(이하 유효기간이라 한다)은 1년으로 한다. 다만, 산업자원부장관은 국내의 물가안정·수급조정·물품의 인도조건 기타 거래상 특성에 따라 필요하다고 인정하는 경우에는 유효기간을 달리 정할 수 있다. 따라서 다음의 하나에 해당하는 경우에는 1년 이내 또는 20년의 범위 안에서 유효기간을 단축 또는 초과하여 설정할 수 있다.

① 산업자원부장관이 물가안정 또는 수급조정을 위하여 1년 이내로 유효기간의 단축이 필요하다고 인정하는 경우
② 물품의 제조·가공 기간이 1년을 초과하는 경우 등 물품의 선적 또는 도착기일을

감안하여 1년 이내에 물품의 선적이나 도착이 어려울 것으로 수출입승인기관의 장이 인정하는 경우

③ 수출·수입이 혼합된 거래로서 수출입승인기관의 장이 부득이하다고 인정하는 경우

3 수출·수입 승인사항의 변경승인 및 변경신고

1 의의

수출·수입의 승인을 얻은 자는 승인을 얻은 내용대로 이를 이행하여야 한다. 그러나 거래상대방과의 계약변경 등에 의하여 승인을 얻은 내용을 변경해야 할 경우가 발생한다. 따라서 무역업자는 수출·수입의 승인을 얻는 것과 마찬가지로 수출·수입의 승인을 얻은 사항을 변경하고자 할 때에도 산업자원부장관의 승인을 얻어야 한다. 다만, 이때에도 변경승인 대상은 물품의 수량·가격·승인의 유효기간 및 수출 또는 수입의 당사자에 관한 사항 등 중요한 사항에 한하고 그 외의 경미한 사항의 변경의 경우에는 변경신고를 한다.

이와 같이 변경승인은 가격변경 등 중요한 사항만을 대상으로 하고 경미한 사항의 변경은 신고만 하도록 하여 변경승인의 절차를 다소 완화하고 있다.

2 주요내용

수출·수입승인 사항의 변경은 당초 승인한 기관의 장이 승인한다. 다만, ① 원산지, ② 도착항 (단, 수출의 경우에 한함), ③ 규격, ④ 수출입물품의 용도(다만, 수출입승인 용도가 지정된 경우에 한함), ⑤ 승인조건 중 하나에 해당하는 사항에 대하여는 당초 승인한 기관의 장에게 변경신고를 하여야 한다.

또한 수출·수입승인 사항을 변경하고자 하는 자는 당초 승인을 얻은 수출·수입승인서 또는 수출승인사항 변경승인·신고 신청서에 변경사실을 증명하는 서류를 첨부하여 수출입승인사항의 변경승인 기관의 장에게 신청하여야 한다.

수출·수입사항의 변경은 수출·수입승인 유효기간 내에 신청하여야 한다. 다만, 수입의 경우로서 수입대금을 지급하고 선적서류를 인수한 후에 수입승인 사항을 변경하고자 하는 때에는 수입승인 유효기간 경과 후에도 변경승인·신고를 신청할 수 있다.

이와 같이 유효기간 경과 후에 승인기관의 장이 변경승인·신고수리를 한 때에는 그 변경승인·신고 사실을 해당 세관장에게 통보하여야 한다.

다만, 변경승인 대상 중 수출·수입의 당사자의 변경은 파산 등 불가피한 경우에 신청한 것이라야 한다.

한편 수출·수입승인 사항의 변경승인 기관의 장은 수출·수입 승인사항을 변경하고자 할 경우에는 다음의 각 요건에 합당한지 여부를 확인하여야 한다. 그리고 변경승인 기관의 장 은 수출·수입 승인사항에 관하여 변경신고가 있는 경우 이를 확인한 후 신고를 수리하여야 한다.

① 수출입 승인을 얻은 후에 수출입공고 등에서 수출·수입을 제한하는 사항이 추가된 품목으로서 관계 기관의 장의 허가 등을 추가로 요하는 품목일 때에는 그 허가 등을 받았을 것.

② 수출물품의 단가를 인하하거나 수입물품의 단가를 인상하는 내용의 수출 또는 수입승인사항 변경은 다음의 하나에 해당하는 경우일 것.

i) 거래상대방의 파산 또는 지급거절 등 현지의 거래은행, 상공회의소 또는 공공기관에 의하여 객관적으로 확인되는 경우에 수출물품을 제 3자에게 전매하는 경우

ii) 물품의 성질과 국제거래 관행상 승인시점에 단가를 확정할 수 없는 경우

iii) 기타 급격한 시장상황의 변화 등 변경사유가 불가피하다고 인정되는 경우

③ 변경하고자 하는 내용이 수출신용장, 수출입계약서, 주문서, 물품매도확약서 등에 명시되어 있을 것. 다만, 수출신용장 등에 명시를 요하지 아니하는 경미한 사항일 경우에는 그러하지 아니하다.

④ 수출대상국가의 변경은 수출제한사유 등을 고려할 때 타국으로 변경하여도 지장이 없을 것.

끝으로 산업자원부장관은 승인을 얻지 아니하고 수출입되는 물품이 법 제14조 2항 단서의 규정에 의한 물품에 해당하는지의 여부를 확인하여야 한다. 수출입승인의 사후관리는 1999년 3월부터 모두 폐지되었다.

4 수출입 승인의 면제

1 면제의 의의

전술한 바와 같이 우리나라의 무역관리 원칙은 "원칙 금지 · 예외 허용"주의를 채택하여 왔으나 1997년 3월부터 일반적인 수출입 거래는 자유화하고 특정의 경우에만 예외적으로 승인을 얻도록 하는 "원칙자유 · 예외제한"으로 전환하였다. 그러나 예외적인 제한대상의 경우에도 영리를 목적으로 하지 않는 물품의 수출입이거나 영리 행위라 하더라도 주된 거래에 따른 부수적 거래 또는 출입국자의 휴대품 등 관리의 실익이 없는 경우 등에 대하여는 승인 대상에서 제외하여 수출입 절차를 간소화하는 효과를 거두고 있다.

2 면제 대상 개요

긴급을 요하는 물품과 기타 물품의 수출·수입의 절차 간소화를 위하여 다음과 같은 경우에는 수출입 승인을 면제한다.

① 산업자원부장관이 정하여 고시하는 물품으로 서 외교관 기타 산업자원부장관이 정하는 자가 출국 또는 입국할 경우에 휴대하거나 세관에 신고하고 별도 송부하는 물품

② 다음의 하나에 해당하는 물품 중 산업자원부장관이 관계행정기관의 장과 협의를 거쳐 고시하는 물품

i) 긴급을 요하는 물품으로서 정상적인 수출·수입절차를 밟아 수출·수입하기에 부적합한 물품

ii) 무역거래를 원활히 하기 위하여 주된 수출 또는 수입에 부수된 거래로써 수출·수입하는 물품이나, 주된 사업목적을 달성하기 위하여 부수적으로 수출 · 수입하는 물품

iii) 무상으로 수출 · 수입하여 무상으로 수입 · 수출하거나, 무상으로 수입 · 수출할 목적으로 수출 · 수입하는 것으로서 사업목적의 달성을 위하여 부득이하다고 인정되는 물품

iv) 산업자원부장관이 정하여 고시하는 지역에 대하여 수출하거나 산업자원부장관이 정하여 고시하는 지역으로부터 수입하는 물품

v) 공공성을 가지는 물품이거나 이에 준하는 용도에 사용하기 위한 물품으로서 별도의 수출·수입의 관리가 요구되지 아니하는 물품

vi) 기타 상행위 이외의 목적으로 수출 · 수입하는 물품

③ 기타 외국환거래가 수반되지 아니하고 수입하는 물품으로서 산업자원부장관이 정하여 고시하는 기준에 해당하는 물품

④ 해외이주법에 의한 해외이주자가 해외이주를 위하여 반출하는 원자재, 시설재 및 장비로서 외교통상부장관 또는 외교통상부장관이 지정하는 기관의 장이 인정하는 물품

3 수출승인의 면제대상

1. 외교관 기타 산업자원부장관이 정하는 자가 출국시 휴대 또는 별송하는 물품

외교관 기타 산업자원부장관이 정하는 자가 출국할 경우에 산업자원부장관이 정하는 물품으로서 휴대하거나 세관에 신고하고 별도 송부하는 물품으로서 수출승인의 면제대상은 다음과 같다.

① 일시적으로 출국하는 자 또는 일시적으로 입국하여 다시 출국하는 자(선박 또는 항공기에 승무하여 출국하는 승무원을 제외한다)가 출국할 때에 휴대하여 반출하는 물품 또는 별송(別送)으로 반출하는 물품으로서 출국의 목적, 여행의 기간, 출국자의 직업 기타의 사유에 의하여 세관장이 타당하다고 인정하는 물품

② 외국에 주거를 이주할 목적으로 출국하는 자(외국에서 2년 이상 체류할 예정으로 출국하는 자와 1년 이상 체류할 예정으로 출국하는 자 중 가족을 동반한 자를 말하며, 일시적으로 입국하여 출국하는 자는 제외한다)가 출국할 때 휴대하여 반출하는 이사 물품이나 별송으로 반출하는 이사 물품으로서 그 출국의 사유 등에 의하여 세관장이 타당하다고 인정하는 물품

③ 우리나라와 외국간을 왕래하는 선박 또는 항공기의 승무원이 당해 선박 또는 항공기에 승무하여 출국할 때 휴대하여 반출하는 개인용품으로서 세관장이 타당하다고 인정하는 물품

④ 우리나라에 온 외국인의 원수와 그 가족 및 수행원에 속하는 물품으로서 출국시에 반출하는 물품

⑤ 외국 정부의 초청으로 파견된 고문관·기술단원 기타 이에 준하는 자에게 속하는 물품으로서 주무부장관이 확인한 물품

⑥ 해외이주법에 의한 해외이주자가 해외이주를 위하여 반출하는 원자재, 시설재 및 장비 등의 물품으로서 외교통상부장관 또는 외교통상부장관이 지정하는 기관의 장이 타당하다고 인정하는 물품

2. 무역거래를 원활히 하기위한 부수적거래물품

무역거래를 원활히 하기 위하여 주된 수출에 부수된 거래로서 수출하는 물품이나, 주된 사업목적을 달성하기 위하여 부수적으로 수출하는 물품으로서 수출승인의 면제대상은 다음과 같다.

① 반출(搬出)하는 상품의 견품 및 광고용 물품으로서 세관장이 타당하다고 인정하는 물품. 다만, 유상으로 반출하는 경우 미화 1만 불 상당액 이하 물품

② 외국에서 개최되는 박람회, 전람회, 견본시, 영화제 등에 출품하기 위하여 무상으로 반출하는 물품

③ 수출된 물품이나 수입된 물품이 계약조건과 상이하거나, 하자보증이행 또는 용도변경 등의 부득이한 사유로 대체 또는 반송을 위하여 반출하는 물품. 또는 수출된 물품의 누락이나 부족품에 대하여 보충을 위하여 반출하는 물품

④ 수출품의 성능보장 기간 내에 당해 물품의 수리 또는 검사를 위하여 반출하는 물품

⑤ 외국환거래법에 의한 허가를 받고 주무부장관의 허가 또는 추천을 받아 반입한 나용선 또는 임차항공기의 반입을 위한 반출 물품

⑥ 무환수탁가공무역에 의하여 수입된 원료의 잔량분 또는 수탁판매방식에 의하여 수입된 물품의 판매되지 아니한 잔량분으로서 무상으로 반출하는 물품

⑦ 외자도입법 또는 외국환거래법에 의하여 기술도입계약신고를 한 자가 신고된 내용에 따라 기술대가를 현물로 지급하기 위하여 반출하는 물품

⑧ 해외에서 투자, 건설, 용역, 산업설비수출 기타 이에 준하는 사업에 종사하고 있는 우리나라 업자(현지 합작법인 포함)에게 무상으로 송부하기 위하여 반출하는 기계, 시설자재, 근로자용 생활필수품 및 기타 그 사업에 관련하여 사용하는 물품으로서 주무부장관 또는 주무부장관이 지정한 기관의 장이 확인한 물품

⑨ 수산업법 제 41조 및 제 42조의 규정에 의하여 해양수산부장관 또는 해양수산부장관이 지정한 기관의 장이 확인한 물품

⑩ 외국 정부와의 사업계약을 수행하기 위하여 계약자가 계약조건에 따라 반출하는 업무용품으로서 주무부장관이 확인한 물품

⑪ 우리나라 정부와의 사업계약을 수행하기 위하여 계약자가 계약조건에 따라 반입한 물품으로서 다시 반출하는 물품

⑫ 우리나라와 외국간을 왕래하는 선박 또는 항공기 안에서 직접 그 선박 또는 항공기용으로 사용될 물품으로서 세관장이 타당하다고 인정하는 물품

⑬ 외국업자의 주문으로 제작되어 당해 수출물품의 생산에 사용된 후 반출하고자 하는 금형

⑭ 기타 무역거래를 원활히 하기 위하여 무상으로 반출하는 물품으로서 산업자원부장관이 타당하다고 인정하는 물품

3. 무상으로 수출하는 물품

무상으로 수입하여 무상으로 수출하거나, 무상으로 수입할 목적으로 수출하는 것으로서 사업목적의 달성을 위하여 부득이 수출하는 물품에 대한 수출승인 면제 대상은 다음과 같다.

① 무상으로 반입하여 다시 무상으로 반출하는 물품으로서 다음에 게기하는 물품
 i) 금속제 실린더, 컨테이너, 권사구(卷絲具) 등 물품의 운송을 위하여 반복 사용될 용기 또는 기구
 ii) 우리나라에서 영화를 촬영하기 위하여 입국한 영화제작자가 반입하는 영화촬영용 기계 및 기구
 iii) 우리나라에 입국한 순회 흥행업자의 흥행용 물품
 iv) 텔레비전 방송국이 텔레비전 방송을 목적으로 반입한 영화 필름
 v) 공사용(수리용을 포함한다)이나 시험용의 기계 또는 기구
 vi) 우리나라에서 개최된 박람회 등의 종료 후 반출되는 물품
 vii) 항공기(부분품을 포함한다)또는 선박
 viii) 산업설비수출의 이행에 필요하여 반입한 기계 및 장치
 ix) 대학 및 연구기관이 외국으로부터 품질이나 성능검사 등을 위탁받아 반입한 검사의뢰물품 및 검사장비

② 무상으로 반입할 예정으로 무상으로 반출하는 물품으로 다음에 게기하는 물품
 i) 금속제 실린더, 컨테이너, 권사구 등 물품의 운송을 위하여 반복 사용될 용기 또는 기구
 ii) 항공기(부분품을 포함한다)또는 선박
 iii) 외국에서 영화(뉴스 포함)를 촬영하기 위하여 제작자가 반출하는 영화촬영에 사용되는 기계·기구로, 당해 영화촬영을 위하여 필요하다고 세관장이 인정하는 물품

③ 외국에서 수리 또는 검사를 받을 목적으로 반출하는 물품이나 국내에서 수리 또는 검사를 받을 목적으로 반입한 물품으로서 다시 반출하는 물품

4. 특정지역에 대한 수출물품

산업자원부장관이 고시하는 지역에 대하여 수출하는 물품으로서 수출승인면제 대상은 다음과 같다.

① 외국에서 물품을 보세구역에 무상으로 반입하여 가공을 하지 아니하고 다시 무상으로 반출하는 물품

② 외자도입법에 의하여 외국인투자의 인가를 받은 기업체가 관세법의 규정에 의한 보세공장에서 무상 또는 계정간의 이체방식에 의하여 유상으로 수입한 원료를 가공하여 무상 또는 계정간의 이체방식에 의하여 유상으로 수출하는 물품 및 동 시

설보완용 부분품, 소모성 기자재 또는 시설재. 다만, 동 물품이 수출제한품목인 경우에는 산업자원부장관이 지정한 기관의 장이 인정하는 경우에 한한다.

5. 공공성을 가지는 물품

공공성을 가지는 물품이거나 이에 준하는 용도에 사용하기 위한 것으로서 별도의 수출관리가 요구되지 아니하는 물품에 대한 수출승인 면제대상은 다음과 같다.

① 우리나라 재외공관(대한무역투자진흥공사의 해외무역관을 포함한다)또는 외교사절 등에 송부하기 위하여 반출하는 공용물품
② 외국에 있는 자에게 증여하기 위하여 반출하는 훈장, 기장 기타 이에 준하는 물품
③ 해외에 파견된 우리나라 군대에 송부하기 위하여 반출하는 군용물품
④ 우리나라의 공공기관이 외국의 공공기곤에게 우호의 목적으로 기증하기 위하여 반출하는 물품
⑤ 국제운동경기대회에 참가하는 우리나라 선수단에 송부하기 위하여 반출하는 경기용 물품 및 이에 준하는 물품
⑥ 무상으로 반출하는 구호품
⑦ 정보통신부장관이 해외에 반출하는 국내우표와 정보통신부장관의 해외우표 판매허가를 받은 자가 정보통신부장관의 추천을 얻어 반출하는 국내우표
⑧ 우리나라에 있는 외국의 대사관, 공사관, 영사관, 통상대표공관 기타 이에 준하는 기관에서 반출하는 공용용품 또는 그 기관에 소속된 외무공무원 및 그 가족이 반출하는 자가용물품
⑨ 국제협약 등에 의한 조사단 또는 사찰단이 반출하는 장비물품 및 그 구성원의 자용품

6. 상행위 이외의 목적으로 수출하는 물품

기타 상행위 이외의 목적으로 수출하는 물품으로서 수출승인 면제대상은 다음과 같다.

① 무상으로 송부하기 위하여 반출하는 기록문서와 기타의 서류(사진 및 마이크로필름을 포함한다)
② 뉴스를 취재한 필름이나 녹음테이프 등으로서 우리나라의 신문사, 통신사, 방송국의 특파원이 있는 본사, 지사 또는 주재원 등 앞으로 송부하기 위하여 반출하는 물품
③ 유골(유체를 포함한다)
④ 외국환거래법에 의하여 인정된 용역계약에 따라 문화관광부장관의 추천을 얻어 무상으로 반출하는 국산영화
⑤ 외국환은행으로부터 수입물품을 담보로 자금을 융자받은 무역업자의 파산, 해산, 행방불명 등으로 인하여 그 무역업자에 의한 통관이 불가능한 경우에 당해 외국환은행이 담보권 행사를 위하여 보세구역 내에서 반출하는 물품
⑥ 국제공동연구를 위하여 반출하는 연구기자재 또는 국제공동연구의 결과물로서 산

업자원부장관이 추천한 물품

⑦ 기타 무상으로 반출하는 물품 중 반출의 목적·사유 등에 의하여 세관장이 타당하다고 인정하는 물품

4 수입승인의 면제대상

1. 외교관 기타 산업자원부장관이 정하는 자가 입국시 휴대 또는 별송하는 물품

외교관 기타 산업자원부장관이 정하는 자가 입국할 경우에 산업자원부장관이 정하는 물품으로서 휴대하거나 세관에 신고하고 별도 송부하는 물품에 대한 수입승인 면제대상은 다음과 같다.

① 일시적으로 입국하는 자 또는 일시적으로 출국하여 다시 입국하는 자(선박 또는 항공기 에 승무하여 입국하는 승무원을 제외한다)가 입국할 때에 휴대하여 반입하는 물품이나 별송으로 반입하는 물품으로서 그 입국의 목적, 체류의 기간, 입국자의 직업 등의 사유에 의하여 세관장이 타당하다고 인정하는 물품

② 우리나라로 주거를 이전할 목적으로 입국하는 자(우리나라에서 2년 이상 체류할 예정으로 입국하는 자와 1년 이상 체류할 예정으로 입국하는 자 중 가족을 동반한 자를 말하며, 일시적으로 출국하여 다시 입국하는 자를 제외한다)가 입국할 때에 휴대하여 반입하는 이사물품 또는 별송으로 반입하는 이사물품으로서 그 입국의 사유 등에 의하여 세관장이 타당하다고 인정하는 물품

③ 우리나라와 외국간을 왕래하는 선박 또는 항공기의 승무원이 당해 선박 또는 항공기에 승무하여 입국할 때에 휴대하여 반입하는 개인용품으로서 세관장이 타당하다고 인정하는 물품

④ 우리나라에 온 외국의 원수와 그 가족 및 수행원에 속하는 물품으로서 입국시에 반입하는 물품

⑤ 정부와의 사업계약을 수행하기 위하여 외국의 계약자가 계약조건에 의하여 반입하는 업무용품으로서 주무부장관의 확인을 받아 반입하는 물품

⑥ 정부의 초빙이나 국제연합 또는 외국의 정부로부터 우리나라에 파견된 고문관, 사절단원의 업무용 물품

2. 긴급을 요하는 물품

긴급을 요하는 물품으로서 정상적인 수입절차를 밟아 수입하기에 부적합한 물품으로서 수입승인 면제대상은 다음과 같다.

① 조난선박의 수리 또는 구호에 필요한 비용과 당해 항해를 계속하는데 필요한 비용을 조달하기 위하여 매각하는 그 선박의 적재품으로서 세관장이 부득이 하다고 인정하여 반입하는 물품

② 긴급을 요하는 항공기의 부분품(항공용 유류 및 비상구급용품을 포함한다), 공항 내에서 항공기에 전용되는 지원 장비의 부분품, 수리용품 및 수리용 원료를 구매 또는 임차함에 있어서 그 구매절차에 의하여는 적기에 공급이 불가능하다고 건설교통부장관 또는 건설교통부장관이 지정한 항공관계 전문기관의 장이 인정하여 반입하는 물품. 다만, 항공법 제 80조의 규정에 의하여 면허를 받아 정기항공운송사업을 영위하는 자가 구매 또는 임차하는 경우에는 세관장이 인정하여 반입하는 물품
③ 긴급을 요하는 국제통신시설의 수리용 부품과 기기를 구매 또는 임차함에 있어서 일반적인 절차에 의하여서는 적기에 공급이 불가능하다고 정보통신부장관이 인정하여 반입하는 물품
④ 긴급을 요하는 해난구조용품으로서 일반적인 절차에 의하여는 적기 공급이 불가능하다고 해양수산부장관 또는 해양수산부장관이 지정한 해난관계 전문기관의 장이 인정하여 반입하는 물품
⑤ 긴급을 요하는 견품으로 일반절차에 의하여서는 적기 공급이 불가능하다고 세관장이 인정한 물품

3. 무역거래를 원활히 하기위한 부수적 거래물품

무역거래를 원활히 하기 위하여 주된 수입에 부수된 거래로서 수입하는 물품이나 주된 사업목적을 달성하기 위하여 부수적으로 수입하는 물품으로서 수입승인 면제대상은 다음과 같다.

① 반입하는 상품의 견품 또는 광고용 물품으로서 세관장이 타당하다고 인정하는 물품
② 상품의 견품 또는 광고용 물품 제조용 원료로서 세관장이 타당하다고 인정하는 물품
③ 우리나라에서 수출된 물품으로서 수출할 때의 성질 및 형상을 변경하지 아니하고 다시 반입하는 물품
④ 수입된 물품이나 수출된 물품이 계약조건과 상이하거나, 하자보증이행 또는 용도변경 등의 부득이한 사유로 대체를 위하여 반입하는 물품 또는 수입된 물품의 누락이나 부족품에 대하여 보충을 위하여 반입하는 물품
⑤ 수입물품의 하자보증기간 내에 동 물품의 유지보수 및 성능보장을 위하여 당해 물품의 수출자가 무상으로 공급하는 물품
⑥ 수출물품의 성능보증기간 내에 당해물품의 수리 또는 검사를 위하여 반출한 물품으로 다시 반입하는 물품
⑦ 수출물품의 제조가공에 제공할 일부 외화획득용 원료로서 세관장이 당해 수출계약 이행에 필요하다고 인정하여 무상으로 반입하는 물품
⑧ 무상으로 반입하는 라벨(LABEL), 택(TAG)등 부자재
⑨ 외국환거래법에 의한 허가를 받고 주무부장관의 허가 또는 추천을 받아 반입하는 임차 항공기. 다만, 장래 소유권이 이전되는 국적취득조건부의 것은 제외한다.

⑩ 위탁가공무역에 의하여 수출된 원료의 잔량분으로서 무상으로 반입하는 물품
⑪ 수출입공고 등에서 수입이 허용되는 물품으로서 해외에서 투자, 건설, 용역, 산업설비수출 기타 이에 준하는 사업을 행하고 있는 우리나라 업자가 현지에서 사용한 후 무상으로 반입하는 물품
⑫ 우리나라의 법령에 의하여 설치의 허가나 인가 등을 받은 외국상사의 지사나 출장소 등에 무상으로 송부된 사무용품, 소모품 기타 이에 준하는 물품으로서 세관장이 타당하다고 인정하여 반입하는 물품
⑬ 건설용역 기타 이에 준하는 업무에 종사하기 위하여 우리나라에 체류하는 외국인의 자용품으로서 세관장이 타당하다고 인정하여 반입하는 물품
⑭ 우리나라와 외국간을 왕래하는 선박 또는 항공기 안에서 직접 그 선박 또는 항공기용으로 사용될 물품으로서 당해 운항사업을 행하는 자(당해 사업의 대리인을 포함한다)에게 무상으로 송부되어 오는 물품
⑮ 수출계약의 이행을 위하여 무상으로 반입하는 소모성 자재 또는 시료로서 당해 수출물품의 성능, 시험검사를 위하여 필요하다고 세관장이 인정하는 물품
⑯ 항공산업용으로 도입하는 중고 치공구
⑰ 기타 무역거래를 원활히 하기 위하여 무상으로 반입하는 물품으로서 산업자원부장관이 인정하는 물품

4. 무상으로 수입하는 물품

무상으로 수출하여 무상으로 수입하거나, 무상으로 수출할 목적으로 수입하는 것으로서 사업목적의 달성을 위하여 부득이 수입하는 물품에 대한 수입승인 면제대상은 다음과 같다.

① 무상으로 반출할 예정으로 무상으로 반입하는 물품 중 다음에 게기하는 물품
  i) 외국의 신문사, 통신사 또는 방송국의 특파원으로서 우리나라에 파견된 자가 뉴스의 취재용으로 반입하는 필름 또는 녹음테이프
  ii) 금속제 실린더, 컨테이너, 권사구 등 물품의 운송을 위하여 반복 사용되는 용기 또는 기구
  iii) 우리나라에서 영화를 촬영하기 위하여 입국하는 영화제작자가 반입하는 영화촬영용 기계·기구로서 당해 영화촬영을 위하여 필요하다고 세관장이 인정하는 물품
  iv) 우리나라에 입국하는 순회 흥행업자의 흥행용 물품
  v) 텔레비전 방송국이 텔레비전 방송을 목적으로 반입하는 영화필름
  vi) 공사용(수리용을 포함한다)이나 시험용의 기계 또는 기구
  vii) 우리나라에서 개최된 박람회, 전시회, 견본시, 영화제 등에 출품하기 위한 물품
  viii) 항공기(부분품을 포함한다)또는 선박
  ix) 산업설비수출의 이행에 필요하여 반입하는 기계 또는 장치로서 산업설비수출협

회장이 추천하는 물품

x) 대학 및 연구기관이 외국으로부터 품질이나 성능검사 등을 위탁받아 반입하는 검사의뢰 물품 및 검사장비

② 무상으로 반출된 물품을 다시 무상으로 반입하는 물품으로서 다음에 게기하는 물품

i) 금속제 실린더, 권사구 등 물품의 운송을 위하여 반복 사용되는 용기 또는 기구

ii) 항공기(부분품을 포함한다)또는 선박

iii) 외국에서 영화(뉴스필름 포함)를 촬영하기 위하여 영화제작자가 반출한 영화촬영용의 기계·기구

iv) 외국에서 개최된 박람회, 전시회, 견본시, 영화제 등에 출품된 물품으로서 반송되어 온 물품

v) 해외에서 투자, 건설, 용역, 산업설비수출 기타 이에 준하는 사업에 종사하고 있는 우리나라 업자(현지합작법인 포함)에 게 무상으로 송부하기 위하여 반출한 기계, 시설자재, 근로자용 생활필수품, 기타 그 사업에 관련하여 사용하는 물품

vi) 수산업법 제 41조 및 제 42조의 규정에 의하여 해양수산부장관 또는 해양수산부장관이 지정한 기관의 장의 허가를 받은 자가 원양어선에 무상으로 송부하기 위하여 반출한 물품

5. 특정지역으로부터 수입하는 물품

산업자원부장관이 고시하는 지역으로부터 수입하는 물품으로서 수입승인 면제대상은 다음과 같다.

① 외자도입법에 의하여 외국인투자의 인가를 받은 기업체가 관세법의 규정에 의한 보세공장에서 가공할 것을 목적으로 무상 또는 계정간의 이체방식에 의하여 유상으로 수입하는 원료 및 동 시설보완용 부분품, 소모성 기자재 또는 시설재. 다만, 동 물품이 수입제한 승인품목인 경우에는 산업자원부장관이 지정하는 기관의 장이 인정하는 경우에 한한다.

② 관세법의 규정에 의하여 보세판매장 설영특허를 받은 자의 판매용 물품으로서 관세청장이 산업자원부장관과 협의하여 지정하는 물품

6. 공공성을 가지는 물품

공공성을 가지는 물품이거나 이에 준하는 용도로 사용하기 위한 것으로서 별도의 수입관리가 요구되지 아니하는 물품에 대한 수입승인 면제대상은 다음과 같다.

① 국가원수에게 반입되는 물품

② 우리나라에 있는 자에게 증여하기 위하여 반입되는 훈장, 기장 기타 이에 준하는 물품

③ 외국에 있는 우리나라의 군대, 군함 또는 공관으로부터 반입되는 공용물품

④ 사원, 교회 등에 기증된 식전용품 및 예배용품으로서 세관장이 타당하다고 인정하

여 반입하는 물품

⑤ 자선 또는 구호의 목적으로 기증된 급여품 및 관세법 제 28조의 6 제 1항 제 2호의 규정에 의하여 지정된 구호시설과 사회복지시설에 기증되어 직접 사회복지용에 공하는 물품으로서 세관장이 타당하다고 인정하여 반입되는 물품

⑥ 학교, 박물관, 물품진열소 기타 관세법 제 28조의 5 제 1항 제 2호 및 제 4호 규정에 의하여 지정한 시설에 표본, 참고품, 학술연구 또는 교육용에 직접 공하는 물품으로서 세관장이 타당하다고 인정하여 반입되는 물품

⑦ 외국의 공공기관으로부터 우리나라 공공기관에 우호의 목적으로 기증되어 반입되는 물품

⑧ 정부 또는 지방자치단체에 기증된 물품으로서 당해 기관이 직접 사용하는 물품과 당해 기관에서 실시하는 공공사업에 공하기 위하여 반입되는 물품

⑨ 국제연합교육과학문화기구(유네스코)에서 발행하는 유네스코 쿠폰과 교환으로 송부되어 반입되는 물품

⑩ 우리나라에 있는 외국의 대사관, 공사관, 영사관, 통상대표기관 기타 이에 준하는 기관에서 반입하는 공용물품 또는 그 기관에 소속되는 외국 공무원 및 그 가족이 반입하는 자용품

⑪ 박물관 및 미술관 진흥법에 의하여 등록된 박물관 또는 미술관(설립자가 법인인 박물관 또는 미술관에 한함) 이동 박물관 또는 미술관에 전시할 목적으로 수입하는 물품으로 문화체육부장관의 추천을 받은 물품

⑫ 국제운동경기에 참가한 우리나라 선수단의 경기용 물품 및 이에 준하는 물품으로 반출하였다가 다시 반입하는 물품

⑬ 국제협약 등에 의한 조사단 또는 사찰단이 반입하는 장비물품 및 그 구성원의 자용품

7. 상행위 이외의 목적으로 수입하는 물품

기타 상행위 이외의 목적으로 수입하는 물품으로서 수입승인 면제대상은 다음과 같다.

① 무상으로 반입하는 간행물, 기록문서와 기타의 서류(사진 및 마이크로필름을 포함한다)

② 해상사고로 인하여 우리나라 선박이 침몰 또는 폐선된 경우에 그 외국 가해자로부터 현물배상으로서 제공받아 해외공관장의 확인을 얻어 반입하는 선박

③ 우리나라의 선박 또는 항공기가 조난으로 인하여 해체된 경우에 반입하는 해체물품 및 장비품

④ 우리나라에서 출항된 선박 또는 항공기로 반출한 물품으로서 당해 선박 또는 항공기의 사고로 인하여 다시 반입하는 물품

⑤ 우리나라의 선박 또는 항공기가 국외에서 고장으로 인하여 분리된 부분품(현지수리후 반입하는 것을 말한다)

⑥ 관세법 제 54조의 규정에 의하여 선박 또는 항공기의 자격변경이 있는 경우에 당

해 선박 또는 항공기에 적재되어 있는 선박용 또는 항공기용품으로서 세관장이 타당하다고 인정하는 물품

⑦ 유골(유체를 포함한다)

⑧ 외국환은행으로부터 수입물품을 담보로 자금을 융자받은 수출입 업자의 파산, 행방불명 등으로 인하여 그 수출입업자에 의한 통관이 불가능한 경우에 당해 외국환은행이 담보권 행사를 위하여 보세구역으로부터 다른 지역으로 반입하는 물품

⑨ 외국환거래법의 규정에 의하여 재정경제부장관이 정하는 바에 따라 지급을 인정하는 것으로서 다음에 제기한 물품

i) 외항운송업자가 경상운항경비로 구입하여 그 선박 또는 항공기용으로 사용된 식용품 및 서비스용품

ii) 외국간행물 수입배포에 관한 법률 제 15조의 규정에 의하여 자기수요의 학술조사, 연구업무용으로 반입되는 외국정기간행물 및 마이크로필름 등의 물품(그 가액이 미화 5천 달러이상인 경우에는 문화체육부장관의 추천을 받은 것에 한한다. 다만, 정보원법에 근거한 특수자료 취급지침에 의한 특수자료 취급인가 기관은 제외한다)이나 음반 및 비디오물에 관한 법률 시행령 제 13조의 규정에 의하여 실수요용으로 반입되는 음반, 녹음녹화테이프 등의 정보매개물(연예, 흥행관계의 것을 제외한다)

iii) 자기 치료를 위한 미화 2천 달러 이하의 의약품으로서 식약안전청장이 추천한 물품

iv) 운송사업자가 외국항공기에 공급하기 위하여 반입하는 식용품 및 관세법 제 2조 제 11항의 규정에 의한 기(機)용품

⑩ 국제공동연구를 위하여 반입하는 연구기자재 또는 국제공동연구 결과물로서 산업자원부장관이 수입 추천하는 물품

⑪ 시험·연구를 위하여 반입하는 물품으로서 산업자원부장관이 추천한 물품

⑫ 신문사, 통신사 또는 방송국의 해외지사에서 구입 사용 후 내용연한이 경과된 방송·촬영장비 중 무상으로 반입하는 것으로, 반입목적 등의 사유에 의하여 그 타당성이 인정되어 산업자원부장관이 주무부장관과 협의하여 수입 추천하는 물품

8. 기타 외국환거래가 수반되지 아니하는 물품으로서 수입승인 면제대상

① 과세가격이 500만원 이하의 경우에는 그 반입의 목적, 사유 등에 의하여 세관장이 타당하다고 인정하는 물품

② 과세가격이 500만원을 초과하는 경우에는 수출입공고 등에서 수입이 허용되는 물품으로서 그 반입의 목적, 사유 등에 의하여 세관장이 타당하다고 인정하는 물품. 이 경우 세관장은 수입하고자 하는 물품이 수출입공고 등에 의하여 승인을 요하는 경우에는 당해 승인서의 제출을 요구할 수 있다.

Chapter Ⅵ 특정수출입거래형태에 대한 권리

1 특정수출입거래형태의 의의

대외무역법 제정 초기에는 산업자원부장관이 수출입을 승인하는 과정에서 몇 가지 거래형태에 대하여 특별히 조건을 붙여서 승인하도록 함으로서 거래의 안정성을 도모하고 그 이행을 확인하였다. 또한, 이러한 특정의 무역거래 형태에 해당하지 않는 거래형태는 포괄적으로 미분류 수출입으로 규정하고(1993. 7. 1), 이에 대하여는 수출입승인기관의 장이 개별적 또는 포괄적으로 거래형태를 인정할 수 있도록 하였다. 그러나 수출입 승인제가 원칙적으로 폐지됨에 따라 거래형태에 대하여도 네거티브제를 적용하게 되었다. 이로서 특별히 제한을 가할 필요가 있는 특정의 거래형태에 대하여는 인정제를 도입하여 산업자원부장관의 인정을 받아야 거래를 할 수 있도록 하고, 그 이외에는 자유롭게 거래할 수 있도록 하였다. 따라서 산업자원부장관은 물품의 수출 또는 수입이 원활히 이루어질 수 있도록 지정물품의 수출입 거래형태를 인정할 수 있다.

이때 당해 거래가 외국환거래법 규정에 의하여 재정경제부장관의 허가를 받아야 하는 결제방법에 해당하는 경우에는 미리 재정경제부장관과 협의하여야 한다. 또한 재정경제부장관이 외국환거래법령에서 무역대금결제방법을 정하고자 할 때에는 미리 산업자원부장관과 협의하여야 한다. 따라서 무역업자들은 대외무역법령에 규정되어 있는 거래방법에 대하여는 그 조건을 충족하여야 하고 그 이외의 거래형태는 외국환거래법 등에 의하여 규제되지 않는 한 자유롭게 거래할 수 있다.

2 특정수출입거래형태의 인정

특정 무역거래 유형에는 수출과 관련된 특정거래 형태별 인정으로 ① 위탁판매수출, ② 임대수출, ③ 외국인도수출이 있고, 수입과 관련된 특정거래 형태별 인정으로 ① 수탁판매수입, ② 임차수입, ③ 외국인수수입이 있으며 수출입혼합거래형태별 인정으로 ① 위탁가공무역, ② 수탁가공무역, ③ 연계무역, ④ 중계무역이 있다. 특정무역거래형태는 당해 거래의 전부 또는 일부가 다음의 하나에 해당하는 경우로서 산업자원부장관이 따로 정하는 거래를 말한다.

① 수출 또는 수입의 제한을 면탈(免脫)할 우려가 있거나 산업보호에 지장을 초래할 우려가 있는 거래

② 외국에서 외국으로 물품의 이동이 있고 그 대금의 지급 또는 영수가 국내에서 이루어지는 거래로서 대금결제 상황의 확인이 곤란하다고 인정되는 거래

③ 대금결제가 수반되지 아니하고 물품의 이동만 이루어지는 거래

그리하여 산업자원부장관은 다음과 같은 내용에 해당하는 유형의 거래를 산업자원부장관의 인정을 받아야 하는 수출·수입거래로 지정·고시하고 있다. 이때 산업자원부장관은 특정거래형태를 인정하면서 새로운 거래형태의 파악 등을 위하여 필요한 경우에는 관계행정기관의 장에게 협조를 요청할 수 있다.

1 위탁판매수출

1. 의의

위탁판매방식에 의한 수출은 물품을 무환으로 수출하여 당해 물품이 판매된 범위 안에서 대금을 결제하는 계약에 의한 수출이다.

이는 대부분 제조업자가 자가생산품을 수출하여 그 판매를 위탁하고 판매되지 않은 잔품을 회수하는 거래방식이다. 이 방식에 의한 수출은 위탁자가 자기의 계산 및 위험하에 수출하는 것으로 물품이 이동되더라도 그 소유권은 당연히 위탁자에게 있으며 판매하고 남은 물품은 위탁자에게 반환되는 것이다. 그러므로 수탁자는 계약의 조건에 따라서 당해 물품을 판매하고 그 판매대금 중에서 경비 및 수수료 등을 공제한 금액을 위탁자에게 송금하는 것이 일반적인 거래방식이다.

2. 위·수탁자간의 계약내용

위탁판매방식에 의한 수출시 위탁자와 수탁자간에 체결되는 계약의 내용은 대체로 다음과 같다.

첫째, 수출물품의 소유권은 위탁자에게 있다. 따라서 위탁자는 운임, 기타 수출목적지까지의 운송경비를 부담하며 보험의 수익자가 된다.

둘째, 수탁자는 수탁된 화물이 판매되었을 때에는 위탁자에게 대금을 송금하여야 하며, 동 대금송금시까지의 금리 및 기타 위험부담은 수탁자가 진다.

셋째, 위탁자는 판매수수료로서 판매대금의 일부를 수탁자에게 지급한다. 계약시의 판매조건 중에서 물품의 판매가격을 결정하는 방법에는 지가위탁(指價委託)과 시가위탁(時價委託)의 두 가지 방법이 있다. 지가위탁은 위탁자가 수탁자에게 최저판매가격을 지정하여 주는 것으로서 최저판매가격보다 낮은 경우에는 수탁자는 판매할 수 없는 계약조건이다. 그러나 최저판매가격보다 높은 가격으로 판매하였을 경우의 그 초과금액은 위탁자에게 귀속된다.

한편 시가위탁방식은 수탁자의 판매시장에서 형성되는 판매시세에 의하여 판매토록 수·위탁자간에 계약하는 거래방식이다.

3. 유용성 및 유의점

이 방식에 의한 거래의 필요성과 거래창설시 주의해야 할 몇 가지 사항을 검토하면 다음과 같다.

첫째, 수출상품의 시장성이나 수입업자의 신용상태를 정확히 파악하기 어려운 신규수출업자는 수출초보단계에서 중개업자를 통하여 안전하고 편리한 위탁판매방식을 활용하면 유리하다.

둘째, 상품의 특성이나 수출시장이 유동적이어서 가격변동이 심한 상품을 수출하는 자는 수입업자와 직접 수출계약을 체결하지 아니하고 위탁판매방식에 의하여 수출함으로써 수출가격이 가장 유리한 기회를 잡아 판매할 수 있는 이점을 가진다.

셋째, 신시장 개척을 위한 방법의 하나로 위탁판매방식에 의한 수출이 활용되기도 한다. 수입업자는 신규상품에 대한 수요를 예측하기 어려울 경우에는 위험부담 때문에 수입을 꺼리게 될 것이며 소비자들 역시 그 상품을 직접 사용하여 보고 감정하기를 원하기 때문이다.

넷째, 수입판매업자 입장에서 보면 자금부담(수입에 따른)이 없고 클레임제기 등의 불편이 없으며 시간과 노력, 그리고 수입부대 경비를 절감할 수 있는 이점이 있다.

그러나 위탁판매수출에 있어서는 물품의 판매 여부가 근본적인 문제이며 또한 판매가 되었다 하더라도 대금회수에 위험이 따르는 경우가 있다. 즉, 수탁자의 신용상태도 문제가 될 뿐만 아니라 수입국의 외환관리나 동란 등과 같은 비상사태 등의 위험에 따라 판매대금의 송금이 금지되는 경우도 있다. 비상위험은 개인의 능력으로는 불가항력일 수밖에 없으나 신용위험은 사전에 충분히 신용조사를 하여 피하도록 하여야 한다.

특히 위탁판매수출의 경우에는 어렵기는 하지만 수탁자의 거래은행의 보증을 받을 수만 있다면 이것이 가장 안전한 거래방법이 될 수 있다.

4. 인정대상

위탁판매수출로서 판매계약기간 종료 후 판매 잔량을 6월을 초과하여 재수입하는 경우 산업자원부장관의 인정대상이 된다.

2 수탁판매수입

수탁판매수입은 위탁거래의 한 형태이다. 위탁거래란 위탁자가 자기 책임하에 소유권의 이전 없이 물품을 무환으로 수출하여(또는 수출입하기 위하여) 수탁자에게 판매(또는 구매를 위탁하는 거래를 말하며 판매위탁인 경우를 위탁판매무역이라 하고 구매위탁인 경우를 위탁구매무역이라고 한다. 위탁판매무역은 위탁자의 입장에서 보면 위탁판매수출이라고도 할 수 있고 수탁자의 입자에서는 수탁판매수입이라고 말할 수 있다.

따라서 수탁판매수입이란 물품을 외국에서 무환으로 수입하여 당해 물품이 판매된 범위내에서 수입대금을 결제하는 형태의 수입을 의미한다. 수탁판매수입에 있어서 자금부담의 위험(금리 및 판매에 따르는 위험)은 물품의 소유권을 가지고 있는 위탁자가 부담하고 수탁자는 단지 판매대리인으로서 위탁자가 지정한 조건에 따라 상품을 매각하고 잔품은 위탁자에게 반환하며 그 매각대금에서 입체금, 제경비 및 판매수수료 등을 공제한 잔액만을 위탁자에게 송금하게 된다.

그러므로 수입업자는 판매에 대한 위험을 느끼지 않고 수입을 할 수 있다는 점 이외에도 수입에 따른 자기자금이 전혀 소요되지 않는다는 장점이 있다. 그러나 이 방식에 의한 수입이 위탁자의 자금부담, 판매경비부담 및 판매위험부담 등으로 수탁자에게는 매우 유리한 거래방식이어서 정부의 무역정책에 반하여 무분별한 수입이 조장될 염려가 있을 뿐만 아니라 또한 동 방식이 대금결제방법에 있어서 연지급방식과 매우 유사하여 수입 후 일정기간 후인 수입물품의 판매 후 대금지급조건이므로 외화지금의 효율적인 운용을 위하여 신중을 기할 필요가 있다.

3 위탁가공무역

1. 의의

위탁가공무역이라 함은 가공임을 지급하는 조건으로 외국에서 가공(제조·조립·재생·개조를 포함한다. 이하 같다)할 원자재의 전부 또는 일부를 거래 상대방에게 수출하거나 외국에서 조달하여 이를 가공한 후 가공물품을 수입하거나 외국으로 인도하는 수출입을 말한다.

이는 국내의 임금수준이 높은 나라가 제품의 가격경쟁력을 확보하기 위하여 노임이 싼 나라로 원자재를 무환으로 송부하거나, 외국에서 조달하여 현지에서 가공한 후 재수입하든지 현지에서 판매하는 형태를 말한다. 원자재거래가 유환으로 이루어질 때에는 내용상으로는 위탁가공무역이라 할지라도 거래형태상으로는 독립된 수출과 수입이고 수출·수입 승인도 별도로 이루어진다.

2. 인정대상

① 수입되는 가공물품이 수입승인 대상물품인 경우(수출물품과 수입물품의 HS 10단위가 동일한 경우와 승인요건을 충족하는 경우는 제외)

② 수출입승인 대상품목의 제한요건을 충족하지 않고 외국에 판매하는 경우

③ 최종가공물품을 가공기간의 종료 후 6월을 초과하여 재수입하는 경우(수출신용장, 수출계약서 등으로 외국에 판매하는 사실을 확인할 수 있는 경우는 제외)

4 수탁가공무역

수탁가공무역이라 함은 가득액(稼得額)을 영수하기 위하여 원자재의 전부 또는 일부를 거래상대방의 위탁에 의하여 수입하여 이를 가공한 후 위탁자 또는 그가 지정하는 자에게 가공물품을 수출하는 수출입을 말한다. 다만, 위탁자가 지정하는 자가 국내에 있음으로써 보세공장 및 수출자유지역에서 가공한 물품을 외국으로 수출할 수 없는 경우 관세법에 의한 수탁자의 수출·반출과 위탁자가 지정한 자의 수입·반입·사용은 이를 대외무역법에 의한 수출입으로 본다.

5 임대수출

1. 의의 및 유용성

임대방식의 수출이란 임대(사용임대차를 포함한다)계약에 의하여 물품을 수출하고 일정기간 후 다시 수입하거나 그 기간의 만료 전 또는 만료 후 당해 물품의 소유권을 이전하는 수출을 말하며 이 거래방식은 주로 시설기재의 수출시 이용된다.

우리나라든 외국이든 일반적으로 상품의 제조 또는 가공을 위해서는 그 제조·가공에 필요한 여러 가지 시설·기재가 확보되어야 한다. 더욱이 품질이 우수하고 가격이 저렴한 상품을 대량생산하기 위하여서는 시설의 적정 규모화는 물론이고 그에 따른 기술의 지원도 불가피한 것이다. 따라서 적정 규모의 생산시설 확보 문제는 막대한 자금이 소요되며 새로운 기술을 확보하기 위해서는 많은 기술료를 지급해야 되기 때문에 자금부담 문제가 뒤따른다. 또한 생산된 제품의 시장 확보나 판로 개척

을 위해서는 해외 활동을 많이 해야 할 것이다. 이와 같은 어려운 문제 해결을 위한 방법의 하나로 시설기재를 임대차하는 방식을 이용하고 있는데, 우리나라의 경우 과거에는 임대방식수출은 거의 없었고 임차방식 수입은 비교적 많았으나 이제는 우리의 기계공업 등의 발달로 후진국을 대상으로 이 방식의 수출이 늘어가고 있다.

이 임대방식거래의 필요성을 검토하면 국제간의 경제협력면에도 기여하는 바가 크다. 즉, 시설기재의 제공에 따라 생산제품의 시장 확보, 기술의 상호협력, 원자재 조달의 용이성으로 볼 때 긴밀한 경제협력체제도 이룰 수 있으며 우리가 개발한 신시설의 우수성을 쉽게 해외시장에 알려 우리 상품의 성가를 높일 수 있는 기회로도 활용되고, 또한 앞으로는 임차인이 생산한 제품을 유리한 조건으로 수입할 수도 있을 것이다.

2. 인정대상

임대수출로서 임대계약기간 만료 후 3월을 초과하여 재수입하는 경우. 다만, 소유권을 이전하는 경우로서 다음의 각 요건에 해당하는 경우에는 예외로 한다.

① 수출된 물품의 감정가격에 상당하는 금액 이상을 회수하였거나 회수가 확실하다고 인정되는 경우, 소유권 이전 사유가 타당하다고 인정되는 경우 등. (다만, 주무부장관이 소유권 이전이 부득이 하다고 인정하여 추천하는 경우에는 인정없이 거래가능)

② 당초 수출시 수출승인대상품목으로서 승인기관으로부터 조건부 승인을 받은 경우에는 소유권 이전에 따른 별도의 승인을 얻은 경우

6 임차수입

임차방식의 수입이란 임차계약(사용임차 포함)에 의하여 물품을 수입하여 일정 기간 경과 후 다시 수출하거나 그 기간의 만료 전 또는 만료 후 해당 물품의 소유권을 임차인 또는 차주가 이전받는 거래를 말한다. 이 방식에 의하여 수입을 하는 자는 주로 자본규모가 영세한 중소기업이거나 외국과의 합작투자업체인 경우가 대부분이며 임차한 시설을 사용하여 생산한 제품을 임차인이 수입하기로 계약하는 경우가 많다.

7 연계무역

1. 의의

종래까지 주로 사용되었던 Barter교역이 외환거래 없이 이루어지는 교역으로 이해되었던 반면, 오늘날 연계무역이라 함은 일반적으로 수출과 수입이 연계된 무역거래를 총칭하는 포괄적 개념으로 이해되고 있으며 거래기간, 청산의 형태, 교환되는 상

품의 관계, 계약서의 수 등의 기준에 따라 크게 Barter, 대응구매(counter purchase), 보상무역(compensation), 산업협력(industrial cooperation) 등으로 분류되고 있다. 그런데 최근에 와서 대응구매가 변형된 형태의 거래방식인 Offset Program 에 의한 교역이 성행하고 있는데, 이는 주로 방위산업분야나 항공기산업에 적용되는 거래 형태로, 군장비나 상업용 비행기 등을 구매할 때 상대방에 이러한 장비에 쓰일 부품의 일부를 구매하거나 기술이전 기타 연관재 대응수입 등을 요구하는 거래형태를 말한다.

즉 절충교역거래라 함은 연계무역의 한 형태로서 무기 등 고도의 기술제품을 수출하는 국가가 그 수출의 대가로 일정률의 수입국 부품을 수입하거나 기술을 제공하여 수입국에서 일정제품을 생산하기로 하는 경우의 거래를 말한다. 보통 상계무역이라고 쓰이고 있으나 방위산업에 관한 특별조치법에서는 이러한 경우에 이를 절충식 교역이라고 부르고 있다.

2. 연계무역추진시 고려사항

연계무역 추진여부결정시 고려할 사항으로는 대체로 다음과 같다.

첫째, 기업 자체의 추진능력, 지식, 경험 및 수용태세
둘째, 거래대상 수출입품목 및 취급능력
셋째, 공급자 및 구매자의 조직망(network)

중소기업의 경우 대형무역상사의 국제조직망에 협조하여 추진하는 것이 효과적이다.

한편 계약서 작성시에는 다음과 같은 사항을 유의해야 한다.

연계무역의 계약서는 통상의 국제상거래에 사용되는 계약서보다 매우 복잡하기 때문에 거래당사자는 계약서 작성시에 세심한 주의를 요한다.

GATT분류에 따른 거래형태별로 계약서작성방식을 보면 물물교환(barter), 보상무역(compensation)은 하나의 계약서로 작성되며, 대응구매, 산업협력은 각각 별도의 수출입계약서를 작성한다. 이를 구체적으로 설명하면 다음과 같다.

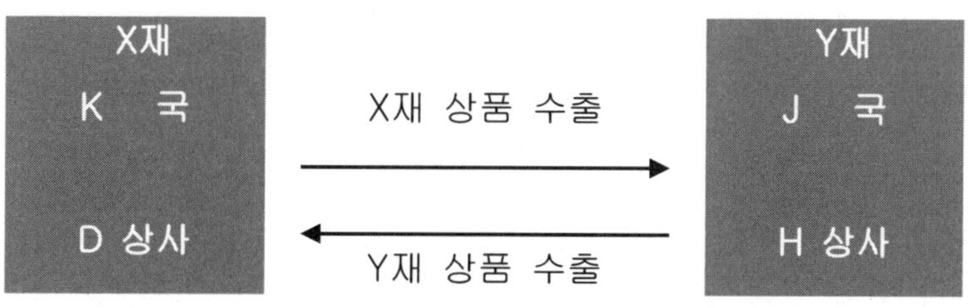

즉 하나의 계약서로 거래를 추진할 경우 통상 계약서에 D상사가 H상사에 X재 상품을 수출한다는 조항과 반대로 H상사로부터 Y재 상품을 대응구매한다는 조항을 독립하여 삽입하고 있다.

두 개의 계약서로 거래를 추진할 경우, 주판매계약서(primary sales contract)는 일반적인 상거래에 이용되는 계약서와 동일한 판매계약이 체결되며 대응구매계약서(secondary contract)상에는 대응구매 의무조항을 삽입하고 있는 것이 일반적이다.

그런데 연계무역계약서를 작성하는 데 중요한 문제는 계약서상의 모든 조항이 명백하게 표현되어야 하며, 추후 유추해석이나 상식으로 판매되는 일도 없어야 하는데, 특히 비시장경제국가들과의 거래에서 서구 기업들은 종종 계약의 기본 골격만을 규정한 'Frame Contract'를 사용하고 있는데 이는 오랜 기간 동안 상호 유대 관계에 의해 편법으로 계약을 단순화시키는 경우에 불과하며 최초로 시도되는 경우에는 모든 조항을 명시하는 것이 바람직하다.

일반적으로 동구권과의 거래에 있어서는 특정한 계약서 Pattern이 있으나 개도국과의 연계무역계약은 연계무역을 추진하는 당사국의 제반여건을 감안하여 거래시 예상되는 문제점을 사전에 규정해 두는 것이 보다 타당한 계약방법이라고 할 수 있다.

3. 연계무역의 기본여건

연계무역은 거래의 형태, 거래당사자간의 여건에 따라 상이하지만 일반적으로 연계무역거래에 필요한 기본여건은 다음 7가지로 요약할 수 있다.

(1) 계약의 분리

일반적으로 연계무역계약은 판매계약과 구매계약을 분리하여 체결하고 있는데, 이는 은행 등으로부터 금융지원용이, 원판매계약과 상대방의 대응구매계약의 의무이행기간 상이, 상호 물품인도 없이 원판매계약에 대한 대금지급가능 등의 이점 때문이다. 그러나 두 개의 계약서를 사용하는 경우에도 기업은 대응구매의무에 독립하여 수출품에 대한 지급받을 수 있는 권리를 확보할 수 있는 조항을 삽입하는 것이 바람직하며 가급적 2개의 계약서가 통합되어야만이 권리를 주장할 수 있는 계약을 피하는 것이 바람직하다. 그런데 전술한 바와 같이 협의의 연계무역(compensation)거래는 하나의 계약서에 독립조항으로 쌍방간에 대응구매의무를 규정함으로써 거래를 추진하고 있다.

(2) 대응구매의무

연계무역계약서는 최초 판매계약서상에 판매자가 이행하여야 하는 대응구매의 가액, 기간, 품목 특히 동구권국가들과의 거래에서는 대응구매품을 구입할 수 있는 무역기관 등을 명시하는 조항이 주요 골격을 이루고 있다.

특히 제품환매(buy-back deal)의 경우 대응구매품은 계약서상에 명료하고 아주 세밀한 부분까지 규정해야 하고 표준품질의 정의를 반드시 명시해야 한다. 그러나 종종 연계무역계약서상 대응구매조항에 특정 품목이 아닌 구매할 상품의 범위를 선택할 경우도 있는데, 이 경우에는 대응구매의무를 부담한 기업측에서 볼 때는 선택할 수 있는 상품의 범위를 넓게 책정해 놓는 것이 유리하며, 대응구매품목을 제시해야 할 입장에 있는 경우에는 반대로 가급적 범위를 한정하는 것이 유리하다.

대응구매 의무조항상 대응구매액을 명시할 때 최초계약액에 관계없이 일정금액을 요구하는 경우도 있으며 최초 판매가액의 몇 %를 명시하는 경우도 있다. 특히 비율제를 택한 경우에는 최초 판매가액의 F.O.B가격 %로 명시해야 하며 수입부대비용을 포함한 가격을 기준으로 대응구매비율을 결정할 때에는 대응구매의무를 추가부담하는 것과 마찬가지의 효과를 가진다는 점을 유의해야 한다.

마지막으로 대응구매의 구매기간을 반드시 명기해야 하는데 기간을 길게 설정하면 구매자는 그 상품을 판매할 고객을 확보할 수 있으며, 또한 저장비용을 절감할 수 있는 이점을 갖게 된다. 흔히 동구권은 대응구매기간을 6~12개월로 요구하고 있으나 상담 과정에서 2~3년간 연장도 가능한데, 어느 경우에나 대응구매기간은 자사제품 판매시 금융기관으로부터 공여받은 기업의 수출금융활용가능기간보다 길어야 한다는 점을 명심해야 한다.

(3) 벌칙조항

연계무역거래에서 동구제국은 통상 서방측에 의무불이행에 대한 범칙금을 부과할 수 있는 조항의 삽입을 요구하고 있는데, 이러한 벌칙 조항은 의무불이행액의 몇 % 또는 10~15% 등으로 명시적으로 규정되고 있다.

이 경우 대응구매의무를 수행해야 하는 측은 계약서상에 범칙금을 지불함으로써 더 이상 대응구매의무나 상대방으로부터 최초계약 자체를 파기해야 하는 확대적용 행위로부터 면책되는 조항을 반드시 삽입해야 한다. 왜냐하면 일부 동구권국가들은 종종 범칙금이 지불완료되었을 경우에도 대응구매의무불이행을 이유로, 최초 계약의 파기나 혹은 가격할인을 요구하는 경우가 있기 때문이다.

(4) 가격결정조항

연계무역계약서는 통상 불특정상품의 구매나 장기간이 소요되는 특정상품을 구매하는 조항을 내포하고 있기 때문에 가격조항에는 가격을 결정하기보다는 가격을 산출하는 근거를 명시하고 있다.

특히 제품환매(buy-back deal)의 경우 가격산출근거를 반드시 명시해야 하는데, 일반적으로 Buy-Back Deal 은 대금회수기간이 장기에 걸쳐 이루어지며 산업설비수출에 따른 연관재 구입으로 대금상환이 이루어지기 때문에 생산된 제품의 품질기준이나 가격산정기준이 반드시 필요하며 가장 중요한 계약내용이 되어야 한다.

이처럼 가격결정기준을 일률적으로 명시하기 어려운 경우에는 쌍방의 합의에 의해 가격의 상·하한선을 결정하고 주문시점의 상품가격이 가격범위를 초과할 경우, 계약서상 가격을 재결정할 수 있는 조항을 명시하는 방법도 있다.

그러나 일반적으로 제품의 가격을 결정할 수 있는 거래에 있어서 가격산출기준은 '구매시의 입수 가능한 국제가격'이라고 규정, 가격사정기준을 탄력적으로 운용하고 있으며 기준가격결정은 동종제품이 국제시장에서 유통되고 있는 가격과 비교하여 결정되어진다.

이처럼 가격결전조항은 가격산출근거뿐만 아니라 가격을 결정하는 방법도 가능한 한 명백히 계약서상에 명기하여야 하며, 아울러 양 당사자가 가격산출근거에 대해 이견이 발생한 경우에 대비하여 중재판정을 의뢰한 것을 규정하는 조항도 반드시 명기해야 한다.

(5) 품질조항

연계무역으로 교환이 이루어지는 품목, 특히 대응 구매 품목은 자력수출이 불가능하거나 품질수준이 국제수준에 못 미치는 경우가 허다하다. 따라서 대응구매를 해야 하는 측은 품질기준, 품질미달에 따른 벌칙조항, 품질검사권 등에 관한 조항을 삽입하는 것은 매우 중요한 문제이다. 대응구매품목이 품질기준에 미달되거나 당초계약과 불일치할 경우, 대응구매품목의 판매는 불가능할 것이다. 비록 자사의 완제품생산에 필요한 원자재일 경우에도 불량한 원자재를 사용할 수 없게 된다. 따라서 연계무역의 경우 가격경쟁력보다 품질보증이 우선되어야 할 것이다.

한편 대응구매품을 명기하지 않은 대응구매계약에 있어서는 통상 인도시의 표준품질은 '수출가격품질'과 같은 용어로 계약서상에 삽입되어 있는데, 이러한 조항은 가능한 명백하게 명기해야 한다.

또한 연계무역계약서상에 대응구매를 행하는 측이 상품을 인도받기 전에 수입품에 대한 검사권을 행한다는 조항을 규정해야 하며, 이러한 조항의 삽입이 여의치 않을 경우에는 선적 전에 상품의 검사를 할 수 있다는 조항도 삽입해야 한다.

(6) 시장관할조항

시장관할조항은 일반적으로 동구권과의 연계무역에 자주 등장하고 있는데 동구기업들이 동구권과 연계무역거래에서 대응구매한 상품을 재판매한 고객을 확보하였으나, 이미 이때에는 거래상대방이 제 3자에게 서구기업이 재판매하고자 하는 지역에 대한 독점판매권을 허용한 사태에 직면하게 되는데, 이러한 점을 피하기 위해 계약서상에 상대국으로부터 받은 대응구매품목의 판매에 어떠한 제한도 받지 않고 국제시장에서 판매할 수 있다는 조항이나 특정시장에서 독점판매권을 부여한다는 조항을 명시해야 할 경우가 있다.

(7) 연계무역의무의 전가

연계무역체결시 `대응구매의무는 제 3자에게 전가할 수 있다'는 조항을 비고란이나 규정으로 명시하는 것이 바람직하며 이 조항도 `대응구매의무를 X상사에 전가한다' 등과 같이 명백히 지칭할 수도 있고, 단지 '제 3자에게 전가할 수 있다' 등과 같이 특정업체를 지칭하지 않고도 가능하다.

한편 대금결제상 다음과 같은 사항을 유의해야 한다.

연계무역거래의 대금결제방식은 크게 특수 L/C를 개설하여 해결하는 방식과 통상의 상거래에 이용되는 일반신용장을 거래 쌍방이 개설하여 해결하는 방식으로 대별된다.

즉 오늘날 가장 많이 이용되고 있는 대응구매(counter purchase)방식의 교역은 수출입 쌍방이 별도의 일반 신용장을 상호 개설하여 거래를 완결시킨다.

그런데 2 개국간 쌍무적 수지균형을 맞추기 위해 Back-to Back L/C, Escrow L/C 등의 특수신용장이 협의의 연계무역(compensation)거래에 이용되고 있다.

Back-to Back L/C란 수출업자가 일정액의 수입신용장을 개설한 경우 그 신용장은 상대방 수입업자가 동액의 수입신용장을 개설하여 오는 경우에만 유효한 조건의 신용장으로서 신용장 기재 사항은 통상의 일반 신용장과 별 차이가 없으나, 일반적으로 수출과 수입을 연계시키기 위한 special condition조항, 즉

"The export letter of credit shall be mentioned effective until and not later than...referring to compensation transaction approval no..., and shall be available against sight drafts accompanied by the usual commercial documents."

와 같은 추가조항이 삽입된다.

기탁(escrow)신용장에 의한 대금결제방식은 수입업자가 수입신용장을 개설한 경우에 그 신용장에 의하여 발행되는 어음의 매입대금의 수령자에게 지급되지 않고 수령자의 명의로 매입은행, 개설은행 또는 제3의 환거래은행의 Escrow계정에 기탁하여 두었다가 그 수익자가 원신용장 개설국으로부터 수입하는 상품의 대금결제시

에만 사용하도록 하는 방법이다.

Escrow L/C의 특정적 문구는 주로,

"The aforesaid account shall be maintained by yourselves until..., and prior to such date shall be available to the beneficiary only for payment or merchandise and commodities, purchased in Korea by beneficiary for export from Korea to."

등과 같다.

4. 대외무역법상의 의의 및 인정대상

우리나라 대외무역법상의 연계무역이란 수출·수입이 연계된 무역거래로서 물물교환(barter trade), 구상무역(compensation trade), 대응구매(counter purchase), 제품환매(Buy Back)등의 형태에 의하여 수출입이 연계되어 이루어지는 수출입을 말한다.

연계무역으로서 다음의 각 요건에 해당하는 경우에는 인정대상에서 제외된다.

① 수출·수입계약이 하나로 작성되거나 별도로 작성된 경우에는 상호 관계가 있는 경우 즉, 연계무역은 원칙적으로 수출입이 하나로 연결되는 경우를 말하지만 수출과 수입이 별도의 독립된 거래가 되는 경우에도 그 수출과 수입이 상호 관련되는 경우에는 연계무역으로 보고 인정대상에서 제외하고자 하는 것이다. 그러나 수출계약과 수입계약이 별도로 이루어지는 경우에는 무역업자가 이를 연계무역방식이 아닌 수출·수입의 방법으로 수출수입을 할 수도 있다.

② 수출입대상 품목의 가격차이가 외국환거래법령에서 인정하는 방식에 의하여 상계되어 지는 경우

③ 대금의 영수 지급을 하나의 외국환은행을 통하여 행하는 송금방식의 거래와 선적서류를 하나의 외국환은행을 통하여 인수 및 송부하는 거래(단, 수입대금 결제은행이 수출대금영수은행을 지정하고 수출대금 영수은행의 수출환어음 매입 사실을 관련서류를 통하여 확인할 수 있는 경우는 인정없이 거래가능)

8 중계무역

1. 의의

중계무역이란 수출할 것을 목적으로 물품을 수입하여 관세법 제 65조의 규정에 의한 보세구역 또는 동법 제 67조의 규정에 의하여 타소장치의 허가를 받은 장소이외의 국내에 반입하지 아니하고 이를 제 3국에 수출하는 경우의 수출입거래방식으로서 수입한 상품을 원형 그대로 가공하지 않고 수출하여 지급액과의 차액, 즉 일정한 중계수수료를 수취하는 거래이다.

이와 같은 방식의 무역은 통과무역이라고 일컬어지고 있으며 이 경우에 거래되는 상품을 통과화물 또는 통과품이라고도 한다. 그리고 중계무역을 하기 위해서는 관세의 면제, 보세창고의 활용, 금융적 편의, 편리한 교통시설 등이 마련되어야 한다.

종래와는 달리 최근에 중계무역이 이루어지는 경우에는 최초 수출국의 입장에서 볼 때 지역적인 수입제한이나 차등관세의 장벽을 피할 목적으로 행해지고 있는 경향이 많으므로 중계국의 입장에서는 중계료의 취득이라는 이점보다는 자국 상품의 일반적인 수출에 영향을 미칠 것을 고려한다면 이와 같은 거래는 바람직한 것이라고 할 수 없다.

이러한 중계무역의 장점을 살펴보면 다음과 같다.

첫째, 중계인의 입장에서 볼 때 중계수수료만을 취득하는 거래이므로 수입한 상품을 가공하지 아니하고 원형 그대로 수출함에 따라 운송서류만 가지고 거래가 가능하므로 일반수출에서보다 시간·인력 및 경비를 절감하면서 중계료만을 취득할 수 있다.

둘째, 자국상품의 공급능력에 한계가 있는 품목일 때 제 3국상품을 수입하여 이를 다시 수출하는 경우 수출시장을 계속 확보할 수 있다는 이점이 있다.

한편, 단점으로 지적할 수 있는 것으로는 최종수입국의 무역정책상 최초수출국과의 직접 거래를 억제하기 위하여 수입을 제한하거나 차등관세를 두고 있는 경우, 중계국의 개재로 인하여 최종수입국의 무역정책에 혼란을 가져올 때에 최종수입국은 중계국에 대하여 수입제한 또는 금지조치 등 보복적 조치를 취할 수도 있음을 유의해야 한다.

2. 인정대상

중계무역으로서 대금의 영수 및 지급을 하나의 외국환은행을 통하여 행하지 아니하는 송금방식의 거래와 선적서류를 하나의 외국환은행을 통하여 인수 및 송부하지 아니하는 거래만 인정대상이 된다. 다만, 수입대금 결제은행이 수출대금 영수은행을 지정하고 수출대금 영수은행의 수출환어음 매입사실을 관련 서류를 통하여 확인할 수 있는 경우는 인정없이 거래가 가능하다.

9 외국인수수입

1. 외국인수수입의 의의

외국인수수입이라 함은 수입대금은 국내에서 지급되지만 수입물품은 외국에서 인수하는 수입을 말한다. 이러한 형태의 수입은 외국인도수출과 마찬가지 원칙에서 외국에서 우리나라로 물품이 이동하는 것은 아니지만 수입한 물품이 우리나라에 도착하지 않고 외국에서 우리나라 업자에게 인도되더라도 그 대금을 국내에서 지급한다면 수입의 범위에 포함시켜 관리하는 것이 효율적이라고 보는 것이다.

2. 인정대상

외국인수수입으로서 다음의 하나에 해당되지 않는 경우

① 산업설비수출의 승인을 신청하여 승인을 얻은 자 또는 동 승인을 얻은 자와 하도급계약을 체결한 자나 당해 산업설비수출의 이행을 위해 외국에서 구매하는 시설 및 기자재(하자 및 유지 보수용 물품을 포함한다)
② 위탁가공의 목적으로 외국에서 구매하는 원자재
③ 해외건설촉진법에 의하여 해외공사 수행계획의 신고를 필한 자 도는 동 신고를 필한 자와 하도급계약을 체결한 자가 당해 해외건설사업에 사용하기 위하여 외국에서 구매하는 시설기재 및 원료
④ 해외투자 허가를 받은 자가 당해 해외투자사업에 투자하는 현물투자분 중 외국에서 구매하여 투자하고자 하는 시설 및 기자재
⑤ 선박·선박용 엔진 또는 건설기계를 수출한 자가 외국으로부터 수입하는 선박, 선박용 엔진 또는 건설기계에 대한 하자 및 유지보수용 물품(비축용을 제외한다).
⑥ 해외에서 기계·설비 등을 수입하고자 하는 자가 당해 기계·설비 등을 수출국에서 시험·검사할 목적으로 외국에서 구매하는 물품
⑦ 해외용역사업이나 수산업 등을 영위하는 자가 당해 사업에 사용하기 위한 경우로서 외국에서 구매하여 당해 사업 현장에서 사용할 필요가 있다고 주무부장관이 추천하는 기재 및 원료
⑧ 수입자가 국내에서 생산되지 않는 사양의 부품을 지정하여 제작한 기계, 장비 등 수출한 자가 당해 수출물품에 대한 하자보증기간내 유지보수용으로 외국에서 구매하는 물품

10 외국인도 수출

외국인도 수출이라 함은 수출대금은 국내에서 영수하지만 국내에서 통관되지 아니한 수출물품을 외국으로 인도하는 수출을 말한다.

이는 앞의 수출의 정의에서 본 바와 같이 공간적으로 우리나라에서 외국으로 물품이 이동하는 보편적인 수출의 개념과는 다르지만 수출하려는 물품이 우리나라가 아닌 외국에 있다고 할지라도 그 물품의 수출업자가 우리나라 무역업자이고 그 대금이 국내에서 영수된다면 수출의 범위에 포함시켜 관리하는 것이 우리나라 기업의 국제적인 활동을 지원하는 효과를 가져 올 수 있기 때문에 수출의 범위를 확대한 것이다.

이러한 방법의 수출을 인정하지 아니한 경우에 기업은 그 수출하고자 하는 물품을 우리나라에 무환으로 수입하였다가 다시 수입국으로 이동하는 번거로운 절차를 거쳐야 할 것이다.

3 특정거래형태의 수출입 인정절차

특정거래형태의 수출입 인정을 받고자 하는 자는 특정거래 인정신청서에 다음의 각 서류를 첨부하여 산업자원부장관에게 신청하여야 한다.

① 거래요약서
② 계약서 등 거래사실을 입증할 수 있는 서류
③ 승인대상품목인 경우 승인요건을 충족하였음을 입증할 수 있는 서류
④ 타법령에 의해 허가승인 등을 받아야 하는 경우에는 그 허가 등을 받은 사실을 입증할 수 있는 서류
⑤ 기타 산업자원부장관이 필요하다고 인정하는 서류

그리고 산업자원부장관은 이러한 신청이 있는 경우 신청일로부터 7일 이내에 인정 여부를 신청자에게 통보하여야 한다. 다만, 신청서 및 입증자료의 보완이 필요한 경우 별도의 기간을 정하여 신청인에게 이를 보완하도록 할 수 있으며 이 기간은 처리기간에 삽입하지 아니한다. 특정거래 인정의 유효기간은 인정일부터 1년으로 한다. 다만, 산업자원부장관은 인도조건 기타 거래상 특성에 따라 유효기간을 달리 정할 수 있다.

Chapter Ⅶ

산업설비수출과 전략물자의 수출입에 대한 특별관리

1 산업설비수출의 개념

1 산업설비수출의 일반적 의의

산업설비수출의 일반적인 개념은 외국에 공장 내지는 사업장의 전부 또는 일부를 건설하는데 필요한 일련의 자재와 이에 따르는 용역을 수출하는 사업(즉 'plant'수출을 말한다)이라고 할 수 있다. 이는 제품을 제조하기 위한 기계류 등의 하드웨어와 그 설치에 필요한 Engineering, Know-how, 건설시공 등의 소프트웨어가 결합된 생산단위체의 종합수출을 의미한다. 또 광의의 플랜트라 함은 화학, 석유정제, 제련, 자동차, 채광, 섬유공장 등 직접적 생산활동을 위한 산업설비뿐만 아니라 댐, 교량, 도로, 항만시설 등 국토개발 플랜트와 학교, 주택, 도시건설 등 사회개발 플랜트까지도 포함한다.

우리나라 대외무역법에 의한 산업설비는 후술하는 바와 같이 광업, 제조업, 전기·가스업, 방송·통신업을 영위하기 위하여 설치하는 기계 및 장치와 대통령령이 정하는 설비를 말한다.

산업설비수출의 특성은 대체로 다음과 같다.

① 거래건당 계약금이 대규모화되고 있다.

② 계약체결일로부터 대금회수시까지 장기간이 소요된다.

③ 연불조건의 계약에 의한 수출이 일반화되고 있다.
④ 국가간의 경제협력수단으로 이용된다.

한편 산업설비수출은 거래단위가 대규모이고, 광범위한 관련분야를 갖고 있으며, 또한 고도의 기술과 경험을 필요로 하는 종합기계시스템 내지 지식집약산업으로서 수출입 양국에 다음과 같은 많은 경제적 효과를 미친다.

수출국에 미치는 효과로는 다음과 같다.

① 부가가치율 및 외화가득율이 높다.
② 지식집약적 산업으로서 자원소비효율을 높인다.
③ 관련산업에 대한 파급효과를 높인다.
④ 계속적인 수주가 가능하다.

산업설비수출이 수입국에 미치는 경제적 효과는 수입국 산업발전에 기여함은 물론 고용증대와 국제수지개선에 기여한다는데 있다.

이상과 같은 산업설비수출은 일반상품의 수출과는 성격이 다르기 때문에 우리나라에서는 1987년 7월 1일부터 산업설비수출촉진법을 대외무역법에 편입시켜 일원적 관리를 취하고 있다.

2 대외무역법상의 산업설비수출의 의의

대외무역법상 산업설비수출이란 다음의 두 가지 경우를 말한다.

첫째, 일정규모 이상의 단순산업설비만의 수출로서 농업, 임업, 어업, 광업, 제조업, 전기·가스·수도사업, 운송·창고업 및 방송·통신업을 영위하기 위하여 설치하는 기계·장치, 그리고 철강재구조설비, 수상구조설비, 공해방지설비, 용수처리설비 및 해수담수화설비, 냉동 및 냉장설비, 공기조화설비, 저장탱크 및 저장기지설비, 송유설비, 정치식운반하역설비, 정치식건설용설비, 시험연구설비로서 본선인도가격이 미화 50만 달러 상당액 이상의 수출을 말한다.

다만, 해외건설공사와 함께 위의 각 설비가 일괄수주되는 경우에는 단순산업설비만의 수출로 보지 아니하고 일괄수주방식으로 본다.

둘째, 일괄수주방식에 의한 수출로서 단순산업설비와 함께 기술·용역 및 시공을 포괄적으로 하는 수출을 말한다. 여기서 시공이라 함은 토목공사, 건축공사, 산업설비설치공사(다만, 산업설비 수출업자 또는 수출용기자재를 설계·제작하는 자가 제작한 기계 및 장치를 직접 설치하는 경우를 제외한다)를 수행하는 것을 말한다.

그러나 위 단서의 규정에 불구하고 해외건설촉진법시행령의 규정(제 17조 1항 1호)에 의한 해외공사실적의 인정을 받고자 하는 경우에 한하여 산업자원부장관은 산업설비수출업자 또는 수출용기자재를 설계·제작하는 자가 제작한 기계 및 장치를 직접 설치하는 공사를 산업설비 설치공사로 인정할 수 있다.

이와 같이 대외무역법에서는 산업설비수출의 개념을 기계·장치 등과 기술·용역·시공 등이 복합된 본래의 의미만을 보지 아니하고 기술·용역 등이 포함되지 않은 기계·장치 등 물품(단순산업설비)만을 수출하는 경우에도 확대 적용하고 있다. 이는 단순산업설비는 일반상품과 다를 바가 없지만 일정규모 이상의 큰 거래일 경우에는 그 파급효과가 크기 때문에 이를 산업설비수출에 포함하여 특별히 관리하고 있다.

2 산업설비수출의 승인

1 산업설비수출 승인의 신청

산업설비수출의 승인을 얻고자 하는 자는 신청서에 산업자원부장관이 정하는 서류를 첨부하여 산업자원부장관에게 제출하여야 한다.

따라서 산업설비수출의 승인을 얻고자 하는 자는 산업설비수출승인신청서에 수출승인신청시에 필요한 다음의 서류 및 통합공고에 의하여 허가, 추천 등을 요하는 경우에는 그 허가 등을 받은 사실을 증명하는 서류를 첨부하여 수출승인기관의 장(일괄수주방식의 경우는 산업자원부장관, 연불금융지원거래인 경우는 한국수출입은행장, 기타의 경우는 한국기계공업진흥회의 장)에게 제출하여야 한다.

① 수출신용장·수출계약서 또는 주문서
② 수출대행계약서(공급자와 수출자가 다른 경우에 한한다)
③ 수출입공고 등에서 규정한 요건을 충족하는 서류
④ 수출이행계획서

또한 산업설비수출의 승인을 얻은 사항의 변경승인을 얻고자 하는 자는 산업설비수출승인사항 변경승인신청서에 수출승인서·변경사유서·관계증빙서류를 첨부하여 당초 수출승인기관의 장에게 신청하여야 한다.

2 수출승인 및 통보

산업자원부장관은 산업설비수출을 하고자 하는 자의 신청이 있는 경우에는 소정의 절차를 거쳐 당해 산업설비수출을 승인할 수 있다. 따라서 산업설비수출을 하고자 하는 자는 당해 산업설비수출에 관하여 산업자원부장관의 승인을 얻어야 한다. 승인한 사항을 변경할 때에도 또한 같다.

산업자원부장관은 산업설비수출의 승인 또는 변경승인을 얻기 위하여 필요한 때에는 산업설비수출의 타당성에 관하여 관계행정기관의 장의 의견을 들어야 하며, 그 의견을 요구받은 당해 행정기관의 장은 정당한 사유가 없는 한 의견을 지체없이 산업자원부장관에게 제시하여야 한다.

그리고 일괄수주방식에 의한 수출로서 건설용역 및 시공부문의 수출에 관하여는 해외건설촉진법에 의한 해외건설업자에 한하여 이를 승인 또는 변경승인할 수 있으며 산업자원부장관은 산업설비의 수출을 승인 또는 변경승인한 때에는 이를 관계행정기관의 장에게 지체없이 통보하여야 한다. 이와 같이 산업설비수출승인을 얻은 자는 일반적인 수출승인을 얻은 것으로 본다. 승인기관의 장은 산업설비수출승인 또는 변경승인신청이 있는 경우 접수일부터 5일 이내에 이를 처리하여야 한다. 다만, 다른 협의가 필요한 경우 그 협의기간은 처리기간에 산입하지 아니한다. 또한 산업설비수출 승인 또는 변경승인을 한 기관의 장은 승인 즉시 그 승인내용을 산업설비수출승인서 또는 산업설비수출승인사항변경승인서에 따라 한국기계공업진흥회장에게 통보하여야 한다.

3 산업설비수출승인의 동의요청

산업자원부장관이 일괄수주방식에 의한 수출을 승인 또는 변경승인 하고자 할 때에는 미리 건설교통부장관과 노동부장관의 동의를 얻어야 하는데, 이 경우 건설교통부장관의 동의는 해외건설촉진법에 의하여 받아야 하는 해외공사수행계획이 신고된 것으로 보며, 노동부장관의 동의는 직업안정법에 의한 국외취업자의 모집이 신고된 것으로 본다.

따라서 산업자원부장관은 일괄수주방식에 의한 수출의 승인 또는 변경승인을 위하여 미리 건설교통부장관 또는 노동부장관의 동의를 얻고자 할 때에는 당해 산업설비수출의 개요와 그 내용을 명시한 서류를 송부하여야 한다.

그리고 이러한 동의요청을 받은 건설교통부장관 또는 노동부장관은 특별한 사유가 없는 한 동의요청이 있은 날부터 10일 이내에 그 동의여부를 산업자원부장관에게 통지하여야 한다.

4 산업설비수출촉진기관

산업설비수출을 하고자 하는 자는 산업설비수출에 관한 시장조사 및 정보교환과 수주 및 산업설비수출의 협동화사업을 추진할 수 있다.

이 경우 산업자원부장관은 산업설비수출관련기관 또는 단체를 지정하여 이들 사업을 촉진시키기 위한 활동을 수행하게 할 수 있다.

산업자원부장관은 산업설비수출에 관한 시장조사 등 사업을 촉진하기 위한 사업을 담당할 관련기관 또는 단체(이하 산업설비수출촉진기관이라 한다)를 지정하고자 하는 때에는 산업설비수출업자에 대한 대표성·시장조사 및 사업계획을 종합적으로 검토하여야 한다. 이 때의 산업설비수출촉진기관은 한국기계산업진흥회로 한다.

한편 산업자원부장관은 지정된 산업설비수출촉진기관에 대하여 산업설비수출의 시장조사 등 사업의 촉진과 관련하여 산업설비수출동향, 산업설비수출에 관한 시장조사·정보교환·수주·협동화촉진실적 등 촉진활동에 관한 사항, 기타 산업설비수출에 관하여 산업자원부장관이 요청하는 사항을 보고하게 할 수 있다.

3 전략물자의 수출에 대한 특별관리

❶ 전략물자 수출통제제도의 의의

1. 전략물자 수출통제의 개요

전략물자란 무기 또는 무기 제조·개발에 이용 가능한 민수용 물품으로서 위험한 국가 또는 단체에게 이전될 경우 자국에게 위해를 가할 수 있기 때문에 자유로운 무역거래가 제한되는 품목을 말한다.[68)]

우리나라는 1992년부터 전략물자 수출통제제도를 도입하였고, 2003년 1월에는 수출통제품목 이외의 물품·기술이 대량파괴무기 등의 개발 등에 사용될 우려가 있는 경우 수출을 제한하는 "Catch-al l(이중용도품목의 수출을 통제)제도"를 시행하고 있다.

전략물자 수출통제의 관련 법령으로는 대외무역법[69)]과 대외무역법시행령[70)]이 있으며, 이에 의하여 '전략물자·기술수출입통합공고'에서 수출통제 관련 구체적인 규정, 수출통제품목, 전략물자 수출지역 구분, 외국의 전략물자 거래부적격자명단 및 전략물자 수출통제 지침 등을 규정하고 있다.

산업자원부는 국제적으로 중요시되고 있는 전략물자의 수출입관리의 기능을 강화하기 위해 민간차원에서 전략물자 수출관리를 전담할 기구로 전략물자무역정보센터를 한국무역협회 부설기관으로 설립하였다.

전략물자무역정보센터는 전략물자 사전판정 업무를 정부로부터 위탁받아 수행하

68) 전략물자무역정보센터, 전략물자수출입통제, 2005, pp.25-43에서 요약 인용

69) 대외무역법 제54조(벌칙) : 법령을 위반하여 전략물자를 수출한 자에 대해 5년 이하의 징역 또는 물품가액 3배 이하의 벌금

70) 대외무역법시행령 제45조(전략물자거래부적격자) : 국제무역질서를 위반한 자 등에 대하여 1년 이내의 기간을 정하여 전략물자 수출입을 금지

고 있으며, 산업자원부와 공동으로 전략물자 수출입관리정보시스템을 구축, 운영하여 온라인상에서 전략물자 판정/허가의 신청 처리 및 수출통제 관련 국제동향, 국내법령 등 관련 정보를 제공하는 등 기업이 자율적으로 전략물자 수출통제를 이행할 수 있도록 다각적으로 지원하고 있다.

2. 수출통제품목

수출통제품목은 공고 별표 1내지 7에 게재한 품목이며, 별표 1에는 1종 전략물자 색인목록, 별표 2에는 WA 관련 품목, 별표 3에는 NSG 관련 품목, 별표 4에는 MTCR 관련 품목, 별표 5에는 AG 관련 품목, 별표 6에는 CWC 관련 품목의 규격 및 성능을 열거하고 있으며, 별표 7에는 2종 전략물자 목록을 열거하고 있다.

(1) 1종 전략물자

1종 전략물자는 다자간 전략물자 수출통제체제에서 수출통제대상으로 지정한 물품 등(시행령 제39조 제1항)으로 공고 별표 1-6에서 열거되어 있으며 대표적인 품목은 다음과 같다.

	WA	NSG	MTCR	AG, CWC
통제 대상 품목	<일반산업용물자> · 신소재, 소재가공 · 전자, 컴퓨터 · 센서 및 레이저 · 해양기술, · 추진장치 등 장비 및 기술 <방산물자> · 무기, 탄약 · 군용차량, 전자장비부품	<원자력 전용물품> · 핵원료물질, · 원자로 및 부속장비 · 핵연료가공용 폼목 등 설계, 건설기술 <일반산업용물자> · 산업용장비 및 소재동위원소분리장비 · 시험, 측정장비	· 완성로켓 · 추진체 부품 장비 · 계기항법장치 · 항공전자 · 컴퓨터 · 시험장비 · 소프트웨어, 기술	<AG> · 화학무기전구체 · 제조설비 및 기술 · 병원균 · 생물학적 병기(바이러스, 세균 등) <CWC> · 1,2,3종 화학물질 · 독성화학물질 및 원료

(2) 2종 전략물자

2종 전략물자는 대량파괴무기 및 그 운반수단인 미사일의 제조·개발·사용 및 보관 등의 용도로 사용될 가능성이 높은 물품 등(시행령 제39조 제1항)으로 공고 별표 7에 열거되어 있는 물품을 말하며, 대상품목은 WMD 개발과 관련된 HS 25~40, 54~59, 68~76, 78~93, 95류 품목과 관련품목의 설계, 제조 또는 사용 등을 위한 기술이다.

3. 다자간 전략물자수출통제체제(비확산체제)를 통한 수출통제

냉전시기 첨단기술과 제품이 공산권으로 이전되는 것을 차단하기 위해 서방국들이 COCOM을 결성하여 비회원국으로의 수출을 집단적으로 통제하기 시작했다. 그리고 냉전이후 공산권붕괴로 COCOM은 해체되고, 테러단체 또는 테러지원국으로 민감한 물품이 이전되는 것을 막기 위해 COCOM의 회원국들이 다자간 전략물자수출통제체제[71]를 결성하게 된다. 현재 5개의 비확산체제(NSG, AG, MTCR 및 Wassenaar Arrangement)가 존재, 한국은 5개 비확산체제에 모두 가입된 상태이다.

다자간 전략물자수출통제체제가 수출통제를 위한 기본원칙과 통제대상품목의 성능과 규격만을 정하면, 회원국정부가 구체적인 절차와 기준 및 통제대상품목을 자국의 국내법에 반영하여 집행하게 된다.

2 특별관리의 주요내용

1. 전략물자 사전판정

(1) 의의

사전판정이란 거래하고자 하는 물품과 기술 등이 수출 통제품목 즉 1종 전략물자에 해당하는지 여부를 판정하는 것으로 수출통제의 가장 기초가 되는 업무이다. 수출자가 자율적으로 판별하는 것을 원칙으로 하고 있으므로 제조 또는 수출자는 각각 취급하는 물품·기술에 대하여는 확실하게 1종 전략물자에 해당하는지 여부를 판단해 둘 필요가 있다.

(2) 판정절차 및 방법

어떤 물품이 수출통제 품목 즉 1종 전략물자에 해당하는지 여부를 판정하기 위해서는 그 물품의 규격, 성능 및 기술수준이 수출통제체제별 통제품목인 전략물자·기술수출입통합공고에서 열거하고 있는 체제별 수출통제품목의 규격과 성능에 해당하는지 여부를 확인하여야 한다.

1종 전략물자를 수출하고자 하는 자는 수출허가기관의 장에게 허가 또는 신고를 하여야 하므로 수출하려는 물품이 허가 또는 신고 대상물품에 해당하는지 여부를 판단하는 것은 대단히 중요하다. 제조자 또는 수출자는 물품 설계자, 제조부문의 기술자 등 관련 분야의 전문가와 협의하여 제시된 절차와 방법으로 검토하면 더욱 효율적으로 판단할 수 있다.

(3) 판정대상 물품

수출하는 물품 등이 수출통제품목에 해당하는 경우에는 허가기관의 허가를 받아야 함으로 수출하는 모든 물품에 대하여 1종 전략물자 해당여부 판정을 하는 것이

71) 다자간 전략물자수출통제체제(비확산체제)란 여러 국가들로 구성되어 전략물자 수출입에 관한 사항을 협의·조정하는 국제적인 협의체, 또는 이와 유사한 기구를 말함.

필요하다. 또한 국내에서 판매하는 물품이라도 고객이 해외로 가지고 나가는 경우도 생각할 수 있으므로 해당 여부 판정을 해두는 편이 좋다.

외국에서 구입한 것을 수출할 경우에도 해당여부 판정을 해야 하며, 이 경우는 상세한 성능, 기술수준 등 자료, 해당여부 판정의 결과 또는 그 근거가 될 자료를 구입처로부터 확보하는 것이 필요하다.

(4) 판정시기

출하시기 직전에 판정을 하여 1종 전략물자에 해당되면 수출허가를 신청하는 것도 가능하다. 그러나 수출허가를 받기 위해서는 상당 기간이 소요되므로 납기지연 등 거래상의 문제가 발생할 위험이 있다. 미리 해당여부 판정을 하는 것이 어려운 경우를 제외하고 가능하면 수출 상담을 추진하기 전 또는 계약을 체결하기 전까지는 해당여부 판정을 하는 것이 필요하며 상담과 계약의 유무에 관계없이 신제품이 나온 시점에서 해당여부 판정을 실시하는 것이 바람직하다.

국내라도 구매한 상대방이 물품을 수출할 경우에는 그 물품의 해당여부에 관하여 문의를 받거나 그 근거자료를 요구 받기도 하므로 국내거래를 전제로 한 물품이라도 판매전에 해당여부 판정을 받는 것이 좋다. 해당여부와 관련된 공고 등은 종종 개정되기도 하므로 과거에 해당여부 판정이 완료된 품목에 대해서는 공고 등이 개정될 때마다 재검토하는 것도 필요하다.

(5) 사전판정 신청

수출하려는 물품 등이 1종 전략물자에 해당하는지의 여부에 대해 의문이 있는 수출자 또는 제조자는 온라인(www.sec.go.kr) 또는 오프라인(방문 또는 우편)으로 사전판정기관의 장(일반산업용물자는 전략물자무역정보센터장)에게 사전판정을 신청할 수 있다.

2. 전략물자의 수출허가

(1) 일반산업용물자 및 소프트웨어

전략물자는 4개 국제 수출통제 체제의 지침이 정하는 바에 따라 평화적 목적으로 사용될 경우에 한하여 수출 또는 재수출하는 것을 원칙으로 한다. 수출하려고 하는 물품 등이 1종 전략물자에 해당하는 경우에는 원칙적으로 수출허가를 받아야 한다. 다만 "가"지역 즉, 국제수출통제체제에 모두 가입한 28개국[72]으로 수출하려는 자는 수출거래보고서를 작성하여 신고하는 것으로 수출허가를 갈음하도록 하고 있다.

72) 아르헨티나, 호주, 오스트리아, 불가리아, 벨기에, 캐나다, 체코, 덴마크, 핀란드, 프랑스, 독일, 그리스, 헝가리, 아일랜드, 이태리, 일본, 룩셈부르크, 네덜란드, 뉴질랜드, 노르웨이, 폴란드, 포르투갈, 스페인, 스웨덴, 스위스, 터키, 영국, 미국

2종 전략물자는 수입자 등이 WMD제조, 개발, 사용 및 보관 등에 이용하고자 하는 개연성이 명확한 경우 또는 의도가 있음을 인지한 경우 등 수요자와 용도에 따라 수출허가를 받아야 하는 경우가 있다.

1) 개별수출허가

전략물자의 수출허가신청(확인된 수량의 품목 및 거래상대방)건에 대하여 개별적으로 허가해 주는 형태로서 1건의 수출허가에 대하여 유효 기간내 분할 선적이 가능하다.

2) 포괄수출허가

매번 수출허가를 받는 번거로움을 피할 수 있도록 수출자에게 포괄적으로 수출허가해 주는 형태로서 자율준수 무역거래자로 지정된 경우에만 신청이 가능하다. AG, CWC품목, 원자력전용품목, 방산물자, 바세나르품목 중 초민감 품목, MTCR의 Category 1, 2는 포괄수출허가의 대상에서 제외한다.

3) 재수출허가

재수출허가는 수입 전략물자(원산지가 한국이 아닌 경우)를 제3국으로 재수출하는 것을 말하며 원 수출자의 동의 및 수출국정부의 허가를 요한다. 이는 불법 재수출을 통한 WMD 확산을 방지하기 위한 규정이다.

4) 수출허가기관

수출허가는 방산물자 및 소프트웨어는 국방부, 원자력전용물자 및 기술은 과학기술부, 재래식 무기 및 핵, 미사일에 사용될 수 있는 이중용도품목(산업용물자)은 산업자원부에서 담당하는 등 품목별로 이루어지나, 품목과 관련없이 북한 반출시에는 통일부에서 처리한다.

5) 벌칙 / 행정제제

허위 기타 부정한 방법으로 전략물자 수출허가를 받거나, 수출허가를 받지 아니하고 전략물자를 제한되는 지역으로 수출한자는 5년 이하의 징역 또는 수출하는 물품 등의 가격의 3배에 상당하는 금액 이하의 벌금에 처하도록 하고 있다.

또한 전략물자의 수출 또는 수입에 관한 국제무역질서를 위반한 자로서 산업자원부장관이 전략물자의 수출 또는 수입의 제한이 필요하다고 인정하는 자는 1년 이내의 기간을 정하여 전략물자의 수출 또는 수입이 금지된다.

(2) 방산물자 및 소프트웨어

1) 수출통제의 목적

수출통제의 목적은 국제평화와 안전유지 및 외교적 마찰을 방지하기 위하여 수출통제 대상국 및 기술소유 국가와의 동의 여부 등을 검토하고, 보호를 요하는 군사시설 유출가능성 여부 등 국가안보상의 문제발생을 방지하며, 국내업체들 간의 과당경쟁, 수출질서 교란 및 대외신용 손상행위 방지를 위함이다.

2) 수출허가신청시 유의사항

수출허가 신청시 몇가지를 유의하여야 한다. 먼저 법정서류의 구비, 구매요구서 및 최종사용자 증명서(EUC)가 정당한 권한보유자의 발행 여부를 체크하여야 한다. 그리고 수출품 생산자와 수출자가 상이한 경우는 반드시 생산자로부터 물품공급 확약서를 받아 제출하여야 하고, 수입자가 비정부 단체(개인)가 아닌지 확인하여야 한다. 주요 방산물자의 구매자는 원칙적으로 정부 또는 정부로부터 위임 받은 기관에 한정된다. 또한 외국으로부터 사전동의를 요하는 부품 또는 기술사용 여부도 확인하여야 한다.

(3) 원자력 전용물자 및 전략기술

1) 원자력 전용물자

1종 전략물자 중 원자력 비확산체제 관련 품목의 규격 및 성능 중 제1부 원자력 전용품목 및 4개 수출통제체제의 통제품목과 관련된 "기술"의 수출은 과학기술부장관의 허가를 얻어 수출하게 되어 있다. 수출업체의 부담을 경감시키기 위하여 1종 전략물자로서 "가"지역에 대한 수출시에는 수출허가를 받지 않고 거래사실보고서로 갈음하도록 하고 있으나, 원자력 전용품목(기술포함)에 대해서는 "가"지역에 속한 국가로의 수출인 경우에도 반드시 과학기술부장관의 수출허가를 받아야 한다.

2종 전략물자의 수출인 경우 28류층 방사성동위원소의 유기 또는 무기화합물과 84류 중 원자로 및 이들의 부분품 및 관련기술, 그리고 별표 7에 게기된 품목과 관련된 기술을 수출하고자 할 때에는 catch-call 규정에서 정한 기준에 해당하는지의 여부를 판단하여 과학기술부 해당부서에 사전 상담을 의뢰하는 것이 안전한 방법이다. 필요시 과학기술부장관의 허가절차를 거쳐야 한다.

2) 전략기술

전략기술은 "당해기술의 이용이 국제평화 및 안전유지를 해칠 우려가 있다고 인정되는 기술"로 매우 광범위하게 정하고 있다. 또한 "전략물자 및 전략기술의 수출입에 관한 사항을 협의·조정하는 국제적인 협의체 또는 이와 유사한 기구에서 정하는 기준에 해당되는 기술", "당해기술의 이용이 국제평화 및 안전유지를 해칠 우려가 있다고 인정되어 과학기술부 장관이 정하는 기술로서 전략물자의 개발, 제조, 사용 및 저장에 사용되는 기술로서 세부범위는 별표 8에서 정한다"라고 규정함으로서 그 범위를 보다 구체화하고 있다.

전략기술은 과학기술부 장관이 통제범위 등을 정하도록 하고 있으나 수출승인(허가) 단계에서는 수출형태에 따라 민원인의 편의를 최대한 고려하여 동 제도를 운영하고 있다. 즉 시스템, 장비, 부품, 소재 및 소프트웨어 등 전략물자와 함께 전략기술이 수출되는 경우에는 전략물자 수출허가를 담당하는 부처가 처리하며, 전략기술만을 별도로 수출하는 경우에는 과학기술부가 전략기술 수출승인을 담당하고 있다.

(4) 북한 반출물품

「남북한교역대상물품및반출・반입승인절차에관한고시」 제3조제1항제1호는 전략물자・기술수출입통합공고에서 수출・수입에 허가・승인・추천・확인・증명 등의 제한이 있는 물품을 북한으로 반출하고자 할 때에는 통일부장관의 반출승인을 받도록 규정하고 있다.

1) 전략물자 반출 당사자

전략물자를 반출할 수 있는 자는 국가기관・지방자치단체・정부투자기관과 무역업고유번호가 부여된 업체가 추진할 수 있으며, 통일부장관은 특히 필요하다고 인정할 때에는 남북교류협력추진협의회의 의결을 거쳐 교역당사자 중 특정한 자를 지정하여 반출을 하게 할 수 있다.

2) 반출승인대상물품

북한으로 반출하고자 할 경우 통일부장관으로부터 반출승인을 받아야 하는 전략물자는 전략물자・기술수출입통합공고에서 1종 전략물자로 규정한 물품과 전략물자・기술수출입통합공고에서 2종 전략물자 중 수출허가기관의 장에게 수출허가를 신청하도록 규정한 품목이다.

3) 사후보고 및 벌칙

통일부장관이 필요하다고 인정되어 요구할 경우 전략물자 반출 및 관리에 대한 사후보고를 하여야 한다.

「남북교류협력에관한법률」 제27조제1항제2호는 통일부장관의 승인을 받지 아니하고 전략물자를 반출한 경우 3년 이하의 징역 또는 1,000만원 이하의 벌금에 처하도록 규정하고 있다.

3. 전략물자의 수출입공고

산업자원부장관은 전략물자의 수출제한 및 수입증명서 발급에 관하여 필요한 사항을 공고한다. 동 공고에는 다음의 각 사항이 포함되어야 한다.

① 전략물자에 해당하는 품목 및 규격
② 전략물자수출이 제한되는 지역
③ 전략물자의 수출허가 및 수입증명서의 발급에 관한 절차
④ 기타 전략물자 수출·수입에 관한 사항

따라서 산업자원부장관이 전략물자의 수출제한·수입증명서 발급에 관하여 필요한 사항을 공고(이하, 전략물자수출입공고라 한다)하고자 할 때에는 관계행정기관의 장과 협의하여야 한다.

4. 전략물자거래 부적격자에 대한 거래 제한

1) 산업자원부장관은 다음의 하나에 해당하는 자(이하 전략물자거래 부적격자라 한다)에 대하여는 1년 이내의 기간동안 전략물자를 거래하기에 부적격한 자로 인정하고 전략물자의 수출 또는 수입을 금지할 수 있다.

① 대외무역법 제 21조(전략물자의 수출허가 등)의 규정 및 동 법 시행령에 위반한 자
② 전략물자의 수출 또는 수입에 관한 국제무역질서를 위반한 자로서 산업자원부장관이 전략물자의 수출 또는 수입의 제한이 필요하다고 인정하는 자

2) 산업자원부장관은 무역업자 등이 전략물자를 외국정부가 자국의 법에 의하여 전략물자의 수출 또는 수입을 제한하는 자(이하 외국의 전략물자거래 부적격자라 한다)에게 수출하거나 외국의 전략물자거래 부적격자로부터 수입하는 것을 금지할 수 있다.

산업자원부장관은 우리나라의 전략물자거래 부적격자와 외국의 전략물자거래 부적격자의 명단을 공고할 수 있으며, 이를 공고할 때에는 외국정부에 통보할 수 있다. 또한 관세청장, 기타 전략물자를 관장하는 관계행정기관의 장은 전략물자거래 부적격자의 요건에 해당하는 자가 있음을 안 경우에 즉시 당해 무역업자 등을 전략물자거래 부적격자로 지정하여 줄 것을 산업자원부장관에게 요청할 수 있다.

한편 산업자원부장관은 전략물자를 수입하고자 하는 자가 그 수입증명서의 발급을 신청하는 경우에는 이를 발급할 수 있다. 이때의 수입증명서는 전략물자를 수입하는 자의 신청에 의하여 산업자원부장관이 이를 발급한다. 또한 수입증명서를 발급받은 자가 당해 전략물자를 국내로 수입하지 아니하고 외국으로 환적, 전송 또는 재수출(무상의 경우를 포함한다)하고자 하는 경우에는 전략물자의 수출허가절차에 따라 관계행정기관의 장의 수출허가를 받아야 한다.

Chapter Ⅷ

외화획득용 원료·기재의 수입에 대한 관리

1 외화획득용 원료·기재의 수입

1 외화획득용 원료·기재의 정의

외화획득용 원료·기재라 함은 외화획득용 원료, 외화획득용 시설·기계 및 외화획득용 제품을 말한다.

외화획득용 원료라 함은 외화획득에 공하여지는 물품을 생산(물품의 제조·가공·조립·수리·재생 또는 개조하는 것을 말함)하는데 필요한 원자재·부자재·부품 및 구성품을 말하고, 외화획득용 시설기재라 함은 외화획득에 공하여지는 물품을 생산하는데 사용되는 시설·기계·장치·부품 및 구성품(하자 및 유지보수에 필요한 부품 및 구성품을 포함)을 말한다. 한편 외화획득용 제품이란 수입한 후 생산과정을 거치지 아니하는 상태로 외화획득에 공하여지는 물품을 말한다.

2 외화획득용 원료·기재의 수입에 대한 우대

이상의 외화획득용 원료·기재(원료·시설·기계 및 제품)는 수입되어 국내에서 소비·사용되거나 또는 국내에서 소비·사용될 제품을 제조·가공하는 것이 아니고 제조·가공되어 다시 수출 등의 외화획득용으로 사용되거나 수출·군납·관광 등의 외화획득용 물품을 제조·가공하는 것이 목적이므로 내수용 물품의 수입, 즉 일반 수입의 경우에 비하여 차별하고 있는데, 이는 산업자원부장관이 수출 등 외화획득을 위하여 사용되는 원료·시설·기계 및 제품(이하 원료·기재라 한다)의 수입에 대하여는 이를 우대하고 있다는 법률규정에 의거하고 있다.

그 결과 일반수입의 경우에 수입제한승인품목은 동 제품의 수입요령에 합당하여야만 이 수입할 수 있으나 외화획득용 원료·기재의 수입에 대하여는 수출입공고 및 별도공고에서 그 수입이 제한되는 품목이라도 산업자원부장관이 따로 정하는 바에 의하여 그 수입을 승인할 수 있고, 또한 외화획득용 원료·기재를 수입하였을 경우에는 원칙적으로 전량을 대응수출 하여야 하나 제품생산공정에서 생기는 손실품이나 불량품이 발생할 것을 감안하여 일정한 평균손모량을 인정하고 있다. 따라서 산업자원부장관이 정하는 외화획득용 원료의 수량에 의화획득을 이행하는데 필요한 실제수량에 제품의 생산공정에서 생기는 평균손모량을 포함시킬 수 있도록 되어 있다.

3 외화획득의 범위

다음의 하나에 해당하는 경우에는 외화를 획득하는 것으로 본다.

① 수출
② 군납(군납에 관한 법률에 의한 주한국제연합군 기타 외국군기관에 대한 물품의 매도를 말한다)
③ 관광
④ 용역 및 건설의 해외진출
⑤ 국내에서 물품을 매도하는 거래로서 산업자원부장관이 정하는 거래. 여기서 산업자원부장관이 정하는 거래란 다음의 하나에 해당하는 거래를 말한다.
 i) 외국인으로부터 외화를 받고 국내의 보세지역에 물품을 공급하는 경우
 ii) 외국인으로부터 외화를 받고 공장건설에 필요한 물품을 국내에서 공급하는 경우
 iii) 정부·지방자치단체 또는 정부투자기관이 외국으로부터 받은 차관자금에 의한 국제경쟁입찰에 의하여 국내에서 유상으로 물품을 공급하는 경우(대금결제 통화의 종류를 불문한다)
 iv) 외화를 받고 외항선박(항공기)에 선(기)용품을 공급하거나 급유하는 경우
 v) 절충교역거래(off set)의 보완거래로서 외국으로부터 외화를 받고 국내에서 제조한 물품을 국가기관에 공급하는 경우 등이다.

4 외화획득의무자 및 이행기간

외화획득용 원료·기재의 수입과 관련하여 다음의 행위를 한 자(외화획득을 하여야 하는 자)는 그 수입에 대응하는 외화획득을 하여야 한다.

① 외화획득용 원료·기재를 수입한 자
② 외화획득용 원료·기재의 수입을 위탁한 자

③ 대통령령으로 정하는 자. 여기서 대통령령으로 정하는 자라 함은 다음의 구분에 따라 외화획득용 원료·기재를 수입한 자 또는 그 수입을 위탁한 자에 대응하는 자를 말한다.

i) 내국신용장, 구매확인서 또는 수입원자재구매확인서에 의하여 수입된 외화획득용 원료·기재 또는 당해 외화획득용 원료·기재를 생산된 물품의 공급의 경우에는 구매한 자가 외화획득의 의무자가 된다.

ii) 수입된 외화획득용 원료·기재 또는 당해 외화획득용 원료·기재로 생산된 물품의 양도의 경우에는 양수한 자가 외화획득의 의무자가 된다.

그리고 외화획득을 하여야 하는 자(외화획득의무이행자)가 전술한 ③의 i)과 ii)의 행위를 한 경우에는 외화획득의 이행을 한 것으로 본다. 또한 외화획득이행 의무자가 외화획득의 이행을 한 때에는 해당 소요량은 당해 외화획득의 이행을 위한 물품의 생산에 모두 사용된 것으로 본다.

한편 외화획득의 이행기간은 다음의 구분에 따른 기간의 범위 안에서 산업자원부장관이 정하도록 되어 있다.

① 외화획득용 원료·기재로써 직접 외화획득의 이행을 하는 경우에는 수입통관일로부터 2년
② 외화획득용 원료·기재를 구매한 자 또는 양수한 자는 1년
③ 생산 또는 비축에 장기간이 소요되는 물품의 경우에는 그 기간에 상당하는 기간

그러므로 외화획득의무자는 위 기간내에 외화획득의 이행이 불가능하다고 인정되는 경우에는 산업자원부장관이 정하는 서류를 갖추어 그 기간연장을 산업자원부장관에게 신청하여야 하며, 기간연장의 신청을 받은 경우 그 신청이 타당하다고 인정할 때에는 외화획득의 이행기간을 1년의 범위안에서 연장할 수 있도록 되어 있다.

5 외화획득용 원료·기재의 사용목적 변경

외화획득용 원료·기재를 수입한 자는 원칙적으로 소정의 기간내에 이에 따른 대응수출을 이행하여야 한다. 그러나 외화획득용 원료·기재를 수입하여 외화획득을 하여야 할 자가 그 수입한 원료·기재 또는 그 원료·기재로 제조된 물품을 다음과 같은 부득이한 사유로 인하여 당초의 목적 외로 사용하고자 할 때에는 대통령령이 정하는 바에 의하여 산업자원부장관의 승인을 얻어야 한다. 다만, 대통령령이 정하는 원료·기재 또는 원료·기재로 제조된 물품에 대하여는 그러하지 아니하다.

여기서 부득이한 사유라 함은 다음의 하나에 해당하는 경우를 말한다.

① 우리나라 또는 교역상대국의 전쟁·사변, 천재·지변 또는 제도변경으로 인하여 외화획득의 이행이 불가능한 경우
② 외화획득용 원료·기재로 생산된 물품으로서 그 생산이 고도의 기술을 필요로 하여

외화획득의 이행에 앞서 시제품(試製品)의 생산이 필요한 경우

③ 외화획득이행의무자에게 책임이 없는 사유로 외화획득의 이행을 할 수 없게 된 경우

④ 기타 산업자원부장관이 불가항력으로 외화획득의 이행이 불가능하다고 인정한 경우. 여기서 산업자원부장관이 불가항력적으로 외화획득의 이행이 불가능하다고 인정한 경우란 다음의 하나에 해당하는 것으로 본다.

i) 화재나 천재지변으로 인하여 외화획득이행이 불가능하게 된 경우

ii) 기술혁신이나 유행의 결과로 새로운 제품이 개발되어 수입된 원료로는 외화획득이행물품의 생산에 사용할 수 없는 경우

iii) 수입된 원료가 형질이 변화되어 외화획득이행물품의 생산에 사용할 수 없게 된 경우

iv) 기타 수입 또는 매수한 자에게 책임을 돌릴 사유가 없이 외화획득을 이행할 수 없는 경우로서 사용목적 변경승인을 승인기관의 장이 인정하는 경우

그러므로 단서에서 대통령령이 정하는 원료·기재 또는 원료·기재로 제조된 물품이란 다음의 하나에 해당하는 것을 말한다.

① 평균손모량에 해당하는 외화획득용 원료·기재

② 평균손모량에 해당하는 외화획득용 원료·기재로 생산된 물품

③ 당해 물품이 수입승인 대상에서 제외되는 물품 등을 말한다.

한편 외화획득용 원료·기재 또는 그 원료·기재로 제조된 물품의 사용목적 변경승인을 얻고자 하는 자는 산업자원부장관이 정하는 서류를 첨부하여 산업자원부장관에게 신청하여야 한다.

또한 수입한 원료·기재를 당초의 사용목적과 동일한 용도로 사용할 자에게 양도하고자 할 때에는 양도하고자 하는 자와 양수하고자 하는 자는 함께 산업자원부장관의 승인을 얻어야 한다. 다만, 대통령령이 정하는 원료·기재에 대하여는 그러하지 아니하다.

여기서 단서의 대통령령이 정하는 원료·기재란 외화획득용 원료·기재의 사후관리대상에서 제외되는 원료·기재를 말한다.

6 외화획득용 원료·기재의 사후관리

1. 사후관리대상

외화획득용 원료·기재의 수입에 대하여는 내수용 수입에 비하여 우대조치를 부여하고 있으므로 외화획득용 원료·기재를 수입한 자가 수입한 목적대로 외화획득을 성실히 이행하도록 사후관리를 할 필요가 있다. 따라서 산업자원부장관은 수입승인을 얻어 수입한 외화획득용 원료·기재 및 그 원료기재로 제조된 물품에 대한 사후

관리를 하여야 한다.

그리고 산업자원부장관은 일정한 요건(산업자원부장관이 정하여 고시)을 갖춘 자가 수입(양수자 포함)한 외화획득용 원료·기재에 대하여는 당해자가 이를 사후관리하도록 완화할 수 있다. 이러한 외화획득용 원료·기재에 대한 사후관리 및 사후관리의 완화는 외화획득 이행의무자별 및 품목별로 매분기에 수입한 총량을 대상으로 하여 행하되, 사후관리의 방법 등에 관하여 필요한 사항은 원료, 제품 등으로 나누어 산업자원부장관이 따로 정하게 되어 있다.

2. 사후관리의 면제

산업자원부장관은 다음과 같이 사후관리를 할 실익이 없는 경우에 대하여는 사후관리를 하지 않을 수 있다.

① 품목별 외화획득이행 의무량 중에서 미이행률이 10% 이하인 경우
② 외화획득이행 의무자의 분기별 미이행률이 10% 이하이고 그 미이행금액이 미화 2만 달러 상당액 이하인 경우
③ 외화획득이행 의무자에게 책임이 없는 사유로 외화획득의 이행을 하지 못한 경우로서 산업자원부장관이 인정하는 경우
④ 당해 품목이 수입승인대상에서 제외되는 경우
⑤ 기타 산업자원부장관이 사후관리를 할 필요성이 소멸된 것으로 인정하는 다음의 경우
i) 수출입공고 등에서 수입이 제한되는 품목 중 수입신고 이전에 수입승인을 받아 수입한 품목(국산원료의 사용을 촉진하기 위하여 특별히 수입승인되는 품목 및 농림수산물은 제외)
ii) 사후관리대상이 되는 물품을 내국신용장 또는 구매확인서에 의하여 구매한 경우에 그 구매한 물품이 수출입공고 등에서 수입이 제한되지 아니하는 물품
iii) 보세공장 및 보세창고에 반입되는 외화획득용 원료

2 외화획득용 원료의 수입

1 외화획득용 원료의 정의

외화획득용 원료란 외화획득에 공하여지는 물품을 생산(물품의 제조·가공·조립·수리·재생 또는 개조하는 것을 말함)하는데 필요한 원자재·부자재·부품 및 구성품을 말한다.

외화획득용 원료의 범위는 다음과 같다.

① 수출실적으로 인정되는 수출물품을 생산하는데 소요되는 원료(포장재를 포함한다)
② 외화가득률(외화획득액에서 외화획득용 원료 수입금액을 공제한 금액이 외화획득액에서 차지하는 비율을 말한다)이 30% 이상인 군납용물품을 생산하는데 소요되는 원료
③ 해외에서의 건설 및 용역사업용 원료
④ 외화획득용 물품을 생산하는데 소요되는 원료
⑤ 위의 ① 내지 ④까지에 해당되는 원료로 생산되어 외화획득이 완료된 물품의 하자 및 유지보수용 원료가 이에 해당된다.

2 외화획득용 원료의 수입승인

수출실적으로 인정되는 수출물품을 생산하는데 소요되는 원료(포장재 포함), 외화가득률이 30%이상인 군납용 물품을 생산하는데 소요되는 원료 및 해외에서의 건설 및 용역 사업용 원료, 외화획득용 물품을 생산하는데 소요되는 원료 등 또한 이상의 각 원료로 생산되어 외화획득이 완료된 물품의 하자 및 유지보수용 원료의 수입에 대하여는 수량제한을 받지 아니하고 승인할 수 있다. 다만, 농림수산물의 경우에는 당해 기관이 정하는 수입승인요령에 따라 승인을 받아 수입하여야 한다.

이상과 같이 외화획득용 원료의 수입기관의 장은 외화획득용 원료의 수입에 대하여는 수량제한을 받지 아니하고 승인할 수 있다. 또한 외화획득용 원료의 수입승인기관의 장은 유통업자가 구매확인서 또는 내국신용장을 근거로 수출품생산자에게 직접 공급하기 위하여 외화획득용 원료를 수입하고자 할 경우에도 위와 같이 수량제한을 받지 아니하고 그 수입을 승인할 수 있다.

외화획득용 원료의 수입승인기관의 장은 외화획득용 원료의 수입승인을 할 때에는 외화획득용 원료 수입승인신청서에 다음의 각 기재사항이 적정한지 여부를 확인하고 수입되는 품목이 외화획득용 원료·기재의 사후관리 대상이 되는 품목인지의 여부를 기재하여야 한다.

① 외화획득이행 의무자의 사후관리기관(수입대행의 경우에는 실수요자의 사후관리기관).
② 외화획득용 원료의 수입을 제한하고 있는 품목은 그 수입승인 여부

3 외화획득용 원료 등의 국내구매

국내에서 외화획득용 원료 또는 물품을 구매하고자 하는 자는 외국환은행의 장에게 무역금융규정에 의한 내국신용장의 개설을 의뢰하거나 구매확인서 또는 수입원자재 구매확인서의 발급을 신청할 수 있다.

그리고 외국환은행의 장은 다음의 하나에 의하여 구매확인서를 발급할 수 있다.

① 수출신용장
② 수출계약서
③ 외화매입(예치)증명서
④ 내국신용장
⑤ 구매확인서
⑥ 외화획득에 공하는 물품을 생산하기 위한 경우임을 입증하는 서류

여기서 구매확인서라 함은 국내에서 생산된 물품이나 수입된 물품을 외화획득용 원료 또는 물품으로 사용하기 위하여 구매하는 경우 외국환은행의 장이 내국신용장에 준하여 발급하는 증서를 말한다.

구매확인서를 발급 받고자 하는 자는 외화획득용 원료구매승인신청서 3부에 다음의 서류를 첨부하여 외국환은행의 장에게 신청하여야 한다.

① 수출신용장, 수출계약서, 외화매입(예치)증명서, 내국신용장, 구매확인서 등에 해당하는 서류
② 외화획득용 물품공급계약서 또는 물품매도확약서
③ 소요량계산서

그리고 외국환은행의 장은 발급된 구매확인신청서에 의하여 제 2차 구매확인신청서를 발급할 수 있으며, 외화획득용 원료 또는 물품의 제조·가공과정이 여러 단계인 경우에는 각 단계별로 순차로 발급할 수 있다.

또한 구매확인서를 발급한 후 발급근거서류의 외화획득용 원료 또는 물품의 내용변경 등으로 이미 발급 받은 구매확인서와 내용이 상이하여 재발급을 요청하는 경우에는 이미 발급된 구매확인서를 회수하고 새로운 구매확인서를 발급할 수 있다.

4 외화획득의무

외화획득이행의무자는 외화획득용 원료의 수입신고수리일, 수입된 외화획득용 원료 또는 당해 원료로 제조된 물품(이하, 원료 등이라 함)의 구매일 또는 양수일로부터 다음의 각 기간이 경과한 날까지 외화획득의 이행을 하여야 한다.

① 외화획득행위인 경우에는 2년
② 국내공급(양도를 포함한다)인 경우에는 1년
③ 외화획득물품의 선적기일이 2년 이상인 경우에는 그 기일까지의 기간
④ 수출이 완료된 기계류의 하자 및 유지보수용 원료인 경우에는 10년

그리고 외화획득이행의무자는 소정의 기간내에 외화획득의 이행이 불가능하다고 인정되어 외화획득의 이행기간을 연장하고자 하는 자는 그 기간만료일 전에 외화획득이행

기간연장신청서 3부에 다음의 서류를 첨부하여 시·도지사에게 신청하여야 한다.

① 다음에서 설명할 외화획득이행기간의 연장사유 (i) 생산에 장기간이 소요되는 경우, ii) 제품생산을 위탁한 경우 그 공장의 도산 등으로 인하여 제품생산이 지연되는 경우 등)를 증명할 수 있는 서류

② 사유서

한편 시·도지사는 다음과 같은 사유의 하나에 해당하는 경우 1년의 범위내에서 외화획득이행기간을 연장할 수 있다.

i) 생산에 장기간이 소요되는 경우

ii) 제품생산을 위탁한 경우 그 공장의 도산 등으로 인하여 제품생산이 지연되는 경우

iii) 외화획득이행의무자의 책임있는 사유가 없음에도 신용장 또는 수출계약이 취소된 경우

iv) 외화획득이 완료된 물품의 하자보수용 원료로서 장기간 보관이 불가피한 경우

v) 기타 부득이한 사유로 외화획득이행기간내에 외화획득이행이 불가능하다고 인정되는 경우

시·도지사가 외화획득이행기간연장을 승인한 때에는 그 사실을 신청자와 사후관리은행의 장에게 통보하여야 한다.

반면 농림수산물의 수입추천을 받아 수입승인된 원료의 외화획득이행기간 및 그 연장에 대하여는 중앙행정기관의 장이 정하도록 되어 있다.

5 외화획득용 원료 등의 사후관리

1. 사후관리대상과 기관

사후관리기관의 장 및 자율관리기업의 장은 특별히 승인을 얻어 수입한 외화획득용 원료 및 그 원료로 제조된 물품에 대하여는 외화획득이행 의무자의 외화획득 이행 여부에 대한 사후관리를 하여야 한다.

외화획득용 원료에 대한 사후관리기관은 다음과 같다.

① 외화획득용 원료 중 특별히 수입승인을 받아야 하는 농림수산물에 대한 사후관리는 당해 품목을 관장하는 중앙행정기관의 장 또는 그 중앙행정기관의 장이 지정하는 기관의 장

② 위 ①의 내용에 의한 원료 등을 제외한 원료 등의 사후관리는 외화획득 이행의무자가 지정한 외화획득용 원료의 승인기관의 장

③ 위 ②의 내용에 의한 원료 등 중 자유관리기업으로 선정된 자가 수입(국내구매 또는 양수를 포함한다)한 원료 등의 사후관리는 당해 자율관리기업의 장

2. 자율관리기업

산업자원부장관은 외화획득용 원료에 대한 사후관리를 하는 경우에 산업자원부장관이 정하여 고시한 요건을 갖춘 자에 대하여는 외화획득용 원료를 수입(국내구매 또는 국내양수를 포함한다)한 당사자에게 자율적으로 사후관리를 하도록 함으로써 민간기업의 자율적 관리를 통한 무역관리의 효율성을 도모하고 있다.

자율관리기업의 선정요건은 다음과 같다.

① 전년도 수출실적이 미화 50만 달러 상당액 이상인 업체, 수출유공으로 포상(훈포장 및 대통령 표창을 말한다)을 받은 업체(1984년도 이후 포상받은 업체에 한한다)또는 중견수출기업(산업자원부장관이 정한 "유망중소기업 및 중견수출기업 발굴지원 요령"에 의하여 중견수출기업으로 발굴된 기업을 말한다).

② 과거 2년간 미화 5천 달러 상당액 이상 외화획득 미이행으로 보고된 사실이 없는 업체

한편 국립기술품질원장은 자율관리기업으로 선정받은 자가 다음의 하나에 해당하는 경우에는 그 선정을 취소할 수 있다. 이 때 취소된 자율관리기업은 취소된 날로부터 3년 이내에는 재선정될 수 없다.

① 원료 등을 타상사에게 공급하고 공급이행 내역을 통보하지 아니하거나 승인없이 원료 등을 사용목적 이외의 용도에 사용하거나 양도 또는 양수한 때

② 파산 등으로 사후관리가 불가능한 때

③ 대외무역법 또는 동 법에 의한 명령이나 처분에 위반한 때

3. 사후관리대상 원료의 분류

외화획득용 원료 등의 사후관리는 다음의 경우를 제외하고는 외화획득이행 의무자별로 원료 등의 품목분류번호(HS 10단위)별로 분기마다 수입 및 국내구매한 총량을 대상으로 한다.

① 품목 분류번호(HS 10단위)가 다르더라도 원료 등의 성질상 동일 품목이거나 유사한 품목은 품명단위별로 분기마다 수입 및 구매한 총량을 대상으로 관리한다.

② 의류 및 가방 등의 부재료로 사용되는 지퍼는 품목분류번호(HS 10단위)별로 분기마다 수입 및 구매한 양의 총 길이로 관리한다.

4. 외화획득이행신고

외화획득이행의무자는 외화획득을 이행하고 외화획득이행신고서에 다음의 서류를 첨부하여 수출선적일 또는 외화입금일로부터 3월 이내에 사후관리은행의 장에게 신고하여야 한다.

① 수출신고필증(또는 외화입금증명서)원본

② 소요량증명서(또는 소요량계산서)

③ 조견표 및 집계표

그리고 외화획득이행신고자와 수출신고수리상의 명의가 상이한 경우에는 내국신용장, 구매확인서, 수출대행계약서 또는 물품구매계약서 등 거래관계를 입증하는 서류를 제출하여야 하며, 사후관리은행의 장은 외화획득이행신고가 있을 때에는 지체없이 외화획득이행신고서에 표시된 원료량을 외화획득용 원료 사후관리이행정리카드에서 차감하여 정리하고 당해 수출신고필증(또는 외화입금증명서)의 뒷면에 사후관리사실을 확인·표시하여야 한다.

5. 공급이행신고

사후관리대상품목을 원료 등으로 공급한 자는 외화획득용원료공급이행신고서 3부(공급자 사후관리기관용, 인수자사후관리기관용 및 인수자용)에 인수자의 날인(물품수령증을 포함한다)을 받아 다음의 서류를 첨부하여 공급대금결제일로부터 3월 이내에 사후관리기관의 장에게 신고하여야 한다.

① 내국신용장 또는 구매확인서
② 소요량증명서 또는 소요량계산서
③ 조견표 및 집계표

또한 공급자 사후관리기관의 장은 공급이행정리(내국신용장 등의 뒷면에 사후관리사실을 확인 표시한다)를 하여야 하며, 또한 공급자 사후관리기관의 장은 외화획득용 원료공급이행신고서에 확인·날인한 후 1부는 인수자 사후관리기관의 장, 1부는 인수자에게 통보하여야 한다.

한편 원료 등을 보세공장에 반입한 자는 세관장이 발행한 반입확인서를 사후관리은행의 장에게 제출하여야 하며, 반입확인서를 받은 사후관리기관의 장은 공급이행정리를 하여야 한다.

그리고 자율관리기업이 사후관리대상기업에 원료 등을 공급할 경우에는 공급이행신고서 2부를 작성, 공급대금결제일로부터 3월 이내에 1부는 인수자 사후관리기관의 장에게, 1부는 인수자에게 통보하여야 한다. 다만, 사후관리기업에 공급하는 경우에는 인수자에게만 통보하도록 되어 있다.

6 외화획득용 원료의 사용목적 변경

외화획득용 원료 등의 사용목적 변경승인을 얻고자 하는 자는 외화획득용 원료사용목적 변경승인신청서 4부에 다음의 서류를 첨부하여야 한다.

① 사용목적변경신청서

② 변경하고자 하는 물량을 확인할 수 있는 서류
③ 변경신청하고자 하는 사유를 인정할 수 있는 서류
④ 기타 사용목적 변경승인기관의 장이 필요하다고 인정하는 서류

그리고 사용목적변경승인기관의 장은 승인서를 신청자 사후관리기관의 장, 신청자의 관할세무서장에게 각각 통보하여야 한다.

한편 외화획득용 원료의 양도·양수의 승인을 얻고자 하는 자는 외화획득용 원료양도승인신청서 3부에 다음의 서류를 첨부하여 양도자 또는 양수자의 사후관리기관의 장 또는 당해 중앙행정기관의 장에게 신청하여야 한다.

① 양수도계약서
② 수입신고필증 또는 기초원재료 납인증명서

그리고 자율관리기업이 다른 자율관리기업에 양도하고자 할 때는 양도자의 거래 사후관리기관의 장에게 신청하여야 하며, 양도자 및 양수자의 사후관리기관의 장은 승인한 원료 등을 공급이행신고에 준하여 처리한다.

7 지도감독·보고·제재 등

국립기술품질원장은 원료 등의 사후관리기관의 장 및 시·도지사에 대하여 다음과 같은 지도감독을 하여야 한다.

① 사후관리업무담당자의 교육
② 사후관리대장정리실태
③ 공급이행신고서통보실태
④ 미이행보고실태
⑤ 기타 제규정이행실태

사후관리기관의 장은 원료 등을 수입 또는 구매한 후 외화획득이행 만기일까지 외화획득을 미이행한 자에 대하여 그 내역을 대응외화획득미이행내역에 따라 해당 만기일 경과 후 20일까지 미이행자에게 통보하여야 한다.

그리고 외화획득만기일 경과 후 30일까지 이행신고가 없는 경우에 사후관리기관의 장은 분기별로 그 내역을 국립기술품질원장에게 보고하여야 한다.

또한 사후관리기관의 장은 전술한 정기보고 이외에 사후관리대상업체의 파산 등으로 사후관리가 불가능하다고 판단되는 경우에는 즉시 그 내역을 국립기술품질원장에게 보고하여야 한다.

중앙행정기관의 장은 보고된 외화획득미이행자에 대하여 대외무역법의 규정에 의한 제재에 필요한 조치를 하여야 한다.

3 외화획득용 제품의 수입

1 외화획득용 제품의 범위

외화획득용 제품의 범위는 다음과 같다.

① 주식회사 한국관광용품센타(이하, 관광용품센타라 한다)가 수입하는 식자재 및 부대용품

② 항만운송사업법에 의하여 수입물품공급업의 등록을 하고 세관장에 등록한 자(이하, 수입물품공급업자라 한다)가 수입하는 선용품(음식료·연료·소모품·밧줄·수리용 예비부분품 및 부속품·집기 기타 이와 유사한 물품으로서 당해 선박에서만 사용되는 것을 말한다).

③ 군납업자가 수입하는 군납용물품

이와 같이 외화획득용 제품은 외국으로 다시 수출하기 위한 것이 아니라 국내에서 외화획득용으로 사용하기 위하여 수입하는 것이므로 외국인관광객이나 국내거주 외국인 등에게만 공급하도록 제한적으로 운용된다.

2 외화획득용 제품의 수입승인

1. 외화획득용 제품의 수입승인기관

외화획득용 제품(단, 수출입공고 등에 의하여 제한되는 품목에 한한다)의 승인기관은 다음과 같다.

① 관광용품센타가 관광호텔 등에 공급하기 위하여 수입하는 물품 중 승인대상물품으로서 주방용품, 소모성기계, 기자재류 및 객실 또는 부대업장용 소모성물품; 문화관광부장관

② 군납업자가 주한 국제연합군 기타 외국군 기관에 공급하는 군납용 물품

이와 같이 외화획득용 제품의 수입에 대하여는 동종의 국산품 공급을 촉진하고 수입물품의 국내 유출을 방지하기 위하여 그 우대의 범위를 제한하여 운영하고 있다.

2. 관광호텔용 물품의 공급 및 사후관리

(1) 관광호텔용 물품의 공급

관광용품센타는 수입한 식자재 및 부대용품(이하, 관광호텔용 물품이라 한다)을 다음의 하나에 해당하는 자에게 한하여 공급할 수 있다.

① 관광숙박업 중 관광진흥법에 의하여 등록된 호텔업 및 명의 이용허가를 얻은 식음료 사업장

② 문화관광부장관의 허가를 받아 설립된 외신기자클럽, 서울클럽 및 한국언론회관내 맴버스클럽과 기자클럽
③ 외화획득 및 관광진흥에 기여도가 높은 관광시설 중 문화관광부장관의 추천에 의하여 산업자원부장관이 지정한 시설
④ 청소년 기본법에 의하여 문화관광부장관에게 신고된 서울올림픽파크 호텔
⑤ 올림픽, 아시안게임 등 대규모 국제대회 선수촌, 기자촌 등
⑥ 관세법에 의한 설영특허를 받은 외교관면세매점

한편 관광용품센터가 관광호텔용 물품을 공급하고자 할 때에는 당해 구매자가 시설 규모 및 식자재구입 실적 등을 감안하여 적정량을 공급하여야 한다.

(2) 관광호텔용 물품의 관리

① 관광용품센터는 보관 중인 관광호텔용 물품에 대하여 연 2회 이상 정기 재고조사를 실시하여야 하며, 그 결과를 승인권자에게 보고하여야 한다.
② 관광용품센터는 관광호텔용 물품의 운송, 보관 및 공급과정에서 파손 등으로 당해 물품의 용도에 사용하기가 곤란한 물품은 손망실품 대장에 기재하고 그 사실을 입증할 수 있는 서류 등을 첨부하여 보관하여야 한다.
③ 관광용품센터는 관광호텔용 물품의 수입, 재고 및 판매현황에 대한 대장을 비치하고 기록보관하여야 하며 관광용품센터로부터 관광호텔용품을 구매한 자는 구매 및 소비현황에 대한 대장을 비치하고 기록보관하여야 한다.
④ 관광용품센터는 분기별 관광호텔용 물품의 수입 및 판매현황을 작성하여 분기종료 후 10일 이내에 승인권자에게 보고하여야 하며 매월 업체별 관광호텔용 물품의 공급현황을 익월 10일까지 당해 구매자의 소재지를 관할하는 시·도지사에게 통보하여야 한다.
⑤ 관광용품센터로부터 관광호텔용 물품을 구매한 자는 월별 구입 및 소비현황을 익월 10일까지 당해 시·도지사 및 관광용품센터에 제출하여야 한다.

(3) 관광호텔용 물품의 사후관리

관광용품센터가 수입한 관광호텔용 물품 중 승인대상 물품에 대하여는 승인권자의 사후관리를 받아야 한다. 그리고 승인권자가 사후관리에 필요한 세부지침을 정하고자 할 때에는 산업자원부장관과 협의하여야 한다.

(4) 관광호텔용 물품의 용도 외 사용금지

관광용품센터로부터 관광호텔용 물품을 구매한 자는 당해 사업이외의 용도에 사용하거나 유출하여서는 안 된다. 또한 관광용품센터는 관광호텔용품을 용도 외에 사용하거나 유출한 자에 대하여는 문화체육부장관에게 이를 보고하여야 한다.

(5) 관광호텔용 물품의 사후관리에 따르는 제재

승인권자는 관광호텔용 물품의 용도 외 사용금지 규정에 위반한 자에 대하여는 대외무역법 제 55조 제 3호(대응외화획득의 미이행), 동법 동조 제 14호(승인받지 아니하고 용도 외 사용), 동법 동조 제 5호(승인을 받지 아니하고 양도한 자)의 규정에 의한 제재를 요청하거나 "관광진흥법 제 18조 등에 의한 행정처분(또는 문화관광부장관에게 행정처분요청)"을 하여야 한다.

3. 선용품의 관리

수입물품공급업자는 선용품의 수입, 재고 및 공급현황에 대한 대장을 비치하고 기록·보관하여야 한다. 또한 수입물품공급업자는 선용품의 수입, 공급(외화 및 국내통화 구분) 및 재고현황을 작성하여 매분기 종료후 10일 이내에 관세청장에게 제출하여야 한다.

수입물품공급업자가 수입하는 선용품의 사후관리는 관세청장이 행한다. 그리고 수입물품공급업자는 수입선용품을 다음의 하나에 해당하는 자 이외의 자에게 공급하거나 유출하여서는 아니된다.

① 국내항에 정박중인 외항선박(원양어선을 포함한다)
② 신조선박 및 수리선박

한편 관세청장은 대외무역관리규정 제 4-4-8조 제 2항 {수입물품공급업자는 수입선용품을 국내항에 정박 중인 외항선박(원양어선 포함)과 신조선박 및 수리선박 이외의 자에게 공급하거나 유출하여서는 안 된다}의 규정에 위반한 자에 대하여는 대외무역법 제 55조 제 3호(대응외화획득 미이행), 동법 동조 제 4호(승인받지 않고 용도 외 사용), 동법 동조 제 5호(승인받지 않고 양도한 자)의 규정에 의한 제재를 요청하여야 한다.

4. 군납용물품의 사후관리

군납업자는 수입되는 물품을 군납 외의 용도에 이용하거나 유출하여서는 아니 되며, 수입되는 물품을 양도 또는 폐기하고자 할 경우에는 미리 승인기관의 장의 승인을 얻어야 한다. 그리고 수입된 군납용품에 의한 군납계약 이행 후 15일 이내에 외화획득 상황을 군납대금회수증명서를 첨부하여 승인기관의 장에게 보고하여야 한다. 승인기관의 장은 수입물품을 군납 외의 용도에 사용하거나 유출한 자에 대하여는 처벌을 할 수 있도록 제재를 요청하여야 한다.

4 소요량증명제도

1 소요량증명제도의 의의

수출 등 외화획득용 원료의 조달에 대하여 우대를 하기 때문에 당해 원료는 외화획득을 이행하는데 필요한 양이 적합하게 책정되어야 한다. 이와 같이 소요량증명제도는 책임있는 정부기관(수탁기관 포함)이 외화획득용 물품에 필요한 원료의 양을 책정하고 이를 증명함으로써 외화획득용 원료의 수입에 대한 우대조치의 적정화를 기할 목적으로 운영되는 제도이다.

따라서 산업자원부장관은 외화획득용 원료의 품목 및 수량의 결정기준과 그 범위를 정할 때 외화획득용 원료의 수량(외화획득을 위한 물품의 1단위를 생산하기 위하여 제공되는 외화획득용 원료의 기준요소량을 말한다)을 정하는 경우에는 당해 물품을 생산하는데 필요한 실제수량 외에 생산공정에서 생기는 평균손모량을 포함시킬 수 있다. 다시 말해서 기준소요량이라 함은 고시된 수출품 1단위를 생산하는데 소요된 원자재의 양으로서 단위실량[73]과 평균손모량[74]을 합한 양을 말한다. 그리고 소요량은 수출품 전량을 생산하는데 소요된 원자재의 실량과 손모량을 합한 양을 말하며 소요량증명서는 소요량증명서 발급기관이 외화획득을 이행하는데 소요되는 원자재의 양을 계산하고 동 내용을 확인한 증명서를 말한다. 이러한 소요량증명은 외화획득용 원료의 수입승인, 외화획득용 원료 등의 국내구매, 관세환급, 사후관리 및 무역금융의 이용 등의 경우에 적용된다.

이러한 기준소요량이 고시된 대부분의 품목에 대하여는 당해기업이 스스로 소요량계산서를 발급하여 소요량증명서로 사용할 수 있도록 소요량증명제도가 크게 완화 개선되고 있다.

2 소요량의 책정방법

소요량을 책정하는 방법은 첫째 관계행정기관의 장이 기준소요량을 품목별로 고시하는 방법이고 둘째는 기준소요량이 고시되지 아니한 품목에 대하여 소요량증명서 발급기관이 해당 품목별로 단위소요량을 직접 산출하는 방법이다.

또한, 기준 소요량이 고시되지 아니한 품목에 대하여도 당해 품목의 소요량증명서 발급기관 및 수출업체가 계속적인 수출이 예상되어 기준 소요량의 고시가 필요하다고 판

73) 단위실량이라 함은 수출품 1단위를 형성하고 있는 원자재의 양을 말한다.
74) 평균손모량이라 함은 수출품을 생산하는 과정에서 생기는 원자재의 손모량(손실량 및 불량품 생산에 소요된 원자재의 양을 포함한다)의 평균량을 말한다.

단하여 당해품목의 소요량증명서에 단위소요량 책정자료를 첨부하여 고시기관에 기준소요량 고시를 요청할 때에는 고시기관은 이를 고시하도록 함으로써 가능한 한 많은 품목에 대하여 기준 소요량이 고시되도록 하고 있다. 다만, 기준소요량이 빈번히 바뀌거나 농산물인 경우에는 그러하지 아니하다.

기준소요량이란 고시된 수출품 1단위를 생산하는데 소요된 원자재의 양으로써 단위실량과 평균손모량을 합한 양을 말한다.

외화획득용 물품의 생산을 관장하는 중앙행정기관의 장은 소관 품목에 대한 기준소요량을 가능한 한 고시하여야 하며 이 때 기준소요량을 고시하는데 필요한 자료를 해당외화획득 행위를 하는 자로 하여금 제출하도록 할 수 있다.

이에 대하여 단위소요량이란 기준소요량이 고시되지 아니한 품목에 대하여 소요량증명서 발급기관이 산출한 수출품 1단위를 생산하는데 소요된 원자재의 양으로서 단위실량과 평균손모량을 합한 양을 말한다.

단위소요량은 부가가치세법 제 35조, 소득세법 제 201조 제 1항 및 법인세법 제 68조 제 1항의 규정에 의하여 제출하는 "생산수율(**生産收**率)[75] 및 원단위신고서"의 생산수율을 감안하여 책정할 수 있으며 그 구체적인 책정방법은 다음의 하나에 의한다.

① 현장조사
② 문헌조사
③ 실물 및 카탈로그 조사
④ 신청자 제시자료에 의한 조사
⑤ 유사품의 소요량 적용

그리고 단위소요량을 책정할 때에는 i) 제조공정 및 공정도 ii) 공정별 손모율·손모상태 및 그 발생원인 iii) 원료 등의 배합비율을 조사하되 필요한 최소한의 사항만을 조사하여야 한다. 구체적인 산출방식은 기준소요량과 같다.

3 기준소요량의 고시

① 외화획득용 물품의 생산을 관장하는 중앙행정기관의 장(산업자원부장관이 관장하는 품목중 목재가구에 대하여는 임업연구원장, 기타의 품목에 대하여는 기술표준

---

75) $\text{생산수율} = \frac{\text{제품생산량}}{\text{원재료투입량}} \times 100$

국세청은 연간 외형이 큰 제조업체에 대하여 생산수율을 조사하거나 각 업체가 보고한 생산수율을 토대로 하여 표준수율 및 표준원단위를 작성하고 상호 비교함으로써 적정 생산량의 산출근거로 삼고 있다. 원단위는 제품 1개를 만드는데 필요한 원료 혹은 소요시간을 의미하며 원단위가 적을수록 생산성이 높다.

원장)은 소관품목에 대한 기준 소요량을 가능한 한 고시하여야 한다.

② 기준소요량이 고시되지 아니한 품목에 대하여 당해폼목의 소요량증명서 발급기관 및 수출업체는 계속적인 수출이 예상되어 기준소요량의 고시가 필요하다고 판단되는 때에는 당해품목의 소요량증명서에 단위소요량 책정자료를 첨부하여 고시기관에 기준소요량 고시를 요청할 수 있으며 고시기관은 이를 고시하여야 한다. 다만, 기준소요량이 빈번히 바뀌거나 농산물인 경우에는 그러하지 아니하다.

③ 수출물품의 생산을 관장하는 중앙행정기관의 장(산업자원부장관이 관장하는 품목 중 목재가구에 대하여는 임업연구원장, 기타의 품목에 대하여는 기술표준원장)은 기준소요량을 고시하는데 필요한 자료를 해당 외화획득행위를 하는 자로 하여금 제출하도록 할 수 있다.

4 자율소요량계산서 발급

소요량계산서를 발급할 수 있는 기업은 고시품목에 대한 자체발급 및 소요량자체관리기업의 자체발급 등 두 종류로 구분하여 인정하고 있다. 이와 같이 소요량계산서를 발급할 수 있는 업체를 이원적으로 운영하는 것은 소요량계산서의 자체발급에 따른 관세 과다환급의 방지를 위해 관세환급액이 큰 대기업에 대하여 별도로 소요량자체관리기업으로 지정하고 1년 단위로 실제소요량을 반영할 수 있도록 구분하기 위한 것이다.

그리고 소요량자체관리기업이 발급하는 소요량계산서의 소요량책정기준은 다음의 하나에 의한다.

① 수출품 및 이에 소요되는 원료가 생산수율 및 원단위 신고품목일 경우에는 기준소요량 고시여부에 불문하고 1년 단위로 산출한 평균 실제소요량

② 수출품 및 이에 소요되는 원료가 생산수율 및 원단위 미신고 품목으로서 고시품목일 경우에는 기준소요량, 비고시 품목일 경우에는 단위소요량

한편 국립기술표준원장은 소요량자체관리기업으로 지정된 자가 다음의 하나에 해당할 경우에는 그 지정을 취소할 수 있으며, 지정이 취소된 기업은 취소된 날부터 3년 이내에는 다시 지정될 수 없다.

① 파산 등으로 자체발급이 불가능한 때

② 대외무역법 또는 동 법에 의한 명령이나 처분에 위반한 때

③ 1년 이상 계속하여 소요량계산서 발급실적이 없는 경우

소요량계산서의 작성방법은 다음과 같다.

① 사후관리대상품목을 외화획득용 원료 등으로 사용하거나 공급한 업체는 당해 업체가 자율적으로 작성한다.

② 자율소요량계산서는 단위자율소요량 또는 기준소요량에 외화획득용 물품 등 이의

수량을 곱한 물량으로 표시하며 단위자율소요량의 산출건거를 품목 및 규격별로 명확히 표시하여야 한다.

③ 기준소요량이 고시된 품목이라 하더라도 수출계약서 등의 관련서류에 소요원료의 품명·규격 및 수량 등이 표시된 경우에는 이에 따라 자율소요량 계산서를 작성할 수 있다.

5 수출입실적의 범위와 금액

1 수출입실적 관리의 의의

수출입실적이란 무역업자가 일정한 기간 동안 법령에서 정하는 범위 내에서 수출입을 이행한 결과 나타나는 누적으로서 금액을 기준으로 표시한다. 국가적인 통계로서의 수출입실적은 통관금액만을 기준으로 한다. 왜냐하면 IMF가 중계무역의 가득액 등은 무역외거래에 포함하도록 권고하고 있고 외국인도수출의 경우에도 별도 계상절차를 거쳐 국가통계에 합산할 만큼 실익이 없다고 보기 때문이다. 그러나 앞으로 무역거래기법이 다양화되고 국내기업의 국제적인 영업활동이 활발하게 될 경우 이러한 형태의 수출비중이 커지게 될 것으로 보아 별도의 검토가 있어야 할 것으로 본다.

그러나 무역업자의 수출입실적은 수출통관액만이 아니라 가득액, 입금액 등을 모두 포함한다. 이는 무역관리의 결과가 결국 수출입 실적으로 나타나는 것이므로 이를 적절히 관리함으로써 거래의 확대를 도모하고 무역을 촉진하는데 목적이 있다. 따라서 수출입 실적에 따라 각 종 사후관리 기준의 결정, 금융 및 세제상의 지원도 이루어진다.

특히, 수출실적의 경우는 실적에 따라 우대조치가 많기 때문에 중요하다.

또한, 특기할 것은 수출실적의 인정대상으로서 국내에서 무역업자에게 수출용원자재를 공급한 경우에도 포함하고 있다는 점이다. 이러한 국내에서의 물품공급은 본래의 수출은 아니지만 이를 수출실적으로 인정함으로써 수출물품에 대한 국산원자재의 공급을 촉진하여 외화가득률을 높이려는 시책의 일환으로 볼 수 있다.

2 수출실적의 인정 범위

수출실적이란 산업자원부장관이 정하여 고시하는 기준에 해당하는 수출 통관액, 입금액 또는 가득액과 수출에 제공되는 외화획득용 원료·기재의 국내 공급액을 말한다. 따라서 산업자원부장관이 정하고 있는 수출 실적의 인정범위는 다음과 같다.

① 유상으로 거래되는 수출(대북한 유상반출실적 포함)

② 수출승인이 면제되는 수출 중 다음의 하나에 해당하는 수출

i) 외국에서 개최되는 박람회, 전람회, 견본시, 영화제 등에 출품하기 위하여 무상으로 반출하는 물품으로서 현지에서 매각된 것

ii) 해외에서 투자, 건설, 용역, 산업설비 수출 기타 이에 준하는 사업에 종사하고 있는 우리나라 업자(현지 합작법인 포함)에게 무상으로 송부하기 위하여 반출하는 기계, 시설자재, 근로자용 생활필수품 및 기타 그 사업에 관련하여 사용하는 물품으로서 주무부장관 또는 주무부장관이 지정한 기관의 장이 확인하는 물품 중 해외건설공사에 직접 공하여지는 원료·기재, 공사용 장비 또는 기계류의 수출(수출신고필증에 재반입 하지 않는다는 조건이 명시된 분에 한함)

③ 무역업자 또는 수출물품 제조업자에 대한 외화획득용 원료 또는 물품의 공급 중 수출에 공하여지는 것으로서 다음의 하나에 해당하는 경우

i) 내국신용장[76]에 의한 공급

ii) 구매확인서에 의한 공급

iii) 산업자원부장관이 지정하는 생산자의 수출물품 포장용 골판지 상자의 공급

④ 외국인으로부터 외화를 영수하고 외화획득용 시설기재를 외국인과 임대차계약을 맺은 국내업체에 인도하는 경우(이 경우 수출실적 인정금액은 외환은행 입금액으로 한다)

i)~ii)의 경우 공급자가 직접 수출한 것은 아니지만 내국신용장이나 구매확인서에 의하여 공급한 것은 그 최종 구매자인 무역업자가 수출하는 물품에 포함되어 수출되는 것이기 때문에 그 공급 실적을 수출실적으로 인정하여 그 공급을 지원하기 위한 것이다. 또한 수출물품 포장용 골판지 역시 그 자체가 수출물품은 아니지만 수출물품에 포함되어 수출되는 것이므로 그 공급실적도 또한 수출실적으로 인정하고자 하는 것이다.

3 수출실적의 인정금액

수출실적의 인정금액은 원칙적으로 수출통관액(FOB가격기준)으로 한다. 다만, 통관절차를 거치지 않고 수출되는 다음의 경우는 각각 그 특성에 따라 인정되는 금액으로 한다.

① 중계무역에 의한 수출의 경우에는 수출금액(FOB가격)에서 수입금액(CIF가격)을 공제한 가득액. 이는 중계무역의 경우 형식상 수입과 수출이라는 두 가지 거래가 이루어지지만 사실은 그 두 개의 거래가 한 건으로 이루어지고 우리나라의 무역업

76) 내국신용장(Local L/C)이라 함은 한국은행 총재가 정하는 바에 의하여 외국환은행의 장이 발급하여 국내에서 통용되는 신용장으로서 외국환은행이 국내에서 생산된 수출용원자재 또는 수출용완제품을 구매(임가공위탁 포함)하고자 하는 업체의 신청에 의하여 개설하는 신용장을 말한다. 이때 물품공급자가 내국신용장의 수혜자가 되며 당해 내국신용장을 근거로 하여 소요원자재의 조달을 위한 2차 내국신용장의 개설을 의뢰할 수 있으며, 2차 내국신용장의 수혜자는 동 내국신용장을 근거로 하여 소요원자재의 조달을 위한 3차 내국신용장의 개설을 의뢰할 수 있다. 다만, 3차 내국신용장의 개설은 2차 내국신용장의 개설 근거가 된 1차 내국신용장이 완제품 구매를 위하여 개설된 내국신용장인 경우에 한한다.

자가 취득하는 금액은 수입액과 수출액과의 차액인 가득액이기 때문에 그 가득액만을 수출실적으로 인정하는 것이다.

② 외국인도수출의 경우에는 외국환은행의 입금액(단, 위탁가공된 물품을 외국에 판매하는 경우에 판매액에서 원자재수출액 및 가공임을 공제한 가득액)

③ 외국에서 개최되는 박람회, 전람회, 견본시, 영화제 등에 출품하기 위하여 무상으로 반출한 물품이 현지에서 매각된 경우는 외국환은행을 통하여 입금된 금액

④ 원양어로에 의한 수출 중 현지경비 사용분은 외국환은행의 확인금액. 이는 원양어선의 어획물을 외국에서 직접 수출한 경우에는 그 대금을 외국환은행을 경유하여 결제하게 되는데 현지에서 어로경비 등으로 사용하여 입금되지 아니한 금액까지도 외국환은행이 확인한 적정금액은 수출실적에 포함해 주기 위한 것이다.

⑤ 무역업자 또는 수출물품 제조업자에 대한 외화획득용 원료 또는 물품의 공급 중 수출에 공하여지는 것으로서 i) 내국신용장에 의한 공급 ii) 구매확인서에 의한 공급 iii) 산업자원부장관이 지정하는 생산자의 수출물품 포장용 골판지 상자의 공급에 의한 수출실적은 외국환은행의 결제액 또는 확인액

4 수출실적의 인정시점

수출실적은 수출이행과정에서 일정한 시점을 기준으로 정하여 이를 인정하게 되는데 수출의 형태에 따라 다음과 같이 구분된다.

① 수출신고수리일 기준으로 인정되는 경우

i) 유상으로 거래되는 수출

ii) 수출승인이 면제되는 수출 중 다음에 해당하는 경우, 즉
해외에서 투자, 건설, 용역, 산업설비 수출 기타 이에 준하는 사업에 종사하고 있는 우리나라 업자(현지 합작법인 포함)에게 무상 송부하기 위하여 반출하는 기계, 시설자재, 근로자용 생활필수품 및 기타 그 사업에 관련하여 사용하는 물품으로서 주무부장관 또는 주무부장관이 지정한 기관의 장이 확인한 물품 중 해외건설공사에 직접 공하여지는 원료·기재, 공사용 장비 또는 기계류의 수출(수출신고필증에 재반입하지 않는다는 조건이 명시된 분에 한한다)

② 입금일 기준으로 인정되는 경우

i) 외국에서 개최되는 박람회, 전람회, 견본시, 영화제 등에 출품하기 위하여 무상으로 반출한 물품이 현지에서 매각된 금액

ii) 중계무역에 의한 가득액

iii) 외국인도수출에 의한 외국환은행의 입금액

iv) 외국인으로부터 외화를 영수하고 외화획득용 시설기재를 외국인과 임대차계약을 맺은 국내업체에 인도하는 경우

③ 외국환은행을 통하여 대금을 결제한 경우는 그 결제일, 당사자간에 결제한 경우는 당사자간의 대금 결제일을 기준으로 인정하는 경우에는 무역업자 또는 수출물품 제조업자에 대한 외화획득용 원료 또는 물품의 공급 중 수출에 공하여지는 것으로 i) 내국신용장에 의한 공급 ii) 구매확인서에 의한 공급 iii) 산업자원부장관이 지정하는 생산자의 수출물품 포장용 골판지상자의 공급의 경우이다.

【표Ⅰ-8-1】 수출실적의 인정대상, 인정금액 및 인정시점

구분	인정금액	인정시점
Ⅰ. 유상으로 거래되는 수출		
1. 수출통관을 거친 수출	수출통관액	수출신고수리일
2. 수출통관을 거치지 않은 수출		
① 중계무역에 의한 수출	가득액	입금일
② 외국인도수출	외국환은행 입금액	입금일
③ 원양어로수출의 현지경비 사용분	외국환은행 확인액	확인일
Ⅱ. 수출승인이 면제되는 수출		
1. 박람회 등에 출품한 물품의 현지매각분	외국환은행 입금액	입금일
2. 해외건설공사에 직접 소요되는 물품	수출통관액	수출신고수리일
Ⅲ. 외화획득원료 등의 국내공급	외국환은행의 결제액 또는 확인액	결제일 또는 확인일

5 수입실적

수입실적이란 산업자원부장관이 정하여 고시하는 기준에 해당하는 수입통관액 및 지급액을 말한다. 따라서 산업자원부장관이 정하고 있는 수입실적의 인정범위는 '유상으로 거래되는 수입'을 그 대상범위로 한다.

그리고 수입실적의 인정금액은 수입통관액(CIF가격기준)으로 한다. 다만, 외국인수수입의 경우에는 외국환은행의 지급액으로 한다.

수입실적의 인정시기는 수입신고수리일로 한다. 다만, 외국인수수입의 경우에는 대금의 지급일로 한다.

Chapter Ⅸ

과학적 무역업무의 처리시스템 구축

1 무역업무의 과학화와 처리기반 형성

1 무역업무의 과학화

그동안 무역거래 당사자들은 종이문서로 표시된 정보를 우편이나 전신에 의해서 교환하고 자국내에서의 각종 행정절차도 종이문서로 된 양식에 의해서 작성된 자료를 근거로 이루어져 왔다. 그러나 급격한 과학기술의 발전에 따라 1980년대 이래 산업의 모든 분야에서 전자화된 정보교환과 업무처리가 일반화되기 시작하였다. 이러한 전자화된 업무처리는 다양한 절차가 요구되는 무역 분야에 더욱 필요하게 되었으며 그 결과 민간기업의 경영효율화만이 아니라 국가경제의 효율적 발전에도 커다란 영향을 미치게 되었다.

정부는 1980년대 후반부터 신속한 무역업무처리를 통한 비용절감 등 무역업체의 경쟁력 강화를 지원하기 위하여 무역자동화사업(EDI)을 추진하여 왔으나 동 사업이 계약체결 후의 무역업무처리 절차에만 집중되어 있을 뿐만 아니라 상역, 통관, 물류, 금융 등 각 부문별로 분산되어 국가 전체로 볼 때 비효율적인 면이 있었다.

한편, 세계적인 무역업무처리의 새로운 경향은 단순히 무역처리절차의 간소화가 아니라 체계적인 무역관련 정보의 수집 및 제공, 무역거래의 모든 과정을 지원하기 위한 유기적인 서비스의 개발 등으로 확대되고 있고 이에 관하여 국제기구와 선진국을 중심으로 다각적인 논의가 진행되어 왔다.

따라서 정부에서는 무역에 관한 각종 관리 및 지원업무에 전산관리체제를 도입하여 무역관리의 효율화 및 행정서비스의 확대를 도모하기 위하여 1996년 12월 대외무역법을 개정하고 전자문서의 교환, 전자우편 및 무역정보의 데이터베이스화 등의 무역업무의 과학적 처리를 위한 기반을 구축하도록 하는 규정을 도입하였다.

2 과학적 무역업무의 처리기반

산업자원부장관은 물품의 수출입거래가 질서 있고 효율적으로 이루어질 수 있도록 전자문서교환체제 등 과학적 무역업무의 처리기반을 구축하기 위하여 노력하여야 한다. 그리고 산업자원부장관은 이러한 과학적 무역업무의 처리기반을 구축하기 위하여 필요하다고 인정되는 경우에는 관계행정기관의 장에게 통관기록 등 물품의 수출입거래에 관한 정보의 제공을 요청할 수 있으며, 이 경우 관계행정기관의 장은 이에 협조하여야 한다.

또한 관계행정기관의 장은 대외무역법의 목적의 범위 내에서 필요하다고 인정되는 경우 위와 같이 구축된 물품의 수출입거래 관련 정보의 제공을 요청할 수 있다. 이 경우 역시 산업자원부장관은 이에 협조하여야 한다.

3 전산관리체제의 개발·운영

산업자원부장관은 수출입거래가 질서있고 효율적으로 이루어질 수 있도록 다음의 각 내용과 같은 전산관리체제를 개발·운영하여야 한다. 산업자원부장관은 이러한 전산관리체제를 개발·운영하기 위하여 필요하다고 인정하는 경우에는 그 경비의 일부를 당해 전산관리체제의 개발·운영에 필요한 정보를 제공한 기관에 지원할 수 있다.

① 수출입통계 데이터베이스 등 무역정책수립을 위한 전산관리체제

② 다음과 같은 불공정한 수출입행위를 방지하기 위한 전산관리체제

i) 국내의 법령 또는 교역상대국의 법령에 의하여 보호되는 특허권·실용신안권·의장권·상표권·저작권·저작인접권·프로그램저작권 및 반도체직접회로의 배치설계권을 침해하는 물품을 수출 또는 수입하는 행위

ii) 원산지를 허위로 표시한 물품 또는 원산지의 표시를 손상하거나 변경한 물품을 수출 또는 수입하는 행위

iii) 기타 수출입질서를 저해할 우려가 있는 행위로서 대통령령이 정하는 행위

③ 효율적인 수출입거래를 위한 다음의 각 전산관리체제

i) 부분별 무역전산관리체제의 유기적 연계를 위한 전산관리체제

ii) 관계행정기관의 장이 필요하다고 인정하여 산업자원부장관과 협의하여 정한 당해기관 소관 무역관련 전산관리체제

④ 기타 무역업계의 요청에 의하여 산업자원부장관이 필요하다고 인정하는 전산관리체제

4 무역거래 정보의 수집·분석

산업자원부장관은 전산관리체제의 개발·운영을 위하여 필요한 경우에는 관세청장에게 다음의 내용의 정보를 요청할 수 있다.

① 수출입신고를 한 무역거래자의 상호·성명, 무역업신고번호 등 무역거래자관련 정보
② 수출입신고별 신고수리일, 수출입물품의 품명, 수량, 금액, 거래형태 등에 관련된 정보로서 산업자원부장관이 정하는 정보

또한 산업자원부장관은 전산관리체제의 개발·운영을 위하여 관세청장으로부터 수집된 통관 관련정보, 무역·통상관련 기타의 단체로부터 수집한 수출입동향 분석 또는 전망에 관한 정보업무를 위임·위탁한 자로부터 보고받은 무역업무처리결과, 무역거래자 등에 의하여 수집된 관련정보를 종합적으로 분석·관리하여야 한다.

2 무역업무의 자동화 지원

1 무역업무 자동화의 의의

컴퓨터산업의 발전에 따라 지금까지 서류를 가지고 직접 방문하거나 우편·모사전송 등에 의하여 처리되던 행정기관과 무역업자와의 업무, 무역업자간의 업무를 컴퓨터를 이용한 전자자료교환(Electronic Data Interchange ; EDI) 방식으로 처리함으로써 시간과 비용을 대폭 절감할 수 있게 되었다.

이와 같이 EDI 방식으로 문서를 처리하기 위해서는 상호합의된 표준화된 문서양식이 필요하다. 그러나 이러한 기술적 발전을 실용화하기 위해서는 제도적으로 이를 수용하지 않으면 안 된다. 우리나라의 경우 무역업무는 대외무역법 등 제반 무역관련법령에 따라 전통적인 종이서류 양식에 의하여 작성되고 서명·날인이 있어야 처리될 수 있도록 하고 있다. 따라서 EDI가 법률적으로 효력을 얻기 위해서는 별도의 법적장치가 마련되어야 한다.

이를 위해서 정부에서는 무역업무자동화촉진에 관한 법률(법률 제 4479호 1991. 12. 31 ; 이하, 무역자동화법이라 한다)을 제정하고 동법에 따라서 이루어진 EDI 자료는 대외무역법 등 일반 무역관련법령에서 정한 문서로 인정함으로써 무역관련법령에서 요구하는 소정양식의 종이서류가 EDI에 의한 전자문서로 대체될 수 있게 되었다. 또한 서명·날인에서도 무역업자·무역관련기관이 무역자동화망을 이용하여 신청·승인 등을 한 전자문서상의 전자서명은 무역관련법령에서 정한 문서상의 서명·날인으로 인정하고 있다.

앞으로 정보산업이 발전함에 따라 모든 무역정보의 교환이 전자화될 수 있다면 대외무역법과 무역자동화법이 통합됨으로써 기본적인 무역관리업무가 EDI로 처리될 수 있을 것으로 본다.

2 무역업무자동화법의 주요내용

1. 자동화대상 무역업무

무역자동화대상 무역업무는 대외무역법·수출보험법·외국환거래법·한국은행법·수출품질향상에 관한 법률·농수산물수출진흥법·중재법·상법·통합공고와 관련되는 법률에서 정한 무역업무이다. 관세청이 별도로 통신망을 추진함에 따라 관세법은 포함되지 않았다.

2. 자동화망 가입대상 무역업자

무역관련기관에게 무역관련법령에서 정하는 신청·신고·보고 등(이하, 신청 등이라 한다)을 하는 다음의 자

① 대외무역법에 의한 무역업자
② 대외무역법에 의한 무역대리업자

3. 자동화망 가입대상 무역유관기관

무역업자에게 무역관련법령에서 정하는 승인·면허·인증 등(이하, 승인 등이라 한다)을 하는 다음의 기관이 이에 해당한다.

① 대외무역법에 의한 무역업 및 무역대리업
② 다음의 각 공고를 하는 기관
대외무역법에 의한 수출입공고·통합공고·별도공고
③ 대외무역법에 의한 다음의 기관
수출입승인기관·외화획득용 원료·기재의 목적 외 사용에 대한 승인 및 수입한 원료·기재의 양도·양수에 대한 승인기관, 산업설비수출의 승인기관, 통합공고와 관련되는 법령에서 수출·수입에 관하여 허가·추천·신고·검사·검정 시험방법 및 형식승인 등을 행하는 기관
④ 수출품질향상법에 의한 수출검사기관
⑤ 수출보험법에 의한 한국수출보험공사
⑥ 외국환거래법에 의한 외국환은행
⑦ 중재법에 의한 대한상사중재원
⑧ 상공회의소법 및 대외무역법시행령에 의한 원산지증명서 등 무역관련증명서의 발급기관

⑨ 상법에 의한 수출입화물에 대한 손해보험회사

⑩ 기타 산업자원부장관이 관계행정기관의 장과 협의하여 고시하는 수출입화물의 제조업자, 수출입화물의 원료, 부품 공급업자, 수출입화물의 유통업자

4. 자동화 사업자

① 지정자 : 산업자원부장관

② 지정대상 : 전기통신사업자

③ 지정기준

i) 상법상 주식회사로서 납입자본금이 50억원 이상일 것

ii) 동일인(정부·정부투자기관관리기본법에 의한 정부투자가관 및 비영리법인 제외)이 무역자동화사업자가 발행한 의결권 있는 주식총수의 15%를 초과하여 소유하거나 사실상 지배하지 아니할 것

iii) 지정사업자가 제공하는 무역자동화가 무역유관기관 및 무역업자의 수요를 적절하게 충족시킬 수 있을 것

iv) 규정된 사업을 영위하기 위해 설비와 기술인력을 보유할 것

우리나라에는 한국무역정보통신(주)과 데이콤(주)이 지정사업자로 되어 있다.

한편 지정사업자의 사업은 다음과 같다.

① 다음의 무역업무에 관한 무역자동화사업

i) 대외무역법에 의한 종합무역상사의 지정 및 취소업무, 수출입공고·통합공고·별도공고의 공고 및 변경공고 업무, 수입승인과 관련한 물품매도확약서의 발행 또는 확인 등의 업무, 수출승인과 관련한 수출물품의 구매·알선 및 그에 따른 부대업무, 수출입승인·변경승인 및 사후관리업무, 수출입승인의 유효기간 및 연장승인업무, 외화획득용 원료·기재의 목적 외 사용에 대한 승인 및 수입한 원료·기재의 양도·양수에 대한 승인업무, 산업설비계획의 승인 및 변경승인업무, 수출물품 디자인 지정물품의 지정신청·지정·지정취소 및 인정기관의 지정·지정취소와 인정기관의 업무

ii) 상공회의소법 및 대외무역법에 의한 원산지증명서 등 무역관련증명서의 발급업무

iii) 대외무역법에 의한 통합공고와 관련되는 법령에 의한 요건확인업무

iv) 수출보험법에 의한 수출보험업무

v) 외국환거래법에 의한 무역결제방법에 대한 허가업무

vi) 외국환거래법, 대외무역법, 한국은행법에 의한 신용장(내국신용장 포함)의 개설·수취 및 양도업무

vii) 한국은행법에 의한 무역금융업무

viii) 중재법에 의한 상사중재절차에 관한 업무

② 전자문서 또는 무역화물유통정보 등 무역관련정보의 전송 등의 사업

③ 전자문서 및 무역정보를 체계적으로 처리 보관하여 검색 등에 활용할 수 있는 집합체(데이터 베이스)의 제작 및 보급사업

④ 무역업자 및 무역유관기관에 대한 전자문서교환방식과 관련한 기술의 보급 및 보급한 기술에 대한 사후관리 사업

⑤ 무역자동화망에 가입하지 아나한 무역업자를 위하여 무역자동화망을 이용하여 무역업무를 대행 처리하는 사업(대행처리사업)에 대한 관리

⑥ 기타 다음의 사업

i) 무역자동화망의 설계 및 구성

ii) 무역자동화를 위한 전자문서의 표준화지원

iii) 무역자동화를 위한 교육 및 홍보

iv) 무역자동화에 관한 자문 및 사후봉사

v) 전자문서교환방식과 관련한 기술의 개발

vi) 전자문서와 무역정보의 보안관리

5. 무역자동화망의 구성 및 이용

(1) 사업자의 사업계획승인

사업자지정을 받고자 하는 자는 무역자동화망의 구성 등에 관하여 필요한 사업계획을 수립하여 산업자원부장관의 승인을 받아야 한다.

(2) 무역자동화망 가입약정

지정사업자는 무역자동화망(network)에 가입하고자 하는 자(무역업자, 무역유관기관업자, 대행처리사업자)와 무역자동화망에의 가입 및 이용 등에 관하여 약정(network agreement)을 체결할 수 있다.

(3) 전자문서의사용

무역업자 무역유관기관 등 가입자가 무역자동화망에 의하여 무역업무를 처리하고자 하는 경우에는 표준화된 전자문서를 사용하여야 한다. 그리고 가입자가 무역자동화대상 무역업무를 무역자동화망을 이용하여 행하고자 할 경우에는 지정사업자를 통하여야 한다.

6. 전자문서의 표준화 및 효력

(1) 전자문서의 표준화 계획 수립

산업자원부장관은 무역자동화의 효율적 추진을 위하여 무역업무에 관한 전자문서의 표준화계획을 수립하고 이를 고시한다. 이 표준화계획에는 전자문서의 표준화 추진기구·표준화대상 무역업무·표준화 대상 무역업무의 표준화 범위·표준화 절차·표

준화 추진일정·표준의 시행방법·표준화를 위한 국제협력 등이 포함된다.

(2) 업무처리의 효력

무역업자·무역유관기관이 무역자동화망을 이용하여 신청·승인 등을 한 전자문서는 무역관련 법령 등이 정한 문서로 본다. 이로서 무역관련법령에서 요구하는 소정양식의 종이서류가 EDI에 의한 전자문서로 대체될 수 있게 된다.

(3) 전자서명의 효력

무역업자·무역관련기관이 무역자동화망을 이용하여 신청·승인 등을 한 전자문서는 사업자의 컴퓨터화일에 기록된 후 상대방의 컴퓨터화일에 기록된 때에 그 상대방에게 도달한 것으로 본다.

전자서명이라 함은 전자문서의 명의인을 표시한 문자와 작성자를 식별할 수 있게 하는 기호 또는 부호를 말한다.

(4) 전자문서의 도달시기

1) 원칙

무역업자 · 무역유관가관이 무역자동화망을 이용하여 신청 · 승인 등을 한 전자문서는 사업자의 컴퓨터화일에 기록된 후 상대방의 컴퓨터화일에 기록된 때에 그 상대방에게 도달한 것으로 본다. 또한 동 신청·승인 등은 사업자의 컴퓨터화일에 기록된 후 통상 전송에 소요되는 시간이 경과된 때에 상대방의 컴퓨터화일에 기록된 것으로 추정한다.

일반적으로 의사표시는 상대방에게 도달한 때에 효력이 발생하는 것으로 되어 있기 때문에 EDI에 의한 의사표시의 도달에 대한 명확한 규정이 필요하다.

【그림 Ⅰ-9-1】 전자문서의 도달시기

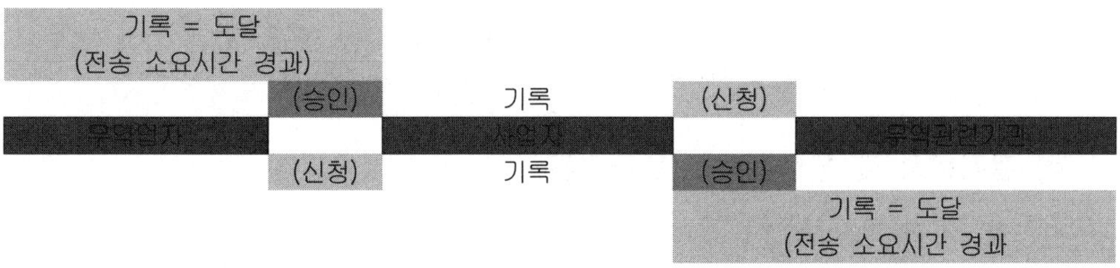

EDI를 사용하는 경우에도 도달주의 원칙이 적용되는데 그 도달 시기는 상대방이 당해 전자문서를 수령할 수 있는 상태가 된 때 즉시 당사자의 전자우편함에 기록된 때로 보는 것이다. 그리고 상대방이 그 전자문서를 일람하지 않아서 도달시각에 문제가 발생할 때에는 사업자를 통해서 당연히 전송되었을 것으로 보는

시간이 경과하였으면 당사자의 컴퓨터화일에 도달된 것으로 추정하고 있다.

2) 특례

전자문서의 도달시기에 관하여 다른 법률이나 거래약정 (interchange agreement)에서 달리 규정한 경우에는 그 규정에 따른다.

(5) 전자문서 내용의 효력

무역업자·무역관련기관이 무역자동화망을 이용하여 신청·승인 등을 한 당해 전자문서의 내용에 대하여 당사자 또는 이해관계자 사이에 다툼이 있을 때에는 사업자의 컴퓨터화일에 기록된 전자문서의 내용대로 작성되어진 것으로 추정한다.

(6) 관련서류의 제출면제 등

무역관련 법령 등에서 신청 등을 위한 서류 중 전자문서로 전송하는 것이 기술상 곤란하다고 인정하여 산업자원부장관이 고시하는 서류에 관하여는 그 제출을 면제하거나 특정의 방식으로 제출하게 할 수 있다.

7. 전자문서 및 무역정보의 보안관리

(1) 전자문서 및 무역정보의 보안

누구든지 지정사업자·무역업자·무역관련기관 및 대행처리사업자의 컴퓨터화일에 기록된 전자문서 또는 데이터베이스에 입력된 무역정보를 위조 또는 변조하거나 이를 행사하여서는 안 된다. 또한 데이터베이스에 입력된 무역정보를 위조 또는 변조하거나 이를 행사하여서는 안 된다. 또한 누구든지 지정사업자·무역업자·무역유관기관 및 대행처리사업자 등의 컴퓨터 화일에 기록된 전자문서 또는 데이터베이스에 입력된 무역정보를 훼손하거나 그 비밀을 침해하여서는 안 된다.

그리고 지정사업자의 임원 또는 직원이거나 임원 또는 직원이었던 자는 업무상 취득한 전자문서상의 비밀과 무역정보에 관한 비밀을 누설하거나 도용하여서는 안 된다.

(2) 전자문서 및 무역정보의 보관기간

지정사업자는 전자문서 및 데이터베이스를 3년 동안 보관하여야 한다.

(3) 전자문서 및 무역정보의 공개

지정사업자는 컴퓨터 화일에 기록된 전자문서 및 데이터베이스에 입력된 무역정보 중 국가의 안전보장에 위해가 없고 기업의 영업 비밀을 침해하지 아니하는 경우로서 다음의 것을 제외하고는 공개하여서는 안 된다.

① 전자문서의 명의인 등이 신청하는 경우
② 무역정보가 입력된 데이터베이스를 제작·보급하는 자가 신청하는 경우
③ 중앙행정기관 또는 지방자치단체가 행정목적에 필요하여 신청하는 경우
④ 수사기관이 수사목적상 필요하여 신청하는 경우
⑤ 법원의 제출명령에 의한 경우
⑥ 무역 및 국제수지에 관한 통계작성·조사연구 및 정책수립에 필요한 경우
⑦ 기타 지정사업자가 요청하여 산업자원부장관이 공개하는 것이 필요하다고 인정하는 경우

(4) 전자문서 및 무역정보의 공개절차

지정사업자가 전자문서 및 무역정보를 공개하고자 할 때에는 이해관계인의 의견을 들은 후 다음의 절차에 따라 산업자원부장관의 승인을 얻어야 한다.

① 지정사업자가 이해관계인의 의견을 듣고자 할 때에는 공개신청을 받은 날부터 60일 이내에 서면 또는 전자문서 또는 전자문서교환방식에 의하여 의견을 들어야 한다.
② 지정사업자는 이해관계인의 의견을 들은 날부터 10일 이내에 다음의 서류 또는 전자문서를 갖추어 산업자원부장관에게 공개승인신청을 하여야 한다.
   i) 승인신청서(소정양식)
   ii) 공개하고자 하는 전자문서 및 무역정보의 내용을 기재한 서류
   iii) 공개하고자 하는 전자문서 및 무역정보의 이해관계인의 의견을 확인할 수 있는 서류
   iv) 공개에 관한 지정사업자의 의견서
   v) 공개하고자 하는 전자문서 및 무역정보의 국내외 공개사례가 있는 경우에는 그 사본
   vi) 산업자원부장관은 승인신청서를 받은 날부터 30일 이내에 공개승인여부를 서면 또는 전자문서로 지정사업자에게 통지하여야 한다(필요한 경우 30일 이내에 연장가능).
   vii) 산업자원부장관이 승인을 하고자 할 때에는 관계 중앙행정기관의 장 또는 지방자치단체의 장과 협의하여야 한다.
   viii) 공개된 전자문서 및 무역정보를 이용하고자 하는 자는 지정사업자에게 그 내용을 신청하여야 한다.

Chapter X

수출입물품의 원산지표시와 원산지 증명제도

1 WTO 원산지규정에 관한 개요

❶ 원산지규정의 개념

원산지규정이란 회원국이 국제교역상 거래되는 물품의 원산지를 결정하는데 적용되는 법률, 규정, 판례 그리고 행정결정 등을 의미한다. 이러한 원산지 규정은 실체적으로 상품의 원산지를 결정하기 위한 판정기준과 절차적으로 통관과정에서 세관공무원이 상품의 원산지를 결정 또는 확인하는 절차 및 과정 등 크게 2가지 부분으로 구성되어 있다.

현재 국제적으로 이용되고 있는 원산지 판정기준은 ① 세번변경기준(稅番變更基準), ② 부가가치기준, ③ 주요공정기준을 들 수 있으며, 원산지의 확인절차로서 각종 원산지 관련 증명서의 제출을 의무화하거나, 또는 수입국의 통관부처에서 관련서류에 대해 조회를 통해 원산지를 확인 가능하게 함으로써 원산지 규정이 실효성에 대한 확보를 기하는 것이 보통이다.

❷ 원산지규정의 필요성

EU, NAFTA 등 이른 바 자유무역 협정의 체결로 세계경제가 점차 블록화 되는 경향을 보이자 수출국들은 자유무역협정에 의한 관세혜택을 받기 위하여 현지공장설립 등 해외

직접투자를 증대시키거나 제3국을 통한 우회수출을 도모하여 이에 대응해 왔다. 그 결과 이러한 생산공정의 세계화(internationalization of manufacturing processes)현상은 더욱 가속화되었다. 이에 따라 수입통관시 관세결정, 쿼터적용, 반덤핑관세, 상계관세부과 등에 있어서 2개국 이상에 걸쳐 생산된 물품의 원산지 결정이 필연적인 문제로 등장하게 되었다. 특히 원산지 규정은 수출국의 식별을 통하여 지역경제통합의 경제적 효과를 확인하고 역외국의 우회침투를 방지하는 주요 수단으로 사용된다.

3 원산지규정에 관한 국제적 논의 배경

상품의 품목분류와 관세평가를 위한 획일적 규칙이 설정되어 있다 하더라고 각국이 통관에 필요한 그 밖의 절차들, 특히 원산지규정 즉, 상품의 국가별 결정기준을 마음대로 채택할 수 있었기 때문에 비관세장벽으로 작용하였던 것이다.

특히 EFTA, NAFTA, EU 등의 지역경제통합체의 경우 역내국의 입장에서는 역외국의 우회침투를 방지하기 위하여 원산지를 판정하여야 할 필요성이 증대되는 한편, 자의적인 원산지규정이 역외국에 대하여는 무역장벽으로 이용할 수 있다. 그러나 GATT는 제9조에서 단지 원산지표시(marks of origin)에 관하여만 규정하고 있을 뿐이고, 원산지 규정에 관해서는 어떠한 언급도 없다. 따라서 '조화된 원산지규정'(harmonized rules of origin)을 제정하기 위하여 우루과이라운드에서 협상이 진행되었으며, 그 결과 "원산지규정에 관한 협정"(Agreement on Rules of Origin)이 채택되었다.

4 WTO원산지 규정의 적용범위

각국이 준수해야 할 원산지규정 관련 규칙은 1994년 GATT 제1조, 제2조, 제3조, 제11조, 제13조의 최혜국대우의 원칙 및 1994년 GATT 제6조의 반덤핑 관세 및 상계관세, 1994년 GATT 제19조의 긴급수입제한조치, 1994년 GATT 제9조의 원산지표시 요건 및 모든 개별적인 수량제한조치 또는 관세쿼터 등에 적용됨은 물론 비특혜적인 무역정책수단의 적용, 그리고 정부조달 및 무역통계에 사용되는 원산지 규정에도 적용된다.

그러나 주의해야 할 점은 NAFTA 등 지역주의 무역협정, 일반특혜관세(GSP), 또는 EU, 아프리카, 카리브해, 태평양 연안(ACP) 국가들에 부여하는 관세경감조치 등 특혜무역은 원산지규정의 적용대상에서 제외하고 있으나, 부속서의 공동성명에서는 이러한 경우에도 본 협정상의 원칙에 입각해야 한다고 선언하고 있다.

5 WTO원산지규정의 주요 내용

이 협정은 원산지규정에 관한 법규 및 관행의 투명성과 예측가능성 및 중립성을 확보하고, 원산지규정이 그 자체로서 무역에 대해 불필요한 장애를 필요하지 않도록 하는 것을 목표로 하고 있다.[77] 이 협정의 목적상 원산지규정이란 "회원국이 상품의 원산지국가를 결정하는데 적용되는 법률, 규정 및 일반적으로 적용되는 행정적인 판정"을 말한다.[78] 원산지규정의 조화작업이 완성되기까지의 과도기간 동안 그리고 이것이 완성된 후에도 회원국들은 자국의 원산지규정을 공정하게 적용하는 등의 여러 가지 의무를 부담한다. 다시 말해서 이 협정은 조화된 원산지규정 자체를 담고 있지 못하며, 그 대신 이것을 제정할 임무를 관세협력이사회와 동 협정의 운영을 위하여 이 협정에 의거하여 설치된 "원산지규정 위원회"(Committee on Rules of Origin) 및 "원산지규정에 관한 기술위원회"(Technical Committee on Rules of Origin)[79]에 맡겨놓고 있을 따름이다. 원산지규정의 조화작업은 WTO협정 발표 후 조속히 개시되며, 개시 후 3년 이내에 완결되어야 한다.[80] 과도기간동안 각 회원국은 자국 원산지규정을 WTO사무국에 제출해야 하며, 이를 수정할 경우에는 신규정이 발효하기 적어도 60일 이전에 공표하여야 한다.[81] 원산지규정위원회는 이 협정의 운영을 매년 검토한다.[82] DSB에 의하여 발전되고 적용되는 GATT 제22조와 제23조가 이 협정에 관한 협의와 분쟁해결에 적용된다.[83]

요컨대, 이 협정은 '원산지 규정의 조화'라는 목표와 그 원칙을 규정하고, 이의 달성을 위한 계획을 제시하고 있으며, 상기 두 위원회에 이의 이행을 위한 역할을 부여하고 있다. 각료회의는 조화작업계획의 결과를 부속서에 이 협정의 불가분의 일부로서 설정하며, 이 부속서의 발효를 위한 시간계획을 설정한다.[84]

이 협정에는 부속서 1 (원산지규정에 관한 기술위원회)과 부속서 2 (특혜원산지규정에 관한 공동선언)가 첨부되어 있다.

6 WTO 원산지규정적용상의 주요원칙

1. 무역장벽의 지양

① 원산지규정은 통상정책상의 조치나 수단과 연계되어 있으나 원산지규정자체가 교역상의 목적을 달성하기 위한 직·간접적인 수단으로 사용되어서는 안 된다.

② 원산지규정의 부당한 적용으로 세계교역을 제한하거나 왜곡 또는 교란시키는 효과

77) WTO "원산지규정에 관한 협정", 전문.
78) 동 협정 제1호 1항.
79) 동 협정 제4호
80) 동 협정 제9조 2항.
81) 동 협정 제5조.
82) 동 협정 제6조.
83) 동 협정 제8조.
84) 동 협정 제9조 4항.

를 초래해서는 안 된다.

③ 원산지규정은 원산지판정을 위한 전제조건으로서 지나치게 엄격한 요건을 부과하거나 제조 또는 가공과 관련이 없는 특정 조건의 충족을 요구해서는 안 된다.

2. 무차별의 원칙

① 수출입물품에 적용되는 원산지규정은 국내물품판정에 적용되는 원산지 규정보다 엄격해서는 안 되며, 해당물품 제조업자들간의 제휴여부와 관계없이 모든 회원국에게 무차별적으로 적용되어야 한다.

② 원산지 규정은 일관되고, 통일되며, 공정하고 합리적인 방식으로 운용되어야 한다.

3. 명료성의 보장

특히, 세번변경기준이 적용될 경우 세번변경으로 인정되는 세번단위(HS 4단위 또는 6단위)를 분명히 명시해야 하며, 부가가치기준이 적용될 경우 부가가치 비율의 산정 방법이 원산지규정에 명시되어야 하고, 주요 공정기준이 적용될 경우 관련물품의 원산지를 부여하는 공정이 정확하게 명시되어야 한다.

4. 불소급의 원칙과 비밀의 보장

원산지규정을 개정하거나 새로운 원산지 규정을 도입할 경우 소급적용해서는 안 된다는 원칙이다. 또한, 비밀보장의 근거 준수, 정보공개 등은 허용되지 아니한다.

2 우리나라의 원산지표시와 원산지증명제도

1 수출입물품의 원산지표시

1. 원산지표시 대상물품의 지정공고

산업자원부장관은 공정한 무역질서의 확립을 도모하기 위하여 원산지를 표시하여야 하는 대상으로 공고한 물품(이하 원산지표시대상물품이라 한다)을 수출 또는 수입하고자 하는 자는 그 물품에 대하여 원산지의 표시를 하여야 한다. 이 경우 원산지표시방법·확인, 기타 표시에 관하여 필요한 사항은 대통령령으로 정한다.

그리고 산업자원부장관은 원산지 표시대상물품을 공고하고자 하는 경우에는 당해물품을 관장하는 관계행정기관의 장과 미리 협의하여야 한다.

이와 같이 원산지표시를 한 물품에 대하여 무역거래자 또는 물품의 판매업자는 그 물품의 원산지표시와 관련하여 다음의 하나에 해당하는 행위를 하여서는 아니 된다.

① 원산지를 허위로 표시하거나 오인하게 하는 표시를 하는 행위
② 원산지의 표시를 손상하거나 변경하는 행위
③ 원산지표시 대상물품에 대하여 원산지표시를 하지아니하는 행위(단, 무역거래자의 경우에 한함)

2. 원산지표시

(1) 수출물품의 원산지표시

i) 한글 · 한자 또는 영문으로 표시할 것
ii) 최종구매자가 용이하게 판독할 수 있는 활자체로 표시할 것
iii) 식별하기 용이한 위치에 표시할 것
iv) 쉽게 지워지거나 떨어지지 아니하는 방법으로 표시할 것

(2) 수입품목의 원산지표시

1) 원산지표시대상물품지정

산업자원부장관은 당해 물품을 관장하는 관계행정기간의 장과 협의를 거쳐 원산지표시대상물품을 지정·공고하여야 한다. 따라서 원산지표시 대상물품은 대외규정 별표 6-1에 게기된 물품으로 하며, 동 물품은 수입시에 원산지표시를 하여야 한다.

2) 원산지표시 방법

① 원산지표시의 일반원칙

원산지표시대상물품을 수입하고자 하는 자는 다음의 각 방법에 따라 당해 물품에 원산지를 표시하여야 한다. 다만, 원산지를 표시하는 것이 곤란하거나 또는 원산지를 표시할 필요가 없다고 인정하여 산업자원부장관이 정하여 고시하는 기준에 해당하는 경우에는 그에 따라 원산지를 표시하거나 원산지표시를 생략할 수 있다.

이러한 표시요령 외에 수입물품의 원산지표시방법에 관하여 필요한 사항은 산업자원부장관이 정하여 고시한다. 다만, 수입물품을 관장하는 중앙행정기관의 장은 수입물품으로부터 소비자를 보호하기 위하여 필요한 경우에는 산업자원부장관과 협의하여 당해 물품의 원산지 표시에 관한 세부적인 사항을 따로 정하여 고시할 수 있다. 그리고 수입된 원산지표시대상물품을 단순가공(실질적 변형을 발생시키지 아니한 가공을 말한다)함으로써 당해물품의 원산지 표시를 손상 또는 변형한 자는 그 단순가공한 물품[85]에 당초의 원산지 표시를 하여야 한다.

---

85) 단순가공물품이라 함은 외국산 원재료를 수입하여 국내에서 제조·가공된 물품이 실질적 변형을 겪지 않은 경우를 말한다.

가. 다음과 같은 방식으로 한글·한자 또는 영문으로 표시할 것
 i) "원산지 : 국명" 또는 "국명 산(産)"
 ii) "Made in 국명" 또는 "Product of 국명"
 iii) Made by 물품제조자의 회사명, 주소, 국명
 iv) "물품제조자의 회사명, 주소, 국명"
 v) 수입물품의 크기가 작아 위와 같은 방식으로 당해 물품의 원산지를 표시할 수 없는 경우에는 국명만을 표시할 수 있다.
 vi) "Brewed in 국명" 또는 "Distilled in 국명" 등 최종구매자가 원산지를 오인할 우려가 없는 방식

나. 최종구매자가 당해 물품의 원산지를 쉽게 판독할 수 있는 크기의 활자체로 표시할 것.

다. 최종구매자가 당해 물품의 원산지를 쉬운 곳에 표시할 것. 식별하기 쉬운 곳이라 함은 최종구매자가 정상적인 물품구매과정에서 표시된 원산지를 쉽게 발견할 수 있는 곳을 의미한다.

라. 표시된 원산지가 쉽게 지워지지 않으며 물품(또는 포장·용기)에서 쉽게 떨어지지 않는 방법으로 할 것. 고의적인 행위로 원산지표시를 제거하지 않는 한 물품의 정상적인 유통·보관과정에서 표시된 원산지가 손상되지 아니하고, 최종구매자에게 전달될 수 있으면 쉽게 떨어지지 않는 상태로 본다.

마. 수입물품의 원산지는 제조단계에서 인쇄(printing), 등사 (stenciling), 날인(stamping), 낙인(branding), 주조(molding), 식각(etching), 박음질(stitching) 또는 이와 유사한 방식으로 원산지를 표시하는 것을 원칙으로 한다. 다만, 제조단계에서 원산지를 표시를 하기 곤란한 합리적인 사유가 있는 경우에는 라벨링(labelling) 또는 꼬리표(tag)를 사용하여 표시할 수 있다.

바. 최종구매자가 수입물품의 원산지를 오인할 우려가 없는 경우에는 통상적으로 널리 사용되고 있는 국가명의 약어를 사용하여 원산지를 표시할 수 있다(예 : United States of America를 "USA"로 표기).

동 물품이 다음의 하나에 해당하는 경우는 당해물품의 포장·용기 등에 수입물품의 원산지를 표시할 수 있다.

가. 당해물품에 원산지를 표시하는 것이 불가능한 경우

나. 원산지표시로 인하여 당해 물품이 크게 훼손되는 경우(예 : 당구공, 콘택트렌즈, 직접회로 등)

다. 원산지표시로 인하여 당해 물품의 가치가 실질적으로 저하되는 경우

라. 원산지표시의 비용이 물품의 수입을 막을 정도로 과도한 경우(예 : 물품 값보다 표시 비용이 더 많이 드는 경우 등)

마. 상거래 관행상 최종구매자에게 포장·용기에 봉인되어 판매되는 물품(예 비누, 칫솔, VIDED TYPE 등) 또는 봉인되지는 않았으나 포장·용기를 뜯지 않고 판매되는 물품(예 : 비누, 칫솔, VIDED TYPE 등)

바. 기타 관세청장이 산업자원부장관과 협의하여 정한 경우

② 원산지오인가능 수입물품의 원산지표시

원산지표시 대상물품이 다음과 같은 경우에는 원산지오인 표시물품으로 본다.

가. 주문자 상표부착(OEM)방식에 의해 생산된 수입물품의 원산지와 주문자가 위치한 국명이 상이하여 최종구매자가 당해 물품의 원산지를 오인할 우려가 있는 물품

나. 물품 또는 포장·용기에 현저하게 표시되어 있는 상호·상표·지역·국가 또는 언어명이 수입물품의 원산지와 상이하여 최종구매자가 당해 물품의 원산지를 오인할 우려가 있는 물품

따라서 이에 해당되는 수입물품은 당해 물품 또는 포장·용기의 전면에 원산지를 표시하여야 한다. 다만, 다음의 각 내용을 충족하는 경우에는 그러하지 아니할 수 있다.

i) 한글로 "원산지 : 국명"또는 "국명 산(産)"의 형태로 원산지를 표시

ii) 원산지표시에 사용된 활자체의 크기 및 색상이 주변 활자체와 상당히 구별되어 최종구매자가 정상적 구매과정에서 당해 물품의 원산지를 분명하게 식별할 수 있도록 원산지를 표시

iii) 대외무역관리규정 제6-2-3조 제3항 및 제4항을 충족하는 방식으로 원산지를 표시

이러한 수입물품을 판매하는 자는 판매 또는 진열시 소비자가 알아볼 수 있도록 상품에 표시된 원산지와는 별도로 스티커, 푯말 등을 이용하여 원산지를 표시하여야 한다.

③ 단순가공 물품의 원산지표시

원산지표시대상 물품이 수입된 수, 최종 구매자가 구매하기 이전에 국내에서 단순제조·가공 처리되어 수입물품의 경우에는 원산지가 은폐·제거되거나 은폐·제거될 우려가 있는 물품의 경우에는 제조·가공업자(수입자가 제조업자인 경우를 포함한다)는 완성 가공품에 수입물품의 원산지가 분명하게 나타나도록 원산지를 표시하여야 한다.

그리고 원산지표시대상 물품이 대형 포장형태로 수입된 후에 최종구매자가 구매하기 이전에 국내에서 소매단위도 재포장되어 판매되는 물품인 경우에는 재포장 판매업자(수입자가 판매업자인 경우를 포함한다)는 재포장 용기에 수입물품의 원산지가 분명하게 나타나도록 원산지를 표시하여야 한다. 재포장되지 않고 낱개 또는 산물로 거래되는 수입물품이 판매되는 경우에도 물품 또는 판매용기·판매 장소에 스티커 부착, 푯말부착 등의 방법으로 수입품의 원산지를 표시하여야 한다.

또한 원산지표시대상 물품이 수입된 후에 최종구매자가 구매하기 이전에 다른

물품과 결합되어 판매되는 물품인 경우에는 제조·가공업자(수입자가 제조업자인 경우를 포함한다)는 수입된 당해 물품의 원산지가 분명하게 나타나도록 "(당해 물품명)의 원산지 : 국명"의 형태로 원산지를 표시하여야 한다.

이와 같이 단순가공물품의 원산지표시에 해당되는 경우에는 세관장이 수입자에게 수입 통관 후 법령에 따른 원산지표시를 준수하도록 명할 수 있다. 그리고 해당되는 물품을 수입하는 자가 동 물품을 제3자(중간 구매업자 또는 판매자 등)에게 양도(제3자가 재양도하는 경우 포함)하는 경우에는 양수인에게 서면으로 법령에 따른 원산지표시의무를 준수하여야 할 것을 통보하여야 한다.

또한 단순가공물품의 경우에도 위와 같은 원산지표시를 함과 동시에 원산지표시의 일반원칙, 원산지오인가능 수입물품의 원산지표시, 수입세트 물품의 원산지표시에 해당하는 사항에 대하여는 동 표시요령에 따른 원산지표시를 하여야 한다.

④ 수입세트 물품의 원산지표시

수입 세트물품의 경우 당해 세트물품을 구성하는 개별물품들의 원산지가 동일한 경우에는 개별물품 및 세트물품의 포장·용기에 원산지를 표시하여야 한다. 또한 세트물품을 구성하는 개별물품들의 원산지가 2개국 이상인 경우에는 개별물품에 각각의 원산지를 표시하고, 세트물품의 포장·용기에는 개별 물품의 원산지를 모두 나열·표시하여야 한다.(예 : Made in China, Taiwan, …)

⑤ 수입용기의 원산지표시

관세율표에 따라 용기로 별도 분류되어 수입되는 물품의 경우에는 용기에 "(용기명)의 원산지 : (국명)"에 상응하는 표시를 하여야 한다.(예 : "Bottle made in 국명") 그러나 1회 사용으로 폐기되는 용기의 경우에는 최소 판매단위의 포장에 용기의 원산지를 표시할 수 있으며, 실수요자가 이들 물품을 수입하는 경우에는 용기의 원산지를 표시하지 않아도 무방하다.

⑥ 수입물품 원산지표시방법의 세부사항

관세청장은 산업자원부장관과의 사전협의를 거쳐 원산지표시방법에 따라 물품의 특성을 감안한 세부적인 표시방법을 정할 수 있다. 그리고 관세청장은 수입물품의 원산지표시방법에 관한 세부사항을 정할 경우 이를 고시하여야 한다.

3) 원산지표시방법의 사전확인

위와 같은 원산지표시방법에 의하여 원산지표시를 하여야 하는 자는 그 물품이 수입되기 전에 문서로 당해물품의 적정한 원산지표시방법에 관한 확인을 산업자원부장관(관세청장에 위탁)에게 요청할 수 있다. 이때 산업자원부장관의 확인에 관하여 이의가 있는 자는 확인결과를 통보받은 날부터 30일 이내에 서면으로 산업자원부장관에게 이의를 제기할 수 있다.

따라서 관세청장은 적정한 원산지표시방법에 관한 확인을 요청받은 경우에는 신청을 접수한 날부터 30일 이내에 당해 물품의 적정한 표시방법을 확인하여 요청인에게 통보하여야 한다. 이러한 통보내용에 대하여 이의 제기를 접수한 관세청장은 접수한 날부터 30일 이내에 이의 제기에 대하여 결정을 하고 이를 요청인에게 통보하여야 한다. 관세청장은 원산지표시 사전확인 및 이의 제기에 필요한 사항을 산업자원부장관과 협의하여 별도로 정할 수 있다.

4) 원산지표시의 면제

원산지표시 대상품목으로 지정된 물품이 다음의 하나에 해당하는 경우에는 수입물품원산지표시 의무를 면제할 수 있다.

① 외화획득용 원료 및 시설기재로 수입되는 물품
② 개인에게 무상송부된 탁송품·별송품 또는 여행자 휴대품
③ 수입 후 제조공정에 투입되는 부품 및 원재료로서 실수요자가 직접 수입하는 경우(실수요자를 위하여 수입을 대행하는 경우 포함)
④ 판매 또는 임대 목적이 아닌 물품 제조에 사용할 목적으로 수입되는 제조용 시설 및 기자재(부분품 및 예비부품을 포함한다)로서 실수요자가 직접 수입하는 경우(실수요자를 위하여 수입을 대행하는 경우 포함)
⑤ 연구개발용품으로서 실수요자가 수입하는 경우(실수요자를 위하여 수입을 대행하는 경우 포함)
⑥ 견본품(진열·판매용이 아닌 것에 한함) 및 수입된 물품의 하자보수용 물품
⑦ 보세운송·환적 등에 의하여 우리나라를 단순히 경유하는 통과물품
⑧ 재수출조건부 면세대상물품 등 일시 수입품
⑨ 우리나라에서 수출된 후 재수입되는 물품
⑩ 외교관 면세대상물품
⑪ 기타 관세청장이 산업자원부장관과 협의하여 타당하다고 인정하는 물품

3. 수입물품의 원산지 및 원산지표시의 확인

(1) 원산지표시의 확인

원산지표시대상물품을 수입하고자 하는 자는 당해 물품의 통관시 원산지표시 여부에 대하여 세관장의 확인을 받아야 한다. 이 때 세관장은 수출수입되는 물품이 원산지표시에 관한 규정에 위반되는 것으로 인정되는 경우에는 원산지의 표시·정정·말소 등 적절한 조치를 지시할 수 있다. 또한 관계행정기관의 장, 서울특별시장, 광역시장 또는 도지사는 수입신고수리 후 통관된 물품이 원산지 표시관련규정에 위반된 것으로 인정되는 경우에는 원산지의 표시·정정·말소 등 적절한 조치를 지시할 수 있다.

(2) 원산지표시대상 물품의 검사

산업자원부장관은 무역거래자 또는 물품의 판매업자가 그 물품의 원산지표시와 관련하여 위반하였는지 여부를 확인하기 위하여 필요하다고 인정하는 때에는 수입물품을 검사할 수 있다. 이때 검사를 하는 공무원은 증표를 소지한다.

(3) 원산지의 확인

1) 원산지판정

산업자원부장관은 필요하다고 인정하는 경우에는 수출 또는 수입물품의 원산지판정을 할 수 있다. 그리고 무역거래자 또는 물품의 판매업자 등은 수출 또는 수입물품의 원산지판정을 산업자원부장관에게 요청할 수 있다. 산업자원부장관은 요청받은 경우 당해 물품의 원산지판정을 하여 요청인에게 통보하여야 한다. 이때 통보를 받은 자가 원산지판정에 대하여 불복이 있는 경우에는 통보받은 날부터 30일 이내에 산업자원부장관에게 이의를 제기할 수 있다. 산업자원부장관이 이의 제기를 받은 경우에는 이의 제기를 받은 날부터 150일 이내에 이의 제기에 대한 결정을 통보하여야 한다.

① 수입물품의 원산지 사전판정

가. 사전판정신청

물품을 수입하기 전에 수입물품의 원산지에 관하여 판정을 받고자 하는 자는 대상물품의 관세·통계 통합품목분류표(HSK)상의 품목번호, 품목명(모델명을 포함한다), 요청사유, 요청자가 주장하는 원산지 등을 기재한 요청서에 견본 1개 기타 원산지판정에 필요한 자료를 첨부하여 산업자원부장관에게 제출하여야한다. 다만, 물품의 성질상 견본을 제출하기 곤란하거나 견본이 없어도 그 물품의 원산지 판정에 지장이 없다고 인정되는 경우에는 견본의 제출을 생략할 수 있다. 이 경우 제출된 요청서 등이 미비하여 수입물품의 원산지를 판정하기 곤란한 경우에는 일정한 기간을 정하여 자료의 보정을 요청할 수 있으며, 동기간 내에 보정을 하지 않을 때는 이를 반려할 수 있다. 원산지 확인 결과 및 사전판정 결과에 대해 이의 제기를 하고자 하는 자는 당해 처분청을 거쳐 산업자원부장관에게 신청하여야 한다. 이러한 이의제기를 접수한 처분청은 이를 접수한 날부터 7일 이내에 의견서를 첨부하여 산업자원부장관에게 송부하여야 한다.

나. 원산지 사전판정

산업자원부장관은 원산지 사전판정요청을 받은 경우에는 60일 이내에 원산지 사전판정을 하고 그 결과를 문서로 요청인에게 통보하여야 한다. 다만, 당해 판정과 관련된 자료수집 등을 위하여 필요한 기간은 이에 산입하지 아니한다.

그리고 원산지 사전판정 결과가 요청인의 주장과 다른 경우에는 판정의 근거

등을 기재하여야 한다. 산업자원부장관은 원산지 판정을 위하여 필요한 경우 당해 사안과 관련된 행정기관의 장, 무역업자 및 기타 이해관계인에게 자료의 제출을 요청할 수 있다.

② 이의 제기

산업자원부장관으로부터 원산지 판정의 통보를 받은 무역거래자 등은 그 원산지 판정에 대하여 불복이 있는 경우에는 통보를 받은 날부터 30일 이내에 산업자원부장관에게 이의를 제기할 수 있다. 따라서 이의를 제기하고자 하는 자는 대상물품의 관세·통계 통합품목분류표상의 품목번호, 품목명(모델명을 포함한다), 이의 제기의 사유, 신청자가 주장하는 원산지 등을 기재한 이의 신청서에 원산지 판정에 필요한 자료를 첨부하여 산업자원부장관에게 제출하여야 한다.

동 제출된 신청서 등이 미비하여 이의 제기에 대한 결정을 하기 곤란한 경우에는 기간을 정하여 자료의 보정을 요구할 수 있으며 동 기간 내에 보정을 하지 아니할 때에는 이를 반려할 수 있다. 산업자원부장관은 이의 제기에 대한 결정을 하고자 하는 경우에는 원산지 판정위원회의 심의를 거쳐야 한다.

2) 원산지판정의 기준 등

① 원산지판정의 기준

수입물품에 대하여는 다음의 기준에 의하여 원산지를 판정한다.

가. 수입물품의 전부가 하나의 국가에서 채취 또는 생산된 물품(이하 완전생산품이라 한다)인 경우에는 그 국가를 당해물품의 원산지로 할 것.

이에 대하여 구체적인 인정기준은 다음과 같다.

i) 당해국 영역에서 생산한 광산물, 농산물 및 식물성 생산물
ii) 당해국 영역에서 번식, 사육한 산동물과 이들로부터 채취한 물품
iii) 당해국 영역에서 수렵, 어로로 채포한 물품
iv) 당해국 선박에 의하여 채포한 어획물, 기타 물품
v) 당해국에서 제조, 가공공정 중에 발생한 설(屑)
vi) 당해국 또는 당해국 선박에서 위의 사항들의 내용에 해당하는 물품을 원재료로 하여 제조·가공한 물품

나. 수입물품의 생산·제조·가공과정이 2이상의 국가가 관련된 경우에는 최종적으로 실질적 변형을 행하여 그 물품의 본질적 특성을 부여하는 활동(이하 실질적 변형이라 한다)을 수행한 국가를 당해 물품의 원산지로 본다.

수입물품의 생산·제조·가공과정에서 2개국 이상이 관련되는 경우 최소한의 가공활동(이하 최소가공이라 한다)을 수행한 국가를 원산지로 하지 아니한다.

여기서 최소가공이라 함은 다음의 하나에 해당하는 경우를 말하며 최소가공활동을 수행하는 국가에는 원산지를 부여하지 아니하다.

가. 운송 또는 보관목적으로 물품을 양호한 상태로 보존하기 위해 행하는 가공활동
나. 선적 또는 운송을 용이하게 하기 위한 가공활동
다. 판매 목적으로 물품의 포장 등과 관련된 활동
라. 제조·가공결과 HS 6단위의 변경이 발생하지 않은 가공활동

여기서 실질적인 변형이라 함은 당해국에서의 제조·가공과정을 통하여 원재료의 세번(稅番) 과 상이한 세번(HS 6단위 기준)의 제품을 생산하는 것을 말한다. 다만, 특정수입물품의 원산지에 대해서 별도로 정한 품목은 다음과 같은 경우를 실질적인 변형 및 원산지로 본다.

가. 당해 물품에 제조·사용된 원료 및 구성품의 부가가치의 35% 이상을 생산 또는 최초로 공급한 국가
여기서 부가가치의 비율은 당해 물품의 제조·생산에 사용된 원료 및 구성품의 원산지별 가격누계가 당해 물품의 수입가격(FOB가격기준)에서 점하는 비율로 한다.
나. 당해 물품에 제조·사용된 원료 및 구성품의 부가가치의 35% 이상을 생산 또는 최초로 공급한 국가가 없거나 2개국 이상인 경우에는 주요부품을 생산한 국가 또는 주요공정이 이루어진 국가

여기서 말하는 주요부품에 대하여는 다음의 국가를 원산지로 본다.

i) 당해 주요 부품의 원료 및 구성품의 부가가치 생산에 최대로 기여한 국가가 당해 완제품의 부가가치비율 기준 상위 2개국 중 하나에 해당하는 경우는 당해국가
ii) 당해 주요 부품의 원료 및 구성품의 부가가치 생산에 최대로 기여한 국가가 당해 완제품의 부가가치비율 기준 상위 2개국 중 하나에 해당하지 아니하는 경우는 당해 완제품을 최종적으로 제조한 국가

이 때 부가가치비율을 산정하는 경우 당해 물품의 제조·생산에 사용된 원료 및 구성품의 가격은 다음의 하나에서 정하는 가격으로 한다.

i) 당해 제조·생산국에서 외국으로부터 수입 조달한 원료 및 구성품의 가격은 각기 수입단위별 FOB가격
ii) 당해 제조·생산국에서 국내적으로 공급된 원료 및 구성품의 가격은 각기 구매단위별 공장도 가격

② 원산지판정기준의 특례

기계·기구·장치 또는 차량에 사용되는 부속품·예비부분품 및 공구로서 기계 등과 함께 수입되어 동시에 판매되고 그 종류 및 수량으로 보아 정상적인 부속품·예비부품 및 공구라고 인정되는 물품의 원산지는 당해 기계·기구·장치 또는 차량의 원산지와 동일한 것으로 본다.

그리고 포장용품의 원산지는 당해 포장된 내용품을 원산지와 동일한 것으로 본다. 다만, 법령에 의하여 포장용품과 내용품을 각각 별개로 구분하여 수입신고하도

록 규정된 경우에는 포장용품의 원산지는 내용품의 원산지와 구분하여 결정한다.

촬영된 영화용 필름에 대하여는 그 영화제작자가 속하는 나라를 원산지로 한다.

3) 원산지의 확인

원산지를 확인하여야 할 물품을 수입하는 자는 세관장이 요청하는 경우 수입신고 전까지 원산지증명서 등 관계 자료를 제출하고 확인을 받아야 한다. 이 때 관계 자료를 제출한 자는 자료제출기관에 제출한 자료를 영업상 비밀로 보호하여 줄 것을 요청할 수 있다. 그리고 관계 자료를 제출받은 세관장은 당해자료의 발행기관에 이의 확인을 요청할 수 있다. 또한 관세청장은 원산지확인에 필요한 사항을 산업자원부장관과 협의하여 별도로 정할 수 있다.

4) 원산지확인에서의 직접운송원칙

수입물품의 원산지는 그 물품이 원산지국가 이외의 국가(이하 비원산국이라 한다)를 경유하지 아니하고 원산지국가로부터 직접 우리나라로 운송반입된 물품에 한하여 당해물품의 원산지를 인정한다. 다만, 다음의 하나에 해당하는 경우에는 당해물품이 비원산국의 보세구역 등에서 세관감시하에 환적 또는 일시장치 등이 이루어지고, 이들 이외의 다른 행위가 없었음이 인정되는 경우에 한하여 이를 우리나라로 직접 운송된 물품으로 본다. 이와 같이 직접운송원칙의 예외적용이 허용되는 물품의 경우에는 관세청장이 정하는 서류를 원산지증명서와 함께 원산지확인에 필요한 절차에 따라 세관장에게 제출하여야 한다.

① 지리적 또는 운송상의 이유로 비원산국에서 환적 또는 일시장치가 이루어진 물품의 경우

② 박람회, 전시회, 기타 이와 준하는 행사에 전시하기 위하여 비원산국으로 수출하였던 물품으로서 당해 물품의 전시목적에 사용 후 우리나라로 수출한 물품의 경우

2 원산지증명서의 제출

1. 수출물품의 원산지증명서 발급

교역상대국의 관세양허를 받기 위하여 수출하는 물품의 원산지증명서를 발급받고자 하는 자는 산업자원부장관이 정하는 바에 따라 원산지증명서의 발급을 신청하여야 한다. 이 때 원산지증명서를 발급 받고자 하는 자는 소정의 수수료를, 재발급 받고자 하는 자도 소정의 수수료를 납부하여야 한다.

이에 따른 원산지증명은 "관세양허대상 수출품 원산지증명서 발급규정(통상산업부고시 제1996-378호)"에 의하여 발급하고 있는데 그 발급대상을 보면 다음과 같다.

① 일반특혜관세(GSP) 원산지증명
② GATT 개발도상국간 관세양허수출품의 원산지증명
③ ESCA P(Economic and Social Commission of Asia and Pacific ; 유엔 아시아태평양 경제사회위원회) 개발도상회원국간 무역협상에 관한 1차 협정에 의한 관세양허대상 수출품의 원산지증명
④ 개발도상국간 무역특혜제도(Global System of Trade Preference among developing countries ; GSTP)에 관한 관세양허대상수출품의 원산지증명

이러한 원산지증명의 발급기관은 수출자유지역관리소장, 시·도지사, 구미시, 천안시, 여수시, 포항시, 기타 발급건수가 많은 군(郡) 등 33개 기관이 있다.

2. 수입물품의 원산지증명서 제출

(1) 특정지역·특정물품의 원산지증명서 제출

산업자원부장관은 원산지의 확인을 위하여 필요하다고 인정하는 때에는 물품을 선적한 국가의 정부 등이 발행하는 원산지증명서를 제출하도록 할 수 있다. 이때의 원산지증명서 제출과 그 확인에 관하여 필요한 사항은 대통령령으로 정한다.

따라서 산업자원부장관은 산업자원부장관이 정하여 고시하는 지역으로부터 산업자원부장관이 정하여 고시하는 물품을 수입하고자 하는 자에 대하여 당해 물품의 선적국 또는 원산지국의 정부 또는 정부가 인정하는 기관에서 발행하는 원산지증명서를 그 물품을 수입하는 때에 제출하도록 할 수 있다.

(2) 특정지역·특정물품의 지정공고

산업자원부장관은 원산지증명서에 관하여 필요한 사항을 정하여 고시한다.

(3) 원산지증명서 등의 제출면제

다음에 해당하는 물품에 대하여는 원산지증명서 등의 제출을 면제한다.

① 과세가격(종량세의 경우에는 이를 관세법 제9조의 규정에 준하여 산출한 가격)이 10만원 이하인 물품
② 우편물(관세법 제152조 제2항에 해당하는 것을 제외한다)
③ 개인에게 무상 송부된 탁송품·별송품 또는 여행자의 휴대품
④ 재수출조건부 면세대상물품 등 일시수입물품
⑤ 보세운송, 환적 등에 의하여 우리나라를 단순히 경유하는 통과화물
⑥ 물품의 종류·성질·형상 또는 그 상표·생산국명·제조자 등에 의하여 원산지가 인정되는 물품
⑦ 기타 관세청장이 산업자원부장관과 협의하여 타당하다고 인정하는 물품

Chapter XI 통상의 진흥 및 무역질서유지를 위한 관리

1 무역과 통상진흥시책의 수립

1 무역정책과 통상정책

그동안 우리는 무역·통상의 개념과 이들 정책에 대하여 큰 구별없이 사용하여 왔다. 그러나 WTO의 출범 등 21세기 국제경제 환경변화의 핵심적인 사항은 국제화(internationalization) 및 세계화(globalization)의 급속한 진행에 따라 이들 두 가지 용어가 빈번하게 혼용되고는 있지만 이들이 각각 정확히 무엇을 의미하고 두 개념 사이에 어떤 차이가 있는지에 대해서 많은 사람들이 잘 알지 못하고 있는 것 같다.

결론적으로 '통상'이라 함은 물품·서비스·기술·자본거래 등을 포함하는 국가간에 이루어지는 모든 형태의 상행위 및 그 '지원활동'까지를 의미하며 세계화와 가장 밀접한 관계를 가지고 있는 분야로써 국가간에 거래될 수 있는 모든 자원이 그 대상이 되기 때문에 재화·용역을 주 대상으로 삼고 있는 무역보다 넓다.

마찬가지로 통상정책 역시 국가간 통상문제 및 대외협상과 관련된 전략적 차원의 입장수립을 포함한 포괄적 정책을 의미하는 것으로 무역정책보다 그 범위가 넓다. 말하자면 통상정책이란 비교우위체제를 기초로 교역상대국의 특수성 및 여건변화와 세계 경제여건 및 환경변화를 고려하여 일국이 특정경제목적을 달성하기 위해 양국간 또는 다국간 무역관계의 이해조정을 통해 자국의 무역이익을 극대화하기 위한 정책이다.

종래 무역정책이 주로 재화의 자유무역확대를 위한 시장개방, 수입규제완화, 수출촉진 등과 관련된 정책이었다면 오늘날의 통상정책은 무역에 영향을 주는 산업정책을 비롯한 모든 국내경제정책 뿐만 아니라 인류의 공동관심사인 '환경보존' 문제까지도 포괄하게 되었다(WTO 환경위원회 창설 등). 그리하여 통상정책 수단도 전통적인 관세중심이 아닌 여러 형태의 NTB 관련 조치들이 사용되게 된다.

대외무역법은 원칙적으로 제2조에서 규정된 바와 같이 '물품의 수출입을 관리하는 법'이지만 다른 한편 제2장에서 통상의 진흥을 위한 여러 규정을 아울러 두고 있다.

2 무역·통상정책의 기본원칙

1. 자유·공정무역의 원칙

우리나라 대외무역법의 목적은 대외무역을 진흥하고 공정한 무역거래질서를 확립한다는 이념 하에 이 법 제3조에서 「정부는 헌법에 의하여 체결·공포된 무역에 관한 조약과 일반적으로 승인된 국제법규가 정하는 바에 따라 자유롭고 공정한 무역을 조장함을 원칙으로 한다」 고 선언적 규정을 두고 있으며 또한 정부는 「대외무역법이나 다른 법률 또는 헌법에 의하여 체결·공포된 무역에 관한 조약과 일반적으로 승인된 국제법규 기타 국제협정에서 무역에 대한 제한을 정한 규정이 있는 경우에도 그 제한을 정한 목적을 달성하기 위하여 필요한 최소한의 범위 안에서 이를 운영하여야 한다」 고 함으로써 GATT 등 국제무역규범의 원칙을 준수할 것을 천명(闡明)하고 있다.

오늘날 미국을 중심으로 한 선진제국들의 무역정책의 특징은 공정무역과 상호주의중심의 기본이념에서 찾아볼 수 있다.

다시 말해서 이들 국가들은 보호무역주의의 강화와 상호주의원칙의 적용을 위하여 국제무역질서에 대한 기본이념을 종래의 자유무역(free trade)에서 질서있는 무역, 공정무역(fair trade) 또는 관리무역(managed trade)으로 전환하였다.

이러한 변천추이를 구체적으로 살펴보면 우선 제2차 세계대전 이후부터 월남전까지의 제1기에는 'Free Trade'의 의미로서 자유무역주의의 원칙에 따라 자국시장의 개방을 추진하는 한편 타국에 대해서는 보호정책도 인정하였으나 월남전 이후 석유파동시까지의 제2기에는 'Fair Trade'의 의미로서 타국가도 동일조건에서의 경쟁, 즉 수입규제나 산업지원을 하지 않도록 요구하고 이들 GATT체제내에서 해결하려고 하였다.

그러나 제3기에 해당하는 석유파동 이후 현재까지는 'Fair Trade'의 개념이 상호주의(Reciprocity)의 의미로 변질되었다. 즉 타국가와 동일한 조건에서의 경쟁을 요구할 뿐만 아니라 그렇지 않을 경우 보복조치를 취하겠다(미 슈퍼 301조 등)는 것으로 이들 2국간에 쌍무적인 차원에서 해결하려고 하였다.

따라서 이러한 이념에 따라 오늘날 각국의 국제무역법은 우선 덤핑·보조금지급 등 불공정무역행위는 공정무역의 입장에서 철저히 규제할 뿐만 아니라 상호주의 입장에서 상대국의 시장개방을 강요하고 각종 보복조치 및 무역규제법을 마련하고 있으며 더욱이 최근에는 개발도상국에까지 상호주의를 요구하며 시장개방강요 및 보복적 규제를 강화하고 있다.

2. 무역제한의 최소화원칙

「정부는 대외무역법이나 다른 법률 또는 헌법에 의하여 체결·공포된 무역에 관한 조약과 일반적으로 승인된 국제법규(國際法規) 기타 국제협정(國際協定)에서 무역에 대한 제한을 정한 규정이 있는 경우에는 그 제한을 정한 목적을 달성하기 위하여 필요한 최소한의 범위안에서 이를 운용하여야 한다」 고 규정함으로써 무역제한에 대한 최소화원칙을 천명하고 있다.

무역의 자유는 헌법상의 직업선택의 자유(영업의 자유)의 일부이므로 그 제한은 공공복리를 위하여 필요한 최소한도에 그쳐야 한다는 것은 말할 것도 없다. 따라서 대외무역법도 무역에 대한 제한은 그 제한을 정한 목적, 즉 무역관리의 목적을 달성하기 위하여 필요한 최소한의 범위 안에 그쳐야 한다는 것을 밝히고 있다. 또 이러한 "무역제한의 최소화원칙"은 WTO설립협정상의 기본이념인 무역자유화의 원칙과도 일치된다.

3 무역진흥을 위한 조치

1. 조치의 내용

우리나라 경제가 갖는 가능성을 최대한으로 발휘하고, 국제수지의 호전상태를 계속 유지하기 위해서는 유동적인 국제경제의 환경 속에서 수출 진흥을 도모하는 것이 우리 경제 질서의 당위로 간주되고 있다. 따라서 각종의 강력한 무역진흥책이 강구되는 한편, 그 적극적인 실천만이 요망되고 있는 실정이다. 즉 국내경제의 호·불황에 의하여 수출이 크게 변동되는 상태가 아니라, 항구적인 수출이 가능한 경제사회적 환경 속에서 수출체제의 확립, 수출시장의 확대 등의 제반시책이 강구되어야 한다. 대외무역법에서도 이러한 취지하에 산업자원부장관은 무역의 진흥을 위하여 필요하다고 인정할 때에는 물품의 수출·수입을 지속적으로 증대하기 위하여 다음의 각 조치를 하거나 관계행정기관의 장에게 필요한 조치를 하여 줄 것을 요청할 수 있다는 규정을 설정해 두고 있다.

① 수출산업의 국제경쟁력을 높이기 위한 여건의 조성 및 설비투자의 촉진
② 외화가득율을 높이기 위한 품질향상 및 국내에서 생산되는 원료·기재 등의 사용촉진
③ 통상협력증진을 위한 국가기관 등의 수출·수입에 대한 조정
④ 지역별 무역균형을 위한 국가기관 등의 수출·수입의 연계
⑤ 민간의 통상활동 및 산업협력의 지원
⑥ 무역관련 시설 등에 대한 조세 등의 감면
⑦ 과학적 무역업무 처리기반을 효율적으로 구축·운영하기 위한 여건의 조성 및 무역업계 등 유관기관의 과학적인 무역업무처리기반 이용 촉진
⑧ 기타 수출·수입을 지속적으로 증대하기 위하여 필요하다고 인정하는 조치 등이 그것이다.

2. 무역진흥활동에 대한 지원

산업자원부장관은 무역의 진흥을 위하여 필요하다고 인정되는 때에는 다음에 해당하는 자에게 필요한 지원을 할 수 있다.

① 무역의 진흥을 위한 자문·지도·대외홍보·전시·연수·상담알선 등을 업으로 하는 자
② 무역전시장·무역연수원 등의 무역관련 시설을 설치·운영하는 자
③ 과학적인 무역업무처리기반을 구축·운영하는 자. 여기서 과학적 무역업무처리기반을 구축·운영하는 자는 무역업무 자동화촉진에 관한 법률에 의한 지정사업자 중에서 과학적 무역업무처리 기반을 구축·운영하고 있는 사업자를 말한다.

이에 따라서 산업자원부장관의 지원대상이 되는 무역관련 시설은 다음의 기능 및 규모를 갖춘 시설로서 산업자원부장관이 지정하는 것으로 한다.

i) 무역전시장 : 무역관련 견본전시가 가능한 시설 및 그 부대시설로서 연면적이 2천 제곱미터 이상일 것
ii) 무역연수원 : 무역전문 인력의 양성이 가능한 시설로서 연면적이 2천 제곱미터 이상이고 최대 수용인원이 500명 이상일 것
iii) 컨벤션 센터 : 회의용 시설로서 연면적이 4천 제곱미터 이상이고 최대 수용인원이 2천 명 이상인 것.

이와 같이 무역관련 시설로 지정받고자 하는 자는 다음의 서류를 첨부하여 산업자원부장관에게 신청하여야 한다.

i) 사업계획서 1부
ii) 사업실적서(최근 2개년) 1부

산업자원부장관은 동 신청을 받은 경우 시설기준과 무역진흥에의 기여도 등을 검토하여 무역관련 시설로 지정하여야 한다.

4 통상진흥시책의 수립

1. 통상진흥시책의 수립방향

산업자원부장관은 무역 및 통상을 진흥하기 위하여 매년 다음 연도의 통상진흥시책을 수립하여야 한다. 이 통상진흥시책에는 다음의 사항이 포함되어야 한다.

① 통상진흥시책의 기본방향

② 국제통상여건의 분석과 전망

③ 무역관련 협상 추진방안과 대외산업 협력 추진방안

④ 통상진흥을 위한 자문·지도, 대외홍보, 전시, 상담·알선, 전문 인력 양성 등 해외시장개척 지원방안

⑤ 통상관련 정보수집·분석 및 활용방안

⑥ 기타 대통령령이 정하는 사항으로서 다음의 각 사항을 포함한다.

i) 주요지역별·경제권별 또는 업종별 통상진흥시책

ii) 무역 및 통상의 진흥과 관련되는 기관 또는 단체 등의 통상활동계획

iii) 기타 산업자원부장관이 무역 및 통상의 진흥과 관련하여 필요하다고 인정하는 통상진흥시책

따라서 산업자원부장관은 통상진흥시책을 수립하고자 하는 경우에는 관계행정기관, 지방자치단체·대한무역투자진흥공사, 민법 제32조 규정에 의해 산업자원부장관 허가를 받아 설립된 한국무역협회 기타 무역 및 통상과 관련되는 기관 또는 단체에 필요한 협조를 요청할 수 있다.

2. 통상관련 제도조사

산업자원부장관은 통상진흥시책의 수립을 위한 기초자료를 수립하기 위하여 교역상대국의 통상관련제도·관행 등과 기업이 해외에서 겪는 애로 사항을 조사할 수 있다.

또한 산업자원부장관은 해외에 진출한 기업에게 통상진흥시책의 수립에 필요한 자료를 요청하고, 필요한 경우 지원조치를 할 수 있다. 따라서 산업자원부장관은 통상진흥시책의 수립을 위하여 필요한 경우 관계행정기관, 대한 무역투자진흥공사, 한국무역협회 기타 무역 및 통상관련 기관 또는 단체에 해당분야 또는 특정사안에 대한 조사 또는 사실 확인을 요청할 수 있다.

3. 지방자치단체와의 협조

산업자원부장관은 통상진흥시책을 수립하는 경우에는 미리 시·도지사의 의견을 들어야 하고, 통상진흥시책을 수립한 때에는 이를 시·도지사에게 통보하여야 한다.

이를 변경한 때에도 또한 같다.

이때 통상진흥시책의 통보를 받은 시·도지사는 그 관할구역의 실정에 맞는 지역별 통상진흥시책을 수립·시행하여야 한다. 또한 시·도지사는 지역별 통상진흥시책을 수립한 때에는 이를 산업자원부장관에게 통보하여야 한다. 이를 변경한 때에도 또한 같다.

따라서 산업자원부장관은 지역별 통상진흥시책이 효과적으로 추진될 수 있도록 시·도 및 무역·통상관련 기관 또는 단체 등이 포함되는 협의기구를 설치·운영할 수 있다. 동 협의기구의 구성 및 운영 등에 관하여 필요한 사항은 산업자원부장관이 정한다.

이는 국제적인 통상마찰의 심화에 더욱 효율적으로 대응하기 위하여 1992년 12월 8일 대외무역법 개정시에 신설된 규정으로서 산업자원부장관이 실시하고 있는 통상진흥시책의 법적인 근거를 마련하고 매년 통상진흥에 관한 종합시책을 수립하여 체계적으로 이를 시행하도록 의무화하고 있다.

더 나아가서 지방자치단체와 긴밀한 협조를 통하여 지방자치단체의 통상진흥활동을 적극지원하고 상호유기적인 통상진흥시책을 수행할 수 있도록 협의기구를 두도록 하고 있다. 따라서 산업자원부장관은 매년 통상진흥시책을 수립하기 전에 각 지방자치단체의 의견을 수렴하고 이를 기초로 수립된 통상진흥시책을 각 시·도에 설명 및 홍보를 실시하고, 지속적으로 일관성 있게 통상진흥시책이 지방정부와 연결하여 시행될 수 있도록 함으로써 지방정부와 원활하고 신속한 통상관련 정보를 교류할 수 있는 체제가 마련되었다.

4. 민간협력활동의 지원

산업자원부장관은 무역·통상관련기관 또는 단체가 교역상대국과의 정부·지방정부·기관 또는 단체와 통상·산업·기술·에너지 등 협력활동을 추진하는 경우 필요한 지원을 할 수 있다.

따라서 이러한 지원을 받고자 하는 관련기관 또는 단체는 신청서에 사업내역, 사업성과 등이 포함된 사업계획서를 첨부하여 산업자원부장관에게 제출하여야 한다. 그리고 산업자원부장관은 제출받은 사업계획서를 검토하여 통상·산업·기술 또는 에너지 등 협력활동을 효율적으로 추진하기 위하여 필요하다고 인정되는 경우 자금·인력 및 정보 등에 관한 지원을 할 수 있으며, 지원의 기준 등에 관하여 필요한 사항은 산업자원부장관이 정한다.

이때 산업자원부장관은 이러한 지원과 관련하여 필요한 경우에는 관계행정기관의 장에게 협조를 요청할 수 있다. 그리고 지원을 받은 관련단체는 당해 사업이 완료된 이후 3월 이내에 사업결과보고서를 산업자원부장관에게 제출하여야 한다. 또한 산업자원부장관은 기업의 대외진출을 지원하기 위하여 무역·통상관련기관 또는 단체로부터 정보를 체계적으로 수집·분석하여 지방자치단체 및 기업에 대하여 필요한 정보를 제공할 수 있다. 따라서 산업자원부장관은 정보의 수집·분석을 위하여 필요한 경우에는 무역·통상관련기관 또는 단체에 수출입동향분석 또는 전망에 관한 정보를 요청할 수 있다.

2 무역질서의 유지

1 무역에 관한 제한 등 특별조치

1. 특별조치의 대상

산업자원부장관은 다음의 하나에 해당하는 때에는 대통령령이 정하는 바에 의하여 물품의 수출·수입의 제한 또는 금지에 관한 특별조치를 할 수 있다.

① 우리나라 또는 우리나라의 무역 상대국(이하, 교역상대국이라 한다)에 전쟁·사변 또는 천재·지변이 있을 때
② 교역상대국이 조약과 일반적으로 승인된 국제법규에서 정한 우리나라의 권익을 부인할 때
③ 교역상대국이 우리나라의 무역에 대하여 부당하거나 차별적인 부담 또는 제한을 가할 때
④ 헌법에 의하여 체결·공포된 무역에 관한 조약과 일반적으로 승인된 국제법규에서 정한 국제평화의 안전유지 등의 의무의 이행을 위하여 필요한 때
⑤ 인간의 건강과 안전, 동·식물의 생명 및 건강, 환경보전 또는 국내자원보호를 위하여 필요한 때

대외무역법은 특별조치의 대상국가로서 ①이라크, ②라이베리아, ③시에라레온, ④아프가니스탄, ⑤소말리아, ⑥르완다, ⑦코트디부와르, ⑧콩고민주공화국을 도착항으로 하는 특정물품의 수출 그리고 이들 국가를 원산지 또는 선적항으로 하는 수입에 대한 특별조치를 시행하고 있다.

이상과 같은 무역에 대한 특별조치는 전쟁 등 비상사태가 발생하여 보통의 관리체제로는 이에 신속하게 대처하기가 어렵거나 교역상대국이 우리나라의 보편적인 무역관리 원칙에 상응하는 태도를 취하지 아니하고 우리나라의 무역에 대하여 부당한 조치를 할 때에 그에 대응하는 조치이다.

이는 GATT/WTO의 무차별원칙과는 별개의 개념으로서, 비상사태 또는 상대국의 불공정조치를 선행조건으로 하는 대응행위이기 때문에 그 타당성을 인정할 수 있다. 또한 최근에 들어서 국제적 안전유지와 환경보존 등에 대한 문제의 중요성이 부각되면서 교역상대국과의 대응조치가 아니더라도 보편적인 국제규범에서 인정하는 국제평화와 안전유지, 국민건강과 환경보전, 더 나아가 동·식물의 생명보호를 위하여 필요하다고 인정할 때에도 산업자원부장관이 무역의 제한에 관한 특별조치를 할 수 있도록 한 것은 대외무역법의 영역을 확대한 것으로서 무역정책의 새로운 방향을 제시한 것으로 볼 수 있다.

2. 특별조치를 위한 조사 및 협의 절차

산업자원부장관은 무역에 관한 제한 등 특별조치의 사유 중 교역상대국이 조약과 일반적으로 승인된 국제법규에서 정한 우리나라의 권익을 부인하거나, 교역상대국이 우리나라의 무역에 대하여 부당하거나 차별적인 부담 또는 제한을 가할 때 그리고 인간의 생명·건강 및 안전, 동물·식물의 생명 및 건강, 환경보전 또는 국내자원보호를 위하여 필요한 때에 해당하는 이유로, 교역상대국에 대하여 물품의 수출·수입의 제한 또는 금지에 관한 조치를 하고자 할 때에는 미리 그 사실에 관하여 조사를 하여야 한다.

또한 이와 같은 특별조치사유 즉, 교역상대국이 조약과 일반적으로 승인된 국제법규에서 정한 우리나라의 권익을 부인하거나, 교역상대국이 우리나라의 무역에 대하여 부당하거나 차별적인 부담 또는 제한을 가할 때 그리고 인간의 생명·건강 및 안전, 동물·식물의 생명 및 건강, 환경보전 또는 국내자원보호를 위하여 필요한 때에 해당하는 사실에 대하여 이해관계가 있는 자는 산업자원부장관에게 특별조치를 하여 줄 것을 신청할 수 있으며, 산업자원부장관은 이러한 신청이 있을 때에는 신청일로부터 30일 이내에 그 조사여부를 결정하고 신청인에게 그 결정된 내용을 통지하여야 한다.

그리고 산업자원부장관은 이와 같이 조사를 함에 있어서 필요하다고 인정하는 때에는 미리 당해 교역상대국과 협의를 하여야 한다. 그리고 조사를 개시한 때에는 지체없이 그 사실을 공고하고 당해 조사를 개시한 날부터 1년 이내에 종료하여야 한다.

아울러 산업자원부장관은 이러한 특별조치를 하고자 할 때에는 미리 관계행정기관의 장과 협의하여야 한다.

또한 산업자원부장관은 수출·수입의 제한 등의 특별조치를 할 때에는 그 특별조치의 내용을 공고하고 당해 특별조치가 신청에 의한 것일 때에는 당해 신청인에게 그 사실을 통지하여야 하며, 이는 당해 특별조치를 해제할 때에도 또한 같다.

2 무역업자 등의 수출입질서유지

1. 불공정한 수출입 행위의 금지와 그 유형

우리나라의 무역거래자는 다음의 하나에 해당하는 행위(이하 불공정수출입행위라 한다)를 하여서는 아니 된다. 관세법령에서는 외국업자의 불공정한 수출에 대하여 대응(덤핑방지관세 등)할 수 있도록 규정한 반면 대외무역법에서는 우리나라 무역거래자들의 불공정한 수출입행위를 규제함으로써 외국으로부터의 무역규제를 예방하는 효과를 거두고자 한다.

① 국내의 법령 또는 교역상대국의 법령에 의하여 보호되는 특허권·실용신안권·의장권·상표권·저작권·저작인접권·프로그램저작권 및 반도체 집적회로의 배치 설계권을 침해하는 물품을 수출 또는 수입하는 행위. 산업자원부장관은 이러한 위반행위의 유형 및 기준을 정하여 공고할 수 있다.

② 원산지를 허위로 표시한 물품 또는 원산지의 표시를 손상하거나 변경한 물품을 수출 또는 수입하는 행위.

③ 기타 수출입질서를 저해할 우려가 있는 다음의 각 행위.

i) 품질 등을 허위로 표시하거나 과장하여 표시한 물품을 수출·수입하는 행위.

ii) 수출·수입물품의 인도, 대금의 결제 등 수출입 계약사항을 계약된 내용대로 이행하지 아니함으로써 대외신용을 손상시켜 당해 지역에 대한 수출·수입에 지장을 초래하는 행위

iii) 계약내용과 현저하게 다른 물품 등을 수출·수입하거나 수출·수입과 관련하여 분쟁을 고의적으로 야기시키는 등 대외신용을 손상시키는 행위. 다만, 화해 또는 중재에 의하여 분쟁이 해결된 경우를 제외한다.

iv) 수출·수입거래의 이행과 관련하여 선하증권 등 선적서류를 허위로 발행하거나 위조·변조하는 행위, 선하증권 원본이나 수입화물선취보증서 제출 등 정당한 절차에 의하지 아니하고 수입물품을 인도하는 행위

앞의 특별조치에 관한 규정이 대외적인 대응조치를 위한 규정임에 비추어, 이는 우리나라의 무역업자 등이 국내외 법령에 위반하여 지적재산권을 침해하는 행위를 하거나 원산지 허위표시물품의 수출입, 기타 불공정수출입행위를 하지 못하도록 단속하기 위한 대내적 조치를 위한 규정이다. 즉, 우리나라의 무역업자들에 대하여 국제적으로 불공정행위를 못하도록 규제함으로써 외국으로부터의 무역규제를 예방하고 또한 일반적으로 승인된 국제규범에 따라 자유롭고 공정한 무역을 조장하려는 의지를 나타낸 것이다.

2. 불공정수출입행위의 신고 및 통보

(1) 불공정수출입행위의 신고

무역업자 등이 불공정수출입행위에 대하여 이해관계가 있는 무역거래자·생산업자·관련조합·협회·운송인 또는 보험업자는 당해 불공정 수출입행위가 있음을 무역위원회에 서면으로 신고할 수 있다.

(2) 불공정수출입행위의 통보

세관장은 수출입물품이 통관되는 경우에 당해 물품이 국내의 법령 또는 교역상대국의 법령에 의하여 보호되는 특허권·실용신안권·의장권·상표권·저작권·저작인접권 및 프로그램저작권을 침해하는 물품을 수출 또는 수입하는 행위, 원산지를 허위로 표시한 물품 또는 원산지의 표시를 손상하거나 변경한 물품을 수출 또는 수입하는 행위 등의 불공정수출입행위에 의하여 수출입 되는 물품인지의 여부를 확인하여야 하며 그 결과 불공정수출입행위에 의하여 수출 또는 수입되는 물품이라고 의심되나 통관단계에서 확정적 판단이 곤란하여 별도의 조사를 필요로 하는 사항에 대하여는 세관장 의견을 첨부하여 그 사실을 무역위원회에 통보하여야 한다.

3. 불공정수출입행위의 조사 및 건의

(1) 불공정수출입행위의 조사

무역위원회는 무역거래자가 불공정수출입행위의 금지규정을 위반하는지 여부에 대하여 조사할 수 있다. 따라서 무역위원회는 신고를 받거나 불공정수출입행위로 인정할 만한 명백한 사유가 있는 때 및 세관장의 통보가 있는 때에는 당해 행위에 대하여 불공정수출입행위가 있는지의 여부를 조사하여야 하고, 이 조사를 위하여 필요하다고 인정할 때에는 이해관계인 또는 참고인의 의견을 들을 수 있다.

또한 무역위원회는 관계인 또는 참고인의 의견을 듣고자 할 때에는 그 시기 및 장소를 명시한 서면으로 이를 통지하여야 하고 요청한 참고인에 대하여 예산의 범위 안에서 여비를 지급할 수 있다. 그리고 무역위원회는 불공정수출입행위 조사를 위하여 필요하다고 인정할 때에는 관계행정기관의 장에게 협조를 요청할 수 있다.

(2) 시정조치명령 등의 건의

무역위원회는 이와 같이 조사를 실시한 결과 불공정수출입행위의 금지규정을 위반하는 행위가 있는 경우에는 시정조치명령 또는 과징금의 부과를 산업자원부장관에게 건의할 수 있다.

4. 시정조치명령 등의 조치

산업자원부장관은 무역거래자가 불공정수출입행위 금지규정에 위반하였다고 인정하거나 무역위원회로부터 불공정한 수출입행위에 대한 처리의 건의를 받은 경우에는 시정조치를 명하거나 3천만 원 이하의 과징금을 부과할 수 있다.

따라서 산업자원부장관은 규정상의 불공정수출입행위에 해당하는 행위에 대하여 무역위원회로부터 시정조치명령 또는 과징금의 부과를 건의받은 경우에는 지체없이 이를 해당 세관장에게 통보하여야 한다. 그리고 시·도지사 또는 세관장은 과태료를 부과하고자 하는 경우에는 각각 세관장 또는 시·도지사와 미리 협의하여야 한다.

그리고 산업자원부장관은 시정조치명령 및 과징금의 부과를 하고자 할 경우에는 7일 전에 서면으로 통지하여 처분의 상대방 또는 그 대리인에게 의견을 진술할 기회를 주어야 한다. 다만, 처분의 상대방 또는 그 대리인이 정당한 사유없이 이에 응하지 아니하거나 주소 불명 등으로 의견진술의 기회를 줄 수 없는 경우에는 그러하지 아니하다. 이때의 통지에는 정당한 사유없이 이에 응하지 아니하는 경우에는 의견을 진술할 기회를 포기한 것으로 본다는 뜻을 명기해야 한다. 이러한 통지를 받은 처분의 상대방 또는 그 대리인은 지정된 일시 및 장소에 출석하여 의견을 진술하거나 서면으로 의견을 제출할 수 있다. 이와 같이 처분의 상대방 또는 그 대리인이 출석하여 의견을 진술한 경우에는 관계공무원은 그 요지를 서면으로 작성하여 진술한 자로 하여금 이를 확인한 후 서명·날인하게 하여야 한다.

각 조치별 절차를 보면 다음과 같다.

(1) 시정조치명령

시정조치명령은 ⅰ) 당해 불공정수출입행위, ⅱ) 시정조치명령 사유, ⅲ) 시정기한 등을 명시한 서면으로 하여야 한다.

(2) 과징금의 부과·징수

과징금을 부과하는 위반행위의 종별과 정도에 따른 과징금의 금액 기타 필요한 사항은 대통령령으로 정한다.

따라서 산업자원부장관은 과징금을 부과하고자 할 때에는 그 위반행위의 종별과 해당 과징금의 금액을 서면으로 명시하여 이를 납부할 것을 서면으로 통지하여야 한다. 또한 과징금의 납부통보를 받은 자는 산업자원부장관이 정하는 수납기관에 납부통지일부터 20일 이내에 납부하여야 한다. 다만, 천재지변 기타 부득이한 사유로 인하여 그 기간내에 과징금을 납부할 수 없을 때에는 그 사유가 해소된 날부터 7일 이내에 납부하여야 한다.

그리고 과징금의 납부를 받은 수납기관은 과징금을 납부한 자에게 과징금영수증을 교부하여야 하며, 수납기관은 과징금을 수납한 때에는 그 사실을 지체없이 산업자원부장관에게 통보하여야 한다. 이러한 과징금은 이를 분할하여 납부할 수 없다.

【표 I -11-1】 과징금의 부과기준

(단위 : 만원)

위반행위	해당조항	과징금 금액
1. 국내의 법령 또는 교역상대국의 법령에 의하여 보호되는 특허권·실용신안권·의장권·상표권·저작권·저작인접권·프로그램저작권 및 반도체집적회로의 배치설계권을 침해하는 물품을 수출 또는 수입하는 행위를 할 때	대외무역법 제39조1항1호	3,000
2. 원산지를 허위로 표시한 물품 또는 원산지표시를 손상하거나 변경한 물품을 수출 또는 수입하는 행위를 한 때	대외무역법 제39조1항2호	2,000
3. 대외무역법 제23조 1항의 규정에 의한 원산지를 표시하지 아니하는 행위를 한 때 또는 원산지를 혼동하거나 오인할 수 있는 방법으로 원산지표시를 한 물품을 수출 또는 수입하는 행위를 한 때	대외무역법 제39조1항3호	2,000
4. 수출입질서를 저해할 우려가 있는 행위로서 대외무역법 제87조 1호4호 내지 6호의 1에 해당하는 행위를 한 때	대외무역법 제39조1항3호	1,000

과징금을 부과하는 위반행위와 과징금의 금액을 부과할 수 있는 위반행위의 종별과 과징금의 금액은 【표 I -11-1】 과 같다.

그리고 산업자원부장관은 당해 무역거래자 등의 수출입의 규모·위반행위의 정도 및 회수 등을 참작하여 과징금의 금액의 2분의 1 범위안에서 이를 가중 또는 경감할 수 있다. 다만, 가중한 경우에는 과징금의 총액은 3천만 원을 초과할 수 없다.

과징금을 부과받은 자가 과징금을 납부기한 내에 납부하지 아니한 때에는 산업자원부장관이 국세체납처분의 예에 의하여 이를 징수할 수 있다.

5. 수출입 물품가격의 조작금지

무역거래자는 외화를 도피할 목적으로 물품의 수출·수입의 가격을 조작하여서는 아니 된다. 이는 무역거래자가 외화를 도피할 목적으로 외국의 거래상대와 공모하여 수출가격을 부당하게 낮게 하거나 수입가격을 부당하게 높게 책정하여 그 차액을 외국으로 도피하는 경우를 규제하기 위한 규정이다.

3 무역분쟁의 신속한 해결

1. 사법상의 분쟁과 행정지도

무역클레임은 무역거래당사자간에 국제매매계약의 불이행 등으로 이하여 발생하는 분쟁으로서 성격상 거래당사자간의 문제이고 당사자간에 분쟁이 원만하게 해결되지 않을 경우에는 민사분쟁의 해결을 위한 법률적 절차를 밟게 된다. 이 경우 대외무역법은 비록 무역분쟁의 발생과 해결이 거래당사자간의 문제라 하더라도 이를 사법상(私法上)의 해결에만 맡기지 않고 당해 무역분쟁을 신속·공정하게 해결하고 수출입질서의 확립 및 대외신용의 유지 등을 도모하기 위하여 정부가 개입하도록 하고 있다.

그러나 산업자원부장관이 분쟁의 해결에 직접적으로 개입하는 것은 아니고 중재에 의하여 해결하도록 중재계약을 권고하거나 기타 의견조정·알선 등 행정지도로서 간접적으로만 개입을 하고 있다.

2. 분쟁의 신속한 해결과 사실조사

무역거래자는 그 상호간이나 교역상대국의 무역거래자와 물품의 수출·수입과 관련하여 분쟁이 발생한 때에는 정당한 사유가 없이 그 분쟁의 해결을 지연시켜서는 안 된다. 산업자원부장관은 이러한 무역분쟁이 발생한 때에는 무역거래자에게 분쟁의 해결에 관한 의견을 진술하게 하거나 그 분쟁에 관련되는 서류의 제출을 요구할 수 있다. 이 때 무역분쟁관련서류의 제출을 요구받은 무역거래자는 i) 무역분쟁의 당사자, ii) 무역분쟁발생경위 및 내용, iii) 기타 필요한 서류 등을 기재한 서류를 산업자원부장관에게 제출하여야 한다.

산업자원부장관은 서류를 제출받거나 의견을 들은 후에 필요하다고 인정할 때에는 그 분쟁에 관하여 사실조사를 할 수 있다.

3. 중재계약의 체결권고

산업자원부장관은 분쟁을 신속하고 공정하게 처리하는 것이 필요하다고 인정하는 때에는 무역거래자에게 그 분쟁의 해결을 위한 중재계약을 체결할 것을 권고할 수 있다.

4. 무역분쟁의 통지

대한민국 재외공관의 장이 교역상대국의 무역거래자 및 무역분쟁해결 기관의 장으로부터 무역분쟁의 신고를 받거나 업무수행상 이를 알게 된 때에는 지체없이 그 사실을 산업자원부장관에게 통지하여야 한다. 그리고 이러한 통지의무는 대한무역투자진흥공사, 수출조합, 수입조합 기타 수출·수입과 관련된 기관의 경우에도 동일하게 부여된다. 이러한 통지를 받은 경우에 산업자원부장관은 그 분쟁의 신속한 해결을 위하여 필요하다고 인정할 때에는 의견 조정 또는 알선을 할 수 있다.

❹ 선적전검사와 관련한 분쟁조정

1. 총설

무역업자들은 무역거래를 하는 경우 복잡한 국제거래의 절차를 이용하여 거래가격을 조작함으로써 부당하게 외화를 해외로 도피하는 수단으로 악용할 수가 있다. 또한 무역업자간의 공모에 의하여 서류상의 내용과는 달리 불량한 품질의 물품을 수입국으로 이전하는 경우도 있다.

따라서 수입국정부에서는 이러한 사례를 예방하기 위하여 선적전검사 전문기관과 계약을 체결하고 자국으로 수입되는 물품에 대하여 수출국에서 선적되기 전에 물품의 수량·품질, 수출가격의 적정성 등에 관하여 당해 검사기관의 검사를 받지 않으면 수입을 할 수 없도록 하는 선적전 검사제도(Pre-Shipment Inspection : PSI)를 운영하는 경우가 있다.

이러한 선적전 검사제도는 수입을 억제하려는 개발도상국이 주로 활용하는 경향이 있다.

최근 국내에서는 선적전 검사기관이 수입국기준으로 일방적인 가격판정을 하거나 관세율을 과도하게 적용하며, 수량을 잘못 판정하는 등 국내 수출자가 불이익을 입어 이에 대한 이의를 제기하는 경우에 선적전 검사기관은 수입국정부에 모든 책임을 돌리고 회피하는 등 우리나라 수출업자와 선적전 검사기관간에 분쟁이 빈발하고 있으나 국내에 이에 관한 별도의 분쟁해결절차가 없어 곤란을 겪어 왔다.

또한 선적전 검사제도는 수출국의 처지에서 볼 때는 적기선적 및 대금결제지연 등 수출에 지장을 초래함으로써 무역장벽으로 인식되기 때문에 그 타당성에 관하여 많은 논란을 초래하여 왔다. 따라서 우루과이협상에서도 이 문제가 논의되어 WTO출범과 함께 부속협정으로 선적검사에 관한 협정(Agreement on Pre-Shipment Inspection)이 체결됨으로써 선적전 검사제도에 관한 통일된 국제규범이 마련되기에 이르렀고 우리나라에서도 1997년 3월부터 대외무역법에 근거규정을 도입함으로써 분쟁해결을 위한 제도적 장치를 마련하였다.

주요 검사업무는 다음과 같다.

첫째, 물품검사로써 선적하기 전에 수출물품이 무역계약내용과 수량, 품질, 포장상태 등이 일치되는지를 검사하여 이상 유무를 확인한다.

둘째, 가격검사로써 수입국의 처지에서 외화의 부당한 유출방지와 정당한 수입관세 부과를 위하여 당해 물품의 계약가격이 국제시세에 비추어 적정한지 여부를 검토한다.

셋째, 검사계약 및 검사증서 발급으로 선적전 검사계약은 수입국 정부의 해당기관과 검사기관간에 체결된다. 검사결과 이상이 없는 경우 검사증서(Clean Record of Finding)가 발급된다.

2. WTO 선적전 검사에 관한 협정

(1) 협정 적용의 범위

이 협정은 선적전 검사활동이 회원국정부 또는 정부기관(이하 사용국이라 한다)에 의하여 계약된 것이거나 위임된 것이거나를 불문하고 회원국내에서 이루어지는 모든 선적전 검사활동에 대하여 적용한다.[86]

(2) 선적전 검사활동의 정의

선적전 검사활동이란 사용국의 영토로 수출될 물품의 품질, 수량, 환율과 금융조건을 포함한 가격 또는 관세분류의 검증과 관련된 모든 활동을 의미한다.[87]

(3) 사용국의 의무

사용국은 선적전 검사활동이 무차별한 방식-실행절차와 기준이 객관성 있고 관련된 모든 수출자들에게 동등하게 적용-으로 실시되도록 하여야 한다.[88] 그리고 사용국은 자국의 법률, 규정 및 이행 요건과 관련된 선적전 검사과정에서 GATT(1994) 제3조 4항이 관련된다는 것을 보장해야 한다.[89]

사용국은 선적전 검사기관이 수출자가 제기한 불만에 관하여 접수하고 검토하며 어떤 결정을 제시하는 절차를 만들고 그 절차에 관한 정보를 수출자가 입수 가능하도록 보장하여야 한다.[90]

(4) 수출회원국의 의무

수출회원국은 선적전 검사활동에 관한 법률 및 규정이 무차별적인 방법으로 적용되도록 보장하여야 하며 타국 정부 및 무역업자들이 인지할 수 있도록 선적전 검사와 관련된 모든 적용 가능한 법률 및 규정을 즉시 공표하여야 한다.[91]

86) WTO 선적전 검사에 관한 협정 제1조 1항.
87) 동 협정 제1조 2항.
88) 동 협정 제2조 1항.
89) 동 협정 제2조 2항.
90) 동 협정 제2조 21항.
91) 동 협정 제3조 1항~2항.

(5) 독립적 재심절차

회원국은 선적전 검사기관과 수출자간의 분쟁을 상호간에 해결하도록 장려하여야 한다. 그러나 수출자가 이의를 제기한 후 2일이 경과하면 각 당사자는 동 분쟁을 독립적인 재심에 회부할 수 있다.92)

(6) 분쟁해결

본 협정의 운용과 관련한 회원국들간의 분쟁에는 WTO부속협정인 분쟁해결 규칙 및 절차에 관한 양해각서에 의하여 자세히 적용되는 바에 따라 GATT (1994) 제23조의 규정이 적용되어야 한다.93)

3. 대외무역법상의 선적전 검사에 관한 규정

(1) 선적전 검사의 분쟁조정

수입국정부와의 계약체결 또는 수입국정부의 위임에 의하여 기업이 수출하는 물품에 대하여 국내에서 선적전에 검사를 실시하는 기관(이하 선적전 검사기관이라 한다)은 WTO 선적전 검사에 관한 협정을 준수하여야 한다. 이 경우 선적전 검사기관은 선적전 검사가 기업의 수출에 대한 무역장벽94)으로 작용하도록 하여서는 안 된다.

이러한 선적전 검사와 관련하여 수출자와 선적전 검사기관간에 분쟁이 발생하였을 경우에는 산업자원부장관은 그 해결을 위하여 필요한 조정을 할 수 있다.

(2) 분쟁 중재기관 설치

정부는 선적전 검사와 관련된 분쟁에 관한 중재를 담당할 수 있도록 독립적인 중재기관을 설치할 수 있다. 동 중재기관은 중재법(제4조 3항)의 규정에 의하여 산업자원부장관이 지명하는 사단법인(이하 대한상사중재원이라 한다)으로 하고 그 중재에 대하여는 중재법의 규정을 적용한다.

중재는 본질적으로 분쟁 당사자들이 분쟁을 중재로 해결하기로 하는 중재합의가 요구된다. 따라서 이러한 선적전 검사와 관련된 분쟁의 경우에는 당사자간 중재계약이 이루어지지 않으면 사실상 중재는 성립될 수 없는 문제점이 남는다.

---

92) 동 협정 제4조.

93) 동 협정 제8조.

94) 선적전 검사기관의 검사행위가 무역장벽으로 작용한다고 보는 행위는 영업비밀 정보의 보호, 명료성의 원칙, 검사의 지연 등 WTO 선적전 검사에 관한 협정 제2조의 규정을 위반하여 그 수출이행에 장애를 초래하는 행위를 말한다(대외무역법 시행령 제94조).

(3) 분쟁조정위원회 운영

1) 조정위원 후보자명부의 작성·유지

산업자원부장관은 수출자와 선적전 검사기관 사이에 발생하는 분쟁을 해결하기 위하여 분쟁조정위원회(이하 조정위원회라 한다)를 구성하여 분쟁을 조정하게 할 수 있다. 그리고 산업자원부장관은 다음의 자를 조정위원회의 조정위원 후보로 위촉하여 조정위원 후보자명부를 작성·유지하여야 한다.

① 선적전 검사기관을 대표하는 단체가 추천한 조정위원 20인 이내
② 수출자를 대표하는 단체가 추천한 조정위원 20인 이내
③ 다음의 하나에 해당하는 조정위원 20인 이내
  i) 판사, 검사 또는 변호사경력이 10년 이상인 자
  ii) 상장기업 임원으로서 5년 이상 근무한 자
  iii) 관련분야를 전공한 자로서 부교수 이상인 자
  iv) 한국주재 외국상사 임원 이상인 자
  v) 위에 준하는 경력을 소지한 자로서 산업자원부장관이 다음과 같이 정하는 기준에 해당하는 자
    · 대한상사중재원 소속의 이사 이상인 자
    · 중재원소속 직원으로서 10년 이상 관련업무의 경력이 있는 자

2) 조정위원회 구성

조정위원회는 3인의 조정위원으로 구성한다. 그리고 조정위원회의 조정위원은 조정위원후보자 명부에 등재된 조정위원후보 중에서 다음의 자가 각 1인을 추천하여 산업자원부장관이 임명하며 조정위원회 위원장은 산업자원부장관이 추천한 자가 된다.

① 산업자원부장관
② 선적전 검사기관을 대표하는 단체(한국검수검정협회)
③ 수출자를 대표하는 단체(대한상공회의소)

이 경우 대한상사중재원장은 선적전 검사기관을 대표하는 단체와 수출자를 대표하는 단체에 조정위원 위촉을 위한 후보의 추천을 요청한다. 이때 추천요청이 통지된 후 2일이 경과한 때까지 추천이 없는 경우에는 대한상사중재원장이 조정위원을 위촉할 수 있다.

그리고 조정의 결과에 이해관계가 있는 자는 조정위원이 될 수 없다. 그리고 당사자가 그러한 사정을 알면서도 이의를 제기하지 아니한 경우에는 그러하지 아니하다.

따라서 조정위원으로 지명된 자는 자신의 공정성 또는 독립성에 관하여 이의가 제기될 우려가 있는 때에는 이를 조정위원회에 통지하여야 한다. 이 경우 조정위원회는 결정에 의하여 조정위원의 변경여부를 결정하여야 한다. 따라서 산업자원부장관은 조

정위원의 재위촉이 필요한 경우 및 조정위원이 조정의 역할을 거부하거나 이를 수행할 수 없는 경우에는 새로운 조정위원을 위촉하여야 한다. 그리고 조정위원회에는 간사 1인을 두되 간사는 산업자원부장관(대한상사중재원장에 위탁)이 지명하는 중재원 직원이 된다. 간사는 조정위원회 위원장의 명을 받아 위원회의 서무를 처리한다.

3) 조정위원회의 임기

조정위원회의 임기는 2년으로 하고 연임할 수 있다. 다만, 조정위원이 사망했거나 건강 등 이유로 조정업무 수행이 곤란하다고 인정되는 경우에는 중재원장은 임기 내에도 불구하고 해촉할 수 있다.

4) 조정위원회 회의

조정위원회의 위원장은 조정위원회의 회의를 소집하고 그 의장이 된다. 위원장이 회의를 소집하고자 할 때에는 회의의 일시, 장소 및 부의사항을 정하여 회의개시 2일 전에 각 조정위원에게 통지하여야 한다. 다만, 긴급한 사정 등 불가피한 사정이 있는 경우에는 그러하지 아니하다.

조정위원회 회의는 위원장을 포함하여 조정위원 2인 이상의 찬성으로 의결한다. 동 회의는 공개하지 아니한다.

조정위원회는 분쟁의 원만한 해결을 위하여 필요한 경우에는 조정위원이 분쟁당사자의 의견을 듣거나 필요한 조사를 할 수 있다. 그리고 조정위원회는 분쟁에 관한 외부 전문가의 기술적인 조언을 받을 수 있으며 이에 필요한 경비는 분쟁당사자에게 부담하게 할 수 있다. 또한 조정위원회는 분쟁의 해결을 위하여 필요한 경우 당사자들에게 서류 및 정보를 제출하게 할 수 있다.

5) 분쟁조정 신청

선적전 검사와 관련한 분쟁이 발생하는 때에는 당사자의 일방 또는 쌍방은 산업자원부장관에게 분쟁의 조정을 신청할 수 있다. 이 경우 분쟁조정 신청인이 수출자인 경우에는 미리 분쟁당사자인 선적전 검사기관에 이의를 제기하여 이에 대한 당해 선적전 검사기관의 검토결과가 표시된 후 분쟁조정을 신청하여야 한다. 다만, 이의 제기 후 2 근무일이 경과한 때에는 그러하지 아니하다.

6) 신청접수 및 통지

조정을 신청하고자 하는 자(이하 신청인이라 한다)는 조정비용의 예납과 함께 다음의 각 사항을 기재한 조정신청서 5부를 중재원장에게 제출하여야 한다.

① 당사자의 성명 및 주소(단, 법인인 경우는 법인의 명칭 및 주소와 그 대표자의 성명 및 주소를 병기)

② 조정을 구하는 취지 및 이유
③ 대리인이 있는 경우는 그 성명 및 주소
④ 기타 분쟁조정을 위한 참고자료

중재원장은 조정신청을 접수하였을 때에는 이를 당사자에게 서면으로 통지한다. 접수된 사항의 추가 또는 변경하고자 하는 때에도 또한 같다. 다만, 경미한 사항에 대하여는 그러하지 아니하다.

7) 답변

조정신청 통지를 받은 조정의 피신청인(이하 피신청인이라 한다)은 3일 이내에 중재원에 서면으로 이에 대한 의견을 제출할 수 있다.

8) 반대신청

피신청인은 조정위원회가 구성된 때부터 3일 이내에 반대신청을 할 수 있다. 다만, 반대신청이 정상적인 조정절차를 방해한다고 인정되는 경우 조정위원회는 직권으로 이를 허가하지 아니할 수 있다. 이 경우 피신청인의 반대신청은 신청인의 조정신청과 병합하여 심리한다. 반대 신청의 경우에도 처음의 조정신청 절차 및 답변절차를 준용한다.

9) 조정당사자의 대리

당사자는 그가 상당하다고 인정하는 자로 하여금 조정절차에 관한 행위를 대리하게 할 수 있다. 이 경우 조정위원회는 대리인의 선임이 부적당하다고 판단되는 경우에는 그 대리인을 거부할 수 있다.

10) 조정위원회 구성 및 조정안 작성

산업자원부장관은 조정신청을 받은 때에는 3일 이내에 조정위원회를 구성하고 조정위원회 구성 후 7일 이내에 조정안을 작성하여 당사자에게 제시하도록 하여야 한다. 다만, 조정위원이 조정을 거부할 경우, 질병 등 사유로 업무수행이 불가능한 경우 등 불가피한 사정에 의하여 조정안을 기간 내에 작성할 수 없는 경우에는 7일 이내의 기간을 정하여 그 기간을 연장할 수 있다.

그리고 동 조정안에는 다음의 각 사항을 기재하고 조정위원 전원이 서명·날인하여야 한다.

① 조정사건의 표시
② 조정의 일시 및 장소
③ 당사자의 성명 또는 명칭
④ 조정안의 주요 내용

11) 조정안의 통지

조정위원회는 조정안이 작성된 때에는 이를 당사자에게 통지하여야 한다. 조정안의 통지를 받은 분쟁당사자는 7일 이내에 조정안에 대한 수락여부를 서면으로 조정위원회에 통지하여야 한다.

12) 조정의 종료

조정위원회는 다음의 하나에 해당하는 경우 당해 조정사건을 종료할 수 있다. 조정위원회는 조정이 종료된 때에 이를 당사자에게 통지하여야 한다.

① 당사자간 합의가 이루어지거나 조정위원회의 조정안이 수락된 경우
② 조정신청인 또는 당사자가 조정신청을 철회한 경우
③ 당사자가 조정위원회의 조정안을 거부한 경우
④ 당사자간 합의가 성립될 가능성이 없다고 인정되는 경우 및 기타 조정이 불필요하다고 판단되는 경우

13) 조정비용

산업자원부장관은 이러한 조정과 관련하여 당사자에게 조정비용을 부담하게 할 수 있다. 조정비용은 신청요금, 경비, 수당으로 구분하며 조정비용의 금액, 예납절차 등 필요한 사항은 산업자원부장관이 정하여 고시한다.

조정비용은 당사자의 신청에 의한 경우 조정위원 및 간사의 소요경비, 증인 또는 감정인의 소요경비, 검사 또는 조사경비, 통역 또는 번역경비 등 조정에 소요되는 일체의 경비로서 당해 당사자가 부담한다. 다만, 그 경비가 조정위원회의 요청에 의한 것일 경우에는 당사자간에 따로 정함이 없는 경우 신청인이 부담한다.

그리고 조정신청을 하고자 하는 신청인은 조정비용을 중재원에 예납하여야 한다. 예납액이 부족한 경우 중재원장은 신청인에게 추가 예납을 요청할 수 있다. 당사자가 조정비용의 예납요청을 받은 날부터 3일 이내에 이를 수행하지 않은 때에는 조정위원회는 조정절차를 정지하거나 종료할 수 있다. 다만, 일방당사자가 다른 당사자가 지급하여야 할 조정비용을 지급한 경우에는 그러하지 아니하다. 중재원장은 조정이 종료된 때에는 예납된 조정비용을 정산하고 잔액이 있는 경우에는 이를 당사자에게 반환하여야 한다.

(4) WTO 분쟁해결절차와의 관계

선적전 검사와 관련한 분쟁해결절차는 WTO의 분쟁해결절차를 방해하지 아니한다.

5 무역질서유지를 위한 조정명령

1. 조정명령의 의의

조정명령은 규제행정분야에 있어서의 규제하명(規制下命)으로서의 성질을 갖는다. 따라서 그 권력의 기초는 국가의 통치권에 있으며 사회공공의 복리를 증진하기 위하여 개인의 무역활동을 규율 또는 조정하는 행정작용이다. 이러한 조정명령은 무역업자 등의 자율적 규제만으로서는 무역질서를 유지할 수 없을 때에 제2차적인 보완수단으로 발동되며 따라서 그 발동은 최소한도에 그쳐야만 한다. 만일 발동한계를 벗어난 조정명령은 위법이며 경우에 따라서는 교역상대국과의 무역마찰의 심화를 야기시킬 수 있음을 주의해야 한다.

2. 조정명령의 범위

산업자원부장관은 수출입질서의 유지를 위하여 다음의 범위 안에서 무역거래자에게 수출 또는 수입하는 물품의 가격·수량·품질 기타 거래조건과 그 대상지역 등에 관하여 필요한 조정을 명할 수 있다. 이 경우에 동 조정명령의 이행에 대하여는 독점규제 및 공정거래에 관한 법률을 적용하지 아니한다. 이러한 조정은 사업자간의 경쟁제한 등 불공정한 결과를 초래할 수 있기 때문에 일반적으로 공정경쟁을 통한 시장질서유지를 지향하는 공정거래에 관한 법률에 의하여 제한을 받는다. 그러나 무역거래와 관련하여 대외무역법에 의한 규정에 따라 이루어진 산업자원부장관의 조정명령의 경우에는 독점규제 및 공정거래에 관한 법률을 적용하지 않음으로써 예외적으로 취급하고 있다. 이는 국내거래와는 다른 무역거래의 특수성을 인정하고 있기 때문이다. 다만, 산업자원부장관은 동 조정명령이 독점규제 및 공정거래에 관한 법률 제2조 1호의 규정에 의한 사업자간의 국내시장에서의 경쟁을 제한하는 것인 때에는 미리 공정거래위원회와 협의하여야 한다.

① 수출기반의 안정, 새로운 상품의 개발 또는 해외시장의 개척에 이바지할 것
② 다른 무역거래자의 권익을 부당하게 해하거나 차별하지 아니할 것
③ 물품의 수출·수입의 질서유지를 위한 목적에 필요한 정도를 초과하지 아니할 것.

그러나 산업자원부장관은 조정명령을 하고자 하는 경우에는 7일 전에 서면으로 통지하여 처분의 상대방 또는 그 대리인에게 의견을 진술할 기회를 주어야 한다. 다만, 처분의 상대방 또는 그 대리인이 정당한 사유없이 이에 응하지 아니하거나 주소불명 등으로 의견진술의 기회를 줄 수 없는 경우에는 그러하지 아니하다. 이때의 통지에는 정당한 사유없이 이에 응하지 아니하는 경우에는 의견을 진술할 기회를 포기한 것으로 본다는 뜻을 명기하여야 한다. 이러한 통지를 받은 처분의 상대방 또는

그 대리인은 지정된 일시 및 장소에 출석하여 의견을 진술하거나 서면으로 의견을 제출할 수 있다. 이와 같이 처분의 상대방 또는 그 대리인이 출석하여 의견을 진술한 경우에는 관계공무원은 그 요지를 서면으로 작성하여 진술한 자로 하여금 이를 확인한 후 서명·날인하게 하여야 한다.

3. 조정명령의 방법

산업자원부장관은 수출입질서유지를 위한 조정명령을 하는 경우에 필요하다고 인정할 때에는 수출조합·수입조합 또는 관련 협회 등의 단체가 있는 경우에는 그 수출조합·수입조합 또는 협회 등의 단체를 통하여 조정명령을 할 수 있다. 그리고 산업자원부장관은 이러한 조정명령을 하는 경우에 필요하다고 인정할 때에는 규정에 의한 수출·수입의 승인을 하지 아니하거나 관계기관의 장으로 하여금 승인에 관련된 절차를 중지하게 할 수 있다.

3 수입수량제한조치 제도

1 수입수량제한조치의 의의

수입수량제한조치 제도는 특정물품의 수입증가로 인하여 동종물품 또는 직접적인 경쟁관계에 있는 물품을 생산하는 국내산업이 심각한 피해를 입고 있거나 입을 우려가 있음이 불공정무역행위조사 및 산업피해구제에 관한 법률 제27조의 규정에 의한 무역위원회의 조사를 통하여 확인되고 심각한 피해 등을 구제하기 위한 조치가 건의된 경우, 당해 국내산업을 보호할 필요가 있다고 인정되는 때 당해물품의 국내산업에 대하여 심각한 피해 등을 방지하거나 치유하고 조정을 촉진하기 위하여 필요한 범위안에서 물품의 수입수량을 제한하는 조치를 말한다.

2 수입수량제한조치의 성립요건

첫째, 특정물품의 수입증가사실이 존재하여야 한다.

둘째, 동종 또는 직접적인 경쟁관계에 있는 국내산업이 심각한 피해를 입고 있거나 입을 우려가 있어야 한다.

셋째, 둘째 요인과 첫째 요인 간에 인과관계가 존재하여야 한다.

이상의 요건이 성립되면 산업자원부장관은 무역위원회의 건의, 당해국의 산업보호의 필요성, 국제통상관계, 수입수량제한조치의 시행에 따른 보상수준 및 국민경제영향 등을 검토하여 시행여부 및 내용을 결정한다.

정부가 제한조치를 시행할 때에는 이해당사국과 제한조치의 부정적 효과에 대한 적절한 무역보상에 관하여 협의할 수 있다. 수입수량제한조치는 조치시행일 이후 수입되는 물품에 한하여 적용한다.

3 수입수량제한조치의 주요내용

첫째, 수입수량·제한수량은 최근의 대표적인 3년간의 수입량을 연평균수입량으로 환산한 수량(기준수량)이상으로 하여야 하며, 이 경우 최근의 대표적인 연도를 정함에 있어서는 통상적인 수입량과 비교하여 수입량이 급증하거나 급감한 연도는 제외한다.

한편 기준수량 이상으로 수입수량제한조치를 하는 경우 당해 산업의 심각한 피해를 방지하거나 구제하기 어렵다고 명백하게 인정되는 때에는 기준수량 미만으로 수입수량을 제한할 수 있다. 그리고 제한되는 위 수입수량을 각 국가별로 할당할 수도 있다.

둘째, 수입수량제한조치의 적용기간은 원칙적으로 4년을 초과할 수 없다. 그러나 무역위원회가 그 조치내용의 변경 또는 적용기간의 연장을 건의한 때에는 그 건의가 접수된 날부터 1월 이내에 당해조치의 변경 또는 적용기간의 연장을 결정·시행할 수 있다.

위 적용기간을 연장하는 때에는 수입수량제한조치의 적용기간과 긴급관세 또는 잠정긴급관세의 부과기간 및 그 연장기간을 전부 합산한 기간이 8년을 초과할 수 없다.

4 특정물품에 대한 특별 수입수량제한조치

헌법에 의하여 체결·공포된 조약 또는 일반적으로 승인된 국제법규에 의하여 허용되는 한도 안에서 대통령령이 정하는 국가를 원산지로 하는 물품의 수입으로 인하여 다음의 각 경우에 해당된다고 무역위원회의 조사를 통하여 확인되고 이를 구제하기 위한 조치가 건의되는 때에는 피해를 구제하거나 방지하기위하여 필요범위 내에서 "특별수입수량제한조치"를 시행할 수 있다.

첫째, 당해물품의 수입증가로 인하여 동종물품 또는 직접적인 경쟁관계에 있는 물품의 국내시장이 교란되거나 또는 교란될 우려가 있는 경우

둘째, WTO 회원국이 당해물품의 수입증가에 대하여 자국의 시장교란을 구제하거나 방지하기 위하여 취한 조치로 인하여 중대한 무역전환이 발생하여 당해물품이 우리나라로 수입되거나 수입될 우려가 있는 경우

셋째, 당해물품이 섬유 및 의류에 관한 협정의 대상이 되는 품목인 경우에는 당해물품의 수입이 국내시장을 교란하여 동품목의 교역발전을 저해하거나 저해할 우려가 있는 경우

이상의 요건이 성립되어 특별수입수량제한조치를 시행할 때에는 이행당사국과 해결방안을 모색하기 위한 사전협의를 할 수 있으며, 또한 급박한 경우에는 잠정특별수입수량제한조치도 시행할 수 있는데 이 경우 적용기간은 200일 이내이다.

한편 앞에서의 대통령령이 정하는 국가라 함은 중화인민공화국, 즉 중국을 지칭하며 홍콩과 마카오는 여기에 해당되지 않는다. 그리고 중국을 원산지로 하는 물품에 시행하는 특별수입수량제한조치는 2013년 12월 10일까지 한시적으로 적용하며 섬유·의류의 경우, 중국을 원산지로 하는 물품에 시행하는 특별수입수량제한조치는 2008년 12월 31일까지 수입신고된 물품에 한하여 적용되도록 규정하고 있다.

5 섬유 및 의류에 대한 수입제한조치

섬유 및 의류에 관한 협정이 적용되는 섬유 및 의류의 경우, 전술한 수입수량제한조치의 성립요건에 해당될 때 절차 등 모든 내용이 동일하게 적용된다.

Chapter XII 수입에 의한 산업피해구제제도

1 제도화의 필요성과 그 배경

종래 우리나라 수출의 급격한 신장은 세계경제의 황금기인 1960년대의 자유무역주의의 혜택에 힘입은 바 컸으나 1970년대 이후에는 미국 등 선진국을 위시한 세계적 보호무역주의의 만연으로 우리나라 수출에 대한 수입규제가 크게 강화되고 있다.

수입규제의 방법 또한 종래의 관세장벽 위주에서 케네디 라운드(Kennedy Round)이후에는 반덤핑관세, 상계관세 등 각종 비관세장벽조치의 남용 등으로 그 형태가 다양해지고 있다.

또한 선진국들은 자국시장의 보호와 함께 무역상대국에 대한 시장개방 압력을 강화함에 따라 우리나라와 같은 수출주도형국가와는 많은 통상마찰을 야기시키고 있다.

그동안 우리나라는 국제경쟁의 도입을 통하여 국내산업을 효율적으로 발전시키고 선진국의 시장개방요구에 능동적으로 대처하기 위하여 활발한 수입자유화정책을 지속적으로 추진하여 왔다.

그 결과 우리나라의 수입자유화율은 99% 수준을 상회하여 선진국수준의 수입자유화율에 접근하게 되었으며 특히 공산품의 경우 거의 모든 상품의 완전자유화를 달성하게 되었다.

아울러 우리나라의 개방정책에 대한 대외신뢰를 제고하고 실질적이고 진정한 의미에서의 수입자유화 달성을 위해 수입제한 또한 금지성격이 강한 개별특별법에 의한 규제나 수입감시제 운영, 수입선다변화제도 등도 모두 폐지시켰다.

이러한 수입의 증대는 국내관련제품 및 산업의 국제경쟁력을 제고시키는 긍정적 효과가 있는 반면 지나치게 수입이 증가하거나 또는 덤핑이나 보조금의 수혜 등 불공정한 형태로 수입됨으로써 국내산업에 야기시키는 부정적 효과도 발생할 수 있다.

따라서 시장개방으로 인한 긍정적인 효과를 극대화하기 위해서는 시장개방으로 야기될 수 있는 부정적인 효과를 극소화할 수 있는 제도적인 안전장치의 필요성이 요청된다.

수입자유화에 대비하여 국내산업에 대한 영향을 구제할 수 있는 것이 곧 산업피해구제제도이다.

대외무역법에 의한 산업피해구제제도의 도입 및 무역위원회의 설치로 인하여 수입으로 인해 국내산업의 발전이 저해되거나 저해될 우려가 있을 때 산업자원부장관은 후술하는 바와 같이 무역위원회의 심의·의결을 거쳐 수입물품의 수량·품질 등에 대한 제한, 기술 및 생산성향상지원, 공업발전법에 의한 산업합리화 업종지정 등의 구제조치를 취할 수 있게 된다.

이하, 산업피해구제제도의 개념, 동 제도와 관련된 GATT규정, 동 제도를 실시하고 있는 주요 선진국의 사례개관, 그리고 우리나라의 현행 법제의 순서에 따라 보다 상세히 검토·설명하기로 한다.

2 산업피해구제제도의 기본개념

1 광의의 산업피해구제제도

산업피해구제제도란 광의로는 대내외의 경제여건의 변화로 국내산업의 효율적이고도 균형적인 경제활동이 피해를 입거나 그러한 우려가 존재할 때 이를 방지 또는 시정하기 위한 국가차원의 공공개입인 무역정책의 일환이다.

본 제도와 관련된 무역정책은 일반적으로 자국시장의 대외개방과 관련된다. 즉 자국시장을 개방함으로써 자국과 국제경제전반의 효율성을 높일 수 있는 자유무역정책을 많은 국가들이 선호하고 있으나 이러한 정책은 국내산업과 관련 근로자들에게 미치는 일시적인 부정적 효과 때문에 정치적으로는 매우 감당하기 어려운 측면이 많다.

수입증대에 따라 야기될 수 있는 이러한 정치적 불만을 해소하기 위하여 해외로부터의 수입을 한시적으로 일정한도내에서 조정하고 규제하기 위한 각종 무역조치들이 본 제도에 속한다.

2 소극적 산업피해구제제도와 적극적 산업피해구제제도

일반적으로 수입규제나 통제는 수입물품이 자국의 관세영역을 통과할 때 행하여지는 것이며, 그 주요 수단으로는 관세장벽과 비관세장벽조치를 들 수 있다.

이러한 관세영역상의 수입통제를 통해 국내산업에 미치는 영향과 효과를 조정하는 것이 소극적 산업피해구제제도이며, 그 특징은 정부의 재정부담이 따로 없다는 점이다.

이에 반해 적극적 산업피해구제제도는 수입물품의 자국관세영역 통과 후 국내산업에 미치는 부정적 영향을 국가의 재정부담에 의하여, 즉 금융과 세제상의 지원, 기술지원, 근로자의 직종전환 및 재훈련 등을 통하여 관련 국내산업과 근로자에게 직접적인 혜택을 제공한다는 점에서 전자와 구별된다.

또한 수입규제정책으로서의 소극적 산업피해구제제도는 수입물품 경쟁조건의 공정성 여부에 따라 공정무역과 불공정무역으로 대별된다.

3 불공정무역과 공정무역에 의한 산업피해구제제도

외국물품이 외국산업의 의도적인 덤핑행위로 인하여 또는 외국정부의 보조금수혜의 결과로 수출국 국내가격보다 저렴한 가격으로 수입국에 수입될 때 반덤핑관세나 상계관세에 의하여 불공정무역행위로 간주 받아 규제된다.

반면, 외국의 불공정무역관행이 아닌 정상적인 경쟁조건하에서 실시된 무역거래일지라도 수입이 과도하게 증대되어 국내산업에 나쁜 영향을 끼칠 때 이를 일시적으로 수량규제나 관세인상 등의 방법으로 보호할 때(예컨대 세이프가드조치를 발동하는 것 등) 이는 공정무역에 대한 소극적 산업피해구제제도라고 말할 수 있다.

산업피해구제제도의 발동에는 발동요인, 대상과 요청주체, 발동요건과 구제조치 등이 명백히 실정법에 규정되어야 하며 그렇지 못할 경우에는 제소의 남용이 우려된다.

산업피해구제제도의 발동요인은 수입패턴의 변화를 의미한다. 수입패턴의 변화는 수입상품구조를 근본적으로 변화시키는 일부 품목의 과다한 수입 또는 급격한 수입수준의 변화를 포함한다.

한편 산업피해구제대상에 포함시켜야 할 요청주체는 직·간접적으로 수입의 급증에 의해 산업피해를 받는 모든 관련산업과 기업, 노동자 등을 대상으로 하고 있다.

또한 이 제도의 발동에 있어 가장 중요한 것은 발동요건으로써 수입급증으로 인해 야기되는 국내산업에 대한 피해를 입증하는 피해조사(injury test)이다.

피해조사의 기준은 무역관행의 공정성 여부에 따라 달라진다. 즉 불공정무역의 경우 실질적인 피해(material injury)나 피해우려만을 입증해야 되고 공정무역에 의한 경우에는 더욱 엄격한 기준인 심각한 피해나 피해우려를 입증해야 한다.

개발도상국의 경우에는 산업의 발전단계로 보아 과거의 피해사실보다 미래의 산업피해에 대한 가능성, 즉 신규산업의 확립둔화 및 그 가능성이 이 제도와 관련하여 더 큰 의미를 갖는다.

발동요건의 규정에는 그 대상기간이 명확하게 설정되어야 하며 피해판단의 기준은 국내가격의 하락, 이윤율의 저하, 심각한 실업발생, 국내생산품의 시장점유율저하 등과 수입급증간의 요인관계이다.

이러한 피해조사의 결과 본 제도가 취할 수 있는 조치는 소극적인 방법으로 관세인상, 수량쿼터, 관세쿼터, 시장질서유지협정 등이며 적극적인 조치로는 관련산업과 근로자에 대한 직접적인 금융, 세제상의 지원과 직업전환, 재훈련 등이 있다.

3 산업피해구제제도와 관련된 GATT/WTO 규범

❶ 서설

무역거래를 공정거래와 불공정거래로 나눌 때 산업피해를 구제하기 위하여 적용될 수 있는 GATT 관련규정은 【표Ⅰ-12-1】과 같다.

즉 GATT의 제12조, 제18조와 제Ⅳ부의 규정들은 기본적으로 산업의 피해구제를 위해 활용될 수 있는 조항들이다.

그러나 이들 규정은 산업의 피해구제를 직접적으로 언급하고 있지 않으며 또한 특별히 개발도상국을 위하여 만들어진 조항들이다. 그러므로 급속한 경제성장과 수출로 인해 선진국들의 통상마찰의 표적이 되고 있는 한국을 비롯한 이른바 신흥공업국들이 이들 규정을 산업피해구제조치를 위해 원용할 때에는 신중한 검토와 정책상의 상당한 기교가 요청된다.

불공정무역거래가 야기한 산업피해를 구제하기 위해서는 GATT에서 규정된 조항들을 국내법체계에 적절히 수용하여 활용하는 것이 최선의 방법이다.

즉 덤핑이나 보조금이 지급된 상품의 수입에 의하여 관련 국내산업이 피해를 입게되는 경우에는 반덤핑관세와 상계관세를 부과함으로써 그 피해를 효과적으로 구제할 수 있다.

【표Ⅰ-12-1】 산업피해를 구제하기 위해 채용될 수 있는 관련 GATT/WTO 규정

구분	GATT 조항	주요 내용
공정무역과 관련되는 것	제19조 : 특정상품 의 수입에 대한 세이프가드조치	GATT에 의해 관세양허를 받고 있는 특정상품의 수입증대로 인하여 국내산업이 심각한 피해를 받고 있거나 받을 우려가 있는 경우에 국내산업의 보호를 받기 위하여 취하는 관세 또는 비관세 수입제한조치
불공정무역과 관련되는 것	제6조 : 반덤핑관세 및 상계관세 반덤핑코드	정상적인 가격보다 부당하게 저렴한 가격으로 수입되는 물품으로 인하여 국내산업이 실질적인 피해를 입거나 입을 우려가 있을 때 혹은 국내산업의 설립을 실질적으로 지연시킬 때 이를 방지하고 공정한 거래를 확보하기 위하여 반덤핑관세를 부과
	제6조·제16조 : 보조금 및 상계관세 코드	보조금이 지급된 상품의 수입에 의하여 자국의 확립된 국내산업이 실질적인 피해를 주거나 줄 우려가 있는 경우 또는 자국의 국내산업의 확립을 실질적으로 지연시킬 경우, 이를 방지하기 위하여 상계관세를 부과
산업피해구제를 위하여 원용될 수 있는 것	제12조 : 국제수지의 옹호를 위한 제한	국제수지의 방어를 위해 또는 외환상의 문제점들을 해결하기 위해 제11조(수량제한의 일반적 폐지)의 예외로 관련국으로 하여금 수입제한조치의 허용
	제18조 : 경제개발에 대한 정부의 지원	제18조 A : 특정산업의 확립을 위하여 관세양허의 수정·철회를 용인(양허품목) 제18조 B : 개발도상국의 국제수지방어를 위한 제한조치 제18조 C : 특정산업의 확립을 위한 비양허품목의 관세율조정과 정부지원 제18조 D : 제18조 C와 같으나 제18조 제4항 (b)국에만이 조치가 허용됨
	제Ⅳ부 : 무역과 개발	1965년에 신설된 개발도상국의 경제발전을 촉진하기 위한 대표적인 개도국조항

2 산업피해구제제도의 유형

WTO에서는 선진국과 개도국이 국내산업 보호를 위해 적용할 수 있는 무역조치를 각각 다르게 규정하고 있다. 개도국에 대해서는 자국의 독립적 판단에 따라 비교적 자유롭게 수입을 금지할 수 있게 하는 등 자국시장에 대한 원천적 접근을 제한할 수 있도록 허용하고 있는 반면, 선진국에 대해서는 원천적으로 자유로운 시장접근을 보장하되 다만 긴급한 수입급증이나 덤핑 등 불공정한 수입으로 인한 산업피해 발생의 경우에만 사후적으로 제한조치를 취할 수 있도록 하고 있다. 이들 구제조치를 선진국과 개도국이 활용하는 수단으로 나누어 보면 【표 I -12-2】 와 같다.

【표 I -12-2】 개도국과 선진국의 산업피해구제제도 비교

<table>
<tr><th colspan="2"></th><th>개도국</th><th>선진국</th></tr>
<tr><td colspan="2">기본태도</td><td>• 시장에 대한 원천적 접근 제한</td><td>• 개방 후 산업피해발생시 장벽 형성</td></tr>
<tr><td rowspan="3">관세</td><td rowspan="2">보호수단</td><td>• 고율관세</td><td>• 저율관세(Tariff peak 유지)</td></tr>
<tr><td>• 낮은 양허폭</td><td>• 높은 양허폭(철회수단 확보)</td></tr>
<tr><td>개방후 보완수단</td><td>• 조정관세 등 일부 탄력관세 조치 적용</td><td>• 반덤핑·상계관세</td></tr>
<tr><td rowspan="4">비관세</td><td>보호수단</td><td>• 수입중지, 수입허가추천, 수입권 지정 등</td><td>• 긴급수입제한조치, 쿼터</td></tr>
<tr><td>수량제한 근거</td><td>• GATT 제18조 B</td><td>• GATT 제12, 19, 20, 21조</td></tr>
<tr><td>발동의 용이성</td><td>• 용이</td><td>• 용이</td></tr>
<tr><td>발동절차</td><td>• 자국의 독립적 판단결정</td><td>• 당사국과 사전협의</td></tr>
</table>

선진국·개도국간 보호수단 비교표에서 보는 바와 같이 산업피해구제제도는 일반적으로 수입자유화에 따른 국내산업 피해를 구제하기 위한 사후적 수입관리수단으로서 주로 수입자유화가 이루어진 선진국에서 사용되고 있다. 자국의 국내산업보호를 위하여 사전에 수입을 제한하는 등 개도국의 사전적 수입관리수단과는 다르다.

WTO에서 산업피해구제제도에 적용할 수 있는 조항으로는 공정무역거래와 관련된 제19조의 세이프가드조항과 불공정무역거래와 관련된 제6조의 반덤핑관세 및 상계관세 조항이 있다. 한편 WTO 제6조의 반덤핑관세 및 상계관세조항과 관련하여서는 부속합의서로서 반덤핑코드와 상계관세코드가 마련되어 있다.

4 주요선진국의 산업피해구제제도의 개관

본 제도는 미국·EU·캐나다·일본·호주 등 거의 모든 선진국에서 명시적으로 실시되고 있으며 거의 대부분의 개발도상국들은 유치산업의 발전과 국내산업의 급속한 성장을 위한 경제발전정책의 일환으로써 일부는 명시적으로 대부분의 국가는 함축적으로 실시하고 있다.

다음은 이 제도를 가장 빈번히 활용하며 우리나라와의 교역비중이 높은 미국·캐나다·일본의 제도를 주요한 특징만을 중심으로 개괄적으로 검토하여 보기로 한다(【표 I-12-3】 참조).

【표 I-12-3】 주요 선진국의 산업피해구제제도

국가	구분	제도	법적근거	비고
미국	공정무역	세이프가드조치	1974년 통상법 제201조	
	불공정무역	반덤핑법 상계관세법 특정 외국의 불공정무역관행에 대한 미국의 대응 수입시의 불공정관행	1984년 통상법 제IV편 수정된 미국 1930년 관세법 제 VII편 1974년 통상법 제301조 1930년 관세법 제337조	상호주의 조치
	기타	무역조정지원제도	1974년 통상법	미국특유의 제도, 수회개정
캐나다	공정무역	세이프가드조치	특별수입규제조치법(SIMA) 제48조	
	불공정무역	반덤핑관세·상계관세제도	특별수입규제조치법	SIMA 전반에 걸쳐 관련규정산재
일본	공정무역	긴급관세제도	관세정율법 제9조 제2항	발동전례 없음
	불공정무역	덤핑방지관세 상계관세	관세정율법 제9조 관세정율법 제8조	수출자율규제(VER)와 약속제도로 해결

1 미국의 산업피해구제제도

미국의 제도는 다른 선진국에 비해 그 역사가 길고 또한 제도 자체의 정비가 매우 정교하게 되어 있다는 점이 특징이다.

즉, 덤핑이나 보조금수혜를 규제하는 반덤핑법의 최초 제도는 1916년에 행하여졌을 정도로 반세기 이상을 거슬러 올라가고 있다.

공정무역거래를 규제하는 긴급수입제한조치법도 1934년의 무역협정법에 처음으로 도입되었다.

제도의 정교성을 살펴보면 긴급수입제한조치와 반덤핑관세·상계관세·특허권침해구제조치 등이 있으며 다른 나라와는 달리 1974 통상법 제301조에 의하여 상호주의조치가 허용되어 있다는 점이다.

즉 산업피해의 판정을 미국제무역위원회(International Trade Commission : ITC)가 담당하는 반면 불공정행위의 사실 유무에 관한 판단은 미상무성이 독자적으로 담당하고 있다.

그러나 미국의 산업피해구제제도 중 가장 두드러진 특징은 적극적 산업피해구제제도의 조치인 무역조정지원제도(Trade Adjustment Assistance)의 확립을 들 수 있다.

이 제도는 수입경쟁에 의해 타격을 입은 근로자·기업체·지역에 대하여 재정 및 기술지원을 제공하는 것을 목적으로 시행되는 것으로 많은 재정부담이 수반되는 제도이다.

2 캐나다의 산업피해구제제도

캐나다의 제도는 1984년 기존법의 통·폐합을 통해 새로 제정된 특별수입규제조치법(Special Import Measure Act : SIMA)에 의거하고 있다. 이 나라는 미국과 유사한 면이 많으면서도 제도운영에 있어서는 상당한 차이를 보이고 있다.

즉 덤핑과 보조금지급의 사실 유무 판정과 마진 산정은 국세청차관이 담당하고 캐나다수입심의위원회(Canadian Import Tribunal : CIT)가 국내산업에 대한 피해판정을 하고 있다. 그러나 CIT의 기능은 미국의 ITC에 비해 그 기능이나 정책집행과정의 영향력에서는 뒤떨어진다고 볼 수 있다. 여기에 추가할 점은 긴급수입제한조치의 발동은 캐나다연방정부의 특정 부서가 전담을 하지 않고 최종 결정은 연방정부의 내각회의에서 결정된다는 점에서 미국의 엄격한 사법적 심사제도와는 좋은 대조를 보이고 있다.

3 일본의 산업피해구제제도

일본의 제도는 법제상으로는 완벽하게 정비되어 있으나 공식적으로는 거의 활용되지 않고 사문화되어 있다는 점이 두드러진 특징이다.

즉 불공정무역거래에 대해서는 수출자율규제나 약속제도와 같은 방법을 원용하는 사례가 많고 반면, 공정무역거래에 대해서는 산업피해를 구제하기 위한 조치가 단 한 차례도 실시된 바 없다.

이와 같은 사실은 일본 산업에 피해를 끼치는 수입의 급증이 없었다기보다는 일본의 전반적인 수입관리체계가 치밀하여 특정 산업에 피해가 야기되기 전에 관련된 수입을 행정조치 등의 방법으로 효과적으로 관리하였기 때문인 것으로 풀이되고 있다. 나아가 외국과의 불가피한 통상마찰을 회피하기 위하여 이들 제도의 발동에 신중을 기하고 있는 것도 동 제도가 제대로 활용되지 않은 이유로 분석되고 있다.

5 우리나라 대외무역법상의 산업피해구제제도

1 총설

우리나라는 1987년 7월 1일부터 대외무역법을 통해 공정무역거래상의 수입급증으로 인해 야기되는 국내산업에 대한 피해를 구제받을 수 있는 객관적이고도 공정한 제도를 구비하였다.

이 제도는 관세법에 규정된 외국의 불공정무역거래행위를 규제하는 반덤핑관세와 상계관세제도와 더불어 우리나라의 산업피해구제제도의 쌍벽을 이루고 있다.

특히 대외무역법상의 산업피해구제제도는 소극적 의미의 수입품에 대한 수량 및 품질제한과 함께 적극적 의미의 산업피해구제제도인 기술 및 생산성향상을 위한 직접적 지원제도와 공업발전법에 의한 산업합리화업종지원제도를 도입함으로써 과감한 수입자유화를 통한 우리나라 경제의 개방화에 능동적으로 대처하고 있다.

제도면에서도 기존의 행정조직체계와는 별도로 독립된 무역위원회의 신설을 통하여 판정의 객관성과 공정성을 확보하게 하는 획기적인 발전을 꾀하였다.

2 산업피해조사절차의 진행과정

1. 산업피해의 범위

외국으로부터의 수입이 증가하여 관련 국내산업이 다음의 하나에 해당하는 피해를 받는다고 인정하는 때에는 당해 국내산업에 이해관가 있는 자 및 당해 국내산업을 관장하는 관계행정기관장(이하, 이해관계자라 한다)은 무역위원회에 당해 특정 물품의 수입 또는 무역 및 유통서비스의 공급(이하, 특정한 물품의 수입 등이라 한다)이 국내산업에 미치는 피해를 조사하여 줄 것을 신청할 수 있다.

① 특정한 물품의 수입의 증가로 인하여 동종의 물품 또는 직접적인 경쟁관계에 있는 물품을 생산하는 국내산업이 심각한 피해를 받거나 받을 우려가 있을 때, 이는 물품수입이 양적 증가로 이하여 동종의 국내산업이 피해를 입게 되는 경우를 말한다.

② 외국인(대한민국 법률에 의하여 설립된 법인으로서 그 주식 또는 지분의 2분의 1 이상을 외국인이 소유하고 있는 법인 포함)에 의한 무역 및 유통서비스의 공급증가로 인하여 동종의 무역 및 유통서비스를 공급하는 국내산업이 심각한 피해를 받거나 받을 우려가 있을 때, 이는 국내유통시장의 개방으로 인하여 무역업을 포함한 동종의 유통서비스업이 피해를 입게 되는 경우를 말한다.

③ 국내에서 보호되는 특허권, 실용신안권, 의장권, 상표권, 저작권, 저작인접권· 프로그램저작권 및 반도체직접회로의 배치설계권을 침해하는 물품의 수입행위로 인하여 당해 물품과 직접적인 경쟁관계에 있는 물품을 생산하는 국내산업이 피해를 받거나 받을 우려가 있을 때, 이는 지적재산권을 침해하는 물품이 수입됨으로써 국내 지적재산권 관련법률에 의하여 보호되는 동종의 국내산업이 피해를 입게 되는 경우를 말한다.

2. 이해관계인의 범위

당해 국내산업에 이해관계가 있는 자라 함은 다음의 각 내용에 해당하는 자를 말한다.

① 당해 국내산업에서 차지하는 생산량 또는 업체수의 비중이 100분의 20이상인 생산자, 다만, 농림수산업인 경우에는 5인 이상의 당해 물품의 생산자를 말한다. 이 때 생산자의 범위에서 당해 물품의 상당량을 수입하는 생산자를 제외할 수 있도록 함으로써 영업활동에서 수입의 비중이 큰 생산자는 이해관계인에서 배제하고 있다.

② 당해 국내산업에서 차지하는 서비스의 공급액 또는 업체수의 비중이 100분의 20이상인 서비스의 공급자

③ 국내에서 보호되는 특허권, 실용신안권, 의장권, 상표권, 저작권, 저작인접권·프로그램저작권 및 반도체직접회로의 배치설계권을 침해하는 물품의 수입행위로 인하여 당해 물품과 직접적인 경쟁관계에 있는 물품을 생산하는 자인 경우에는 국내 관계법령에 의하여 보호를 받을 수 있는 자

④ 당해 국내산업의 생산자 또는 서비스의 공급자로 구성된 협회·조합 또는 산업별 노동조합

3. 산업피해조사의 신청

특정한 물품 등의 수입 등이 국내산업에 미치는 피해를 조사(이하, 산업피해조사라 한다)하여 줄 것을 신청하고자 하는 자(이하, 신청인이라 한다)는 다음의 각 사항을 기재한 신청서(이하, 신청서라 한다)에 필요한 증빙자료를 첨부하여 무역위원회에 제출하여야 한다.

① 당해 물품의 품명·규격·특성·용도 및 생산자명 또는 당해 서비스의 내용·종류·특성·용도 및 공급자명

② 당해 물품의 수출자·수입자·수입실적(물량 및 금액) 및 일정기간 동안의 예상수입량 또는 당해 서비스의 공급자·공급받는 자·공급실적 및 일정기간 동안의 예상공급액

③ 국내의 동종 또는 직접적인 경쟁관계에 있는 물품의 품명·규격·특성·용도 및 생산자명 또는 서비스의 내용·종류·특성·용도 및 공급자명. 다만, 국내에서 보호되는 특허권, 실용신안권, 의장권, 상표권, 저작권, 저작인접권·프로그램저작권 및 반도체 직접회로의 배치설계권을 침해하는 물품의 수입행위로 인하여 당해 물품과 직접적인 경쟁관계에 있는 물품을 생산하는 국내산업이 피해를 받거나 받을 우려가 있을 때인 경우에는 당해 침해받는 권리 등과 그 내용을 기재한다.

④ 특정한 물품 등의 수입 등으로 국내산업이 심각한 피해를 받거나 받을 것으로 우려되는 사항

⑤ 당해 국내산업이 산업지원 관계법령에서 지원받고 있는 내용 및 정도

⑥ 당해 국내산업의 피해를 구제하기 위하여 요청되는 조치의 내용·정도 및 기간

⑦ 첨부한 자료를 비밀로 취급할 필요가 있는 경우에는 그 사유

3 산업피해의 조사

1. 산업피해조사의 개시결정

무역위원회는 산업피해조사의 신청을 받은 때에는 관계행정기관의 장과 협의하여 그 신청일로부터 30일 이내에 조사의 개시 여부를 결정하여야 한다. 그러나 무역위원회는 산업피해조사의 개시 여부를 결정함에 있어서 다음의 하나에 해당하는 경우에는 조사의 개시를 하지 아니하는 것으로 결정할 수 있다.

① 신청서 및 증빙자료가 미비하여 기간을 정하여 신청인에게 이를 보완하도록 하였으나 신청인이 이에 불응하는 경우,

② 신청서 및 증빙자료를 심사한 결과 특정한 물품의 수입 등으로 인하여 국내산업이 심각한 피해를 받거나 받을 우려가 있다고 인정할 만한 사실이 발견되지 아니한 경우,

따라서 무역위원회는 산업피해조사의 개시 여부를 결정한 때에는 그 사실을 관보에 기재하고 신청인에게 그 내용을 통지하여야 한다.

2. 조사단 구성

무역위원회는 산업피해조사의 실시를 위하여 필요하다고 인정하는 때에는 다음에 해당하는 자로 조사단(이하, 조사단이라 한다)을 구성할 수 있다.

① 무역위원회 소속 공무원
② 당해 산업을 관장하는 관계행정기관의 소속 공무원
③ 당해산업과 관련있는 정부출연 연구기관 또는 단체의 임원 및 직원
④ 변호사·변리사 또는 공인회계사의 자격이 있는 자
⑤ 기타 산업·무역 및 국제경제에 관하여 학식과 경험이 풍부한 자

이러한 조사단을 구성하고자 할 때에는 관계행정기관의 장·정부출연 연구기관 또는 단체의 장 등에게 필요한 협조를 요청할 수 있으며, 조사단의 구성원에 대하여는 예산의 범위 안에서 사당이나 여비를 지급할 수 있다. 다만, 공무원이 그 소관업무와 직접적으로 관련하여 조사단의 구성원이 되는 경우에는 수당을 지급하지 아니한다.

3. 조사사항

조사단은 다음의 사항에 관한 조사를 한다.

① 수입수량 또는 서비스공급의 증가추이 및 그 요인
② 특정한 물품의 수입 등이 국내산업에 심각한 피해를 주거나 피해를 줄 것으로 우려되는 사항과 그 정도
③ 국내에서 보호되는 특허권, 실용신안권, 의장권, 상표권, 저작권, 저작인접권·프로그램저작권 및 반도체 직접회로의 배치설계권을 침해하는 물품의 수입행위로 인하여 당해 물품과 직접적인 경쟁관계에 있는 물품을 생산하는 국내산업이 피해를 받거나 받을 우려가 있을 때인 경우에는 당해 권리 등의 침해사실 여부 및 그로 인한 국내산업의 피해규모
④ 당해 국내산업의 국제경쟁력 현황과 전망, 국내업계의 국제경쟁력 향상을 위한 자구노력 정도
⑤ 당해 국내산업에 대한 효과적인 피해구제수단과 당해 조치가 수출관련산업·소비자의 이익 및 통상관계 등에 미치는 영향
⑥ 기타 무역위원회가 필요하다고 인정하는 사항

4. 조사의 실시

(1) 조사의 개시

무역위원회는 다음의 하나에 해당하는 때에는 공청회의 개최 등 대통령령이 정하는 바에 의하여 조사를 하여야 한다.

① 무역위원회가 이해관계인의 신청을 받아들여 관계행정기관의 장과 협의하여 국내산업 피해조사의 개시를 결정한 때
② 무역위원회의 고유기능에 의하여 "특정한 물품의 수입 등이 산업의 경쟁력에 미치는 영향의 조사" 결과 특정한 물품의 수입 등이 국내산업에 피해를 미친다고 인정한 때

(2) 조사방법

① 무역위원회는 산업피해조사를 위하여 필요하다고 인정할 때에는 관계행정기관의 장, 관련기관 또는 단체의 장 기타 이해관계인에게 자료의 제출을 요청할 수 있다. 이 경우 요청을 받은 자는 특별한 사유가 없는 한 이에 응하여야 한다.
② 무역위원회는 산업피해조사를 위하여 필요하다고 인정할 때에는 조사단을 교역상대국에 파견하여 국내로의 수출증대 가능성 등을 조사하게 할 수 있다.
③ 이해관계인의 의견의 진술이나 상반된 이해관계인과의 협의 등을 위하여 필요하다고 인정할 때에는 무역위원회의 요청에 의하여 공청회에 참석하는 증인 또는 참고인에 대하여는 예산의 범위 안에서 여비를 지급할 수 있다.
④ 이해관계인은 산업피해조사기간 중에는 언제든지 무역위원회에 국내산업에 미치는 피해의 유무 및 구제방안에 관하여 자기의 의견을 진술하거나 이를 서면으로 제출할 수 있다.
⑤ 무역위원회는 이해관계인이 신청인 또는 다른 이해관계인이 제출한 자료에 대하여 열람을 요청할 때에는 특별한 사유가 없는 한 이에 응하여야 한다. 이 경우 이해관계인의 자료열람요청은 그 사유 및 자료목록을 기재한 서면으로 하여야 한다.

5. 조사관련 자료의 목적 외의 사용금지 및 영업상 비밀자료 취급

(1) 조사자료의 목적 외의 사용금지

무역위원회 및 조사단의 구성원은 당해 산업피해조사와 관련하여 이해관계인으로부터 취득한 자료나 인지한 사실을 산업피해조사 외의 목적으로 사용할 수 없다.

(2) 영업상 비밀자료 취급

신청인 또는 산업피해조사와 이해관계가 있는 자(이하, 이해관계인이라 한다)는 신청서 및 이와 관련하여 제출하는 자료가 다음의 하나에 해당하는 경우에는 이를 영업상의 비밀자료로 취급하여 줄 것을 무역위원회에 요청할 수 있으며, 이 경우 신청인 또는 이해관계인은 공개 가능한 요약서를 제출하여야 하며, 요약서 제출이 어려울 경우에는 그 사유서를 제출하여야 한다.

① 제조원가에 관한 자료
② 개별거래선의 명칭·주소·판매가격 및 거래량에 관한 자료

③ 생산공정 및 생산설비 또는 공표되지 아니한 회계에 관한 자료
④ 비밀정보제공자에 대한 자료
⑤ 기타 경쟁자에게 공개됨으로써 기업 손실을 초래하는 등 비밀로 취급하는 것이 타당하다고 인정되는 자료

그리고 무역위원회는 신청인 또는 이해관계인으로부터 영업상 비밀자료로 취급하여 줄 것을 요청받은 때에는 영업상 비밀자료로 취급하여야 할 것인지의 여부를 결정하고, 그 결정 내용을 신청인 또는 이해관계인에게 통보하여야 한다. 이 경우 영업상 비밀자료는 제출한 자의 명시적인 동의 없이 산업피해조사 외의 목적으로 이를 공개하거나 열람하게 하여서는 아니 된다. 영업상 비밀자료의 신청 및 취급에 관하여 필요한 사항은 무역위원회가 정한다.

6. 조사의 종결 및 판정

(1) 조사기간 및 판정

무역위원회는 조사를 개시한 때에는 그 조사의 개시일로부터 120일 이내에 당해 국내산업에 미치는 피해의 여부를 판정하여야 한다. 다만, 그 조사 내용이 복잡한 경우 또는 이해관계자가 정당한 사유를 제시하여 그 기간의 연장을 신청한 경우에는 120일의 기간내에서 조사 기간을 연장할 수 있다.

(2) 조사기간 중 종결

무역위원회는 조사기간 중에 다음의 각 사유가 발생한 때에는 그 조사를 종결할 수 있다.

① 신청인이 산업피해조사의 신청을 철회한 때
② 국내에서 보호되는 특허권, 실용신안권, 의장권, 상표권, 저작권, 저작인접권·프로그램저작권 및 반도체 직접회로의 배치 설계권을 침해하는 물품의 수입행위로 인하여 당해 물품과 직접적인 경쟁관계에 있는 물품을 생산하는 국내산업이 피해를 받거나 받을 우려가 있는 경우, 신청인과 이해관계인간에 화해계약을 체결한 때
③ 무역위원회는 이와 같이 조사 중에 종결을 한 때에는 그 사실을 관보에 게재하고 신청인에게 그 내용을 통지하여야 한다.

7. 산업피해유무의 판정시 검토사항

(1) 일반적인 경우의 검토사항

무역위원회는 산업피해조사 결과 국내산업이 미치는 피해의 유무를 판정할 때에는 다음의 각 사항을 검토한다.

① 수입수량 또는 외국인에 의한 서비스의 공급이 증가하고 있는지 여부
② 국내산업이 심각한 피해를 받고 있는지 여부
이 경우에는 판매, 생산성, 가동율, 이윤, 손실, 고용, 재고, 시장점유율 등의 변화를 고려하여 국내산업이 증대하고 전반적인 피해를 받고 있는지 여부를 평가하여야 한다.
③ 국내산업이 심각한 피해를 받을 우려가 있는지 여부
이 경우에는 위 ②에서와 같은 피해가 명백하게 급박한지 여부를 평가하여야 한다.
④ 국내에서 보호되는 특허권, 실용신안권, 의장권, 상표권, 저작권, 저작인접권·프로그램저작권 및 반도체 직접회로 배치설계권을 침해하는 물품의 수입행위로 인하여 당해 물품과 직접적인 경쟁관계에 있는 물품을 생산하는 국내산업의 판매 감소, 손실의 발생 또는 그 우려 여부
⑤ 특정한 물품의 수입수량의 증가로 인한 경우에는 피해의 정도가 심각하거나 그 우려가 있는지의 여부
⑥ 당해 국내산업의 특성과 산업정책 및 관련산업과의 관계, 국내물가 및 소비자 이익 등 국민경제에 대한 영향, 통상관계 기타 사회·문화적 요인

⑵ 농림수산업의 피해에 대한 특별 검토

무역위원회는 수입에 의한 피해를 받은 국내산업이 농림수산업에 해당하는 경우에는 심각한 피해 유무를 판정함에서의 검토사항 및 심각한 피해우려 유무를 판정함에서의 검토사항에 관하여 농림수산업의 특성을 고려하여 관계행정기관의 장과의 협의를 거쳐 세부검토사항을 정할 수 있다.

8. 산업피해가 없는 경우의 통지 및 재조사신청

무역위원회는 산업피해조사를 실시한 결과 국내산업에 피해가 없다고 판정한 때에는 이해관계자에게 그 사실을 통지하여야 한다. 이러한 통지를 받은 경우 신청인은 재조사사유를 기재한 신청서에 관계증빙자료를 첨부하여 무역위원회에 재조사를 신청할 수 있으며 무역위원회가 재조사를 하기로 결정한 때에는 당초의 국내산업 피해조사절차를 준용한다. 다만, 재조사를 실시하여야 하는 명백한 사유가 없는 한 무역위원회는 산업피해의 유무를 결정한 날부터 1년 이내에는 재조사의 결정을 할 수 없다.

4 피해구제조치의 건의 및 조치

1. 한시적 수입제한의 건의

무역위원회는 산업피해조사의 결과 국내산업에 미치는 피해가 있다고 판정한 때에는 그 판정일로부터 45일 이내에 관계행정기관의 장에게 일정한 기간을 정하여 다음의 하나에 해당하는 조치(이하, 구제조치라 한다)를 하여 줄 것을 건의할 수 있다. 무역위

원회는 구제조치를 건의하고자 할 때에는 당해 국내산업을 관장하는 관계행정기관의 장, 당해 국내산업과 관련있는 협회·조합 등의 의견을 종합적으로 검토하여야 한다.

종전에는 구제조치의 건의를 산업자원부장관에게 하고 산업자원부장관이 그 구제조치를 하는 경우에 필요하다고 인정할 때에는 관계행정기관의 장에게 요청할 수 있도록 하였으나 1992년 12월 개정시에 무역위원회가 직접 관계행정기관의 장에게 건의할 수 있도록 함으로써 무역위원회의 기능을 제한적이나마 강화하고 그 구제조치의 신속성과 실효성을 높였다.

① 수입물품의 수량 제한

② 관세율의 조정

③ 관계법령의 규정에 의한 공업·농림수산업·광업·중소기업에 대한 기술 지원

i) 당해 국내산업의 보호 육성 또는 업종 전환 등을 위하여 정부가 출연하고 있는 각종 기금에서의 지원 또는 세제상의 지원

ii) 당해 국내산업의 근로자에 대한 재교육 또는 전직훈련

iii) 기타 정부가 출연하는 연구기관에 의한 기술개발의 지원 등

이러한 지원은 일시적 수입제한만이 아니라 당해 산업분야의 경쟁력 향상을 도모함으로써 수입물품과의 경쟁에서 우위를 점할 수 있도록 하는 산업정책적 지원일 수도 있고, 업종 자체가 경쟁력 확보가 어려운 사양산업이라고 판단될 경우에는 다른 부문으로의 업종전환, 그에 따른 노동력의 이동 등을 지원해 주는 제도이다.

④ 조사대상인 산업의 업종에 대한 공업발전법에 의한 합리화업종의 지정

⑤ 특정물품 또는 특정 무역업자에 대한 수입의 중지 또는 금지(지적재산권 침해의 경우에 한함)

⑥ 기타 국내산업의 구제를 위하여 대통령령이 정하는 다음의 조치

i) 국가안보 또는 국민의 생명·건강에 대한 위해 방지 등을 위한 조치

ii) 기타 국내산업의 피해를 구제하기 위하여 필요하다고 인정되는 조치

2. 관계행정기관의 장의 조치

(1) 구제조치여부 결정

관계행정기관의 장은 무역위원회의 구제조치 건의를 받은 때에는 그 건의를 받은 날로부터 45일 이내에 구제조치의 여부를 결정하여야 한다. 이 경우 당해 구제조치의 시행을 위하여 주요 이해당사국과 협의가 필요하거나 당해 구제조치의 시행을 위하여 특히 필요한 경우 그에 소요된 기간은 이에 포함하지 아니한다.

(2) 구제조치여부 결정시 고려사항

관계행정기관의 장은 구제조치를 하는 때에는 국제통상관계 및 국민경제에 대한

영향을 고려하여야 한다.

(3) 구제조치의 시행

1) 구제조치의 기간

구제조치의 내용이 수입물품의 수량제한, 관세율의 조정 등 수입제한일 때에는 그 기간은 4년 이내로 하여야 한다. 다만, 무역위원회가 재검토 결과 구제조치의 연장을 건의한 때에는 잠정조치를 포함한 구제조치의 총 기간이 8년을 초과하지 아니하는 범위에서 그 기간을 연장할 수 있다.

2) 구제조치의 완화

구제조치의 내용이 수입물품의 수량제한, 관세율의 조정 등 수입제한일 때에는 구제조치기간 동안에도 그 구제조치의 내용이 점차적으로 경감되도록 하여야 한다. 또한 그 중에서도 수입물품의 수량을 제한하는 경우에는 심각한 피해를 방지 또는 구제하기 위한 다른 수준이 명백하게 제시되지 아니하는 한 최근 대표적인 3년간의 수입수량의 평균이하로 제한할 수 없다.

이는 구제조치로서의 수입제한이라 하더라도 가능한 한 수입제한을 축소함으로써 이로 인한 대외통상마찰의 발생 등을 방지하기 위한 조치라고 할 수 있다. 그리고 수입물품의 수량제한 및 관세율 조정 등이 취하여진 수입물품과 동일한 수입물품에 대하여는 그 구제조치기간이 종료된 날부터 당해 구제조치가 시행되었던 기간만큼의 기간이 경과되기 전(구제조치가 시행되었던 기간이 2년 미만인 경우에는 2년이 경과되기 전)에는 다시 수입물품의 수량제한 및 관세율 조정 등의 구제조치를 할 수 없다. 다만, 당해 수입물품에 대한 구제조치가 취하여진 날부터 1년이 경과된 경우로서 최근 5년 동안에 2회 이내의 구제조치가 시행된 경우에는 시행기간을 180일 이내로 하여 구제조치를 할 수 있다.

(4) 구제조치의 해제

관계행정기관의 장은 구제조치를 한 경우 그 구제조치의 원인이 되는 사실이 소멸되는 등 해제하여야 할 사유가 있다고 인정하는 때에는 이를 해제하여야 한다. 이 경우 무역위원회의 의견을 들을 수 있다.

3. 잠정조치

(1) 잠정조치의 건의

무역위원회는 산업피해의 조사를 하는 기간 중이라도 긴급히 조치를 하지 아니하면 조사의 대상이 되는 산업이 회복할 수 없을 정도를 피해를 받거나 받을 우려가 있다고 인정하는 때에는 관계행정기관의 장에게 잠정적으로 관세후의 조정을 통한 구제조치(이하, 잠정조치라 한다)를 하여 줄 것을 건의할 수 있다. 이러한 잠정조치의 건의는 직권으로 또는 신청인의 신청에 의하여 할 수 있다.

그리고 무역위원회는 신청인으로부터 잠정조치의 건의신청을 받은 때에는 그 신청이 있는 날로부터 30일 이내에 잠정조치의 건의 여부를 결정하여야 한다. 다만, 조사내용이 복잡한 경우에는 30일의 범위내에서 그 기간을 연장할 수 있다.

⑵ 잠정조치여부의 결정

관계행정기관의 장은 무역위원회의 잠정조치의 건의를 받은 때에는 조사대상이 되는 산업이 농림수산업인 경우에는 그 건의를 받은 날로부터 15일 이내에 잠정조치의 시행여부를 결정하여야 한다. 다만, 당해 잠정조치의 시행을 위하여 관계행정기관의 장·관련기관 또는 단체와의 협의 등 필요한 절차를 거쳐야 하는 경우 그에 소요되는 기간은 이에 포함하지 아니한다.

또한 일반적으로 당해 잠정조치의 시행을 위하여 주요 이해당사국과 협의가 필요하거나 당해 잠정조치의 시행을 위하여 특히 필요한 경우 그에 소요된 기간은 이에 포함하지 아니한다. 이때에도 관계행정기관의 장은 잠정조치를 하는 때에는 국제통상관계 및 국민경제에 대한 영향을 고려하여야 한다.

⑶ 잠정조치의 기간 및 효력상실

잠정조치의 기간은 조치일로부터 200일을 초과하여서는 아니되며, 그 잠정조치는 무역위원회가 산업피해조사 결과 산업피해가 없다고 판정하거나 또는 관계행정기관의 장이 결정한 피해구제조치가 효력을 발행한 날로부터 그 효력을 잃는다.

4. 재검토

⑴ 구제조치내용의 변경 등의 건의

무역위원회는 관계행정기관의 장이 행한 구제조치가 국내산업에 미치는 영향 및 효과 등을 검토하여 당해 구제조치의 내용의 변경·해제 또는 적용기간의 연장을 관계행정기관의 장에게 건의할 수 있다.

무역위원회는 재검토 결과 당해산업의 심각한 피해를 방지하거나 구제하기 위하여 조치의 변경 또는 적용기간의 연장이 필요하다고 인정하는 경우에는 구제조치기간 종료 45일 전까지 관계행정기관의 장에게 이를 건의할 수 있다.

⑵ 구제조치내용의 변경 등의 여부결정

이러한 건의가 있을 때 관계행정기관의 장은 그 건의를 받은 날부터 45일 이내에 구제조치내용의 변경 등의 여부를 결정해야 하고(주요 이해당사국 등과 협의 등으로 필요한 경우 그에 소요되는 기간은 제외한다) 구제조치내용의 변경 등을 하는 때에는 국제통상관계 및 국민경제에 대한 영향을 고려하여야 한다.

(3) 재검토의 시기

무역위원회는 관계기관의 장이 행한 구제조치기간이 3년을 초과하는 경우에는 그 기간의 중간이 되는 날부터 소급하여 120일 이내에 당해 구제조치의 변경 또는 해제의 필요성을 재검토하여 그 변경 또는 해제의 건의 여부를 결정하여야 한다. 또한 무역위원회는 신청인으로부터 구제조치기간 종료 120일 전까지 신청이 있거나 무역위원회가 필요하다고 인정하는 경우에는 동 조치의 변경 또는 그 적용기간의 연장의 필요성을 재검토하여야 한다.

(4) 자료제출요청

무역위원회는 재검토 등을 위하여 필요하다고 인정하는 때에는 산업피해조사 대상이 되었던 국내산업을 관장하는 관계행정기관의 장·관련기관 또는 단체에 대하여 수입실적이나 국내산업의 생산동향에 관한 자료의 제출을 요청할 수 있다.

6 섬유 및 의류에 대한 수입제한 조치

1 배경

산업자원부장관은 섬유 및 의류의 수입증가로 인하여 동종의 물품 또는 직접적인 경쟁관계에 있는 물품을 생산하는 국내 산업이 심각한 피해를 받거나 받을 우려가 있을 때에는 수입제한 조치를 할 수 있다. 이러한 수입제한 조치를 하는 경우 그 대상품목, 대상국가, 제한범위 및 조사절차는 대통령령에서 정한다. 우루과이라운드 협상에서는 궁극적으로 섬유제품의 무역도 GATT체제에 복귀시키기로 하고 WTO 협정의 부속문서로서 "섬유 및 의류에 관한 협정"을 체결하였다.

즉, UR협상결과 MFA 규제를 철폐하고 GATT에 완전히 통합시키는 시기는 2005년 1월 1일로 규정되었다. 따라서 MFA 및 MFA의 모든 제한은 WTO 설립협정이 발효하여 제121번째가 되는 달의 첫 번째 일자(2005년 1월 1일)에 종료되며, 동 일자에 섬유와 의류분야는 완전히 GATT 1994에 통합된다(제9조). 이 협정의 발효 예정일인 1995년 1월 1일을 기준으로 할 때 경과기간은 10년인 바, 이는 12년 내외를 주장한 주요 섬유수입 선진국의

입장과 6~8년을 주장한 인도, 파키스탄 등 수출국의 입장이 절충된 것이라 할 수 있다

동 협정은 아직 GATT에 복귀하지 않은 품목의 수입급증으로 인하여 자국내 섬유산업의 피해가 발생하거나 발생할 우려가 있을 경우 특정국을 대상으로 쿼터설정과 같은 수입규제조치를 할 수 있도록 하고 있다. 따라서 우리나라도 일반상품에 대한 긴급수입제한 제도와 별도로 섬유 및 의류에 대한 긴급수입제한 제도를 1995년 7월부터 도입하게 되었다.

2 주요 수입제한조치 내용

1. 대상품목

섬유 및 의류에 대한 긴급수입제한조치 적용대상이 되는 품목은 섬유 및 의류에 관한 협정부속서에 규정된 것으로 한다. 다만, GATT (1994)체제로 복귀되는 품목은 제외한다.

2. 섬유 및 의류 산업의 피해조사

산업자원부장관은 섬유 및 의류 품목의 수입제한조치를 하고자 하는 경우에는 이해관계인의 신청 또는 직권으로 무역위원회에 국내산업의 피해를 조사하여 줄 것을 요청할 수 있다. 무역위원회가 이와 같이 조사요청을 받은 경우에는 일반 품목의 산업피해조사규정에 준하여 국내산업 피해 여부를 조사할 수 있다.

3. 판정결과의 통보

무역위원회는 섬유 및 의류산업의 피해조사를 한 때에는 15일 이내에 그 결과를 산업자원부장관에게 통보하여야 한다.

4. 수입제한조치 여부의 결정 및 이해관계국과의 협의

(1) 수입제한조치 여부의 결정

산업자원부장관은 무역위원회로부터 국내산업에 미치는 피해가 있다고 통보를 받은 때에는 그 통보를 받은 날부터 45일 이내에 수입제한조치의 여부를 결정하여야 한다. 다만, 이해당사국과의 협의 또는 수입제한조치의 시행을 위하여 필요한 때에는 30일의 기간 내에서 그 기간을 연장할 수 있다.

(2) 수입제한조치여부의 결정시 고려사항

산업자원부장관은 수입제한조치의 시행여부를 결정할 때에는 국민경제에 미치는 영향 및 국제통상관계를 참작하여야 한다.

⑶ 이해관계국과의 협의

산업자원부장관은 수입제한조치의 여부를 결정할 경우에는 미리 그 수입제한조치로 인하여 영향을 받게 될 국가와 협의를 하여야 한다. 다만, 긴급한 조치를 하지 아니하면 해당산업이 회복할 수 없을 정도의 피해를 받거나 받을 우려가 있다고 인정하는 경우에는 해당국가의 협의없이 수입제한조치하되 그 조치일로부터 5일 이내에 해당국가에 협의요청을 하고 세계무역기구(WTO) 섬유감시기구에 이를 통보하여야 한다. 동 협의에서 산업의 피해효과를 제거하기 위한 적절한 조치에 대하여 상호협의가 이루어진 경우에는 산업자원부장관은 그 조치로서 수입제한조치가 취하여진 것으로 갈음할 수 있다.

섬유 등에 대한 수입제한조치의 경우에는 일반품목과는 달리 특정국에 대하여 차별적으로 수입제한조치를 적용할 수 있기 때문에 해당국과의 마찰을 줄이기 위하여 협의를 하도록 하고 있는 것이다.

5. 수입제한조치의 시행

산업자원부장관은 수입제한조치의 대상 국가를 지정하여 국가별로 수입제한조치를 발동할 수 있다. 이때 산업자원부장관은 섬유 및 의류에 관한 협정 제6조 6항의 규정에 의한 개별국가의 이해를 특별히 참작하여야 한다. 산업자원부장관은 이러한 수입제한조치를 하는 경우 최초 1년간의 수입수준은 당해 국가에 협의를 요청한 달 이전 2월부터 소급하여 12월 동안 해당국가로부터 수입한 양 이상이어야 하며, 동조치가 1년 이상 지속될 경우 최초 1년이 경과한 이후의 기간 동안에는 수입량이 매년 6% 이상씩 증가되도록 하여야 한다.

다만, 수입제한 수준에 대하여 WTO 섬유감시기구에 의하여 달리 정당화되는 경우에는 수입량의 증가폭을 6% 미만이 되도록 할 수 있다.

동 섬유 및 의류품목에 대한 수입제한기간은 3년을 초과할 수 없으며, 수입제한조치가 시행되는 기간 중에 당해 품목이 GATT(1994)체제로 복귀되는 경우에는 산업자원부장관은 지체없이 수입제한조치를 해제하여야 한다.

6. 재검토

무역위원회는 수입제한조치가 국내산업에 미치는 영향 및 효과분석 등을 재검토하여 수입제한조치의 내용을 변경하거나 이를 존속시킬 필요가 없다고 판단될 경우에는 이의 변경 또는 해제를 산업자원부장관에게 건의할 수 있다. 동 건의가 있는 경우 산업자원부장관은 그 건의를 받은 날부터 30일 이내에 수입제한조치의 변경 또는 해제여부를 결정하여야 한다.

7. 관계기관의 협조요청

산업자원부장관은 섬유 및 의류 품목의 수입제한조치를 하는 경우에 해당품목의 수입통관감시 등을 위하여 필요한 때에는 관계기관에 협조를 요청할 수 있다.

【그림 Ⅰ-12-1】 우리나라의 산업피해구제 절차도

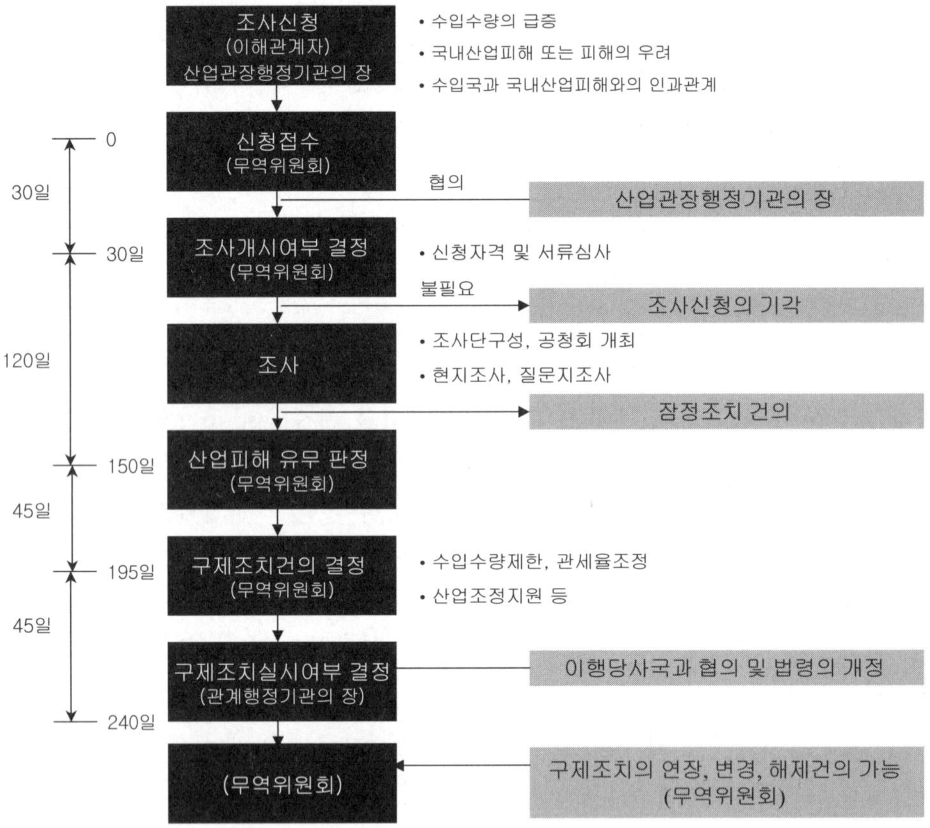

* 복잡한 경우 120일 이내 조사기간 연장가능.

** 구제조치 여부 결정시 이해당사국과 협의, 법령의 개정 등 준비조치가 필요한 경우 그에 소요되는 기간은 포함되지 않음.

【표 I -12-4】 주요국의 산업피해구제기관 비교

	미국 국제무역위원회 (USITC)	캐나다 국제무역조사위원회 (CITT)	호주 산업지원위원회 (IAC)	EU EU집행위원회 (DGI)	한국 무역위원회 (KTC)
성 격	대통령산하 독립규제위원회	재무부 산하 독립규제위원회	상공기술성 소속 자문위원회		산업자원부 소속 준독립행정위원회
위 원 인 원	6명(상임) 472명 (3국 14실 24과)	9명(상임) 100명 (3국 13과)	9명(상임) 260명 (2국 2실 12과)	17명 100명 (1국 1실)	7명(상임 1명) 50명 (1실 1담당관 4과)
기 능	▸ 산업피해조사 및 구제건의 • 수입급증 • 덤핑(보조금 지급) • 지적소유권 등 불공정 수입 ▸ 무역 및 관세제도 조사·연구 • 산업교역상품 모니터링	▸ 산업피해조사 및 구제건의 • 수입급증 • 덤핑(보조금 지급) • 서비스 ▸ 경제, 무역, 관세 문제에 관한 일반적 조사	▸ 산업지원업종 및 수단건의 * 반덤핑(상계)관세 부과조치는 호주 관세성과 반덤핑청에서 담당	▸ 산업피해조사 및 구제건의 • 수입급증 • 덤핑(보조금 지급)	▸ 산업피해조사 및 구제건의 • 수입급증 • 덤핑(보조금 포함) 수입 • 지적소유권 피해 등 불공정 수입 • 무역 및 유통서비스 공급 급증 ▸ 수입이 산업경쟁력에 미치는 영향의 조사분석 ▸ 국제무역제도 및 경쟁사례조사 ▸ 불공정수출입 행위조사
구 제 수 단	관세, 수량규제 및 무역조정지원 등	관세 및 수량 규제	산업조정지원 및 수량규제	관세 및 수량 규제	관세, 수량 규제 및 산업조정 지원

Chapter XIII 대외무역법상의 행정벌

1 행정벌의 의의 및 성질

① 행정벌의 의의

대외무역법에 벌칙을 규정한 것은 무역행정 본래의 목적을 보장하고 실현하기 위하여 대외무역법 또는 이 법에 의하여 발한 명령이나 제 금지규정에 위반한 행위를 제재하기 위한 것이다.

원래 행정의 목적을 달성하기 위하여 국가는 공익을 위해서는 그 통치권력으로서 개인의 자유·재산까지도 통제를 가하고 징벌을 과하는 전반적인 규정을 설정할 필요가 있다.

특히, 대외무역법은 그 성격에 있어서 2국간 또는 그 이상의 다수국가간에서 이루어지는 대외적인 상거래를 규제하고 있다는 점에서 볼 때 국가 전체의 이미지에 미치는 영향 등을 고려하여 벌칙위반자에 대한 강력한 제재를 가하고 있다.

이와 같이 무역행정상의 목적을 실현하기 위하여 후술하는 바와 같이 대외무역법은 국민에 대하여 여러 가지의 명령·금지를 가하고 이에 따라야 할 의무를 부과하고 있다.

아울러 그 의무의 이행을 담보하여 무역행정법규의 실효성을 확보하고자 그 의무위반에 대하여 일정한 제재를 과할 수 있도록 많은 벌칙조항을 두고 있다.

이처럼 행정법상의 의무위반에 대하여 과하여지는 제재를 통상 '행정벌'이라고 한다. 그리고 행정벌이 과하여질 비행을 '행정범'이라고 부른다.

2 행정벌의 성질

행정벌은 일정한 의무위반에 대한 제재로서 과하여지는 처벌이라는 점에서 다른 종류의 처벌과 조금도 다름이 없다.

그러나 행정벌은 그 성질상 징계벌·집행벌 및 형사벌과는 다르다.

3 행정벌의 근거

행정벌은 처벌이라는 관점에서 볼 때 형벌과 다름이 없으며 따라서 법률의 근거없이는 행정벌을 과할 수 없다. 더욱이 행정벌법규의 소급입법이 허용되지 아니함은 일반형벌법규의 경우와 동일하다.

법률은 행정벌법규의 제정을 행정입법에다 위임할 수도 있다.

한편, 대외무역법은 벌칙개정권을 위임함에 있어서 명령에 개별적 위임을 하고 있다. 즉, 산업자원부장관은 대외무역법에 의하여 발하는 명령에 위반한 무역업자 등에 대하여 일정한 제재를 가하고 있다.

2 행정벌의 종류

1 행정질서벌

1. 과태료부과의 통지 및 의견진술

산업자원부장관이 대외무역법 제60조 1항~2항에 의한 과태료를 부과할 때에는 당해 위반행위를 조사·확인한 후 위반사실과 과태료 금액 등을 서면으로 명시하여 이를 납부할 것을 과태료처분 대상자에게 통지하여야 한다. 그리고 산업자원부장관이 과태료를 부과하고자 할 때에는 10일 이상의 기간을 정하여 과태료 처분대상자에게 구술 또는 서면에 의한 의견진술의 기회를 주어야 한다. 이 경우 지정된 기일까지 의견진술이 없는 때에는 의견이 없는 것으로 본다.

이러한 과태료를 부과·징수함에 있어서는 당해 위반행위의 동기와 그 결과 등을 참작하되, 부과금액은 【표 Ⅰ-13-1】과 같다.

【표Ⅰ-13-1】 위반행위의 종별 및 과태료 금액

(단위 : 만 원)

처분대상자	과태료금액 기준		3차
	1차	2차	
1. 대외무역법 제41조 제2항의 규정에 위반하여 관련되는 서류를 제출하지 아니한 자	50	500	2,000
2. 대외무역법 제41조 제3항의 규정에 의한 사실조사를 거부·방해 또는 기피한 자	30	300	1,500
3. 대외무역법 제50조 제1항의 규정에 의한 보고를 하지 아니하거나 허위의 보고를 한 자			
가. 수출입사후관리보고 불이행자	50	500	2,000
나. 산업피해조사관련보고 불이행자	30	300	1,500
다. 기타	10	100	1,000
4. 대외무역법 제50조 제2항의 규정에 의한 검사를 거부·방해 또는 기피한 자	50	500	1,500
5. 원산지의 표시를 하여야 할 물품을 수입하여 분할·재포장 또는 단순제조가공을 거쳐 거래하거나 낱개 또는 산물로 거래함에 있어서 대외무역법 제23조 1항의 규정에 의한 원산지의 표시를 하지 아니한 상태로 판매를 목적으로 유통시킨 무역거래자 또는 판매업자(다만, 농수산물의 경우는 농림부장관, 해양수산부장관이 각각 고시한 기준에서 정한 과태료를 적용한다)	당해물품의 판매 및 양도장소에서 원산지 표시를 하지 아니하고 유통시킨 물량(판매를 위한 창고저장물량과 이미 판매된 물량 중 확인 가능한 물량을 포함한다)에 현지의 실거래가격을 곱한 금액 또는 30만원 중 많은 금액	당해 물품이 판매 및 양도장소에서 원산지 표시를 하지 아니하고 유통시킨 물량(판매를 위한 창고저장물량과 이미 판매된 물량 중 확인 가능한 물량을 포함한다)에 현지의 실거래가격을 곱한 금액 또는 300만원 중 많은 금액	1,000
6. 대외무역법 제23조 제4항의 규정에 의한 검사를 거부방해 또는 기피한 자 (다만, 농수산물의 경우는 농림부장관·해양수산부장관이 각각 고시한 기준에서 정한 과태료를 적용한다.	당해물품의 판매 및 양도장소에서 원산지표시를 하지 아니하고 유통시킨 물량(판매를 위한 창고저장물량과 이미 판매된 물량 중 확인 가능한 물량을 포함한다)에 현지의 실거래가격을 곱한 금액 또는 10만원 중 많은 금액	당해물품의 판매 및 양도장소에서 원산지표시를 하지 아니하고 유통시킨 물량(판매를 위한 창고저장물량과 이미 판매된 물량 중 확인 가능한 물량을 포함한다)에 현지의 실거래가격을 곱한 금액 또는 100만원 중 많은 금액	1,000

비고 : 1. 위반행위의 횟수에 따른 과태료의 부과기준은 최근 5년간 같은 위반행위를 한 경우에 적용한다.
2. 제5호 및 제6호의 규정에 의한 과태료의 금액은 1천만원을 초과하지 못한다.

2. 과태료에 대한 불복

산업자원부장관이 한 과태료처분에 불복이 있는 자는 그 처분이 있음을 안 날부터 30일 이내에 산업자원부장관에게 이의를 제기할 수 있다. 이와 같이 과태료처분을 받은 자가 이의를 제기한 때에는 산업자원부장관은 지체없이 관할 법원에 그 사실을 통보하여야 하며, 그 통보를 받은 관할법원은 비송사건절차법에 의한 과태료의 재판을 한다.

이 기간 내에 이의를 제기하지 아니하고 과태료를 납부하지 아니한 때에는 국세체납처분의 예에 의하여 이를 징수한다.

2 행정형벌

대외무역법에 의한 징역 또는 벌금을 과하는 행정형벌은 형사소송법에 의하여 집행하게 된다.

1. 5년 이하의 징역 또는 물품가격의 3배에 상당하는 벌금에 처할 자

다음 각 호의 1에 해당하는 자는 5년 이하의 징역 또는 수출·수입하는 물품의 가격의 3배에 상당하는 금액이하의 벌금에 처한다.

① 법 제5조(무역에 관한 제한 등 특별조치) 각 호의 1의 규정에 의한 수출 또는 수입의 제한이나 금지조치를 위반한 자

법 제5조 각 호의 1의 규정은 산업자원부장관으로 하여금 다음 각 호의 1에 해당하는 때에는 대통령령이 정하는 바에 의하여 물품의 수출수입을 제한하거나 금지할 수 있다.

i) 우리나라 또는 우리나라의 무역의 상대국(이하 "교역상대국"이라 한다)에 전쟁·사변 또는 천재·지변이 있을 때

ii) 교역상대국이 조약과 일반적으로 승인된 국제법규에서 정한 우리나라의 권익을 부인할 때

iii) 교역상대국이 우리나라의 무역에 대하여 부당하거나 차별적인 부담 또는 제한을 가할 때

iv) 헌법에 의하여 체결·공포된 무역에 관한 조약과 일반적으로 승인된 국제법규에서 정한 국제평화와 안전유지 등의 의무의 이행을 위하여 필요한 때

v) 인간의 생명·건강 및 안전, 동물·식물의 생명 및 건강, 환경보전 또는 국내자원보호를 위하여 필요한 때

② 허위 기타 부정한 방법으로 제21조 제1항의 규정에 의한 전략물자 수출허가를 받거나, 수출허가를 받지 아니하고 전략물자를 동조 제2항의 규정에 의하여 산업자원부장관이 공고하는 수출이 제한되는 지역으로 수출한 자

③ 제40조(수출입물품가격의 조작금지)의 규정에 위반하여 물품의 수출·수입의 가격을 조작한 자

④ 제43조 제1항(수출입질서유지를 위한 조정명령)의 규정에 의한 조정명령에 위반한 자

2. 3년 이하의 징역 또는 3천만 원 이하의 벌금에 처할 자

다음 각 호의 1에 해당하는 자는 3년 이하의 징역 또는 3천만 원 이하의 벌금에 처한다.

① 허위 기타 부정한 방법으로 제14조 제2항 또는 제3항(수출입의 제한 등)의 규정에 의한 승인 또는 변경승인을 얻거나 그 승인 또는 변경승인을 면제받고 물품을 수출 또는 수입한 자

② 제19조 제3항 본문(제20조 제3항에서 준용하는 경우를 포함한다)의 규정(외화획득용 원료·기재 수입자의 외화획득의무 등)에 의한 수입에 대응하는 외화획득을 하지 아니한 자

③ 제20조 제1항 본문(외화획득용 원료·기재의 목적 외 사용 등)의 규정에 의한 승인을 얻지 아니하고 목적 외의 용도로 원료·기재 또는 그 원료·기재로 제조된 물품을 사용한 자

④ 제20조 제2항의 규정에 의한 승인을 얻지 아니하고 원료·기재 또는 그 원료·기재로 제조된 물품을 양도한 자

⑤ 허위 기타 부정한 방법으로 제22조(산업설비수출의 승인 등)의 규정에 의한 승인 또는 변경승인을 얻은 자

⑥ 제23조 제1항의 규정에 의한 원산지의 표시를 하지 아니하고 물품을 수출 또는 수입한 자

⑦ 제23조 제3항의 규정에 위반하여 원산지를 허위로 표시하거나 원산지를 오인하도록 표시한 자 또는 원산지의 표시를 손상하거나 변경한 자

⑧ 제39조 제1항 제2호의 규정에 의한 원산지를 허위로 표시한 물품 또는 원산지의 표시를 손상하거나 변경한 물품을 수출 또는 수입한 자

⑨ 제39조(불공정수출입행위의 금지) 제5항의 규정에 의한 시정조치명령에 위반한 자

3. 과실범의 처벌

다음 각 호의 1에 해당하는 자는 2천만 원 이하의 벌금에 처한다.

① 중대한 과실로 원산지표시를 하지 아니하고 물품을 수출 또는 수입한 자

② 중대한 과실로 원산지를 오인하도록 원산지를 표시한 자 또는 원산지의 표시를 손상하거나 변경한 자

③ 중대한 과실로 원산지를 허위로 표시한 물품 또는 원산지의 표시를 손상하거나 변경한 물품을 수출 또는 수입한 자

4. 미수범의 처벌

대외무역법 제54조 제2호(허위 기타 부정한 방법으로 전략물자 수출허가를 받는 경우 등), 제55조 제7호(원산지 불표시 수출입자) 또는 제9호(원산지 허위표시 물품 또는 원산지 표시를 손상·변경한 물품을 수출입한 자)의 미수범은 각각 해당하는 본죄에 준하여 처벌한다.

5. 양벌(兩罰) 규정

대외무역법은 법인의 대표자, 법인 또는 개인의 대리인·사용인 기타 종업원이 그 법인 또는 개인의 업무에 관하여 제54조(벌칙) 내지 제57조(벌칙)의 규정에 해당하는 행위를 한 때에는 행위자를 벌하는 외에 그 법인 또는 개인에 대하여도 각 해당조의 벌금형을 과한다.

이와 같이 행위자를 벌하는 이외에 법인 자체에 대해서도 형벌을 과하도록 한 것은 경제범죄로 인한 실질적 이익이 그 위반행위를 한 행위자 자신에게보다는 오히려 법인에게 귀속되는 경우에 단속의 필요상 법인 자신에 대한 책임을 추궁할 필요에서 생겨난 규정이다.

6. 벌칙적용에 있어서의 공무원 의제(擬制)

무역위원회의 위원장·위원, 산업자원부장관이 제53조의 규정에 의하여 위탁한 사무에 종사하는 한국은행, 한국수출입은행, 외국환은행 기타 대통령령이 정하는 법인 또는 단체의 임원 및 직원은 형법 기타 법률에 의한 벌칙의 적용에 있어서는 이를 공무원으로 본다.

Part II

관세법

Chapter Ⅰ
관세의 개요

1 관세의 개념

관세(customs duty, tariff ; Zoll)라 함은 한 나라의 관세선(customs line)을 통과하는 물품 즉, 외국에서 수입되고 외국으로 수출되는 물품에 대하여 국가가 법률에 의하여 부과하는 조세이다. 관세는 최초에는 재정수입을 목적으로 하는 가장 손쉬운 세원으로서 활용되었고 통과세가 주종을 이루었으나, 근래에는 수출입물품의 수급조절을 통한 자국경제의 보호와 발전을 목적으로 하는 중요한 정책수단이 되고 있다. 우리나라의 관세법에서는 관세의 과세물건을 수입물품으로 규정함으로써 수입세만을 관세로 부과징수하고 있다. 이를 보다 구체적으로 나누어 설명하면 다음과 같다.

❶ 조세로서의 관세

관세는 조세의 일종이다. 조세란 "국가 또는 지방자치단체 등 공법상의 단체가 재정수입을 조달할 목적으로 법률에 따라 과세요건을 충족한 자에게 개별적 보상없이 부과하는 금전 급부"를 말한다. 근대국가에 있어서 조세는 국회의 승인을 얻은 법률에 의하여 부과하는 것을 원칙으로 한다. 우리 헌법도 "조세의 종목과 세율은 법률로 정한다"고 규정함으로써 관세를 포함한 모든 조세는 법률에 의해서만 부과 징수할 수 있다는 이른바 조세법률주의를 선언하고 있다.95)

95) 조세법률주의의 의의에 관하여 대법원 판례는 "조세의 세율뿐만 아니라 과세대상, 과세표준, 납세의무자 등 조세의 부과 · 징수에 관한 구체적 사항은 모두 법률에 의해서만 규정되어야 하는 것으로 해석되며 또한 조세법률주의는 납세의무에 한계가 조세법에 명백히 규정됨이 요청되고, 조세법의 확

그러나 조세법률주의의 원칙은 입법기술상 조세에 관한 모든 내용을 법률에 규정하는 것이 거의 불가능하므로 법률에 의하여 이를 대통령에게 위임하는 경우가 있다. 특히 관세의 경우에는 국내외 경제환경의 변화에 신속하게 대처하기 위하여 적절한 조치를 취할 필요가 있으며, 이에 따라 관세법은 탄력관세제도(flexible tariff system)를 인정하여 일정 범위내에서 관세율 변경권을 행정부에 위임하고 있는데, 이는 조세법률주의에 대한 하나의 예외라 할 수 있다.

또한 관세는 조약에 의하여서도 부과되는 경우가 있다. 현재 발효중인 조약·협정 가운데 관세에 관한 규정을 두고 있는 것으로 대표적인 것은 GATT협정(GATT 1994)[96], 아시아·태평양 경제사회위원회(ESCAP)의 개도국간의 무역확대를 위한 협정(일명, 방콕협정양허관세) 등 다자간 조약과 대한민국 정부와 칠레공화국 정부간의 자유무역협정 등 양자간 조약이 있다. 조약은 그 체결에 있어서 국회의 동의를 요하며, 더욱이 헌법에서도 "이 법에 의하여 체결·공포된 조약은 국내법과 같은 효력을 가진다"고 규정하고 있기 때문에 조세법률주의와 상치하는 것은 아니다.

조세는 여러 가지 기준에 따라 다양하게 분류되며 그 대표적인 예는 【표Ⅱ-1-1】과 같다. 이 표에서 볼 때 우리는 관세가 국세에 속하며, 수입세·간접세·보통세·독립세·물세·종가세·종량세로서의 성격을 갖고 있음을 알 수 있다.

【표Ⅱ-1-1】 조세의 분류

분류기준	조세	내용
(1) 과세주체 또는 과세권자	국 세	국가(중앙정부)가 부과·징수하는 조세(내국세·관세 등)
	지방세	지방자치단세가 부과·징수하는 조세(도세·시·군세 등)
(2) 수출입과의 관련성	관 세	재화의 수출입시 부과되는 조세(관세·임시수입부가세)
	내국세	관세외의 국세
(3) 입법상 조세부담전가예상 여부	직접세	입법상 납세의무자와 담세자가 일치할 것을 예상한 조세
	간접세	입법상 납세의무자와 담세자가 다를 것을 예상한 조세
(4) 사용목적의 특정여부	보통세	일반적 재정수요를 충당하기 위한 조세
	목적세	특정 재정수요의 충당으로 사용목적이 제한된 조세

대 해석이나 유추해석을 금하여 납세의무자에게 불리한 결과를 초래함은 허용될 수 없다"고 판시한다.

96) 여기서 "1994년 GATT"라 함은 1947년 GATT의 체약당사국으로서 1994년 4월 12일 UR최종의정서(UR Final Act : Final Act Embodying the Results of the Uruguay Round of Multilateral Trade Negotiations)를 수락한 회원국들간에 적용되는 GATT를 의미한다. 이 점에서 1994년 GATT는 1947년 GATT와 문구상 전혀 차이가 없는 동일한 문서이지만, 법적으로는 서로 다른 별개의(legally distinct)문서에 해당된다. 일례로 1994 GATT 제Ⅵ조(반덤핑법조)는 1947 GATT 제Ⅵ조와 동일하지만 전자는 1994년 UR최종의정서의 당사국에게 적용됨을 의미하고 후자는 1994년 UR최종의정서를 수락하지 아니한 1947년 GATT의 체약당사국에게 적용됨을 의미한다.

(5) 독립된 과세물건유무	독립세	독립된 과세물건에 대하여 부과하는 조세
	부가세	독립된 과세물건이 없이 다른 조세에 덧붙여 부과하는 조세(교육세 · 농어촌특별세 · 소득 할 주민세)
(6) 납세자(담세자)의 담세능력의 고려여부	인 세	사람을 과세의 중심점으로 하고 그에게 귀속되는 소득·재산·기타 개인적 사정 등 납세자의 조세부담능력을 감안하는 조세
	물 세	납세자의 담세능력과 상관없이 특정한 과세물건을 과세대상으로 하는 조세
(7) 과세표준의 계산단위	종가세	과세물건의 가액을 과세표준으로 하는 조세(세율 : %)
	종량세	과세물건의 수량을 과세표준으로 하는 조세(세율 : 금액)
(8) 세율의 유형	비례세	과세표준의 크기와 상관없이 일정한 비율로 고정되어 있는 세율(비례세율)을 적용하는 조세. 이 경우 세율은 모든 과세대상에 동일 세율을 적용하는 단순비례세율과 과세대상에 따라 다른 세율을 적용하는 차등비례세율로 구분된다.
	누진세	과세표준이 증가함에 따라 점차 높아지는 세율(누진세율)을 적용하는 조세. 이 경우 세율은 과세표준이 일정액을 초과하는 경우 전체 과세표준에 대해 높은 세율을 적용하는 단순누진세율과 초과분에 대해서만 높은 세율을 적용하는 초과누진세율로 나누어진다.
	역진세	과세표준이 증가하면 점차 낮아지는 세율(역진세율)을 적용하는 조세

2 관세영역의 전제

관세는 관세영역을 출입하는 물품에 대하여 부과된다. 관세영역(customs boundary, customs territory)은 관세선(customs line)과 같은 뜻으로 관세법의 효력이 미치는 영역으로서, 이는 일국의 통치영역과는 구별되나 대체로 관세영역과 통치영역은 동일하다. 다만, 예외적으로 하나의 통치영역에 수개의 관세영역을 가지는 경우도 있으며, 반면 수개의 통치영역이 합하여 하나의 관세영역을 형성하는 경우를 볼 수 있는데, 우리나라의 자유무역지역 등은 전자의 예이고, BENELUX 관세영역은 후자에 속하는 대표적인 경우이다. 이와 같이 관세는 관세영역을 출입할 때, 즉 들어오는 물품과 나가는 물품, 그리고 통과하는 물품에 부과하지만, 오늘날 관세라 하면 수입세를 지칭할 만큼 거의 모든 국가에서 수입세만을 부과한다.

3 대물세와 수시세로서의 관세

관세는 대물세이며 수시세이다. 관세는 수출입하는 물품에 대하여 부과한다는 점에서 대물세이며, 소득세나 재산세와 같은 대인세와는 다르다. 대물세는 물품의 수량이나 가격만을 기초로 과세하고, 납세자의 담세능력을 고려하지 않기 때문에 대인세에 비하여 불공평하다는 결점을 처음부터 지니고 있다. 또한 물품에 대하여 과세하는 것이지만 유체물을 원칙으로 하고, 유체물 중에서도 경제적 가치가 없는 자유재는 제외될 것이며,

무체재산인 특허권이나 의장권 등은 그 가치가 가격으로 화체(化體)되어 상품가격에 첨부되어 거래될 때에만 관세의 과세대상이 된다.

관세는 또한 소득세와 법인세 등과 같이 정기적으로 부과되는 세가 아니고 물품이 수출입될 때마다 수시로 부과되는 것이기 때문에 수시세이다. 따라서 그 납부에 대한 책임자를 사전에 파악하기는 곤란하다.

4 소비세와 간접세로서의 관세

조세를 소득세, 재산세, 소비세 및 유통세로 분류하기도 한다. 여기에서 소득세는 사람이 수입을 얻고 있다는 사실에 대하여 부과하는 조세이고, 재산세는 사람이 재산을 소유하고 있다는 사실에 대하여 부과하는 조세이며, 소비세는 사람이 특정의 소비를 하고 있다는 사실에 대하여 부과하는 조세이고, 유통세는 재산의 이전이라는 사실에 담세력을 인정하여 부과하는 조세이다. 관세는 소비를 하고 있다는 사실에 대하여 부과하므로 소비세에 해당된다.

또한 조세를 직접세와 간접세로 분류하기도 한다. 여기에서 법률상의 납세의무자와 조세의 실질상 부담자가 일치한다는 것을 입법자가 예정하고 있는 조세를 직접세라 하고, 조세부담의 전가가 이루어져 법률상의 납세의무자와 조세의 실질상 부담자가 일치하지 아니하는 것을 입법자가 예정하고 있는 조세를 간접세라고 한다.

관세는 전가(轉嫁)된다. 예컨대, 수입물품에 부과되는 관세는 그 부담이 최종소비자에게 전가된다. 즉 세액을 상품가격에 첨가하여 수입업자로부터 도매업자에게, 도매업자는 소매업자에게, 그리고 최종적으로 소매업자는 소비자에게 이를 전가한다. 이와 같은 관세의 전가형태를 전전(前轉)이라고 하지만, 반대로 상품가격에서 세액을 공제하여 수입업자로부터 해외의 수출업자에게, 당해 상품의 해외수출업자는 그 상품의 제조업자에게 전가되는 경우도 있는데, 이를 관세의 역전 또는 후전(後轉)이라고 한다.

이상과 같은 경우에도 세액이 전액 그대로 전전(forward shifting)되느냐 후전(backward shifting)되느냐, 세액의 일부만이 전전 또는 후전되느냐의 문제는 당해 상품의 수요탄력성과 공급탄력성의 크기에 따라 결정된다. 가격이 인상되더라도 수요의 변화가 거의 없는 생필품 등에 부과된 관세부담은 거의 완전하게 전가되지만 가격이 인상되면 수요가 크게 감퇴되는 사치성물품에 부과된 관세부담은 전액 전가되기는 어렵고, 경우에 따라서는 소전(消轉), 즉 수입업자가 부담하는 때도 있다.

【표Ⅱ-1-2】 조세(관세) 전가의 유형

전가(轉嫁)	개념	예
전전(前轉)	상품유통방식을 따라 판매가격 인상으로 전가	관세·주세
후전(後轉)	상품유통방향과 반대방향으로 구입가격을 인하하여 전가	생산자→임금인하
갱전(更轉)	전전과 후전의 반복	도매→소매
소전(消轉)	경영합리화로 흡수	경영합리화
환원(還元)	미래의 재산소유자가 부담할 조세를 현재의 재산소유자가 부담	토지보유세

5 관세의 필수품 면제, 사치품 중과의 경향

관세는 생필품경과·사치품중과 및 원자재경과·완제품중과의 경향이 있다. 국민생활에 긴요한 물품이 국내생산이 없다고 할 때, 이에 고율의 관세를 부과한다면 국민생활은 그만큼 곤란을 받게 된다. 반면, 사치성물품이 국내시장에 유입되고 국민에게 전시효과적인 소비패턴을 유발하게 한다면 국민경제발전을 크게 저해한다. 따라서 사치품이나 불요불급한 물품에 대하여는 고율의 관세, 그리고 생필품 및 생산재에 대하여는 일반적으로 무세 또는 저율의 관세가 부과된다.

한편, 원료·중간재·생산재는 생산에 투입되어 확대 재생산이 되고 생산을 우회화하여 고용을 증대시키기 때문에 저세율을 적용하고, 반면 최종소비재인 완성재에 대하여는 비교적 고율의 관세가 부과된다. 그러나 이러한 경향은 일률적으로 적용시킬 수는 없다 할 것이며, 그 나라의 산업구조·기술수준·공업화정도에 따라 조화있게 적용되어야 한다.

6 자유무역 장벽으로서의 관세

관세는 자유로운 무역의 장벽이 된다. 대체로 수량제한 · 외환관리와 함께 관세를 자유무역의 3대 장벽이라고 부른다. 수량제한은 수출입물품의 양적 제한으로서 수출입허가 · 추천 · 링크 · 쿼터제 등을 말하고, 외환관리는 환율의 조작에 의하여 수출입무역을 규제하는 것을 말한다. 그러나 관세에 의한 무역규제는 관세율의 조정수단에 의하여 이루어진다. 이상에서 말한 3대 무역장벽 중 수량제한이나 외환관리를 직접규제수단이라고 하며, 관세를 간접규제수단이라고 한다. 또한 관세를 제외한 각종의 무역장벽을 비관세장벽(non-tariff barriers : NTB)이라고 한다. 현재까지 관세는 자유무역을 제한하는 장벽이 되고 있음을 부인할 수는 없지만, 그 효과가 가격조절기능을 통하여 간접적으로 나타난다는 점에서 합리적인 정책수단으로 WTO에서도 허용되고 있다.

7 재정수입목적과 복합경제정책목적의 중시

관세는 재정정책적 측면은 물론 복합적 정책목표 달성을 위한 수단으로서 중요시된다. 관세는 원래 국가의 재정수입을 목적으로 부과하였지만, 그러나 관세가 경제정책목적의 구현수단으로 이용될 때 국민경제에 미치는 영향은 매우 크다. 특히 관세는 오늘날과 같은 개방경제하에 이르러서는 물가안정·산업보호·무역진흥 등의 복합적 정책 목표 달성을 위한 물가정책 · 산업정책 · 무역정책 등의 정책수단으로서 파악되어야 할 것이다. 따라서 이러한 복합적 경제정책목표 달성을 위한 관세정책변수인 관세율조정이나 탄력관세 등은 중대한 의의를 갖게 된다.

2 관세의 종류

1 과세기회에 의한 분류

1. 수입세

수입세(import duties)라 함은 물품의 이동방향에 따라 일국의 관세영역 안으로 이동할 때에 부과하는 관세를 말한다.

2. 수출세

수출세(export duties)는 일국의 관세영역 밖으로 이동할 때에 부과하는 관세를 말한다. 수출세는 그 부담이 국내생산자에게 최종적으로 전가되며 또한 수출가격의 상승으로 수출을 제한하는 결과를 초래하기 때문에 각국이 거의 활용하지 않고 있지만 ① 재정수입의 확보, ② 전략물자와 공업화에 필요한 원료 등의 국내확보, ③ 특정물품의 국내가격앙등방지를 목적으로 예컨대 브라질의 커피, 스페인의 코르크, 이탈리아의 유황, 태국의 쌀, 필리핀의 원목, 말레이시아의 고무 등 수출세를 부과하여도 판로에 영향이 없는 세계적인 독점생산물에 부과할 수 있다.

3. 통과세

통과세(transit duties)라 함은 일국의 관세영역을 지나갈 때 부과하는 관세를 말한다. 통과세는 초기단계의 관세의 지배적 유형이었으나 1921년 바르셀로나회의에서 통과세부과를 금지하는 국제협정이 체결되었고, 특히 GATT/WTO[97]에서도 통과화물에 대한 관세 및 통과세 면제규정이 있어 오늘날에는 모든 나라에서 통과세를 부과하지 않고 있다.

현재 수출세와 통과세를 부과하고 있는 나라는 거의 없으므로 대체로 관세는 곧 수입세를 말한다. 우리나라 관세법 제3조에서도 "수입물품에는 관세를 부과한다"라고 규정하여 수출세·통과세는 부과하지 않고 오로지 수입세만을 부과한다는 원칙을 취한다.

2 과세목적에 의한 분류

1. 재정관세

재정관세(revenue duties, financial duties)라 함은 세입관세 또는 수입관세라고도 하며, 주로 국고의 수입을 목적으로 과세된다. 그러므로 관세의 설정 및 세율의 결정에 관하여는 재정수입을 확보한다는 것이 제1차적 의의를 갖고 부수적으로 국내산업보호 효과를 띤다.

재정관세는 국내생산이 거의 불가능하여 부득이 수입에 의존할 수밖에 없는 경우나 수입을 억제할 필요는 없으나 그렇다고 장려할 가치가 없는 물품 및 이미 국내산업이 국제경쟁력을 갖추어 더 이상 보호할 필요가 없을 때에 부과된다. 미국의 경우 1850년대에 있어서는 연방정부의 전체 수입중 90-95%가 관세수입이었다고 하는데 이와 같은 것은 재정관세의 좋은 예라고 할 수 있다.

2. 보호관세

보호관세(protective duties)는 구체적인 보호목적에 따라 경제공황의 영향을 막기 위하여 물가나 외환가치가 떨어진 국가로부터 수입되는 물품에 부과하는 공황관세(crisis duties), 외국물품의 수입금지를 목적으로 고율의 관세를 부과하는 금지관세(prohibitive duties), 유치산업(infant industry)의 보호를 목적으로 하는 육성관세(nurse duties), 현존산업의 유지를 목적으로 하는 유지관세(preserving duties), 국내시장에 대한 외국제품의 압박을 방지하기 위하여 부과되는 방위관세(national defence duties) 등으로 분류된다.

어떠한 관세이든 부과로 인하여 세수입을 가져올 것이므로 일면 재정관세적인 성

---

97) GATT 제5조 (통과의 자유) 3. 체약국은 자국의 영역을 경유하는 통과운송에 대하여 세관에서 소정의 소속을 취하도록 요구할 수 있으나, 관계 관세법규를 준수하지 아니하는 경우를 제외하고는 다른 체약국의 영역에서 오거나 영역으로 향하는 통과 운송을 불필요하게 지연 또는 제한하여서는 아니 되며, 또한 동 통과 운송에 대하여는 수송요금, 통과에 수반하는 행정적 경비 또는 제공된 용역비용에 상당하는 과징금을 제외하고는 관세, 통과세 또는 기타 통과에 관하여 부과되는 기타 과징금을 면제하여야 한다.

질을 갖고 있지만, 보호관세는 주된 목적이 국내산업의 보호에 있으며 국고수입은 부수적 효과라고 할 수 있다.

이처럼 재정관세와 보호관세의 구별은 불명료하지만 관세설정의 동기가 어디에 있는가에 따라 구별된다. 보호관세의 세율은 일정하지는 않으나, 일반적으로 보호정도에 따라 고율의 관세를 단체적으로 적용하며 산업발전이 국제경쟁력을 갖지 못한 저개발국에 있어서는 자국의 산업발전을 도모하는 중요수단이 된다.

3 과세방법에 의한 분류

1. 종가세

종가세(ad valorem duties)는 수입되는 물품의 가격을 과세표준으로 하여 세액을 산출한다. 즉, 수입물품의 가격 × 관세율의 산식에 따라 세액을 계산하게 된다.

종가세는 종량세보다 그 역사가 오래이며, 이미 고대와 중세에서 일반적으로 사용되었다고 한다. 종가세의 경우, 동일물품에 대하여 동률의 관세를 부과하더라도 당해 물품의 가격이 상승하면 관세수입도 많아지며 가격이 하락하면 관세수입도 적어진다. 종가세의 장점은 종량세에 비해 공평성있는 세부담을 한다는 점과, 인플레이션 때에는 세율의 변경없이 세수입을 올릴 수 있다는데 있다. 그러나 종가세는 시간·장소·거래방법에 따라 항상 변동하는 물품의 가격을 정확히 파악하는 것이 어렵고, 따라서 과세가격을 확정하는데 복잡한 절차와 많은 비용이 드는 단점도 있다. 현재 우리나라의 관세율구조를 보면 대부분의 품목이 종가세 방법에 따라 세액을 산출한다.

2. 종량세

종량세(specific duties)는 수입되는 물품의 수량(상품의 개수·부피·중량·치수 등)을 과세표준으로 하여 세액을 산출한다. 즉, 수입물품의 단위수량당 세액 × 수량의 산식에 따라 세액을 계산하게 된다(예 : kg당 500원 × 수량 10kg = 관세액(5,000원))

이와 같이 종량세는 수입물품의 수량에 의거 부과되므로, 고가품·저가품이든 구별없이 일률적으로 관세를 부과한다는 점이 종량세의 장점이 되는 동시에 또한 단점이 되기도 한다. 즉, 평가의 어려움을 파악하지 아니하여도 되는 장점이 있는 반면, 고·저가 구별없이 통일적으로 관세를 부과한다는 불공평한 단점이 있다.

즉, 종량세의 단점을 정리하면 다음과 같다.

① 가격변동에 적응성이 없다. 즉 물가가 앙등할 때에는 관세부담이 가볍고 물가가 하락할 때에는 그 부담이 무겁다.

② 관세부담의 공평을 기할 수 없다. 가격이 싼 물품이든, 비싼 물품이든 일률적으로 관세를 부과하므로 일반적으로 고가품이 저가품보다 관세부담이 가볍게 되는 모순이 있다.
③ 상거래에 사용되는 계량단위가 상품에 따라 동일하지 않아 기술상의 곤란이 있다.
④ 과세표준인 상품의 중량산출이 어렵다. 보통 중량에는 총량·반출량·순중량 및 순량의 4종이 있다.

대다수의 국가는 순량으로 과세표준으로 하고 있으나, 순량의 측정상 곤란한 경우가 많으므로 법정순량에 의하는 것이 일반적인 예이다.

3. 혼합세

혼합세(combined duties)는 다시 선택세(alternative duties)와 복합세(compound duties)로 분류된다.

선택세라 함은 한 품목에 대하여 종가세율과 종량세액을 동시에 정하여 두고 양자 중 높은 세율을 적용한다. 즉, X물품의 경우 '120% 그러나 kg당 60,000원 이상'이라 표시하여 종가 · 종량방식에 따라 세액을 산출한 후 그 중 높은 세액을 선택 과세하는 방식을 취한다. 그러나 복합세는 동일한 품목에 대하여 종가 · 종량세율 및 세액을 동시에 정한 후, 양 방법으로 산출된 세액을 합하여 과세하는 방식을 취한다(예컨대, 50% + kg당 100원).

4 과세근거에 의한 분류

1. 국정관세

국정관세(national duties)라 함은 일국이 관세주권에 의하여 자주적으로 관세율을 설정한 관세를 말하고, 이에 따른 세율을 국정세율(national tariff)이라고 한다. 우리나라 관세율표(Tariff Schedules of Koera)상에는 '기본(general)'이라고 표시하고 있다.

2. 협정관세

협정관세(conventional duties)란 일국이 타국과의 조약에 따라 특정상품에 대하여 관세율을 협정하여 당해 조약의 유효기간 중에는 당해 협정된 세율을 변경하지 아니할 의무를 지는 것을 협정세율(conventional tariff)이라고 한다. 현행 관세율표상에는 '협정'이라고 표시하고 있다.

우리 나라에는 현재 국정관세로서 기본관세율(general tariff)과 잠정관세율(temporary tariff) 및 탄력관세율(flexible tariff) 등이 있고, 현재 우리 나라에서 시행되고 있는 협정관세는 WTO협정의 부속서인 1994년도 GATT에 대한 마라케쉬의정서에 의한 일반양허관세(이하 세계무역기구협정 일반양허관세라 한다), WTO협정 개발도상국간의 무역협상에 관한 의정서에 의한 양허관세(이하 세계무역기구협정 개발도상국간의 양허관세라 한다), ESCAP(아시아태평양경제사회위원회)의 개발도상국회원국간의 무역협정(이하 방콕협정이라 한다)에 의한 양허관세(이하 방콕협정관세라 한다), UNCTAD(유엔무역개발회의) 개발도상국간의 특혜무역제도에 관한 협정에 의한 양허관세(이하 개발도상국간 특혜무역제도의 양허관세라 한다), 한·칠레간 양허관세 등이 있다.

가맹국이 아닌 나라 중 우리 나라와 개별적인 통상항해조약을 체결하고 그 조약에 최혜국 약관이 있는 나라에서 수입되는 물품에 대하여는 그 물품이 양허관세 해당 물품이라면 최혜국약관에 의하여 양허관세의 편익을 주게 된다.

5 과세차별에 의한 분류

1. 특혜관세

(1) 구특혜

특혜관세(preferential duties)라 함은 특별한 관계가 있는 상대국에 대하여 특히 저율의 관세를 부과하는 일종의 할인관세(discount tariff)를 말한다. 특혜관세에는 기존특혜와 일반특혜의 두 종류가 있다. 전자는 제1차 세계대전 후의 경제블럭화의 경향에 기인하여 발전한 특혜관세로서 식민지를 보유하는 본국을 중심으로 식민지 및 식민지로부터 독립을 쟁취한 독립국이 상호관세상 특별히 유리한 취급을 하는 경우의 관세를 말한다. 영연방특혜 · 프랑스연방특혜가 그 전형적인 예에 속한다.

이러한 차별적 대우는 가맹국간의 무차별대우(non-discriminatory treatment)를 요구하는 WTO의 대원칙에 위배하지만, WTO에서도 현실적으로 기존의 특혜제도를 일시에 폐지할 수는 없어서 일부를 계속 인정하게 된 것이다. 그러나 GATT(1994) 제2조 제2항 내지 제4항에서는 특혜관세의 신설은 물론 확대도 원칙적으로 인정하지 않고 있다.

(2) 신특혜(GSP)

일반특혜(general system of preference : GSP)는 선진국이 개도국으로부터 수입하는 농수산품·완제품 및 반제품에 대해 일반적·무차별적·비상호주의적(non-reciprocal)으로 관세를 철폐 또는 세율을 인하해 주는 것을 말한다. 여기서 일반적이라 함은 구특혜 즉 기존특혜가 수개 국가에 국한된 데 비해 일반특혜는 범세계적인 것임을 의미하며, 무차별적이란 지역통합, 자유무역지역 및 관세동맹에서 나타나는 역외국가에 대한 차별을 배제한다는 것이고, 비상호주의적이란 일반특혜를 실시하는 국가가 그 수혜국에게 관세 또는 무역상의 대상(代償)을 요구하지 않는다는 것을 의미한다.

일반특혜관세의 편익은 개발도상국가로서 특혜의 편익을 받기를 희망하는 국가 중에서 공여국이 적당하다고 인정하는 국가에 대해서 공여한다.

(3) 특혜적용방식

일반특혜의 적용형태에는 실링방식(ceiling system)과 에스케이프클로우즈방식(escape clause system)의 두 종류가 있는데, 실링방식은 개도국으로부터의 수입에 대하여 품목마다 일정한 한도액(ceiling)을 정하고 그 범위내의 수입에 한하여 특혜관세를 적용하는 방식으로서 EU · 오스트리아 · 일본 등이 광공업산품에 대해 이 방식을 적용하고 있다.

한편, 에스케이프 클로우즈방식이란 특혜관세의 적용에 있어서 사전에 한도액을 설정하지 않고 무제한으로 특혜공여를 인정하지만, 수입의 증가로 인하여 자국 산업에 피해를 주거나 피해를 끼칠 우려가 있는 경우에는 특혜관세적용을 중지하는 등 세이프 가드(safeguard)를 취하는 방식으로서 미국·영국·북구제국 등의 선진국이 택하고 있다.

이상과 같은 일반특혜관세는 1970년 10월 국제연합무역개발회의(United Nations Conference on Trade and Development : UNCTAD)의 특혜관세특별위원회에서 일반특혜관세의 공여에 관하여 선진국과 개도국간의 합의가 이루어져 동년 10월 20일 국제연합 창립 25주년 기념총회에 있어서 제2차 국제연합개발 10년의 중요한 지표로서 정식 채택되었다.

우리나라는 GSP수혜국 지위를 이미 졸업하고 1996년 12월 30일 관세법을 개정하여 GSP공여국의 국가로 그 지위가 바뀌어졌다.

2. 차별관세

차별관세(differential duties)라 함은 특정국가의 상품 또는 특정의 품목에 대하여 타상품보다 할인세율을 적용하거나 또는 할증세율을 적용하는 것을 말한다. 특정국가의 물품에 대하여 타국의 물품과는 다른 관세를 부과하는 관계로 수입관세율표의 이례(異例)를 행한다. 관세는 어느 나라에 대해서도 평등관세를 원칙으로 하지만, 특정지역과의 무역을 촉진하기 위한 방법으로서, 또는 통상조약을 유리하게 도입하는 교섭수단으로서, 혹은 상대국에 부당한 압박항쟁을 주지 않도록 예방정책으로서 이용된다. 오늘날에는 최혜국약관의 보급, WTO에 의한 보편적 협정세율 등에 의하여 이와 같은 차별관세는 거의 그 예를 볼 수 없다.

종래 차별관세의 예로는 자국의 수출품이나 선박 등에 대하여 불이익한 차별대우를 하는 나라로부터 수입하는 물품에 대하여 보복적으로 높은 관세를 부과하는 보복관세, 자국의 국기를 달지 않고 외국국기를 단 선박에 의거 수입되는 물품에 대하여 높은 관세를 부과하는 국가할증관세, 해운을 장려하기 위하여 육로에 의한 수입보다 해로에 의한 수입의 경우 낮은 관세를 부과하는 해운장려관세, 원산국이외의 나라로부터 간접적으로 수입되는 모든 물품에 대하여 높은 관세를 부과하는 간접(수입)할증관세 등이 있다.

3. 탄력관세

탄력관세(flexible tariff)는 조세법률주의의 예외규정으로서 급격히 변동하는 국내외 경제여건에 적절히 대응하여 관세상의 조치를 신축성 있게 취하기 위하여 일정한 범위내에서 관세율변경권을 행정부에 위임하는 제도로서 개방경제체제하에서는 관세정책의 중요한 수단으로 그 기능을 발휘한다.

우리나라는 1965년 3월 22일 단일변동환율제 채택을 계기로 무역정책면에서 무역자유화를 추진하여 왔으며, 1967년 7월 25일에는 수출입기별공고에서 네거티브시스템을 택함으로써 본격적인 무역자유화를 위한 전진적 기초를 구축한 바 있다. 특히, 1995년 WTO체제 출범으로 시장접근보장(market access)원칙 및 예외없는 관세화(without tariffication) 원칙의 채택으로 거의 모든 물품이 수입자유화 되었고 평균관세율도 크게 인하되어 선진국 수준에 도달하였다.

이와 같은 개방체제로의 진전과정에서 무역의 수량제한이 크게 완화되어감에 따라 가격기구(price machanism)를 통한 관세의 간접적인 무역조절기능의 중요성이 점증되기에 이르렀다. 특히 국제관세협상에 능동적으로 참여하고, 관세정책의 정책변수인 관세율을 신축성 있게 변경할 필요성이 요청되어 1967년 제15차 관세법 개정시 법률 제1796호로서 탄력관세제도를 채택하게 되었다.

현행 관세법에서는 ① 덤핑방지관세, ② 보복관세, ③ 긴급관세, ④ 조정관세, ⑤ 상계관세, ⑥ 편익관세, ⑦ 계절관세, ⑧ 할당관세 등이 탄력관세제도의 주요근간을 이루고 있다.

6 과세세율에 의한 분류

1. 단일관세제도

단일관세제도는 동일한 품목에 대하여 하나의 세율만을 정하는 것을 말한다. 즉 세율이 모든 국가에 대해서 한결같이 적용되며 세율상 어떠한 국가에도 특전을 허용하지 않는 관세율제도이다. 단일세율은 세율이 단순해서 관세행정을 간편하게 할 수 있는 장점이 있으나 보호무역주의 경향에 따라 고관세율을 취하는 국가에 있어서는 이 세율을 채택하는 것이 곤란한 것으로 지적되고 있다. 왜냐하면 오늘날 모든 국가가 상호간에 통상조약을 체결하여 관세상의 특전을 공여하고 있는 경우 단일세제국가는 이에 참가할 수 없게 되어 무역경쟁에 불리한 입장에 놓이게 되기 때문이다.[98]

2. 복관세제도

외국에 있어서 자국상품이 불리한 취급을 받거나 혹은 이와 반대로 유리한 대우를 받을 경우가 있다. 이에 대비하여 2중 관세 또는 3중 관세가 설정되는데 보통 이중관세 이상을 복관세라고 한다. 이중관세는 국정관세인 경우도 있고[99] 협정관세인 경우도 있는데, 최고최저관세라고도 한다. 최고최저관세제에 있어서는 각 수입상품에 대하여 최고세율과 최저세율을 정하고 필요에 따라 언제든지 자국의 법률에 의해 개정할 수 있도록 되어 있다. 최고세율은 무조약국 또는 자국상품을 불리하게 대우하는 상대국에 대하여 대우 여하에 따라서 전부 또는 일부가 적용되며, 최저세율은 자국상품을 우대하는 상대국, 즉 자국과의 관세율협정을 승낙하든가 또는 최혜국대우를 하는 국가에 적용된다.

98) 단일관세제도를 채택하는 국가는 관세의 경제적 기능보다는 재정기능을 중시한다. 역사적으로는 1891년 독일이 이 제도를 포기한 것을 계기로 오늘날 세계각국이 모두 이 제도를 폐지시켰다.

99) 국정세율에 의한 이중관세제도는 1877년 스페인에서 창설된 후 1892년에 프랑스의 메린관세법, 1909년에 미국의 페인 올드릿취(Paine Alldrich) 관세법 등에서 채용된 바 있다.

3 관세의 기능

관세는 수출입물품을 과세대상으로 하는 대물세로서의 특수성으로 말미암아 국민경제에 대한 기능이 다양하며, 그 미치는 효과 또한 지대하다.

그러나 이러한 관세의 경제적 효과는 학자들의 기본시각에 따라 달리 분석되기도 한다.

관세는 국가의 재정수입이나 국내산업, 교역조건과 국제수지 및 국민소득과 소비생활에 직접적 영향을 미치고 있으므로 관세의 기능도 국제무역과 국민경제와의 연계적 작용에 의하여 파악되어야 한다. 이와 같은 관세의 기능은 관세의 자동적인 가격조절 기능으로 자유경제구조를 전제로 하는 것이며 통제경제하에서는 기대할 수가 없다.

WTO체제하에서의 예외 없는 관세화원칙에 따라 개방체제가 거의 완성된 오늘날의 경제현실에 있어서는 이러한 관세의 기능을 통하여 정책수단으로서의 관세가 보다 새롭게 인식되어야 할 것이다.

1 국내산업보호 및 자원의 배분기능

수입상품에 대한 관세의 부과는 수입상품의 가격인상을 통하여 외국상품의 수입을 억제하고 자국상품의 국내시장에서의 가격경쟁력을 강화시켜 국내생산공급을 증대시키고 국내의 유치산업을 보호·육성하는 역할을 한다.

또한 수입상품에 대한 관세의 부과로 특정의 산업이 보호되면 그 업종에 대한 투자를 유발시켜 자원을 배분하게 되므로 보호관세에 의하여 보호를 받는 산업은 보호를 받지 않는 산업보다 더 많은 자원을 배분받게 되어 자원배분의 기능을 수행한다. 즉, 관세부과로 수입재의 국내생산이 증가하고 수입재에 대한 국내총수요량이 감소하며 교역상대국간의 무역량이 감소한다는 자원배분상의 효과가 발생한다. 그 효과는 수입재에 대한 국내총수요곡선 및 국내공급곡선이 탄력적일수록 크다.

한편, 보호의 목적 또한 보호를 받는 산업이 보다 많은 자원을 지배하게 하는데 있다고 볼 수 있다.

2 재정수입확보기능

관세는 그 발생이 국가경비를 조달하기 위한 재정수입을 목적으로 하였듯이 조세수입을 증대시키는 기능을 한다. 정부는 다양한 공공목적을 수행하기 위하여 재정수입을 증대시키지 않으면 안 되므로 국제무역은 당초부터 조세의 대상이 되어 왔다. 관세의 이러한 기능은 국민소득이 낮고 내국세의 비중이 적은 후진국일수록 더욱 강화된다. 1850년대의 미국은 연방재정의 90－95%를 관세로 충당하였다. 후진국일수록 재정수입의 상당 부분을 관세에 의존한다. 따라서 이러한 나라에 있어서 관세의 설정 및 세율의 결정에 관하여는 재정수입을 확보한다는 것이 제일차적인 것으로서 국내산업의 보호적 효과가 있더라도 그것은 부수적인 의미를 가질 뿐이다. 그러나 산업의 공업화나 산업구조의 고도화라는 측면에서의 관세의 역할은 산업보호가 우선하게 된다.

3 소득의 재분배기능

관세의 부과는 소득을 각계각층에 재분배하여 주는 기능을 한다. 관세의 부과로 그만큼 관세의 전가현상이 발생하여 물가가 상승되어 이를 수입품을 소비하는 소비자가 부담하게 되므로 소비자의 실질소득을 감소시킨다. 그러나 이 경우 수입품과 경쟁적인 국내생산품이 있다고 한다면 그 생산성은 물가의 상승으로 소득을 제고시킬 수 있을 것이다.

또한 수입품에 대한 관세부과로 그만큼 수입품의 가격이 상승되므로 국내소비는 감소하고 그에 따라서 수입업자는 수입품의 가격을 하락시키지 않으면 안 되므로 수출업자의 소득을 수입품과 경쟁적인 국내생산업자에게 재분배하는 기능을 갖는다.

4 소비억제의 기능

관세의 부과는 수입상품에 대한 가격을 상승시켜 소비를 억제한다. 소비자는 관세부과만큼 수입상품에 대하여 높은 가격을 지불하여야 하며, 또한 국내시장에서의 국산품의 가격도 수입상품과 동일한 가격수준까지 인상될 수 있기 때문에 국내에서 생산되는 동종의 상품에 대하여도 높은 가격을 지불하지 않으면 안 된다. 이때 인상된 가격차만큼 소비자의 실질소득을 감소시키므로 소비는 억제된다고 할 수 있다.

5 교역조건개선 및 국제수지개선기능

관세의 가격효과에 따라 관세부과 후에는 무역상대국의 수출가격이 인하되므로 교역조건이 개선된다고 할 수 있다. 관세부과국의 교역조건이 어느 정도 개선되느냐 하는 것은 교역상대국의 가격탄력성에 달려있다. 가령, 교역상대국의 가격탄력성이 작을수록 관세부과국의 교역조건은 현저히 개선되지만, 반대로 교역상대국이 완전히 탄력적이라면 교역조건은 개선되지 않는다.

한편, 관세를 통한 교역조건의 개선은 곧 국제수지의 개선을 의미한다. 그러나 이러한 교역조건의 개선은 교역의 축소를 초래하므로 장기적으로 볼 때 국제수지 개선을 위한 최선의 관세정책이라고 할 수는 없을 것이다. 그러므로 국내유치산업보호와 불요불급품에 대한 소비억제를 위하여 관세를 통한 수입억제는 국제수지를 개선하는 일석이조의 효과를 기대할 수 있는 관세정책이라고 할 수 있을 것이다.

4 관세의 정책적 의의

1 관세정책의 의의

관세정책(tariff policy)이라 함은, 광의로는 관세율뿐만 아니라 보세제도 기타 관세의 부과 · 징수에 수반되는 여러 가지 제도적 측면에 관한 정책도 포괄하나, 협의로는 이 중 관세율의 조작에 의하여 유치산업의 보호, 기존산업의 육성, 국내물가의 안정, 고용의 증대 등 경제발전에 기여함을 목적으로 하는 관세율정책만을 의미하는 것으로 이해되고 있다.

관세가 이와 같은 역할을 할 수 있는 것은 재정관세의 영역을 탈피해서 보호관세의 성격을 갖게 된 때문이다. 관세가 국내경제에 미치는 영향은 자유경제가 촉진되어 관세 이외의 무역장벽이 적으면 적을수록 상대적으로 강하게 인식된다. 그러므로 무역에 대해서 직접적인 수량제한(quantitative restrictions)이 행하여지고 있는 상태에 있어서는 관세정책을 발휘할 여지는 그만큼 적다고 할 수 있다.

이상과 같이 관세정책이란 수입 또는 수출되는 상품에 대하여 품목별 관세수준을 결정하는 관세율(종량세의 경우는 관세액) 정책과 법률로 정해진 관세수준을 경우에 따라서 경감하는 관세감면, 관세환급, 그리고 탄력관세 등의 적용기준과 범위를 정하는 일련의 정책을 말한다.

우리나라에는 수출관세는 없고 종량세는 예외적인 경우에만 사용되고 있으므로 수입관세의 세율결정, 관세감면이나 탄력세율의 적용 등이 관세정책의 기본골격이 되는 것이다.

관세정책은 산업생산의 구조를 결정하고 무역의 크기와 형태에 지대한 영향을 미칠 뿐만 아니라 정부의 재정운영에 있어서도 매우 중요한 정책이다. 특히 우리나라와 같이 무역이 전체 경제활동에서 차지하는 비중이 큰 나라에서는 더욱 그러하다.

2 제도적 의미의 관세정책

제도적 의미에서의 관세정책에는 관세감면 및 분할납부제도, 수출입통관제도, 관세환급제도, 보세제도, 지역경제통합으로서의 각종 자유무역지역, 관세동맹, 공동시장 등 다양하다. 이 가운데 여기서는 자유항제도와 관세동맹 등 지역경제통합에 관해서만 살펴보기로 한다.(나머지는 뒤에 설명하는 각 부문에서 자세히 논하기로 한다.)

1. 자유항 제도

자유항(Free Port)제도는 무역항의 전부 또는 일부의 지역을 구획하여, 그곳을 통과하는 외국화물에 대하여 그 지역내에서는 관세를 부과하지 않고, 자유로이 출입·개장·분할·가공 등을 하는 것을 인정하며, 외국선박에 대하여는 자국의 선박과 같은 취급을 해줄 뿐만 아니라, 화물과 선박에 대하여 관세법상의 제한을 가하지 않거나 완화한 지역을 말한다.

자유항제도의 목적은 중계무역 또는 가공무역을 촉진하고 아울러 해운 및 상항의 발달을 도모함에 있다. 자유항제도는 그 구역의 광협이나, 그 기능의 상위에 따라 ① 자유항시, ② 자유항구, ③ 자유지구, ④ 자유무역지대, ⑤ 수출자유지역으로 분류할 수 있다.

① **자유항시(Free Trade Port)** : 자유항시라 함은 자유항의 전부를 관세영역 외에 두고, 이 지역내에 한해서 외국상품은 전부 관세부과대상에서 제외되며, 더구나 그 상품의 적재 · 저장 · 개장 · 분할 · 혼합 · 수선 · 가공 · 제조 등을 자유롭게 하며, 개인의 거주도 인정해 주어 자유항제도로서는 가장 광범위한 것이다.

② **자유항구(Free Trade Quarter)** : 자유항시와 같이 무역항의 전부를 자유항으로 하는 것이 아니라 다만 항구에 접하고 있는 지역의 전부 또는 일부를 구획하여 이를 관세영역 외에 두고, 이 지역내에 한하여 출입하는 외국상품에 대해 관세부과대상에서 제외하고, 이 상품의 적재·개장·분할·수선·가공·제조 등은 자유로이 하도록 인정하지만 그 지역내에서의 거주는 금지하는 곳이다.

③ **자유지구(Free District)** : 자유항과 같은 것이지만 다른 점은 자유항구에서 인정되는 외국상품의 제조 및 가공이 자유지구에서는 인정되지 않는다. 따라서 여기서는 중계무역의 촉진을 주된 목적으로 하고 가공무역은 인정되지 않는다.

④ **자유무역지대(Foreign Trade Zone)** : 미국의 Foreign Trade Zone을 통칭하는 말이다. 상항의 항내 또는 그 부근의 일대를 비관세지구로 한 미국의 자유항으로서 1934년의 외국무역지대법에 의하여 설치되었다. 이는 중계무역 및 가공무역을 위한 것으로서 그 지대내의 화물에 대하여는 관세수속도 없고, 관세도 부과되지 않으며, 화물의 장치·이적·개장·혼합·조립·제조 등의 조작이 가능하며 이를 통하여 재수출이 이루어졌다.

⑤ **수출자유지역(Free Export Zone)** : 수출자유지역이란 선진외국의 자본과 기술을

유치하여 자국의 수출진흥을 도모함과 동시에 기술의 도입 및 고용의 증대를 기할 목적으로 국가가 임해의 일정한 지역을 구획하여 지정한 지역으로서, 관세법령의 적용이 전부 또는 일부가 배제되거나 완화된 보세구역의 성격을 띠고 있다. 이 지역내에는 관세의 부담 없이 외국물품이 자유로이 출입할 수 있으며, 설치 처음엔 중계무역의 진흥을 목적으로 그 지역에서는 가공·제조 등은 하지 아니하고 단순히 무역거래만을 하였으나, 오늘날에 와서는 특히 부존자원이 부족한 국가에서는 원자재를 외국에서 도입하여 이를 제조·가공하여 다시 이를 외국으로 수출한다.

2. 지역경제통합 제도

(1) 자유무역지역

자유무역지역(Free Trade Area)은 협정을 맺은 회원국들 상호간에 관세를 포함한 모든 무역장벽을 철폐하고 자유무역을 실현하지만, 역외 회원국들에 대하여는 회원국들 자체의 무역보호수준에 따라 독자적인 무역정책을 유지하는 제도이다. 회원국들의 자유무역 실현으로 각 회원국들의 무역유형, 즉 수출입구조가 변화할 수도 있으며, 수입선이 비회원국에서 회원국으로 전환되는 등 회원국뿐만 아니라 회원국과 무역거래를 하는 비회원국들의 무역구조 및 무역규모가 변동하게 되는 등의 영향도 줄 수 있다.

(2) 관세동맹

관세동맹(customs union)은 두 나라 또는 그 이상의 여러 나라가 관세에 관한 협정을 체결하여 경제적 단일체를 형성함으로써 동맹국 상호간의 교역의 자유를 도모하는 제도를 말하는 것이나 협정의 범위와 정도에는 여러 가지가 있다.

즉 ① 동맹국 상호간의 교역에는 관세를 전폐함으로써 그들 제국이 완전히 일체가 되는 경우와, ② 교역품의 일부에 대하여, 혹은 관세율의 어느 정도의 인하로 협정하는 경우가 있다. 그러나 동맹국 이외의 나라와의 교역에 관하여는 동일관세를 적용하지 않으면 안 된다.

경제적 이해관계가 거의 같아서 일치된 이익에 기인하여 해결하는 대등국 상호간(예: 후진국 상호간)의 관세동맹과 강대국이 약소국을 자국의 지배하에 두려고 체결하는 경우도 있다.

관세동맹은 다음과 같은 경제효과가 있다.

① 관세동맹의 생산효과

ⅰ) 무역창출효과: 관세동맹이 결성되어 역내무역이 확대되고 재화의 공급원이 역내 높은 생산비의 공급자에서 낮은 생산비의 공급자로 대체되는 현상이다.

ii) 무역전환효과: 관세동맹이 결성되어 가맹국 상호간에 관세가 철폐되고 대역외공동 관세가 부과되면, 가맹국간의 수입가격은 비가맹국으로부터의 수입가격보다 낮아져 종래 비가맹국으로부터 수입하던 상품을 동맹 내의 타국에서 수입하는 효과이다.

② **관세동맹의 소비효과:** 관세동맹으로 인한 차별과세로 상대가격이 변동하여 소비유형의 변화를 초래하는 효과이다.

③ **관세동맹의 동태적 효과**

i) 규모의 경제 실현: 내부경제, 외부경제의 발생

ii) 경쟁의 심화로 기술향상의 가속화

iii) 시장의 불확실성 감소효과: 국제무역에 따르는 주요위험을 감소 내지는 제거한다.

(3) 공동시장

공동시장(common market)은 관세의 완전철폐 및 공동관세 적용에서 한 걸음 더 나아가 생산요소의 자유로운 이동까지를 허용한다.

(4) 경제동맹

경제동맹(economic union)은 가맹국간의 관세의 철폐와 생산요소의 자유로운 이동은 물론 가맹국간의 대내적인 재정금융정책에서도 상호협력이 이루어지는 형태의 경제통합이다. 그러므로 경제동맹은 가맹국간의 경제가 가장 밀착된 형태의 경제통합이라고 말할 수 있다.

(5) 완전경제통합

완전경제통합은 초국가적 기구를 설립하여 그 기구로 하여금 회원국의 통일된 금융·재정 및 기타 사회정책들을 결정하게 하는 하나의 단일화된 경제로 통합되는 것을 말한다.

【표Ⅱ-1-3】 지역경제통합의 유형 및 특징

특징 / 종류	가맹국간의 관계	비가맹국간의 관계	예
자유무역지역	완전한 관세 철폐	독자적인 관세부과	유럽자유무역지역(EFTA)
관세동맹	완전한 관세 철폐	공동관세 부과	구주경제공동체(EEC)
공동시장	관세철폐 및 생산요소의 이동까지 허용	공동관세 부과	구주공동체(EC)
경제동맹	관세철폐 + 생산요소의 자유로운 이동 + 재정금융정책의 협조	〃	베네룩스 3국
완전경제통합	경제의 모든 면에서 한 국가로 통일		EU

3 관세정책의 한계

수입물품에 관세를 부과함에 따라 전술한 바와 같은 경제적 효과를 거둘 수 있겠으나 관세를 경쟁정책의 수단으로 활용하는 데에는 다음과 같은 한계가 있다.

첫째, 사회적인 이유로 소비행위를 억제할 필요가 있다하여 관세를 부과하는 경우 관세는 부수적으로 해당 재화의 국내산업에 아까운 자원이 사용되는 것을 조장하고 대신 다른 산업의 성장을 저해하여 시장기능을 왜곡하게 된다. 반면에 소비세 부과는 이와 같은 부작용이 없으며 관세보다 세수효과도 크다 하겠다.

둘째, 기업의 성장에 따른 지식 및 기술인력의 사회적 축적 등과 같이 사회에 혜택을 주는 외부경제(external economy)효과가 있는 생산행위를 촉진하기 위하여 관세를 부과하는 경우 부수적으로 해당 재화의 소비를 억제하고 대신 다른 재화의 소비를 촉진하는 시장기능 왜곡효과가 있다. 이 경우 관세보호보다는 보조금 지급, 내국세 및 금융상의 지원과 같은 직접지원이 최선의 방법이라 하겠다. 그러나 관세보호와 달리 직접지원은 재정에 부담을 주는 사실에 유의할 필요가 있다.

셋째, 관세 때문에 국제수지가 호전되는 것은 국내고용이 낮고 전방산업의 역보호효과가 낮을 때에만 가능하므로 관세의 국제수지 조절역할은 불확실한 것이다. 국민경제의 이동률이 아주 높은 상황 하에서는 관세부과로 인하여 국내인플레 압력이 증가하고 오히려 국제수지가 악화된다. 따라서 국제수지의 경상적자는 국민경제가 생산능력 이상으로 자본을 사용하는 것을 반영하는 만큼 국제수지 관리에 대한 올바른 정책적 접근은 국내생산의 증대와 저축 증대를 목적으로 재정, 통화, 금융, 환율 등의 거시적 정책수단을 수용하는 것이 보다 바람직하다.

넷째, 세수확보의 수단으로서는 각종 세제 중에서 관세가 자원배분 왜곡효과가 가장 큰 것이므로 내국세, 특히 직접세에 비하여 열등한 징수수단이다. 반면 관세는 세원의 보충이 가장 용이하다는 장점이 있다 하겠다.

다섯째, 보호관세에 의하여 유치산업을 육성시켜 나가는 과정에서 일반적으로 나타나는 문제점은 먼저 그 보호관세가 반영구화되는 경향이 있고 다음은 이러한 국내산업의 보호혜택을 흔히 외국투자기업들이 향유하게 되는 것이다.

유치산업에 대한 관세보호는 그 산업이 성숙하여 대외경쟁력을 갖추게 될 때까지의 시한부 정책인데 실제로는 국내시장이 협소하여 규모의 경제(Scale Merit)가 극히 제한되어 있을 뿐만 아니라 대부분의 경우 해당 생산품의 국내공급이 소수기업에 의하여 독과점으로 지배되고 있어 경쟁을 통한 기술개발이나 생산성 향상이 잘 이루어지지 않으며, 따라서 보호관세는 쉽사리 철회할 수 없게 된다. 국내기업들은 보호관세의 온상 속에 안주하고 있기 때문에 상호경쟁보다는 공존주의를 택하게 되고, 또한 독점이윤을 향유하고 있는 한 신상품이나 새로운 기술개발에 따른 비용 및 위험부담을 회피하려고 한다.

또한 개발도상국에서 국내산업 육성을 위하여 관세장벽을 쌓게 되면 종래 완제품을 공급하던 외국생산자들은 일단 현지국 내에 그들의 합작회사를 설립하여 관세장벽을 피하기 위해 거의 완제품단계의 생산물을 공급하여 현지회사의 단순조립과정만을 거쳐 판매하게 된다. 그럼으로써 국내 부가가치에의 기여가 거의 없거나 그러한 제품에 그들 본국이 완제품 상표를 그대로 사용하여 시장을 석권함으로써 토착 현지 생산업자의 시장참여가 어려워진다. 본국으로부터 중고 생산 시설을 이전설치하거나 낙후된 기술을 그대로 사용함으로써 경쟁이 치열한 수출시장보다는 내수시장만을 목표로 하기 때문에 국제수지 개선효과를 크게 기대할 수 없을 뿐만 아니라 그 산업에 필요한 원료와 주요부품 그리고 기계를 고가로 본국에서 계속 들여와 내국소비자에게 그 부담을 전가시키는 사례를 흔히 보게 된다.

나아가 개발도상국 특히 부존자원이 빈약한 국가들의 경우 그들이 개발과정에서 공통적으로 직면하게 되는 국제수지 역조 문제를 해결하기 위해 수입억제가 불가피하게 됨에 따라 보호관세의 장벽은 반영구화되는 경향이 있게 된다.

그러나 이러한 보호관세의 반영구화 현상이나 국내산업 보호 이익의 외국기업에의 귀속현상 등은 보호관세제도 그 자체의 결함에서 오는 문제라기보다는 정책 적용의 잘못에서 초래되는 것이며 합리적인 정책에 의해서 최소화될 수 있는 문제라 하겠다. 따라서 국내산업의 보호와 육성을 위한 관세정책은 장기적으로 볼 때 수입대체를 가능케 하고 국내 여타산업에의 파급효과(linkage effect)를 통하여 공업화를 촉진시킬 수 있는 정책수단임에는 틀림없다.

4 비관세정책

1. 비관세장벽의 개념

비관세장벽이란 자유무역을 저해하거나 교란하는 관세 이외의 방법으로 정부가 자국상품과 외국상품(또는 국내시장과 외국시장)을 차별하는 직접·간접적인 선별적 규제를 의미한다. 이를 구체적으로 설명하면 다음과 같다.

① 자유무역을 저해하거나 교란하는 규제라는 것은 결국 세계자원의 최적을 저해하고 세계의 실질소득의 잠재적 저하를 가져오는 규제라고 해석할 수 있다. 말하자면 무역에 대한 정부의 규제에 의하여 각국의 사적비용과 사회적 비용의 괴리가 발생하여 사회적 총생산의 극대화가 저해된다고 해도 좋을 것이다.

② 정부가 자국상품과 외국상품 또는 국내시장과 외국시장을 차별하는 선별적 규제라

는 의미에 관해서는 i) 규제의 주체로서는 정부, 민간단체가 있으며, ii) 정부(또는 민간단체)가 행하는 선별적(selective)규제라는 것이 문제이며, 환율의 변경이나 재정 · 금융정책 등 국제수지조정을 위해 취해지는 총체적(overall)인 조정조치는 비관세장벽이 되지 않는다. iii) 따라서 자국상품과 외국상품, 또는 국내시장과 외국시장 그리고 어느 외국공급자를 선별하여 차별적으로 대우하게 되는지 여부가 비관세장벽인지 아닌지의 중요한 판정기준이다.

③ 수입을 억제하고 수출을 촉진하기 위하여 무역에 대한 직접적인 개입조치는 직접적인 비관세장벽임은 두말할 필요가 없다. 그 밖에 무역 이외의 다른 정책목적을 위하여 도입된 규제가 지닌 파생적 결과로서 무역에 대한 저해가 발생하는 경우, 말하자면 간접적인 비관세장벽이 있다.

④ 규제를 도입한 정책목적을 어떤 다른 수단보다 합리적이고 대체적(alternative)인 수단에 의하여 실현할 수 있는 여지가 있는 경우에는 대체적 수단을 취해야 하며 그렇지 않은 경우는 비관세장벽으로 인정해야 한다.
보편적 수단으로서는, i) 개별산업에 선별적으로 취하는 것이 아니라 전체산업에 무차별적으로 작용하는 총체적 조정정책이 있으며, 여기에는 환율의 변경, 재정 · 금융정책 혹은 소득정책 등이 대표적이다. ii) 모든 수입품에 대한 일률적인 과징금은 환율의 평가절하와 같은 효과가 있다.

⑤ 무역을 규제하는 제도의 존속 자체가 문제이지만 운영상 무역저해효과를 초래하지 않는 규제제도가 존속하고 있는 것이 장해라고 볼 수 있다.

2. 비관세장벽의 특성

(1) 무역규제적 효과측정상의 곤란성

관세의 경우와는 달리 비관세장벽의 무역제한 효과를 종합적 또는 개별품목별로 수량화하여 측정해 내는 일은 현재로서는 매우 어렵다는 사실이 판명되고 있다. 왜냐하면 어떤 유형의 비관세장벽은 단일품목군에만 영향을 미치는가 하면 어떤 것은 전품목 또는 수입 전반에 영향을 미치기도 하기 때문이다. 여기에다 관세의 영향까지 겹치게 되면 무역제한적 효과의 귀속상태와 그 심도를 정확히 판정하는 것은 사실상 불가능할 뿐만 아니라 어떤 비관세장벽은 시간에 따라 매우 가변적이거나 관계당국의 자의에 의존하고 있거나 또는 은밀히 적용되는 것도 있다. 그러므로 대부분의 경우 자료의 이용 가능성은 현실적으로 극히 제한되어 있기 때문에 효과의 측정은 극히 어렵다.

(2) 개발도상국에 차별적인 성격

명목상으로는 비차별적인 것 같은 비관세장벽은 사실상 개발도상국에 크게 불리하며, 따라서 동 장벽의 제거과정에 있어서는 개도국의 이익이 특별히 고려되어야 한다. 차별적이란 것은 여러 가지 비관세장벽이 개도국에 미치는 효과의 정도가 선진국의 그것에 비해 불평등한 경향이 있다는 점이고 또 하나는 동일한 비관세장벽일지라도 그것이 선진국보다는 개발도상국의 수출관심품목에 더욱 빈번히 적용되고 있다는 사실에 근거를 두고 있다.

이 두 가지 논거를 비관세장벽 자유화와 그 중요성에 비추어 좀 더 상세히 살펴보기로 한다.

① 불평등한 효과 : 각종의 비관세장벽이 선진국에 비해 상대적으로 개도국에 불평등한 효과를 갖는 경향이 있다는 논거는 다음과 같은 사정에 기인한다.
   ㉠ 개도국의 수출업자는 체질적으로 그러한 장벽에 대한 적응능력이 부족할 뿐만 아니라 필요한 경우 조정능력도 부족하다.
   ㉡ 일반적으로 개도국은 선진국에 비해 대체생산의 가능성이 제한되어 있거나 없다.
   ㉢ 개도국은 현존 비관세장벽의 실상과 운용메커니즘을 정확히 판단하는데 필요한 충분한 정보수집능력을 갖고 있지 못하기 때문에 흔히 오류나 값비싼 공급반응을 일으켜 수출의욕이 상실되기 쉽다.
   ㉣ 개도국으로부터 담당 관리의 재량이 많은 건강 및 품질규제와 관련된 수입의 경우 극히 까다로운 절차나 표준규격을 제시한다.
   ㉤ 과거 관세인하교섭과정에서 그러했듯이 비관세장벽문제를 다루는 국제적인 논의석상에서의 개도국의 이익은 부차적인 대상으로 취급되는 경향이 있다는 것 등이다.

② 상이한 적용빈도 : 두 번째의 논거는 비록 동일한 비관세장벽일지라도 가장 빈번하게 비관세장벽적용대상이 되는 품목을 보면 그것은 대개 국제시장에서 현재 개도국이 비교우위를 갖고 있거나 또는 미래에 갖게 될 것으로 보이는 품목들이라는 사실이다.

(3) 복잡성

관세와는 달리 비관세장벽은 복잡하고 분별이 불가능하다는 것이다. 즉, 어떤 것은 통일적이고 체계적인 조정도 없이 여러 행정기관의 제 책정에서 파생하여 복합적으로 적용되고 있고 또한 유형마다 그 성질이 다양하다는 것이 또한 특징의 하나이다. 이러한 측면 때문에 많은 국가는 산업에 대한 보호무역을 위하여 보다 편리한 방법으로 비관세장벽을 이용하는 경향이 있다. 그렇게 보면 최소한 공공연한 검토나 엄밀한 조사로부터 회피가 가능하기 때문이다.

(4) 협상곤란성

비관세장벽은 관세와는 달리 그 완화 및 철폐를 위한 협상이 매우 곤란하다. 그 이유는 비관세장벽은 복잡다양, 불확실한 성질, 계측불가능성 때문에 양허 정도를 비교할 지표의 설정이 불가능하며 또한 대부분의 비관세장벽은 일정한 기준이 없어, 설사 정부간에 협상이 이루어졌다 하더라도 그것이 비관세장벽의 철폐를 보장해 줄 수 없다는 것 등이 주요 원인이다.

3. 비관세장벽의 판정기준

수입할당제와 같이 명백하게 직접적인 비관세장벽인 경우에서 조차도 정책당국이 정책목적으로서 취하고 있는 것은 무역개입이 아니라 국제수지개선이라든지 유치산업의 발전이라고 해석하게 되면 간접적 비관세장벽이라고 할 수 없을 것이다. 왜냐하면 비관세장벽으로서 들고 있는 「인위적 규제」의 대부분은 무역을 제한하는 것을 주된 목적으로 실시되고 있는 것이 아니기 때문이다.

그러면 도대체 어떠한 경우에 어떠한 기준에서 어떠한 범위의 것을 비관세장벽으로 보는가. 이에 대한 해답은 일정한 특정기준이 있어야 할 것이다. 그러면 어떤 규제 내지 정부조치가 비관세장벽인가 아닌가에 관한 판정기준은 다음과 같다.

① 세계적인 자원의 최적배분이라는 관점에서 고려하여 정당화할 수 있는지의 여부
② 문제가 되는 규제의 정책목적이 합리적인지의 여부
③ 정책목적이 어떤 대체적 수단에 의해 실현될 여지가 있는지의 여부

그렇지만 이와 같은 판정기준은 한 나라의 경제정책의 운영에 관한 종합적인 판단을 전제로 하여 비로소 성립될 수 있는 것이며 순수하게 객관적(과학적)인 분석만으로 도입될 수 있는 것이 아니다.

따라서 어떤 규제가 비관세장벽인지 아닌지에 관해서는 경제적으로 판단해야 하는, 말하자면 그 규제의 경제적 기능과 효과, 대체적 수단의 가능성 등에 의하여 판단해야 하지, 그 규제가 WTO기타 국제협정의 조항이나 2국간 협정에 위반하는가 않는가라는 합법성(legal status)으로 판단될 문제는 아니다.

4. 비관세장벽의 유형

비관세장벽은 무역을 제한할 목적으로 명백하게 규정하거나 시행되는 직접적인 것과, 어떤 다른 정책목표를 위해 무역의 흐름에 영향을 미치도록 시행하는 간접적인 것이 있으며, 또한 이를 수입에 관한 것과 수출에 관한 것으로 분류할 수가 있다.

먼저 '직접적인 비관세장벽'이란 비관세장벽의 규제의 주체(정부 또는 민간단체)가 대외거래와 대내거래를 차별적으로 취급, 무역을 실질적으로 억제하여 국내생산을 촉진하는 효과를 가지는 규제를 말한다.

다음으로 '간접적 비관세장벽'이란 본래 대외거래와 국내거래를 실질적으로 차별하는 것을 목적으로 하는 것은 아니지만, 어떤 다른 정책목적을 위한 규제의 부차적인 결과로서 자국상품보다 외국상품을 불리하게 하는 규제를 말한다.

이렇게 구분해 볼 때, 수입에 있어서의 직접적인 비관세장벽에는 수입할당제, 관세쿼터, 잔존수입제한, 수입과징금, 수입담보금, 국가무역 그리고 차별적인 무역금융제도 등이 있으며, 간접적 비관세장벽에는 내국소비세, 정부조달, 관세평가, 수출자율규제, 반덤핑관세 및 상계관세 등이 있다. 그리고 수출면에 있어서 직접적 비관세장벽에는 수출금지조치, 수출수량할당, 보조금지급 등이 있으며, 간접적 비관세장벽에는 수출금융지원, 수출감면세조치 등이 있다.

무역제한의 가장 일반적인 비관세장벽은 무역량에 관한 제한이다. 이들은 상품단위수에 의해서든지 또는 수입품의 가격에 의해서든지 간에 일정기간에 있어서 수입량을 제한하기 위하여 사용되는 수단이다. 이러한 방법은 직접적 수량제한(direct quantitative restriction) 또는 수량할당(quantitative quota), 수출자율규제(voluntary export restraints), 관세할당(tariff quota)과 질서 있는 시장협정(orderly marketing agreements)등이 있다.

5. 비관세장벽의 효과

보호무역을 위한 정책수단은 이미 언급한 바와 같이 ① 관세와, ② 비관세장벽으로 대별되며 후자의 수단을 세분하면 수량할당, 생산보조금, 내국소비세, 관세할당, 수출자율규제 등이 있다. 여기서는 그 가운데 몇 가지 효과의 예를 들고자 한다.

관세는 관세영역을 통과하는 상품에 대하여 부과되는 조세이다. 관세 중에는 그 목적에 따라 재정관세 등 여러 가지로 분류할 수 있지만 여기에서 문제로 삼는 보호무역의 정책수단으로서 사용되는 것은 보호관세 및 육성관세이다. 보호관세 및 육성관세란 국내산업의 보호 및 육성을 목적으로 하여 경쟁수입품에 부과되는 관세이다.

수량할당은 직접적인 수입감소 수단이다. 극단적인 경우는 수입금지조치가 취해진다. 수입제한 가운데는 할당제와 일정한 최고한도를 정해 두는 실링방식과 같이 수량면에서 수입을 제한하는 방법, 수입허가절차에 있어서 허가조건을 엄격히 하여 수입을 억제하는 방법, 또는 신용면에서 억제하는 방법 등 여러 가지가 있다.

이 가운데 국내산업의 보호·육성의 수단으로서 관세와 보조금정책을 어떤 시기에 어느 수단을 사용할 것인가는 다음의 점을 고려하여 판단하지 않으면 안 된다.

첫째, 관세의 보호효과는 가격메커니즘을 통하여 간접적인데 반하여, 보조금의 효과는 기업의 채산에 직접적으로 영향을 미친다.

둘째, 관세가 경쟁상대국(대국의 경우)의 부담인데 반하여, 보조금은 자국의 부담이 되는 것이 보통이다. 따라서 납세자는 관세에 대하여는 별로 관심이 없지만, 보조금의 지출에 대해서는 일반적으로 관심이 높고 엄격하다. 강력한 보조금정책이 이용될 수 있는 것으로 보호·육성에 의한 국민경제에 대한 공헌이 매우 크고 그 이익이 국민의 대다수에 미치는 것이 아니면 어렵다.

셋째, 관세는 그 상품의 국내가격을 인상시키는데 반하여 보조금은 이를 인하시키는(부의 관세) 방향으로 움직인다.

유치산업보호에 관해서는 그것이 외부경제를 가진 경우, 관세에만 의존하기보다도 보조금정책을 중점적으로 활용하는 것이 유리할 것이다. 특히 기술전파에 관한 외부경제효과를 가진 경우, 기술의 습득에는 일반적으로 코스트가 드는데, 관세는 이러한 지출을 하거나 또 습득한 기술을 전파시키는 것과 같은 것은 보장해주지 않는다.

유치산업의 보호를 위해서는 직접적인 효과가 좋고 생산요소에 대한 작용이 필요하다. 관세는 한 번 실시되면 폐지시키기 어려운데 비하여 보조금은 폐지시키기 쉽다. 때문에 지나치게 많은 보조금을 필요로 할 때 보조금에만 의존하는 것은 부담이 지나치게 크므로 관세와의 병용이 필요할지도 모른다.

5 관세법의 확립

❶ 관세법의 체계

1. 관세법의 주요내용

우리나라 관세법은 1949년 11월 23일 법률 제67호로 제정된 이래 2006년 3월 24일 법률 제7887호로 그 동안 49여회에 가까운 개정을 하면서 현재의 골격을 유지하고 있다. 그 주요내용은 ① 신고납부제의 전면적 실시, ② 과세가격평가에 있어서의 신고가격의 원칙적 인정, ③ 법해석의 소급적용금지원칙의 채택, ④ 수출입물품에 대한 검사의 완화, ⑤ 화주 직접신고제의 채택, ⑥ 통관법인제의 운용 등은 관세행정의 민주화 내지 자유화를 구현한 것이고, ⑦ 긴급관세제도, ⑧ 관세할당제도 및 덤핑방지관세제도, ⑨ 국제관세협력강화 등은 급변하는 국내외 경제여건에 탄력성있게 대처하기 위하여 국내물가안정과 국제화시대에 부응하려는 관세정책의지의 집약이며, ⑩ 관세상 행정구제제도, ⑪ 가격평가신고제, ⑫ 보세판매장 및 세관검사장제, ⑬ 간이세율적용대상의 확대, ⑭ 지정관세제도, ⑮ 보세공장자율관리의 확대, ⑯ 체납세의 분할납부제도 신설, ⑰ 관세사법에 따른 관세사에 대한 감독의 강화 등은 무역규모의 확대에 따른 세관행정의 능률화를 꾀하려는 데 주목적이 있다.

2. 관세법의 구성

관세법의 구성을 보면, 전문 13개장 총 329개조와 부칙으로 되어 있다. 즉, 제1장 총칙, 제2장 과세가격과 관세의 부과·징수 등, 제3장 세율 및 품목분류, 제4장 감면·환급 및 분할납부 등, 제5장 납세자의 권리 및 불복절차, 제6장 운송수단, 제7장 보세구역, 제8장 운송, 제9장 통관, 제10장 세관공무원의 자료제출요청 등, 제11장 벌칙, 제12장 조사와 처분, 제13장 보칙 및 부칙으로 되어 있다.

한편, 관세법에는 별표인 관세율표가 부속되어 있으며 그 밖에도 관세법을 보완하는 법규로서 국제징수법과 국제기본법, 민법의 시효 및 기간 계산에 관한 규정, CCC의 품목분류협약과 평가협약 등 무수히 많은 법규가 관련을 맺고 있을 뿐만 아니라, 또 관세법규정에 대한 특별법으로서 수출용 원재료에 대한 관세 등 환급에 대한 특례법, SOFA와 그에 따른 임시특례법 · 외자도입법 · 조세감면규제법 · 관세의 감면관계 조약 · 협정, 관세율에 대한 특례규정인 환급에 갈음하는 인하세율, WTO 양허세율 · 개발도상국간의 양허세율 · ESCAP 협정양허세율 · UNCTAD 양허관세율 등이 있다.

3. 관세법의 목적

이와 같이 구성되어 있는 우리나라 관세법의 목적은 첫째, 국민경제의 발전과 둘째, 국가재정수입의 확보를 기하는데 두고 있다. 즉, 관세법 제1조는 다음과 같이 규정하고 있다.

"이 법은 관세의 부과 · 징수 및 수출입물품의 통관을 적정하게 하고 관세수입을 확보함으로써 국민경제의 발전에 이바지함을 목적으로 한다."

이러한 목적을 구체적으로 실현하기 위하여 관세의 부과징수 및 수출입물품의 통관을 적정하게 할 이유가 있으며, 이 점에서 관세법의 조세법적인 성격과 통관법적인 성격이 도출되는 것이다.

2 관세법의 성격

1. 조세법적 성격

관세법은 조세법적인 성격을 갖고 있다. 이를테면, 관세법 제1조에 "관세의 부과 · 징수를 ······ 목적으로 한다"와 동법 제2장의 '관세의 부과 · 징수 등'의 규정은 명백히 '세법'으로서의 성격을 잘 대변하여 주고 있다고 할 것이다.

2. 통관법적 성격

세법은 통관법적인 성격을 갖고 있다. 제1조에 '수출입물품의 통관을 적정하게 하고 ······'라고 한 것은 본법이 통관법으로서의 성격을 확실히 한 것이며, 또한 수출입물품의 통관에 대하여 세관의 면허를 받도록 동법 제6장에 규정하고 있는 점으로 보아 통관법적인 성격이 더욱 뚜렷하여진다. 이처럼 관세법은 물품의 수출입에 관하여 세관에서 직접 물품을 검사 · 감정하여 수출입면허에 곤란성이 있을 때에는 이를 허용하지 않도록 통제하고 있다.

3. 형사법적 성격

관세법은 형사법적인 성격을 갖고 있다. 앞에서 지적한 바와 같이 관세법은 세법인 동시에 통관법으로서 통관상의 질서를 확보함과 동시에 국가재정수입을 확실히 하기 위하여 제11장 내지 제12장에 벌칙과 조사처분에 관한 제도를 두어 이 법에서 정한 각종의 명령 · 금지규정 위반자에 대하여 관세상의 형벌을 부과하도록 하고 있다.

이처럼 형벌규정을 두어 각종 위반자에 대하여 처벌하는 것은 다른 경제법과 그 취지를 같이 한 것이라고 볼 수 있다. 즉, 적극적으로 관세의 부과 · 징수나 수출입통관절차의 적법한 이행을 보장하고, 법익침해행위를 예방하는 효과를 기대함과 아울러, 소극적으로는 위반자를 벌함으로써 관세법이 추구하는 방향을 확보하려는데 있는 것이다. 이러한 성격으로 미루어 볼 때 관세법은 국가권력으로서 명령강제하는 권력관계이고, 따라서 공권력관계로 이루어지는 공법이며, 대등관계나 사익에 관한 법익 사법이 아니며, 특히 관세법은 강제성을 가진 기술적 합목적성을 지배원리로 하는 행정법에 속하는 법적 안정성을 원리로 하는 사법에 관한 법이 아님을 알 수 있다.

따라서 관세법은 급변하는 국내외 경제환경에 기동성있게 대처할 것이 강력히 요청되는 법으로서, 그 입법형식도 자연히 이러한 점을 충분히 감안하여 관리의 대강만을 정하고 세부적 사항은 시행령과 시행규칙 및 부령 · 고시와 훈령 · 예규 · 통칙[100] 등에 위임하는 형식을 취하고 있어, 탄력성 내지 위임입법성 · 기술성 · 합목적성 및 종합성 · 경제통제성 · 국제성 등의 성격을 아울러 갖는다.

---

100) 행정규칙이란 행정기관이 행정권에 근거하여 제정하는 규정으로서 훈령 · 통칙 · 예규 등을 총칭하는 것이다. 이러한 행정규칙은 조세법률주의 원칙에 기인하여 조세법의 법원으로는 인정되지 아니한다. 그러나 행정규칙은 과세관청이 세무행정을 집행하는 기준이 되므로 현실적으로는 조세법률관계에 상당한 영향을 미치고 있다.

① **훈령** : 훈령이란 행정관청이 소속공무원을 통제하기 위한 목적으로 직무수행에 관한 절차 및 요령을 규정한 것을 말하며 예를 들면, 국세청훈령인 국세징수사무처리규정 등이 있다.

② **통칙** : 통칙이란 세법의 해석과 집행기준을 법조문 형식으로 체계화하여 행정관청이 소속공무원에게 시달하는 것으로서 재정경제부장관의 승인을 받아 국세청장이 제정한다. 예를 들면 국세기본법기본통칙, 법인세법기본통칙 등이 있다.

③ **예규** : 예규란 개별문제에 대하여 행정관청이 법령의 해석에 관한 사항을 질의 · 회신형식으로 시달한 것을 말하며 재정경제부장관 또는 국세청장이 제정한다.

3 관세의 법원(法源)

1. 서설

관세에 관한 존재형식을 관세의 법원이라 한다. 성문의 형식으로 제정된 성문법(제정법)과 성문의 형식이 아닌 불문법(비제정법)이 있다.

관세는 헌법상의 원칙으로서 조세법률주의가 적용되므로 관세의 법원 중에는 법률이 성문법으로서 중심을 이루고 있으며, 판례법을 제외하고는 관습법 기타 불문법이 법원으로서 성립할 수 있는지에 대하여는 가끔 문제가 되고 있다.

조세법률주의원칙에 따라 경제생활의 안정과 장래의 예측가능성을 보장하는 점에서도 관세의 주된 법원은 성문법, 그 중에서도 법률이 주를 이루고 있다.

그러나 명령 기타의 성문법이 전혀 성립할 수 없는 것은 아니다. 따라서 관세의 성문법원은 국내법으로서는 헌법, 법률, 명령으로 구분할 수 있고 국제관계에 있어서는 조약 및 일반적으로 승인된 국제법규가 있다.

2. 헌법

헌법은 조세에 관한 기본원칙을 정하고 있을 뿐만 아니라 조세법은 물론, 우리나라의 법률 및 이에 의한 행정의 기본적 당위성을 정하고 있고 조세법 및 조세행정은 이에 위반할 수 없다.

헌법에서 정하고 있는 조세에 관한 기본원칙은 모든 국민은 법률이 정하는 바에 의하여 납세의 의무를 진다는 납세의무에 관한 것(헌법 38조)이다. 따라서 관세는 조세이므로 헌법은 관세의 법원이다.

【표Ⅱ-1-4】 관세의 법원

구분	법규명칭
1. 헌법	· 헌법 제38조(납세의무), 헌법 제59조(조세법률주의) 등
2. 관세법규	· 관세법, 동 시행령, 동 시행규칙, 총리령, 관세청고시 · 관세사법 · 관세환급특례법 등, 임시수입부가세법, SOFA 실시에 따른 관세법 등의 임시특례에 관한 법률
3. 타법규	· 국세징수법, 국세기본법, 조세감면규제법 · 농어촌특별세 · 특소세법, 부가세법, 주세법, 교육세법, 교통세법 · 외자도입법, 수출자유지역설치법 · 대외무역법, 외국환거래법 등
4. 조약 및 협정	· WTO협정 및 WCO의 제조약, ATA Carnt 협약, SOFA 등 · WTO협정 양허세율, WTO협정 개발도상국간의 양허세율 · ESCAP협정 양허세율 · 한·칠레 자유무역협정 등

3. 관세법규

(1) 관세법

관세행정의 근간이 되는 기본법은 관세법이다.

현행 관세법은 대한민국 정부수립 후인 1949년 11월 23일 제정 공포되어 국내외 경제와 무역환경 변화에 대처하기 위하여 그간 58차에 걸쳐 개정을 하였다.

관세법은 관세행정에 관한 모든 근거를 포괄적으로 규정하고 있으며, 그 구성은 13장 329조 및 부칙으로 되어 있다. 또한 관세법에는 별표인 관세율표가 부속되어 있다. 관세법시행령은 관세법에서 위임한 사항과 관세법시행에 필요한 사항을 규정한 대통령령이다. 관세법 또는 동법 시행령이 위임한 사항이나 동법과 동령의 시행에 필요한 사항을 규정한 것이 관세법시행규칙이다.

(2) 관세사법

관세사의 통관서비스 기능을 높이고 시대 흐름에 맞도록 관세사제도를 개선함과 아울러 전문자격인으로서, 관세사의 역할을 제고하기 위하여 관세법의 일부로 되어 있는 관세사제도를 분리하여 별도의 관세사법으로 1995년 12월 6일에 법률 제4,984호로 공포하였다.

관세사법의 제정배경은 1975년 관세사제도 도입 이후 관세법의 일부로 구성되어 있던 관세사 관련규정을 세무사나 변호사 등 다른 자격사의 경우처럼 독립법으로 제정하여 관세사의 책임감과 사명감을 고취시키고 원활한 통관서비스 제공에 기여할 수 있도록 하기 위한 것이다. 관세사의 자격과 직무 및 징계 등을 내용으로 하는 관세사법은 그 성격상 별도의 법으로 제정함이 타당하고, 국민의 입장에서도 관세사 관련규정을 알아보기 편하도록 관세사법을 독립법으로 제정한 것이다.

(3) 관세환급특례법

수출용 원재료에 대한 관세 등 환급특례법은 1974년 12월 12일에 법률 제2,675호로 제정되어 1975년 7월 1일부터 시행된 관세환급제도에 관한 기본법으로서, 이 법에 의하여 관세법 · 특별소비세법 및 국세법 등에 규정된 수출용 원재료에 대한 사전면세제도의 적용이 배제되고 수출용 원재료를 수입시에는 일단 관세 등을 납부하였다가 수출이 이행된 후에 다시 관세 등을 환급받는 제도로 변경되었다.

이의 실시목적은 산업이 고도화 되어감에 따라 국산 원재료의 사용촉진과 사전면세제도에 따른 사후관리절차의 간소화를 위해 시행하였다.

(4) SOFA와 그에 따른 임시특례법

SOFA (Status of Forces Agreement)의 정식명칭은 「대한민국과 아메리카합중국간의 상호방위조약 제4조에 의한 시설 · 구역 및 대한민국에서의 합중국 군대의 지위에 관한 협정」으로서 우리나라에 주둔하는 미군의 지위에 관한 한 · 미간의 행정협정으로서 1967년 2월 9일부터 발효된 것이다.

이 협정의 각 규정중에는 제9조에 통관과 관세에 관한 기본규정을 둔 것 이외에 제13조에 비세출자금기관, 제15조에 초청계약자, 제20조에 군사우체국 등에 대한 과세 · 면세 · 통관 등에 관한 규정을 두고 있다.

또한 동 협정의 원활한 운영을 위하여 최고 협의기관으로서 한 · 미합동위원회(Joint Committee)가 설치되고, 관세와 세관문제의 협의기관으로 재무분과위원회(Finance Sub-Committee)가 설치되어 있으며, 면세물품의 부정거래를 방지하기 위한 협의기관으로 면세물품 부정거래에 관한 임시분과위원회를 설치하고 있다.

미군의 구성원 · 군속 및 그 가족들이 수출입하는 물품에 대하여는 SOFA의 제9조에 정하는 바에 따라서 통관처리되는 것이다.

동 규정에 정한 바가 없는 사항에 대한 통관 및 세관 등의 문제를 규정하고, 관세법상의 규정에 대한 특례를 규정하기 위하여 우리정부가 제정한 법률이 SOFA 실시에 따른 관세법 등의 임시특례법이다. 1967년 3월 3일 법률 제1,898호로 제정되어 시행되어오고 있다.

4. 준용법규

(1) 국세기본법과 국세징수법

국세기본법은 국세에 관한 기본적인 사항 및 공통적인 사항과 위법 또는 부당한 국세처분에 대한 불복절차를 규정함으로써 국세에 관한 법률관계를 확실히 하고, 과세의 공정을 도모하며, 국민의 납세의무의 원활한 이행에 기여함을 목적으로 하여 1974년 12월 21일 법률 제2,679호로 제정 공포되었다.

이 법은 관세담보가 없는 경우의 관세징수절차와 관세에 관한 행정상 쟁송의 하나인 심판청구를 동법 규정에 의거할 수 있게 한 이외에 관세에 관한 판례에서 동법 규정이 원용되는 경우도 있어 하나의 법원이 될 수 있다.

국세징수법은 국세의 징수에 관하여 필요한 사항을 규정하여 국세수입을 확보하기 위하여 1974년 12월 21일 법률 제2,680호로 제정 공포된 법률로서 이는 관세의 체납이 발생하였을 때 체납처분절차를 취할 경우에 국세징수법에 규정된 제3장 제24조 내지 30조의 절차를 준용하도록 되어 있다는 점에서 하나의 관세법 법원이 되고 있다.

(2) 조세특례제한법

이 법은 조세의 감면 및 중과 등 조세특례와 이의 제한에 관한 사항을 규정하여 과세의 공평을 기하고 조세정책을 효율적으로 수행함으로써, 국민경제의 건전한 발전에 기여함을 목적으로 1981년 12월 31일에 법률 제3,481호로 제정된 법률이다. 이 법은 5년 단위의 한시법으로 적용되어 온 조세감면규제법이 1998년 12월 31일 만료됨에 따라 동법의 내용을 포함하여 모든 조세특별규정을 포괄하는 조세특별제한법으로 전환함과 아울러, 각 특별의 적용시한을 해당 조문에 설정하여 조세감면의 효율성을 높였다.

또한, 제106조에 부가가치세 면제조항이 있는데, 제②항에 ①무연탄, ②도시철도, 공공철도 또는 고속철도 건설용품으로서 국내제작이 곤란한 물품, ③과세사업에 공할 선박, ④과세사업에 공할 관세법에 의한 보세건설물품 등에는 부가가치세를 면제하고 있다.

5. 관세관계조약 및 협정

관세관계의 조약 및 협정으로는 WTO협정, WCO의 제협약, ESCAP협정(방콕협정), ATA Carnet 관세협약, SOFA, AID차관협정, WTO협정 개발도상국간의 무역협상에 관한 의정서, UNCTAD의 개발도상국간 특혜무역제도에 관한 협정, 한미기술원조협정, 한미항공협정, 한·칠레 자유무역협정, 한·싱가포르 자유무역협정 등이 있다.

4 관세행정기관

관세행정을 실제 기획, 집행을 하는 일반행정기관과 특정사항에 대하여 심의 의결하는 행정위원회 또는 회의가 있다.

일반행정기관으로서는 재정경제부(관세에 관한 사항의 보조기관으로 세제실에 관세심의관을 두고 있다) 관세청 및 세관이 있으며, 관세심의위원회, 관세심사위원회, 관세체납정리위원회, 관세포상심사위원회, 국제심판관회의가 있다.

1. 일반 행정기관

재정경제부에는 관세에 관한 사무를 관장하는 보조기관으로서 세제실에 관세심의관을 두고 있다. 관세심의관은 관세에 관한 정책의 수립 및 관세제도의 기획·입안에 관하여 세제실장을 보좌하고, 관세의 부과·감면 및 징수와 수출입물품의 통관 및 밀수출입단속에 관한 사무를 관장하기 위하여 재정경제부장관소속하에 관세청을 두고 있으며, 이 관세청장의 관장사무를 분장하기 위하여 관세청장소속하에 세관을 두고 있다. 즉, 관세청장의 관장사무를 실제 현업으로 집행하는 일선 기관으로서 세관을 두고 있다.

세관은 관세에 관한 사무뿐만 아니라 수입물품에 부과되는 임시수입부가세와 내국세인 부가가치세, 특별소비세, 주세, 교육세, 교통세 및 농어촌특별소비세도 부과징수 또는 감면한다.

2. 관세관계 행정위원회 또는 회의

관세심의위원회는 관세정책에 관한 중요사항을 심의하며(재정경제부에 설치) 관세심사위원회는 관세청장에게 제출된 심사청구를 심의하고(관세청에 설치), 관세포상위원회는 밀수출입죄, 관세포탈죄, 이들 관세법의 교사범 방조범 예비범 및 미수범, 이들 관세범과 관련된 몰수품 밀수장물에 해당하는 관세범을 세관이나 기타 수사기관에 통보하거나 체포한 자 또는 범죄물품을 압수한 자로서 공로가 있는 자와 관세행정의 개선이나 발전에 특별한 공로가 있는 자에 대한 포상여부, 포상금 지급여부와 그 지급금액, 기타 포상에 관한 필요한 사항을 심의결정하며(관세청 및 세관에 설치) 국세심판관회의 또는 국세심판관합동회의는 국세심판소장에게 청구한 심판청구에 관한 조사와 심리를 한다(국세심판소에 설치).

3. 관세행정의 보칙

(1) 세관의 휴일 및 임시개청

세관의 휴일과 개청시간, 보세구역과 운송수단에 있어서의 물품취급시간은 대통령령으로 정하는 바에 의한다. 세관의 휴일은 관서의 공휴일에 관한 규정에 의한 공휴일로 하고, 세관의 개청시간과 보세구역 및 운송수단의 물품취급시간은 공무원복무규정에 의한 공무원의 근무시간으로 한다. 그러나 수출입물품의 통관을 위한 보세구역에서의 작업 · 통관 및 선적 등 물품의 반출입에 관한 업무수행에 따라서 임시세관을 개청하고 정시간외에 작업할 필요가 있다. 이를 임시개청이라 하는데, 세관의 휴일과 개청시간외에 통관절차를 하고자 하는 자 또는 보세구역과 운송수단의 물품취급시간외에 물품을 취급하고자 할 때에는 대통령령이 정하는 바에 의거 사무의 종류 및 시간과 사유를 기재한 사전통보서를 세관장에게 제출하여야 한다. 다만 우편물(대외무역법에 의한 정상무역품인 우편물은 제외)에 대하여는 예외로 하고 있다.

이상과 같이 임시개청을 허용한 제도는 무역을 진흥시킨다는 견지에서 세관특유의 제도이다. 임시개청을 하고자 하는 자는 소정의 수수료를 재정경제부령이 정하는 바에 따라서 납부하여야 한다.

(2) 기간의 계산

관세법에서 정한 기간의 만료일이 세관의 휴일인 때에는 기간은 익일로 만료하며, 또한 기간의 계산에 있어서 신고수리 전 반출승인을 얻은 경우에는 그 승인일을 수입신고수리일로 본다.

이와 같이 관세법에서 규정하는 기간의 계산은 관세법에 특별히 규정하고 있는 것을 제외하고는 민법의 기간에 관한 규정을 그대로 적용한다.[101]

(3) 통계표 · 증명서의 작성 및 교부

관세청장은 ① 수출입한 화물에 관한 사항, ② 입출항한 외국무역선 등에 관한 사항, ③ 외국무역에 관련하여 관세청장이 필요하다고 인정하는 사항들에 관한 통계표를 작성하고 그 열람을 신청하는 자가 있을 때에는 이를 열람시켜야 하며, 대통령령이 정하는 바에 따라 정기적으로 그 내용을 공표할 수 도 있다.

또한 세관사무에 관한 증명서를 교부하며, 세관설치의 사용을 일정사용료를 납부한 자에 대하여 허가한다.

(4) 포상 (褒賞)

관세청장은 관세범을 세관이나 기타 수사기관에 통보하거나 체포한 자 및 그 범죄물품을 압수한 자로서 그 공로가 있는 자와 관세행정의 개선이나 발전에 특히 공로가 있는 자에 대하여는 관세포상심사위원회의 결정을 거쳐 포상할 수 있다.

그리고 세관장은 ① 관세법에 의하여 관세의 감면 또는 용도세율의 적용을 받은 물품, ② 관세의 분할납부승인을 받은 물품, ③ 부정수입물품과 구별하기 위하여 관세청장이 지정하는 물품에 대하여는 통관표지의 첨부를 명할 수 있다.

(5) 몰수물품의 처분

관세법상 몰수품 등에 관한 처분규정을 보면, ① 세관장은 관세법의 규정에 의하여 몰수되거나 국고에 귀속된 물품을 공매 등 방법에 의거 처분할 수 있고, ② 관세청장이 따로 지정하는 몰수품을 처분하고자 할 때에는 관세청장의 지시를 받아야 한다.

---

101) 민법의 기간계산법을 보면 ① 기간을 시·분·초로 정한 때에는 즉시기산하며, ② 기간을 일·주·월·년으로 정하는 때에는 기간의 초일은 산입되지 아니하나 그 기간이 오전 영시로부터 시작하는 때에는 그러하지 아니하고, ③ 기간을 일·주·월·년으로 정한 때에는 역(曆)에 의거 계산하며, ④ 기간의 말일이 공휴일에 해당한 때에는 그 기간은 그 익일로부터 만료한다고 규정하고 있다.

4. 세관공무원의 직권

관세법 제10장에서 규정하고 있는 세관공무원의 자료제출요청 등은 관세수입을 확보하고 수출입물품의 통관을 적절히 하며, 밀수를 효과적으로 방지함과 동시에 감시 및 단속을 원활히 수행하기 위하여 관세법 중에 규정하지 아니한 세관공무원의 직무상의 권한을 집약하여 놓은 규정이다.

(1) 운송수단의 출발중지 또는 진행정지권

관세청장 또는 세관장은 관세법 또는 관세법에 의한 명령을 집행하기 위하여 필요하다고 인정 할 때에는 운송수단의 출발을 중지시키거나 그 진행을 정지할 수 있다. 이를 운송수단의 출발중지 또는 진행정지권이라고 한다. 이러한 권한에는 보세구역에 출입하는 차량의 운행을 일시정지시키는 권한과 선박 또는 항공기의 출발을 일시지연시키거나 항행을 일시정지시키는 권한 등이다. 이러한 관세청장 · 세관장의 중지 · 정지명령에 위반한 자는 벌금에 처한다.

(2) 서류의 제출 및 보고 등의 명령권

관세청장 또는 세관장은 관세법 또는 관세법에 의한 명령을 집행하기 위하여 필요하다고 인정할 때에는 물품 · 운송수단 또는 장치장소에 관한 서류의 제출 · 보고 기타 필요사항을 명할 수 있다. 이를 서류의 제출 및 보고 등의 명령권이라고 하며, 이러한 명령에 대하여 보고를 하지 않거나 또는 허위보고를 하거나 기타 이에 복종하지 아니한자는 벌금에 처한다.

(3) 물품 · 운송수단 · 장치장소 · 장부서류의 검사권

세관공무원은 관세법 또는 관세법에 의한 명령에 위반한 행위를 방지하기 위하여 필요하다고 인정할 때에는 물품 · 운송수단 · 장치장소 및 관계장부서류를 검사하거나 봉쇄 기타 필요한 조치를 할 수 있다. 검사나 봉쇄 등에 불응한 때에는 벌금에 처한다.

(4) 장부 · 자료제출요구권

세관공무원은 관세법에 규정된 직무를 집행하기 위하여 필요하다고 인정할 때에는 수출입업자 · 판매업자, 기타 관계업자에 대하여 장부 기타 관계자료를 조사하거나 그 제시 또는 제출을 요구할 수 있다. 이를 장부 또는 자료의 제출요구권이라고 하며, 이러한 규정에 위반한 자는 벌금에 처한다.

(5) 과세자료의 요청권

관세청장은 국가기관 및 지자체 등 관계기관에 대하여 관세의 부과 · 징수 및 통관에 관계되는 자료 또는 통계를 요청할 수 있으며 이때 피요청기관은 정당한 사유가 없는 한 이에 협조하여야 한다.

5. 세관행정의 기능

(1) 관세의 징수기능

지방관세행정기구로서의 세관의 주요업무는 관세징수기능이다. 우리나라 관세제도는 수입물품에 대하여만 관세를 부과하고 있기 때문에 외국으로부터 수입되는 물품에 대한 관세의 부과 · 징수는 세관의 고유 업무에 속한다.

(2) 수출입통관기능

세관은 수입물품에 부과되는 관세를 징수하는 동시에 수출입되는 물품의 통관업무를 담당하고 있다. 통관이란 형식적으로는 내국물품을 외국물품화하는 것, 즉 수출신고수리와 외국물품을 내국물품화하는 것, 즉 수입신고수리를 말하지만 실질적으로는 수출입되는 물품이 그 허가된 물품의 품명 · 규격과 일치하느냐의 여부를 확인하는 사항이다.

(3) 안보감시기능

앞에서의 주요 2대 기능 이외에도 이에 부수하여 수입물품에 부과되는 내국세(특별소비세 · 주세 · 부가가치세 등)의 징수기능과 안보감시란 주요업무를 담당하고 있다.

3면의 바다에 배치된 세관감시선은 밀수단속뿐만 아니라 간첩이나 적의 침입을 막는 역할도 담당하고 있으며 공항세관에서는 여행자가 안보위해물품을 반입하는지의 여부를 단속하고 있다.

(4) 세계화에 따른 세관행위의 기능 확대

1995년 1월 1일 WTO체제의 출범과 함께 시장의 국제화 개방화는 급속히 진전되어 이미 우리나라는 동년기를 수입자유화율이 99.7%로서 상품시장개방은 거의 완전하게 100%이룩하였고, 금융 등 서비스시장 개방도 가속화되고 있다. 이러한 세계환경변화에 따라 세관행정기능도 크게 확대되고 있다. 즉, ① 물류신속화를 통한 국제경쟁력 강화 지원기능, ② EDI형 통관시스템서비스기능, ③ 농림축산물시장개방에 따른 대응기능, ④ 국민건강위해식품의 불법수입조절대책기능, ⑤ 환경 및 소비자보호를 위한 통관행정강화기능, ⑥ 상표권 등 지적재산권 침해물품 국내반입봉쇄기능, ⑦ 관세를 통한 산업피해구제기능, ⑧ 기업사후평가의 활성화 기능, ⑨ 세계화를 위한 능동적인 국제관세협력추진기능, ⑩ 여행자 휴대품검사제도 효율화 기능 등이 그것이다.

6. 전산처리 설비제도의 운용

우리 관세법은 전자무역의 구현을 위하여 전산처리설비를 이용한 전자신고 등과 전자송달을 할 수 있는 제도를 마련하고 있으며, 이 제도의 효율성 · 신속성 · 정확성을 확보하기 위하여 전자문서중계사업자를 지정운영하고 이 제도의 공정성과 공신력 확보라는 법익을 보호하기 위하여 이 법익을 침해하는 행위를 처벌하는 제도도 아울러 두고 있는바 그 주요 내용을 살펴보면 다음과 같다.

(1) 전산처리설비의 이용

① 세관장은 관세청장이 정하는 바에 따라 전산처리설비를 이용하여 관세법에 의한 신고 · 신청 · 보고 · 납부 등을 하게 하거나 승인 · 허가 · 수리 등에 대한 교부 · 통지 · 통고 등을 할 수 있다. 설명의 편의상 전자를 전자신고 등이라 하고 후자를 전자송달이라고 하기로 한다.

전자신고 등을 하는 때에는 관세청장이 정하는 바에 따라 관계서류를 전산처리설비를 이용하여 제출하게 하거나 그 제출을 생략 또는 간이한 방법으로 하게 할 수 있다. 전자신고 등은 관세청장이 정하는 전산처리설비에 저장된 때에 세관에 접수된 것으로 본다.

전자송달은 대통령령이 정하는 바에 따라 송달을 받아야 할 자가 신청하는 경우에 한하여 이를 행한다. 전자송달을 받고자 하는 자는 전자송달에 필요한 설비를 갖추고 관할 세관장에게 신청하여야 한다. 전자송달을 할 수 있는 서류는 납부서 · 납세고지서 · 환급통지서 및 그 밖에 관세청장이 따로 정하는 서류이다. 관세청장은 납부서 · 납세고지서 · 환급통지서 및 관세청장이 따로 정하는 서류를 전자송달하는 경우에는 전산처리설비에 저장하는 방식으로 송달하여야 하고 이 이외의 서류를 전자송달하는 경우에는 전자송달을 받고자 하는 자가 지정한 전자우편주소로 송달하여야 한다. 전자송달은 이와 같이 하여야 하나 전자처리설비의 장애로 인하여 전자송달이 불가능한 경우 그 밖에 대통령령(관세법시행령)이 정하는 사유가 있는 경우에는 교부 · 인편 또는 우편에 의하여 송달할 수 있다.

전자송달은 송달받은 자가 지정한 컴퓨터에 입력된 때(관세청장이 정하는 전산처리설비에 저장하는 경우에는 저장된 때)에 그 송달을 받아야 할 자에게 도달된 것으로 본다. 이 밖에 전자송달에 관하여 필요한 사항은 대통령령으로 정한다.

② 전자문서중계업자는 대통령령(관세법시행령)이 정하는 기준과 절차에 따라 관세청장이 지정한다. 이의 지정을 받고자 하는 자는 관세청장이 정하는 서류를 갖추어 관세청장에게 신청하여야 한다. 이를 지정한 관세청장은 신청인에게 지정증을 교부하고 그 사실을 관계행정기관의 장 및 관세업무 관련기관의 장에게 통지하여야 한다.

③ 전자문서중계업무는 공공성이 있고 공신력이 있어야 하므로 관세청장은 전자문서중계사업자를 지도 · 감독하여야 한다. 관세청장은 전자문서중계사업자가 다음의 사유에 해당하게 되었을 때에는 그 지정을 취소하거나 1년 이내의 기간을 정하여 전자문서중계업무의 전부 또는 일부의 정지를 명할 수 있다.

(2) 전자문서중계업자

전자문서중계업자라 함은 전기통신사업법 제2조 제1항 제1호의 규정에 의한 전기통신사업자로서 전자신고 등과 전자송달을 중계하는 업무를 수행하고자 관세청장의 지정을 받은 자를 말한다. 전자문서의 정의에 대하여 "정보통신망이용촉진및정보보호등에관한법률" 제2조 5호에서 "컴퓨터 등 정보처리능력을 가진 장치에 의하여 전자적인 형태로 작성되어 송 · 수신 또는 저장된 문서형식의 자료로서 표준화된 것을 말한다"고 규정하고 있으므로 전자문서의 정의는 이에 따라야 할 것으로 해석된다. 전기통신사업자라 함은 전기통신사업법에 의한 허가를 받거나 등록 또는 신고를 하고 전기통신업무를 제공하는 자를 말한다. 전자문서중계사업자가 전자신고 등과 전자송달을 중계하는 업무를 설명의 편의상 전자문서중계업무라 하기로 한다. 전자문서중계사업자제도를 둔 것은 관세행정전산자동화의 효율성 · 신속성 · 정확성과 공신력을 높이기 위한 것이다. 전자문서중계사업자는 전자문서중계업무를 제공받는 자에게 재정경제부령이 정하는 바에 따라 수수료 등 필요한 요금을 부과할 수 있다.

(3) 전자문서 등 관련정보의 공신력과 보안확보

전자문서 등 관련정보는 공공성이 있으므로 공신력이 있어야 하고 비밀이 보장되어야 한다. 따라서 누구든지 전자문서중계사업자의 전산처리설비에 기록된 전자문서 등 관련정보를 위조 또는 변조하거나 위조 또는 변조된 정보를 행사하여서는 아니 되며, 훼손하거나 그 비밀을 침해하여서도 아니 된다. 또한 전자문서중계사업자의 임원 또는 직원이거나 임원 또는 직원이었던 자는 업무상 지득한 전자문서상의 비밀과 관련정보에 관한 비밀을 누설하거나 도용하여서도 아니 된다.

전자문서중계사업자의 전산처리설비에 기록된 전자문서 등 관련정보라 함은 전자문서중계사업자의 전산처리설비에 기록된 관세법에 의한 전자신고 등과 전자송달에 관한 전자문서와 그와 관련된 정보를 말한다.

전자문서중계사업자의 임원 또는 직원은 정부의 공문서를 취급하는 자이므로 형법 그 밖의 법률에 의한 벌칙의 적용에 있어서는 공무원으로 본다.

6 관세법상의 해석과 적용

❶ 관세법상 '용어'의 정의

1. 관세법상의 수입

관세법상 수입이라 함은 외국물품을 우리나라에 반입(보세구역을 경유하는 것은 보세구역으로부터 반입하는 것을 말한다)하거나 우리나라에서 소비 또는 사용하는 것(우리나라 운송수단에서의 소비 또는 사용 포함)을 말한다.

'우리나라'는 헌법상 규정하고 있는 영토로서 한반도와 부속도서 이외에 국제적으로 승인되어 영해 12해리까지를 포함한다.[102)]

2. 관세법상의 수출

관세법상 수출이라 함은 '내국물품을 외국으로 반출하는 것'을 말한다. 즉 우리나라에 있는 물품으로서 외국물품이 아닌 것과, 우리나라 선박에 의하여 공해에서 채집 또는 포획한 수산물을 외국으로 반출하는 것이 수출이다. 따라서 예컨대 수출용 원자재를 과세수입하여 외국으로 반출하였다면 수출이고, 반면에 보세공장에서 보세상태로 반입, 제조 · 가공후 반출시는 반송이며 관세법상 수출은 아니다. 그리고 선박 또는 항공기의 수출시 일본의 정설은 당해 선박 또는 항공기가 외국의 국적을 취득한 후 최초출항시를 수출의 시점으로 본다.

이 밖에도 보편적인 정상수출의 경우에는 수출신고수리를 받은 후 선(기)적될 때, 무신고수출의 경우에는 외국으로 향하는 선박 및 항공기에 당해 밀수출품을 적재한 때, 그리고 체신관서가 외국으로 발송한 우편물은 수출신고수리가 된 것으로 간주하기 때문에 당해 우편물을 발송할 때 각각 수출이 이루어진 시점이 된다.

3. 관세법상의 외국물품

관세법상 외국물품이라 함은 ① 외국으로부터 우리나라에 도착된 물품으로서 수입신고가 수리되기 전의 것, ② 외국의 선박에 의하여 공해에서 채집 또는 포획된 수산물로서 수입신고가 수리되기 전의 것, ③ 수출신고가 수리된 물품을 말한다. 위 ①의 경우로는 당해물품이 보세공장 · 보세건설장 · 보세전시장 등 보세구역에 있거

102) 1977년 12월 31일 영해는 12해리(다만 대통령령이 정하는 바에 따라 일정수역에서는 12해리 이내에서 영해의 범위를 정할 수 있다)로 하는 영해법(법률 제3037호)을 제정하였다.

나, 아니면 선상 및 세관장으로부터 타소장치허가를 득한 후 타소장치상태에 있는 경우일 것이며, 밀수입의 경우에는 전술한 바와 같이 우리나라 영역에 들어와서 인취됨으로써, 수입은 성립되지만 수입신고수리를 득하지 않았기 때문에 외국물품상태로 국내에서 존재할 것이다. 한편, 위 ② 및 ③의 경우에 외국물품으로 보는 것은 당연하다. 특히 위 ③의 경우 비록 국산물품이라 하여도 수출신고수리를 받게 되면 외국물품이 되는 것이다. 반대로 외국산물품이지만 수입신고수리를 받으면 국산물품은 아니면서도 내국물품이 된다.

4. 관세법상의 내국물품

관세법상 내국물품이라 함은 ① 우리나라에 있는 물품으로서 외국물품이 아닌 것, ② 우리나라 선박에 의하여 공해에서 채집 또는 포획한 수산물, ③ 입항전 수입신고가 수리된 물품, ④ 수입신고수리전 반출승인을 얻어 반출된 물품, ⑤ 수입신고전 즉시 반출신고를 하고 반출된 물품을 말한다.

우리나라의 선박에 의하여 공해에서 채집 또는 포획한 수산물을 내국물품으로 보는 것은 경제적으로 볼 때 국내에서 생산된 물품과 차이를 둘 필요가 없기 때문이다. 외국으로부터 나용선하거나 임대차한 선박은 동 기간중에는 우리나라 선박에 준하므로 이들 선박이 공해에서 채포한 수산물은 내국물품이 된다.

그리고 입항전 수입신고가 수리된 물품을 내국물품으로 보는데, 이는 물류의 신속한 유통을 위하여 당해 선박(기)이 입항하기 전에 수입신고하여 화물검색결과 비검사물품으로 지정되었을 때에는 신고 즉시 신고수리가 되어 부두에서 하역과 동시에 국내로 반입할 수 있도록 수입통관제도를 획기적으로 개선한 것이다. 이 경우에 입항전 수입신고가 된 물품은 우리나라에 도착된 것으로 본다.

5. 관세법상의 외국무역선(기)

관세법상 외국무역선(기)이라 함은 무역을 위하여 우리나라와 외국간을 왕래하는 선박과 항공기를 말한다. 이는 내항선·내항기와 반대되는 선박과 항공기로서, 이러한 무역선(기)에는 내국적인 것과 외국적인 것이 있다. 그러므로 외국무역선(기)에도 외국적외국무역선(기)과 내국적외국무역선(기)이 있다. 이러한 외국무역선(기)은 관세법상 규제할 필요가 있으므로, 외국무역선(기)이 내항선(기)으로 또는 내항선(기)이 외국무역선(기)으로 그 자격을 변경하고자 할 때에는 선장 또는 기장은 세관장의 승인을 얻도록 하고 있는데, 이것을 자격변경이라고 한다. 즉, 외국무역선(기)이 내항선(기)으로 자격을 변경하는 것을 자격내변이라고 하며, 그 반대의 경우를 자격외변이라고 한다. 그러나 외국무역선(기)의 범위에는 군용선(기)·경찰용선박·감시선·해

기연습선 · 유람선 등은 포함되지 않는다. 한편, 외국을 왕래하는 여객기는 여객수송이 주된 목적이지만, 동시에 화물도 운송하고 있기 때문에 외국무역기로 보는 것이 일반적 견해이다. 내항선(기)은 내국만을 왕래하는 선박 또는 항공기를 말한다.

관세법은 외국무역선(기)에 대하여는 엄격한 세관의 규제를 가하고 있지만, 내항선(기)에 대해서는 특별한 경우외에는 규제를 완화한다. 이는 외국무역선(기)이 수출입물품이나 외국물품인 휴대품 등을 운송하고 있기 때문일 것이다.

6. 관세법상의 선(기) 용품

관세법상 선(기)용품이라 함은 음료·식품·연료·소모품·밧줄·수리용 예비부분품 및 부속품·집기, 기타 이와 유사한 물품으로서 당해 선박과 항공기에서만 사용되는 것을 말한다. 선(기)용품은 비록 외국물품이라 하여도 과세통관을 하지 않고 외국물품인 그대로 적재할 수 있다는 점에 의의가 있다. 위에서 기타 이와 유사한 물품으로는 사무용품·의약품·도서·운동용구·종교용품·닻·구명용구·사소한 전기기구류·페인트·윤활유·잔류연료·승무원리크레이션물품 등이 인정되고 있다.

7. 관세법상의 통관

통관이라 함은 관세법에서 규정한 절차를 이행하여 물품을 수출 · 수입 · 반송하는 것을 말한다. 즉, 수출 · 수입 및 반송의 신고수리를 의미하며, 이는 화물의 이동경로에 따라 수출통관 · 수입통관 및 반송통관으로 구별된다.

여기에서 반송은 외국으로부터 우리나라에 도착한 외국물품을 수입신고 수리절차를 밟지 않고 외국물품 상태로 두었다가 다시 외국으로 반출하는 것을 말한다. 반송의 목적국은 반드시 원래의 선적국이나 원산국에 한정하는 것이 아니고 어느 국가로든지 수하인의 마음대로 반송할 수 있다.

반송은 과거에도 외국물품이었으며 현재에도 외국물품의 상태인 그대로 외국으로 반출하는 것인데 반하여, 수출은 내국물품을 외국물품화하여 외국으로 반출하는 것이라는 점이 반송과 수출의 차이점이다. 그러나 수출물품도 결국에는 수출신고가 수리되어 외국물품화되어 선적되는 점에서는 반송과 다를 바 없지만, 단지 관세법 적용상의 구별에 불과하다.

또한 반송은 수입신고가 되기 전에 보세구역에서 외국으로 반출하는 것인데 반하여, 재수출은 일단 수입신고가 수리된 물품을 외국에 반출하는 것을 말한다. 다시 말하면 반송은 외국물품을 외국물품 상태 그대로 외국으로 반출하는 것을 말하며, 재수출은 외국물품이 내국물품화되었다가 다시 외국물품으로 환원되어 외국으로 반출되는 것을 말한다.

그런데 통관이 화물의 이동, 즉 수출입에 관한 국가의 규제사항을 서류 및 현품과 대조확인하는 것이라면 통관절차란 이러한 확인절차를 의미한다. 광의의 통관절차는 보세구역 등에 물품을 장치한 후 수출입신고를 하고 수출입신고수리를 받아 물품을 반출하는 절차를 말하고, 협의의 통관절차는 이 중에서 수출입신고에서 수출입신고수리까지의 절차를 의미하다.

8. 차량용품

차량용품이라 함은 선용품에 준하는 물품으로서 당해 차량에서만 사용되는 것을 말한다.

9. 환적

환적이라 함은 동일한 세관 관할 구역 안에서 입국 또는 입항하는 운송수단에서 출국 또는 출항하는 운송수단으로 물품을 옮겨 싣는 것을 말한다.

10. 운영인

운영인이라 함은 ① 특허보세구역의 설치 · 운영에 관한 특허를 받은 자 ② 종합보세사업장의 설치 · 운영에 관한 신고를 한 자를 말한다.

2 관세법의 해석기준

관세법 제5조 제1항에 다음과 같은 규정이 있다.

"이 법의 해석 · 적용 에 있어서는 과세의 형평과 당해 조항의 합목적성에 비추어 납세자의 재산권이 부당히 침해되지 아니하도록 하여야 한다."

즉, 관세법 해석·적용의 기준을 '과세의 형평'과 법조항의 '합목적성'에 두도록 하였다. 법은 마땅히 명료하게 규정되어 있어야 하고, 따라서 법해석상 이론이 있어서는 안되며, 적용에 있어서도 오류가 있어서는 안 될 것이다. 동일조문을 두고 각각 해석 · 적용을 달리한다면 문제가 된다. 그러나 실제 법마다 흠이 있을 수 있으며, 주관에 따라 해석을 달리하는 경우를 우리는 경험하게 된다. 특히 세법은 국민의 재산권에 중대한 이해관계가 있으며, 또한 타법에 비하여 전문성·기술성 등의 속성으로 인하여 해석의 여지를 남기게 되고, 그 적용에 있어서도 대립이 있을 수 있다. 이와 같이 법의 해석 및 적용에 있어서 분명하지 아니한 경우에는 납세자에게 불이익한 방향으로 해석하거나 적용하여서는 안 된다는 것이 이 조항의 취지이다. 종래 관세행정이 법조항의 해석에 있어서 세수증대의 의도 하에 법조항의 합목적성이나 과세형평을 무시하여 납세자의 재산권을 부당하게 침해하는 경향이 없지 않았다. 물론 이러한 경우 심사청구 등의 행정상 쟁송절차에 의하여 구제받을 수도 있겠지만, 그 절차가 복잡하고 또 사후구제는 원상회복이 납세자에게 만족하게 하지 못한다. 이와 같은 견지에서 국세기본법에는 세법해석·적용의 기준을 규정하였던 것이다. 관세법에서도 이에 맞추어 1978년 12월 5일 법개정시 동조항을 신설하였다.

여기서 '과세의 형평'이란 민주세정의 기본원리로서 합리적이고 공평하여야 하며, 이치에 맞아야 한다는 것이다. 법문의 표현이 비록 분명하지 않고 모호하더라도 그 해석·적용을 비합리적이고 이치에 맞지 않게 하여서는 안 된다는 것이다. 그리고 또 하나의 해석·적용의 기준인 '법조항의 합목적성'은 그 조항의 입법취지·설정 동기나 목적에 맞추어 해석·적용되어야 한다는 것이며, 법조항의 자구해석에만 집착한 나머지, 그 법규 전체가 내포하는 기본이념이나 정신을 저버림으로써 그 결과 납세자의 재산권을 부당하게 침해하는 사례가 없도록 하여야 한다는 것이다.

이상에서 말한 관세법해석·적용에 관한 기준규정은 우리나라 세정의 지향하는 바를 가리킨 선언적 규정으로서 실무행정의 지침인 동시에 감독·통제·취지행정 등에 있어서도 기준이 되어야 할 것이며, 소송사건의 경우에 있어서도 판단기준이 되어야 할 것이다. 그러나 과세의 형평이라든가 합목적성이란 결코 법의 확대해석이나 유추해석을 의미하는 것은 아니다.

3 소급과세의 금지원칙

관세법 제5조 제2항의 규정을 보면 다음과 같다.

"이 법의 해석이나 관세행정의 관행이 일반적으로 납세자에게 받아들여진 후에는 그 해석 또는 관행에 의한 행위 또는 계산은 정당한 것으로 보며 새로운 해석 또는 관행에 의하여 소급하여 과세되지 아니한다".

우리 헌법에도 소급입법에 의하여 국민의 재산권이 박탈을 받지 아니하도록 규정되어 있다. 이러한 헌법의 기본정신에 입각하여 관세법에도 소급과세금지에 관한 규정을 두게 된 것이다.

여기서 소급과세라 함은 일단 과세권을 확정지은 후, 후일에 새삼스럽게 이를 번복하거나 새로운 과징을 하는 것으로서, 이를 보통 추징이라고 부른다.

소급과세란 일단 고지된 세액을 정히 납부하고 통관된 후에 다시 추가하여 관세를 납부하도록 하는 것이다. 그러나 모든 경우에 소급과세가 금지되는 것이 아니고, 관세법의 해석, 관세관행이 일반적으로 납세자에게 받아들여진 경우에 한하며, 처음부터 불법 또는 착오에 의하여 잘못 과세된 경우에는 시효기간내에서는 언제든지 소급하여 과세될 수 있다.

일반적으로 납세자에게 받아들여진 해석 및 관세관행이라 함은 이를테면 판례 · 예규 · 통첩 · 훈령, 상급기관의 유권해석 등 규정화되어진 경우로 한정되어야 하고, 임의적인 해석 · 관행을 포함하는 것으로 이해하여서는 안 된다.

예컨대 관세청장이 품목분류 사전회시를 한 후, 사전회시한 동 품목분류를 변경하는 경우에도 변경 전 품목분류를 믿고 품목분류변경일 이전에 이미 계약하여 선적전 물품에 대하여는 변경전의 품목분류를 적용하는 것이 수입신고자에 유리한 경우에는 변경 전 품목분류를 적용할 수 있다라고 한 것이다.

조세법의 해석은 국민의 재산권과 밀접한 관계가 있으며, 특히 납세자에게 받아들여진 해석 또는 관행은 그것이 변경된다 하여 변경된 것을 소급하여 적용과세하면 국민이 불의에 재산상 손실을 보게 되므로 소급과세는 하여서는 아니 된다.

그러나 새로운 해석에 의거 소급과세를 금지하는 것은 과거의 해석이나 관행이 일반적으로 납세자에게 받아들여져서 관례화된 후에라야 된다는 전제가 붙기 때문에 과거의 해석이라는 것이 특정의 사례에만 적용되어 아직 관례라고까지는 이르지 못한 경우에는 이 소급금지 원칙이 적용되지 아니한다.

4 신의성실의 원칙

신의성실의 원칙이란 사람이 사회공동생활의 일원으로서 서로 상대방으로부터 일반적으로 기대되는 신뢰를 저버리지 않도록 성의를 가지고 행동하여야 한다는 원칙을 말한다. 신의성실원칙은 사법상의 대원칙으로 민법의 기본원리이고 권리의 행사와 의무의 이행에 있어서 지켜야 할 기준이다. 관세관계 역시 국가와 국민간의 신뢰관계를 전제로 한 것이고 특히 관세채권 · 채무관계는 사법상의 그것과 유사할 뿐만 아니라 전문성과 기술성이 있는 관세법의 해석 · 적용과 관련한 관세관청의 언동을 신뢰한 납세의무자의 신뢰를 보호할 필요성이 있으므로 관세법에서는 「납세자는 그 의무를 이행함에 있어서는 신의에 좇아 성실히 하여야 한다. 세관공무원이 그 직무를 수행함에 있어서도 또한 같다」고 규정하고 있다.

본 원칙의 적용요건으로 납세의무자에 대하여는 그 적용이 극히 제한적이며 과세관청의 행위에 대하여는 다음과 같다.

① 납세의무자의 신뢰의 대상이 되는 과세관청의 언동은 과세관청의 공적인 견해표명에 의한 것이 라야 한다. ② 납세의무자가 과세관청의 공적인 견해표명을 신뢰함은 물론 그 신뢰를 함에 있어서 납세의무자에게 귀책사유가 없어야 한다. ③ 납세의무자가 그 신뢰를 바탕으로 어떤 행위를 하였어야 한다. ④ 과세관청이 자기의 공적인 견해표명에 반하는 처분을 소급하여 적법하게 함으로써 납세의무자의 이익이 침해되어야 한다 등 4가지 요건이 모두 갖추어져야 적용된다.

5 세관공무원의 재량의 한계

세관공무원은 그 재량에 의하여 직무를 수행함에 있어서는 과세의 형평과 관세법의 목적에 비추어 일반적으로 타당하다고 인정되는 한계를 엄수하여야 한다. 따라서 관세행정청이 자기의 재량에 속하는 처분이라 하더라도 재량권의 한계를 넘거나 그 남용이 있는 경우에는 행정소송법상 위법이 되어 행정심판은 물론 사법심사의 대상이 된다는 점을 유의하여야 한다. 특히 관세행정에 있어서는 조세법률주의 원칙에 의거 관세행정을 집행하여야 한다.

6 납세자의 권리

1. 납세자 권리의 의의

법률에서 정하고 있는 납세의무자의 권리 이익을 보호하고 정당한 대우를 받을 수 있도록 관세법에서 정하는 경우가 많다. 행정심판에 의한 행정구제제도, 관세법의 조사와 처분에 있어서의 엄격한 절차의 요구 등 여러 가지가 있으나 그 중에서도 납세의무자의 정당한 권리 이익이 침해되거나 부당한 대우를 받을 우려가 많은 행정분야에 대하여는 납세의무자의 정당한 권리 이익이 침해되거나 부당한 대우를 받지 않도록 하기 위하여 관세법 제5장에 "납세자의 권리"라는 절을 특별히 두고 있다.

그 내용은 ① 조사받을 때 보호받는 권리 ② 성실성을 추정받을 권리 ③ 비밀보장을 받을 권리 ④ 정보제공을 받을 권리 등이다.

2. 조사받을 때 보호받는 권리

(1) 개요

관세청장은 관세법 또는 관세환급특례법 위반범죄의 조사를 하거나 관세의 과세에 필요한 과세자료를 수집할 때 상대방인 국민이 자의에 의하여 협조할 것을 기대하지만 그 기대에 반하여 협조를 하지 아니하는 경우도 있다. 이러한 경우에는 관세법 또는 관세환특법 위반범죄의 조사와 과세의 적정을 기하기 위하여 세관공무원에게 조사처분권, 과세자료의 제출요구권 등을 관세법에서 인정해 주고 있다.

이와 같이 관세법 또는 관세환특법위반범죄의 조사와 처분 또는 적정과세를 위한 질문·자료제출 요구 등과 이에 따르는 국민의 피해는 반드시 합리적으로 조정되어야 하고 이를 위하여 위법 부당하게 국민의 권리 이익이 침해되는 일이 없도록 하기 위하여 세관공무원이 관세법 또는 관세환특법 위반범죄의 조사를 하거나 적정과세를 위한 검사 또는 조사 등을 할 때 납세의무자가 보호받을 수 있는 권리를 관세법에서 규정하고 있다.

납세의무자가 조사받을 때 보호받을 수 있는 권리로서 관세법에서 규정하고 있는 내용은 ① 납세자권리 헌장을 알 권리 ② 조사내용을 사전에 통지받을 권리 ③ 전문가의 도움을 받을 수 있는 권리 ④ 조사결과를 통지 받을 권리 ⑤ 중복 조사를 받지 않는 권리 등이다.

(2) 납세자권리헌장을 알 권리

관세청장은 납세자권리헌장을 제정함은 물론 제정된 납세자 권리헌장은 국민이 알 수 있도록 고시를 하여야 하며 나아가 구체적인 법률적용에 있어서는 그 당사자인 납세의무자에게 이를 교부하여 당해 납세의무자가 자기의 권리가 무엇인지를 직접 재인식 할 수 있도록 하고 세관공무원도 이를 납세의무자에게 교부함으로써 납세의무자의 권리를 재인식하게 되어 업무수행에 있어서 납세의무자의 권리가 침해되지 아니하도록 하고 있다.

세관공무원은 ① 관세법 제270조에서 규정하는 관세포탈, 부정감면, 부정환급(관세환특법 제23조 제1항의 규정에 의한 부정환급을 포함한다)에 대한 범칙사건을 조사하는 경우 ② 관세의 결정 또는 경정을 위한 조사 등 부과처분을 위하여 납세자를 방문하여 조사하는 경우, 이 경우를 관세조사라 한다. ③ 기타 대통령령이 정하는 경우에는 납세자권리헌장의 내용이 수록된 문서를 납세자에게 교부하여야 한다. 그러나 긴급히 납세자를 체포 · 압수 · 수색하거나 현행범인 납세자가 도주할 우려가 있는 등 조사목적을 달성할 수 없다고 인정되는 때에는 이를 교부하지 아니할 수 있다.

(3) 조사내용을 사전에 통지받을 권리

세관공무원은 ① 관세법 제270조에서 규정하는 관세포탈, 부정감면, 부정환급(관세환특법 제23조 제1항의 규정에 의한 부정환급을 포함한다)에 대한 범칙사건을 조사하는 경우 ② 관세의 결정 또는 경정을 위한 조사 등 부과처분을 위하여 납세자를 방문하여 조사하는 경우 ③ 기타 대통령령이 정하는 것을 조사하는 경우(이들 경우에는 납세자권리헌장의 내용이 수록된 문서를 납세자에게 교부하여야 한다)에 해당하는 조사를 위하여 당해 장부 · 서류 · 전산처리장치 · 기타 물품 등을 조사하는 경우에는 조사를 받을 납세의무자 또는 그 위임을 받은 자에게 조사개시 7일전에 조사대상 및 조사사유 기타 대통령령이 정하는 사항을 통지하여야 한다. 이렇게 함으로써 납세의무자는 자기가 정당하다고 주장할 수 있는 자료의 수집 기타 조사에 대비한 준비를 할 수 있게 된다. 그러나 범칙사건에 대한 조사를 하거나, 사전통지를 하는 경우 증거인멸 등으로 조사목적을 달성할 수 없다고 인정되는 경우에는 사전통지를 하지 아니한다.

조사내용을 사전에 통지받은 납세의무자는 천재지변 기타 대통령령이 정하는 사유로 인하여 조사를 받기 곤란한 때에는 당해 세관장에게 조사를 연기하여 줄 것을 신청할 수 있다.

(4) 전문가의 도움을 받을 수 있는 권리

관세법 또는 관세환특법은 그 내용과 절차가 복잡하고 전문성과 기술성이 요구되고 있는 반면 납세의무자는 관세에 관한 전문성과 기술성이 없어 물품의 통관에 있어서도 관세에 관한 전문성과 기술성을 가진 관세사에게 의뢰하는 제도를 두고 있다. 따라서 납세자는 ① 관세법 제270조에서 규정하는 관세포탈, 부정감면, 부정환급(관세환특법 제23조 제1항의 규정에 의한 부정환급을 포함한다)에 대한 범칙사건을 조사하는 경우, ② 관세의 결정 또는 경정을 위한 조사 등 부과처분을 위하여 납세자를 방문하여 조사하는 경우, ③ 기타 대통령령이 정하는 것을 조사하는 경우에 해당되어 조사를 받는 경우에는 변호사·관세사 기타 관세에 관하여 전문지식을 갖춘자로서 대통령령이 정하는 자로 하여금 조사에 입회하게 하거나 의견을 진술하게 할 수 있다. 이와 같이 함으로써 납세의무자가 과세관청과 대등한 지위에서 조사를 받을 수 있어 관세법 또는 관세환특법에 대한 전문지식의 결여로부터 오는 납세의무자의 불이익을 보완할 수 있다.

(5) 조사결과를 통지받을 권리

세관공무원이 관세에 관한 조사를 할 때 사전에 그 조사내용을 납세의무자 또는 그 위임을 받은 자에게 통지하는 것과 같이(앞의 "(3) 조사내용을 사전에 통지 받을 권리"참조) 조사를 완료한 경우에도 그 조사결과를 납세의무자에게 통지하는 것은 균형상 또는 사회통념상 당연한 것이다. 따라서 세관공무원은 ① 관세법 제270조에서 규정하는 관세포탈, 부정감면, 부정환급(관세환특법 제23조 제1항의 규정에 의한 부정환급을 포함한다)에 대한 범칙사건을 조사하는 경우, ② 관세의 결정 또는 경정을 위한 조사 등 부과처분을 위하여 납세자를 방문하여 조사하는 경우, ③ 기타 대통령령이 정하는 것을 조사하는 경우에는 그 조사가 종료하면 그 결과를 서면으로 납세의무자에게 통지하여야 한다. 그러나 폐업 등 대통령령이 정하는 경우에는 예외로 한다.

(6) 중복조사를 받지 않는 권리

세관공무원은 당해 사안에 대하여 이미 조사를 받은 동일한 자에 대하여 재조사를 할 수 없다. 그러나 ① 관세포탈 등의 혐의를 인정할만한 명백한 자료가 있는 경우, ② 거래상대방에 대한 조사가 필요한 경우, ③ 기타 대통령령이 정하는 경우에는 재조사를 할 수 있다.

이것은 헌법에서 규정하고 있는 일사부재리의 원칙(헌법 제13조 제1항)의 취지에 비추어 볼 때 법적안정성과 신뢰의 보호를 위한 권리보호 조치라 할 수 있다.

3. 성실성을 추정받을 권리

우리나라는 관세의 채권채무 관계가 신고납부방법에 의하여 확정되는 것이 원칙이다. 따라서 관세는 자진납부에 의하여 징수된다. 이 신고납부방법은 국민의 고도의 윤리성이 요구되는 징세방법이므로 국민이 성실하고 정직한 납세신고를 하여야만 국가의 재정수입을 확보할 수 있다. 따라서 국가는 국민의 성실성과 정직성을 높여야 하고 그 하나의 방법으로 국민의 성실하고 정직성을 믿어주어야 한다. 국가가 국민을 믿어주면 국민은 국가를 믿고 성실하고 정직한 납세 신고를 하게 된다. 따라서 세관공무원은 국민의 성실성을 믿지 못할 특별한 사유가 있는 경우를 제외하고는 납세자가 성실하며, 납세자가 제출한 신고서 등의 내용에 관하여 질문을 하거나 신고한 물품에 대한 확인 등 대통령령이 정하는 행위를 하는 것을 제한하지 아니한다.

성실성을 믿지 못할 특별한 사유라 함은 납세자가 관세법이 정하는 신고 등의 의무를 이행하지 아니하였거나 납세자에 대한 구체적인 관세포탈 등의 혐의가 있는 경우 등 대통령령이 정하는 경우에 해당하는 사유를 말한다.

4. 비밀보장을 받을 권리

(1) 과세정보의 비밀유지

납세자의 과세정보를 안 세관공무원은 그 비밀을 지켜주어야 납세자가 안심하고 정직한 과세정보를 세관공무원에게 제공하게 된다. 따라서 세관공무원은 과세정보를 타인에게 제공 또는 누설하거나 사용목적외의 용도로 사용하여서는 안 된다. 과세정보라 함은 납세자가 관세법이 정하는 납세의무를 이행하기 위하여 제출한 자료나 관세의 부과 · 징수 또는 통관을 목적으로 업무상 취득한 자료 등을 말한다. 세관공무원이 아닌 자로서 과세정보를 알게 된 자도 이를 타인에게 제공 또는 누설하거나 그 목적 외의 용도로 사용하여서는 아니 되며, 과세정보를 제공받아 알게 된 자중 공무원이 아닌 자는 형법 기타 법률에 의한 벌칙의 적용에 있어서는 공무원으로 본다.

이와 같이 과세정보의 비밀은 엄격하게 유지하는 것이 원칙이다. 그러나 관세에 관한 쟁송 · 법관의 영장에 의한 과세정보의 요구 등 특별한 경우에는 예외로 한다.

(2) 비밀유지의 예외사유

과세정보의 비밀은 엄격하게 유지되어야 한다. 그러나 과세정보의 비밀이 유지되지 아니하는 예외적인 특별한 사유는 다음과 같다.

① 국가기관이 관세에 관한 쟁송 또는 관세법의 소추 목적을 위하여 과세정보를 요구하는 경우
② 법원의 제출명령 또는 법관이 발부한 영장에 의하여 과세정보를 요구하는 경우
③ 세관공무원 상호간에 관세의 부과 · 징수 · 통관 또는 질문 · 검사상의 필요에 의하여 과세정보를 요구하는 경우
④ 관세법이 아닌 다른 법률의 규정에 의하여 과세정보를 요구하는 경우

이와 같은 특별한 사유가 있어 과세정보를 요구하고자 하는 자는 문서에 의하여 해당세관장에게 이를 요구하여야 한다. 만일 이와 같은 비밀유지의 예외사유가 없는데도 불구하고 과세정보의 제공을 요구하거나 과세자료의 요구절차를 위반하여 과세자료의 제공을 요구하는 경우에는 세관공무원은 이를 거부하여야 한다.

5. 정보제공을 받을 권리

납세자의 권리보호는 납세자가 보호받을 수 있는 권리를 납세자 스스로가 명확히 아는 데서부터 출발한다고 볼 수 있다. 따라서 세관공무원은 납세자가 납세자의 권리의 행사에 필요한 정보를 요구하는 경우에는 이를 신속하게 제공함은 물론 납세자가 요구한 정보와 관련되어 납세자가 반드시 알아야 된다고 판단되는 기타의 정보도 함께 제공하여야 한다.

Chapter Ⅱ 관세에 관한 국제통상법

1 GATT

1 GATT 체제의 성립

1930년 세계대공황 이후 각국은 보호무역주의를 채택하여 세계는 무역전쟁에 휘말리게 되었고, 1933년 미국이 금본위제에서 이탈함으로써 각국의 통화불안과 국제결제상의 문제점이 노출되면서 국제경제 질서가 혼란에 빠지게 되자, 이를 해결하기 위한 국제적인 노력이 계속되었다.

1944년 브레튼우즈 회의(The Bretton Woods Conference)에서 미국을 비롯한 연합국의 대표들은 종전 이후 세계경제 질서를 회복하기 위한 여러 차례의 협의를 거듭한 결과 국제통화의 안정을 위하여 국제통화기금(IMF : International Monetary Fund)을 창립하고, 자유무역의 확대를 위한 국제기구로 국제무역기구(ITO : International Trade Organization)를 1945년 설립하고, 1947년 쿠바의 하바나에서 이 기구의 설립을 위한 초안을 작성, 1948년 53개국의 조인을 얻어 국제무역기구 헌장이 채택되었는데, 이 헌장을 ITO헌장 또는 하바나 헌장이라 한다.

그러나 자유무역의 지나친 이상에 치우쳐 당시 각국의 국내경제사정과 국제경제 질서에 부합되지 못하여 결국 무산되었고[103], 1947년 제네바에서 23개국 대표들이 ITO헌장의 초안 중 일부인 관세 및 무역에 관한 규정을 발췌하여 23개국이 서명함으로써 '관세 및 무역에 관한 일반협정(GATT : General Agreement on Tariffs and Trade)'이 출범하게 되었다.

결국, 불완전한 기구가 되기는 하였으나, GATT는 자유무역을 통해서 세계무역증대와 인류의 공존·공영과 후생을 증진시킨다는 취지하에 1948년 1월 1일을 기해 그 협정문이 발효되었다.

---

103) 실제로 ITO를 주도한 미국조차도 국내의 반대로 본 협정의 비준에 실패하였다.

2 GATT의 기본원칙

GATT는 국제무역의 증대를 통한 전세계의 경제발전을 궁극적인 목표로 삼고 있다. 이와 관련하여 GATT는 협정문에서 그 이념[104)]으로 인류의 생활수준 향상, 완전고용의 실현 및 실질 소득과 유효수요의 증대, 세계자원의 완전이용, 상품생산과 교역의 확대 등을 제시하고 있다. 이러한 기본목표를 달성하기 위해 GATT는 자유무역주의, 무차별주의, 다자주의 등의 일반원칙을 두고 있다.

1. 자유무역주의

GATT는 국제무역에 있어 가장 중요한 원칙으로 자유무역을 제창하고 있다. 자유무역이란 비교우위에 근거한 국가간의 자유로운 교역을 의미하는 것이다. 다시 말해서 GATT는 비교우위에 근거한 재화의 자유로운 국제간 이동을 저해하는 제요소를 배제한다는 것이다.

이를 실시하기 위해서 GATT 제28조에는 가입국간의 관세인하교섭에 관한 규정을 두어 원칙적으로 관세를 제외한 모든 수입제한 조치를 금하고 있다. 또 GATT 제11조에는 가입국들이 수입할당제, 외화할당제와 같은 수량제한의 방법에 의한 수입규제를 금지하고 있다.

2. 무차별주의

자유무역을 지향한다고 해서 GATT가 전세계의 모든 무역장벽을 제거할 수는 없다. 이에 따라 GATT는 그 무역장벽의 제거에 장애가 되지 않도록 하나의 제약을 가하고 있는데, 그것이 무차별주의이다. 무차별주의란 한 국가가 보호무역의 수단을 사용할 때 그 보호무역 수단은 수출국이 누구인가에 따라서가 아니라 모든 국가에 대하여 차별 없이 시행되어야 함을 의미한다. 예를 들면 EU가 한국산 TV에 관세를 부과할 경우 이는 EU에서 수입하는 다른 국가의 제품에도 차별 없이 적용되어야 한다. 이의 실현을 위해 GATT 제1조에는 최혜국대우조항을 규정하여 그 적용을 의무화하고 있다.

3. 다자주의

GATT가 비록 자유무역의 실현이라는 이상을 실현하기 위해 많은 규정을 포함하고

---

104) GATT는 그 전문에서 다음과 같이 그 기본이념을 밝히고 있다.

"—무역 및 경제분야에서의 체약국간의 관계가 생활수준을 높이고 완전고용 및 고도의 그리고 착실히 증가하는 실질소득 및 유효수요를 확보하며, 세계자원의 완전한 이용을 발전시킴과 동시에 재화의 생산 및 교환을 확대하는 방향으로 유지되어야 함을 인정하며, 관세 기타의 무역장애를 실질적으로 경감하며, 국제통상에서의 차별대우를 폐지하기 위한 상호적이며 호혜적인 결정을 체결함으로써 이들의 목적에 기여하는 것을 희망하며, 각각의 대표자를 통하여 다음과 같이 합의했다"

있지만 국제무역에서는 분쟁과 마찰이 항상 따르게 마련이다. 다자주의는 이러한 현실적 인식에서 출발한 것이다. 즉 무역문제에 있어 국가간 분쟁과 마찰이 발생할 경우에는 분쟁 당사국 사이에 해결할 것이 아니라 다자간 차원에서 해결되어야 함을 의미하는 것이다. 1973년에 체결된 다자간 섬유협정은 다자주의가 적용된 대표적인 예이다.

3 GATT의 한계

GATT는 출범 당시에 원래의 목적에 따라 설립되지 못하고 임시적인 사무국 성격을 가진 잠정적인 형태로 출범하였기 때문에 많은 한계를 지니고 있었다.

첫째, 자유무역주의와 함께 GATT의 일반원칙이라고 할 수 있는 무차별주의와 다자주의 역시 세계경제의 블록화 현상과 쌍무주의의 대두로 크게 위협받게 되었다.

둘째, 기구의 형식은 취했으나 국제무역기구의 설립실패로 임시 사무국적인 성격(제29조 2항)을 가지고 출발하였기 때문에 국제기구로서의 체제성(**體制性**) 미비, 법적 구속력 약화 등이 나타났다.

셋째, 1차 산품에 관한 협정을 제외시키는 등 국제무역의 단편적인 문제만 취급하였다.

마지막으로 선진공업국간의 무역문제를 취급하는 데에는 적당한 기구였으나 1차 산품(**産品**)의 수출국과 개도국의 문제를 취급하는 데 한계를 지니고 있었다.

따라서 세계경제발전에 상당한 기여를 한 것은 사실이나 상기와 같은 자체적 한계성 때문에 GATT체제는 WTO체제라는 보다 강력한 기구로서 나타나게 된 것이다. 이러한 WTO체제는 GATT 창설당시 구상되었던 ITO의 의도를 강력히 반영하게 되었으며, 이로서 "WTO체제는 경제분야의 UN이다"라고 말하기도 한다.

【그림Ⅱ-2-1】 UR 성립전 세계무역질서

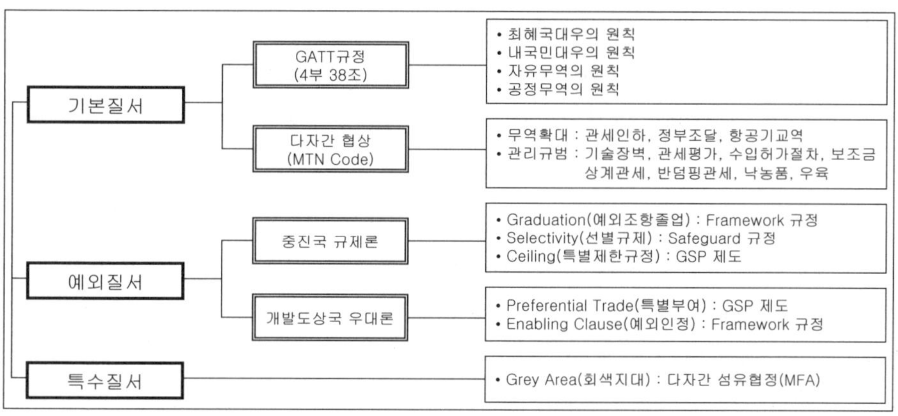

【표Ⅱ-2-1】 GATT의 일반관세협상

교섭명	시기	장소	참가국수	양허품목수*
제1회 관세협상	1947년	제네바	23	45,000(100억달러)
제2회 관세협상	1949년	앙시	32	5,000(n.a)
제3회 관세협상	1950-1951년	토르키	34	8,700(n.a)
제4회 관세협상	1956년	제네바	22	3,000(25억달러)
제5회 〃(딜론라운드)	1961-1962년	제네바	33	4,000(49억달러)
제6회 〃(케네디라운드)	1964-1967년	제네바	46	30,300(400억달러)
제7회 〃(동경라운드)	1973-1979년	제네바	99	약 33,000(1,550억달러)
제8회 〃(우루과이라운드)	1986-1993년	제네바	117	33%(인하율)
제9회 DDA협상	1999-	도하	150	관세인하 농업, 서비스 추가협상 최빈개도국 문제 논의

* : 각국이 관세를 인하하기로 양허한 품목을 모두 합한 수치이기 때문에 중복계산 되었음.

2 WTO법

1 UR 협상의 타결과 WTO 체제의 출범

1. UR의 추진배경

GATT체제는 그 동안 7차례의 다자간 무역협상을 통하여 국제무역의 발전에 크게 기여하였다. 경제성장이 순조로 왔던 선진공업국경제는 1960년대에 들어서면서 둔화되고 신생독립국과 1차 산업 위주의 수출국들의 경제성장은 더욱 침체되었다. 이러한 추세는 1970년대에 계속되었으며, 제1 · 2차 세계석유파동(International Oil Shock)도 겪게 되었다. 더욱이 1980년대에 접어들면서 나타나기 시작한 선진국들의 저성장, 고실업, 신흥공업제국의 성장과 선진국들의 산업구조조정 실패로 자유무역주의, 무차별주의, 다자주의를 일반원칙으로 하는 GATT체제를 크게 약화시켰으며, 새로운 국제무역체제의 필요성을 제고시켰다.

한편, 일본과 신흥공업국의 부상으로 매년 막대한 무역수지적자에 허덕이게 된 미국 등은 이를 보전하기 위해 무역상대국에 자국만큼의 시장개방을 요구하는 쌍무주의를 보다 선호하게 되었다. 또한 세계경제의 블록화 현상이 더욱 촉진되면서 EU, NAFTA 등이 새로이 생성되어 무역에 있어서의 무차별주의를 무색케 하고 있다. GATT 체제의 약화는 세계경제의 구조적 변화라는 외부적인 요인과 아울러 GATT 체제 자체의 내부적인 결함에도 크게 기인하였다.

GATT는 세계적인 기구로서의 단일체적인 역할과 기능을 수행하지 못함으로써 여타의 국제기구와는 달리 의사결정권한이 극히 제약되어 있고, 결정사항에 관한 집행력도 크게 결여되었다. 가입국의 의무불이행에 따른 분쟁이 발생하여도 효과적인 대응능력도 보유하지 못했으며, GATT는 첨단기술제품과 서비스 등 새로운 무역이 계속 대두되고 있음에도 이에 대한 적절한 규범을 제시해주고 있지 못한 실정이다.

이상과 같은 내외적 요인으로 GATT를 중심으로 한 다자간 교역체제가 크게 약화되자 GATT는 1990년대 및 2000년대의 국제교역질서를 강화하기 위하여 1986년 9월 우루과이 라운드를 공식출범 시켰다.

2. UR협상의 타결 및 WTO 체제의 성립

1986년 9월 우루과이의 휴양도시 푼타델에스테(Punta Del Este)에서 협상을 개시하여 7년 반 동안 끌어온 우루과이 협상은 1994년 4월 12~15일 모로코의 마라케쉬(Marrakesh)에서 개최된 UR 각료회의를 끝으로 협상이 타결되었다. 전세계 총협상 참가국 125개국의 대표들은 GATT의 한계를 극복하고, 향후 국제무역질서를 더욱 효과적으로 규율하기 위하여 세계무역기구(WTO : World Trade Organization)를 신설하는데 합의하게 되었다. 이에 따라 1947년 10월 제정되어 그간 47년여 동안 세계무역을 관할해 온 GATT체제는 신GATT체제라 할 수 있는 WTO체제가 출범함으로써 그 막을 내리게 되었다.

【표Ⅱ-2-2】 각국의 우루과이 라운드 협상 참여 배경

구분	협상 참여 배경
미 국	- 재정적자, 무역적자 심화 - 경쟁력 우위부분인 서비스, 지적재산권의 국제무역규범 추진 의도 · 신협상 분야에 대한 GATT질서 안으로의 편입
일 본	- 미국의 집중적 통상압력을 다자간 협상으로 분산하려는 의도 - 신흥개발도상국(NIEs : Newly Industrial Economics)의 책임분담론 제기 - 개발도상국의 시장개방확대 기대
E U	- 미국과의 쌍무적 무역마찰 회피 · 농산물, 철강, 항공기, 공작기계, 섬유 등에서 마찰 심화 · 미국의 내수확대 요구 - 개발도상국의 시장개방확대 기대
온건 개발도상국 (NIEs, ASEAN)	- 미국의 다각적이고 일방적인 통상압력의 수용 불가피 - 다자간 무역규범의 개선 기대(반덤핑, 상계관세, 긴급수입제한 조치 등)
강경 개발도상국 (인도, 브라질 등)	- 가장 늦게 협상에 참여 · 특히, 서비스, 지적재산권 분야의 의제 채택에 반대 - 농산물 수출 확대 기대 - 선진국의 서비스 분야의 개발도상국 유보제안 수용

2. WTO법의 성립

(1) WTO의 개요

세계무역기구(World Trade Organization)는 모든 교역 분야에서 자유무역질서를 확대 강화하고 제도화하기 위한 목적에서 출범한 기구로 경제분야의 UN이라고 할 수 있다. 세계무역기구에서의 의사결정시 각국은 한 표를 행사하며 단순다수결이 요구되나 협정문의 유권해석, 회원국 의무이행 면제승인시에는 4분의 3 다수결을 요구하고 있다.105)

최고 의결기관으로 2년마다 1회 이상 개최되는 각료회의(Ministerial Conference)가 있고, 각료회의가 열리지 않는 동안에는 일반이사회(General Council)가 각료회의의 업무를 처리하게 되며106) 이 일반이사회는 분쟁해결기구(Dispute Settlement Body), 무역정책검토기구(Trade Policy Review Body)로서의 기능도 수행하게 되어 있다.

각료회의 산하에는 무역개발위원회, 무역수지위원회, 운영위원회, 무역환경위원회 등 특별위원회가 설치되며 일반이사회 산하에는 물품교역이사회, 서비스교역이사회, 교역관련 지적재산권이사회가 각각 설치된다.

(2) WTO체제의 특징

1) 규범성

WTO체제의 가장 큰 특징은 소위 "Rule Integrity"를 강화하고 있다는 점이다. WTO체제는 GATT체제와는 달리 회원국의 협약불이행에 대하여 분쟁해결절차를 통해 강력한 제재를 가할 수 있게 함으로써 국제경제사회에서 "법의 지배"를 실현하고 있다.

2) 포괄성

WTO 체제의 두 번째 특징은 과거 GATT 체제하에서 배제되어 왔던 서비스교역, 지적재산권분야를 포함하고 있을 뿐만 아니라 물품교역분야에서 사각지대였던 농업, 섬유분야를 체제에 편입시키는 등 교역에 관한 거의 모든 분야와 문제들을 망라하고 있다는 점이다.

3) 진보성

세계무역기구체제는 관세를 포함한 모든 무역장벽을 획기적으로 축소 · 철폐하고 무역정책기구에서 각국의 교역정책 · 관행을 주기적으로 감시하게 함으로써 국경없는 교역(borderless trade)을 향한 획기적인 진전을 이룩하고 있다.

---

105) WTO 설립협정 제9조.
106) WTO 설립협정 제4조.

4) 발전단계별 고려

WTO체제의 네 번째 특징은 발전단계가 낮은 국가들의 협약시행상의 어려움을 고려하여, 개도국, 저개발국에 대해 상응하는 협약시행 유예기간을 부여함으로써 모든 후진국들의 참여를 유도하고 있다는 점이다.

(3) WTO체제의 기본원칙

1) 최혜국대우원칙 (Most-Favoured Nation Treatment)

최혜국대우원칙은 특정국가에 대하여 다른 국가보다 불리한 교역조건을 부여해서는 안 된다는 원칙으로 세계무역기구 체제의 모든 분야에서 요구되는 핵심원칙이라 할 수 있다. 서비스교역에 관한 일반협정은 각국이 이 원칙에 대한 예외를 최혜국대우일탈목록에 기재하도록 함으로써 예외를 인정하고 있다.

2) 내국민대우원칙 (National Treatment)

내국민대우원칙은 외국인과 내국인을 똑같이 대우해야 한다는 원칙으로 TRIPS에서는 이 원칙의 무조건 적용이 요구되나 GATS에서는 내국민대우원칙 적용에 대한 구체적인 약속을 국별양허표에 기재하도록 하고 있다.

3) 시장접근보장 (Market Access)

시장접근보장원칙은 관세나 조세를 제외한 용역의 공급에 대한 일체의 제한을 철폐해야 한다는 원칙으로 내국민대우원칙과 함께 시장개방의 양대 요소를 이루고 있다. GATS등에서는 국별양허표에 분야별로 구체적인 시장접근범위를 정하도록 하고 있다.

4) 투명성의 원칙 (Transparency)

각국의 행정 · 사법기관의 의사결정이나 법령적용, 제도운용이 합리적이며 예측 가능하여야 하고 결정에 관한 이유가 고지되어야 하며 그러한 결정의 기초가 되는 모든 법령 및 자료들이 공개되어야 한다는 원칙으로 개방의 실질적인 요소라 할 수 있다. 투명성의 원칙은 세계무역기구 체제의 일관된 원칙이나 국가안전보장에 관계되는 내용, 법집행에 위해가 되는 사항, 영업상의 비밀 등 특정한 경우에는 예외를 인정하고 있다.

(4) WTO의 3대 협약

1) 관세 및 무역에 관한 일반협정 (GATT) 1994[107)]

107) GATT 1994는 통상적인 의미의 협약은 아니다. 왜냐하면 GATT 1994는 여러 가지 개별협약으로 구성되어 있기 때문이다.

① GATT 1994의 구성

UR협정 타결로 1947년에 체결되고 7차에 걸친 라운드를 통해 수정 추가되어 온 관세 및 무역에 관한 일반협정 규범 전체가 세계무역기구 체제에 편입되게 되었다. 1947년 원 GATT협정과 세계무역기구체제의 GATT체제를 구분하기 위해 전자를 "GATT 1947"로, 후자를 "GATT 1994"로 표시하기로 하였다. 따라서 "GATT 1994"는 세계무역기구에 편입된 기존 GATT규범과 UR에서 새로 추가되거나 개정된 GATT규범으로 구성된다.

② 신분야

새롭게 GATT체제에 포함된 협정으로는 농업협정, 동 · 식물위생검역협정, 섬유 및 의류협정, 교역관련 투자조치협정, 선적전 검사협정, 긴급수입제한조치협정 등이 있다.

③ 기존 협정의 강화

UR협상에서는 GATT에 관련된 기존협약들 중 기술적 무역장벽에 관한 협정, 관세평가협정, 수입면허절차협정, 반덤핑협정, 보조금 및 상계관세협정 등의 내용을 대폭 강화하였을 뿐만 아니라 GATT 1994로 편입함으로써 종전에 개별협정에 가입한 국가에 대해서만 선별적으로 적용해 오던 것을 세계무역기구 가입국 전부에 대하여 적용되게 하였다.[108)]

2) 서비스무역에 관한 일반협정 (GATS)

서비스무역에 관한 일반협정은 정부가 구매하거나 제공하는 서비스를 제외한 모든 서비스교역을 규율하고 있다. UR서비스업종분류표는 서비스를 사업, 통신, 건설, 유통, 교육, 환경, 금융, 은행, 건강, 여행, 오락, 운송, 기타 등 12개 분야로 대별하고 있는데 법무서비스는 사업서비스 중 전문서비스로 분류되어 있으며 위 분류표 중 가장 앞에 위치하고 있다. 서비스교역에 관한 일반협정은 다른 자유화 관련협약들과 마찬가지로 국별양허표가 협정의 부속서로 첨부되어 있다. 이 국별양허표는 각국의 개방약속을 담은 표로 시장접근과 내국민대우의 적용분야 및 적용조건을 명시하고 있다. 서비스교역에 관한 일반협정은 서비스교역에 반드시 수반되는 자본거래나 서비스관련 인력의 출입국에 대해서도 규율하고 있다.

---

108) 동경라운드에서 체결된 9개의 MTN 협약, 즉, Technical Barriers to Trade, Government Procurement, Subsidies, Bovine Meat, Dairy Products, Customs Valuation, Import Licensing Procedures, Civil Aircraft, Antidumping 등에 대한 협약은 개별적으로 이들 협약에 가입한 국가들에 대해서만 적용하게 되어 있었고 이들 협약에 가입한 국가들은 20-30개 국가에 불과하였기 때문에 실효성이 별로 없었다고 할 수 있다. 이번 UR에서는 Government Procurement, Bovine Meat, Dairy Products, Civil Aircraft외에는 모두 소위 MTA(Multilateral Trade Agreement)로 전환함으로써 모든 WTO가입국에 대하여 자동적으로 적용하게 하였다. Government Procurement 등 4개 분야는 여전히 각국이 가입여부를 개별적으로 정하도록 하고 있다. WTO설립협정 제12조; Jackson, John H., The World Trading system, The MIT Press, 1989, p.55.

3) 무역관련 지적재산권협정(TRIPS)

원래 이 협정은 해적상품의 유통을 방지하기 위한 단순한 목적에서 출발하였으나 결과적으로는 모든 지적재산권 분야를 망라한 지적재산권에 관한 포괄협정이 되고 말았다. 무역관련 지적재산권협정은 “국제협약 플러스접근방식”을 채택함으로써 파리협정 등 기존 국제협약을 거쳐 최저보호수준으로 하고 전반적으로 보호수준을 대폭 강화하였다. 따라서 이 협약은 지금까지 등장한 어떠한 협약보다 더 강력하고 포괄적인 보호기준을 제시하고 있다. 이 협약이 지적재산권에 관한 종전의 국제적 협약들과 다른 점 중의 하나는 상세한 집행규정을 두고 있는 점이라고 할 수 있다.

(5) 분쟁해결기구(DSB)

세계무역기구의 분쟁해결절차는 우리나라의 행정소송구조와 유사하다. 협의는 전심절차에, 3명 내지 5명의 패널리스트로 구성된 분쟁해결 패널의 심리가 1심에, 임기 4년인 7명의 판사로 구성된 상설항소기구의 심리가 상고심에 각각 해당한다고 할 수 있다. 상설항소기구는 법률심이다. WTO 분쟁해결절차에서는 소위 역만장일치제(reverse consensus system)를 도입함으로써 과거의 만장일치제로 인한 분쟁해결절차의 지연이나 방해를 시정하였고 각국의 일방적인 무역보복조치에 대한 배제선언을 통해 다자체제(multilateral)를 강화하였다.

(6) 다각적무역협정(Plurilateral Trade Agreement)

세계무역기구 설립협정의 부속협약에는 다각적무역협정(PTA)과 다자간무역협정(MTA)이 있는데 그 차이점은 다자간무역협정은 세계무역기구 설립협정 가입시 자동적으로 가입되나 다각적 무역협정은 별도로 가입한 국가에 대해서만 적용된다는 점이다.[109] 다각적무역협정은 세계무역기구 설립협정에 부속되어 있기는 하지만 설립협정과는 독립된 협정이라고 할 수 있다. 부속협약 중 우육협정, 낙농제품협정, 정부조달협정[110], 민간항공기협정 등 4개의 협약만이 다각적 무역협정이고 나머지 협약은 모두 다자간무역협정이다.

109) WTO 설립협정 제12조 제1항(MTA), 제3항(PTA) 참조.

110) 우리나라는 1994. 4. 15. 마라케쉬 각료회의에서 국내비준조건부로 정부조달협정에 서명하였다. 위 협정은 우리나라에 대하여 1997. 1. 1. 발효되었으며 일정금액 이상의 물품구매 및 공사발주의 경우에 국제경쟁에 붙이도록 하고 있는 것이 주요 내용이다.

【그림Ⅱ-2-2】 WTO의 조직도

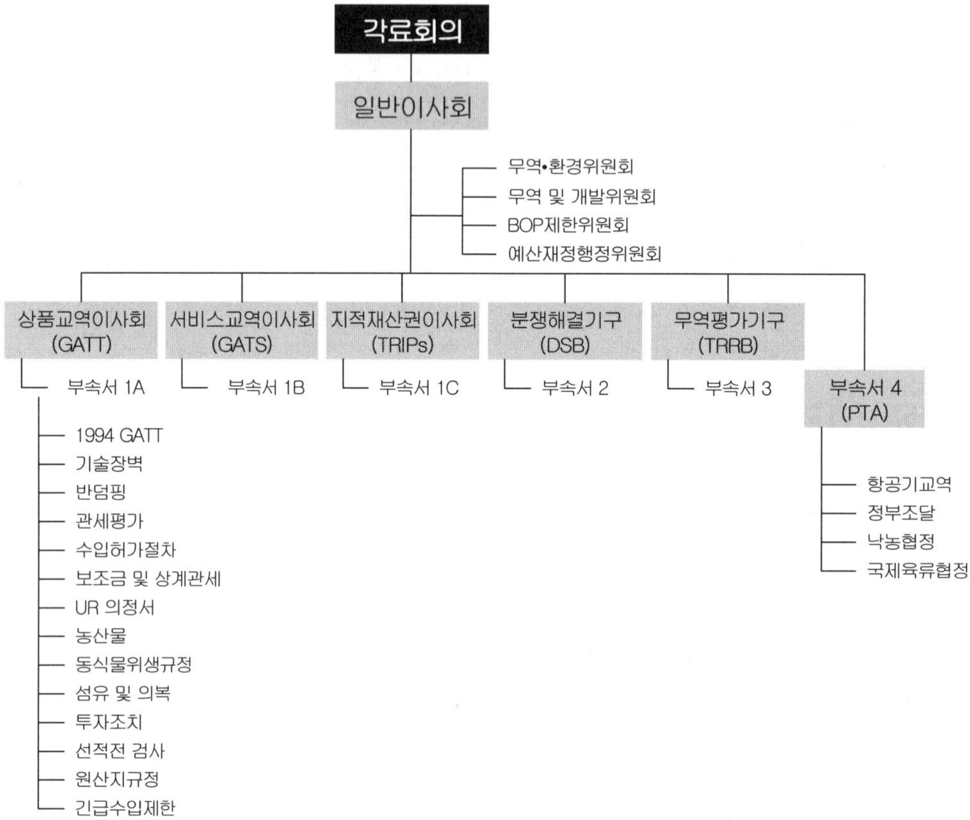

3. WTO체제상 계속 유지되는 GATT의 주요제도

(1) 관세양허

1) 의의

관세양허(tariff concession)란 체약국이 특정품목에 대해 일정 수준이상의 관세를 부과하지 않겠다는 약속이다. 이 약속은 당해 국가의 양허표에 나타나 있으며 당해 양허표에 명시된 품목을 양허품목이라고 한다.

2) 방법

관세를 양허하는 방법에는 세율을 단순히 인하하는 방법, 현행세율을 더 이상 인상하지 않겠다고 약속하는 현행세율의 거치(binding)방법, 앞으로 세율을 인상하는 경우에는 일정수준이상으로는 세율을 인상하지 않겠다는 한도(ceiling)를 표시하는 방법 등이 있다. 어떠한 경우이든 특정품목의 관세를 양허하는 경우 관세수준을 보다 완화하거나 경감하는 것은 가능하지만 양허한 범위를 초과하거나 관세장벽을 보다 강화할 수는 없다.

3) 수정 및 철회

일단 약속한 양허세율은 최소 3년간은 거치하여야 한다. 그 후는 거치기간을 3년씩 자동적으로 연장하고 매 3년마다 양허를 수정하거나 철회할 수 있다(제28조 1항).

또한 3년마다의 재검토에서는 특별한 사정변화에 대응하지 못할 우려가 있기 때문에 일정한 조건하에서 양허를 수정, 철회를 할 수 있음을 규정하고 있다(제28조 4항).

4) 양허표와 상품분류

각 국가마다 상품분류에 관한 기준이 다를 경우 혹은 새로운 상품이 출현할 경우 그 상품을 어떤 품목에 포함시켜 어느 만큼의 양허를 인정하여야 할 것인가 하는 문제가 생긴다. 이에 대비하여 1952년 관세협력이사회(Customs Cooperation Council : CCC)를 설립, 관세협력이사회 품목분류집(Customs Cooperation Council Nomenclature : CCCN)을 마련하여 상품분류의 국제적 통일을 기하였고, 기존의 품목분류기준들을 하나로 통합한 HS (Harmonized System)를 제정하여 1988년 1월 1일부터 시행하고 있다.

(2) 최혜국대우원칙

1) 의의

최혜국대우원칙(Most Favored Nation Treatment)이란 한 국가가 동종상품(like product)에 대하여 관세, 통관, 수·출입에 관한 규칙 및 절차 등 국제교역관계에 있어서 특정국가에 부여하고 있는 제조건보다 불리하지 아니한 조건을 다른 국가들에게도 부여해 주어야 한다는 원칙(GATT 제1조)이다.

2) 예외조항

GATT는 최혜국대우원칙을 획일적으로 적용하는 것이 아니라 이에 대한 예외를 인정하고 있다. 이러한 예외는 크게 '일반회원국에 대한 예외'와 '특정 회원국에 대한 예외'로 나누어 볼 수 있다.

① 일반회원국에 대한 예외 : 일반회원국에 대한 예외라 함은 어느 회원국이든 GATT에서 정한 일정한 조건만 구비하면 최혜국대우에 대한 예외적 조치를 취할 수 있는 것을 말한다. 이에는 제14조(국제수지악화를 이유로 한 예외), 제19조(긴급사태시 면책조항), 제20조(일반적 예외조항 : 공중도덕, 인간 및 동식물의 생명·건강, 유한천연자원 등의 보호를 위한 일반적인

예외조치규정), 제21조(안전보장을 위한 예외), 제25조 5항(Waiver : GATT에 규정되어 있지 아니한 예외적 상황에서는 GATT 전체 회원국의과반수를 포함한 2/3이상의 찬성으로 범위 및 기준을 정하여 특정 회원국의 GATT 규정 준수의무를 면제해 주는 것을 말함) 등이 있다.

② 특정회원국에 대한 예외 : 특정회원국에 대한 예외라 함은 특정회원국 또는 특정회원국 집단에게만 인정되는 최혜국대우에 대한 예외를 말한다. 이에는 GATT 출범이전부터 존재하던 특정국가간의 특혜관세제도(제1조 2항 및 부속서), 일반특혜관세제도로 대표되는 개발도상국에 대한 특별조치(제18조), 국경무역(Frontier Trade), 관세동맹(Customs Unions) 및 자유무역지대(Free Trade Areas) 등으로 대표되는 경제통합에 대한 특별조치(제24조), 특정 회원국간의 협정(제35조) 등이 있다.

(3) 내국민대우

1) 의의

내국민대우원칙(National Treatment)이란 일단 수입된 상품에 대하여는 국내상품에 부여하는 대우보다 불리하지 아니한 대우를 해 주어야 한다는 원칙이며, 수입국내에서 국내상품과 수입상품간의 균등한 경쟁조건을 보장함으로써 무역장벽을 제거하고자 하는 데 근본적인 목적을 두고 있다.

2) 주요내용

① 내국세와 내국민대우원칙 : GATT 회원국은 수입품에 대하여 동종의 국내상품에 부과하는 것보다 높은 내국세, 기타 과징금을 부과하여서는 안 된다는 원칙이다.

② 수입상품의 규제 : GATT 회원국은 수입상품의 국내에서의 판매, 구입, 운송, 분배 또는 사용에 영향을 미치는 법령 및 정책 등에 관하여 이를 국내상품보다 불리하게 취급하여서는 안 된다. 국내의 개인이나 사기업이 수입상품에 대하여 차별적인 조치를 취할 경우 민간 부분의 조치에 대해서는 내국민대우원칙이 적용되지 아니하나, 정부가 이러한 차별조치를 직접적 또는 간접적으로 유도하는 경우에는 내국민대우원칙의 위반이 된다.

③ 수량규제문제 : GATT 회원국은 특정 상품의 원자재 또는 부품으로서 수입상품과 국내상품을 합성하여 쓰는 경우, 수입상품에 대하여 국내 상품보다 차별적인 대우를 하여서는 안 된다.

3) 내국민대우원칙의 예외

① GATT 제20조 일반적 예외 및 제21조 안전보장을 위한 예외

② 스크린쿼터제 : GATT에서는 국내에서 상영되는 전체 영화의 상영시간 중에서 국내제작 영화의 상영시간을 할당할 수 있음을 명시하고 있다(제3조 10항, 제4조). 영화필름에 대한 규제는 경제적 측면이나 국제 무역에 대한 고려보다는 국내문화정책과 밀접한 관계가 있음을 이유로 내국민대우원칙의 예외로 규정하고 있다.

③ 정부조달 제도 : GATT 회원국은 상품을 상업적 용도를 위한 제품생산에 사용하기 위한 것이 아니라 정부용으로서 구입하는 경우에는 정부기관에 조달할 수 있는바, 이 경우 국내상품을 우선적으로 구입할 수 있다.

(4) 수량제한

1) 의의

GATT 제11조는 상품의 수 · 출입에 대한 할당, 수 · 출입의 허가 또는 기타의 조치 중 그 형태에 상관없이 관세나 과징금 이외에 상품의 수 · 출입에 대한 금지 또는 제한을 신설하거나 유지하면 안 된다고 선언하고 있다.

수입에 대한 수량제한(Quantitative Restriction)이란 수입가격과 상관없이 수입상품의 수량에 대해 직접적으로 제한을 가하는 조치이다. 수량제한은 국내가격과 세계시장가격 사이의 연계성을 완전히 단절하는 것으로서 수입에 대한 수량제한은 크게 4가지 형태 즉, 글로벌 쿼터(Global Quota), 쌍무적 쿼터(Bilateral Quota), 임의허가제도(Discretionary Licensing) 그리고 국가수입독점(State Import Monopoly)으로 나눌 수 있다.

국제무역에 있어서 수량제한 가운데 가장 논의의 대상이 되는 것은 쿼터의 문제이다. 쿼터란 일정 기간 동안에 특정상품에 대하여 일정한 수량(또는 가격)을 한도로 할당하고, 그 한도를 초과하는 상품의 수입의 수입을 허용하지 아니하는 수입제한조치를 말한다.

2) 예외

GATT는 수량제한의 금지에 대하여 다음과 같은 각종의 예외를 허용하고 있다.

① 식량 등 중요상품의 부족상태 해소를 위한 수출제한(제11조 2항a) : 식량 기타 필요불가결한 상품 등의 긴급한 부족을 해결하거나 방지하기 위하여 일시적으로 이들 상품의 수출을 제한할 수 있다.

② 분류 또는 규격과 관련된 제한(제11조 2항 b) : 상품의 분류, 등급 또는 판매에 관한 기준 또는 규칙의 적용을 위하여 필요한 경우에는 수출 또는 수입을 제한할 수 있다.

③ 농산품의 수출 · 수입제한(제11조 2항 c) : 농 · 수산업 문제는 단순한 경제적 측면뿐만 아니라 사회, 정치적인 측면도 아울러 가지고 있음을 고려하여 수량제한금지의 원칙에 대한 광범위한 예외를 인정하고 있다.

④ 국제수지보호를 위한 제한(제12조) : GATT 회원국은 국제수지의 악화로 인하여 통화준비가 현저하게 감소한 경우 그 증가를 위하여 필요한 최소한도 범위내에서 상품의 수입량을 제한할 수 있다.

⑤ 개발도상국이 행하는 수입제한(제18조) : 경제상태가 저생활수준에 머물러 있고, 개발의 초기단계에 처해 있는 후진개발도상국에 대해서는 국제수지의 옹호를 위한 수입제한과 특성 산업의 보호를 위한 수입제한을 인정하고 있으며, 경제가 개발도상단계에 있지만 상기 저개발국의 범위에 속하지 아니한 선진개발도상국에 대해서는 특정 산업의 보호를 위한 수입제한만을 허용하고 있다.

⑥ 긴급수입제한제도(제19조) : 긴급수입제한제도란 어떤 상품의 수입이 급증하여 국내산업에 피해를 미치는 경우 이에 대한 구제수단으로서 취할 수 있는 무역제한조치 일반을 말한다. 긴급수입제한조치의 구체적 방법으로는 관세인상, 관세할당제도(일정하게 할당된 수량 이상의 수입에 대하여 고율의 관세를 부과하는 제도), 수입과징금의 부과, 수입수량 할당 및 수입허가 발급제 등이 있다.

⑦ 일반적 예외(제20조) : 공중도덕의 보호, 인간 · 동식물의 생명 · 건강의 보호, 재소자노동상품에 대한 조치, 유한천연자원의 보존 등을 위하여 각종의 GATT 의무에 대한 예외를 인정하고 있다.

⑧ 안전보장을 위한 예외(제21조) : GATT 가맹국은 자국의 안전보장 또는 세계의 평화 및 안전보장을 위하여 UN 헌장에 따라 필요한 조치를 취할 수 있다.

⑨ 대응조치로서의 수입제한(제23조) : 다른 회원국의 GATT 의무불이행으로 피해를 입은 회원국이 그 보복조치로서 회원국단이 인정하는 범위내에서 보복조치를 취할 수 있는바, 그 보복조치의 일환으로 수입제한을 할 수 있다.

⑩ Waiver에 의한 수입제한(제25조 5항) : 회원국단은 GATT의 협정에 별도로 규정되지 아니한 예외적인 사정하에서는 GATT 협정에 의하여 회원국에 부과하고 있는 의무를 면제할 수 있도록 하고 있다. 다만 동 결정은 투표된 표수의 ⅔이상의 찬성이 있어야 함과 동시에 전체 회원국의 과반수를 넘어야 한다.

3) 수량 제한의 무차별적용

GATT 제13조는 쿼터제 실시에 따른 최혜국대우원칙을 규정하고 있으며, 이에 따라 예외적으로 수량제한이 인정되는 경우라 하더라도 그 제한조치를 상대국에 따라 차별적으로 적용해서는 안 된다고 규정하고 있다.

(5) 국영무역

1) 의의

국영무역(State Trading)이란 국가에 의해 설립되거나 유지되는 국영기업 또는 국가로부터 독점적 또는 특권적 권한을 부여받은 기업이 행하는 무역을 말한다.

GATT의 최혜국대우원칙은 민간기업이 행하는 무역에 대한 정부의 차별적 조치를 제한·규제하는 것이지만 GATT 회원국은 국영무역에 대해서도 무차별대우를 적용할 의무가 있는 것이다. 따라서 회원국은 가격 · 품질 · 구입가능성 · 시장성 · 운송 · 기타 판매조건 등 모든 면에 있어서 상업적 고려에 의해서만 국영무역을 수행하여야 한다(제17조 1항, a, b).

2) 예 외

GATT 제17조 2항은 국영무역에 관한 규정이 정부가 직접적 또는 최종적으로 소비하기 위한 물품의 구입에는 적용되지 아니한다고 규정하고 있고, GATT 제3조 8항도 정부조달부분에 있어서는 내국민대우원칙의 예외가 있을 수 있음을 인정하고 있다. 이에 따라 정부조달부분에 있어서도 무차별원칙 및 내국민대우원칙을 확립하기 위하여 동경라운드협상에서 정부조달협정을 발효시킨 바 있으며, WTO협정의 복수국간 무역협정 중의 하나로 되어 있다.

(6) 수출규제

1) 의의

다수의 국가들이 국내 산업보호 및 국가안보 등의 이유로 수출에 대하여 어느 정도의 규제를 하고 있고, GATT 규정에도 수출규제에 관한 규정을 갖고 있다. 이 중 수출규제에 관한 가장 중요한 의무는 제1조의 최혜국대우의무와 제11조의 수량제한금지의무이며, 이 밖에 제6조 및 제16조의 보조금 · 반덤핑 관세규정, 제8조와 제9조의 통관수수료 및 관세행정절차에 관한 규정들도 수출과 관련한 중요사항들이다. 그리고 제20조와 제21조는 GATT상의 수출통관의무에 대한 예외사항을 명기하고 있다.

① 최혜국대우 : GATT 제1조는 수입을 물론 수출과 관련된 관세 및 모든 과

징금, 규제 및 절차와 내국세 및 내국규제에 대하여 최혜국대우 의무가 적용된다는 사실을 규정하고 있다.

② 수출금지 및 수량제한(제11조) : 제11조 사항은 "관세, 조세 또는 기타의 과징금을 제외한 금지 또는 제한 조치를 취해서는 안 된다" 는 의무가 수입은 물론 수출에도 적용된다는 사실을 명시적으로 규정하고 있다.

③ 통관 수수료 및 절차 : 통관수수료, 절차 및 무역규제의 공표에 관한 제8조 및 제10조의 의무는 수출과 수입에 동시에 적용된다.

④ 국가안보를 이유로 한 예외(제21조) : 국가안전보장상의 중대한 이익을 위해서도 수출규제가 예외적으로 인정되고 있다. 이른바 회색지대조치(gray area measures)라고 일컬어지는 시장질서유지협정(Orderly Marketing Agreements: OMAs)이나 수출자율규제(Voluntary Export Restraints : VERs)등이 이에 해당된다.

2) 적용예외원칙

그런데, GATT상 가장 기본적이고 중요한 의무인 GATT 제2조의 관세양허의무와 내국민대우의무가 수출에는 적용되지 않는다.

(7) 면제부여

1) 의의

GATT 회원국단은 일정한 요건을 충족하는 경우 특정 회원국의 GATT의무를 면제시켜 줄 수 있는 권한을 보유하고 있는 바, 이를 웨이버(Waiver)라고 한다.

2) 요건

① 실체적 요건 : GATT 회원국단이 웨이버를 부여하기 위해서는 GATT협정에 별도로 규정되어 있지 아니한 예외적인 사정이 존재하여야 한다. 예외적인 사정의 내용에 대해서는 구체적인 기준이 없다. 또한 다른 규제수단 또는 예외가 허용되지 아니한 경우에만 웨이버를 부여하도록 하고 있다.

② 절차적 요건 : 웨이버를 부여하기 위해서는 전체투표의 ⅔이상, 전체 회원국단의 과반수이상이라는 요건을 동시에 충족시켜야 한다.

(8) 지역경제통합과 GATT

1) 의의

GATT 제24조는 두 가지 형태의 지역문제를 다루고 있는데, 첫째는 국경무역이고, 둘째는 지역경제통합 즉, 관세동맹 및 자유무역지대에 관한 것이다.

① 국경무역 : 제24조 3항은 국경무역에 대해 다음과 같이 규정하고 있다.

"본 협정의 규정은 다음 사항을 방해하는 것으로 해석되어서는 아니 된다.

(i) 회원국이 국경무역을 용이하게 하기 위하여 인접국에 부여하는 이익.

(ii) 트리에스테 자유지역의 인접국이 동 지역과의 무역에 부여하는 이익. 단, 동 이익이 제2차 세계대전의 결과 체결된 평화조약에 저촉되지 아니할 것을 조건으로 한다."

② 관세동맹 및 자유무역지대 : GATT 제24조는 다음과 같은 3가지 형태의 지역경제통합, 즉 (i) 관세동맹, (ii) 자유무역지역, 그리고 (iii) 관세동맹 또는 자유무역지대의 조직을 위한 잠정협정(interim agreement)에 대해 일부 GATT 의무를 면제해 주는 것을 기본내용으로 하고 있다.

(9) 개발도상국에 대한 GATT의 특례조항

1) 의의

GATT협정은 개도국들이 GATT 의무로부터 일탈하여 보호주의적인 조치들을 취하거나, 선진국이 개도국들에 대한 우대조치를 취하는 것을 예외적으로 허용하고 있다.

2) GATT 제18조

GATT 제18조는 특별히 개도국이 자국의 개발계획의 수행을 위하여 GATT에서 원칙적으로 허용되지 아니하는 보호주의적 수단들을 이용할 수 있도록 이에 대한 광범위한 예외를 인정하고 있는 조항이다. 여기서 개도국은 다음의 두 가지 형태로 분류되고 있다.

(i) 경제상태가 저생활수준에 있고 개발 초기단계에 있는 후발개도국

(ii) 경제가 개발도상에 있지만 (i)의 범주에 속하지 아니하는 선진개도국

3) 개발도상국에 대한 특례

① 개발초기 단계의 체약국이 취할 수 있는 조치

(i) 관세양허의 수정 및 철회

(ii) 국제수지를 이유로 한 제한

(iii) 특정 산업의 진흥을 위해 필요한 조치

② 개발과정중 위 체약국이 취할 수 있는 조치: 자국의 경제개발을 위해 특정 산업의 확립을 촉진하려고 하는 경우 GATT의 다른 조항에 의한 조치가 실제로 취할 수 없을 때에는 수입제한 등의 조치를 취할 수 있다. 다만 체약국단의 동의(제18조 22항)를 받고 나서야 위 조치를 취할 수 있다는 점에서 저개발국과는 다르다.

4) GATT 제4부

① 원칙과 목적(제36조) : 개발도상국의 수출시장과 소득의 확대, 1차산품 시장 조건의 개선, 개발도상국 경제의 다양화, GATT와 다른 국제기관과의 협력 및 상호주의원칙의 완화 등을 규정하고 있다. 동 조에서 주안점을 두는 것은 선진국의 경우 개발도상국과의 무역협상에서 개발도상국의 상호주의를 기대하지 않는다는 취지(제36조 8항)가 명기된 것으로, 이는 GATT의 전통적인 상호주의적 사고방식에 대한 중요한 수정이다.

② 선진국의 약속(제37조) : 선진국은 개발도상국의 수출관심품목에 대한 관세 기타의 수입장애의 경감 · 철폐에 고도의 우선권을 부여하고, 개발도상국의 수출관심품목에 대하여는 관세 기타 수입장벽을 신설하거나 강화하지 않을 것을 약속하고 있으며 이에 대한 협의절차를 규정하고 있다.

③ 공동행동(제38조) : 체약국단은 개발도상국이 관심을 가진 1차산품의 세계시장진출을 위해 보다 개선되고 수락 가능한 조건을 마련하고 1차산품의 가격안정을 위한 적절한 행동을 취하여야 하며, 무역과 개발에 관한 정책문제에 대하여 국제기관과 협력하여야 하고, 개발도상국의 개발계획 및 정책을 분석하며 개발도상국의 실행 가능한 무역확대책을 검토하고, GATT 제4부의 규정을 실시하기 위하여 필요한 기구를 설치하는 것 등에 대해 공동으로 행동하여야 한다고 규정하고 있다.

5) 일반특혜관세제도

일반특혜관세제도(Generalized System of Preference: GSP)란 개발도상국의 수출소득의 확대 및 개발촉진을 목적으로 개발도상국에 대한 관세상의 특혜조치로서, 선진국이 개발도상국 상품에 대해 최혜국대우에 의거한 관세율보다 낮은 관세율을 적용하는 것이며, 선진국이 개발도상국에게 부여하는 특혜이다.

GSP는 UNCTAD에서 오랜 작업 끝에 1971년 6월 GATT 체약국단이 GATT 제1조(최혜국대우의 의무)의 Waiver를 승인함으로써 확립하게 된 것이다. 이와 대비되는 개념으로 이른바 '졸업'(graduation)이라는 것이 있다. 즉 개발도상국이 개발의 진전에 따라 GSP라는 특혜를 받을 필요가 없다고 인정될 경우 GSP를 부여하지 않는 것을 말한다.

(10) 일반적 예외조항

1) 의의

GATT 제20조는 GATT의무에 대한 일반적인 예외사항들을 열거하고 있다. 동조는 “본 협정의 어떠한 규정도 회원국이 다음의 어떤 조치를 채택하거나 실시하는 것을 방해하는 것으로 해석되어서는 아니 된다”라고 규정하고 있다.

2) 예외사유

제20조에서 인정하는 구체적 예외사유는 다음과 같다.

(i) 공중도덕을 보호하기 위하여 필요한 조치, (ii) 인간, 동 · 식물의 생명·건강을 보호하기 위한 조치, (iii) 금, 은의 수출입에 관한 조치, (iv) GATT에 반하지 아니하는 국내 법령의 보호, (v) 재소자 노동상품에 관한 조치, (vi) 미술적, 역사적, 고고학적 가치가 있는 국보의 보호를 위하여 적용하는 조치, (vii) 유한천연자원의 보호에 관한 조치, (viii) 정부간 상품협정상의 의무, (ix) 국내 원료가격안정계획에 의한 국내원료의 수입제한, (x) 공급부족을 이유로 한 수출규제.

(11) 안전보장을 위한 예외

GATT 제21조는 국가안전보장을 위하여 GATT 협정상의 모든 의무에 대해 다음과 같은 예외조치를 취할 수 있다고 규정하고 있다.

(i) 국가안전보장에 필요한 정보의 제공거부, (ii) 핵물질이나 무기·탄약 등 군사물자와 군사시설에 제공하는 물자의 거래에 관한 제한조치 및 전쟁 기타 유사시의 제한조치, (iii) UN 헌장에 규정된 국제평화와 안전을 위하여 일정한 무역제재를 가하는 조치.

3 UNCTAD와 일반특혜관세제도

1 개요

1. 무역을 통한 후진국개발 추진

GATT체제가 근본적으로는 보다 선진국가 중심의 자유무역이론에 입각하고 있다면 1964년 탄생된 UNCTAD(UN무역개발회의 : UN Conference On Trade And Development)는 후진국의 무역을 통한 개발에 그 취지가 주어지고 있다. 따라서 GATT내에서는 비록 선진제국의 이해가 지배적으로 작용하기는 하나 국제무역과 관련되는 모든 문제가 다루어질 수 있는데 반하여 UNCTAD는 주로 선 · 후진국간 무역에 관련된 의제들을 안건으로 삼고 있다.

GATT에서도 후진국의 무역이 예외적으로 취급되고 있기는 하다. 선진제국의 경우와는 달리 개발계획의 수행이나 국제수지개선을 위하여 수입제한정책을 채택할 수 있다. 또 1966년부터는 4장을 추가 신설하여 선진제국이 후진국의 수출과 관련된 품목에 대하여 수입정책을 일방적으로 완화하고 엄격히 호혜성(reciprocity)을 요구하지 않을 것 등을 권장하고 있다. 그러나 이는 어디까지나 도덕적인 의무만을 강조하는데 지나지 않았다.

반면 UNCTAD는 GATT체제가 남북문제, 즉 부국과 빈국간의 소득격차를 오히려 심화시키고 있다는데 근거하고 있으며 그 이론적 배경은 R. Prebisch류의 교역조건학파에서 찾아볼 수 있다. R. Prebisch의 주장에 따르면 남북문제를 해결하기 위하여서는 기존 국제경제체제를 개혁해야 한다는 것이며, 이러한 의미에서 UNCTAD를 신국제경제 질서의 한 시발로 보아도 무방하다.

서유럽 및 일본이 미국과 함께 선진경제권(OECD)을 형성하면서부터 남북간 격차가 심화되는 징후가 나타났다. 60년대 초를 기준으로 하더라도 국제무역이 선진제국간 수평분업에 의하여 주도되어 왔으며 후진국 인구가 선진국 인구의 3배이상에 달함에도 불구하고 총 소득면에서는 6분의 1에도 못 미치는 형편이었다.

UNCTAD를 설립할 당시 후진제국이 내세운 슬로건이 바로 "원조가 아닌 무역을 통한 개발(Trade not Aid)"이었다.

후진국이 초기의 의욕적인 개발을 시도하려면 투자의 급속한 확대가 전제되어야 하나 국내저축이 부족하면 해외저축에 크게 의존하지 않을 수 없다. 이는 곧 국제수지의 적자로 나타난다.

그렇다면 국제수지의 압력을 어떻게 해결할 것인가. 수입을 줄이는 방법도 생각할 수 있으나 생산시설재, 중간재 등 억제하기 곤란한 부문이 절대적인 비중을 차지하고 있으므로 이는 개발을 늦추는 결과를 가져온다. 결론적으로 비중을 차지하고 있는 방법이 가장 이상적이나 기존 GATT체제 아래서는 기대하기 곤란하므로 새로운 테두리를 형성하여야 된다는 것이 바로 UNCTAD의 설립취지라 할 수 있다.

제1차 UNCTAD의 개최는 실질적으로 1962년 UN에 제출된 프레비시보고서에 기초를 하고 있다. 또 동 보고서는 중남미나 아프리카제국과 같이 1차산품의 국제가격 상승률이 공산품의 경우에 비하여 낮다면 이는 상대적인 하락을 의미하며 또 후진국의 실질소득의 저하를 가져온다. 왜 이러한 현상이 지속될까? 여러 이유가 있겠으나 교역조건학파가 주장하는 내용은 다음과 같다.

선진제국내 독과점현상이나 노동조합의 존재가 가격상승에 압력을 가하나 후진제국의 경우 그렇지 못하다는 것이다. 경기상승기간 공산품과 1차산품가격이 다같이 상승하나 경기후퇴기간에 있어서는 전자가 특히 노조의 압력으로 하락하지 않는 반면 1차산품가격은 하락한다.

또 후진국에 있어서 수입수요의 소득탄력성이 상대적으로 높기 때문에 개발계획의 추진에 따라 국제수지의 불균형이 불가피하고 그 개선을 위해서는 싼가격으로라도 1차산품을 수출하게 된다는 것이 이들의 주장이다.

2. 1차산품 실질가격보장

1968년 제2차 UNCTAD의 결의안에 따라 일반특혜제도의 실시는 급속히 추진되었는데 여기에서 가장 난제 중의 하나는 선진제국간 상이한 입장의 조정이었다. 즉 각 선진국이 후진국의 공산품수입에 대하여 관세상의 특혜를 제공한다는 데는 합의했으나 그 내용을 단일의 안으로 통일하는 과정에는 상당한 진통이 따랐다. 결국 전체적인 합의에 도달하지 못하고 후술하는 바와 같이 몇 가지 원칙만 정한 후 각국의 입장에 따라 특혜제도를 실시키로 결정했다.

이에 따라 1971년 7월 EU가, 동년 8월 일본이, 그리고 1972년부터는 미국을 제외한 전 선진국이 일반특혜제도를 채택했다. 미국의 경우 1976년부터 이를 실시하였다.

당초 프레비시가 제안한 대로 일반특혜제도(GSP)는 일정기간 모든 선진국이 모든 후진국으로부터 수입하는 공산품에 대하여 관세상의 혜택을 공여함으로써 공업부문을 보호해 주자는 취지를 갖고 있다. 이는 10년을 단위로 최소한의 경쟁력을 갖출 때까지 특혜를 제공하자는 내용이므로 결국 유치산업보호론과도 일맥상통한다.

그러나 일반특혜제도는 다음과 같이 몇 가지 점에서 전통적인 유치산업 보호이론과 그 취지나 운영을 달리하고 있다.

우선 보호비용을 누가 담당하느냐에 차이를 찾아볼 수 있다. 유치산업보호론에 있어서는 수입제한에 따른 국내 가격상승은 결국 소비자의 부담으로 돌아간다. 반면 일반특혜제도의 경우 동제도의 실시에 따라 후진국에서 생산된 공산품의 수출이 확대되므로 수입국, 즉 선진국내 소비자가 이러한 산업의 육성에 따르는 비용을 담당하게 된다고 할 수 있다.

다음 시장규모의 문제이다. 전통적인 보호론은 국내시장을 국내 생산자에게 우선적으로 확보해 주자는 의도를 갖고 있다. 그러나 일반특혜제도의 실시에 따르는 후진국 수출증대는 선진제국의 시장을 대상으로 한다는 점에서 규모의 경제효과도 동시에 기대할 수 있다.

따라서 전자가 내향적 공업화의 의미를 갖고 있다면 후자는 보다 외향적 공업화를 시도한다고 할 수 있다.

그밖에도 보호대상산업의 선정에 있어 일반특혜제도의 경우 선진국내 소비자의 선호에 의존하게 되므로 후진국의 수출산업은 보다 확실히 경쟁력을 갖추지 않을 수 없다는 이점을 갖고 있다.

이와 같이 이론적인 측면에서의 장점에도 불구하고 일반특혜관세제도에 관한 비관적인 견해 역시 설득력 있는 논리를 갖고 있다.

한 예로 공산품부문에서 후진국이 비교우위를 갖고 있는 산업은 노동집약적인 경공업이라 할 수 있는데 선진제국은 특혜제공의 대상에서 이를 제외하는 경우가 많다. 반면 자본 · 기술집약 부문에서는 후진국의 수출이 관세감면의 혜택을 받을 수 있지만 그간 국제무역협상을 통해 크게 인하되어 현재 3 - 5% 정도인 선진국관세율을 철폐한다고 해서 큰 도움을 줄 수 있다고는 보기 어렵다.

그간 학자들에 의하여 실증연구가 시도되고 있으나 결론적으로 동 제도의 실시가 후진국의 공산품 수출증대에 크게 기여하지는 못하고 있는 것 같다.

3. 후진국 공산품 수출장애 계속

프레비시보고서는 주로 두 가지 측면에서 기존 질서의 개혁을 의미할 수 있는 견해를 제시하고 있다. 우선 후진국의 교역조건악화와 관련하여 1차산품 실질가격의 안정을 보장할 수 있는 제도적 장치를 마련하자는 것이다.

그 대안으로 주요원자재별로 수출입 국가간 국제협정을 체결함으로써 수요와 공급의 조절을 통하여 국제가격의 안정을 도모할 것을 제시했다. 또한 수출입국가가 공동으로 출자한 국제금융보상기금을 설립하여 1차산품 수출국의 교역조건이 악화된 만큼 금융지원을 제공하는 방안도 제시했다. 이러한 제안은 사실 GATT체제의 근간이 되는 호혜성에 대한 불신에 깊이 뿌리박고 있다는 것이다.

GATT체제가 정태적 비교우위이론에 기초하고 있음은 지적하였거니와 이와 관련 프레비시의 제안을 구체적으로 살펴보면 다음과 같다.

호혜성에 입각하여 선 · 후진국간 무역협상을 한다면 전자는 공산품, 그리고 후자는 1차산품의 생산에 전문화를 더욱 추진할 수밖에 없다. 그런데 만약 후진국의 교역조건이 악화된다는 점을 전제로 한다면 이는 실질소득의 하락을 의미하게 되고 따라서 경제성장을 하더라도 결국 점점 빈곤해지는 이른바 '궁핍화성장론'에 도달하게 된다.

이와 같은 악순환을 단절하기 위해서는 '명목적인 호혜성'보다는 '실질적인 호혜성'을 도입해야 된다는 것이 비판론자들의 주장이다. 즉, 선진국이 후진국의 수출소득을 보장해 주면 공업화의 추진에 도움을 주고 이에 따르는 자본 · 시설재 및 기술 등에 대한 수입수요의 확대는 국제거래의 증가를 가져오므로 공영을 누릴 수 있다는 결론이 나온다는 것이다.

다음 공산품무역과 관련하여 프레비시보고서는 GATT체제는 후진국의 수출에 불리하게 작용할 수밖에 없다고 주장하고 있다. 최혜국대우, 주요수출국원칙 및 호혜성 등으로 인하여 후진국이 협상권을 잃는다는 사실은 결국 선진국들로 하여금 상대적인 차별대우 그리고 보호주의를 초래한다는 것이다.

이러한 역기능을 완화하기 위한 방안이 다름 아닌 일반특혜제도의 실시이다. '일반'이란 모든 선진국이 모든 후진국으로부터의 공산품 수입에 대한 특혜의 제공을 말하며 '특혜'란 선진국간 관세는 그대로 실시하되 단지 후진국의 수입에만 저관세율 혹은 무관세의 혜택을 부여함으로써 최혜국 대우에 대한 예외를 의미한다는 데서 사용된 개념이다.

2 일반특혜관세제도

1. GSP제도의 의의

일반특혜관세제도란 개발도상국의 수출확대 및 공업화의 촉진을 위해 선진국이 개발도상국으로부터 수입하는 농수산품, 공산품의 제품 · 반제품에 대하여 대상을 받지 않고 일반적으로 무관세의 적용 또는 저율의 관세를 부과하는 관세상의 특혜대우를 말한다.

즉, 일반특혜제도는 1968년 2월 1일-3월 29일 뉴델리에서 개최된 제2차 UNCTAD 총회 결의 21에 「System of Generalized, Non-reciprocal and Non-discriminatory Preference」라고 언급하여 통상 Generalized System of Preferences (약어로는 GSP)라고 칭하는 것으로 일반적 · 무차별적 · 비상호주의적인 특혜제도를 의미한다.

여기서 말하는 일반적(generalized)이라는 의미는 기존특혜제도인 영연방특혜, 프랑스연합특혜 등과 같이 특정지역간의 특혜와 구분하기 위한 것으로 기존특혜가 지리적으로 수개 국가간에 국한된 데 비하여 일반특혜제도는 범세계적이란 점을 강조한 것이다.

또한 무차별적 · 비상호주의적(non-discriminatory and non-reciprocal)이란 지역통합, 자유무역지역 및 관세동맹에서 나타나는 역외국가에 대한 차별을 배제하여 역내국가간의 상호주의를 배제하는 일방통행적인 특혜공여를 의미하는 것이며 더 나아가서는 GATT 회원국(선진국과 개발도상국)간의 상호주의를 배제함을 의미하는 것이다.

2. GSP제도의 기본구조

GSP제도의 기본구조라 함은 일반특혜관세제도의 골격을 이루고 있는 사항으로서 특혜공여국은 각기 상이한 제도를 취하더라도 최소한 이러한 요소는 포함해야 한다는 것을 말한다.

(1) 특혜대상품목 (Product Coverage)

일반특혜관세제도의 실시목적이 개발도상국의 공업화를 위하여 그들의 수출소득을 증진시키는 것임을 고려, 공산품에 대하는 Negative List제를 채택하여 예외품목(Exception)을 제외한 전 공산품에 대하여 우선 수입을 허용하고, 농수산품에 대하여는 Positive List제를 채택하여 특혜대상품목을 열거하기로 합의하여 운용하고 있다. 그러나 뉴질랜드·EU 및 미국은 공산품에 대해서도 Positive List를 채택하고 있다.

(2) 예외품목 (Exception List)

모든 개발도상국들은 예외품목의 설정은 상대적으로 특혜대상범위를 축소시키는 결과가 되어 특혜효과를 감소시키는 요소가 된다며 원칙적으로 반대하는 입장을 취하였다. 그러나 선진국의 입장을 고려하여 예외품목은 국가적 이익(overriding national interest)에 입각하여야 하고, 개발도상국의 관심품목을 포함하지 않도록 대상을 극소화할 것이라는 입장을 보였다. 따라서 공여국별로 어떤 품목이 GSP대상품목인지 확실히 알기 위하여는 각 GSP공여국의 관세율표에 의거 확인해야 한다.

(3) 특혜의 폭 (Depth of Cut)

관세의 인하폭은 일반적으로 농산품에 대하여는 GATT세율의 20-100%의 품목별 인하, 공산품은 무세를 적용하고 있다.

(4) 보장조치 (Safeguard Mechanism) 및 기타 수혜제한조치

개발도상국에 대한 면세 혹은 관세상의 특혜대우로 인하여 특혜공여국의 수입이 급증, 특혜공여국의 국내산업이 심각한 피해를 입거나 입을 우려가 있을 경우에 특혜공여국은 국내산업 보호, 실업방지 및 관세수입 확보를 위하여 수입제한조치가 불가피하다. 이러한 조치의 필요성을 「프레비시보고서」나 「알지에 헌장」에서도 용인하고 있다.

선진국들이 택하고 있는 보장조치로는 면책조항(Escape Clause)과 Ceiling제의 2가지가 있다. 그중 Ceiling제는 사전제한형으로서 특혜대상 품목별로 연간 특혜수입한도를 표시하고 이 한도내에서만 특혜를 공여하는 제도이고, Escape Clause는 사후제한형으로 처음부터 무제한의 특혜수입을 허용하나, 특정품목의 수입급증으로 인하여 국내산업에 위해를 초래하는 경우에 특혜를 정지하는 제도이다. 수량제한은 일본·EU 등이 적용하고 있으며, 여타 공여국은 면책조항에 의거 GSP공여를 일부 제한하고 있다.

(5) 수혜국 (Beneficiary Country)

자기선택의 원칙(self-selection)에 입각하여 77그룹에 속하는 개발도상국을 특혜수혜국으로 하고 해외속령이나 기타 지역에 관하여는 당사국간의 자유재량에 두고 있다. 이에 따라 공여국은 타국의 GSP수혜요청을 고려하여 스스로 수혜국을 결정하고 있다.

3. 원산지규정

GSP제도하에서 특혜공여국이 규정하고 있는 원산지규정의 주요골자는 ① 원산지기준, ② 운송요건, ③ 증빙서류이다.

GSP수혜당사국이 GSP공여국으로부터 특혜대우를 받기 위하여는 GSP공여국이 당해 특혜대상품목에 대해 설정된 원산지기준, 운송요건 및 문서상의 요건을 충족시켜야 한다.

(1) 원산지기준

GSP수혜국의 수출품목은 대별하여 완전생산품과 수입원자재가 포함된 상품으로 구분할 수 있다. 완전생산품이란 당해 수출국의 토양으로부터 재배·추출하였거나 수확된 산품과 이러한 산품으로부터 전적으로 제조된 상품을 말하는데, 일반적으로 수입원자재가 투입되지 않은 1개 수혜국의 완전생산품은 원산지기준을 충족한 것으로 인정하고 있다.

그러나 수입원자재나 부품(원산지가 미상인 원료나 부품 포함)을 사용하여 제조·가공한 상품의 경우에는 생산과정에서 사용된 원료나 부품의 특성을 실질적으로 변형시키는 가공을 거쳐야 원산지기준을 충족한 것으로 인정하고 있다. 모든 GSP공여국은 수입원자재의 '실질적 변형'의 원칙으로 가공도기준과 부가가치기준 중 하나를 채택하고 있다.

1) 가공도기준 (Process Criterion)

가공도기준이란 수입원자재가 수혜국의 수출품 생산과정에서 일정한 가공공정을 거쳤느냐에 따라 수혜국의 원산지 제품으로 인정여부를 결정하는 GSP의 원산지기준이다. 가공도기준의 기본원칙인 수입원자재의 HS 4단위 경우 수입원자재가 실질적으로 변형이 이루어진 것으로 간주하여 원산지기준을 충족한 것으로 인정하는 것이다.

2) 부가가치기준 (Value Added Criterion)

부가가치기준은 수혜국이 수출품의 생산과정에서 수입원자재에 수혜국의 원자재와 노동력을 얼마만큼 부가하여 수출품을 제조하였는가에 따라 수혜국의 원산지 제품여부를 결정하는 GSP원산지기준이다.

(2) 직접운송요건

운송요건은 수혜국에서 수출된 상품이 GSP공여국으로서 수송시 충족시키도록 요구하고 있는 조건으로 통상 제3국의 경유없이 수혜국(수출국)에서 공여국(수입국)으로 직접운송되어야 한다. 그러나 지리적으로 수송에 있어서 부득이한 경우, 수송상의 이유로 환적 또는 일시보관이 필요한 경우, 그리고 박람회나 전시회 전시물품의 일시보관이 필요한 경우 등에는 제3국의 경유가 허용되고 있다.

그런데 이렇게 제3국을 경유할 경우에는 해당 경유국의 세관 감독하에 있어야 하고, 교역이나 소비에 공하지 않아야 하며, 환적 또는 상품의 상태유지를 위한 작업 이외에 어떠한 작업도 행하지 않아야 한다. 이와 같은 운송요건은 GSP수혜국으로부터 수입되는 상품이 제3국을 경유하는 동안 추가적인 가공이나 변형이 이루어지는 것을 방지하기 위하여 요구되고 있는 것이다.

(3) 증빙서류

GSP수혜를 위한 증빙서류 또는 수혜국(수출국)에서 공여국(수입국)이 요구하는 원산지기준을 충족시켰음을 입증하는 서류와 수출품의 수송시 직접운송요건을 입증하는 서류가 있다. 일반적으로 GSP공여국은 원산지기준 충족을 입증하는 서류로 수혜국의 정부기관에 의해 서명 발급되는 일반특혜관세제도 원산지증명서 양식(GSP C/O Form A)을 요구하고 있으며, 직접운송요건의 충족여부를 확인하는 서류로는 통상의 선하증권(B/L)이 사용되고 있다.

3 대개도국 GSP 공여

1. 수혜국에서 공여국으로 지위변경

우리나라는 자기선택의 원칙(Principle of self-selection)에 따라 1996년까지 개발도상국가로서 선진국의 일반특혜관세의 혜택을 받는 수혜국이었다. 그러나 1996년 12월 12일에는 OECD에 가입하는 등 국제경제무대에서의 지위가 향상됨에 따라 이에 상응하는 역할을 수행하고 적극적인 관세협력을 통한 개발도상국과의 무역증진을 도모하기 위하여 개발도상국에 대하여 선진국으로서 일반특혜관세를 공여할 수 있도록 1996년 12월 30일 관세법을 개정하여 마침내 GSP공여국으로 그 지위가 바뀌었다.

2. GSP 공여내용

우리나라는 개발도상국가를 원산지로 하는 물품이 수입될 때는 기본세율보다 낮은 세율의 관세를 일방적으로 부과할 수 있다. 모든 개발도상국가를 원산지로 하는 모든 물품에 대하여 일반특혜관세를 부과하는 것이 아니고, 대통령령으로 정하는 개발도상국가와 물품에 대하여서만 일반특혜관세를 부과한다. 개발도상국가 중 국제연합총회의 결의에 의한 최빈 개발도상국가를 원산지로 하는 물품이 수입될 때에는 다른 개발도상국가를 원산지로 하는 물품이 수입될 때보다 우대하여 일반특혜관세를 부과할 수 있다. 이 경우도 모든 최빈 개발도상국가를 원산지로 하는 물품에 대하여서만이 우대를 한다.

일반특혜관세의 세율 · 적용기간 기타 필요한 사항은 대통령령으로 정하여 시행한다. 일반특혜관세를 부과함에 있어서 그 대상물품의 수입이 국내산업에 미치는 영향 등을 감안하여 그 물품에 적용되는 세율에 차등을 두거나 그 대상물품의 수입수량 등을 한정할 수 있다.

【표Ⅱ-2-3】 특혜관세 적용기준

특혜관세의 종류	적용기준	적용국가 및 품목
관세법 제76조 최빈국 일반특혜관세(R)	FOB 50% 이상	아프가니스탄, 방글라데시, 미얀마, 앙골라 등 49개국 활어, 당밀 등 88품목(HS 6단위 기준) (대통령령 17,489호, 2001. 12. 31)
세계무역기구협정(GATT) 개발도상국간 양허관세(D)	FOB 50% 이상	방글라데시, 브라질, 페루, 이집트 등 13국 잎담배, 페인트 등 13품목(HS 6단위 기준)
UNCTAD 77 개도국간 GSTP 특혜관세(G)	FOB 50% 이상 (최빈국 40%)	방글라데시, 짐바브웨, 이라크 등 43국 샤프란, 밀납 등 29품목(HS 6단위)
방콕협정(ESCAP) 아시아개도국 특혜관세	FOB 50% 이상	중국, 인도, 방글라데시, 스리랑카, 라오스(5국) 절화, 코코넛, 여성의류 등 209품목(HS 6단위)
한·칠레 FTA협정에 따른 칠레산 특별양허관세(Y)	FOB 45% 이상 가공공정기준 HS변경기준 등	칠레(1국) 협정품목 전체

3. GSP적용정지

재정경제부장관은 일반특혜관세를 부과하는 특정 특혜대상물품의 수입이 증가하여 이와 동종의 물품 또는 직접적인 경쟁관계에 있는 물품을 생산하는 국내산업에 중대한 피해를 주거나 줄 우려가 있는 등 일반특혜관세를 부과하는 것이 적당하지 아니하다고 판단되는 경우에는 대통령령이 정하는 바에 따라 당해 물품과 그 물품의 원산지인 국가를 지정하여 일반특혜관세의 적용을 정지할 수 있다. 이 조치는 일반특혜관세의 공여로 인한 그 물품의 수입증가에 따른 국내산업의 피해를 막기 위한 것이다.

4. GSP적용배제

재정경제부장관은 일반특혜관세를 부과하는 국가로 지정한 특정국가의 소득수준, 우리나라의 총수입액 중 그 특정국가로부터의 수입액이 차지하는 비중, 그 특정국가의 일반특혜관세 부과대상 물품이 지니는 국제경쟁력의 정도, 기타의 사정을 감안하여 일반특혜관세를 부과하는 것이 적당하지 아니하다고 판단되는 경우에는 대통령령이 정하는 바에 따라 당해 국가가 당해 국가 및 물품을 지정하여 일반특혜관세의 적용을 배제할 수 있다.

이 조치는 일반특혜관세의 부과 대상국가로 지정받은 개발도상국가가 경제발전을 하였거나, 그 국가와 무역수지가 악화되거나 일반특혜관세의 부과대상물품의 국제경쟁력이 향상되거나 기타 사정으로 보아 일반특혜관세를 계속 부과하는 것이 적당하지 아니할 때에는 일반특혜관세의 적용을 배제하여 국제사회의 균형있는 발전에 기여하기 위한 것이다.

❹ 원산지증명서 제출의무

1. 수입물품의 원산지증명서 제출

관세법, 조약, 협정 등에 의하여 원산지확인이 필요한 물품을 수입하는 자는 그 물품의 원산지를 증명하는 서류를 세관장에게 제출하여야 한다.

물품을 수입할 때 원산지의 확인이 필요한 경우는 관세법, 조약, 협정 등에서 원산지에 따라 관세상의 편익이 부여되고 있고, 그 편익을 받고자 할 때이다. 주된 관세상의 편익은 관세법, 조약, 협정 등에 의한 양허관세 또는 통관절차의 편익과 편익관세이다. 따라서 양허관세, 통관절차의 편익 및 편익관세가 적용되는 국가에서 수입되는 물품으로서 이러한 관세상의 편익을 받을 수 있는 물품을 수입할 때에는 그 국가가 그 물품의 원산지임을 증명하는 서류 즉 원산지증명서를 세관장에게 제출하여 그 물품의 원산지를 확인받아야 이들 관세상의 편익을 받을 수 있다. 관세상의 편익을 받을 수 있는데도 불구하고 원산지증명서를 세관장에게 제출하지 아니할 때에는 원칙적으로 이들 관세상의 편익을 주지 아니할 수 있다.

2. 원산지증명서 제출의무의 면제

물품자체에 의하여 원산지가 확인되거나 우편물, 개인에게 무상 송부된 탁송품, 소액물품과 같이 특수성이 있는 다음 물품에 대하여는 원산지증명서를 제출하지 아니하여도 관세상의 편익을 받을 수 있다.

① 물품의 종류, 성질, 형태 또는 그 상표· 생산국명· 제조자 등에 의하여 원산지가 인정되는 물품
② 우편물(세관장에게 수입신고를 하여야 하는 물품은 제외한다)
③ 과세가격 10만원 이하인 물품
④ 개인에게 무상송부된 탁송품 별송품 또는 여행자의 휴대품
⑤ 기타 관세청장이 관계행정기관의 장과 협의하여 인정하는 물품

원산지증명서는 원산지국가의 세관 기타 발급권한이 있는 관공서 또는 상공회의소가 발행한 것이라야 한다.

3. 관세법상 원산지증명서류 및 결정기준

물품의 원산지라 함은 ① 그 물품 전부를 생산한 나라, ② 그 물품이 두 개나라 이상에 걸쳐 생산가공, 제조된 경우에는 그 물품에 대하여 실질적인 변화를 가져오게 하고 새로운 특성을 부여한 행위를 최종적으로 행한 나라, ③ 관세율표 중 세번 3704 및 3706에 속하는 촬영된 영화용 필름은 그 영화의 제작자가 속하는 나라를 말한다.

첫째, 한나라에서 전부를 생산한 물품이라 함은 다음 물품을 말한다.

① 한 나라의 영역에서 생산된 광산물과 식물성 생산물
② 한 나라의 영역에서 번식 또는 사육된 살아 있는 동물과 이들로부터 채취한 물품
③ 한 나라에서의 수렵, 어로로 채집 또는 포획한 물품
④ 한 나라의 선박에 의하여 채집 또는 포획된 어획물, 기타의 물품
⑤ 한 나라에서 제조 · 가공의 공정중에서 발생하는 부스러기
⑥ 한 나라 또는 한 나라의 선박에서 "①" 내지 "⑤"의 물품을 원재료로 하여 제조 · 가공한 물품

둘째, '실질적인 변화'라 함은 한 나라에서 제조· 가공 과정을 통하여 원재료의 세번(H.S 6단위 기준)과 다른 세번의 제품을 생산하는 것을 말한다.

원산지에 관한 국제협약인 세관절차의 간소화 및 조화에 관한 국제협약의 원산지 규칙에 관한 부속(D-1)에서 규정하고 있는 물품의 원산지를 결정하기 위하여 적용하는 기준은 크게는 완전생산기준과 실질적 변경기준의 두 가지가 있다. 완전생산기준은 어떤 한 나라에서 완전히 생산된 물품에 대하여는 그 나라를 원산지로 인정하는 것으로서 주로 천연상품 및 그 전부가 천연상품으로 만들어진 물품이며 실질적 변경기준은 어떤 물품이 두 개 나라 이상에 걸쳐 생산·가공·제조된 경우에 적용하는 기준으로서 품목표의 호의 변경에 의하는 방법, 제조작업 또는 가공작업에 대한 표에 의하는 방법, 종가비율규칙에 의하는 방법의 세 가지 방법이 있다.

품목표의 호의 변경에 의하는 방법은 어떤 물품을 만드는데 소요된 원재료에 각각 적용되는 품목표상의 호, 예컨대 우리나라의 관세율표 품목표상의 세번과 만들어진 물품의 호가 다른 때에는 호를 다르게 한 제조과정을 한 나라를 원산지로 한다. 그러나 호의 변경이 실질적인 변화에 결정적인 것이 아닌 경우 등에 대비한 예외품의 표가 있다. 제조작업 또는 가공작업에 대한 표에 의하는 방법은 각 물품에 대하여 충분히 중요하다고 인정되는 기술적인 제조작업 또는 기술적인 가공작업을 기술한 일반적인 표에 의한다. 종가비율규칙에 의하는 방법은 물품을 만드는데 사용한 원재료의 가격비율 또는 부가가치의 비율 중 그 어느 것이든 특정의 수준에 달하게 한 나라를 원산지로 하는 방법이다.

4 국제협력관세

국가간의 상품이동을 대상으로 하는 관세행정은 국제무역의 확대에 따라 그 중요성이 증가하고 있다.

특히, 최근무역환경이 각국의 보호주의 강화와 수출증대정책으로 자국의 실리를 추구하는 치열한 경쟁을 의식해야 됨에 따라 관세정책의 국제화가 요청되었으며, 이러한 대외환경에 적기에 대응해 가며 국가간의 상호이익증진과 국제통상교역의 활성화를 기할 수 있는 새로운 입법조치가 절실히 요구되어, 1978년 12월 5일 제23차 관세법 개정시 국제관세협력에 관한 새로운 장을 다음과 같이 신설하게 되었다.

1 관세의 양허111)

정부는 우리나라의 대외무역증진을 위하여 필요하다고 인정할 때에는 특정국가 또는 국제기구와 관세에 관한 협상을 할 수 있다.

즉, 관세법은 정부에 대하여 관세법 협정체결권을 부여하고 있다. 동 체결권의 내용은 관세에 관한 협상으로서, 예컨대 세율의 양허라든가 기타 관세에 관한 주요 협상으로서 대외무역의 증진을 위하여 필요하다고 인정할 때에 한하여 협상을 할 수 있다.

또한 정부가 관세에 관한 협상을 진행함에 있어서 특정국가와의 협상에 있어서는 기본관세율의 100분의 50범위 안에서 관세의 양허를 할 수 없다. 그러나 이 제한은 국제기구와의 협상에 있어서는 적용되지 않는다.

원래 정부의 세율변경권은 조세법률주의 원칙에 반하는 것이지만, 급변하는 국내외경제여건에 신속하고 탄력적인 관세율 운영이 불가피하여 각국은 일반적으로 정부에 세율변경권을 부여하고 있다.

2 관세양허의 철회 및 수정

관세의 양허에 대한 보복조치로서 양허의 철회 및 수정을 할 수 있도록 하였다. 즉, 외국에서 상품가격의 저락 등 예상하지 못하였던 사정의 변화 또는 조약상의 의무이행으로 인하여 특정물품의 수입이 증가되고, 이로 인하여 이와 동종물품 또는 직접 경쟁관

111) 우리나라의 협정에 의한 양허관세는 다음과 같다.
① WTO 일반 양허관세, ② WTO 개도국간 양허관세, ③ 방콕협정 양허관세, ④ UNCTAD 특혜무역협정상의 양허관세, ⑤ 한·칠레, 한·싱가포르, 한·EFTA, 한·ASEAN 등 양허관세.

계에 있는 물품을 생산하는 국내생산자에게 중대한 손해를 가져오거나 가져올 우려가 있다고 인정될 때에는 양허의 철회·수정과 그에 따른 보상조치를 정부가 할 수 있도록 하고 있다. 따라서 양허를 철회 또는 수정하여 관세를 부과하거나 새로운 품목의 부가양허 및 수정세율의 적용 등 적절한 보완조치를 할 수 있게 된다.

또한 특정물품에 대하여 양허를 철회 또는 수정하고자 하거나 그 조치를 한 경우에는 당해 조약에 의한 협의에 따라 그 물품 이외에 이미 양허한 물품의 관세율을 수정하거나 양허품목을 추가하여 새로 관세의 양허를 하고 수정 또는 양허후의 세율을 적용할 수 있다.

양허의 철회 및 수정과 그에 대한 보상조치 등에 관한 조치의 시기·내용 기타의 필요한 사항은 대통령령으로 정한다.

3 관세양허철회의 효력

조약에 의하여 우리나라가 양허한 품목에 대하여 그 양허를 철회한 때에는 당해조약에 의하여 철회의 효력이 발생한 날로부터 관세법에 의한 세율을 적용한다.

특정물품의 수입의 증가에 따라 국내생산자의 보호를 위하여 그 물품에 대한 양허를 철회할 때, 그 철회의 효력은 그 양허에 관한 조약의 규정에 의하여 철회의 효력이 발생하는 날에 발생하는 것이고, 그 날부터 관세법에 의한 세율을 적용한다.

그리고 양허의 철회에 대한 보상으로 우리나라가 새로이 양허한 품목에 관하여는 그 양허의 효력이 발생한 날로부터 관세법에 의한 세율을 적용하지 아니한다.

4 대항조치

정부는 외국에서 특정물품에 관한 양허의 철회 · 수정 기타의 조치를 기하고자 하거나 그 조치를 한 경우에 당해 조약에 의하여 대항조치를 할 수 있다고 인정할 때에는 다음과 같은 방법에 따라 대항조치를 취할 수 있다.

① 특정물품에 대하여 관세법에 의하여 일반적으로 부과되는 관세 이외에 그 물품의 과세가격 상당액의 범위안에서 관세를 부과한다. 따라서 기본세율에 의한 세액+과세가격상당액 범위내에서 세액까지 부과할 수 있다.

② 특정물품에 대하여 관세의 양허를 하고 있는 경우에는 그 양허의 적용을 정지하고 관세법에 의한 세율의 범위안에서 관세를 부과하는 조치를 취할 수 있다.

이상과 같은 대항조치는 보복관세제도와 비슷한 성격을 갖고 있다. 다만, 보복관세제도는 우리나라에 대하여 부당 또는 차별적인 조치 등을 행하는 나라의 상품에 대하여 관세를 할증부과 함에 비추어, 대항조치는 우리나라 상품에 대해 양허를 부여하던 나라가 그 양허를 철회하는 경우 대항하는 조치라는 점에서 차이가 있다.

대항조치를 할 대상국가와 시기·내용 등 기타 필요한 사항은 대통령령으로 정한다.

5 특례

1. 품목분류의 수정

통일상품명(HS) 및 부호체계에 관한 국제협약에 의한 관세협력이사회의 권고 또는 결정이나, 새로운 상품의 개발 등으로 별표관세율표 또는 '국제협력관세' 규정에 의한 관세를 양허할 경우 그 품목분류를 변경하거나 다시 분류할 필요가 있을 때에는 그 세율을 변경함이 없이 대통령령이 정하는 바에 의하여 새로 품목분류를 하거나 다시 품목분류를 할 수 있다.

관세율표는 관세법의 별표로서 법률로써 정한 사항으로서, 행정권에 의하여 세율표를 수정함은 불가능하다. 그러나 세율표상의 품목분류는 CCC의 품목분류협약에 의하여 HS방식으로 분류되어 있고, HS에 대해서는 CCC의 품목분류위원회가 일반적으로 그 내용을 수정하거나 신개발상품의 분류번호를 추가하는 경우가 있을 수 있다. 이러한 경우 CCC의 품목분류의 변경은 그때마다 법개정 형식으로 부의할 때에 수반되는 복잡성을 감안하여 대통령령으로 품목분류를 수정할 수 있도록 규정한 것이다.

2. 통관절차의 특례

국제무역 및 교류를 증진하고 국가간의 협력을 촉진하기 위하여 우리나라에 대하여 통관절차의 편익을 제공하는 국가에서 수입되는 물품에 대하여는 상호조건에 따라 대통령령이 정하는 바에 의하여 간이한 통관절차를 적용할 수 있도록 한다. 정상통관절차의 예외로서 휴대품 · 우편물 · 재수출면세물품 및 정부용품 등 면세물품이 있는데, 이 특례제도는 모든 간이통관절차 해당물품이 아니라도 우리나라에 대하여 통관상의 편익을 부여하는 국가로부터의 수입품에 대해 우리나라에서도 간이통관절차를 적용한다는 것이다.

대통령령으로 정한 통관절차특례대상국가로는, 첫째 우리나라와 통관절차의 편익에 관한 협정을 체결한 국가, 이를테면 물품의 일시수입을 위한 ATA Carnet 협약이나, 작업용구일시수입에 관한 협약 등을 체결한 나라이고, 둘째 우리나라와 무역협정 등을 체결한 국가이다.

Chapter Ⅲ

관세의 과세요건

1 관세채권의 성격과 과세의 4대요건

1 관세채권의 성격

관세채권은 일반 사법상의 채권과 다른 다음과 같은 성질을 갖고 있다.

첫째, 관세채권은 관세에 관한 법령이 정하는 바에 따라 관세채권자인 국가가 관세납세 의무자에 대하여 가지는 '관세'라는 금전납부를 내용으로 하는 공법상의 금전채권이다. 금전납부를 내용으로 한다는 점에서는 일반 사법상의 채권과 같으나 사법상의 채권은 사적가치의 원칙에 의거 계약자유의 원칙이 지배하고, 사법상의 채권·채무는 당사자 의사에 따라 성립하고 소멸하는 것이 원칙이다. 그러나 관세채권은 법률이 정하는 바에 따라 획일적으로 당연히 성립하고 소멸함이 특징이다.

둘째, 관세채권은 타채권에 우선한다. 즉 관세는 납세의무자의 총재산에 대하여 법률에 특별규정이 있는 경우를 제외하고는 공과(公課), 기타의 채권에 우선하여 징수함은 물론 특히 관세를 납부해야할 물품에 대하여는 타 조세 기타 공과금 및 채권에 우선한다.

셋째, 관세납세 의무자가 납세의무를 이행하지 않을 때 국가는 별도의 재판 절차없이 법률이 정하는 바에 따라 세관에 의하여 '자력집행'됨이 특징이다.

넷째, 관세채권은 전술한 바와 같이 법률의 규정에 따라 획일적으로 성립하고 소멸됨이 특징이다.

2 관세과세의 4대요건

관세를 부과함에 있어서는 일정한 요건을 구비하여야 한다. 즉, '과세물건', '납세의무자', '과세표준', '세율' 등을 과세의 4대 요건이라 한다. 관세의 과세물건은 수입물품이며, 납세의무자는 원칙적으로 수입한 화주가 되고, 과세표준은 종가세의 경우에는 수입물품의 가액이 되며, 종량세인 경우에 있어서는 수입된 물품의 단위량이 된다. 그리고 세율은 관세율표에 의거 각 품목마다 일정률로 정하고 있다.

이 네 가지 요건 중에서 특히 '과세표준'과 '세율'은 세액산출의 기초가 된다. 관세의 조세채권이 성립되기 위해서는 이상과 같은 네 가지 요건이 모두 갖추어질 것을 요한다. 이 밖에도 부수적으로 '과세권자', '귀속'이 과세요건에 포함된다.

2 과세물건

1 과세물건의 정의

과세물건이란 과세의 목적물(과세의 개체 또는 대상)을 말한다. 관세채권이 성립하기 위해서는 특정물품의 존재와 수입행위 또는 사실의 존재가 필요하다.

관세법 제14조는 "수입물품에는 관세를 부과한다"고 규정하고 있으나 정확히는 물품 자체에 과하는 것보다는 수입행위 또는 사실을 근거로 해서 특정물품이 납세 의무자에 '귀속'하는 관계에 의하여 관세채권이 성립한다고 보아야 하므로 과세물건도 이러한 상태의 수입물품으로 이해하여야 한다.

2 관세의무주의

그러면 어떠한 물품이든 수입되면 관세의 과세물건이 되는가. 우리 나라는 이점에 관하여 유세품·무세품·면세품을 불문하고 모든 수입물품에 대하여 이를 과세물건으로 하고 있다. 이와 같은 입법례를 관세의무주의 또는 관세포괄주의라고 한다. 그러나 나라에 따라서는 관세율표에 유세품만을 게기하고 무세품은 게기하지 않은 경우를 볼 수 있는데 이를 관세면제주의라고 한다.

우리 나라와 같이 관세포괄주의를 취하는 때에도 실제는 관세율표상 무세품과 법상 여러 면세물품을 정하고 관세법에서 모든 수입품과세원칙의 예외를 두는가 하면, 외자도입법이나 조세감면규제법 등 관세에 관한 특별법에서 관세감면에 관한 규정을 정하는 경우도 있고, 조약(협정 또는 협약)에 관세의 감면·양허를 하는 경우도 있다.

3 과세물건의 범위

다음은 과세객체로서 수입물품의 범위가 문제된다. 다시 말해서 수입되는 모든 물품이 관세의 과세객체가 되는가의 문제이다. 물품에는 유체물도 있고 무체물도 있다. 또한 무형의 재산도 과세대상으로 되는가의 의견도 있다.

그러나 여기서 말하는 물품이란 유형적 재화로서 이동할 수 있는 것을 말하며, 이것은 대체로 민법상의 동산과 일치한다고 본다. 유체물 중에서도 경제적 의의가 없는 것은 과세대상이 되지 않으며, 무체물 역시 과세대상이 되지 않는다. 특허권·상표권 ·실용신안권·의장권 및 이와 유사한 권리(예 : 저작권·영업비밀 등)등과 같이 해당 권리가 가격으로 화체(化體)되어 수입물품의 가격에 첨가되어 수입되었을 때에는 그 수입물품의 과세가격을 산출함에 있어 그러한 권리의 가격도 합산하여 정하고 있어 과세의 대상이 되는 경우도 있다.

외국물품이 우리 나라에서 수입되기 전에 소비 또는 사용되면 그것을 수입으로 보고 관세를 부과하므로 이 경우 소비 또는 사용된 외국물품은 과세물건이다. 그러나 외국물품을 우리나라에서 수입되기 전에 소비 또는 사용하는 모든 경우를 수입으로 볼 경우 실정에도 맞지 않고 오히려 법률목적에도 맞지 않는 경우가 있으므로 그런 경우는 수입으로 보지 아니한다. 수입으로 보지 아니하는 소비 또는 사용은 다음과 같다.

① 선용품, 기용품 또는 차량용품을 운송수단 내에서 그 용도에 따라 소비 또는 사용하는 경우
② 여행자가 휴대품을 운송수단 또는 관세통로에서 소비 또는 사용하는 경우
③ 관세법의 규정에 의하여 인정된 바에 따라 소비 또는 사용하는 경우

4 과세물건의 확정시기

1. 수입신고일 원칙

물품의 수입은 계약에서 비롯하여 수입신고 · 검사 · 출고에 이르기까지 여러 과정을 거친다. 따라서 이와 같은 과정을 경유하는 동안 당해 물품은 손상 · 변질 등으로 그 성질과 수량에 변화가 일어나게 되며, 특히 시간이 흐름으로써 이러한 변화는 많이 일어나게 된다. 이러한 변화를 전제할 때 어느 때의 물품의 성질과 수량에 따라 과세할 것인가의 문제는 중대한 사항에 속한다. 관세법은 이 점에 관하여 원칙적으로 "수입신고할 때 물품의 성질과 수량에 의하여 과세한다"고 하여(입항전 수입신고 포함) 관세의 과세물건확정시기를 수입신고시점으로 함을 원칙으로 한다.

따라서 수입신고 전에 변질되거나 손상된 물품은 변질 또는 손상 이후에 수입신고가 되기 때문에 수입신고한 때의 성질과 수량에 의하면 되고, 수입신고 이후에 변질되거나 손상된 물품은 원칙적으로 수입신고한 때의 성질과 수량에 의하여야 하나 수입신고 이후부터 수입신고수리 전까지의 사이에 변질 또는 손상된 경우에는 아직 관세를 납부하지 아니한 상태에 있으므로 이를 재조정하여 현실에 맞도록 관세를 과세하는 것이 조세정의에 합당하므로 이 경우에 한하여 변질 또는 손상한 후의 성질과 수량에 의하여 관세를 부과한다.

한편 보세공장에서 제조 · 가공한 제품은 원칙적으로 수출을 하나 예외적으로 그 제품을 수입하는 경우도 있다. 이 경우에 제품에 과세를 하게 되면 제조 · 가공으로 인한 부가가치까지 과세를 하게 되어 너무 가혹한 과세가 되므로 이 경우에는 원료에 과세를 한다. 이를 원료과세라 하며 원료과세를 받기 위하여 보세공장에서 반입할 때 그 물품에 대한 검사를 받은 것은 그 검사를 할 때의 성질과 수량에 의하여 과세한다. 수입신고는 제조 · 가공을 완료한 후에 하게 되지만 수입신고할 때의 성질과 수량에 의하여 과세하지 아니한다.

2. 예외적인 경우

이상과 같은 수입신고시점 원칙에 대한 다음과 같은 예외가 있다.

① 외국으로부터 우리나라에 도착한 외국물품을 보세구역으로부터 외국무역선 또는 외국무역기의 선용품 또는 기용품으로 적재하고자 하거나 외국무역선 또는 외국무역기 안에서 판매할 물품을 적재하고자 할 때에는 세관정의 허가를 받아야 한다. 이 때 그 물품에 대한 반송신고와 그 신고의 수리절차는 필요가 없다. 이와 같이 적재허가를 받은 물품은 외국무역선 또는 외국무역기에 적재되는 것이 원칙이지만 어떤 사유에 의하여 그 전부 또는 일부가 그 적재허가를 받은 바에 따라 외국무역선 또는 외국무역기에 적재되지 아니하는 경우도 있다.

이와 같이 어떤 사유에 의하여 적재되지 아니한 이들 물품에 대하여는 그 물품이 세관장이 지정한 기간내에 다시 보세구역에 반입되거나 재해 기타 부득이한 사유로 멸실되거나 미리 세관장의 승인을 받고 멸각한 경우를 제외하고는 그 허가를 받은 자로부터 즉시 관세를 징수한다.

이 경우는 그 물품의 성질과 수량을 확인한 최근의 시점인 적재허가를 받은 때의 그 물품의 성질과 수량에 의하여 관세를 과세한다.

② 보세구역에 장치된 외국물품(보세구역이 아닌 장소에 장치한 수출신고가 수리된 물품, 타소장치장소에 장치된 외국물품, 기타 부득이한 사유로 보세구역이

아닌 장소에 임시 장치한 외국물품, 검역을 위하여 보세구역이 아닌 검역장소에 장치한 외국물품인 검역물품을 포함한다)이 멸실되거나 멸각된 때에는 그 멸실이 재해 기타 부득이한 사유에 의한 것이거나 멸각이 세관장의 승인에 의한 것일 때를 제외하고는 보세구역의 운영인(관리인 포함) 또는 보관인으로부터 그 물품의 관세를 즉시 징수한다.

이 경우는 멸실 또는 멸각된 때를 수입이 되는 때로 볼 수 있기 때문에 멸실 또는 멸각된 때의 그 물품의 성질과 수량에 의하여 관세를 징수한다.

③ 보세공장에 있는 외국물품을 보세공장이 아닌 장소에서 보세작업을 하기 위하여 세관장의 허가를 받아 보세공장 외로 반출된 외국물품 또는 그 반출된 외국물품으로 제조한 제품이 허가할 때 지정한 기간이 경과한 후에도 그 장소에 있을 때에는 그 허가를 받은 보세공장 운영인으로부터 즉시 이들 외국물품의 관세를 징수한다.

이 경우는 보세공장 외 보세작업의 허가를 받은 때의 그 물품의 성질과 수량에 의하여 관세를 부과한다.

④ 보세건설장에 있는 외국물품을 보세건설장이 아닌 장소에서 보세작업을 하기 위하여 세관장의 허가를 받아 보세건설장 외로 반출된 외국물품 또는 그 반출된 외국물품으로 제조한 제품이 허가할 때 지정한 기간이 경과한 후에도 그 장소에 있을 때에는 그 허가를 받은 보세건설장 운영인으로부터 즉시 이들 외국물품의 관세를 징수한다.

이 경우는 보세건설장 외 보세작업의 허가를 받은 때의 그 물품의 성질과 수량에 의하여 관세를 부과한다.

⑤ 보세운송물품이 지정된 운송기간내에 운송목적지에 도착하지 아니하였을 때에는 그 물품이 재해 기타 부득이한 사유로 멸실이 되거나 미리 세관장의 승인을 받아 멸각한 경우를 제외하고는 보세운송신고인으로부터 즉시 그 물품의 관세를 징수한다.

이 경우는 보세 운송의 신고를 하거나 승인을 얻은 때의 그 물품의 성질과 수량에 의하여 관세를 부과한다.

⑥ i) 관세 등의 체납이 없고 최근 3년 동안 수출입 실적이 있는 제조업자 또는 외국인 투자자가 수입하는 시설재 또는 원부자재

ii) 정부기관·지방자치단체 또는 정부투자기관이 수입하는 물품, 학교·공공의료기관·박물관·과학기술연구개발, 정신문화의 연구개발 등을 위하여 수입하는 물품 중 관세 담보제공이 생략되는 물품

iii) 기타 관세 등의 체납우려가 없는 경우로서 관세청장이 정하는 물품을 수입신고 전에 '즉시 반출'하고자 하는 자는 품명· 규격· 수량 및 가격을 기재한 신고서를 제출하여야 한다.

이와 같이 수입하고자 하는 물품을 수입신고전에 운송수단 · 관세통로 또는 관세법에 규정된 장치장소로부터 즉시 반출할 때의 과세 물건 확정시기는 반출신고 할 때의 물품의 성질과 수량에 의한다.

⑦ 앞에서 설명한 바와 같이 다음의 각 경우에는 우리 나라에서 소비 또는 사용되었다 하더라도 수입으로 보지 아니하고 관세를 징수하지 아니한다.

i) 선용품, 기용품을 운송수단 내에서 그 용도에 따라 소비 또는 사용한 경우
ii) 여행자가 휴대품을 관세통로, 운송수단 내에서 소비 또는 사용한 경우
iii) 관세법의 규정에 의하여 인정된 바에 따라 소비 또는 사용하는 경우

이와 같이 외국물품을 수입신고수리 전에 우리 나라에서 소비 또는 사용하였다 하더라도 그 소비 또는 사용을 수입으로 보지 아니하는 경우를 제외하고는 모두 소비 또는 사용을 수입으로 보고 관세를 징수한다.

이 경우는 소비 또는 사용된 때의 그 물품의 성질과 수량에 의하여 관세를 부과한다.

⑧ 서신을 제외한 외국에서 우리 나라에 우송되는 우편물은 과세물건이다. 간이통관절차에 의하여 수입하는 우편물은 통관우체국에 도착한 때의 성질과 수량에 의하여 관세를 부과한다.

⑨ 외국물품이 수입신고수리 전에 우리 나라에서 도난 또는 분실된 때에는 그것을 수입으로 보고 그 물품의 관세를 징수한다. 이 경우는 도난 또는 분실된 때의 그 물품의 성질과 수량에 의하여 관세를 부과한다.

⑩ 관세법에 의하여 매각되는 외국물품의 관세를 징수할 때에는 그 물품이 매각되는 때의 성질과 수량에 의하여 관세를 부과한다.

보세구역에 장치된 외국물품이 수입신고된 후에 매각된 때에는 수입신고한 때의 그 물품의 성질과 수량에 의하여 관세를 부과하는 것이 아니고 역시 매각된 때의 그 물품의 성질과 수량에 의하여 관세를 부과한다.

관세법에서 관세의 과세대상물품을 매각하는 경우는 보세구역에 장치된 외국물품을 매각하는 경우와 압수물품을 매각하는 경우의 두 가지가 있다.

⑪ 수입신고를 하지 아니하고 수입된 물품에 대하여는 수입된 때의 성질과 수량에 의하여 관세를 부과한다.

여기에서 수입신고를 하지 않고 수입된 물품이라 함은 수입신고와 신고의 수리절차없이 수입된 물품을 말한다(① ~ ⑩까지에 해당하는 물품과 수입신고 된 물품을 제외한 물품을 말한다). 예컨대 매각물품의 경우 압수물품이 몰수되지 아니하면 그 물품은 소유자에게 되돌아가게 된다. 그 물품이 관세를 납부하여야 할 물품인 때에는 관세를 납부하여야 하며 그 관세는 소유자 또는 점유자로부터 징수한다. 이 경우는 그 물품이 수입된 때의 성질과 수량에 의하여 관세를 부과하게 된다는 뜻이다.

3 납세의무자

1 원칙적 납세의무자

관세법상의 납세의무자란 국가에 대하여 관세를 납부할 법률상의 의무를 부담하는 자를 말한다. 관세는 전가로 인하여 사실상 관세부담자와 법률상 부담자가 같지 않다. 관세는 대체로 전전(前轉)되기 때문에 최종소비자가 관세를 실제로 부담하게 되지만 법률상 납세의무자는 그 물품을 수입한 화주가 되는 것이 보통이다.

관세법 제19조 제1항에서도 원칙적으로 관세납세의무자는 당해 물품을 수입한 화주라고 규정한다. 여기서 화주라 함은 일반적인 경우에는 상업서류에 기재된 수하인이며, 대행수입인 때에는 수입위탁자, 그리고 수입신고 전 보세구역 등에 장치된 물품을 양도한 경우에는 그 양수인, 또한 정부조달물품은 실수요부처의 장 또는 실수요자(실수요부처 또는 실수요자가 수입신고시까지 결정되지 않을 때에는 수입신고한 조달청장 또는 현지조달청사무소장)등이 각각 화주로서 납세의무를 진다고 해석한다.

한편 여신전문금융업법의 규정에 의한 시설대여업자[112]가 관세법의 규정에 의하여 관세가 감면되는 물품을 수입할 때에는 대여시설 이용자를 납세의무자로 하여 수입신고할 수 있으며, 이 경우에는 대여시설이용자가 납세의무자이다.

---

112) 시설대여업자라 함은 여신전문금융업법의 규정에 의하여 시설대여를 업으로 하기 위하여 동법의 규정에 의하여 재정경제부에 등록한 자를 말하며, 시설대여라 함은 시설대여업자가 특정물품을 새로이 취득하거나 대여받아 거래상대방에게 일정기간 이상 사용하게 하고 그 기간에 걸쳐 일정대가를 정기적으로 분할하여 지급받으며 그 기간 종료 후의 물품의 처분에 대하여는 당사자간의 약정으로 정하는 방식의 금융을 말하고(동법 2조 10호), 대여시설이용자라 함은 시설대여업자로부터 특정물품을 일정기간 이상으로 대여받아 이용하고 그 기간에 걸쳐 그 이용대가를 정기적으로 분할하여 시설대여업자에게 지급하는 자를 말한다.(여신 전문금융업법 제2조 9호 · 동 제3조 1항 참조)

2 연대납세의무자

이와 같이 수입신고한 물품에 대해서는 당해 물품을 수입한 화주가 1차적으로 납세의무를 부담하는 것이 원칙이지만, 수입 신고수리를 받고 인취한 물품 또는 신고수리 전 반출 승인을 받고 반출된 물품에 대하여 납부하였거나 납부할 관세액에 부족이 있는 경우에 당해 물품을 수입한 화주의 주소 및 거소가 불명하거나 수입신고인[113]이 화주의 소재를 명백히 하지 못할 때에는 그 신고인은 당해 물품을 수입한 화주와 연대하여 당해 관세를 납부하여야 하는데 이를 통상 관세의 연대납세의무자라고 부른다.

3 특별납세의무자

관세의 납세의무자는 이상과 같이 원칙적으로 화주나 수입신고인이 되지만, 예외적으로 다음과 같은 특별납세의무자가 있다.

① 외국물품인 선(기)용품을 허가받은 대로 적재하지 아니한 경우에는 그 적재허가를 받은 자

② 보세공장 외 작업허가를 받은 물품이 지정된 기간이 경과하도록 그 역외 작업장에 있을 때에는 그 보세공장운영인

③ 보세운송의 면허를 받은 물품이 지정된 기간 안에 목적지에 도착되지 아니한 때에는 그 보세운송신고인

④ 외국물품의 소비 또는 사용이 법 제147조의 각호, 즉 선(기)용품을 운송수단 내에서 그 용도에 따라 소비 또는 사용하는 경우와 여행자가 휴대용품을 관세통로·운송수단 내에서 소비 또는 사용하는 경우에는 수입으로 보지 아니하고 따라서 과세도 하지 않지만, 이에 해당되지 아니하는 소비·사용물품에는 과세대상이 되는데, 이때에는 그 소비·사용하는 자가 납세의무자가 된다.

⑤ 우편으로 수입되는 물품에 대하여는 그 수취인

⑥ 도난·분실물품의 경우에 있어서 만일 특허보세구역장치물품이 도난·분실된 때에는 그 운영인, 그리고 보세운송물품이 도난·분실된 경우에는 그 신고인, 기타의 물품이 도난·분실된 때에는 그 보관인 및 취급인이 각각 납세의무자가 된다.

⑦ 관세법 또는 타법률의 규정에 의하여 별도로 납세의무자로 규정된 자

113) 여기서 신고인이라 함은 수입면허를 신청한 수입신고서상에 기재된 통관절차를 행하는 자로서 화주·관세사·통관법인 또는 관세사법인을 말한다. 그러나 화주가 신고인이 아닌 경우에는 관세사나 통관법인 또는 관세사법인이 화주를 대리하여 신고인이 되어 통관절차를 대리하게 되는데 이들이 화주와 연대납세의무를 진다.

⑧ 정상수입신고물품과 위 ① ~ ⑦ 이외의 물품은 그 소유자 또는 점유자가 예외적으로 각각 납세의무를 진다(매각물품은 화주, 압수물품 매각시는 그 물품의 소유자 또는 점유자가 이에 해당될 것이다).

4 납세의무자의 경합

수입신고한 물품을 수입신고 수리 전에 도난당하는 경우가 있다. 이 경우에는 당해 물품에 대한 관세의 납세의무자는 그 물품을 수입한 화주(부족 관세에 대한 연대납세의무자인 신고인 포함)와 보세구역 운영인이 되므로 동일 물품에 납세의무자가 2인이 되어 서로 경합된다. 이와 같은 경우에는 화주는 납세의무가 소멸하고 화주가 아닌 자 즉 실질상 그 물품을 최종적으로 수입한 자가(이 예에서 보세구역물품 절취자 또는 장물취득자)가 납세의무자가 된다.

5 제2차 납세의무자

제2차 납세의무자에 관하여는 국세기본법에 상세한 규정이 있으므로 관세법에서는 그것을 준용하도록 규정하여 관세에 관하여도 제2차 납세의무자 제도를 채택하고 있다.

제2차 납세의무자란 형식적으로 제3자에 재산이 귀속되어 있지만 실질적으로는 납세의무자에게 그 재산이 귀속되어 있다고 보아도 공평을 잃지 않는 경우에, 그 형식적인 권리의 귀속을 부인함으로써 사법질서가 깨어지는 것을 피하여, 형식적으로 권리가 귀속되어 있는 자에 대하여 보충적으로 납세의무를 지움으로서 조세징수의 확보를 하고자 하는 것이다.

제2차 납세의무자는 납세자가 납세의무를 이행할 수 없는 경우에 납세자에 갈음하여 납세의무를 지는 자이므로[114] 관세의 담보로 제공된 물품이 없고 본래의 납세의무자의 재산에 대하여 체납처분을 하여도 징수하여야 할 관세에 부족이 있고, 관세의 납부를 보증한 자가 납세의무를 이행하지 아니할 때에 한하여 그 부족한 관세액을 한도로 제2차 납세의무를 지운다.

제2차 납세의무자는 다음의 각 경우에서 보는 바와 같다.

① 납세의무자인 법인이 해산한 경우에 그 법인이 납부할 관세, 가산금 또는 체납처분비를 납부하지 아니하고 잔여재산을 분배 또는 인도한 때에 그 법인에 대하여 체납처분을 집행하여도 징수할 금액에 부족이 있는 경우에는 청산인 또는 잔여재산의 분배 또는 인도받은자는 그 부족액에 대하여 제2차 납세의무를 진다(청산인 등).[115]

114) 국세기본법 제1조 11호.
115) 국세기본법 제38조 1항.

② 납세의무자가 법인(주식을 한국증권거래소에 상장한 법인을 제외한다)인 경우 그 법인의 재산으로 그 법인이 납부할 관세, 가산금 또는 체납처분비에 충당하여도 부족한 경우에는 그 관세의 납세의무성립일 현재의 무한책임사원과 과점주주는 그 부족액에 대하여 제2차 납세의무를 진다(무한책임사원과 과점주주).

③ 납세의무자가 법인의 무한책임사원 또는 과점주주이고 이들이 자기가 납부할 관세의 납부기한 종료일 현재 그 법인의 무한책임사원 또는 과점주주인 경우 이들의 재산으로 이들이 납부할 관세, 가산금 또는 체납처분비에 충당하여도 부족한 때에는 그 법인은 다음의 요건 중 그 하나에 해당될 때에 한하여 제2차 납세의무를 진다.

i) 정부가 이들의 소유주식 또는 출자지분을 재공매하거나 수의계약에 의하여 매각하려 하여도 매수희망자가 없을 때

ii) 이들의 소유주식 또는 출자지분이 법률 또는 그 법인의 정관에 의하여 양도가 제한된 때(법인)[116]

④ 사업자가 납세의무자이고 그 사업자가 자기사업을 양도한 경우에 양도인의 재산으로 양도인이 납부할 관세, 가산금 또는 체납처분비를 충당하여도 부족이 있을 때에는 대통령령이 정하는 그 사업의 양수인은 그 보조액에 대하여 양수한 재산의 가액을 한도로 제2차 납세의무를 진다(사업양수인).[117]

6 기타 납세의무자

① 여신전문금융업법의 규정에 의한 대여시설이용자로부터 관세를 징수할 수 없을 때에는 관세채권의 확보를 위하여 납세의무가 시설대여업자에게 확장되어 시설대여업자가 그 관세의 납세의무자가 된다.

② 관세를 분할납부하던 자가 사망한 때에는 그 분할납부승인의 효력은 상속인에게 승계된다. 따라서 분할납부하는 관세의 납세의무도 상속인이 지게 된다.

사법상에 있어서도 상속인은 피상속인의 일신에 전속한 것을 제외하고는 피상속인에 속한 일체의 권리 위무를 승계하고 있다.

③ 관세법 또는 다른 법령이나 조약, 협정 등의 규정에 의하여 관세의 납부를 보증한 자는 자기가 보증한 금액의 범위 안에서 그 관세의 납세의무를 진다.

④ 관세를 분할납부하던 법인이 합병된 때에는 그 분할납부승인의 효력을 합병으로 인하여 설립되는 법인 또는 합병 후 존속하는 법인에게 승계된다. 따라서 분할납

116) 국세기본법 제40조 1항.
117) 국세기본법 제41조.

부하는 관세의 납세의무도 합병으로 인하여 설립되는 법인 또는 합병 후 존속하는 법인 또는 합병 후에 존속하는 법인이 합병 전 법인의 권리의무를 승계하는 것은 사법상의 일반원칙이기도 하다.

⑤ 관세를 분할납부하던 중 그 관세의 납세의무자가 파산선고를 받게 되면 아직 납부하지 아니한 관세의 전액을 즉시 징수하게 된다. 이 경우에는 납세의무가 파산관재인에게 확장되어 파산관재인이 그 관세의 납세의무자가 된다.

⑥ 납세의무자가 관세·가산금·가산세 또는 체납처분비를 체납한 경우에는 그 납세의무자에게 양도담보재산이 있는 때에는 그 납세의무자의 다른 재산에 대하여 체납처분을 집행하여도 징수할 금액에 부족이 있는 경우에 한하여 양도담보재산으로서 납세의무자의 관세·가산금·가산세와 체납처분비를 징수할 수 있다. 그러나 관세의 납세신고일(부과고지하는 경우에는 그 납세고지서의 발송일) 전에 담보의 목적이 된 양도담보재산은 제외된다.

양도담보재산이라 함은 당사자간의 계약에 의하여 납세의무자가 그 재산을 양도한 때에 실질적으로 양도인에 대한 채권담보의 목적이 된 재산을 말한다.

양도담보재산으로서 납세의무자의 관세·가산금·가산세와 체납처분비를 징수하고자 할 때에는 양도담보채권자에게 납부의 고지를 하고, 납세의무자에게 그 뜻을 통지하여야 한다.

4 관세율

1 관세율의 의의

1. 종가 · 종량세율

관세율이라 함은 과세표준에 대하여 납부하여야 할 관세액의 비율을 말한다. 종가세의 세율은 "8%" (세번 0101, 말, 당나귀, 노새와 버새의 세율)와 같이 백분율로 표현하고 종량세의 세율은 "₩240/m" (세번 37061000. 영화필름으로서 폭이 35mm 이상의 사운드트랙만의 것의 세율)과 같이 일단위수량에 대한 금액으로 표현한다.

관세는 국내산업의 보호, 국가재정수입의 기능이 있으며 이 기능은 관세율에 의하여 좌우되므로 관세율의 조작은 국민경제상 중요한 것 중의 하나이다. 관세의 국내산업보호기능은 무역관리를 직접적으로 제한할 때에는 약화되나 무역이 자유화되면 그 기능이 강화되는 반면, 국가재정수입은 무역이 자유화되면 약화되는 경향이 있다.

2. 국정 · 협정세율

우리 나라에 시행되고 있는 관세율은 전술한 바와 같이 국정세율과 협정세율이 있다. 국정세율은 관세율표에서 정하고 있으며 협정세율은 국제기구 또는 국가간에 합의한 조약 또는 협정에서 정하고 있다.

국정세율은 관세율표에서 정하고 있는 기본세율 또는 잠정세율과 이들 관세율을 대통령령 또는 재정경제부령으로 한시적으로 개정하여 정한 관세율이 있다. 대통령령 또는 재정경제부령으로 정하는 관세율을 위임입법에 의한 관세율이라 한다. 국정세율에는 하나의 물품에 그 물품의 용도에 따라 관세율을 각각 다르게 정한 경우가 있다. 다르게 정한 관세율 중 낮은 관세율을 용도세율이라 하며, 이 용도세율을 적용받아 용도세율의 용도에 그 물품을 공하고자 할 때에는 세관장의 승인을 받아야 하고, 세관장은 일정기간 그 물품에 대하여 사후관리를 한다.

협정세율은 무역의 자유화를 위하여 국제기구 또는 국가가 상호 협의하여 협의당사국의 국정세율을 인하 또는 철폐하거나 시장개방과 국내산업보호를 조정하기 위하여 국정세율을 인상하는데 합의하고 그것을 조약 또는 협정으로 정한 관세율로서 우리나라는 "세계무역기구협정" 등에서 정한 협정세율이 있다.

2 관세율 구조

1. 경사(차등)관세구조

경사관세구조(Tariff Escalation System)는 차등관세구조라고도 하며 이는 원료품의 관세율은 무세 또는 저세율로 하고, 가공도가 높을수록 고세율로 하여 최종제품의 관세율을 더욱 높게 하는 관세의 경사구조를 차등관세제도라 한다.

[예시] 가공단계에 따른 차등세율적용원칙

원면	면사	면직물
5%	10%	20%

차등관세제도의 목적은 원재료의 저가수입을 꾀하는 동시에 제품수입을 규제하여 가공제조업이 가능한 자국내에서 이루어지도록 하는 것을 목적으로 한다.

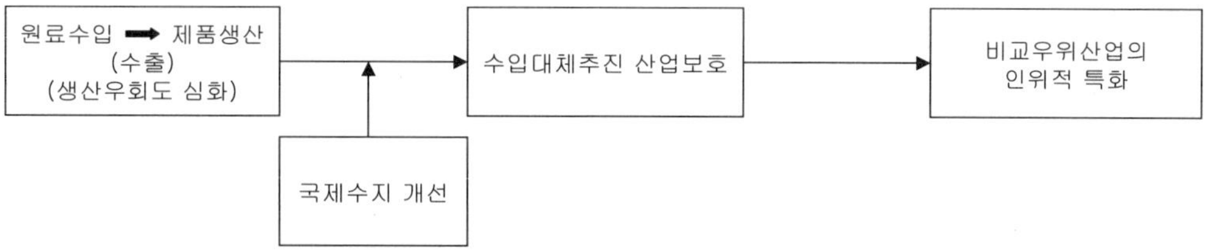

차등세율구조는 특정부문에 대한 보호수준을 상대적으로 높여 동 부문을 집중육성하기 위한 수단으로 활용되기 때문에 역사적으로도 산업발달 초기에 단순조립 생산품 위주의 가공무역 체제하에서 원료 및 중간재에 비하여 완제품의 관세율을 높게 책정하여 보완제품의 경쟁력을 강화하거나 불균형성장 정책을 추진함에 있어 전략적으로 특정 부문을 육성하는 수단으로 활용되었다. 따라서 차등세율구조는 자원 배분을 인위적으로 왜곡시켜 산업의 불균형적 발전을 초래할 우려가 있어 산업구조 고도화 단계에서는 점차 균등관세율구조로 이행하는 것이 일반적인 추세이다.

2. 균등(균일)관세구조

균등(균일)관세구조(Uniform tariff System)란 장기적으로 무세를 지향하면서 부가가치에 대해 동일세율을 적용하는 관세구조를 균등관세제도라 한다.

[예시] 가공단계에 관계없이 동일세율 적용원칙

원면	면사	면직물
5%	10%	10%

균등관세구조는 수입물품에 대해 관세상 차별을 두지 않기 때문에 관세의 대 산업중립성을 보장하여 주고, 관세로 자원배분의 왜곡현상을 일으키지 않도록 함으로서 자원을 자연적으로 배분되게 하여 비교우위산업의 자연적 특화가 이루어질 수 있도록 하는 것을 목적으로 한다.

균등관세구조는 현재는 경제효율이 낮고 국제경쟁력은 미약하나 장래 비교우위가 있는 유치산업 및 중소기업이 도산될 우려가 있으며 수입자유화와 더불어 시행될 때 수입러시가 우려되고 따라서 국제수지도 악화될 가능성이 크다. 또한 자원빈곤국의 경우 원자재의 가격상승에 따른 원가인상요인으로 수출경쟁력 약화요인이 된다는 단점이 있다.

3. 우리나라 관세율구조 추이

우리 나라에 처음으로 근대적인 관세제도가 도입되어 실시된 것은 1883년 한·일 통상협정이 체결된 이후이다. 그렇지만 1919년 일제의 강제적 국권침탈이후 자주적인 관세영역을 상실함으로서 우리 나라의 관세행정은 식민경제의 수탈체제 확립을 위한 보안기능으로서만이 존재하게 되었고, 산업정책의 자체이론에 입각한 근대적인 관세제도로의 발전기회를 상실하고 말았다.

우리 나라에 있어서의 자주적인 관세제도의 수립은 1949년 11월 정부 수립을 계기로 하여 군정기까지 시행하여 오던 일제의 다원화된 관세법규를 통합, 전문 252조로 된(현재는 329조) 단일화된 관세법을 제정하여 대한민국 법률 제67호로 공표함으로서 비롯된다. 관세율은 건국 초의 팽창하는 재정수요를 충족하고 산업건설을 위하여 주로 재정정책적 측면에 역점을 두고 산업 정책적인 측면에서 보완하는 것이었으며, 부과의 공평과 세수확보의 탄력성을 유지하도록 전 품목을 종가세로 하였다. 세율표의 구성은 자연과학적인 분류방식에 의거 15류.756세번.1,706세율품목으로 분류하여 당시 우리나라 산업구조와 무역실무에 적합하도록 분류의 합리화를 기하였다. [표 3-1]에서 보는바와 같이 우리나라 관세구조는 그동안 Tariff Escalationcp제를 채택하여 왔으며 1983년 이후 현재까지 uniform Tariff 체제를 전환하여 운영하고 있다.

【표Ⅱ-3-1】 우리 나라 관세율구조 추이

	1949	1950	1957	1958	1961		1963	1967	1968	1973	1976	1978	1981	1983	1988	1990	2007
					1차	2차											
조정방법	신규제정	무세품에 한해 임시관세 부과	전면개정			품목분류체제 개편	전면개정	전면개정	소폭개정	전면조정			부분적 점진적 조정	전면조정	전면조정	전면조정	소폭조정(2개품목)
세번수	756개		726개	726개	722개	1097개	1097개	1097개	1097개	1097개	1097개	1010개	1010개	1241개	1241개	1241개	1241개
세율수	1076개		1229개	726개	722개	1311개	1982개	3174개	3019개	3985개	2521개	2209개	2280개	2604개	2709개	2718개	2718개
평균세율변동	20.6%		30.3%	35.1%	47.7%	39.4%	38.9%	38.8%	38.7%	31.3%	35.7%	24.9%	23.7%	22.5%	18.1%	11.4%	7.9%
특징	← Tariff Escalation 체제 →										20% 균일세율 잠정세율 확대, 예시제도 도입	Tariff Escalation 체제		Unioform rate 체제	Unioform rate 체제		
	0~100% 간세율 책정	6.25동란 이후 재정수요에 부응 (관세임시증진법 제정)	보호관세 강화	보호관세 강화	보호관세 강화	BTN방식 도입	수출촉진 도모	탄력관세제도 도입	수모 및 모직물 관세율 개선, 금지관세율 인하	잠정세율제도 도입		잠정세율 확대, 예시제도 도입	고세율의 일률인하방식 도입	20% 중심세율로 수렴 (20-30-25-25-20%의 5개년 예시제)	8% 중심세율로 수렴 (15-13-11-9-8%의 5개년 예시제	5개년 예시제(1989~93년까지를 1989~94년까지로 변경	콘테이너와 컴퓨터소프트웨어관세율 무세화

3 관세율의 종류

1. 국정관세율

(1) 기본관세율

기본관세율이라 함은 우리나라의 산업경제정책과 재정정책을 기초로 하여 어느 정도 장래를 예측하여 장기적으로 적용할 세율을 말한다. 기본세율은 비교적 장기적인 관점에서 책정하며 관세율표상에 괄호 없이 표기되고 가장 일반적이며 기초가 되는 관세율이다.

(2) 잠정관세율

잠정관세율은 산업의 발전 기타 경제의 변동 등 단기적 관점에서 일시적으로 기본세율을 수정할 필요가 있는 경우에 일정기간 기본세율에 대신하여 적용하기 위하여 정한 세율이다. 따라서 하나의 품목에 기본세율과 잠정세율이 동시에 정해져 있어 두 세율이 경합할 때에는 기본세율에 우선하여 잠정세를 적용한다.

관세율표에서는 기본세율과 잠정세율의 두 가지 관세율을 정하고 있으며 세율란의 세율 중 괄호 안에 표기된 것은 잠정세율이다. 기본 · 잠정 두 세율 모두 의회의 입법절차에 따라 제정된 세율이다. 따라서 제정 · 개정 모두 입법절차에 따라야 함이 원칙이나 잠정세율만은 그 적용정지 또는 개정에 관한 일부 권한이 행정부에 위임되고 있다. 즉 대통령령이 정하는 바에 의거 그 물품의 전부 또는 일부에 대하여 잠정세율의 적용을 정지하거나 기본세율과의 세율차를 좁히도록 잠정세율을 인상 · 인하할 수 있도록 규정하고 있다.

(3) 탄력관세율[118)]

여기에는 ① 덤핑방지관세, ② 보복관세, ③ 긴급관세, ④ 농림축산물에 대한 특별긴급관세, ⑤ 특정국물품긴급관세, ⑥ 조정관세, ⑦ 상계관세, ⑧ 편익관세, ⑨ 계절관세, ⑩ 할당관세 등이 있다.

(4) 기타 국정관세율

(1)(2)(3) 이외에도 ① 간이세율, ② 일반특혜관세율, ③ 환급에 갈음하는 인하세율, ④ 용도세율, ⑤ 합의세율 등이 있다.

1) 간이세율

간이세율은 과세의 간소화에 의하여 국민의 편의를 도모하자는데 그 목적이

118) 탄력관세에 대한 자세한 설명은 제4장 참조

있다. 예컨대 여행자 휴대품과 같이 수입하는 물품의 종류는 많은 반면 그 금액은 소액인 경우에 이것을 각 품목마다 세종별로 과세통관하는 것은 세수면에서 큰 도움이 안 되는 반면 과세통관에 장시간이 소요되어 여행자에게 큰 불편을 주는 결과를 초래하기 때문에 이들 물품에 대하여는 관세율표의 세율과 품목분류에 의하지 아니하고 여러 가지 물품을 포괄적으로 대분류 형식으로 한 세목으로 묶어 분류하고 세율은 이들 물품의 관세, 임시수입부가세 및 내국세의 세율을 기초로 하여 단일세율로 하여 과세통관의 신속을 기하고 있다.

간이세율은 다음 물품 중 대통령령으로 정하는 물품에 대하여 다른 법령의 규정에 불구하고 이를 적용한다.

㉠ 여행자 또는 외국에 왕래하는 운송수단의 승무원이 휴대 수입하는 물품
㉡ 우편물(세관장에게 수입신고를 하여야 하는 물품은 제외한다)
㉢ 외국에서 선박 또는 항공기의 일부를 수리 또는 개체하기 위하여 사용한 물품
㉣ 탁송품 또는 별송품

이들 물품은 모두 대외무역법의 규정에 의한 산업자원부장관의 수입승인이 면제되는 물품들이다.

이들 물품이라 하더라도 간이세율적용대상물품으로 대통령령으로 정해지지 아니한 것은 간이세율을 적용할 수 없으며 대통령령으로 정해진 물품이라 하더라도 무세품, 수출용원재료, 범칙물품, 종량세물품, 상업용으로 인정되는 수량의 물품, 고가품, 국내산업을 저해할 우려가 있는 물품, 단일간이세율의 적용이 과세형평을 현저히 저해할 우려가 있어 관세청장이 정한 물품, 화주가 간이세율을 원하지 아니하는 물품 등 대통령령으로 정하는 물품에 대하여는 간이세율을 적용하지 아니한다.

간이세율은 수입물품에 대한 관세 · 임시수입부가세 및 내국세를 기초로 하여 대통령령으로 정한다. 그러나 외국에서 선박 또는 항공기의 일부를 수리 또는 개체하기 위하여 사용된 물품의 경우는 선박 또는 항공기에 대한 관세, 임시수입부가세 및 내국세를 기초로 하여 정한다. 여행자 또는 운송수단의 승무원이 휴대하여 수입하는 물품으로서 그 총액이 일정금액(대통령령으로 정한다) 이하인 경우에는 일반적으로 휴대하여 수입하는 물품의 관세, 임시수입부가세 및 내국세의 세율을 감안하여 단일세율로 정할 수 있다.

외국에서 선박 또는 항공기의 일부를 수리 또는 개체하기 위하여 사용된 물품의 과세가격은 수리 또는 개체를 위하여 지급하는 외화가격으로 하고 여타의 물품은 일반 수입물품의 과세가격 결정방법에 의하여 결정한 가격을 과세가격으로 한다.

2) 일반특혜관세율

관세법 '일반특혜관세'규정에 따라 우리 나라가 개발도상국가, 즉 특혜대상 국가를 원산지로 하는 물품 중 대통령령이 정하는 물품(특혜대상물품)에 대하여 기본세율보다 낮은 세율인 이른바 특혜관세를 부과할 수 있는데 이에 적용되는 세율을 말한다.

3) 관세환급대체세율

수출용원재료 등에 대한 관세환급특례법에 따라 우리나라는 수출지원책의 일환으로 수출용 원재료에 대하여 관세를 환급한다. 수입할 때 관세를 납부하였거나 납부할 물품으로 생산한 물품을 수출 등에 제공하면 납부하였거나 납부할 관세를 수출자 또는 수출물품의 생산자에게 환급한다. 그러나 수출 등에 제공되는 물품의 생산에 주로 사용하기 위하여 수입되는 물품에 대하여는 그 수출 등에 제공되는 비율을 참작하여 관세를 인하하고, 그 인하된 관세를 적용받아 수입하는 물품에 대하여는 해당 관세의 일괄납부 및 환급을 하지 아니한다. 이 인하된 관세율을 환급대체세율이라 하며, 관세율을 인하하는 물품과 세율은 대통령령으로 정한다.

4) 용도세율

하나의 물품에 그 물품의 용도에 따라 그 세율이 각각 다른 경우가 있다. 이 용도에 따라 정해진 세율 중 낮은 쪽의 세율을 용도세율이라 한다. 이 세율은 세율 그 자체의 특수성 때문에 이 세율의 적용에 있어서는 특별절차가 필요하며 적용 후에도 일정기간 사후관리를 하게 된다.

용도세율은 관세율표의 관세율(기본세율 및 잠정세율) 및 대통령령 또는 재정경제부령으로 정하는 잠정세율, 긴급관세, 조정관세, 특별긴급관세, 계절관세, 할당관세, 국제협력관세(협정에 의한 양허관세 포함. 이하 같다), 일반특혜관세의 세율 중 용도에 따라 세율을 다르게 정하는 물품의 세율 중 낮은 쪽의 세율이다.

용도세율을 적용받고자 하는 자는 세관장에게 신청하여 그 승인을 받아야 한다. 그러나 물품의 성상(性狀)이 그 용도 이외의 용도에 사용할 수 없는 것은 승인이 필요 없다.

용도세율 적용 신청은 수입신고시부터 수입신고수리전까지 품명 · 규격 · 수량 · 가격 · 용도 · 사용방법 및 사용 장소를 기재한 신청서를 세관장에게 제출하고 승인받아야 한다.

용도세율의 적용을 받아 수입한 물품 중 그 물품의 성상이 그 용도이외의 용도에 사용할 수 없어 용도세율의 적용에 대한 세관장의 승인을 받지 아니한 것을 제외하고는 수입신고 수리일로부터 3년의 범위내에서 대통령령이 정하는 기준에 따라 관세청장이 정하는 기간내에는 용도세율의 용도 외에 사용하거나 양도할 수 없다. 이를 위반하면 처벌한다. 그러나 다음의 두 가지의 경우는 처벌하지 아니한다.

㉠ 용도세율을 적용받은 물품을 미리 세관장의 승인을 얻고 용도외에 사용하거나 양도한 때

㉡ 용도세율을 적용받은 물품의 성상이 그 용도 이외의 용도에 사용할 수 없어 용도세율의 적용에 대한 세관장의 승인을 얻지 아니하고 용도세율을 적용받은 때

용도세율을 적용받아 수입한 물품을 수입신고 수리일로부터 3년의 범위내에서 대통령령이 정하는 기준에 따라 관세청장이 정하는 기간내에 그 용도 외에 사용하거나, 용도 외에 사용할 자에게 양도한 때에는 용도세율에 의한 세액과 그렇지 않은 경우의 세율에 의한 세액과의 차액을 용도 외에 사용한 자 또는 양도인으로부터 즉시 징수한다.

만일 양도인으로부터 그 관세를 징수할 수 없을 때에는 양수인으로부터 징수한다. 이때의 양수인은 확장된 납세의무자이다.

기타 부득이한 사유로 인하여 멸실되었거나 미리 세관장의 승인을 얻어 멸각한 때에는 그 차액관세를 징수하지 아니한다.

5) 합의에 의한 세율

합의에 의한 세율이라 함은 일괄하여 수입신고된 물품으로서 물품별 세율이 상이한 경우에는 화주의 신청에 의하여 그 세율 중 가장 높은 세율을 적용할 수 있는데 이와 같은 세율의 적용을 말한다. 이 경우에는 행정구제제도를 적용받을 수 없다.

(2) 협정관세율

1) WTO협정 일반양허관세율

이는 1994년 WTO의 마라케시 의정서에 의하여 세계무역기구(WTO)회원국에 대하여 적용할 일반양허관세율이다.

우리나라는 세계무역기구협정 등에 의한 양허관세규정 제2조에 규정되어 있다.

2) WTO협정 개도국간의 양허관세율

이는 WTO협정 개발도상국간의 무역협정에 관한 의정서에 의하여 동 의정서에 서명 · 가입한 국가에 대하여 적용할 일반양허관세율을 말한다. 이 세율의 적용 대상 국가는 방글라데시 등 13개국이다.

이는 세계무역기구협정 등에 의한 양허관세규정 제3조에 규정하고 있다.

3) 방콕협정 양허관세율

이는 UN 산하기구인 ESCAP(아시아 태평양 경제사회이사회)의 개발도상국 회원국간 무역협상에 관한 1차 협정인 방콕협정에 의하여 동 협정에 서명 · 가입한 국가에 대하여 적용할 관세율을 말한다.

이는 세계무역기구협정 등에 의한 양허관세규정 제4조에 규정하고 있다. 이의 적용대상국은 인도 등 5개국이다.

4) 개발도상국간 무역특혜제도(GSTP)의 양허관세율

이는 UN의 무역개발회의(UNCTAD) 77 개발도상국간 특혜무역제도(GSTP)에 관한 협정에 서명 · 가입한 국가에 대하여 적용할 일반양허관세율을 말하는데, 이는 세계무역기구협정 등에 의한 양허관세규정 제 5조에 규정되어 있다. 이의 적용대상국은 방글라데시 등 43개국이다.

5) 특정국가와 관세협상에 따른 국제협력관세

이는 관세법의 규정에 의하여 특정국가와의 관세협상에 따른 국제협력관세를 말한다. 한·칠레 FTA협정에 따른 양허관세 등이 있다.

이상의 협정세율은 그 세율을 정하고 있는 협정의 유효기간내에는 변경할 수 없는 것이 원칙이다. 그러나 외국에서의 가격의 하락, 기타 예상하지 못하였던 사정의 변화 또는 조약상의 의무의 이행으로 인하여 특정물품의 수입이 증가됨으로써 국내생산자에게 중대한 피해를 가져오거나 가져올 우려가 있는 경우 또는 외국에서 특정물품에 관한 관세의 양허를 철회, 수정 기타의 조치를 하고자 하거나 한 경우에는 국내생산의 보호 또는 관세의 양허철회 등에 대한 대항조치로서 당해 협정의 유효기간 내라 하더라도 그 협정의 정하는 바에 따라 양허한 관세를 철회하거나 수정할 수 있다.

4 관세율의 경합과 적용순서

1. 관세율 경합의 의의

하나의 수입물품에 둘 이상의 관세율이 있는 경우가 있다. 예컨대, 기본관세율도 있고 잠정관세율도 있는 경우, 국정세율도 있고 협정세율도 있는 경우, 기본세율도 있고 덤핑방지관세율도 있는 경우 등이다. 이런 현상을 가리켜 관세율의 경합이라고 한다.

하나의 물품에 적용되는 관세율은 오로지 하나뿐이다. 따라서 관세율이 경합할 때에는 여러 개의 관세율 중 하나만 선택하여 적용하여야 한다. 적용하여야 할 하나의 관세율을 선택함에 있어서는 일정한 원칙이 있어야 하므로 관세법에서는 이에 관한 규정을 두어 적용순서를 다음과 같이 정하고 있다.

2. 관세율 적용순서

(1) 하나의 물품에 기본관세율과 잠정관세율이 경합할 경우에는 잠정세율을 우선하여 적용한다.

(2) 하나의 물품에 관세율표의 세율(기본세율과 잠정세율)과 탄력관세율(환급대체세율은 제외한다)이 경합할 경우에는 다음에 열거한 순서에 따라 관세율표의 세율에 우선하여 세율을 적용한다.

① 덤핑방지관세, 보복관세, 긴급관세, 특정국물품긴급관세, 농림축산물에 대한 특별긴급관세 및 상계관세

② 편익관세 및 국제협력관세(우리나라와 특정국가 또는 국제기구가 합의하여 정한 관세율)

③ 조정관세, 계절관세 및 할당관세

할당관세의 경우는 일반특혜관세보다 세율이 낮은 경우에 한하여 일반특혜관세에 우선하여 적용한다.

④ 일반특혜관세

편익관세 및 국제협력관세는 기본세율, 잠정세율, 조정관세, 계절관세, 할당관세 및 일반특혜관세보다 낮은 경우에 한하여 이들 관세에 우선하여 적용한다.

그러나 관세법 제73조의 규정에 의하여 국제기구와 관세에 관한 협상에서 국내외가격차에 상당한 율로 양허하거나 국내시장 개방과 함께 기본세율보다 높은 세율로 양허한 농림축산물중 대통령령이 정하는 물품에 대하여 양허한 세율(시장접근물량에 대한 양허세율을 포함한다)은 기본세율과 잠정세율에 우선하여 적용한다.

이 경우는 국제기구와 관세의 양허에 관하여 협상을 할 때 시장개방과 국내산업보호를 조정하기 위하여 기본세율과 잠정세율보다 높은 관세율을 양허하는 데 대하여 이미 합의한 것이므로 이 협정세율이 기본세율과 잠정세율보다 높다 하더라도 이 협정세율을 우선하여 적용한다.

요컨대 실행세율은 원칙적으로 ① 협정(양허)세율, ② 탄력세율, ③ 잠정세율, ④ 기본세율의 순서로 적용되나, 탄력관세 중 덤핑방지관세, 보복관세, 긴급관세, 특정국물품긴급관세, 특별긴급관세 및 상계관세는 협정(양허)세율에 우선하여 적용된다.

이는 덤핑방지관세, 보복관세 및 상계관세의 경우에는 불공정 무역행위에 대한 규제수단의 하나로 관세율을 인상 조정하는 제도이고, 긴급관세의 경우에는 WTO협정

부속서 중 「긴급수입제한조치에 관한 협정」(Safeguards: GATT1994 제19조)의 규정에 의하여 특정물품의 수입증가로 인한 국내산업의 피해 방지 또는 구제를 위하여 WTO 양허세율 수준 이상으로 국내외 가격 차이에 상당하는 범위내에서 관세율을 인상 조정하는 제도이며, 특별관세의 경우에는 UR농산물협상에서 농림축산물의 예외 없는 관세화에 의한 양허품목 중 농산물의 수입급증에 따른 피해가 발생하는 경우 국제가격과 국내가격의 차이인 관세상당치(Tariff Equivalent: TE)만큼을 관세로 부과할 수 있도록 한 WTO협정 부속서 중 '농업협정문'에 의한 특별긴급구제제도(Special Safeguard)이므로 협정세율, 기타 탄력관세율, 잠정세율 및 기본세율에 항상 우선하여 적용하는 것이 타당하다.

【그림Ⅱ-3-1】 관세율의 적용순위

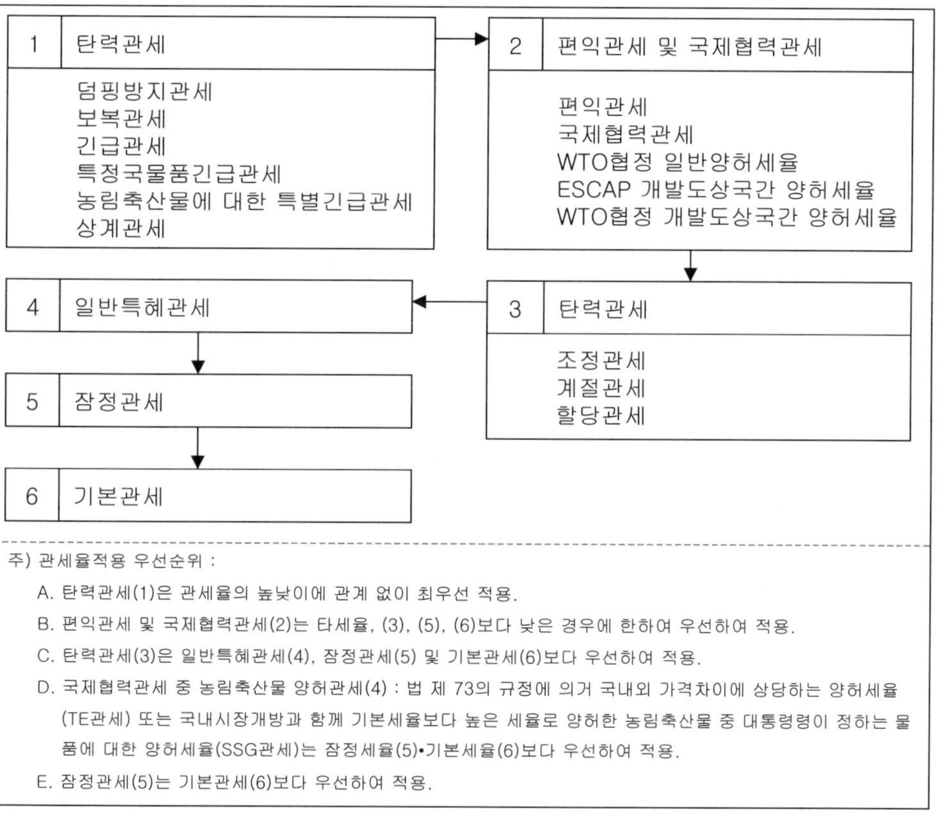

주) 관세율적용 우선순위 :

A. 탄력관세(1)은 관세율의 높낮이에 관계 없이 최우선 적용.

B. 편익관세 및 국제협력관세(2)는 타세율, (3), (5), (6)보다 낮은 경우에 한하여 우선하여 적용.

C. 탄력관세(3)은 일반특혜관세(4), 잠정관세(5) 및 기본관세(6)보다 우선하여 적용.

D. 국제협력관세 중 농림축산물 양허관세(4) : 법 제 73의 규정에 의거 국내외 가격차이에 상당하는 양허세율(TE관세) 또는 국내시장개방과 함께 기본세율보다 높은 세율로 양허한 농림축산물 중 대통령령이 정하는 물품에 대한 양허세율(SSG관세)는 잠정세율(5)•기본세율(6)보다 우선하여 적용.

E. 잠정관세(5)는 기본관세(6)보다 우선하여 적용.

5 과세표준

1 과세표준의 의의

과세표준은 납세의무자, 과세물건 및 관세율과 같이 관세의 4대 과세요건 중의 하나이다. 과세표준이라 함은 세액 결정의 표준이 되는 과세물건의 가격·수량·품질 등을 말한다. 관세의 경우는 수입물품의 가격 또는 수량이 과세표준이다.

수입물품의 가격을 표준으로 하여 세액이 결정되는 것을 종가세라 하며, 수입물품의 수량을 표준으로 하여 세액이 결정되는 것을 종량세라 하고 가격 및 수량을 표준으로 하여 세액이 결정되는 것을 종가종량세라 한다.

우리 나라 관세법 제15조도 "관세의 과세표준은 수입물품의 가격 또는 수량으로 한다"고 규정하고 있지만 별표 관세율표상에는 대부분의 물품이 종가세로 선정되어 있어 종가세물품의 과세가격이 '거래가격'이기 때문에 이 거래가격을 어떻게 평가할 것인가를 밝히는 것이 매우 중요하다.

2 과세가격의 결정

1. 거래가격 (신고가격)원칙

관세법에서는 "수입물품의 과세가격은 거래가격으로 한다"고 규정하여 원칙적으로 실제 거래한 가격을 과세가격으로 채택하고 있으면서 이 거래가격은 일정요건을 갖추어야 하며 당해 상품의 원가 이외에 소정의 비용 등을 포함하여야 하는 것으로 규정하고 있다.

이와 같은 거래가격을 포착할 수 없어 법 제30조의 규정에 의거 과세가격을 결정할 수 없을 경우에는 예외적인 방법으로 과세가격을 결정하도록 하고 있다.

위에서 말한 과세가격으로 채택될 '거래가격'이라 함은 우리 나라에 수출· 판매되는 물품에 대하여 구매자가 실제로 지급하였거나 지급하여야 할 가격으로서 다음의 요건을 갖춘 가격을 말한다.

여기서 말하는 '실제로 지급하였거나 지급하여야 할 가격'이라 함은 당해 수입물품의 대가로서 구매자가 판매자에게 지급하였거나 지급하여야 할 총금액(구매자가 당해 수입물품의 대가와 판매자의 채무를 상계하는 금액, 구매자가 판매자의 제 3자에 대한 채무를 변제하는 금액, 기타의 간접적인 지급액을 포함한다)을 말한다.

다만, 구매자가 실제로 지급하였거나 지급하여야 할 가격에서 다음 중 어느 하나에 해당하는 금액을 명백히 구분할 수 있는 경우에는 그 금액을 빼야 한다.

① 수입 후에 행하여지는 당해 수입물품의 건설· 설치· 조립· 정비· 유지 또는 당해 수입물품에 관한 기술지도에 필요한 노무 및 용역의 비용,
② 수입항 도착 후에 당해 수입물품의 운송에 필요한 운임 · 보험료 기타 운송에 관련되는 비용,
③ 우리 나라에서 당해 수입물품에 부과된 관세 등 제세 및 기타 공과금,
④ 연불조건수입의 경우에는 당해 수입물품에 대한 연불이자,
⑤ 원산국 또는 수출국에서 수입물품에 부과되는 내국세로서 그 수입품에 대하여 면제되는 것. 환급방식에 의하여 경감되었거나 장차 경감될 금액

(1) 당해 수입품의 사용에 대한 제한이 없을 것

당해 물품의 처분 또는 사용에 대하여 제한이 없어야 한다. 다만, 대통령령이 정하는 경우에는 그러하지 아니하다. 여기서 '대통령령이 정하는 경우'라 함은 다음 중 어느 하나에 해당하는 제한이 있는 경우를 말한다.

① 우리 나라의 법령이나 법령에 의한 처분에 의하여 부과되거나 요구되는 제한
② 수입물품이 전매될 수 있는 지역의 제한
③ 기타 수입가격에 실질적으로 영향을 미치지 아니한다고 세관장이 인정하는 제한

(2) 당해 거래에 영향을 미치는 조건 등이 붙지 않을 것

당해 물품에 대한 거래의 성립 또는 가격의 결정이 금액으로 계산할 수 없는 조건 또는 사정에 의하여 영향을 받지 아니하여야 한다는 것이다.

(3) 수익의 일부가 판매자에게 귀속되지 말 것

당해 물품의 수입 후의 처분 · 사용 등에 따른 수익의 일부가 직접 또는 간접으로 판매자에게 귀속되지 아니하여야 한다. 다만, 제3항(거래가격에 가산할 비용등)의 규정에 의하여 적절히 조정할 수 있는 경우에는 그러하지 아니하다.

(4) 특수관계에 의한 영향이 없을 것

구매자와 판매자간에 대통령령이 정하는 특수관계가 있어 그 관계가 당해 물품의 가격에 영향을 미치는 것이 아니어야 한다. 구매자와 판매자간에 대통령령이 정하는 특수관계라 함은 다음 중 어느 하나에 해당하는 경우를 말한다.

① 구매자와 판매자가 상호 사업상의 임원 또는 관리자의 경우
② 구매자와 판매자가 상호 법률상의 동업자인 경우

③ 구매자와 판매자가 상호 고용관계에 있는 경우
④ 특정인이 구매자 및 판매자의 의결권이 있는 주식을 직접 또는 간접으로 5% 이상 소유하거나 관리하는 경우
⑤ 구매자 및 판매자 중 일방이 타방을 법적으로 또는 사실상으로 관리하는 경우
⑥ 구매자 및 판매자가 동일한 제3자에 의하여 직접 또는 간접으로 관리를 받는 경우
⑦ 구매자 및 판매자가 동일한 제3자를 직접 또는 간접으로 공동관리하는 경우
⑧ 구매자와 판매자가 친족관계에 있는 경우

한편 이상과 같은 거래가격에 다음과 같은 금액이 포함되어 있지 아니한 경우에는 이를 가산하여야 한다.

① 구매자가 부담하는 수수료 및 중계료. 다만 구매수수료는 제외한다.
② 당해 물품과 동일체로 취급되는 용기의 비용과 당해 물품의 포장에 소요되는 노무비 및 자재비로서 구매자가 부담하는 비용
③ 구매자가 당해 물품의 생산 및 수출거래를 위하여 무료 또는 인하된 가격으로 직접 또는 간접으로 물품 및 용역을 공급하는 때에는 그 가격 또는 인하차액, 그리고 여기서 말하는 물품 및 용역은 구매자가 직접 또는 간접으로 공급하는 것으로서 다음 중 어느 하나에 해당하는 것을 말한다.

i) 수입물품에 결합되는 재료·구성요소·부분품 기타 이와 비슷한 물품
ii) 수입물품의 생산에 사용되는 공구·다이스·모울드 기타 이와 비슷한 물품
iii) 수입물품의 생산과정에 소요되는 물품
iv) 수입물품의 생산에 필요한 기술·설계·고안·공예 및 의장. 다만, 우리 나라에서 개발된 것을 제외한다.

④ 당해 물품에 관련되는 특허권·실용신안권·의장권·상표권 및 이와 유사한 권리(예: 영업비밀)를 사용하는 대가로 지급하는 것으로서 대통령령이 정하는 바에 따라 산출된 금액
⑤ 당해 물품의 수입 후의 전매·처분 또는 사용 등에 따른 수입금액 중 판매자에게 직접 또는 간접으로 귀속되는 금액
⑥ 수입항까지 운임·보험료 기타 운송에 관련되는 비용

이상과 같이 우리 나라는 수입물품의 거래가격을 과세가격으로 한다. 다만, 거래가격이 우리나라의 과세가격으로서의 요건을 갖춘 경우에 한하여 과세가격으로 인정받는다. 과세가격으로 인정할 수 있는 거래가격은 일정한 거래조건을 갖춘 거래에 의하여 구매자가 실제로 지급하였거나 지급하여야 할 가격에 일정한 가산금액을 가산하여 조정한 가격이다.

납세의무자가 세관장에게 신고한 수입물품의 가격 즉 신고가격이 전술한 우리

나라의 과세가격에 합당한 거래가격인 때에는 그 신고가격을 기초로 하여 과세가격을 결정한다.

이 방법으로 결정한 과세가격을 신고가격을 기초로 한 과세가격이라 한다.

2. 동종 · 동질물품의 거래가격을 기초로 한 과세가격의 결정

법 제30조의 규정에 의하여 실제 거래가격에 의거 과세가격을 결정할 수 없는 경우에는 과세가격으로 인정된 바 있는 동종 · 동질물품의 거래가격으로서 다음의 요건을 갖춘 가격을 기초로 하여 과세가격을 결정한다.

즉, 당해 거래가격이 과세가격으로서의 요건을 갖추지 못한 경우에는 당해 물품과 동종 · 동질의 거래물품의 실제가격을 당해 물품의 거래가격에 대신하여 과세가격으로 채택한다는 것이다.

여기서 '동종· 동질물품'이란 당해 수입물품의 생산국에서 생산된 것으로서 물리적 특성· 품질 및 소비자 등의 평판을 포함한 모든 면에서 동일한 물품(외양에 경미한 차이가 있을 뿐 그 밖의 모든 면에서 동일한 물품을 포함한다)을 말한다.

① 과세가격을 결정하고자 하는 당해 물품의 생산국에서 생산된 것으로서 당해 물품의 선적일에 선적되거나 선적일을 전후하여 가격에 영향을 미치는 시장조건이나 상관행에 변동이 없는 기간 중에 선적되어 우리나라에 수입된 것이어야 한다.

② 거래단계· 거래수량· 운송거리· 운송형태 등에 있어서 당해 물품의 그것과 동일한 것이어야 하며, 양자간에 차이가 있는 경우에는 그에 따른 가격차이를 조정한 가격이어야 한다.

한편 동종동질물품의 거래가격이 둘 이상 있을 때에는 이들 물품의 거래내용(생산자 거래시기, 거래단계, 거래수량 등)이 가격신고한 수입물품과 가장 유사한 것의 가격을 기초로 하고 거래내용이 같은 물품이 둘 이상 있고 그 가격도 둘 이상인 경우에는 가장 낮은 가격을 기초로 하여 과세가격을 결정한다.

3. 유사물품의 거래가격을 기초로 한 과세가격의 결정

거래가격에 의한 과세가격 결정 및 동종· 동질물품의 거래가격에 의한 과세가격 결정의 규정에 의한 방법으로 과세가격을 결정할 수 없는 경우에는 과세가격으로 인정된 바 있는 유사물품의 거래가격으로서 동종· 동질물품의 거래가격을 과세가격으로 적용할 경우의 요건을 갖춘 가격을 기초로 하여 과세가격을 결정한다. 여기서 '유사물품'이라 함은 당해 수입물품의 생산국에서 생산된 것으로서 모든 면에서 동일하지는 아니하더라도 동일한 기능을 수행하고 대체사용이 가능할 수 있을 만큼 비슷한 특성과 비슷한 구성요소를 가지고 있는 물품을 말한다.

한편 유사물품의 거래가격을 적용함에 있어서 유사물품의 거래가격이 둘 이상 있는 경우에는 이들 물품의 거래내용(생산자, 거래시기, 거래단계, 거래수량 등)이 가격신고한 수입물품과 가장 유사한 것의 가격을 기초로 하고, 거래내용이 같은 물품이 둘 이상 있고, 그 가격도 둘 이상인 경우에는 가장 낮은 가격을 기초로 하여 과세가격을 결정한다.

4. 국내판매가격을 기초로 한 과세가격의 결정

이상의 방법(당해 물품 거래가격, 동종 · 동질물품 거래가격, 유사물품 거래가격)으로 과세가격을 결정할 수 없는 경우에는 당해 물품, 동종· 동질물품 또는 유사물품이 수입된 것과 동일한 상태로 당해 물품의 수입신고일 또는 수입신고일과 거의 동시에 특수관계가 없는 자에게 가장 많은 수량으로 국내판매되는 단위가격에서 다음의 각호의 금액을 뺀 가격을 과세가격으로 한다. 다만, 납세의무자의 요청이 있는 경우에는 산정가격을 기초로 한 과세가격결정의 규정에 의할 수 있다.

여기서 국내판매되는 '단위가격'이라 함은 수입 후 최초의 거래에서 판매되는 단위가격을 말한다. 다만, 최초거래에서의 구매자가 판매자 또는 수출자와 특수관계의 범위의 규정에 의한 특수관계에 있거나 최초거래에서의 구매자가 판매자 또는 수출자에게 구매자가 공급하는 물품 및 용역에 규정된 물품 등을 수입물품의 생산 또는 거래에 관련하여 사용하도록 무료 또는 인하된 가격으로 공급하는 경우에 판매되는 가격은 이를 국내에서 판매되는 단위가격으로 보지 아니한다.

① 국내 판매에 관련하여 통상적으로 지급하였거나 지급할 것으로 합의된 수수료· 이윤 및 일반경비
② 수입항 도착 후 국내에서 발생된 통상의 운임· 보험료 기타 관련 비용
③ 당해 물품의 수입 및 국내판매와 관련하여 납부하였거나 납부하여야 할 조세 기타 공과금

한편 당해 물품, 동종· 동질물품 또는 유사물품이 수입된 것과 동일한 상태로 국내판매되는 사례가 없는 경우에 납세의무자의 요청이 있을 때에는 당해 물품이 국내에서 가공된 후 특수관계가 없는 자에게 가장 많은 수량으로 판매되는 단위가격에서 다음의 금액을 뺀 가격을 기초로 하여 과세가격을 결정한다.

① 제1항 각호(국내판매수수료· 이윤· 일반경비· 국내운임· 보험료· 조세· 공과금 등)에 해당하는 금액
② 국내가공에 따른 부가가치

이와 같이 국내판매가격에서 각종 비용, 제세· 운임· 보험료· 이윤 등을 공제하여 산출한 가격을 시가역산가격이라고도 한다.

5. 산정가격을 기초로 한 과세가격의 결정

이상의 방법으로 과세가격을 결정할 수 없는 경우에는 다음의 금액을 합한 가격을 기초로 하여 과세가격을 결정한다.

① 당해 물품의 생산에 사용된 원자재비용 및 조립 기타 가공에 소요되는 비용 또는 그 가격

② 수출국내 생산자가 수출을 목적으로 제조한 동종·동질물품 또는 유사물품이 수입항에 수출판매되는 경우 통상적으로 부과되는 수수료·이윤 및 일반경비로 인정되는 금액

③ 당해 물품의 수입항까지의 운임·보험료 기타 운송에 관련되는 비용

6. 합리적 기준에 의한 과세가격의 결정

이상의 방법으로 과세가격을 결정할 수 없을 경우에는 법 제30조 내지 제34조에 규정된 원칙과 부합되는 합리적인 기준에 따라 과세가격을 결정한다.

이 방법은 과세가격 결정의 마지막 방법이지만 이의 적용에 있어서는 수입국에서 생산된 물품이 수입국내에서 판매되는 가격, 수출국 도매시장에서의 물품가격, 수입국이 아닌 국가에 수출하는 물품의 가격, 임의적 또는 가공적인 가격 등 대통령령이 정하는 가격은 합리적 기준에 의한 과세가격 결정의 기초라 할 수 없다는 데 유의하여야 한다.

3 과세가격의 사전심사

1. 의의

관세의 확정은 원칙적으로 납세의무자의 납세신고에 의하여 확정되는 신고납세방법에 의하므로 납세의무자가 납세신고할 때 수입하고자 하는 그 물품의 과세가격을 확정지어 그것을 과세표준으로 관세액을 산출하여 세관에 신고하여야 한다. 따라서 납세의무자는 자기가 수입하고자 하는 물품의 과세가격을 스스로 결정하여야 하나 그 과세가격이 과연 관세법에서 정하고 있는 과세가격에 합당한 것인지 여부에 대하여 의문이 있을 수 있다. 이 경우에 납세의무자의 편의를 위하여 그 과세가격을 세관에 신고하기 전에 관세청장 또는 세관장에게 미리 가격에 대한 심사를 받을 수 있도록 제도를 마련하고 있다. 이것을 과세가격의 사전심사라고 한다.

2. 사전심사 요청대상 사항

수입물품의 과세가격은 구매자가 그 물품구매를 위하여 실제로 지급하였거나 지급하여야 할 가격에 구매자가 부담하는 수수료, 중계료 등 몇 가지 가산하여야 할 일정한 가산금액을 가산하고 구매자가 물품의 대가와 판매자의 채무를 상계하거나 변제하는 금액 기타 간접적인 지급액 등 포함시켜야 할 일정한 포함금액을 포함시

키고 수입 후에 행하여지는 그 수입물품의 건설, 설치, 조립, 정비, 유지 또는 그 수입물품에 관한 기술지원에 필요한 비용, 연불조건 수입의 경우의 연불이자 등 몇 가지 제외시켜야 할 일정한 제외금액을 제외시키며, 구매 후에 그 물품의 처분 또는 사용에 제한이 없어야 하는 등 몇 가지 충족하여야 할 일정한 거래조건을 충족시켜야 한다. 이러한 가산하여야 할 일정한 가산금액, 포함시켜야 할 일정한 포함금액, 제외시켜야 할 일정한 제외금액, 충족하여야 할 일정한 거래조건, 동종·동질물품의 거래가격요건 및 합리적인 기준에 의한 과세가격을 결정하여야 할 경우의 합리적인 기준에 대하여 납세의무자가 의문이 있을 때에는 이에 대하여 관세청장 또는 세관장에게 서류를 갖추어 미리 심사하여 줄 것을 신청할 수 있다.

과세가격의 사전심사 요청을 받은 관세청장 또는 세관장은 이를 심사하여 과세가격 사전심사서를 1월 이내에 신청인에게 교부하여야 한다.

3. 과세가격 사전심사서의 효력

관세청장 또는 세관장으로부터 받은 과세가격 사전심사서에 의하여 납세의무자가 납세신고한 경우에는 법령의 개정에 따라 사전심사의 내용이 달라지는 등 대통령령이 정하는 특별한 사유가 없는 한 사전심사서의 내용에 따라 세관장은 과세가격을 결정하여야 한다.

이와 같이 사전심사서에 의하여 과세가격을 결정 받으려면 첫째, 납세의무자와 사전심사 신청인이 같아야 하고, 둘째 수입신고된 물품 및 그 가격신고가 사전심사서의 내용과 같아야 한다.

과세가격을 결정하는 데는 여러 가지 자료가 필요하다. 따라서 재정경제부장관 또는 관세청장은 과세가격을 결정하기 위하여 필요하다고 인정하는 경우에는 수출입업자, 경제단체 기타 관계인에 대하여 과세가격 결정에 필요한 자료의 제출을 요청할 수 있으며, 이 요구를 받은 자는 정당한 사유가 없는 한 이에 응해야 한다.

납세의무자가 필요에 의하여 세관장에게 서면으로 과세가격의 결정내용을 통보해 줄 것을 요청할 때에는 세관장은 과세가격의 결정에 사용된 방법, 과세가격 및 그 산출근거를 서면으로 통보하여야 한다.

4 과세환율

수입물품의 가격이 외국통화로 표시되어 있을 때에는 그것을 내국통화로 환산하여 그 환산된 금액에 관세율을 곱하여 관세액을 계산한다. 외국통화를 내국통화로 환산하는 율을 과세환율이라고 하고, 과세환율은 수입하고자 하는 물품에 적용되는 법령이 확정되는 날이 속하는 주의 전주의 외국환매도율을 평균하여 관세청장이 정한다. 예컨대, 수입신고한 물품에 대하여는 수입신고 당시의 법령이 적용되므로 수입신고한 날이 속하는 주의 지난주의 외국환매도율을 평균하여 과세환율을 정한다. 그러나 보세건설장에서 수입하는 물품에 대하여는 적용법령의 확정일을 기준으로 하지 아니하고 수입신고일이 속하는 주의 지난주의 외국환매도율을 평균하여 과세환율을 정한다.

관세청장이 정하는 과세환율이 없는 외국통화로 표시된 가격은 전술한 바에 따라 관세청장이 정한 미국달러화의 환율과 국제통화기금(IMF)이 동 외국통화를 미국 달러화를 기준으로 하여 평가한 율의 지난주 평균에 의하여 내국통화로 환산하며, 국제통화기금의 평가율을 알 수 없는 경우에는 한국외환은행이 결정한 평가율에 의하여 내국통화로 환산한다.

Chapter Ⅳ
탄력관세제도

1 탄력관세제도의 개요

❶ 탄력관세제도의 의의

탄력관세제도(flexible tariff system)란 법률에 의하여 일정한 범위 안에서 관세율의 변경권을 행정부에 위임하여 세율을 탄력적으로 변경함으로써 관세율조정의 기동성을 발휘하는 제도이다. 그 목적은 국내외적 경제여건의 급격한 변화에 대응해서 신축성있게 관세정책을 수립하는 데 있으며, GATT 가입을 계기로 국제관세교섭에 능동적으로 참여하기 위하여 1967년 도입되었다.

조세법률주의의 원칙하에서 관세율의 책정과 조정권은 국회만이 가질 수 있는 것이 원칙이나 그 권한의 일부를 법률에 의하여 제한된 범위내에서 행정부에 위임하게 된다. 탄력관세율제도는 일견하면 근대법치국가의 조세법률주의원칙과는 모순되는 제도라고 할 수 있다.

그러나 탄력관세제도란 기본세율을 변경하는 것이 아니라 기본세율을 그대로 두고 수시로 정책목적에 따라 정하여진 세율을 임시적으로 적용하는 것이므로 조세법률주의에 저촉된다고 단정할 수는 없다. 관세는 수입물품에 부과되는 조세이므로 관세율의 운영에 있어서는 급변하는 대내외 경제여건에 대응하여 신축적이고 탄력적인 조치가 필요하다. 그런데 관세율의 조정을 입법과정을 거쳐서 실시하려면 많은 시일이 소요되고 복잡한 절차를 밟아야 하므로 법률을 개정한 때에는 이미 경제적 여건이 변동된 후이므로 법률개정의 실리를 거둘 수 없게 된다.

이와 같은 법률의 경직성을 지양하기 위하여서는 입법과정을 거치지 않고 행정부의 권한으로 관세율의 조정을 할 수 있게 하는 방안이 필요하다. 그러나 그 세율의 변경범위는 법률에서 정해진 한도내에서만 허용되고 무한정 남발하는 것은 조세법률주의에 위배된다.

2 탄력관세제도의 기능

1. 국내산업의 적정보호

수입자유화에 따른 외국상품의 급격한 증가로 말미암아 동종의 국내산업에 중대한 영향을 미칠 우려가 있고, 또 그에 따라 고용의 증대를 위협할 사태가 야기될 경우 정상적인 법제화 절차를 거치면 많은 시간이 소요되어 해당 국내산업은 보호조치를 취하기도 전에 문을 닫아야만 하는 사태가 발생하게 된다.

이러한 경우 대통령령 또는 총리령으로써 신속히 국내산업을 보호할 필요가 있을 때 탄력관세제도는 그 운영의 의의가 있다고 할 것이다.

2. 물가안정 도모

우리나라의 경제정책의 목표가 안정적 성장에 있는바, 그 중에서도 물가의 안정은 매우 중요하다. 이와 같은 물가안정화 대책의 기본방향은 생산·공급력의 제고 및 수급의 원활 그리고 기초적 수요의 충족을 위한 시책, 즉 공급사이드를 중시하고 있는 바, 종전의 긴축 일변도의 총수요억제 관리방식을 보완하는 방향에서 정책을 펴나가야 한다.

이러한 물가안정화 시책에 부응하여 관세율은 국제원자재 가격이 급등하여 이를 원료로 한 국내 생필품 가격의 등귀요인이 있으면 일부 수입관세율을 인하함으로써 수입을 촉진케하여 물자수급을 원활히 함으로써 물가상승 요인을 완화하기 위하여 탄력관세제도의 발동이 이루어지고 있다.

3. 자원의 안정적 확보

국제자원 정세는 자원의 편재화, 자원민족주의의 대두, 국제 대기업들의 독과점 이윤추구, 자원확보 경쟁에다 남북문제까지 가세된 복잡 미묘한 국제·정치·경제·사회적인 양상을 띠고 있다. 더욱이 중화학공업국으로 성숙되어 가고 있는 우리나라는 부존자원이 극히 빈약하며 소요자원의 해외의존도가 매년 증가하고 있다. 예를 들면 100%를 수입에 의존하는 기초원자재를 보면 원유를 비롯하여 원목·원모·우지·원당·원피·원사·원면 등이 있으며 철광석(80%), 동광석(90%), 고철(50%) 등도 대부분 해외에 의존하고 있다.

이와 같이 대부분의 기초원자재를 해외에 의존하고 있으므로 자원민족주의에 의하여 자원 파동이 있거나 원자재 가격의 급격한 변동이 있으면 그 가격 폭등의 결과로 국내경제에 미치는 영향을 최소화하기 위하여 탄력관세의 발동이 고려된다.

물론 이들 기초원자재는 수입이 불가피한 것이므로 원천적으로 기본관세율을 무세로 하여야 할 것이 아닌가 하는 일부 견해가 있으나 우리 나라의 순관세수입이 총재정수입의 약 5% 수준을 차지하는 현실에서는 기초원자재라 하여도 전부 무세로 할 수 없어 최소한의 일정률을 부과하고 있기 때문에 필요시 탄력관세로의 조정이 요구된다.

4. 세율불균형 시정

산업구조의 변동으로 물품간의 세율이 불균형하여 이를 시정할 필요가 있을 때 탄력관세의 발동 요인이 된다.

3 탄력관세제도의 종류

우리 나라 관세법에서는 ① 덤핑방지관세(Anti-Dumping Duty), ② 상계관세(Countervailing Duty), ③ 보복관세(Retaliatory Duty), ④ 긴급관세(Emergency Duty), ⑤ 특별긴급관세(Special Safeguard), ⑥ 조정관세(Adjustment Duty), ⑦ 할당관세(Tariff Quota), ⑧ 계절관세(Seasonal Duty), ⑨ 편익관세(Beneficiary Duty)가 있는바, 그 주요 발동요건 및 관세율 변경 범위 등을 살펴보면 다음 【표Ⅱ-4-1】과 같다.

【표Ⅱ-4-1】 탄력관세제도의 구조

구분	발동요건	관세율 변경범위	근거규정	비 고
Ⅰ. 덤핑방지 관세	• 정상가격 이하로 판매되는 물품이 수입되어 국내산업이 실질적 피해를 받거나 받을 우려가 있을 때	• 관세 + (정상가격 − 덤핑가격)	법 제51조	대통령령
Ⅱ. 상계관세	• 보조금 · 장려금을 받은 물품이 수입되어 국내산업에 실질적 피해가 있을 때	• 관세 + 보조금(장려금)이하 금액	법 제57조	재경부령
Ⅲ. 보복관세	• 우리나라의 수출물품 · 선박 또는 항공기에 대하여 불리한 취급을 하는 나라로부터 수입되는 물품	• 우리나라의 무역 이익이 침해 상당액의 범위내	법 제63조	대통령령
Ⅳ. 긴급관세	• 특정물품의 수입증가로 동종물품 또는 직접적인 경쟁관계에 있는 물품의 국내생산자에게 심각한 피해를 주거나 줄 우려가 있어 당해 피해를 방지하거나 구제할 필요가 있다고 인정하는 때	• 정상관세 + 피해치유 범위내에서 추가부과	법 제65조	재경부령
Ⅴ. 특별긴급관세(농림축산물)	• 물량기준특별긴급관세 : 당해년도 수입물량이 급증하여 정해진 기준 발동 물량을 초과할 경우 • 가격기준특별긴급관세 : 수입가격(88~90년 평균수입가격)의 90%에 미달할 경우	• 관세상 당치(Tariff Equivalent : TE)의 1/3범위내에서 추가로 관세를 부과 • 수입가격과 기준발동가격의 가격차에 따라 구간별로 합산하여 누진적으로 부과	법 제68조	재경부령
Ⅵ. 조정관세	• 산업구조의 변동 등으로 물품간	• 기본관세율 + 인상세율 ≤ 100%	법 제69조	대통령령

	세율이 현저히 불균형하여 이를 시정할 필요가 있을 경우 • 국민보건 · 환경보전 · 소비자보호 등을 위하여 필요한 경우 • 국산개발 물품의 보호 • 농산물 등 국제경쟁력 취약물품의 국내시장 및 산업기반 유지	• 농림축산물인 경우에는 국내외 가격차 상당률		
Ⅶ. 할당관세 (인하)	• 물자수급 원활 • 수입가격급 등 관련 품목의 국내가격 안정 • 세율불균형 시정	• 일정수량 범위내→기본관세율-40%포인트	법 제72조	대통령령
할당관세 (인상)	o특정물품 수입억제	o공산품: 일정수량 초과분→기본관세율 + 40%포인트 o농산품: 농림축수산물의 경우에는 국내외 가격차에 상응하는 관세율 인상		
Ⅷ. 계절관세	• 계절에 따라 현저한 가격차이가 있는 물품으로 동종 · 유사 · 대체품수입으로 국제시장교란 및 생산기반붕괴우려	• 올릴 경우: 국내외 가격차 상당률 • 내릴 경우: 기본관세율-40% Point	법 제72조	재경부령
Ⅸ. 편익관세	• 관세에 관한 조약에 의한 편익을 받지 아니하는 나라의 생산물로서 수입되는 것	• 기준가격-관세가격=관세	법 제74조	대통령령

2 덤핑방지관세

❶ 덤핑방지관세의 개요

1. 덤핑방지관세의 정의

덤핑방지관세란 외국물품이 수출국의 정상가격 이하로 우리 나라에 수입되고 이로 인해 국내산업에 실질적인 피해가 발생할 경우, 동 정상가격(수출국의 국내가격)과 덤핑가격의 차액 이하만큼 수입업자에게 부과되는 관세이다.

즉, 수출국에서의 통상거래가격보다 낮은 가격으로 우리나라에 수입되고 이와 같은 정상가격 이하의 수입으로 인하여 동 상품을 생산하는 국내산업이 실질적인 피해를 받았거나, 받을 우려가 있거나 또는 동 국내산업의 확립이 실질적으로 지연될 때 외국의 정상가격과 덤핑가격과의 차액(덤핑차액) 이하 만큼에 상당하는 관세를 말한다.

덤핑방지관세는 해외로부터 불공정수입으로 인한 국내산업의 피해를 구제하기 위한 조치로써 WTO협정에 의하여 정당성이 인정된 제도이다.

그러나 WTO에 의해 인정된 덤핑방지관세는 관세법 제10조의 부과여건에 맞는지 여부를 엄격히 검토한 후 부과 여부를 결정하는 것으로서 그 요건은 ① 덤핑수입존재, ② 실질적 피해발생, 피해의 우려 또는 국내산업확립의 지연, ③ ①과 ②의 인과관계 존재, ④ 국내산업보호 필요성 존재이다.

따라서 4가지 요건 중 한 가지 요건이라도 해당이 안 되면 덤핑방지관세부과 요청은 기각을 하게 된다. 그러므로 덤핑방지관세는 외국의 대한국수입규제조치에 대한 보복으로 운용할 수 없을 뿐더러 외국상품의 수입가격이 우리나라 상품보다 단순히 저렴하고 그로 인해 국내산업에 피해를 준다는 이유 등만으로는 부과할 수 없다.

【그림Ⅱ-4-1】 덤핑방지관세의 산정

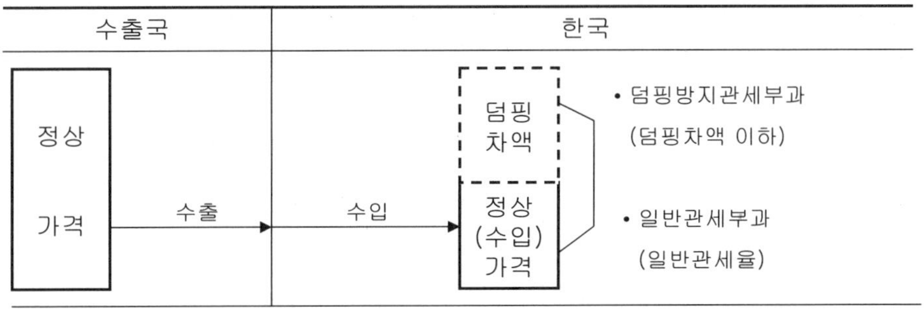

2. 덤핑규제의 역사

덤핑은 18세기 말경부터 영국의 제조업자들이 미국의 신생기업들에게 피해를 야기시키면서 일부 국가들이 관심을 갖기 시작하였으며, 19세기 말경부터는 덤핑으로 인한 국가간의 논란이 심화되자, 각국은 덤핑을 규제하기 위한 법을 제정하기 시작하였다. 1904년 캐나다가 처음으로 반덤핑법을 입법화한 후로 뉴질랜드(1905년), 호주(1906년), 일본(1910년), 남아프리카(1914년), 미국(1921년), 영국(1921년) 등이 차례로 입법화함으로써 덤핑은 국제적으로 규제를 받기에 이른 것이다.

미국의 경우, 반덤핑법의 역사는 사실상 덤핑관련 문제를 직접적으로 다룬 1916년 재정징수법(Revenue Act of 1916)에서 시작되었다고도 할 수 있으나, 동 법은 반덤핑관세의 부과를 위한 것이라기보다는 덤핑행위에 대한 처벌을 위한 규정이었으며, 반덤핑관세의 부과를 직접적으로 규정한 반덤핑법은 1921년 관세법 201조(Tariff Act of 1921 §201)가 그 시초라고 할 수 있다.

반덤핑관세에 대한 국제적 관심은 1920년대초 국제연맹(League of Nations)으로부터 고조되기 시작했으며, 이에 대한 논의가 보다 구체화된 것은 1933년의 세계경제회의(World Economic Conference)로서, 이것이 후에 ITO와 GATT의 입법과정에서 참고가 되었다. 즉, 일부국가가 보유하고 있는 상이한 반덤핑규정들을 통일하여야 할 필요성을 인식하여, 미국은 국내의 입법내용을 ITO헌장에 상당부문 반영시켰으며, 이것이 반덤핑 및 상계관세를 규정하고 있는 현 GATT 제6조의 근간이 되었다. 1947년 GATT회의에서는 덤핑을 규제하기 위한 특별규정(GATT 제6조)이 마련되었는데, 이에 의하면 GATT는 '체약국들이 덤핑 수입으로 인하여 국내의 경쟁산업에 실질적 피해나 피해우려가 있음이 입증될 때에는 덤핑 수입된 물품의 덤핑마진을 상쇄하기 위해 반덤핑관세를 부과할 수 있도록' 허용하고 있으며, 이 규정이 오늘날 국제반덤핑규정의 골격이 되고 있다.

그러나 동 규정은 상당히 모호한 점이 많아 다수 국가들이 덤핑마진이나 피해산정에 있어서 자국의 반덤핑규정에 따라 자의적으로 해석하는 경우가 많았으며, 이는 결국 국제무역의 흐름을 저해하는 새로운 무역장벽이 되어 가는 결과를 초래하였다. 따라서 GATT의 제6차 다자간 협상인 케네디 라운드(1962-1967)에서는 각국의 자의적인 운용절차를 제한하기 위한 국제반덤핑코드가 제정되었는바, 동 코드는 동경라운드 막바지에 이르러 대폭 보완 개정되어 1980년 1월부터 발효된 후 1994년까지 시행되었다.

하지만, 동 코드 역시 반덤핑제도의 남용을 방지하는 데에는 크게 미흡하였으며, 따라서 우루과이 라운드 협상(1986-1993)을 통하여 그 동안 논란이 되어왔던 절차상의 많은 규정이 개정 보완되어 오늘날 적용되고 있다. 새로 제정된 WTO/반덤핑협정은 원가이하판매, 구성가격산정, 수출가격과 정상가격의 비교 등에 있어서의 구체적 기준설정을 통한 덤핑마진산정의 객관화, 조사종결을 위한 덤핑마진 및 피해관련 최소기준의 설정, 제소요건의 계량화를 통한 제소기준의 명료화, 신규수출자에 대한 별도의 고려, 자동소멸시효의 설정 등을 통하여 수입국 조사당국에 의한 자의적인 반덤핑제도 운용의 여지를 상당부분 제한하고 있다는 점에서 전반적으로 긍정적인 평가를 받고 있다. 그러나 반덤핑제도는 그의 성격상 앞으로도 비관세 장벽으로 활용될 여지가 많다는 점에서 추가적인 개선 및 보완을 위한 국제적 협의는 계속될 전망이다.

3. 덤핑의 경제적 효과

수출업자의 입장에서 덤핑수출은 수출업자로 하여금 수입국 시장에서 독립적인 지위를 확보하도록 한다. 즉, 수입국의 경쟁산업은 외국의 덤핑수입으로 인하여 자사제품을 정상이윤을 반영한 가격으로는 수입물품과 경쟁이 안 되기 때문에 가격을 인하하여 손실을 감수하든가 생산량을 대폭 축소하게 된다. 이런 과정을 거쳐 국내산업의 경쟁력은 약화되고 수출자는 수입국에서 독점적인 위치를 확보한 후, 다시 가격을 인상한다. 이 경우 수출자는 시장침투를 위한 덤핑수출로 인한 손실을 수출국내 시장이나 제3국시장에서 당해 물품을 고가로 판매하여 손실을 흡수한다. 경우에 따라서는 고용유지 등 산업정책적인 목표달성을 위해 덤핑수출을 하는 경우도 있다.

수입국의 입장에서 볼 때 덤핑수입으로 인해 국산제품의 판매가 저하되고 원가이하 판매로 손실이 발생하여 가동률이 급격히 저하된다. 이로 인해 국내관련산업에 실업이 발생하고 자원배분이 왜곡되게 되며, 특히 신규로 기술을 개발한 초창기산업의 발전을 결정적으로 저해하게 되며 과다수입으로 외화낭비를 초래한다. 또한 장기적으로는 건전한 산업구조의 형성을 저해한다.

4. 덤핑의 유형

(1) 산발적 덤핑(sporadic dumping)

산발적 덤핑 혹은 간헐적(間歇的) 덤핑(intermittent dumping)이란 국내적으로 과잉생산이 있을 경우, 일시적으로 그 재고를 외국에 낮은 가격으로 수출함으로써 가격하락에 따르는 시장교란을 회피하는 것을 목적으로 하는 덤핑을 말한다.

(2) 약탈적 덤핑(predatory dumping)

약탈적 덤핑이란 수입국내 경쟁기업들의 시장축출이나 잠재적 경쟁기업들의 시장진입을 저해하기 위한 목적으로 행하여지는 덤핑을 말한다. 산발적 덤핑과 약탈적 덤핑은 덤핑의 지속기간에 따라 볼 때 단기적 덤핑(short-run dumping)에 속한다.

(3) 지속적 덤핑(persistent dumping)

기존의 생산시설을 완전 가동하면서 생산과 관련된 간접비의 차이를 이용하여 국내시장에서의 가격보다 한층 싼값으로 장기적이고도 계획적으로 외국에 판매하는 덤핑을 말한다. 장기적 덤핑(long-run dumping)에 속한다. 덤핑을 최초로 이론화한 Viner는 일반적으로 지속적 덤핑은 수입국에 유익한 반면, 약탈적 덤핑은 유해하다고 설명하고 있다.

(4) 서비스덤핑(service dumping)

서비스덤핑이란 특히 운임덤핑(freight dumping)을 지칭하는 것으로서 예컨대 수출업자들에게 저율의 운임료를 제공함으로써 외국시장에서의 수출품의 가격을 그만큼 낮출 수 있게 하는 것을 말한다.

(5) 환(換)덤핑 (exchange dumping)

환덤핑이란 자국수출상품의 가격경쟁력을 높이기 위하여 환율을 조작하는 것을 말한다.

(6) 사회적 덤핑 (social dumping)

사회적 덤핑이란 수출상품의 생산에 재소자(在所者)와 강제노동력을 이용함으로써 수출품의 가격을 낮추는 행위나 낮은 임금수준이나 열악한 노동조건을 통해 수출품의 가격경쟁력을 강화하려는 것을 말한다.

(7) 역(逆)덤핑 (reverse dumping)

덤핑을 두 개 시장간에 있어서 가격차별을 설정하는 것으로 정의하는 경우에는 한 국가내의 두 개의 분리된 상이한 지역간의 가격차별도 덤핑에 포함된다. 반면 국내가격보다 높은 가격으로 판매하는 것도 덤핑에는 틀림없으며 이를 특히 역덤핑이라고 한다.

(8) 은폐된 덤핑 (hidden dumping)

수출가격(export price)을 결정하는 데는 여러 가지 어려운 문제들이 따른다. 그 중 한 가지 경우로서 예컨대 수출업자가 그 관계회사인 수출상에 송장, 즉「인보이스」가격으로 상품을 선적하고, 다시 그 수입상은「인보이스」가격 이하로 당해 상품을 재판매하는 상황이 있을 수 있는데 GATT에서는[119] 이를 은폐된 덤핑이라고 부른다. 물론 이 경우 덤핑 마진산출은 수입상의 재판매가격을 기준으로 산정한다.

(9) 우회(迂回)덤핑 (circumvention dumping)

우회덤핑이란 반덤핑조치의 적용을 받는 물품을 수출하는 기업이 수입국의 반덤핑조치를 회피하고자 완제품대신 부품을 수출하여 수입국내에서 조립하거나 혹은 제3국에서 조립하여 수출하는 관행으로서 우회덤핑을 방치할 경우에는 반덤핑조치가 사실상 그 효력을 상실하고 통상질서의 존립에도 큰 위협이 될 것이라는 점에서 이에 대한 규제는 불가피하다는 인식이 국제사회에서 정착되어 가고 있다.

다만 우회덤핑을 과도하게 규제할 경우 국제간 무역의 흐름뿐만 아니라 각국의 해외직접투자 활동을 위축시키는 부정적 효과도 적지 않다.

---

119) GATT §6, ①항 주 참조.

2 정상가격 및 덤핑가격

1. 정상가격의 결정

관세법시행령 제58조 제1항에서는 관세법 제51조의 정상가격을 다음과 같이 정의하고 있다.

"정상가격이라 함은 당해 물품의 공급국에서 소비되는 동종물품의 통상거래가격을 말한다." 정상가격은 덤핑수입물품과 동종물품의 수출국에서 소비를 목적으로 거래되는 가격이어야 하며 제3국으로 수출을 목적으로 거래되는 가격은 포함이 안 된다.

① 제1항 단서에 의하여 특수한 시장상황으로 통상거래가격을 적용할 수 없는 경우에는 그 국가에서 제3국에 수출되는 수출가격 중 대표적인 가격으로서 비교가능 한 가격 또는 원산지국에서의 제조원가에 합리적인 수준의 관리비 및 판매비와 이윤을 합한 가격(이하 '구성가격'이라 한다)을 정상가격으로 한다고 규정하고 있다.

이때 특수한 시장상황이라 함은 예를 들어 수출국의 거래가격이 제조원가 이하인 경우이거나 또는 거래량이 수출에 비하여 극히 적은 경우 등을 말한다.

② 동 조문 제2항에서는 덤핑수입물품이 제3국을 거쳐 수입되는 경우(예: A국에서 생산→B국 경유→한국에 수입)에는 제3국(B국)의 통상거래가격을 정상거래가격으로 보도록 하였다.

그러나 제3국내에서 원산지국에서 수입된 당해 물품을 단순히 옮겨 실었거나 당해 물품의 생산실적이 없는 때, 기타 제3국내에 정상가격으로 인정된 가격이 없는 때(예: 제조원가 이하의 판매 등)에는 원산지국(A국)의 통상거래가격을 정상거래가격으로 보도록 하였다.

③ 또한 동 조문 제3항에서는 통제경제를 실시하는 비시장경제국가로부터 덤핑수입이 되는 경우에는

i) 우리나라를 제외한 시장경제국가에서 소비되는 동종물품의 통상거래가격

ii) 당해 시장경제국가에서 우리 나라를 포함한 제3국으로의 수출가격 또는 구성가격을 정상가격으로 본다. 그러나 비시장경제국가가 시장경제로의 권한체제에 있는 등 재정경제부령이 정하는 경우에는 앞의 ①·②에서 설명하는 통상거래가격을 정상가격으로 할 수 있다.

【표Ⅱ-4-2】 정상가격의 결정원칙

구분	정상가격결정	비고
Ⅰ. 통상의 경우	· 공급국(수출국)에서 소비되는 물품의 동종물품의 통상거래가격	· 소비되는 거래 : 제3국에서 수출목적으로 거래되는 경우는 포함하지 않음.
Ⅱ. 특수한 시장 상황인 경우	① 수출국에서 제3국에 수출되는 가격 중 대표가격 ② 구성가격(원산지국의 제조원가+관리비+판매비+이윤)	· 특수한 시장상황의 예 : 제조원가 이하의 거래, 수출에 비하여 거래량이 극히 적을 경우
Ⅲ. 제3국을 경유한 경우	① 제3국의 통상거래가격 ② 원산지국의 통상거래가격	· ②의 방식적용 : 제3국에서 단순히 옮겨 실었거나, 당해 물품의 생산실적이 없는 경우
Ⅳ. 비시장경제국가의 경우	① 한국을 제외한 시장경제국가의 통상거래가격 ② 당해 시장경제국가에서 한국을 포함한 제3국으로의 수출가격 또는 구성가격 ③ 비시장경제국가가 시장경제로의 전환체제에 있는 경우 Ⅱ·Ⅲ의 통상거래가격	· 시장경제국가 : 가급적 당해 공산권수출국가와 경제발전 정도가 유사한 국가

2. 덤핑가격의 결정

'덤핑가격'이라 함은 조사가 개시된 조사대상 물품에 대하여 실제로 지급하였거나 지급하여야 할 가격을 말한다. 다만 공급자와 수입자 또는 제3자 사이에 재정경제부령이 정하는 특수관계 또는 보상약정이 있어 실제로 지급하였거나 지급하여야 할 가격에 의할 수 없는 경우에는 다음 각호의 1의 가격으로 할 수 있다.

① 수입물품이 그 특수관계 또는 보상약정이 없는 구매자에게 최초로 재판매된 경우에는 그 재판매가격을 기초로 하여 산정한 가격

② 수입물품이 그 특수관계 또는 보상약정이 없는 구매자에게 재판매된 실적이 없거나 수입된 상태를 물품이 재판매되지 아니하는 경우에는 재정경제부령이 정하는 합리적인 기준에 의한 가격

특수관계 또는 보상약정이라 함은 가격에 영향을 미치는 모든 공급자, 수입자, 제3자간의 관계를 말한다. 그러나 재판매실적이 없는 경우에는 재정경제부장관이 정한 합리적인 기준에 의한 가격을 덤핑가격으로 한다.

3 정상가격과 덤핑가격과의 비교

정상가격과 덤핑가격의 비교는 가능한 한 동일한 시기 및 동일한 거래단계에서 비교한다. 이때 동일한 거래단계는 통상 공장도 거래단계를 말하며, 기타 덤핑수입물품과 수

출국의 비교대상물품간에 물리적 특성, 판매수량, 판매조건, 과세상의 차이, 거래단계의 차이, 환율변동 등이 가격비교에 영향을 비치는 경우에는 재정경제부령이 정하는 바에 따라 정상가격 및 덤핑가격을 조정하여야 한다.

4 국내산업 피해의 결정기준

1. 국내산업의 범위

덤핑방지관세의 첫 번째 부과요건은 덤핑물품의 수입으로 국내산업이 실질적인 피해 등을 받아야 하는 것이다. 실질적인 피해 등이라 함은 국내산업이 실질적인 피해를 받거나 피해를 받을 우려가 있거나 국내산업의 확립이 실질적으로 지연되는 것을 말한다.

국내산업이라 함은 정상가격 이하로 수입되는 물품과 동종물품의 국내생산사업의 전부 또는 국내총생산량의 상당부분을 점하는 국내생산사업을 말한다. 다만, 정상가격 이하로 수입되는 물품과 동종물품의 국내생산사업에서는 당해 수입물품의 공급자 또는 수입자와 특수관계(재정경제부령이 정하는 특수관계에 한한다)에 있는 생산자에 의한 생산사업과 당해 수입물품의 수입자인 생산자(재정경제부령이 정하는 자에 한한다)에 의한 생산사업은 제외할 수 있다.

2. 실질적인 피해판정기준

실질적인 피해 등의 판정에 있어서는 실질적 증거에 근거하여야 하며 덤핑수입물량 및 그 물량의 국내시장에서 동종물품의 가격에 미치는 영향 및 수입물품이 그러한 물품의 국내산업에 미치는 영향도 객관적으로 검토하여야 하고, 국내산업에 대한 영향의 검토는 국내산업의 생산량, 가동률, 재고, 판매량, 시장점유율, 가격, 이윤, 생산성, 투자수익, 현금수지, 고용임금, 성장, 자본조달, 투자능력, 기술개발 등 당해산업의 상태와 관계가 있는 모든 적절한 경제적 요인과 지표에 대한 평가를 포함시켜야 한다.

또한 실질적인 피해를 받을 우려가 있는지의 판정은 전술한 실질적인 피해 판정기준 이외에도 다음의 사항을 포함한 사실에 근거를 두어야 하며 덤핑물품으로 인한 피해는 명백히 예견되고 급박한 것이어야 한다.

① 실질적인 수입증가의 가능성을 나타내는 덤핑물품의 현저한 증가율
② 우리 나라에 덤핑수출을 증가시킬 수 있는 생산능력의 실질적 증가(다른 나라의 수출가능성을 감안한 것이어야 한다)
③ 덤핑물품의 가격이 동종물품의 가격을 하락 또는 억제시킬 수 있는지의 여부 및 추가적인 수입수요의 증대가능성
④ 덤핑물품의 재고 및 동종물품의 재고상태

한편 산업의 확립이 실질적으로 지연된다는 판단은 그 산업이 가까운 장래에 확립되는 명확한 근거가 있어야 한다. 예를 들면 신산업의 계획이 비교적 진행된 단계에 있다든지 공장을 건설 중에 있다든지 또는 기계의 발주가 끝났다든지 하는 명확한 근거가 있어야 한다.

덤핑방지관세의 두 번째 부과요건은 실질적인 피해 등으로부터 국내산업을 보호할 필요가 있다고 인정되어야하는 것이다.

앞에서 설명한 요건을 모두 갖추고, 다시 실질적인 피해 등을 받은 국내산업을 보호할 필요가 있다고 인정되어야 비로소 덤핑방지관세를 부과할 수 있다.

덤핑방지관세의 부과요건이 모두 갖추어진 수입물품에 대하여는 통상 그 물품이 정상가격인 때에 부과하는 관세이외에 그 물품의 정상가격과 덤핑가격과의 차액에 상당하는 금액이하의 관세를 추가하여 부과하는데, 이때 추가하여 부과하는 관세를 '덤핑방지관세'라고 한다.

덤핑방지관세를 정율세의 방법으로 부과하는 경우에는 다음의 산식에 의하여 산정된 덤핑율의 범위내에서 결정한 율을 과세가격에 곱하여 산출한 금액이다.

$$\text{덤핑률} = \frac{\text{조정된정상가격} - \text{과세가격}}{\text{조정된덤핑가격}} \times 100$$

5 덤핑방지관세의 부과를 위한 조사

1. 조사절차의 개요

덤핑물품의 수입으로 실질적인 피해 등을 받은 국내산업에 이해관계가 있는 자 또는 그 산업을 관장하는 주무부장관이 그 산업의 피해 등을 막기 위하여 덤핑방지관세의 부과가 필요하다고 인정할 때에는 재정경제부장관 또는 산업자원부에 설치되어 있는 무역위원회에 덤핑방지관세의 부과를 요청한다.

이 부과요청이 있을 때에는 재정경제부장관은 덤핑사실 및 이로 인한 실질적인 피해 등의 사실이 있는지 여부에 관하여 예비조사와 본 조사를 하고 그 결과 덤핑방지관세의 부과요건이 모두 갖추어졌다고 판단될 때에는 재정경제부장관은 덤핑방지관세를 부과한다.

조사중이라 하더라도 조사기간중에 발생하는 피해를 방지하기 위하여 덤핑방지관세를 부과하는 것과 같은 효과를 얻을 수 있는 잠정적인 조치를 할 수 있다. 즉, 잠정적으로 추계된 덤핑차액 이하의 잠정덤핑방지관세를 부과하거나 담보의 제공을 명할 수 있다. 이것을 잠정조치라 한다.

또한 조사가 개시되어 덤핑과 그로 인한 산업피해에 대한 예비조사 결과, 긍정판단이 내려진 경우에는 당해 물품의 수출자 또는 재정경제부장관은 덤핑으로 인한 피해가 제거될 정도의 가격수정이나 덤핑수출의 중지에 관한 약속을 제의할 수 있고, 이 약속제의가 수락된 경우에는 재정경제부장관은 잠정조치 또는 덤핑방지관세의 부과없이 조사가 중지 또는 종결되게 하여야 한다.

2. 덤핑방지관세부과의 요청

(1) 요청권자

덤핑물품의 수입으로 실질적인 피해 등을 받는 국내산업에 이해관계가 있는 자 또는 그 산업을 관장하는 주무부장관이 그 산업의 피해 등을 막기 위하여 덤핑방지관세의 부과가 필요하다고 인정할 때에는 재정경제부장관에게 이의 부과를 요청할 수 있다.

국내산업에 이해관계가 있는 자라 함은 실질적인 피해 등을 받은 국내산업에 속하는 국내생산자와 이들을 구성원으로 하거나 이익을 대변하는 법인, 단체 및 개인으로서 재정경제부령이 정하는 자를 말한다.

이들은 재정경제부장관에게 덤핑방지관세의 부과를 요청하는 대신 무역위원회에 덤핑방지관세의 부과에 필요한 조사신청을 할 수 있으며 이 경우는 재정경제부장관에게 부과요청을 한 것으로 본다. 이 경우 무역위원회는 조사신청을 받은 사실을 재정경제부장관 및 관계행정기관의 장과 당해 물품의 공급국 정부에 통보하여야 한다.

무역위원회는 조사신청한 것에 대하여 조사개시 여부를 결정함에 있어서 그 조사신청이 형식적 요건을 갖추지 못하는 등 조사신청 기각사유가 있을 때에는 조사신청을 기각할 수 있다.

(2) 신청서의 제출

덤핑방지관세 부과를 요청하는 자는 아래에 따라 신청서를 3부 작성하여 무역위원회에 제출하여야 한다.

① 당해 물품의 품명·규격·특성·용도·생산자 및 생산량
② 당해 물품의 공급국 공급자 수출자, 수출실적 및 수출가능성과 우리 나라의 수입자수입실적 및 수입가능성
③ 당해 물품의 공급국에서의 공장도가격 및 시장가격과 우리 나라에서의 수출가격 및 제3국에의 수출가격
④ 국내의 동종물품의 품명·특성·규격·용도·생산자 및 생산량·공장도가격·시장가격 및 원가생산

⑤ 당해 물품의 수입으로 인한 국내산업의 실질적 피해상황 등의 사항
⑥ 기타 재경부장관이 필요하다고 인정하는 사항 등에 관한 충분한 증빙자료를 첨부하여 제출하여야 한다.
⑦ 신청서기재사항 및 첨부자료를 비밀로 취급할 필요가 있는 경우에는 그 사유
⑧ 국내동종물품생산자들의 조사신청에 대한 지지정도

3. 덤핑 및 실질적인 피해 등의 조사개시

(1) 조사개시

무역위원회는 덤핑방지관세의 부과에 필요한 조사신청을 받았을 때에는 덤핑사실과 실질적인 피해 등의 사실에 관한 조사의 개시 여부를 결정하여 조사신청을 받은 날로부터 1월 이내에 그 결과와 조사대상물품·조사대상기간·조사대상공급자를 재정경제부장관에게 통보하여야 한다. 또한 조사개시여부를 결정함에 있어서 조사신청에 기각사유가 있을 때에는 그 신청을 기각하고, 조사개시결정을 한 때에는 그 결정일부터 10일 이내에 조사개시의 결정에 관한 사항을 조사신청자 덤핑물품의 공급국정부 및 공급자, 기타 이해관계인에게 통지하고 관보에 게재한 후 조사를 개시한다.

(2) 조사기관

덤핑사실 및 실질적인 피해 등의 사실에 관한 조사(이하 조사라 약칭한다)는 무역위원회가 담당한다. 무역위원회는 필요하다고 인정하는 때에는 관계행정기관의 공무원 또는 관계전문가로 하여금 조사활동에 참여하도록 할 수 있다.

(3) 예비조사

덤핑사실 및 실질적인 피해 등의 사실여부에 관한 조사는 예비조사와 본 조사의 두 단계로 구분하여 실시한다. 무역위원회는 조사개시에 관한 사항이 관보에 게재된 날부터 3월(이월의 범위내에서 연장가능) 이내에 덤핑사실 및 그로 인한 실질적인 피해 등의 사실이 있다고 추정되는 충분한 증거가 있는지에 관한 예비조사를 하여 그 결과를 재정경제부장관에게 제출하여야 한다. 이 때 무역위원회는 필요하다고 인정할 때에는 재정경제부장관에게 잠정조치 및 덤핑방지관세의 부과 또는 약속의 제의를 건의할 수 있다.

예비조사결과를 제출받은 재정경제부장관은 잠정조치의 필요 여부 및 내용에 관한 사항을 제출받은 날로부터 1월(20일의 범위내에서 연장 가능) 이내에 결정하여야 한다.

무역위원회는 예비조사결과 덤핑차액 또는 덤핑물품의 수입량이 재정경제부령이

정하는 기준에 미달하거나 실질적인 피해 등이 경미한 것으로 인정될 때에는 본 조사를 종결하여야 한다.

(4) 본조사

무역위원회는 재정경제부령이 정하는 특별한 사유가 없는 한 예비조사 결과를 제출한 날의 다음 날부터 본 조사를 개시하여 본 조사 개시일부터 3월(1월의 범위 내에서 연장 가능) 이내에 본 조사 결과를 재정경제부장관에게 제출하여야 한다. 이때 무역위원회는 필요하다고 인정할 때에는 재정경제부장관에게 잠정조치 및 덤핑방지관세의 부과 또는 약속의 제의를 건의할 수 있다.

본 조사 결과를 통보받은 재정경제부장관은 통보를 받은 날로부터 1월(20일의 범위내에서 연장 가능) 이내에 덤핑방지관세의 부과여부 및 내용을 결정하여 덤핑방지관세의 부과조치를 하여야 한다.

덤핑방지관세의 부과 여부 및 내용의 결정에 따른 덤핑방지관세의 부과조치는 가급적 빨리하여야 무역의 안정성과 명확성이 확보된다. 따라서 앞에서 설명한 바와 같이 조사와 조사결과에 따른 조치는 정해진 기간내에 하도록 되어 있다.

이와 같은 단계별 처리기간에 제한이 있을 뿐만 아니라 총처리기간에도 제한이 있다. 즉 재정경제부장관은 무역위원회가 조사개시의 결정에 관한 사항을 관보에 게재한 날부터 1년 이내에 덤핑방지관세의 부과 여부 및 내용의 결정에 따른 덤핑방지관세의 부과조치를 하여야 한다.

그러나 특별한 사유가 있다고 인정되는 경우에는 앞에서 설명한 무역위원회가 조사개시여부 결정의 결과를 재정경제부장관에게 통보하는 기간, 무역위원회가 예비조사의 결과를 재정경제부장관에게 제출하는 기간, 무역위원회가 본 조사의 결과를 재정경제부장관에게 제출하는 기간, 재정경제부장관의 본 조사에 의한 덤핑방지관세의 부과여부 및 내용의 결정기간에 불구하고 6월의 범위내에서 덤핑방지관세의 부과조치 기간을 연장할 수 있다.

4. 자료협조와 자료의 취급

(1) 자료협조요청

재정경제부장관 또는 무역위원회는 덤핑사실여부 및 실질적인 피해 등의 사실여부의 조사와 덤핑방지관세의 부과여부 등을 결정하기 위하여 필요하다고 인정할 때에는 관계기관, 국내생산자, 공급자, 수입자 및 피해관계인에게 관계 자료의 제출 등 필요한 협조를 요청할 수 있다.

(2) 비밀취급

자료요청에 의하여 제출된 자료와 무역위원회에 덤핑방지관세의 부과에 필요한 조사신청을 할 때 제출된 자료 중 성질상 비밀로 취급하는 것이 타당하다고 인정되거나, 조사신청자 또는 이해관계인이 정당한 사유를 제시하여 비밀로 취급하여 줄 것을 요청한 자료에 대하여는 그 자료를 제출한 자의 명시적인 동의없이 이를 공개하여서는 아니 된다.

비밀로 취급하여 줄 것을 요청한 자료를 제출한 자에 대하여 재정경제부장관 또는 무역위원회는 그 자료에 관하여 비밀이 아닌 요약서를 제출하도록 요구할 수 있다. 이에 대하여 요약서를 제출할 수 없는 때에는 그 사유를 기재한 서류를 제출하여야 한다.

재정경제부장관 또는 무역위원회는 자료의 비밀취급요청이 정당하지 아니하다고 인정됨에도 불구하고 자료의 제출자가 정당한 사유없이 자료의 공개를 거부하거나 비밀로 취급하여 줄 것을 요청한 자료를 제출한 자가 비밀이 아닌 요약서의 제출을 거부한 때에는 자료의 정확성이 충분히 입증되지 아니하는 한 그 자료를 참고하지 아니할 수 있다.

(3) 조사 또는 검증이 곤란한 때의 조치

재정경제부장관 또는 무역위원회는 덤핑사실여부 및 실질적인 피해 등의 사실여부의 조사와 덤핑방지관세의 부과 등을 결정할 때 이해관계인이 관계자료를 제출하지 아니하거나 무역위원회의 조사를 거부, 방해하는 경우, 기타 사유로 조사 또는 자료의 검증이 곤란한 경우에는 이용가능한 자료 등을 사용하여 덤핑방지 조치를 할 것인지 여부를 결정할 수 있다.

(4) 정보 자료 등의 타목적 사용금지

재정경제부장관 또는 무역위원회는 덤핑방지관세의 부과절차와 관련하여 이해관계인으로부터 얻은 정보·자료 및 인지한 사실을 다른 목적으로 사용할 수 없다.

(5) 자료의 열람

무역위원회는 덤핑방지관세의 부과에 필요한 조사신청을 할 때 제출된 관계증빙자료, 재정경제부장관 또는 무역위원회의 자료요청에 의하여 제출된 자료, 세관장, 외환업무를 취급하는 은행의 장, 기타 관계기관의 장 또는 이해관계가 있는 단체의 장이 재정경제부장관 및 무역위원회에 통보한 덤핑사실에 관한 자료 및 약속의 이행에 관한 자료의 제출요구에 의하여 제출된 자료 중 비밀로 취급되는 것 외의 자료열람을 이해관계인이 서면으로 요청하는 경우에는 재정경제부장관 또는 무역위원회는 특별한 사유가 없는 한 이에 응해야 한다.

(6) 덤핑사실의 통보

세관장, 외국환업무를 취급하는 은행의 장, 기타 관계기관의 장 또는 이해관계가 있는 단체의 장은 수입물품의 덤핑된 것이라고 인정되는 때에는 그 사실을 재정경제부장관 및 무역위원회에 통보하여야 한다.

(7) 이해관계인의 의견진술

조사의 전 과정을 통하여 모든 당사자들은 자신의 이익을 옹호하기 위하여 충분한 기회를 가진다. 이를 위하여 재정경제부장관 또는 무역위원회는 필요하다고 인정하거나 이해관계인의 요청이 있는 경우에는 공청회 등을 통하여 이해관계인이 의견을 진술할 기회를 주거나 상반된 이해관계인과 협의할 수 있는 기회를 줄 수 있다.

5. 조사신청의 기각

무역위원회는 조사개시 여부를 결정함에 있어서 조사신청에 다음의 사유가 있을 때에는 조사신청을 기각할 수 있다.

① 조사신청자가 덤핑방지관세의 부과요청을 할 수 있는 자가 아닌 경우
덤핑방지관세의 부과요청을 할 수 있는 자는 덤핑물품의 수입으로 실질적인 피해를 받는 국내산업에 이해관계가 있는 자와 그 산업을 관장하는 주무부장관이다.

② 조사신청을 할 때 덤핑사실과 실질적인 피해 등의 사실에 관한 충분한 증빙자료를 제출하지 아니한 경우

③ 덤핑차액 또는 덤핑물품의 수입량이 재정경제부령이 정하는 기준에 미달되거나 실질적인 피해 등이 경미하다고 인정되는 경우

④ 당해 조사신청이 재정경제부령이 정하는 국내산업 대표성의 기준에 미달된다고 인정되는 경우

⑤ 조사개시 전에 국내산업에 미치는 나쁜 영향을 제거하기 위한 조치가 취하여지는 등 조사개시가 필요없게 된 경우

재정경제부장관은 덤핑사실여부와 국내산업의 피해 등의 사실여부를 조사한 결과 덤핑방지관세의 부과요건을 갖추지 못하였을 때에는 조사신청을 기각한다.

6. 조사개시의 중지 또는 조사의 종결 등의 조치

이들 조치는 부과요청을 철회하였을 때와 사안이 경미한 때의 두 가지 경우에 취해지는 조치로서 이 조치에 의하여 덤핑방지조치를 하지 아니하고 부과요청을 종결한다.

덤핑방지관세의 부과에 필요한 조사신청을 한 자가 그 신청을 철회하고자 할 때에는 그 뜻을 서면으로 무역위원회에 제출하여야 한다. 무역위원회는 예비조사결과를 재정경제부장관에게 제출하기 이전에 그 철회서를 접수한 때에는 재정경제부장관 및 관계 행정기관의 장과 협의하여 조사개시여부 결정을 중지하거나 예비조사를 종결할 수 있다.

또한 예비조사결과를 재정경제부장관에게 제출한 이후에 그 철회서를 접수한 때에는 재정경제부장관에게 이를 통보하여야 하며 재정경제부장관은 무역위원회 및 관계행정기관의 장과 협의하여 조사를 종결하게 할 수 있으며 이 때 이미 잠정조치가 취해진 경우에는 이를 철회할 수 있다.

조사신청에 의하여 조사개시가 결정되고 이에 따라 예비조사를 한 결과 덤핑차액 또는 덤핑물품의 수입량이 재정경제부령이 정하는 기준에 미달하거나 실질적인 피해 등이 경미한 것으로 인정될 때에는 무역위원회는 본 조사를 종결하여야 한다.

6 덤핑방지관세의 부과 및 징수

1. 부과절차의 개요

덤핑물품의 수입으로 실질적인 피해 등을 받는 국내산업에 이해관계가 있는 자 또는 그 산업을 관장하는 주무부장관이 그 산업의 피해 등을 막기 위하여 재정경제부장관에게 덤핑방지관세의 부과를 요청하거나 무역위원회에 덤핑방지관세의 부과에 필요한 조사신청을 한 때에는 조사개시여부를 결정한다.

조사개시여부의 결정에 있어서는 조사신청에 기각사유가 있을 때에는 조사신청을 기각하고 조사를 하여야 할 필요가 있을 때에는 조사개시결정을 하여 조사를 개시한다.

조사를 개시한 경우에는 그 조사 결과에 따라 조치한다. 즉 조사결과 덤핑방지관세의 부과요건을 모두 갖추었을 때에는 덤핑방지관세의 부과 등 덤핑방지조치를 하며, 부과요건을 모두 갖추지 아니한 때에는 당연히 덤핑방지조치를 하지 아니한다. 또한 조사신청을 한 자가 조사신청을 철회한 때에도 그 철회시기에 따라 조사개시여부 결정의 중지, 조사의 종결 또는 잠정조치의 철회 등을 하여 덤핑방지관세를 부과하지 아니한다.

덤핑방지조치는 덤핑방지관세의 부과, 잠정조치, 약속의 수락으로 진행된다.

2. 덤핑방지관세의 부과

덤핑사실여부와 실질적인 피해 등의 사실여부에 대하여 조사하기를 결정하고 이에 대하여 조사한 결과 덤핑방지관세의 부과요건이 성립되면 덤핑수입물품에 대하여 덤핑방지관세를 부과한다.

덤핑방지관세를 부과하고자 할 때에는 재정경제부령으로 그 물품과 공급자 또는 공급국을 지정하고 통상 그 물품이 정상가격으로 수입될 때 부과하는 관세 외에 그 물품의 정상가격과 덤핑가격과의 차액 즉 덤핑차액에 상당하는 금액 이하의 관세를 추가하여 부과한다.

통상 정상가격으로 수입될 때 부과하는 관세의 과세가격은 관세법의 과세가격에 관한(CIF정상거래가격) 그 물품의 정상적인 과세가격을 말하며, 덤핑가격이라 함은 조사가 개시된 조사대상물품에 대하여 실제로 지급하였거나 지급하여야 할 가격을 말한다. 그러나 공급자와 수입자 또는 제3자 사이에 재정경제부령이 정하는 특수관계 또는 보상약정이 있어 실제로 지급하였거나 지급하여야 할 가격에 의할 수 없는 경우에는 수입물품이 그 특수관계 또는 보상약정이 없는 구매자에게 최초로 재판매되었을 때에는 그 재판매가격을 기초로 하여 산정한 가격을, 재판매된 사실이 없거나 수입된 상태로 물품이 재판매되지 아니하는 경우에는 재정경제부령이 정한 합리적인 기준에 의한 가격을 덤핑가격으로 한다.

덤핑방지관세는 덤핑방지관세를 부과하기로 결정하고 그 효력이 발생한 이후에 수입되는 물품에 대하여 부과한다.

덤핑방지관세의 부과 여부 및 내용의 결정에 따른 덤핑방지관세의 부과조치는 덤핑사실과 국내산업 피해 등의 조사, 본 조사에서 설명한 바와 같이 재정경제부장관은 무역위원회가 조사개시의 결정에 관한 사항을 관보에 게재한 날로부터 1년 이내에 하여야 한다. 그러나 특별한 사유가 있다고 인정되는 경우에는 6월의 범위내에서 연장할 수 있다.

3. 덤핑방지관세의 소급부과요건

덤핑방지관세는 덤핑방지관세를 부과하기로 결정하고 그 효력이 발생한 이후에 수입되는 물품에 대하여 부과한다. 그러나 잠정조치가 적용된 물품에 있어서는 다음의 경우에 해당하는 것은 각각의 경우에서 정하는 날까지 소급하여 덤핑방지관세를 부과할 수 있다.

① 국제협약에서 달리 정한 경우에는 그 협약에서 정하는 바에 따라 재정경제부장관이 정하는 기간에 수입된 물품에 대하여 덤핑방지관세를 소급하여 부과할 수 있다.

② 대통령령이 정하는 다음의 경우에 해당하는 것은 각각의 경우에서 정하는 날까지 소급하여 덤핑방지관세를 부과할 수 있다.

i) 실질적인 피해가 있다고 최종판정이 내려진 경우 또는 피해의 우려가 있다는

최종판정이 내려졌으나 잠정조치가 없었다면 실질적인 피해가 있다는 최종판정이 내려졌을 것으로 인정되는 경우에는 잠정조치가 적용된 기간에 수입된 물품에 대하여 덤핑방지관세를 소급하여 부과할 수 있다.

ii) 비교적 단기간내에 대량수입되어 발생되는 실질적인 피해 등의 재발을 방지하기 위하여 덤핑방지관세를 소급하여 부과할 필요가 있는 경우로서 당해 물품이 과거에 덤핑되어 실질적인 피해 등을 입힌 사실이 있었던 경우 또는 수입자가 덤핑사실과 그로 인한 실질적인 피해 등의 사실을 알았거나 알 수 있었을 경우에는 잠정조치를 적용한 날로부터 90일 전 이후에 수입된 물품에 대하여 덤핑방지관세를 소급하여 부과할 수 있다.

iii) 약속을 위반하여 잠정조치가 적용된 물품의 수입으로 인한 실질적인 피해 등의 사실이 인정되는 경우에는 잠정조치를 적용한 날로부터 90일전 이후에 수입된 물품에 대하여 덤핑방지관세를 소급하여 부과할 수 있다. 이 경우 약속위반일 이전에 수입된 물품을 제외한다.

iv) 기타 국제협약에서 정하는 바에 따라 재경부장관이 정하는 기간에 수입되는 물품

4. 덤핑방지관세의 소멸시효

덤핑방지관세의 부과는 덤핑에 대응한 것이므로 필요한 범위내에서 가장 짧은 기간에 한정되어야 한다. 그러나 실제에 있어서는 상당히 장기간에 걸쳐 덤핑방지관세를 부과하는 경향이 있으며, 덤핑방지관세의 부과를 장기화하는 것은 보호주의적인 것이라 할 수 있으므로 덤핑방지관세의 부과유효기간은 원칙적으로 5년으로 제한하고 있다.

덤핑방지관세의 부과는 재정경제부령으로 그 적용시한을 따로 정한 경우를 제외하고는 그 덤핑방지관세의 시행일로부터 5년이 지나면 그 효력을 상실한다.

재정경제부장관이 덤핑방지관세의 부과에 대하여 덤핑과 산업피해를 재심사를 하고 그 재심사의 결과에 따라 그 내용을 변경하는 경우에는 재정경제부령으로 그 적용시한을 따로 정한 경우를 제외하고는 변경된 내용의 시행일로부터 5년이 지나면 그 효력을 상실한다.

5. 잠정조치

(1) 의의

잠정조치라 함은 조사중에 생기는 국내산업의 실질적인 피해 등을 방지하기 위하여 잠정적으로 하는 덤핑방지조치를 말한다. 잠정조치로서는 잠정덤핑방지관세를 부과하거나 담보의 제공을 명하는 조치를 할 수 있다.

덤핑방지관세는 공정한 조사가 끝난 뒤에 그 결과에 따라 부과하는 것이 원칙이지만 조사가 끝나기 전이라 할지라도 국내산업을 보호할 필요가 있다고 인정될 때에는 덤핑

방지관세의 부과에 상응하는 잠정적인 조치를 한 후에 계속하여 조사를 할 수 있다.

(2) 잠정조치의 요건

재정경제부장관은 다음 두 가지 경우로서 조사기간 중에 발생하는 피해를 방지하기 위하여 필요하다고 인정되는 경우에는 조사가 종결되기 전이라고 그 물품과 공급자 또는 공급국 및 기간을 정하여 잠정적으로 추계된 덤핑차액에 상당하는 금액 이하의 잠정덤핑방지관세를 추가하여 부과할 것을 명하거나 담보의 제공을 명하는 조치를 할 수 있다. 이들 조치를 잠정조치라 한다.

① 예비조사 결과 덤핑사실과 그로 인한 국내산업의 실질적인 피해 등의 사실이 있다고 추정되는 충분한 증거가 있음이 확인되는 경우

② 수락한 약속을 위반하거나 약속의 이행에 관한 자료제출요구 및 제출자료의 검증허용요구에 불응한 경우에는 이용 가능한 최선의 정보가 있음이 확인되는 경우

잠정조치로서 담보의 제공을 명할 경우의 담보의 금액은 잠정덤핑방지관세액에 상당하는 금액이다.

잠정조치는 무역위원회의 예비조사의 결과가 재정경제부장관에게 제출된 날로부터 1월 이내(20일 연장 가능)에 결정되어야하되 이의 적용은 예비조사의 개시 후 최소한 60일이 경과된 날 이후부터 할 수 있다.

(3) 잠정조치의 적용시기와 그 유효기간

잠정조치는 조치일 이후에 수입되는 물품에 대하여 적용하며 잠정조치기간은 원칙적으로 4월을 초과할 수 없으나 당해 무역에 상당한 비중을 차지하는 공급자의 요청이 있는 경우에는 그 적용기간을 6월까지 연장할 수 있다.

(4) 잠정조치의 종결

잠정조치를 한 물품에 대하여 덤핑방지관세의 부과요청이 철회되어 조사가 종결되거나 덤핑방지관세의 부과여부가 결정된 때 또는 약속이 수락된 경우에는 잠정조치에 의하여 납부된 잠정덤핑방지관세를 환급하거나 제공된 담보를 해제하여야 한다.

그러나 약속이 덤핑과 그로 인한 산업피해에 대한 조사결과 긍정판단이 내려진 이후에 수락된 경우 또는 덤핑방지관세가 잠정조치를 한 물품에 소급 부과될 경우에는 이미 납부한 잠정덤핑방지관세로 덤핑방지관세에 갈음하되 덤핑방지관세액이 잠정덤핑방지관세액을 초과하면 그 차액을 징수하지 아니하고 미달하면 그 차액을 환급한다. 이 경우 담보가 제공되었을 때의 덤핑방지관세액은 잠정덤핑방지관세액 상당액을 초과할 수 없다.

5. 가격수정 및 수출중지 등의 약속

(1) 의의

조사가 개시되면 그 조사가 종료되고 그 결과에 따라 그에 상응한 조치를 하는 것이 원칙이다. 그러나 조사가 개시되어 덤핑과 그로 인한 산업피해에 대한 예비조사 결과 긍정판정이 내려진 경우에 그 물품의 수출자 또는 재정경제부장관은 덤핑으로 인한 피해가 제거될 정도의 가격수정이나 덤핑수출의 중지에 관한 약속을 제의할 수 있으며 이 제의가 있을 때에는 재정경제부장관 또는 수출자는 이를 수락할 수 있고, 이를 수락하면 재정경제부장관은 잠정조치 또는 덤핑방지관세의 부과없이 조사를 중지 또는 종결하게 한다.

이와 같이 수출자가 스스로 덤핑사실을 인정하고 그것을 시정하겠다고 제의하는 것을 재정경제부장관이 수락하거나, 반대로 재정경제부장관이 그것을 시정할 것을 제의하고 이를 수출자가 수락하는 것은 쌍방의 합의에 의한 덤핑방지조치라 할 수 있다.

(2) 약속의 제의절차

수출자가 약속을 제의하고자 할 때에는 본 조사의 결과에 따른 최종판정이 있기 전에 무역위원회에 제의하여야 하고 제의를 받은 무역위원회는 제의된 내용을 지체없이 재정경제부장관에게 통보하여야 한다.

재정경제부장관도 약속을 제의할 수 있으며 이 경우 수출자를 지정하여 제의할 수 있다. 그러나 예비조사의 결과 덤핑 및 그로인한 실질적 피해 등의 사실에 관한 긍정적 예비판정이 있기 전에는 약속을 제의할 수 없다.

(3) 약속의 수락

재정경제부장관은 제의한 약속의 즉시로 가격을 수정하거나 약속일부터 6월 이내에 덤핑수출을 중지하는 것인 때에는 그 약속을 수락할 수 있다. 그러나 약속의 이행을 확보하는 것이 곤란하다고 인정되는 경우로서 재정경제부령이 정하는 경우에는 수락을 아니 할 수 있다.

재정경제부장관은 예비조사의 결과 덤핑 및 그로 인한 실질적피해 등의 사실에 관한 긍정적 예비판정이 있기 전에는 약속의 수락을 할 수 없다.

약속의 제의를 받은 수출자는 1월 이내에 수락여부를 재정경제부장관에게 통보하여야 한다.

(4) 약속수락의 효과

약속의 제의가 수락되면 재정경제부장관은 잠정조치 또는 덤핑방지관세의 부과없이 조사가 중지 또는 종결되게 하여야 한다. 그러나 재정경제부장관은 조사를 계속할 필요가 있다고 인정하거나 수출자가 조사를 계속하여 줄 것을 요청할 때에는 그 조사를 계속할 수 있다.

조사를 계속한 결과 실질적인 피해 등의 사실이 없거나 덤핑차액이 없는 것으로 확인되는 경우에는 재정경제부장관은 그 약속의 효력을 소멸시켜야 한다. 그러나 실질적인 피해 등의 사실이 없거나 덤핑차액이 없는 원인이 약속으로 인한 것으로 판단되는 때에는 재정경제부장관은 적정한 기간을 정하여 약속을 계속 이행하게 할 수 있으며, 수출자가 그 약속의 이행을 거부하는 때에는 이용가능한 최선의 정보에 의하여 잠정조치를 실시하는 등 덤핑방지를 위한 신속한 조치를 취할 수 있다.

(5) 수락된 약속의 불이행 또는 거부시의 조치

수출자가 수락된 약속을 이행하지 아니하거나 약속을 수락할 때 조사를 중지 또는 종결하지 아니하고 계속 조사한 결과 실질적인 피해 등의 사실이 없거나 덤핑차액이 없을 때, 그 원인이 약속으로 인한 것으로 판단되어 재정경제부장관이 적정한 기간을 정하여 약속을 계속 이행하게 하였으나 수출자가 그 약속의 이행을 거부하는 경우에는 재정경제부장관은 이용가능한 최선의 정보에 의하여 잠정조치를 실시하는 등 덤핑방지를 위한 신속한 조치를 할 수 있다.

(6) 수락된 약속의 유효기간

수락된 약속은 재정경제부령으로 그 적용시한을 따로 정한 경우를 제외하고는 약속의 시행일로부터 5년이 지나면 그 효력이 상실된다. 재정경제부장관이 약속에 대하여 덤핑과 산업피해를 재심사 하고 그 재심사의 결과에 따라 그 내용을 변경하는 경우에는 변경된 내용의 시행일로부터 5년이 지나면 그 효력이 상실된다.

7 덤핑방지관세의 부과 및 약속에 대한 재심사

1. 재심사요건

재정경제부장관은 필요하다고 인정하는 경우에는 덤핑방지관세의 부과와 약속에 대하여 재심사를 할 수 있으며 재심사의 결과에 따라 덤핑방지관세의 부과와 약속의 내용변경 또는 환급 등에 관한 필요한 조치를 할 수 있다.

이때 재정경제부장관은 필요하다고 인정되거나 이해관계인 또는 당해산업을 관장하는 주무부장관이 다음 사유에 해당하는 경우에 관한 증빙자료를 첨부하여 요청하는 때에는 재심사여부를 결정하여야 한다.

① 덤핑방지관세 또는 약속의 시행이후에 그 조치의 내용변경이 필요하다고 인정할 만한 충분한 상황변동이 발생한 경우.
② 덤핑방지관세 또는 약속의 종료로 인하여 국내산업이 피해를 입을 우려가 있는 경우.
③ 실제덤핑차액보다 덤핑방지관세액이 과다하게 납부된 경우.

전술한 재심사 외에 재정경제부장관은 부과중인 덤핑방지관세율 및 시행중인 약속의 적정성 여부에 대한 재심사를 할 수 있으며 이를 위하여 덤핑방지관세 또는 약속의 내용에 관하여 매년 그 시행일이 속하는 달에 덤핑가격에 대한 재검토를 하여야 한다.

재심사의 요청은 덤핑방지관세 또는 약속의 시행일로부터 1년이 경과된 날 이후에 할 수 있으며, 덤핑방지관세 또는 약속의 효력이 상실되는 날 6월 이전에 요청하여야 한다. 이 경우 재정경제부장관은 재심사를 요청받은 날로부터 1월 이내에 재심사의 필요여부를 결정하여야 한다.

2. 조사

재심사가 필요한 것으로 결정된 때에는 무역위원회는 이를 조회하여야 하며, 이 경우 당해 재심사의 사유가 되는 변동부분에 한정하여 조사할 수 있다.

덤핑방지관세 또는 약속의 종료로 인하여 국내산업이 피해를 입을 우려가 있어 재심사를 하는 경우에 그 재심사기간중에 그 덤핑방지조치의 적용시한이 종료되는 때에도 그 재심사기간중 그 덤핑방지조치의 효력은 계속된다.

무역위원회는 재심사 개시일로부터 6월(4월의 범위내에서 연장 가능) 이내에 조사를 종결하고 그 결과를 재정경제부장관에게 제출하여야 한다.

재정경제부장관은 그 조사결과를 제출받은 날부터 1월(20일의 범위내에서 연장 가능) 이내에 덤핑방지관세의 부과 또는 약속의 내용을 변경하거나 환급 등에 관한 필요한 조치를 하여야 한다. 또한 재정경제부장관은 재심사결과, 약속의 실효성이 상실되거나 상실될 우려가 있다고 판단되는 때에는 그 약속을 이행하고 있는 수출자에게 약속의 수정을 요구할 수 있으며, 그 수출자가 약속의 수정을 거부하는 때에는 이용가능한 정보에 의하여 덤핑방지조치를 할 수 있다.

【그림Ⅱ-4-2】 덤핑방지관세 부과절차

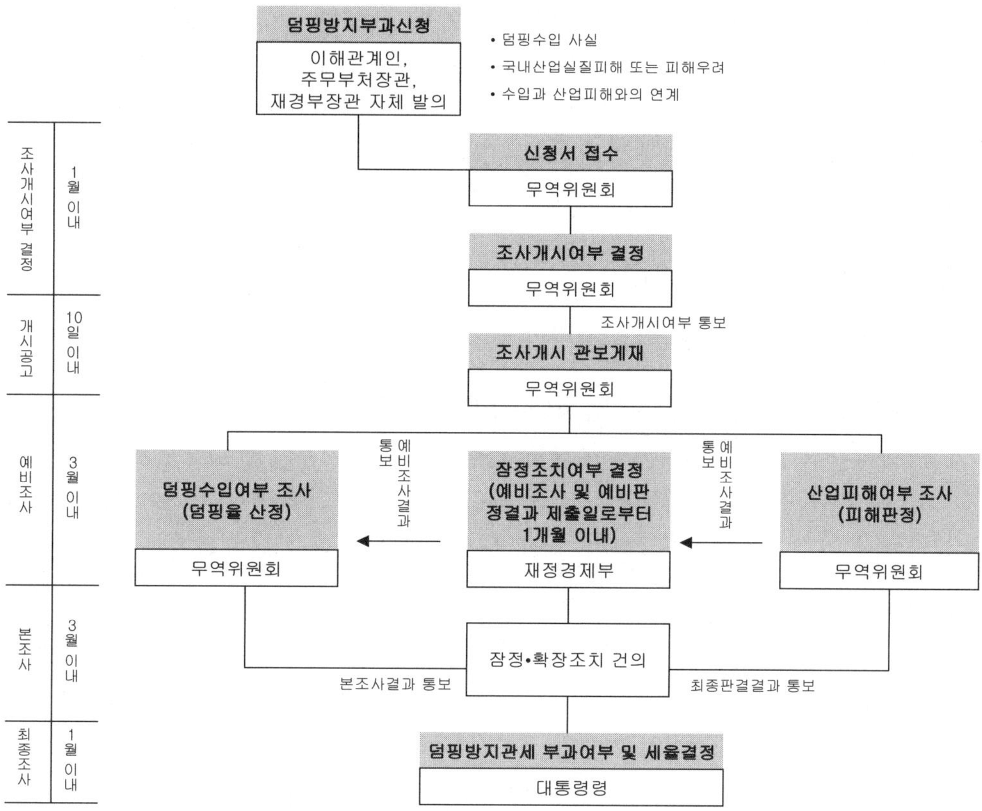

3 상계관세

❶ 상계관세의 의의

상계관세는 외국에서 제조・생산 또는 수출에 관하여 직접・간접으로 보조금 또는 장려금(이하 「보조금 등」 이라 한다)을 받은 물품의 수입으로 국내산업이 실질적인 피해를 받거나 받을 우려가 있을 때 또는 국내산업 개발이 실질적으로 지연(이하 「실질적인 피해 등」 이라 한다)되었음이 조사를 통하여 확인되고, 당해 국내산업을 보호할 필요가 있다고 인정될 때에는 재정경제부령으로 그 물품과 수출자 또는 수출국을 지정하여 당해 물품에 대하여 관세법 제57조의 규정에 의한 관세 외에 당해 보조금 등의 금액 이하의 관세(이하 「상계관세」 라 한다)를 추가하여 부과하는 관세」 를 말한다. 상계관세란 기본적으로 양국이 무역을 함에 있어서 서로 대등한 여건하에서 경쟁할 수 있도록 하는 데 있다. 즉 주어진 제여건은 X국이 불리하여 P상품의 생산에 있어서의 비교우위(comparative advantage)가 Y국에 있는데도 불구하고 X국이 P상품을 수출하는 산업에 수출보조금을 줌으로써 인위적인 방법으로 X국의 비교우위를 조작할 경우, Y국은 이에 대한 대응책으로 X국이 P상품을 수출하는 산업에 지급한 보조금에 해당하는 만큼의 관세를 부과할 수 있다. 이 때 부과되는 관세를 상계관세(Countervailing Duty)라 한다.

2 상계관세의 부과요건

상계관세의 부과요건은 다음과 같다.

① 수출보조금 등을 받은 물품이 수입되어야 한다.

외국에서 제조·생산 또는 수출에 관하여 직접 또는 간접적으로 보조금 또는 장려금(이하 보조금 등이라 한다)을 받은 물품이 우리 나라에 수입되어야 한다. 따라서 외국에서 보조금 등이 지급되는 것이 상계관세 부과의 기본요건이다.

여기서 보조금 등이라 함은 정부 또는 공공기관 등의 재정지원 등에 의한 혜택 중 특정성이 있는 것을 말한다. 그러나 재정경제부령이 정하는 보조금 등은 제외한다.

"WTO 보조금 및 상계조치에 관한 협정"에서는 정부 또는 공공기관(이하 이 협정에서 정부라 한다)의 재정적인 기여가 있는 경우는 다음의 경우라고 규정하고 있다.

i) 정부의 관행이 자금의 직접이전(예컨대, 무상지원, 대출 및 지분참여) 잠재적인 자금 또는 채무부담의 직접이전(예컨대, 대출보증)을 수반하는 경우.

ii) 정부가 받아야 할 세입을 포기하거나 징수하지 아니하는 경우(예컨대, 세액공제와 같은 재정적 유인). 그러나 국내 소비년도의 동종상품에 부과되는 관세 또는 조세를 수출품에 대하여 면세하거나 발생한 금액을 초과하지 아니하는 금액만큼 그러한 관세 또는 조세를 경감하는 것은 보조금으로 보지 아니한다.

iii) 정부가 일반적인 사회간접자본 이외의 상품 또는 서비스를 제공하거나 또는 상품을 구매한 경우

iv) 정부가 자금 공여기관에 대하여 지불하거나 일반적으로 정부에 귀속되는 전술한 i)에서부터 iii)에 예시된 기능의 유형 중 하나 또는 둘 이상을 민간기관으로 하여금 행하도록 위임하거나 지시하며, 이러한 관행이 일반적으로 정부가 행하는 관행과 실질적으로 상위하지 아니한 경우

특정성이라 함은 보조금 등이 특정기업이나 산업 또는 특정기업이나 산업 또는 특정기업군이나 산업군에 지급되는 경우를 말하며 구체적인 판별 기준은 재정경제부령(관세법시행규칙)으로 정한다. 이 특정성에 대한 판정은 명확한 증거에 기초하

여 명백히 입증되어야 한다.

보조금 등은 물품의 제조 또는 생산에 대하여 지급하는 생산보조금과 물품의 수출에 대하여 지급하는 수출장려금으로 구분한다.

생산보조금이라 함은 정부 또는 공공기관이 특정물품의 제조 또는 생산에 대하여 생산수준의 유지 향상 기타 국가의 경제정책적 고려에 의하여 지급되는 금액을 말한다. 생산보조금은 각국이 거의 예외없이 지급하고 있으며 그 보조대상은 농업·임업·어업·광공업 등 각 산업분야에 보편화되어 있으나, 비교적 경쟁력이 약한 산업에 대하여 지급하는 것이 일반적이다.

따라서 생산보조금은 특정성이 없는 경우가 대부분이므로 상계관세의 부과대상이 되는 경우가 극히 드물다고 할 수 있다. 특히 WTO 농업에 관한 협정과 "보조금 및 상계조치에 관한 협정"에서는 "농업에 관한 협정" 제13조에 규정된 바에 따라 농산물에 대하여 유지되는 보조금은 상계관세의 목적상 허용 보조금이므로 "보조금 및 상계조치에 관한 협정"의 조치가능보조금에 관한 규정을 적용하지 아니한다고 명문의 규정을 두고 있다.

또한 수출장려금은 정부 또는 공공기관에서 특정물품의 수출에 대하여 국제시장에서의 경쟁력을 강화하기 위하여 지급되는 금액을 말한다. 수출장려금은 국제경쟁력 강화를 위한 가장 유효하고도 직접적인 방법의 하나라 할 수 있다.

수출보조금은 지급되는 방법에 따라 직접수출장려금과 간접수출장려금으로 분류된다. 직접수출장려금은 특정물품의 수출에 대하여 직접 장려금을 지급하는 것을 말하며, 간접수출장려금은 특정물품의 수출에 대하여 간접적으로 장려금의 효과를 주기 위하여 지급하는 것으로서 그 형태나 명칭여하에 불구하고 간접적으로 수출장려금과 같은 효과를 가지는 것을 말한다.

② 보조금 등을 받은 물품의 수입으로 국내산업이 실질적인 피해 등을 받아야 한다.

상계관세의 두 번째 과세요건은 보조금 등을 받은 물품의 수입으로 국내산업이 실질적인 피해 등을 받아야 하는 것이다. 실질적인 피해 등이라 함은 국내산업이 실질적인 피해를 받거나 피해를 받을 우려가 있거나 국내산업의 확립이 실질적으로 지연되는 것을 말한다.

국내산업이라 함은 보조금 등을 받은 물품과 동종물품의 국내생산사업의 전부 또는 국내총생산량의 상당부분을 점하는 국내생산사업을 말한다. 다만, 보조금 등을 받은 물품과 동종물품의 국내생산사업에서는 당해 수입물품의 수출국정부·수출자 또는 수입자와 특수관계(재정경제부령이 정하는 특수관계에 한한다)에 있는 생산자에 의한 생산사업과 당해 수입물품의 수입자인 생산자(재정경제부령이 정하는 자에 한한다)에 의한 생산사업은 제외할 수 있다.

실질적인 피해 등의 판정에 있어서는 실질적 증거에 의거하여야 하며, 보조금 등을 받은 물품의 수입물량 및 그 물량의 국내시장에서 동종물품의 가격에 미치는 영향 및 그 수입물품이 그러한 물품의 국내생산에 미치는 영향도 객관적으로 검토하여야 하고, 국내산업에 대한 영향의 검토는 국내산업의 생산량, 가동률, 재고, 판매량, 시장점유율, 가격, 이윤, 생산성, 투자이익, 현금수지, 고용, 임금, 성장, 자본조달, 투자능력, 기술개발 등 당해 산업의 상태와 관계가 있는 모든 적절한 경제적 요인과 지표에 대한 평가를 포함시켜야 한다.

산업의 확립이 실질적으로 지연된다는 판단은 그 산업이 가까운 장래에 확립되는 명확한 증거가 있어야 한다.

③ 실질적인 피해 등으로부터 국내산업을 보호할 필요가 있다고 인정되어야 한다.

상계관세의 셋째 부과요건은 실질적인 피해 등으로부터 국내산업을 보호할 필요가 있다고 인정되어야 하는 것이다. 상계관세의 부과요건이 모두 갖추어진 수입물품에 대하여는 통산 그 물품이 정상가격인 때에 부과하는 관세(법 7조의 규정에 의한 관세) 외에 당해 보조금 등의 금액 이하의 관세를 추가하여 부과한다. 이 때 추가하여 부과하는 관세를 상계관세라 한다. 우리나라 관세법의 덤핑방지관세 및 상계관세 규정은 "WTO 보조금 및 상계조치에 관한 협정"과 "반덤핑 협정"에 거의 일치시키도록 개정하였기 때문에 협정과 그 내용 면에 있어서 큰 차이가 없다.

WTO에서 정한 보조금 분류 및 규제 방식은 다음 【표Ⅱ-4-3】 에서와 같다.

【표Ⅱ-4-3】 WTO 보조금 분류 및 규제방식

구분	금지보조금	상계조치가능보조금	허용보조금
판정기준	· 수출보조금 · 국산제품 사용 촉진과 관련된 보조금	· 특정기업이나 산업에 제공되는 보조금	· 일반적으로 이용가능한 보조금
법적성격	· 사용자체가 금지됨 사용시에는 WTO의무위반으로 WTO절차를 통한 신속 규제 가능 · 타국의 국내산업에 피해를 야기하였을 경우 상계관세조치 대상이 됨	· 사용은 가능하나 타국 에 불리한 효과(국내산업에 대한 피해, 타국이익의 무효화 또는 침해, 타국 이익에 대한 심각한 침해)를 야기하였을 경우 구제조치의 대상이 됨	· 사용상 아무런 제한이 없으며, 타국에 심각하고 불리한 효과를 미칠 경우 협의 등의 대상이 될 뿐임

구제조치	· WTO 절차 : 협의(30일) →보조금위원회검토(90일) →금지보조금 여부 판정 →보복조치 · 상계관세조치 : 피해발생시	· WTO절차 : 협의(60일) →보조금위원회검토 (120일) →위원회의 판정 →보복조치 · 상계관세조치 : 피해발생시	· WTO : 치유하기 곤란한 손상이 야기되는 것과 같은 심각하고 불리한 효과가 있다고 판단하는 국가는 WTO절차에 따라 협의 등 적절한 대응조치를 취할 수 있음
평가	· 대상보조금 범위 확대 · GATT절차를 통한 규제 강화 (판정기간 단축 등)	· 수량기준 도입을 포함. 현행 협정에 구체적 준거를 마련함으로써 WTO를 통한 보복 조치발동이 용이해짐	· 상계관세조치의 대상이 되지 않는 보조금을 새로이 규정하였다는 점이 특징 · WTO에서 허용보조금 운용에 대한 감시기능은 강화됨(사전통보 및 정기 검토 등)

주 : 1) 모두 WTO 보조금·상계관세협정 제1조의 규정에 의한 보조금요건을 충족하여야 함.
2) 보조금요건을 충족하고 특정기업이나 산업에만 제공되는 경우는 상계관세조치의 대상이 됨. 다만, 금지보조금에 해당하는 경우에는 특정성이 있는 것으로 간주하여 별도로 특정성 여부 판정을 할 필요가 없음.

3 상계관세의 부과

상계관세와 덤핑방지 관세는 이른바 "불공정 무역"의 가장 전형적인 유형에 속하기 때문에 WTO협정 및 각국의 운용절차에 있어서도 법에 의한 매우 엄격한 절차에 따르도록 되어 있다.

우리 나라 상계관세부과절차 규정도 앞에서 설명한 덤핑방지관세 부과를 위한 일련의 규정을 거의 준용하고 있고 그 적용요건 또한 크게 다르지 않기 때문에 중요한 사항만 요약하여 정리하면 다음과 같다.

첫째, 보조금 등을 받은 물품의 수입으로 실질적인 피해 등을 받는 국내산업에 이해관계가 있는 자 또는 그 산업을 관장하는 주무부장관이 그 산업의 피해 등을 막기 위하여 상계관세의 부과가 필요하다고 인정할 때에는 재정경제부장관 또는 산업자원부에 설치되어 있는 무역위원회에 상계관세의 부과를 요청한다.

둘째, 재정경제부장관은 보조금 등을 받은 물품의 수입사실 및 그로 인한 실질적인 피해 등의 사실이 있는지 여부에 관하여 예비조사와 본 조사를 하고 그 결과 상계관세의 부과요건이 모두 갖추어졌다고 판단될 때에는 재정경제부장관은 상계관세를 부과한다.

셋째, 조사중이라 하더라도 조사기간 중에 발생하는 피해를 방지하기 위하여 상계관세를 부과하는 것과 같은 효과를 얻을 수 있는 잠정적인 조치를 할 수 있다. 즉 잠정적으로 추계된 보조금 등의 금액 이하의 잠정상계관세를 부과하거나 담보의 제공을 명할 수 있다. 이것을 잠정조치라 한다.

넷째, 조사가 개시되어 보조금 등의 지급사실과 보조금 등을 받은 물품의 수입으로 인한 국내산업 피해에 대한 예비조사결과 긍정판정이 내려진 경우에는 당해 물품의 수출국정부 또는 재정경제부 장관은 당해 물품에 대한 보조금 등을 철폐 또는 삭감하거나 보조금 등의 국내산업에 대한 피해효과를 제거하기 위한 적절한 조치를 위한 약속을 제의할 수 있으며 당해 물품의 수출자는 수출국정부의 동의를 얻어 보조금 등의 국내산업에 대한 피해효과가 제거될 수 있는 정도로 가격을 수정하겠다는 약속을 제의할 수 있고, 이 약속제의가 수락된 경우에는 재정경제부장관은 잠정조치 또는 상계관세의 부과없이 조사를 중지 또는 종결되게 하여야 하며, 잠정조치가 이미 취해진 경우에는 그 조치를 철회하여야 한다.

4 보복관세

1 보복관세의 의의

보복관세(Retaliatory Duty)는 1879년 독일에서 최초로 채택한 제도로서 각국은 관세법에 규정하고 있다. 이러한 보복관세는 다른 나라가 우리 나라의 수출품, 선박 또는 항공기에 대하여 우리나라의 무역이익을 침해하는 경우에 그 나라로부터 수입되는 물품에 대하여 피해 상당액 범위안에서 관세를 부과할 수 있도록 규정하고 있다.

보복관세의 목적은 자국의 상품·선박·항공기 및 국민 등에 대하여 제3국보다 불리한 대우를 할 경우 이를 개선하고자 또는 통상조약 기간이 경과하여 새로운 조약의 체결을 효과적으로 체결하기 위하여 또는 관세부과조약을 개선할 목적으로 규정을 하고 있다. 이 보복관세는 그 실시에 있어서는 신중을 기하여야 한다.

왜냐하면, 보복관세의 발동은 상대국으로부터 또 다시 보복조치를 받아 관세전쟁을 유발할 염려가 있기 때문이다. 따라서 자국의 수출품, 선박 또는 항공기에 대하여 불리한 대우의 시정은 외교문제 및 정치적 여건에 따라 해결되는 것이 통상적이고 다만 제도의 채택 자체만으로도 예방적인 차원에서 입법적 목적이 기대된다고 볼 수 있다.

2 보복관세의 부과요건

보복관세의 부과요건은 교역상대국이 우리 나라의 수출품 등에 대하여 다음 각 호의 1에 해당하는 행위를 함으로써 우리 나라의 무역이익이 침해되는 경우에 부과할 수 있다.

① 관세 또는 무역에 관한 국제협정이나 양자간 관세 또는 무역협정 등에 규정된 우리 나라의 권익을 부인하거나 제한하는 경우

각 협정에는 체약국이 협정을 위반하는 등 분쟁이 발생하였을 때에는 그 분쟁해결에 관한 규정이 있는 것이 일반적이다. 따라서 협정상의 분쟁이 발생하였을 때에는 그 협정에서 정하는 바에 따라 분쟁을 해결하는 것이 원칙일 것이다. 그러나 협정의 분쟁해결절차에 의하여서도 분쟁이 해결되지 아니할 때에도 부득이 협정에서의 탈퇴, 국가주권에 의한 보복관세의 부과 등의 조치를 하여야 할 것이다.

② 기타 우리 나라에 대하여 부당 또는 차별적인 조치를 취하는 경우

①의 사유에 해당하지 아니하는 모든 부당 또는 차별적인 조치는 전부 이 행위에 해당된다. 이상의 부과요건이 성립되면 그 나라로부터 수입되는 물품에 대하여 피해상당액의 범위안에서 관세를 부과하는데 이것이 보복관세이다.

3 보복관세의 부과

보복관세의 부과요건이 성립되어 이를 부과하는 때에는 필요하다고 인정하는 경우 관련 국제기구 또는 당사국과 미리 협의할 수 있다. 이 협의에 의하여 우리 나라 무역이익의 침해를 방지할 수 있는 조치를 취하는 데 대하여 합의한다면 보복관세의 부과는 할 필요가 없는 것이다.

보복관세를 부과할 때의 그 대상국가·물품·수량·세율 및 부과시한은 대통령령으로 정한다. 세율결정권한을 행정부에 위임한 것은 신속한 대처를 하기 위한 것이다.

이상에서 설명한 보복관세는 차별관세의 일종이므로, 국가별 할증관세, 해운(육운)장려관세, 간접수입할증관세, 상계관세, 덤핑방지관세, 국제특혜관세, 식민지특혜관세 등과 함께 역사적으로 보호무역론에 입각하여 중상주의의 전성기에 유럽제국이 무역정책상 채택한 제도였으나 오늘날은 관세정책에 도입되었다.

따라서 보복관세는 그 발동을 유보하고 인류공동의 번영을 위하여 법이전에 해결할 문제이다. 이러한 보복관세는 자국의 이익을 보호하는 수단으로 발동하므로 그 발동은 타국의 차별대우의 시정과 통상조약의 체결을 위한 상담교섭수단으로 발동하는 과도적 관세기능을 담당하여야 한다.

5 긴급관세 및 농림축산물에 대한 특별긴급관세

1 긴급관세

1. 긴급관세의 의의

긴급관세(emergency duty)란 특정물품의 수입증가로 인하여 동종물품 또는 직접적인 경쟁관계에 있는 물품을 생산하는 국내산업(이하 "국내산업"이라 한다)이 심각한 피해를 받거나 받을 우려(이하 "심각한 피해 등"이라 한다)가 있음이 조사를 통하여 확인되고 당해 국내산업을 보호할 필요가 있다고 인정될 때에는 당해 심각한 피해 등을 방지하거나 치유하고 조정을 촉진(이하 "피해의 구제"라 한다)하는 데 필요한 범위안에서 관세(이하 "긴급관세"라 한다)를 추가하여 부과하는 제도를 말한다.[120)]

덤핑방지관세가 외국의 덤핑판매에 의하여 부과하는 것이고, 상계관세가 외국에서 수출보조금 등을 지급한 때에 부과하는 것인데 반하여, 긴급관세는 수입의 급격한 증가로 국내산업이 심각한 피해 등을 입게 되는 비상사태가 발생하였을 경우, 정상의 기본관세율로서는 그 효과를 기대할 수 없으므로 별도로 관세율을 인상하여 관세를 부과함으로써 국내산업을 보호하는 데 그 목적이 있다.

2. 긴급관세의 부과

긴급관세의 부과요건은 첫째, 특정물품의 수입증가존재 둘째, 동종·경쟁국내 산업의 심각한 피해 존재 셋째, 국내산업 보호필요성 인정 등 세 가지 요건이 충족되어야 한다.

긴급관세는 무역위원회의 긴급관세 부과건의가 있는 경우에 당해 국내산업의 보호필요성, 국제통상관계, 긴급관세 부과에 따른 보상수준 및 국민경제 전반에 미치는 영향들을 검토하여 부과여부 및 그 내용을 결정한다.

그리고 긴급관세의 부과여부 및 그 내용은 무역위원회의 부과건의가 접수된 날로부터 30일 이내에 결정하여야 한다. 다만, 주요 이해당사국과 긴급관세의 부과에 관한 협의 등을 하기 위하여 소요된 기간은 이에 포함되지 아니한다.

---

120) 긴급관세에 대하여 우리나라 관세법에서는 그 부과대상에 따라 관세를 양허하지 아니한 물품에 부과하는 긴급관세, 관세를 양허한 농림축산물에 부과하는 특별긴급관세(법 12조의 3) 농림축산물을 제외한 관세양허품목에 부과하는 긴급관세(법 68조)로 구분하여 규정하고 있다. 관세를 양허하지 아니한 물품에 부과하는 일반긴급관세는 비양허품목 긴급관세, 관세를 양허한 농림축산물에 부과하는 긴급관세는 특별긴급관세, 농림축산물을 제외한 관세양허품목에 부과하는 긴급관세는 일반양허품목 긴급관세라고 부르기도 한다.

또한 재정경제부 장관은 긴급관세를 부과할 경우에는 이해당사국과 긴급관세부과의 부정적 효과에 대한 적절한 무역보상법에 관한 협의를 할 수 있다.

재정경제부 장관은 긴급관세 또는 잠정긴급관세의 부과여부를 결정하기 위하여 필요하다고 인정하는 경우 관계행정기관의 장 및 이해관계인 등에게 관련자료의 제출 등 필요한 협조를 요청할 수 있다.

3. 잠정긴급관세의 부과

긴급관세의 부과여부를 결정하기 위한 조사가 개시된 물품 또는 대외무역법 제29조(잠정조치) 제①항의 규정에 의하여 잠정조치가 건의된 물품에 대하여 조사기간 중에 발생하는 심각한 피해 등을 방지하지 아니할 경우 회복하기 어려운 피해를 초래하거나 초래할 우려가 있다고 판단될 때에는 조사가 종결되기 전에 피해의 구제를 위하여 필요한 범위 안에서 잠정긴급관세를 추가하여 부과할 수 있다.

잠정긴급관세의 부과는 부과조치결정 시행일 이후 수입되는 물품에 한하여 이 잠정긴급관세의 부과여부 및 그 내용은 무역위원회의 부과건의가 접수된 날로부터 30일 이내에 전술의 검토사항을 고려하여 결정하여야 한다.

다만, 재정경제부 장관은 필요하다고 인정하는 경우에는 20일의 범위에서 그 결정기간을 연장할 수 있다.

4. 잠정긴급관세의 환급

긴급관세부과 또는 수입수량 제한 등의 조치여부를 결정하기 위한 조사결과 수입증가가 국내산업에 심각한 피해를 초래하거나 초래할 우려가 있다고 판단되지 아니하는 경우에는 이미 납부한 잠정긴급관세는 환급하여야 한다.

또한 잠정긴급관세가 적용중인 특정수입물품에 긴급관세를 부과하기로 결정한 경우로서 긴급관세액이 잠정긴급관세액과 같거나 많은 경우에는 그 잠정긴급관세액을 긴급관세액으로하여 그 차액을 징수하지 아니하고, 적은 경우에는 그 차액에 상당하는 잠정긴급세액을 환급하는 조치를 하여야 한다.

그리고 무역위원회가 국내산업의 피해가 없다고 판정하고 이를 재정경제원 장관에게 통보한 경우에는 동 피해와 관련하여 납부된 잠정긴급관세를 환급하는 조치를 하여야 한다.

5. 긴급관세의 재심사

재정경제부 장관은 필요하다고 인정하는 경우 긴급관세의 부과결정에 대하여 재심사를 할 수 있으며, 재심사 결과에 따라 부과내용을 변경할 수 있다. 이 경우 변경된 내용은 최초의 조치내용보다 더 강화되어서는 아니 된다.

즉, 재정경제부 장관은 부과중인 긴급관세에 대하여 무역위원회가 그 내용의 변경 또는 해제 등을 건의하는 경우에는 그 건의가 접수된 날로부터 30일 이내에 재심사하여 긴급관세부과의 변경 또는 해제 등의 조치여부를 결정하여야 한다.

다만, 재정경제부 장관은 필요하다고 인정하는 경우에는 20일의 범위내에서 그 결정기간을 연장할 수 있다.

2 농림축산물에 대한 특별긴급관세

1. 의의

WTO의 농업협정문은 관세화대상 품목의 수입이 급증하거나 세계시장가격이 기준가격(Trigger Price) 이하로 하락할 경우 추가관세를 부과할 수 있도록 한 특별긴급구제조치(Special Safeguard : SSG)를 인정하고(농업협정문 제5조) 있는데, 이를 국내법 형태로 수용한 것이 이른바 특별긴급관세제도이다.

WTO체제의 긴급수입제한조치(Safeguards)는 국내산업의 피해가 있거나 피해 우려가 있을 경우 사전에 관계국과 협의해야 함은 물론, 조치 후 상응하는 보상을 해야 한다는 제약조건들이 있지만 특별긴급수입제한조치는 피해의 유무나 상응하는 보상 등이 불필요하다는 점에서 차이가 있다.

세율 우선순위에 있어서도 특별긴급관세는 제도의 취지를 감안하여 덤핑방지관세, 보복관세, 긴급관세, 상계관세와 같이 1순위로 적용되어 기본세율이나 할당·조정관세보다도 우선 적용된다.

매년 초에 부과대상물품, 세율, 적용기간 등을 일괄규정하고 동 규정에 일치하면 즉시 부과조치하도록 재정경제부령을 마련하고 있어 별도의 산업피해조사 없이 규정된 수입증가 및 수입가격 하락시 부과할 수 있다.

부과요건으로는 ① 당해 연도 수입량이 기준발동물량을 초과하는 경우 ② 원화로 환산한 운임·보험료를 포함한 당해 물품의 수입가격이 1988년부터 1990년까지의 평균수입가격의 100분의 10을 초과하여 하락하는 경우이다.

또한 피해가 구제될 수 있는 수준의 세율을 운용하기 위하여 물량기준과 가격기준중에서 부과효과가 높은 것을 적용하게 하고, WTO농업협정에서 허용하는 한도에서 가장 높은 세율로 부과하여 구제효과의 극대화를 도모하고 있다.

2. 특별긴급관세의 부과기준

(1) 물량기준 특별긴급관세

이는 수입물량이 증가하여 부과하는 경우로서 이들 품목에 대해서는 당해 연도 수입물량이 급증하여 정해진 기준발동물량을 초과할 경우 특별긴급관세는 국내외 가격차에 상당한 율인 당해 양허세율에 그 양허세율의 3분의 1까지를 추가한 세율로 부과할 수 있으며 당해 연도말까지 수입되는 분에 대해서만 이를 적용한다.

이를 공식으로 표현하면 특별긴급관세부과시 적용되는 세율은 'TE+TE×1/3'이 된다.

(2) 가격기준 특별긴급관세

가격기준 특별긴급관세는 당해 물품의 수입가격(CIF기준)이 기준가격('88~90년 평균수입가격)의 90%에 미달할 경우에 부과한다. 이는 국내외 가격차에 상당한 율인 당해 양허세율(TE)에 의한 관세에 일정 금액을 추가하여 부가할 수 있다.

부과방법은 품목별 수입가격과 기준발동가격과의 가격차에 따라 기간별로 합산하여 누진적으로 부과한다. 이는 낮은 가격으로 수입되는 물품에 대해서는 더 높은 세율을 부과할 수 있도록 하는 누진세율을 적용하여 상대적으로 피해를 더 줄일 수 있도록 하고 있다.

3. 특별긴급관세를 부과할 수 없는 경우

(1) 물량기준의 경우

농림축산물에 대한 특별긴급관세가 부과되는 기준을 적용함에 있어서 부패하기 쉽거나 계절성이 있는 물품에 대하여는 기준발동물량을 산정할 때 3년보다 짧은 기간을 적용하거나 가격기준을 산정할 때 다른 기간 동안의 가격을 적용하는 등 당해 물품의 특성을 고려할 수 있다.

또한 국제관세협력의 규정에 의하여 국제기구와 관세에 관한 협상에서 양허된 시장접근물량으로 수입되는 물품은 특별긴급관세 부과대상에서 제외한다.

다만, 그 물품은 특별긴급관세 부과를 위하여 수입량을 산정하는 경우에는 이를 산입한다.

그리고 특별긴급관세가 부과되기 전에 계약이 체결되어 운송중에 있는 물품은 물량기준 특별긴급관세 부과대상에서 제외된다. 다만, 동물품은 다음해에 물량기준에 의한 특별긴급관세를 부과하기 위하여 필요한 수입량에는 산입할 수 있다.

(2) 가격기준의 경우

수입량이 수입신고일로부터 과거 6개월 이상 계속 감소하고 있다는 증빙자료를 첨부하여 수입자가 수입신고일에 세관장에게 특별긴급관세 적용배제를 요청하고 이를 확인한 경우에는 부과하지 않는다.

【표Ⅱ-4-4】 특별긴급관세의 기준

구분	물량기준	가격기준
근거	농업협정문 제5조1항 관세법 제68조	농업협정문 제 5조 관세법 제68조
부과기준	수량물품이 기준발동물량을 초과하는 경우	수량가격이 지준발동가격을 초과하는 경우
부과범위	TE의 1/3범위 이내	가격차에 따라 누진세율 적용
부과기간	부과 당해년도에 한함	Case by Case
제외대상 물품	부과이전에 계약되어 수출국에서 선적된 물품	수입량이 6개월 이상 계속 감소하는 물품

3 특정국물품긴급관세

1. 의의

특정국물품긴급관세는 중국이 WTO에 가입(2001. 12. 11)하는 조건으로 WTO의 회원국에게 자국에 대한 한시적(가입 후 12년간) 긴급수입제한조치를 허용함에 따라 중국 등 특정국가의 물품에 대하여 부과할 수 있는 긴급관세이다.

즉, 특정국가 물품의 수입증가가 국내시장의 교란 또는 교란우려의 중대한 원인이 되거나 다른 세계무역기구 회원국이 특정국가 물품에 대하여 자국의 피해를 구제하거나 방지하기 위하여 취한 조치로 인하여 우리나라로 수입되거나 수입될 우려가 있는 경우에 이로 인한 피해를 구제하거나 방지하기 위하여 부과하는 긴급관세가 특정국물품 긴급관세이다.

특정국물품 긴급관세는 국제조약 또는 일반적인 국제법규에 의하여 허용되는 한도 안에서 대통령령이 정하는 국가를 원산지로 하는 물품에 부과하는 긴급관세이다. 이 물품을 특정국물품이라 한다. 대통령령이 정하는 국가는 중화인민공화국(홍콩 및 마카오를 제외한다. 이하 같다)이다.

중화인민공화국을 원산지로 하는 물품에 부과하는 특정국물품긴급관세는 2013. 12. 10까지 수입신고되는 물품에 한하여 적용한다.

2. 부과 요건

두 가지 사유 중 어느 하나에 해당하면 이 긴급관세를 부과할 수 있다.

첫째, 수입증가가 국내시장의 교란 또는 교란우려의 중대한 원인이 되는 경우에 부과할 수 있다. 이 사유가 있을 때 부과하는 긴급관세의 부과요건은 특정국물품의 수입이 증가하여야 하고, 수입의 증가가 국내시장의 교란 또는 교란우려의 중대한 원인이 되어야 하는 것이다. 특정국물품의 수입증가는 그 증가의 원인을 불문한다. 그리고 국내시장의 교란 또는 교란우려라 함은 특정국물품의 수입증가로 인하여 동종 물품 또는 직접적인 경쟁관계에 있는 물품을 생산하는 국내산업이 실질적 피해를 받거나 받을 우려가 있는 경우를 말한다.

둘째, 세계무역기구 회원국이 방어조치로 특정국물품이 수입되거나 수입될 우려가 있는 경우에 부과할 수 있다. 이 사유가 있을 때 부과하는 긴급관세의 부과요건은 WTO 회원국이 특정국물품의 수입증가에 대하여 자국의 피해를 구제하거나 방지하기 위하여 조치가 있어야 하고, 이 조치로 인하여 중대한 무역전환이 발생하여 특정국물품이 우리나라로 수입되거나 수입될 우려가 있어야 한다.

특정국물품 긴급관세를 부과하기로 결정한 때에는 피해를 구제하거나 방지하기 위하여 필요한 범위안에서 관세를 추가하여 부과한다. 이 긴급관세의 부과는 부과조치 결정 시행일 이후에 수입되는 물품에 한하여 적용한다. 재정경제부장관은 특정국물품 긴급관세를 부과하는 때에는 이해 당사국과 해결책을 모색하기 위하여 사전협의를 할 수 있다.

WTO 회원국의 방어조치로 특정국물품이 수입되거나 수입될 우려가 있는 경우에 부과한 긴급관세는 그 부과의 원인이 된 WTO 회원국의 조치가 종료되면 그 종료일로부터 30일 이내에 이 특정국물품 긴급관세의 부과를 중지하여야 한다.

3. 특정국물품 잠정긴급관세의 부과

특정국물품의 수입증가가 국내시장의 교란 또는 교란우려의 중대한 원인이 되는 사유가 있어 특정국물품 긴급관세의 부과여부를 결정하기 위한 조사가 개시된 물품에 대하여 조사기간 중에 발생하는 국내시장의 교란을 방지하지 아니하는 경우 회복하기 어려운 피해가 초래되거나 초래될 우려가 있다고 판단되는 때에는 조사가 종결되기 전에 피해를 구제하거나 방지하기 위하여 필요한 범위안에서 특정국물품에 대하여 잠정적으로 긴급관세를 부과할 수 있다. 이 긴급관세를 특정국물품 잠정긴급관세라 한다. 특정국물품 잠정긴급관세는 특정국물품 긴급관세의 부과사유 중 특정국물품의 수입증가가 국내시장의 교란 또는 교란우려의 중대한 원인이 되는 사유가 있는 경우에 한하여 부과한다.

6 조정관세

1 조정관세의 의의

조정관세(adjustment tariff)라 함은 정부의 개방정책 실시에 따라 그 부작용을 관세정책면에서 이를 시정·보완하려는 목적에서 1984년부터 실시된 제도이다. 즉, 국내산업의 국제경쟁력을 높이고 국내소비자를 보호하기 위하여 수입자유화정책을 채택하면서 수입자동승인품목을 대폭 늘리는 한편 수입물품에 대한 관세율을 대폭 낮추도록 하였는데, 이러한 정책 전환은 충분한 여건조성이 미진한 경우 일부 자유화된 품목의 수입이 급증하여 국내산업을 저해하거나 국민소비패턴을 왜곡시킬 가능성이 많기 때문에 무역계획상으로는 자유화시켰지만 수용태세가 충분히 갖추어질 때까지 일정기간 동안 관세율을 상향 조정하는 등으로 관세장벽에 의해 수입을 조정하려는 것이 이 제도도입의 기본이념이다.

2 조정관세의 부과요건

조정관세를 부과할 수 있는 요건은 다음 4가지이며 이중 어느 하나에만 해당되어도 조정관세를 부과할 수 있다.

① 산업구조의 변동 등으로 물품간의 세율이 현저히 불균형으로 이를 지정할 필요가 있는 경우
② 국민보건·환경보전·소비자보호 등을 위하여 필요한 경우
③ 국산 개발된 물품 중 일정기간 보호가 필요한 경우
④ 농·축·수산물 등 국제경쟁력이 취약한 물품의 수입증가로 국내시장이 교란되거나 산업기반을 붕괴시킬 우려가 있어 이를 시정 또는 방지할 필요가 있는 경우 등이다.

3 조정관세의 부과

조정관세의 부과요건이 성립하면 부과대상물품에 대하여 100분의 100에서 그 물품의 기본관세율을 뺀 율을 기본관세율에 가산한 율의 범위 안에서 관세를 부과할 수 있다. 다만 농림축산물 또는 이를 원재료로 하여 제조된 물품의 국내외가격차가 당해 물품의 과세가격을 초과하는 경우에는 국내외가격차에 상당하는 율의 범위 안에서 관세를 부과할 수 있다. 이들 물품이 저렴한 가격으로 수입될 때에는 그 저렴한 부분을 관세로 흡수시킴으로써 국내외 가격차를 없애자는 데 그 목적이 있다.

조정관세의 부과와 관련이 있는 관계부처의 장 또는 이해관계인은 재정경제부장관에

게 이 관세의 부과를 요청할 수 있으며, 이 때 그 물품과 관련된 사항에 관한 관계 자료를 제출하여야 한다. 재정경제부장관은 이 관세의 부과에 관하여 필요한 사항을 조사할 수 있으며 이 때 필요하다고 인정할 때에는 관계기관, 수출자, 수입자, 기타 이해관계인에게 관계 자료의 제출, 기타 필요한 협조를 요청할 수 있다.

조정관세제도의 운영에 있어서 재정경제부장관이 필요하다고 인정하는 사항은 관세심의위원회에서 심의한다.

조정관세를 부과할 물품·세율·적용시한과 수량 등은 대통령령으로 정한다.

7 할당관세

1 할당관세의 의의

할당관세제도(quota tariff system)는 관세율의 조작에 의하여 수입수량을 직접 규제하고자 마련된 제도로서, 이미 선진국에서 많이 활용되고 있다. 이 제도는 수입수량 또는 금액의 일정한 도를 사전에 책정하여 두고 그 수량 또는 금액을 초과하는 분에 대하여는 할당관세를 부과하는 것이 가장 일반적인 예이며, 사전에 일정 한도를 책정하고 그 한도까지 수입되는 분에 대하여는 면세를 하고, 그 한도를 초과하는 분에 대하여는 기본관세율을 적용하는 것이 또 하나의 예이다. 본래 할당관세제도는 국내생산이 국내수요를 충족하지 못할 때 공급부족분, 즉 수요충족을 위한 수입량에 대하여 낮은 관세율을 적용하고, 이를 초과하는 수량에 대하여는 높은 세율을 부과함으로써 국내의 생산업자와 수요자를 동시에 보호하기 위한 관세제도이다. 그러나 우리나라에서는 생산자와 소비자를 동시에 보호하는 수단뿐만 아니라 국내에서 생산되지 않는 물품이라도 국내수요량을 초과하여 수입되는 경우에 가수요를 억제하기 위한 수단으로 사용된다.

GATT (1994)에서도 국내산업의 보호수단으로 양적 수입규제를 원칙적으로 금지하고 있으나 할당관세제도는 무차별적용을 조건으로 하여 인정한다. 이 무차별방식은 전면적 무차별외에 이해관계국의 협약에 의하는 국별 할당방식과 과거의 무역실적을 기준으로 하여 정하는 국별 할당방식이 인정되고 있다.

2 할당관세수량 및 관세할당방법

1. 할당관세수량

원칙적으로 수입물품 전부에 대하여 할당관세를 적용하되 필요한 경우 일정수량에 한하여 할당관세를 적용할 수 있도록 하고 있는데, 할당관세수량은 일정기간 내의 수요량을 측정하여 이와 동종상품의 국내 생산예정수량을 뺀 수량에 의하여 결정된다. 또 국내생산이 없는 물품은 총수요량 = 총공급량이 된다. 이러한 수량은 수요공급의 장기적 시점에서 수량을 결정한 고정 쿼터(quota)와 변동을 감안하여 정부가 분기마다 결정하는 신축쿼터 및 일정한 수입가격을 기준으로 하는 가격쿼터제가 있다.

2. 관세할당방법

관세할당방법에는 선착순방법과 사전할당방법이 있으나 전자는 수입업자의 신청에 대하여 할당 내 수량을 선착순으로 할당하는 방법으로 이 방법에 따르면 세법상의 취급이 공평하나 할당기간 초기에 수입이 집중되어 수입경쟁을 유발하여 선착순을 결정할 때 관세업무상 곤란이 생기는 폐단이 일어난다. 그러나 후자는 과거의 수입실적과 사용실적 등에 따라 관계기관이 사전에 할당하므로 간편하나 세법 적용의 공평성에서 볼 때 불공평한 면이 있다. 실무적으로는 후자의 경우를 활용하고 있으나 때로는 전자의 경우도 적용되는 경우가 있다.

3 할당관세의 부과요건

1. 할인할당관세의 경우

관세가 할인부과되는 할인할당관세의 부과요건은 다음 세 가지 중 어느 하나에 해당되면 부과할 수 있다.

① 원활한 물자수급 또는 산업의 경쟁력 강화를 위하여 특정물품의 수입을 촉진시킬 필요가 있을 경우. 즉, 국내경제사정 또는 국제경제사정에 따라 물자의 공급이 부족하거나 수요가 증가하여 물자수급에 어려움이 있을 때 또는 국내산업의 경쟁력을 강화하여야 할 필요가 있을 때 관세율을 인하함으로써 수입을 촉진시켜 물자의 공급을 늘려 물자수급의 원활 또는 산업의 경쟁력 강화를 가하고자 할 때 할인할당관세를 부과한다.

② 수입가격이 급등한 물품 또는 이를 원자재로 한 제품의 국내가격의 안정을 위하여 필요한 경우. 즉, 수입가격이 갑자기 오르거나 가격이 오른 이 수입물품을 원재료로 하여 만든 제품의 가격이 오를 때 그 수입물품에 대한 관세를 인하함으로써 국내가격을 안정시킬 수 있으므로 이런 때 할인할당관세를 부과한다.

③ 유사물품간의 세율이 현저히 불균형하여 이를 시정할 필요가 있는 경우. 이 경우는 원칙적으로 관세법을 개정하여 물품간의 세율불균형을 시정하여야 하나 국회의 법률개정에는 상당한 시일이 소요되므로 법개정이 될 때가지 잠정조치로서 할인하당관세를 부과한다.

할인할당관세는 그 부과대상물품의 기본관세율에서 100분의 40을 감한 율의 범위 내에서 부과한다. 원칙적으로 할인할당관세가 부과되는 물품의 수량은 제한되지 않지만 필요하다고 인정할 때에는 그 수량을 제한할 수도 있다.

2. 할증할당관세의 경우

관세가 할증부과되는 할증할당관세의 부과요건은 수입을 억제할 필요가 있는 물품이 정부가 정하는 일정 수량(관세할당 수량이라고도 한다)을 초과하여 수입되는 것이다. 할증할당관세의 부과요건 중 일정 수량을 기준으로 한 것은 무세 또는 낮은 관세를 부과받아 싼 값으로 수입물품을 공급받고자 하는 수요자의 요구와 높은 관세를 부과받아 공급가격이 높아짐으로써 수입물품의 수요를 감퇴시켜 국내생산품의 수요를 확보하고자 하는 국내생산자의 요구를 동시에 충족시키고자 한 것이다. 예컨대, 어떤 물품의 국내생산량은 100이고 국내수요량은 170이라 가정할 때 부족공급량 70은 수입하여야 하며 이때는 무세 또는 낮은 관세를 부과하여 수요자의 요구를 충족시키고 나머지 100은 국내생산품으로 수요를 충족시켜야 하므로 70을 초과하여 수입되는 것을 억제하기 위하여 높은 할증할당관세를 부과함으로써 국내생산자의 요구를 충족시킬 수 있는 것이다.

정부에서 정한 일정 수량을 초과하여 수입되는 것을 억제하기 위하여 그 초과수입분에 대하여는 관세율을 인상하여 관세를 부과한다. 이것이 할증할당관세이다. 인상률은 그 물품의 기본관세율에 100분의 40을 가산한 율의 범위 안에서 정한다. 그러나 농림축수산물의 경우는 기본관세율에 동종물품, 유사물품 또는 대체물품의 국내외가격차에 상당한 율을 가산한 율의 범위 안에서 정할 수 있다.

할당관세의 부과와 관련이 있는 관계부처의 장 또는 이해관계인은 재정경제부장관에게 이 관세의 부과를 요청할 수 있으며, 이 때 그 물품에 관한 관계 자료를 제출하여야 한다. 재정경제부장관은 이 관세의 부과에 관하여 필요한 사항을 조사하기 위하여 필요하다고 인정할 때에는 관계기관, 수출자, 수입자 기타 이해관계인에게 관계 자료의 제출 기타 필요한 요청을 할 수 있다.

할당관세를 부과할 물품, 수량, 세율과 적용기간 등은 대통령령으로 정한다.

8 계절관세

① 계절관세의 의의

계절관세(Seasonal Duty)라 함은 계절에 따라 가격차이가 심한 물품의 가격안정과 관련산업의 보호 또는 소비자의 보호를 위하여 이 물품과 동종물품, 유사물품 또는 대체물품이 수입될 때 이들 물품의 관세율을 계절구분에 따라 일정 범위 내에서 인상 또는 인하하는 관세를 말한다. 계절관세는 1년중 어떤 특정계절에 한하여 부과하며 국내생산 농산물의 보호와 소비자의 이익을 조화시키는 데 그 목적이 있다.

계절관세는 계절에 따라 가격차이가 심한 물품 및 이와 유사한 물품 또는 대체물품의 수입으로 이 물품의 국내시장이 교란되거나 산업기반이 붕괴될 우려가 있는 경우에 계절의 구분에 따라 이들 물품의 국내외가격차에 상당하는 율의 범위 안에서 기본세율보다 높게 관세를 부과하거나 기본세율에 100분의 40을 감한 율의 범위 안에서 기본세율보다 낮게 관세를 부과한다.

관세율을 인상 부과하는 경우는 그 물품의 수입을 억제하여 국내농산물과 농업을 보호하기 위한 것이고 관세율을 인하 부과하는 경우는 그 물품의 수입을 촉진하여 소비자의 이익을 도모하기 위한 것이다.

② 계절관세의 부과

계절관세의 부과와 관련이 있는 관계부처의 장 또는 이해관계인은 재정경제부장관에게 이 관세의 부과를 요청할 수 있으며 이 때 그 물품에 관한 다음 ①~⑦항의 관계자료를 제출하여야 한다. 재정경제부장관은 이 관세의 부과에 관하여 필요한 사항을 조사하기 위하여 필요하다고 인정할 때에는 관계기관, 수출자, 수입자, 기타 이해관계인에게 관계 자료의 제출 기타 필요한 요청을 할 수 있다.

이 관세를 부과할 물품, 세율 및 적용시한 등은 재정경제부령으로 정한다.

① 품명·규격·용도 및 대체물품
② 최근 1년간의 월별 수입가격 및 주요 국제상품 시장의 가격 동향
③ 최근 1년간의 월별 중요국내 제조업체별 공장도가격
④ 당해 물품 및 주요관련 제품의 생산자 물가지수·소비자 물가지수 및 수입물가 지수
⑤ 계절관세를 적용하고자 하는 이유 및 그 적용기간
⑥ 계절별 수급실적 전망

⑦ 변경하고자 하는 세율과 그 산출 내역.

끝으로 보복관세에 관한 규정 즉 「재정경제부장관은 보복관세의 적용에 관하여 필요한 사항을 조사하기 위하여 필요하다고 인정한 때에는 관계기관·수출자·수입자 기타 이해관계인에게 관계자료의 제출 기타 필요한 협조를 요청할 수 있다」 는 계절관세의 적용에 관하여 이를 준용하도록 되어 있기 때문에 여기서의 보복관세는 계절관세로 본다는 점을 유의하여야 한다.

9 편익관세

1 편익관세의 의의

편익관세(Beneficairy Duty)는 조약에 의한 관세상의 혜택을 받지 않는 나라의 물품이 수입될 때 기존조약에 의한 편익을 한도로 하여 관세상의 혜택을 부여하는 관세를 말한다.

이러한 편익관세는 일국이 기존조약을 체결한 타국에 대하여 부여한 무역상의 편익 가운데서 최혜국대우(Most Favored Nations Treatment : MFN)를 준 나라와 같은 대우를 상대방 국가에 대해서도 부여하는 것을 말한다. 따라서 최혜국대우와 편익관세는 유사하지만 전자는 일국이 타국과의 조약에 의거하여 최혜국대우를 하는 것이나 후자는 일국이 일방적으로 최혜국대우의 범위 안에서 상대국에서 부여하는 것이므로 상대국은 권리로서 그 편익을 주장할 수 없다는 점이 다르다.

관세의 부과는 국내법 및 조약 등에 근거를 두나 편익관세는 정치적 유대관계에 의하여 타국에 대하여 일방적으로 최혜국대우의 범위 안에서 상대국에서 부여하는 것이므로 상대국은 권리로서 그 편익을 주장할 수 없다는 점이 특이하다. 편익관세의 대상국가는 부탄·오만·서사모아·소말리아·모나코 등 제3세계와 외교적 유대관계의 도모, 자원외교의 일환으로 편익관세를 부과한다.

편익관세의 적용대상 국가는 우리나라와 정상적인 외교관계가 수립되어 있지 아니한 국가가 그 대부분을 이루고 있다. 따라서 외교관계가 정상화되고 자원확보가 원활히 이루어 질 때에는 이러한 편익관세의 발동이 필요 없으므로 이 제도도 또한 한시적 제도라고 할 수 있다.

2 편익관세의 부과

편익관세는 대통령령으로 나라와 물품을 지정하여 이미 체결된 외국과의 조약의 규정에 의한 편익의 한도 내에서 부과한다.

구체적인 편익관세의 부과대상국가, 물품, 세율은 관세법시행령에서 정하고 있다.

편익관세는 관세법시행령에서 정하고 있는 편익관세부과 대상국가의 생산물 중 세계무역기구협정 일반 양허 관세의 양허표(세계무역기구협정 등에 의한 양허관세규정<대통령령>)에 규정된 물품에 대하여 그 양허표에 규정된 양허 세율을 적용한다.

그러나 법에 의한 세율이 양허관세보다 낮은 경우에는 법에 의한 세율을 적용하며 덤핑방지관세, 보복관세, 비양허품목긴급관세·농림축산물에 대한 특별긴급관세 또는 상계관세의 부과대상품목인 경우에는 양허세율을 적용하지 아니하고 이들 세율을 적용하되, 국제기구와 관세에 관한 협상에서 국내외 가격차에 상당한 율로 양허하거나 국내시장 개방과 함께 기본세율보다 높은 세율로 양허한 농림축산물 중 대통령령이 정하는 물품에 대하여 양허한 세율(시장접근물량에 대한 양허세율을 포함한다)이 있는 경우에는 기본세율, 잠정세율에 우선하여 적용한다.

Chapter Ⅴ
관세의 부과와 징수

1 관세의 신고납부와 부과고지납부

1 관세의 신고납부제도

1. 의의

관세의 납부의무자는 수입신고를 할 때에 대통령령이 정하는 바에 의하여 과세표준 세율 및 납부세액을 세관장에게 신고하여야 한다. 이를 화주자진납세신고라고 한다. 이는 급증하는 수입화물의 통관절차를 신속히 하고 자진납세의 풍토를 조성하고자 하는 것이다. 자진납세신고의 대상은 부과고지의 대상이 되는 특정의 물품을 제외한 모든 수입물품이며, 납세신고자는 수입화주이고, 신고시점은 수입신고와 함께 이루어진다.

2. 납세신고

물품을 수입하고자 하는 자는 수입신고를 하는 때에 ① 당해 물품의 관세율표상의 품목분류, 세율과 분류마다 납부하여야 할 세액 및 그 합계액, ② 관세법 기타 관세에 관한 법률 또는 조약에 의하여 관세의 감면을 받는 경우에는 그 감면액과 법적근거, ③ 구매자와 판매자간에 특수관계[121]에 해당하는지 여부와 그 내용, ④ 기타

121) 법 제30조 제3항 제4호에서 "구매자와 판매자간에 대통령령이 정하는 특수관계"라 함은 다음 각호의 1에 해당하는 경우를 말한다. <개정 2006. 5. 22>
① 구매자와 판매자가 상호 사업상의 임원 또는 관리자인 경우
② 구매자와 판매자가 상호 법률상의 동업자인 경우
③ 구매자와 판매자가 고용관계에 있는 경우

과세가격결정에 참고가 될 사항 등을 기재하여 세관장에게 제출하여야 한다.

납세신고를 받은 세관장은 수입신고서상의 기재사항과 관세법의 규정에 의한 확인사항 등을 심사하여 신고한 세액에 대하여는 수입신고를 수리한 후에 이를 심사한다. 다만 관세채권의 확보가 곤란하다고 인정되거나 수리 후 세액심사를 하는 것이 부적당할 때 수입신고 수리전 이를 심사한다.

세관장은 납세실적 및 수입규모 등을 고려하여 관세청장이 정하는 요건을 갖춘자가 신청하는 때에는 납세신고한 세액을 자체적으로 심사(이하 "자율심사"하 한다) 하게 할 수 있다.

이 경우 당해 납세의무자는 자율심사한 결과를 세관장에게 제출하여야 한다.[122)]

납세의무자는 수입신고가 수리된 날부터 15일 이내에 당해 관세액을 세관장에게 납

---

④ 특정인이 구매자 및 판매자의 의결권 있는 주식을 직접 또는 간접으로 5퍼센트 이상 소유하거나 관리하는 경우
⑤ 구매자 및 판매자중 일방이 상대방에 대하여 법적으로 또는 사실상으로 지시나 통제를 할 수 있는 위치에 있는 등 일방이 상대방을 직접 또는 간접으로 지배하는 경우
⑥ 구매자 및 판매자가 동일한 제3자에 의하여 직접 또는 간접으로 지배를 받는 경우
⑦ 구매자 및 판매자가 동일한 제3자를 직접 또는 간접으로 공동지배하는 경우
⑧ 구매자 및 판매자가 「국세기본법 시행령」 제20조제1호 내지 제8호의 1에 해당하는 친족관계에 있는 경우

122) 시행령 제 32조의2(자율심사)
① 세관장은 납세의무자가 법 제 38조제3항의 규정에 따라 납세신고액을 자체적으로 심사하고자 신청하는 경우에는 관세청장이 정하는 절차에 의하여 자율심사를 하는 납세의무자(이하 "자율심사업체"라 한다)로 승인할 수 있다. 이 경우 세관장은 자율심사의 방법 및 일정 등에 대하여 자율심사업체와 사전협의할 수 있다.
② 세관장은 자율사업체에게 수출입업무의 처리방법 및 체계 등에 관한 관세청장이 정한 자료를 제공하여야 한다.
③ 자율심사업체는 제2항의 규정에 의하여 세관장이 제공한 자료에 따라 다음 각호의 사항을 기재한 자율심사 결과 및 조치내용을 세관장에게 제출하여야 한다. 이 경우 자율심사업체는 당해 결과를 제출하기 전에 납부세액의 과부족분에 대하여는 보정신청하거나 수정신고 또는 정정청구하여야 하며, 과다환급금이 있는 경우에는 세관장에게 통지하여야 한다.
1. 제2항의 규정에 의하여 세관장이 제공한 자료에 따라 작성한 심사결과
2. 자율심사를 통하여 업무처리방법·체계 및 세액 등에 대한 보완이 필요한 것으로 확인된 사항에 대하여 조치한 내용
④ 세관장은 제3항의 규정에 의하여 제출된 결과를 평가하여 자율심사업체에 통지하여야 한다. 다만, 자율심사가 부적절하게 이루어진 것으로 판단되는 경우에는 추가적으로 필요한 자료의 제출을 요청하거나 방문하여 심사한 후에 통지할 수 있다.
⑤ 세관장은 제4항 단서의 규정에 의한 자료의 요청 또는 방문심사한 결과에 따라 당해 자율심사업체로 하여금 자율심사를 적정하게 할 수 있도록 보완사항을 고지하고, 개선방법 및 일정 등에 대한 의견을 제출하게 하는 등 자율심사의 유지에 필요한 조치를 할 수 있다.
⑥ 세관장은 자율심사업체가 다음 각호의 1에 해당하는 때에는 자율심사의 승인을 취소할 수 있다.
1. 법 제38조제3항의 규정에 의한 관세청장이 정한 요건을 갖추지 못하게 되는 경우
2. 자율심사를 하지 아니할 의사를 표시하는 경우
3. 자율심사 결과의 제출 등 자율심사의 유지를 위하여 필요한 의무 등을 이행하지 아니하는 경우

부해야 한다. 이 경우 납세의무자는 수입신고수리전에도 당해 세액을 납부할 수 있다.

이는 확정된 관세채권을 조기징수하려는 것과 수입된 물품의 반출을 촉구하려는 뜻에서 15일 이내로 강제하고 있다. 여기서 수입신고가 수리된 날로부터 15일이라고 하는 것은 기간의 초일은 산입하지 아니하기 때문에 그 다음날로부터 기산하여 15일이 되는 날까지를 의미하고(기간만료일이 휴일인 때에는 그 다음날로 연장한다), 만일 15일의 법정납기를 위반하면 가산금이 부과된다.

3. 보정

납세의무자는 신고납부한 세액에 과부족이 있거나 세액산출의 기초가 되는 과세가격 또는 품목분류 등에 오류가 있는 것을 안 때에는 신고납부한 날부터 3월 이내(이하 "보정기간"이라 한다)에 대통령령이 정하는 바에 따라 당해 세액의 보정을 세관장에게 신청할 수 있다.

또한 세관장은 신고납부한 세액에 과부족이 있거나 세액산출의 기초가 되는 과세가격 또는 품목분류 등에 오류가 있는 것을 안 때에는 대통령령이 정하는 바에 따라 납세의무자에게 당해 보정기간에 보정을 신청하도록 통지[123)]할 수 있다. 이 경우 세액보정을 신청하고자 하는 납세의무자는 이미 제출한 수입신고서를 교부받아 수입신고서상의 품목분류·과세표준·세율 및 세액 그 밖의 관련사항을 보정하고, 그 보정한 부분에 서명 또는 날인하여 세관장에게 제출하여야 한다.

이에 따라 보정한 세액에 대하여는 심사를 하지 아니 한다. 다만, 거짓 그 밖의 부정한 방법으로 자료를 제출하거나 세액의 탈루가 명백한 경우 등의 경우에는 그러하지 아니한다.

납세의무자가 부족한 세액에 대한 세액의 보정을 신청한 경우에는 당해 보정신청을 한 날의 다음날까지 당해 관세를 납부하여야 한다.

세관장은 신청에 따라 세액을 보정한 결과 부족한 세액이 있는 때에는 납부기한 다음날부터 부족한 세액을 납부한 날까지의 기간과 금융기관의 정기예금에 대하여 적용하는 이자율을 감안하여 관세청장이 정하여 고시하는 이자율에 따라 계산한 금액을 가산하여 당해 부족세액을 징수하여야 한다. 다만, 가산금 및 중가산금을 징수

---

123) 세관장은 세액의 보정을 통지하는 경우에는 다음 각호의 사항을 기재한 보정통지서를 교부하여야 한다.
① 당해 물품의 수입신고번호와 품명·규격 및 수량
② 보정전 당해 물품의 품목분류·과세표준·세율 및 세액
③ 보정후 당해 물품의 품목분류·과세표준·세율 및 세액
④ 보정사유 및 보정기한
⑤ 그 밖의 참고사항

하지 아니하는 물품 즉, 국가 또는 지방자치단체(지방자치단체조합을 포함한다. 이하 같다)가 직접 수입하는 물품과 국가 또는 지방자치단체에 기증되는 물품, 우편물에 대하여는 그러하지 아니한다.

4. 수정 및 정정

(1) 수정

납세의무자는 신고납부한 세액에 부족이 있는 때에는 대통령령이 정하는 바[124]에 따라 수정신도(보정기간이 경과한 후에 한한다)를 할 수 있다. 이 경우 납세의무자는 수정신고한 날의 다음날까지 당해 관세를 납부하여야 한다.

(2) 정정

납세의무자는 신고납부한 세액이 과다한 것을 안 때(보정기간이 경과한 후에 한한다)에는 최초로 납세신고를 한 날부터 2년 이내에 대통령령이 정하는 바에 따라 신고한 세액의 정정을 세관장에게 청구할 수 있다. 이 경우 정정의 청구를 받은 세관장은 그 청구를 받은 날부터 2월 이내에 세액을 정정하거나 정정하여야할 이유가 없다는 뜻을 청구한 자에게 통지하여야 한다.

세관장은 납세의무자가 신고납부한 세액, 납세신고한 세액 때는 정정청구한 세액을 심사한 결과 과부족이 있는 것을 안 때에는 대통령령이 정하는 바에 따라 그 세액을 정정하여야 한다. 정정을 하는 경우 이미 납부한 세액에 부족이 있거나 납부할 세액에 부족이 있는 경우에는 그 부족세액에 대하여 납세고지를 하고, 정정을 한 후 그 세액에 과부족이 있는 것을 발견한 때에는 그 정정한 세액을 다시 정정 즉 재정정할 수 있다.

2 관세의 부과고지납부제도

1. 의의

부과고지납부제도는 세무관청의 처분에 의하여 납부할 세액이 확정되는 방법이다. 관세법은 원칙적으로 신고납부제도를 원칙으로 하고 있으며, 과세가격안정에 관한 자료가 불충분한 무환수입물품이나, 또한 심사에 신중한 검토를 요하는 일부품목

---

124) 수정신고를 하고자 하는 자는 다음 각호의 사항을 기재한 수정신고서를 세관장에게 제출하여야 한다.
① 당해 물품의 수입신고번호와 품명·규격 및 수량
② 수정신고전의 당해 물품의 품목분류·과세표준·세율 및 세액
③ 수정신고후의 당해 물품의 품목분류·과세표준·세율 및 세액
④ 가산세액
⑤ 기타 참고사항

에 대하여 예외적으로 이 제도를 취하고 있다.

2. 부과고지납부 대상

부과고지납부대상물품은 납세의무자로부터 세액의 신고를 기대할 수 없거나 납세신고를 시키는 것이 부적당한 물품 등 특수한 사유가 있는 극소수의 물품들로서 그 내용은 다음과 같다.

① 정상통관 절차에 의하지 아니하고 수입하는 물품의 관세를 징수하는 경우(정상통관절차에 의하지 아니하고 수입하는 물품 중 미적재선용품 및 기용품, 멸실 멸각물품, 지정기간내 미반입보세공장 외 보세작업물품, 지정기간내 미반입보세건설장 외 보세작업물품, 보세운송기간내 미착물품, 수입신고 수리 전에 소비, 사용한 물품, 우편물, 도난분실물품, 매각물품에 대하여 관세를 징수하는 경우).

② 보세건설장에서 건설된 시설을 수입신고 수리 전에 가동함으로써 관세를 징수하는 경우에는 그 시설에 사용된 외국물품에 대하여는 수입신고를 하고, 세관장이 그 신고를 수리하여야 하는데 이를 위반하여 가동하게 되면 처벌을 하고 그 관세는 징수한다.

③ 관세법에 의한 보세구역(타소장치허가장소 포함)에 반입된 물품이 수입신고가 수리되기 전에 반출됨으로써 관세를 징수하는 경우
보세구역(타소장치장소 포함)에 반입된 물품은 수입신고가 수리되기 전에 반출할 수 없다. 이를 위반하여 반출하면 처벌하고 그 관세는 징수한다.

④ 납세의무자가 관세청자이 정하는 사유로 과세가격·관세율 등을 결정하기 곤란하여 부과고지를 요청하는 경우

⑤ 기타 납세신고가 부적당하다고 인정되어 재정경제부령으로 정하는 경우에 해당되어 관세를 징수하는 경우
납세신고가 부적당한 여행자 또는 승무원의 휴대품 및 별송품, 우편물(수입신고를 하여야 할 물품은 제외한다), 법률의 규정에 의하여 세관장이 관세를 징수하는 물품, 기타 관세청장이 납세신고가 부적당하다고 인정하여 지정하는 물품의 관세를 징수하는 경우이다.
법률의 규정에 의하여 세관장이 관세를 징수하는 경우라 함은 "대한민국과 아메리카합중국간의 상호 방위조약 제4조에 의한 시설과 구역 및 대한민국에서의 합중국군대의 지위에 관한 협정"에 의하여 관세의 면제를 받은 물품을 비면세 대상자가 수입의 신고와 그 수리 절차없이 양수할 때에는 "대한민국과 아메리카합중국간의 상호 방위조약 제4조에 의한 시설과 구역 및 대한민국에서의 합중국군대의 지위에 관한 협정의 실시에 따른 관세법 등의 임시특례에 관한 법률" 제9조 제2항의 규정에 의하여 그 면제한 관세를 양수인으로부터 징수하는 경우, 관세법, 기타 관세에 관한 법률 또는 협정에서 조건부감면세를 받은 물품에 감면관세를 징수하여야 할 사유가 발생하여 그 감면관세를 징수하는 경우 등이다.

⑥ 세관장은 과세표준, 세율, 관세의 감면 등에 관한 규정의 적용착오 기타 사유로 이미 징수한 금액에 부족이 있는 것을 알았을 때에는 그 부족액을 징수하며, 징수하여야 할 관세액보다 부족하게 관세를 징수한 때에 그 부족액을 징수하는 것은 납세의무자가 관세를 과오납하였을 때에 그 과오납금을 납세의무자에게 환급하는 것과 같은 원리라 할 수 있다.

3. 납세고지

납세고지의 방법은 서면고지, 공시고지 및 구두고지의 세 가지가 있다. 서면고지는 납세고지서를 납세의무자에게 교부하는 방법으로서 납세의무자에게 직접 교부하는 경우를 제외하고는 인편 또는 우편으로 송달하는 것을 말한다. 공시고지는 납세의무자의 주소, 거소, 영업소 또는 사무소가 모두 불명한 때에 당해 세관의 게시판, 기타 적당한 장소에 납세고지사항을 공시하는 것을 말하고, 공시고지를 할 경우에는 공시한 날로부터 14일이 경과한 때에는 납세의무자에게 납세고지서가 송달된 것으로 본다. 구두고지는 여행자의 휴대품 및 조난선박으로부터 하륙한 물품으로서 보세구역이 아닌 장소에 장치한 물품에 대하여 검사를 하고 그 검사현장에서 그 물품을 검사한 공무원이 그 물품의 관세를 징수할 수 있다. 이 경우에 검사한 공무원이 납세의무자에게 구술로 납세고지를 하는 것을 말한다.

4. 관세의 납부

부과고지납부방법에 의하여 관세채권이 확정된 관세의 납세고지를 받은 자는 그 고지를 받은 날(공시고지의 경우는 공시한 날로부터 14일이 경과한 날)로부터 15일내에 그 세액을 세관장에게 납부하여야 한다. 그러나 여행자의 휴대품 및 조난선박으로부터 하륙한 물품으로서 보세구역이 아닌 장소에 장치한 물품에 대하여는 그 물품을 검사한 공무원이 검사 장소에서 그 물품의 관세를 징수할 수 있으며, 이 경우에는 그 물품을 검사한 공무원이 납세의무자에게 구술로 납세고지를 하며, 구두고지를 받은 납세의무자는 그 장소에서 즉시 그 관세를 납부할 수 있는 특수한 예외적인 경우도 있다.

3 가산금 및 가산세

1. 가산금

(1) 의의

관세의 납부기간을 경과하였을 때에는 가산금을 징수한다. 가산금제도는 관세를 납기내에 납부하도록 압박을 주어 체납을 방지하려는 데 그 목적이 있다. 현행 관세의 가산금은 납기경과시에 한 번만 징수하는 것이 아니고 납기경과 후 일정기간을 경과하면 다시 가산금을 추가하는 중가산금까지 부과하도록 하여 체납방지를 위한 강력한 대책을 강구하고 있다.

(2) 1차 가산금

관세를 납부기한까지 완납하지 아니한 때에는 그 납부기한이 경과한 날로부터 체납된 관세에 대하여 100분의 3에 상당하는 가산금을 징수한다. 즉, 1차가산금은 납기가 경과하면 세액의 3%가 부과된다.

(3) 중가산금

체납된 관세를 납부하지 아니한 때에는 납부기한이 경과한 날로부터 매 1월이 경과할 때마다 체납된 관세의 1000분의 12에 상당하는 가산금을 1차 가산금에 다시 가산하여 징수한다. 이 경우 중가산금을 가산하여 징수하는 기간은 60월을 초과하지 못한다.

(4) 50만원 미만세액의 중가산금부적용

전술의 중가산금 규정은 체납된 관세가 50만원 미만인 경우에는 이를 적용하지 아니한다. 즉, 체납총세액이 50만원 미만인 체납에 대하여는 제1차 가산금인 3%만 적용되고, 중가산금은 납기 1개월이 경과하여도 부과하지 않는다.

(5) 가산금의 부적용대상

가산금제도는 대통령령이 정하는 물품에는 이를 적용하지 아니한다. 대통령령으로 정한 가산금을 징수하지 않는 물품은 다음과 같다.

① 국가 또는 지방자치단체(지방자치단체조합을 포함한다)가 직접 수입하는 물품과 국가 또는 지방자치단체에 기증된 물품.

② 우편물, 다만 법 제241조에 의하여 수입신고를 하여야 하는 것은 제외된다.

이밖에도 법 제25조 제1항에는 금전(현금)을 관세의 담보로 제공한 경우 이 담보금을 관세에 충당하는 때에는 납세기간이 경과한 후 충당하더라도 가산금을 징수하지 않도록 규정하고 있다.

2. 가산세

납세의무자는 신고납부한 세액에 부족이 있을 때에는 수정신고를 할 수 있고 이 경우 납세의무자는 수정신고와 동시에 당해 관세를 납부하여야 한다. 또한 세관장은 납세의무자가 신고납부한 세액, 경정청구한 세액을 심사한 결과 납부세액 또는 납세신고관세액에 과부족이 있는 것을 안 때에는 그 세액을 경정하도록 규정하고 있다. 이 경우, 즉 세관장이 부족한 관세액을 징수할 때에는 100분의 20의 범위 안에서 대통령령이 정하는 금액을 징수할 수 있는데 이것이 곧 가산세이다. 대통령령에 의거 징수할 가산세액은 당해 부족세액의 100분의 10에 이자율(당해부족세액 × 당초 납부기한의 다음 날부터 수정신고일 또는 납세고지일까지의 기간 × 금융기관의 정기예금에 대하여 적용하는 이자율을 감안하여 대통령령이 정하는 이자율)을 더한 금액이다.

다음의 각 경우에는 가산세를 부과하지 아니한다.

① 납세의무자는 가격신고를 함에 있어서 신고할 가격이 확정되지 아니한 경우 잠정가격으로 가격신고를 할 때 대통령령이 정하는 기간내에 당해 물품의 확정된 가격을 세관장에게 신고하고 세액을 납부한 경우. 단, 납세의무자가 제출한 자료가 사실과 다름이 판명되어 추징의 사유가 발생한 경우는 그러하지 아니하다.

② 재정경제부령이 정한 물품중 감면대상 및 감면율을 잘못 적용하여 부족세액이 발생한 경우,

③ 가산금적용대상이 되지 아니한 경우, 즉 국가·지방자치단체가 직접 수입하는 물품, 우편물 등 이상의 각 경우에는 가산세를 적용하지 아니한다.

한편, 세관장은 수입신고 수리된 날로부터 15일 이내에 또는 수정신고와 동시에 즉시 당해 관세를 납부한때에 한하여 가산세액의 100분의 50을 경감하여 징수한다.

2 관세의 징수

1 관세징수의 의의

관세를 징수하기 위해서는 신고납부의 경우이든 혹은 부과고지납부의 경우이든 원칙상 납세의무자는 자주적으로 관세를 납부하는 것이 일반적이다. 그러나 납세의무자가 자주적으로 관세를 납부하지 않을 경우에는 세관장은 이미 확정된 관세채권을 실현하기 위하여 독촉 · 체납처분 등 기타 이와 관련되는 여러 가지 조치 등을 취하게 되는데, 이러한 일련의 행위를 가리켜 관세의 징수라고 한다.

관세의 징수기관을 예산회계법상 세입징수관이라고 하는데, 관세의 경우 세입징수관은 세관장이며 필요한 경우에는 분임세입징수관(세관출장소장)을 둔다. 그리고 관세의 수납기관은 예산회계법상 제52조의 규정에 따라 출납공무원 및 한국은행(한국은행 국고수납대리점은행 포함) 또는 체신관서가 담당한다.

한편 관세의 징수방법에는 임의징수와 강제징수의 2종이 있는데, 전자는 납세고지서에 따라 납세의무자가 자주적으로 수납기관에 납부하는 것을 말하고, 후자는 납세의무

자가 그 의무를 수행하지 아니할 때에 재정권에 의거 행정권이 실력으로서 당해 의무를 이행시키거나 혹은 이행된 것과 같은 상태를 실현함을 말한다.

강제징수의 경우로는 장치기간경과물품의 매각이라든가, 관세의 담보가 특별히 제공되어 있는 경우의 그 담보물로부터의 관세충당 및 관세담보 등이 없는 경우의 강제징수 등을 들 수 있다.

2 관세납부의 원칙과 예외

관세의 납부는 금전납부를 원칙으로 한다. 납세의무자는 그 세액에 상당하는 금전을 신고납부서 또는 납세고지서와 같이 국가세입금의 수납기관에 제출함으로써 납부가 된다. 예외적으로 국가 또는 지방자치단체가 발행한 수표, 금융기관이 발행한 자기앞수표 또는 송금수표, 수납기관을 수취인으로 지정하였거나 수취인으로 위탁한 우편통상환증서, 우편소액환증서, 우편전신화증서, 우편대체지급증서, 우편대체수표, 금융기관의 약정에 의하여 발행한 가계수표, 납부자 명의로 발행한 당좌수표(1건의 납부에 사용되는 당좌수표의 한계금액은 3천만원 초과 불가) 등 대통령령으로 정하는 증권으로 관세를 납부할 수도 있다(증권에 의한 세입납부에 관한 법률 1조, 동법시행령 1조 1항). 만일 이러한 증권이 지불 거절되고 그에 해당하는 관세를 납부하지 아니할 때에는 국세징수법의 체납에 관한 규정을 적용하여 그 관세를 징수한다.

관세는 수납기관에 납부하고 그 기관에서 수납하여야 하나 수납기관이 아닌 기관에서도 관세를 수납할 수 있는 예외적인 경우가 있다.

여행자 휴대품과 조난선박으로부터 하륙한 물품으로서 보세구역이 아닌 장소에 장치한 물품은 신속히 통관하여야 하므로 수납기관이 아닌 자라 하더라도 그 물품을 검사한 현장에서 그 물품을 검사한 공무원이 그 물품의 관세를 수납할 수 있다. 이것을 현장수납이라 한다.

현장수납을 하고자 할 때에는 물품을 검사한 공무원이 검사현장에서 납세의무자에게 구두로 납세고지를 하여 그 관세를 수납한다.

관세를 현장수납할 때에는 부득이한 사유가 있는 경우를 제외하고는 다른 공무원을 입회시켜야 하며, 현장수납을 한 공무원이 출납공무원이 아닌 때에는 지체없이 수납한 관세를 출납공무원에게 인계하여야 한다. 관세는 수납기관인 출납공무원만이 수납할 수 있으므로 긴급사태로 인한 임시조치로 출납공무원이 아닌 공무원이 관세를 수납한 때에는 당연히 출납공무원에게 인계되어야 하기 때문이다.

3 관세의 분할납부

수입물품의 관세는 수입신고가 수리된 날 또는 납세고지를 받은 날부터 15일 이내에 납부하여야 한다. 그러나 천재지변 기타 대통령령이 정하는 사유로 인하여 이 법의 규정에 의한 신고, 신청, 청구 기타 서류의 제출, 통지, 납부 또는 징수를 정하여진 기한까지 할 수 없다고 인정되는 때에는 1년을 초과하지 아니하는 기간을 정하여 관세를 분할하여 납부할 수 있다. 이것을 관세의 분할납부라고 한다.

관세의 분할납부는 수입할 때 관세의 전액을 납부함으로써 생기는 자금부담의 집중을 일정한 기간내에서 분산시키고 이의 결과로 오는 자금의 이자 부담을 경감시키는 효과가 있을 뿐만 아니라, 수입물품을 분할납부기간에 사용함으로써 생기는 이익금으로 관세를 납부할 수 있는 편익이 있다. 따라서 이러한 정책목적의 확보를 위하여 관세를 분할납부하는 물품은 분할납부기간 중에 그 용도를 변경하거나 그 물품을 양도하고자 할 때에는 세관장의 승인을 받도록 제한을 하고 있다. 이를 위반하면 처벌을 한다.

관세의 분할납부는 조건부분할납부이다. 그 조건은 해제조건이며 그 내용은 관세를 분할납부중에 있는 물품을 분할납부기간내에 용도 외에 사용하거나 용도외에 사용할 자에게 양도하거나 정해진 분할납부기한까지 관세를 납부하지 아니하거나 파산선고를 받거나 법인이 해산하면 분할납부중에 있는 잔여관세의 전액을 즉시 징수한다는 것이다. 따라서 이 해제조건이 성취되면 분할납부중에 있는 잔여관세의 전액을 즉시 징수한다.

세관장은 분할납부하는 관세의 채권확보와 분할납부의 정책목적 실현을 담보하기 위하여 분할납부의 승인을 할 때에는 분할납부하는 관세액에 상당하는 담보를 제공하게 할 수 있으며 분할납부 기간 중에는 사후관리를 한다.

다음에 해당하는 물품을 수입할 때에는 세관장은 5년을 초과하지 아니하는 기간을 정하여 관세의 분할납부를 승인할 수 있다.

① 시설기계류·기초설비품·건설용재요 및 그 구조물과 공사용 장비로써 재정경제부장관이 고시하는 물품. 다만, 재정경제부령이 정하는 업종에 소요되는 물품을 제외한다.
② 정부 또는 지방자치단체가 수입하는 물품으로써 재정경제부령이 정하는 물품
③ 학교 또는 직업훈련원에서 수입하는 물품 및 비영리법인이 공익사업을 위하여 수입하는 물품으로서 재정경제부령이 정하는 물품
④ 의료기관 등 재정경제부령이 정하는 사회복지기관 및 시설에서 수입하는 물품중 재정경제부장관이 고시하는 물품
⑤ 재정경제부령이 정하는 기업부설연구소·산업지술연구조합 및 비영리법인인 연구기관 기타 이와 유사한 연구기관에서 수입하는 기술개발연구용품 및 실험실습용품중 재정경제부장관이 고시하는 물품
⑥ 재정경제부령이 정하는 중소제조업체가 직접 사용하기 위하여 수입하는 물품. 다만, 재정경제부령이 정하는 기준에 적합한 물품이어야 한다.
⑦ 재정경제부령이 정하는 기업부설 직업훈련원에서 직업훈련에 직접 사용하기 위하

여 수입하는 교육용품 및 실험실습용품중 국내제작이 곤란한 물품으로서 재정경제부장관이 고시하는 물품

그러나 다음에 해당하는 경우에는 납부하지 아니한 관세의 전액을 즉시 징수한다.

① 관세의 분할납부승인을 얻은 물품을 당해 용도외의 다른 용도에 사용하거나 당해 용도외의 다른 용도에 사용하고자 하는 자에게 양도한 때
② 관세를 지정된 기한까지 납부하지 아니한 때. 다만, 관세청장이 부득이한 사유가 있다고 인정하는 경우를 제외한다.
③ 파산선고를 받은 때
④ 법인이 해산한 때

4 관세징수의 우선권

1. 의의

관세징수의 우선권이라 함은 관세채권을 강제실현함에 있어서 관세가 다른 채권과 경합할 때 관세를 우선적으로 징수할 수 있는 권리를 말한다. 관세는 국가의 재정수입원이며 관세채권의 확보는 곧 국가활동의 기초가 되기 때문에 관세채권은 확보되어야 함은 물론, 관세채권은 일반채권과는 다른 성질을 가지고 있기 때문에 관세에 우선권을 인정한 것이다. 관세채권은 관세법에서 정하는 요건을 갖추게 되면 일률적으로 성립하고 직접적으로는 아무런 반대급부없이 성립하는 반면, 일반사채권은 채무자의 자력, 담보제공의 유무 등의 조건을 보아 선택적으로 성립시킬 수 있고 원칙적으로 반대급부가 전제되어 성립하는 등의 관세채권과 일반채권과의 차이가 있다. 이 차이점으로 보아 일반사채권은 관세채권에 비해 그 이행의 가능성이 높다 할 수 있으며 이러한 점으로 미루어 보아 관세채권의 이행가능성을 사법상의 채권과 같이 하기 위한 것이 관세우선권이라 할 수 있다.

관세우선권 즉 관세징수의 우선의 내용은 관세의 징수대상이 되는 재산의 종류에 따라 다르다. 관세를 납부하여야 할 물품 그 자체에서 그 물품의 관세를 징수할 때에는 다른 조세·기타의 공과·채권에 우선하여 징수하며, 이 경우 이외의 경우는 국세기본법에 의한 국세와 동순위로 징수한다.

2. 우선순위관계

(1) 관세를 납부하여야 할 물품 그 자체에서 그 물품의 관세를 징수할 때의 우선순위

관세를 납부하여야 할 물품 그 자체에서 그 물품의 관세를 징수할 때에는 다른 조세·기타의 공과·채권에 우선하여 징수한다. 예컨대 보세구역에 있는 외국물품을

관세법에 의하여 매각하고 그 대금에서 그 물품의 관세를 징수할 때 또는 조건부 감면세물품에 감면관세의 징수사유가 있어 그 관세를 징수하기 위하여 그 감면세 물품자체를 압류 매각하고 그 대금에서 그 물품의 관세를 징수할 때 등이다.

공과금이라 함은 국세징수법에 규정하는 체납처분의 예에 의하여 징수할 수 있는 채권 중 국세·관세·임시수입부가세 및 지방세와 이와 관계되는 가산금 및 체납처분비 이외의 것을 말하며, 채권이라 함은 조세 및 공과 이외의 금전의 급부를 목적으로 하는 권리를 말한다.

(2) 체납관세가 체납처분된 재산과 관계가 없는 때의 우선순위

국세징수법의 예에 의하여 관세를 징수하는 경우에 체납처분의 대상이 당해 관세를 납부하여야 할 물품이 아닌 재산인 때에는 관세징수의 우선순위는 국세기본법에 의한 국세와 동순위로 한다. 따라서 국세기본법에서 정하고 있는 국세징수의 우선순위는 관세징수의 우선순위가 된다.

국세기본법에서 정하고 있는 국세우선권의 내용은 다음과 같다.

3. 공과금 및 채권과의 관계

국세 · 가산금 또는 체납처분비는 다른 공과금 기타의 채권에 우선하여 징수한다. 이것이 조세우선권이다. 그러나 조세우선권 때문에 사법질서가 필요 이상으로 혼란되어서는 아니 되며 체납처분비 등과 같은 공익비용적 성격을 가진 비용에까지 우선하여서는 아니 되므로 이에 관한 조정이 필요하며 이 조정에 의하여 다음의 경우에는 조세우선권을 인정하지 아니한다.

(1) 지방세 또는 공과금의 가산금 또는 체납처분비와의 조정

지방세 또는 공과금의 체납처분에 있어서 그 체납처분금액 중에서 국세 · 가산금 또는 체납처분비를 징수하는 경우에는 그 지방세 또는 공과금의 가산금 또는 체납처분비에 우선하지 아니한다.

(2) 강제집행 · 경매 또는 파산절차에 소요된 비용과의 조정

강제집행·경매 또는 파산절차에 의한 재산의 매각에 있어서 그 매각금액 중에서 국세·가산금 또는 체납처분비를 징수하는 경우에는 그 강제집행·경매 또는 파산절차에 소요된 비용에 우선하지 아니한다.

(3) 전세권 · 질권 또는 저당권에 의하여 담보된 채권과의 조정

다음에 설명하는 기일 전에 전세권·질권 또는 저당권의 설정을 등기 또는 등록한 사실이 대통령령이 정하는 바에 의하여 증명되는 재산의 매각에 있어서 그 매각금액 중에서 국세 또는 가산금(그 재산에 대하여 부과된 국세와 가산금을 제외한다)을 징수하는 경우에는 전세권·질권 저당권에 의하여 담보된 채권에 우선하지 아니한다.

① 과세표준과 세액의 신고에 의하여 납세의무가 확정되는 국세에 있어서 신고한 당해세액에 대하여는 그 신고일

② 과세표준과 세액을 정부가 결정 경정 또는 수시 부과결정하는 경우에 고지한 당해세액에 대하여는 그 납세고지서의 발송일

③ 제2차 납세의무자(보증인을 포함한다)의 재산에서 국세를 징수하는 경우에는 납부통지서의 발송일

④ 양동담보재산에서 국세를 징수하는 경우에는 납부통지서의 발송일, 그러나 관세의 경우는 그 관세의 납세신고일(부과고지하는 경우에는 그 납세고지서의 발송일)

⑤ 납기전 징수사유가 있어 국세의 확정 후에는 당해 국세를 징수할 수 없다고 인정되어 국세로 확정되리라고 추정되는 금액의 한도내에서 납세자의 재산을 압류한 경우에 그 압류와 관련하여 확정된 세액에 대하여는 앞에서 설명한 i)내지 iv)의 기일에 불구하고 압류등기일 또는 등록일

(4) 임차인이 우선변제 받을 수 있는 주택임대차보증금에 의한 채권과의 조정

주택임대차보호법에 의하여 임차인이 다른 담보물권자보다 우선하여 변제받을 수 있는 주택임대차 보증금(주택임대차보호법 8조)이 있는 주택을 매각함에 있어서 그 매각금액 중에서 국세 또는 가산금을 징수하는 경우에는 임차인이 우선 변제받을 수 있는 금액에 관한 채권에 우선하지 아니한다.

(5) 임금 · 퇴직금 · 재해보상금 기타 근로관계로 인한 채권과의 조정

사용자의 재산을 매각하거나 추심함에 있어서 그 매각금액 또는 추심금액 중에서 국세 또는 가산금을 징수하는 경우에 근로기준법에 의하여 국세 또는 가산금에 우선하여 변제되는 임금·퇴직금·재해보상금 기타 근로관계로 인한 채권에 우선하지 못한다.

4. 조세(지방세 포함) 상호간의 관계

조세상호간 즉 국세·관세·지방세 상호간은 원칙적으로 동순위이어야 하나 이들 조세의 징수가 서로 경합하는 경우가 있을 수 있으므로 구체적으로는 징수절차와의 관계에서 우열이 정해져 있다.

(1) 압류에 의한 우선

국세의 체납처분에 의하여 납세자의 재산을 압류한 경우에 다른 국세·가산금·체납처분비 또는 지방세의 교부청구가 있는 때에는 압류에 관계되는 국세·가산금

또는 체납처분비는 교부청구한 다른 국세·가산금·체납처분비와 지방세에 우선하여 징수하고, 지방세의 체납처분에 의하여 납세자의 재산을 압류한 경우에 국세·가산금 또는 체납처분비의 교부청구를 한 때에는 교부청구한 국세·가산금과 체납처분비는 압류에 관계되는 지방세의 다음 순위로 징수한다.

(2) 담보에 있는 국세의 우선

납세담보물을 매각한 때에는 앞의 ①에서 설명한 "압류에 의한 우선"에 불구하고 그 국세·가산금 또는 체납처분비는 매각대금 중에서 다른 국세 · 가산금·체납처분비와 지방세에 우선하여 징수한다.

5. 결손처분

결손처분이라 함은 관세를 징수할 수 없는 부득이한 사유가 있을 때 그 징수권 자체를 즉 관세채권 자체를 포기하여 관세채무를 소멸시키는 것을 말한다. 그러나 결손처분을 한 후라 하더라도 그 처분을 할 당시에 다른 압류할 수 있는 재산이 있었던 것을 발견한 때에는 즉시 당초의 결손처분을 취소하고 체납처분을 하여야 한다.

결손처분의 사유가 있어 결손처분을 하고자 할 때에는 관세체납정리위원회의 심의를 거쳐야 한다.

결손처분을 할 수 있는 사유는 다음과 같다.

① 관세징수권의 소멸시효가 완성된 때

② 체납처분이 종결되고 체납액에 충당된 배분금액이 그 체납액에 부족한 때
납세의무자의 총재산 중 압류금지대상재산을 제외한 잔여재산을 모두 체납처분 하여도 체납세액에 미달하는 경우가 있다. 이 경우는 납세의무자의 재산이 부족하여 해당 관세를 징수할 수 없는 경우이므로 결손처분을 하여 관세채무를 소멸시킨다.

③ 체납처분의 목적물인 총재산의 추산가액이 체납처분비에 충당하고 잔액이 생길 여지가 없을 때
납세의무자의 재산 부족으로 해당 관세를 징수할 수 없으므로 결손처분을 하여 관세채무를 소멸시킨다.

④ 체납자의 행방이 불명하거나 재산이 없다는 것이 판명되어 체납세액을 징수할 가망이 없을 때
납세의무자의 행방이 불명하고, 압류의 대상이 되는 재산이 없을 때에는 체납처분의 집행이 불가능하므로 결손처분을 하여 관세채무를 소멸시킨다.

3 관세납부의무의 소멸

1 관세납부

관세의 납부는 관세채무의 내용인 급부를 하는 관세채무자의 행위이다. 이에 의하여 관세채권은 그 목적을 달성하고 소멸한다. 납세의무자가 관세채무의 내용인 해당 세액에 상당하는 금전 또는 증권을 신고납부서 또는 납세고지서와 같이 수납기관에 제출함으로써 납부가 이루어지며 이에 의하여 관세채무가 소멸한다. 납부는 관세채무 소멸의 주된 원인이다.

2 각종충당

충당이라 함은 관세채권자인 세관장이 납세의무자에 대하여 환급금 등의 채무가 있는 경우에 그 환급금 등의 채무와 납세의무자의 관세채무와를 대등액으로 소멸시키는 세관장의 행정처분을 말하며 이 충당에 의하여 충당대등액의 관세채무를 소멸한다.

충당은 민사상의 상계와 유사하지만 세무관청만이 대등액을 소멸시킬 수 있는 권한이 있으며, 충당할 수 있는 상태에 있는 경우에는 법률이 정하는 바에 의하여 충당하여야 하는 점이 다르다 할 수 있다.

충당에는 환급금의 충당·담보물의 충당·법정장치기간 경과외국물품 매각금의 충당·체납처분금의 충당이 있다.

1. 환급금 충당

세관장이 관계 당사자에게 금전을 환급하여야 할 채무로서는 과오납금의 환급과 관세의 환급으로 크게 구분할 수 있으며, 관세환급금이라 함은 관세관계법에서 정하는 일정한 사실이 발생하였을 때 그 법률이 정하는 바에 따라 금전을 환급하는 것으로서 위약물품 관세환급금, 멸실물품 관세환급금 및 수출용원재료 관세환급금이 있다.

(1) 과오납금충당

과오납금의 충당이라 함은 납세의무자가 세관장에게 관세, 가산금, 가산세 또는 체납처분비를 과오납(과다납세신고에 의한 과다납부의 경우도 포함한다. 이와 같다)하고 이를 환급청구할 때에는 세관장은 이를 환급하여야 하며 또한 세관장이 직접 확인한 과오납금은 청구가 없다 하더라고 환급한다.

이때 세관장은 과오납금을 환급받을 자가 세관에 납부하여야 할 관세, 제세, 가산금, 가산세 또는 체납처분비가 있을 때에는 이 환급금에서 이들에 충당하는 것을 말한다.

(2) 위약물품 관세환급금의 충당

위약물품 관세환급금의 충당이라 함은 수입신고가 수리된 물품이 계약내용과 상이하고 수입신고 당시의 성질 또는 형상이 변경되지 아니한 물품을 일정기간내에 보세구역에 반입하여 수출하거나 수출에 갈음하여 세관장의 승인을 얻어 멸각 또는 폐기한 때에는 이미 납부한 관세를 환급하며, 이때 세관장은 환급금을 환급받을 자가 세관에 납부하여야 할 관세, 제세, 가산금, 가산세 또는 체납처분비가 있을 때에는 이 환급금에서 이들에 충당하는 것을 말한다.

(3) 멸실물품 관세환급금의 충당

멸실물품 관세환급금의 충당이라 함은 수입신고가 수리된 물품이 그 수리 후에 계속 지정보세구역(입항 전 수입신고 물품으로서 검사를 위하여 보세구역 또는 타소장치장소에 반입하게 한 물품은 그 장치장소)에 장치되어 있는 중 재해로 인하여 멸실되거나 변질 또는 손상되었을 때에는 그 관세의 전부 또는 일부를 환급하며, 이때 세관장은 이 환급금을 환급받을 자가 세관에 납부하여야 할 관세, 제세, 가산금, 가산세 또는 체납처분비가 있을 때에는 이 환급금에서 이들에 충당하는 것을 말한다.

(4) 수출용원재료 관세환급금의 충당

수출용원재료 관세환급금의 충당이라 함은 수입할 때 관세를 납부한 수출용원재료를 사용하여 일정한 기간내에 수출물품을 제조, 가공한 후에 수출한 때에는 세관장은 그 원재료의 관세를 환급하며, 이때 세관장은 이 환급금을 환급받을 자가 세관에 납부하여야 할 관세, 제세, 가산금, 가산세 또는 체납처분비가 있을 때에는 이 환급금에서 이들에 충당하는 것을 말한다.

2. 담보물의 충당

세관장은 관세채권의 확보를 위하여 관세를 납부하여야 할 물품에 대하여는 원칙적으로 수입신고가 수리되기 전에 그 관세에 상당하는 담보를 제공하게 하여야 하며 관세를 조건부감면세를 하거나 분할납부승인을 할 때에도 그 관세에 상당하는 담보를 제공하게 할 수 있다.

이와 같이 세관장에게 담보를 제공한 납세의무자가 담보된 관세를 납부기한내에 납부하지 아니한 때에는 그 담보물을 그 관세에 충당할 수 있다.

3. 장치기간 경과 외국물품 매각금의 충당

보세구역(수출신고가 수리된 물품이 장치되어 있는 보세구역이 아닌 장소, 타소장치장소, 재해 기타 부득이한 사유로서 임시장치한 물품이 장치되어 있는 보세구역이 아닌 장소, 검역물품이 장치되어 있는 보세구역이 아닌 장소 포함. 이하 이 장에서 같다)에 장치한 외국 물품이 장치기간을 경과하여도 이를 반출하지 아니할 때에는 세관장은 이를 매각할 수 있으며, 그 매각금으로 그 물품의 관세, 제세 및 매각비용에 충당하고 잔금이 있을 때에는 그 물품의 화주에게 교부한다.

4. 체납처분의 충당

관세의 납세의무자가 그 관세채무를 납부기한까지 이행하지 아니할 때(담보물이 있는 경우는 제외한다)에는 납세의무자의 일반재산에서 강제징수를 한다. 이것을 체납처분이라 한다. 체납처분은 납세의무자의 재산의 압류, 환가 및 배당의 3단계로 이루어지는 수개의 연속한 행정처분으로서 민사채권의 강제집행에 상당한다.

압류재산을 환가처분하고 그 대금을 관세에 배당하며, 그 배당한 금전을 관세에 충당함으로써 관세채권의 목적을 달성할 수 있다. 즉 이 충당에 의하여 관세채무는 소멸한다.

세관장은 관세를 납부하여야 할 물품에 대하여는 원칙적으로 수입신고가 수리되기 전에 그 관세에 상당하는 담보를 제공하게 하므로 관세의 경우는 관세채무 불이행에 따른 납세의무자의 일반재산에서의 강제징수는 드문 편이며 따라서 체납처분금에서 관세에 충당하는 경우도 드문 편이다.

관세에 대하여 담보가 제공되어 있고, 그 담보되어 있는 관세를 납부기한까지 납부하지 아니할 때에는 그 담보물에서 그 관세를 충당한다.

3 과세의 무효 및 취소

관세의 과세(신고납부방법 및 부과고지납부방법 포함)에 중대하고도 명백한 하자가 있어 그 과세가 무효인 것이 확정된 경우에는 형식상 성립한 관세채무는 처음부터 존재하지 아니한 것이 확인되므로 그 관세채무는 당초에 소급하여 소멸하게 된다.

과세의 취소는 세무행정청의 직권에 의하는 경우와 과세에 대하여 당사자간에 분쟁이 있어 행정쟁송, 즉 이의신청, 심사청구, 심판청구 또는 행정소송의 결정, 재결 또는 판결에 의하는 두 가지 경우가 있다.

과세의 무효 또는 취소에 의하여 이미 납부한 관세를 환급할 때에는 환급가산금도 포함하여 환급하여야 한다.

4 관세부과권의 제척기간 만료

1. 의의

납세의무는 관세부과의 제척기간내에 관세를 부과하지 아니하고 그 기간이 만료하면 소멸한다.

관세의 부과, 경정 등은 관세의 부과권에 의한다. 관세의 부과권이라 함은 관세채권을 행사하기 위하여 구체적인 납세의무의 내용을 확정하는 관세채권자의 권리를 말한다. 예컨대 관세의 부과 · 경정 등과 같은 행정처분을 할 수 있는 것을 내용으로 하는 권리이다. 이에 대하여 관세의 징수권이라 함은 부과권의 행사에 의하여 구체적인 납세의무의 내용이 확정된 경우에 그의 이행을 요구하는 권리를 말한다. 즉 관세의 징수를 목적으로 하는 관세채권자의 권리를 말한다.

부과권에 대하여는 제척기간을 두어 이 기간의 경과에 따라 부과권을 행사할 수 없게 하고 있다. 이 제척기간을 둠으로써 관세채무자의 지위안정을 도모할 수 있다.

2. 관세부과권의 제척기간

관세의 부과권은 원칙적으로 부과권을 행사할 수 있는 날로부터 2년 내에 행사하지 아니하면 이를 행사할 수 없다. 즉 관세는 당초 관세를 부과할 수 있는 날부터 원칙적으로 2년이 지난 후에는 부과할 수 없다. 이 기간을 관세부과권의 제척기간이라 한다.

관세부과권의 제척기간은 원칙적으로 부과할 수 있는 날부터 2년이지만 다음과 같은 특수한 경우에는 5년으로 한다.

첫째, 사위 기타 부정한 방법으로 관세를 포탈하였거나 환급을 받은 경우

둘째, 수입신고를 할 때 가격신고를 하지 아니하였거나 과세가격의 일부를 신고하지 아니하여 납부하여야 할 세액이 부족한 경우

제척기간의 기산일 즉 관세를 부과할 수 있는 날에 대하여는 조세마찰을 없애기 위하여 대통령령(관세법 시행령)에 명문의 규정을 두고 있다.

관세를 부과할 수 있는 날은 수입신고한 날의 다음날로 한다.

다만 다음의 각 경우에는 해당 호에 규정된 날을 관세를 부과할 수 있는 날로 한다.

① 관세법 제16조 제1호 내지 제11호(과세물건 확정시기)에 해당되는 경우에는 그 사실이 발생한 날의 다음날,

② 감면된 관세를 의무불이행 등의 사유로 징수하는 경우에는 감면받은 관세를 징수한 사유가 발생한 날의 다음날,

③ 보세건설장에 반입된 외국물품의 경우에는 건설공사완료보고를 한 날, 특허기간이 만료되는 날, 과다환급 또는 부정환급 등의 사유로 관세를 징수하는 경우에는 환급한 날의 다음날 중 먼저 도래한 날의 다음날.

5 관세징수권의 소멸시효완성

1. 소멸시효의 의의

본래 시효제도는 진실한 법률관계의 여하를 불문하고 일정한 기간 영속한 사실상태를 존중하여 이를 법률적으로 보호함으로써 법률생활의 안정과 질서를 꾀한다는 것과, 권리자라 하더라도 오랜 기간 권리의 주장없이 이른바 '권리위에 잠자는 자'를 보호하는 것보다 사실상으로 형성된 사회질서를 존중한다는 취지에서 공ㆍ사법을 불문하고 인정하고 있다. 다만, 공법상의 시효제도와 사법상의 시효제도의 차이점은 전자가 후자보다 기간이 단기라는데 있으며, 이는 사회질서의 형성을 존중하고 생활을 안정시키려는 공권적 요청에 의한 것이다. 그러나 제도의 발전이 사법에서 우선하였고, 공법상의 규정이 없는 것은 사법의 규정을 준용하고 있다.

관세법상 관세의 징수권은 "이를 행사할 수 있는 날로부터 5년간 행사하지 아니하면 소멸시효가 완성한다"고 규정하고 있다.

2. 소멸시효의 기산일

소멸시효의 기산일은 관세징수권을 행사할 수 있는 날이다. 징수권을 행사할 수 있는 날에 대하여는 징수권을 행사하는 데 있어서 법률상의 장애가 없어진 날이라고 일반적으로 해석하고 있으나 이 해석만으로는 조세마찰이 생길 수 있으므로 이를 해소하기 위하여 징수권을 행사할 수 있는 날에 대하여는 대통령령에 명문의 규정을 두고 있다.

대통령령으로 정하고 있는 징수권을 행사할 수 있는 날은 다음과 같다.

① 신고납부하는 관세에 있어서는 수입신고가 수리된 날부터 15일이 경과한 날의 다음날,
② 수정신고에 의하여 납부하는 관세에 있어서는 수정신고일의 다음날,
③ 부과고지하는 관세에 있어서는 납세고지를 받은 날부터 15일이 경과한 날의 다음날,
④ 기타 법령에 의하여 부과고지하는 관세에 있어서는 납부기한을 정한 때에는 그 납부기한의 다음 날이 각각 관세징수권을 행사할 수 있는 날이다.

3. 소멸시효의 중단사유

시효의 중단이라 함은 시효의 기초가 되는 사실상태와 상치되는 일정한 사실이 발생한 때 시효기간의 진행을 중단시키는 것을 말한다. 중단이 있으면 이미 진행한

시효기간은 전부 그 효력을 상실하고 그 후부터 새로이 시효기간을 기산한다.

시효의 중단과 구별하여야 할 것은 시효의 정지이다. 시효의 정지라 함은 시효의 완성을 일정기간 유예하는 것을 말한다. 이미 진행한 시효기간은 무효가 되지 아니하고 정지사유가 종료된 후에 일정기간이 지나면 시효가 완성하는 점에서 시효의 중단과 다르다.

관세의 징수권에도 시효의 중단제도를 인정하고 있으며 이들 시효에 관하여 관세법에 규정되어 있는 것을 제외하고는 민법의 규정을 준용한다.

관세징수권의 소멸시효는 징수권을 행사할 수 있는 날로부터 진행하지만 그 시효의 기간내에 시효의 중단사유가 발생하면 이미 진행한 시효의 기간은 전부 무효가 되고 그 중단사유가 종료되는 다음날부터 새로이 시효가 진행된다.

관세징수권의 소멸시효를 중단시키는 중단사유는 납세고지, 경정처분, 납세독촉(납부최고를 포함한다) 통고처분, 고발, 특정범죄가중처벌 등에 관한 법률 제16조의 규정에 의한 공소제기, 교부청구 또는 압류이다. 예컨대 납세고지의 경우는 납세고지서가 송달된 때 중단되고 그 납부기간까지 중단사유가 계속되고 그 익일부터 새로이 다시 시효가 기산된다.

4. 소멸시효의 정지

관세징수권의 소멸시효는 징수권을 행사할 수 있는 날로부터 진행하지만 그 시효의 기간내에 시효의 정지사유가 발생하면 시효의 정지사유가 발생하면 시효의 진행이 정지되었다가 정지사유가 종료된 후에 다시 진행하여 시효가 완성된다.

관세징수권의 소멸시효는 분할납부하는 관세의 경우는 분할납부기간 중, 징수유예를 한 관세의 경우는 징수유예기간 중에는 진행하지 아니한다. 따라서 분할납부의 기간 또는 징수유예의 기간이 완료되면 다음날부터 다시 계속하여 소멸시효가 진행한다.

관세채무의 소멸사유에 관하여 이 절에서 설명한 각 경우 이외에도 관세의 각종 감면 즉 관세면제가 있다.

관세면제는 관세법에서 정해진 관세납부의무의 전부 또는 일부를 해제하는 것으로 이 면제조치에 의하여 관세납세의무는 자동소멸된다.

4 관세의 담보

❶ 담보제공사유

관세에 대한 담보의 제공은 국민에게 재산상 부담을 주는 것이므로 법률에 담보를 제공하게 할 수 있는 규정이 있는 경우에 한하여 담보를 제공하게 할 수 있다. 이것을 담보제공사유라 한다.

관세법에서 관세에 대한 담보를 제공하게 할 수 있는 경우는 다음과 같다.

① 덤핑방지관세의 부과를 위하여 조사를 하던 중 잠정조치를 하고자 하는 경우
② 상계관세의 부과를 위하여 조사를 하던 중 잠정조치를 하고자 하는 경우
③ 관세법, 기타 법률 또는 조약에 의하여 관세를 조건부감면을 하는 경우
④ 관세를 분할납부하는 경우
⑤ 타소장치허가를 하는 경우
⑥ 운영인이 특허보세구역 또는 종합보세구역에 물품을 장치하는 경우
⑦ 보세공장 외 보세작업을 허가하는 경우
⑧ 보세건설장 외 보세작업을 허가하는 경우
⑨ 보세운송의 신고를 하거나 승인을 얻고자 하는 경우
⑩ 관세를 납부하여야 할 물품의 수입신고를 수리하고자 하는 경우
⑪ 신고수리 전 반출승인을 하는 경우
⑫ 천재지변 기타 대통령령(관세법 시행령)이 정하는 사유가 있어 관세의 납부기한을 연장하는 경우
⑬ 수출용 원재료의 관세 등을 일괄납부하고자 하는 경우
⑭ 성실납세자가 납세신고한 세액을 월별납부하고자 할 경우

❷ 담보의 종류

1. 법정담보

관세의 담보 중에는 일반담보인 법정담보와 특별담보인 약정담보가 있는데, 전자는 관세를 납부하여야 할 당해 물품 그 자체를 말한다. 원칙적으로 관세미납물품은 법률상 당연히 관세의 담보가 되고, 그 물품에 대한 관세의 징수는 전술한 바와 같이 다른 조세, 기타의 공과금 및 타채권에 우선한다 하였으므로, 국가는 수입물품에 대하여 관세를 납부할 때까지 공법상의 유치권과 선취특권을 가지고 일정기간 당해 관세가 납부되지 아니하면 이를 법정요건하에 매각하여 관세에 우선 충당하게 된다.

이와 같이 관세에 대한 담보는 그 미납물품에 대하여 법률상 당연히 설정되어 있으므로, 즉 담보물품이 담보상태의 물품으로 확보된 것이라고 보아 기타의 확보 및 처분에 관하여 특수성을 갖고 있다.

2. 약정담보

특별담보 즉 약정담보는 관세를 징수하여야 할 물품인 일반담보물품이 세관장의 관리하에 있는 보세구역 등을 벗어나는 특별한 경우에 관세징수의 확보를 위하여 세관장의 명령에 의하여 별도로 제공되는 담보물을 말한다. 이러한 특별담보는 세관장과 납세의무자 사이의 특별한 법률행위에 의하여 설정된 담보이므로 약정담보라고도 하며, 관세법은 이와 같은 약정담보를 단순히 담보라는 용어로 표현하고 있다.

관세법에서 정하고 있는 담보물은 다음과 같다.

① 금전

② 국가 또는 지방자치단체가 발행한 채권 및 증권

③ 은행지급보증서

세관장의 요청이 있는 경우에는 특정인이 납부하여야 할 금액을 일정기일이후에는 언제든지 세관장에게 지급한다는 것을 기재한 증서를 말한다.

④ 한국증권거래소에 상장되고 있는 대통령령이 지정하는 증권(상장증권)

대통령령으로 지정한 증권은 다음과 같다.

i) 특별법의 규정에 의하여 설립된 법인이 발행한 채권으로서 관세청장이 지정하는 채권

ii) 한국증권거래소에 상장된 채권 및 주권. 다만 관세청장이 정하는 채권 및 주권은 제외한다.

⑤ 납세보증보험증권

세관장의 요청이 있는 경우에는 특정인이 납부하여야 할 금액을 일정기일 이후에는 언제든지 세관장에게 지급한다는 것을 기재한 증서를 말한다.

⑥ 신용보증기금법의 규정에 의한 신용보증기금이 발행하는 보증서

세관장의 요청이 있는 경우에는 특정인이 납부하여야 할 금액을 일정기일 이후에는 언제든지 세관장에게 지급한다는 것을 기재한 서류를 말한다.

⑦ 기술신용보증기금이 발행하는 보증서

세관장의 요청이 있는 경우에는 특정인이 납부하여야 할 금액을 일정기일이후에는 언제든지 세관장에게 지급한다는 것을 기재한 서류를 말한다.

⑧ 부동산

⑨ 등기 또는 등록된 선박, 항공기 및 건설기계로서 보험에 가입된 것

⑩ 대통령령이 정하는 보증인의 보증

i) 물품의 일시 수입을 위한 일시수입통관증서에 관한 국제운송에 관한 국세협약의 규정에 따라 발급되는 일시 수입통관증서

ii) 국제도로운송증서의 담보하에 행하는 화물의 국제운송에 관한 국세협약의 규정에 따라 발급되는 국제도로운송증서

⑪ 관세청장이 인정하는 자가 발행 또는 보증하는 약속어음

약속어음은 다음의 요건을 갖추어야 한다.

i) 약속어음의 지급지가 은행일 것

ii) 만기는 일람출급일 것

iii) 관세청장이 인정하는 자가 보증하는 약속어음의 약우에는 보증인의 지급보증이 있을 것.

한편 제공하여야 할 담보의 금액은 법률, 조약 등에 그 금액에 대하여 특별히 규정이 있는 경우를 제외하고는 납부하여야 할 관세에 해당하는 금액 이상이어야 한다. 관세가 확정되지 아니한 경우의 담보의 금액은 관세청장이 정하는 금액으로 한다.

3 담보물의 평가

담보물 중에는 그 가격이 시간과 장소에 따라 다른 것이 있다. 이와 같이 가격이 일정하지 아니하는 것은 그 담보물을 평가하는 기준이 필요하다. 이러한 담보물을 평가하는 기준은 다음과 같다.

① 국가 또는 지방자치단체가 발행하는 채권 및 증권의 평가는 시가에 의한다.

② 한국증권거래소에 상장되고 있는 대통령령이 지정하는 증권의 평가는 한국증권거래소에 상장된 증권 중 매매된 사실이 있는 것은 담보로 제공된 날 현재 한국증권거래소에서 형성된 최종거래가격에 의하고, 그렇지 않은 것은 최종매입원가법에 의한 평가액에 의한다.

③ 토지의 평가는 상속세 및 증여세법(동 법61조 1항)의 규정을 준용하여 평가한 가격으로 하고, 그 밖의 부동산 및 선박·항공기·건설기계의 평가는 지방세법에 의한 과세시가 표준액 또는 지가공시 및 토지 등의 평가에 관한 법률에 의한 감정평가업자의 평가액에 의한다.

관세의 담보물을 제공한 자는 그 담보물의 가격감소에 따른 세관장의 담보증가 또는 담보물 변경의 통지가 있을 때에는 지체없이 이를 이행하여야 한다.

그리고 담보의 제공사유가 해소되었을 때에는 담보해제신청서에 담보해제의 사유를 증명하는 서류를 첨부하여 세관장에게 제출하면 세관장은 그 사유가 타당할 때에는 제공받은 담보를 해제하고 담보물을 제공한자에게 즉시 반환한다.

4 담보물의 충당

정상통관절차 이행으로 수입하는 물품은 수입신고를 하고, 그 수입신고가 수리되기 전에 원칙적으로 납부하여야 할 관세에 상당하는 담보를 제공하여야 한다. 납부하여야 할 관세는 수입신고가 수리된 날부터 15일 이내에 납부하여야 하며, 이 납부기한까지 납부하지 아니하면 세관장은 제공되어 있는 담보물을 체납관세에 충당하여 그 체납관세를 징수한다. 담보물을 체납관세에 충당한 결과 담보물이 부족한 때에는 세관장은 체납자의 일반재산에서 부족한 관세를 징수한다.

담보있는 체납관세의 징수절차를 살펴보면 다음과 같다. 즉, 담보물을 관세에 충당하는 방법은 담보물의 종류에 따라 다르며, 담보물이 금전인 경우에는 그 금전을 그대로 관세에 충당한다. 이 경우는 납부기한이 경과하였다 하더라도 가산금은 징수하지 아니한다. 담보물이 국가 또는 지방자치단체에서 발행한 채권 또는 증권, 상장증권, 부동산, 선박, 항공기 또는 중기의 경우는 이를 매각하고, 은행지급보증, 납세보증보험증권, 신용보증, 대통령령이 정하는 보증인의 보증(일시수입통관증서, 국제도로운송증서) 또는 관세청장이 인정하는 자가 보증한 약속어음의 경우는 그 보증인에게 담보한 관세에 상당하는 금액을 납부할 것을 즉시 통보하고, 관세청장이 인정하는 자가 발행한 약속어음의 경우는 거래은행에 추심하는 방법으로 담보된 관세에 충당한다.

담보물을 매각할 때에는 그 사실과 내용을 공고하여야 하며 매각 1일전까지 관세와 비용을 납부한 때에는 매각을 중지하여야 한다.

세관장은 담보물로 담보한 관세에 충당하고도 잔금이 있을 때에는 이를 담보를 제공한 자에게 교부하여야 한다. 관세의 납세의무자가 아닌 자가 관세의 납부를 보증함으로써 관세의 담보가 되어 있는 경우에는 그 잔금은 보증인에게 교부하여야 한다. 만일 잔금을 교부할 수 없을 때에는 그 잔금을 공탁할 수 있다.

관세의 강제징수는 관세채권의 특성 중의 하나인 자력집행권에 의한다. 자력집행권이라 함은 관세채무자가 그 채무를 납부기한까지 이행하지 아니할 때에 관세채권자 스스로가 관세채무 이행의 강제절차를 행정처분으로 하는 것을 말한다.

강제징수를 하는 관세는 납부하여야 할 관세 중 담보의 제공이 없는 관세 또는 이미 징수한 금액에 부족이 있는 관세의 징수에 있어서 납세의무자가 그 관세를 납부기한까지 완납하지 아니한 관세이다. 이 관세를 담보없는 체납관세라 한다. 관세는 수입신고가 수리되기 전에 납부하여야 할 관세에 상당하는 담보를 세관장에게 제공하는 것이 원칙이므로 담보없는 체납관세는 예외적으로 발생하고, 따라서 그 실례도 적은 편이다.

세관장은 담보없는 체납관세의 징수에 있어서는 국세징수법에서 정하는 바에 따라 납세의무자의 재산을 압류하여 환가한 후에 체납관세 기타 관련채권에 배분하고 그 배분에 의하여 체납관세에 충당하는 행정처분에 의하여 강제 징수한다. 이러한 연속된 일련의 행정처분을 체납관세의 체납처분 또는 강제징수라 한다.

조세채권은 자주확정과 자력집행이라는 특성이 있으므로 체납관세채권의 강제실현에 있어서는 사채권과는 달리 재판의 절차를 거치지 아니하고 세관장은 법률이 정하는 바에 따라 직접 체납처분을 하게 된다.

담보가 없는 경우 관세의 강제징수방법 및 절차는 다음과 같다.

1. 독촉 (최고)

세관장은 담보없는 체납관세를 징수하고자 할 때에는 납부기한 경과 후 15일 이내에 독촉장을 발부하여야 하며 납세의무자가 제2차 납세의무자인 경우에는 제2차 납세의무자에 대하여 15일내에 납부최고서를 발부하여야 한다.

독촉장(납부최고서 포함. 이하 같다)을 발부하는 때에는 납부기한을 발부일로 부터 10일내로 한다.

이와 같은 납세독촉(납부최고 포함. 이하 같다)은 요식행위이며 징수시효중단의 효력이 있고, 재산압류를 할 수 있는 전제조건이 된다.

2. 압류

체납처분에 있어서의 재산의 압류는 조세채권자 자신이 조세채권을 실현시키기 위하여 납세의무자의 재산을 보전하는 강제적 행위로서 환가를 예정한 최초의 국가의 집행행위이다.

재산의 압류는 납세의무자가 독촉장을 받고 지정된 기한까지 관세와 가산금을 완납하지 아니한 때에 한다.

압류대상재산은 납세의무자에 귀속하는 재산, 금전적 가치가 있는 것, 양도성이 있는 것, 압류금지재산이 아닌 것이라야 한다.

재산압류방법은 재산의 종류에 따라 각각 다르다. 동산과 유가증권은 관세공무원이 점유하여야 하며, 채권은 세관장이 채무자에게 그 채권을 압류하여야 한다는 뜻을 통지하는 동시에 체납자에게도 통지하고, 부동산, 공장재단, 광업재단 또는 선박은 압류등기를 소관등기소에 촉탁하여야 하며, 관련 법률에 의하여 등록된 항공기, 건설기계, 자동차는 압류의 등록을 관계관서에 촉탁하여야 하고, 무체재산권 등은 세관장이 압류하고 그 뜻을 당해 권리자에게 통지하여야 하며, 그 무체재산권 등의 이전에 관하여 등기 또는 등록을 필요로 하는 것에 대하여는 압류의 등기 또는 등록을 관계관청에 촉탁하여야 한다.

3. 공매

압류한 재산은 그것이 바로 관세에 충당할 수 있는 금전의 경우를 제외하고는 금전으로 바꾸는 조치를 하여야 한다. 이것을 환가라 한다. 환가의 방법은 원칙적으로 공매에 의한다. 그러나 일정한 요건에 해당하는 경우에는 수의계약에 의할 수 있다.

공매라 함은 공적인 기관에 의하여 강제적으로 매수의 기회를 일반에게 공개하여 행하는 매매를 말하며 그 방법에는 입찰과 경매의 두 가지가 있다.

4. 배분·충당

압류재산의 매각대금, 채권, 유가증권, 무체재산권 등의 압류로 인하여 체납자 또는 제3채무자로부터 받은 금전은 압류에 관계되는 국세(관세포함), 가산금과 체납처분비, 교부청구를 받은 국세·가산금 체납처분비·지방세 또는 공과금, 압류재산에 관계되는 전세권·질권 또는 저당권에 의하여 담보된 채권에 배분하며 배분된 금전은 체납된 관세, 가산금, 체납처분비에 충당한다.

압류한 금전과 교부청구에 의하여 받은 금전은 바로 각각 그 압류 또는 교부청구에 관계되는 관세, 가산금과 체납처분비에 충당한다.

5. 체납처분의 중지

체납처분의 중지라 함은 체납처분을 집행하고, 집행하려 하여도 압류대상의 재산이 없어 집행불능의 경우 그 집행을 중지하기 위한 행정처분을 말한다.

체납처분의 중지를 할 수 있는 요건은 체납처분의 목적물인 총재산의 추산가액이 체납처분비에 충당하고 잔여가 생길 여지가 없는 경우 또는 체납처분의 목적물인 재산이 국세징수보다 우선하는 채권의 담보가 된 재산인 경우에 그 추산가액이 체납처분비와 당초 채권금액에 충당하고 잔여가 생길 여지가 없는 경우이다.

체납처분의 중지를 하고자 할 때에는 관세체납정리위원회에 심의를 거쳐야 한다.

한편 세관장이 물품의 수입과 관련하여 징수하는 내국세의 체납이 발생한 때에는 세관장은 그 납세의무자의 주소지를 관할하는 세무서장에게 즉시 이를 인계하여야 하며 당해 세무서장은 이를 인수하여 징수하여야 한다.

조세는 공익성이 강하고 징수의 확실성이 강하게 요구되는 것이므로 내국세 징수를 담당하는 세무서장에게 인계하여 조세채권의 확보를 보다 확실히 하기 위한 것이다.

Chapter Ⅵ
관세의 감면

1 관세의 감면

1 관세감면의 의의

관세의 감면은 관세행정의 기술상 관세율만으로는 어떤 특정의 목적을 달성할 수 없을 때 이의 실현을 위한 수단이다.

관세법 제3조의 규정에 의하여 원칙적으로 모든 수입물품에는 관세를 부과하는 것이 원칙이나(관세의무주의, 관세포괄주의) 수입물품이 일정한 요건을 갖춘 경우에는 특별히 그 수입자에 대하여 관세납부 의무의 일부 또는 전부를 면제하는 경우가 있다. 이와 같은 관세의 납부의무를 특정의 경우에 무조건 또는 일정 조건하에서 일부 또는 전부를 면제하는 것을 관세 감면이라고 한다. 이때 납부의무를 일부 면제하여 납부하여야 할 세액을 경감하는 것을 감세라고 하며 납부하여야 할 세액을 전부 면제하는 것을 면세라고 한다.

이와 관련하여 면세와 무세를 혼동해서는 안 된다. 무세란 관세율표상 세율이 0%인 것을 말하고 면세란 관세율표상에는 무세품이 아닌 유세품인 것으로 일반적으로 과세대상이지만, 특정의 경우에 신청에 의하여 세액을 면제하는 것을 말한다.

관세의 감면은 조세부담을 경감하는 것이므로 조세법률주의에 의해야 하고 따라서 반드시 법률에 규정이 있어야 감면할 수 있다. 현재 관세감면의 근거법률로는 관세법, 조세감면규제법, 해저광물자원개발법, 내국인 투자 및 외자도입에 관한 법률 등 4개 법률이 있으며 조약 협정으로는 SOFA, 한독기술원조협정, 한미기술원조협정, 한미구호협정, AID 차관협정, IBRD 차관협정, 한미항공협정 등 다수의 협정이 있다. 관세의 감면은 경제, 사회, 교육, 문화, 과학기술, 환경, 공해 등의 정책적 필요성에 의하는 것이 대부분이고 그 외에 관세의 주체성에 따른 국제 관례상의 요청에 의한 것도 있다.

2 관세감면의 문제점

관세의 감면제도는 앞에서 설명한 바와 같이 제경제적 효과와 목적에도 불구하고 다음과 같은 몇 가지 문제점을 갖고 있다.

첫째, 관세가 그 본래의 기능을 발휘하지 못하게 된다는 점이다. 즉, 원래 관세가 가지고 있는 기능이 감면세로 인하여 상실하게 된다는 것이다. 특정물품에 대하여 책정된 관세율은 그 물품의 수요공급량, 내외가격, 국산화의 단계, 부가가치 및 기타 경제의 장기전망에 따라 결정되는 실효보호율 (effective rate of protection)에 따라 과학적이고도 객관적인 기준에 의하여 결정되는데, 어떠한 이유에 의해서 관세가 감면된다면 재정수입감소는 물론 국내산업보호기능을 상실하게 되어 관세가 본래의 기능을 잃게 된다.

둘째, 관세의 감면은 납세도의를 문란하게 할 우려가 있다.

셋째, 조세부담의 불공평성을 초래할 가능성이 있다. 즉, 관세부담은 최종적으로는 소비자에게 전가될 터이므로 관세의 부과는 결국 소비자의 조세부담을 과중하게 한다. 이와 같은 논리에 입각하여 관세를 감면하면 그 효과는 소비자에게 귀속되어야 하지만 실제로는 감면효과가 중간에서 빠질 가능성이 있고, 더욱이 국가가 감면조치로 인한 재정수입부족액만큼을 충당하기 위하여 다른 세원을 포착한다면 문제는 더욱 심각하게 된다.

끝으로 관세의 감면은(조건부감면세의 경우) 사후관리로 인한 행정적 부담을 가중시킨다. 관세의 감면은 대부분 조건부감면세이므로 이 조건의 이행 여부를 일정기간 확인을 하여야 하기 때문이다.

3 무조건감면세와 조건부감면세

무조건감면세라 함은 관세의 감면행위가 수입한 때에 특정한 사실에 의하여 확정할 뿐이지 수입 후의 사실에 따라 어떠한 제한을 받지 아니하는 감면세를 말한다. 그러므로 무조건 감면세로서 수입된 물품에 대해서는 원칙적으로 관세추징의 문제와 관세의 사후관리 및 관세벌칙의 대상으로 되지 아니한다. 관세법상의 무조건감면세제도는 ① 외교관면세(자동차, 선박, 피아노, 전자오르간, 파이프오르간, 엽총제외), ② 정부용품 등 감면세, ③ 소액물품 등 면세, ④ 여행자휴대품·이사물품 등 면세, ⑤ 손상감세, ⑥ 재수입면세, ⑦ 해외임가공물품감세 ⑧ 관세법 이외의 법령이나 조약 또는 협정에 의한 감면세 중 그 법령이나 조약 또는 협정에서 감면세물품을 수입신고 수리일로 부터 5년 내에 감면세용도 외에 사용하거나 용도 외에 사용할 자에게 양도하더라도 감면한 관세를 징수하지 아니한다는 특별한 규정이 있는 감면세 등이 있다.

한편, 조건부감면세란 감면할 때에 해제조건을 붙여서 특정한 행위의 금지를 명하고, 만일 그 해제조건이 성취될 경우, 즉 용도 외에 사용할 때에는 수입한 때로 소급하여 감면한 관세를 징수하거나 혹은 관세를 징수함과 동시에 일정한 제재를 가하는 것을 말한다.

세관장의 승인을 받아 감면물품을 용도 외에 사용한 경우에는 감면된 관세가 징수될 뿐이며 벌칙은 과하여지지 아니 한다.(일반적 조건부 감면세) 이에 대하여 감면된 물품을 세관장의 사전승인을 받지 아니하고 용도 외에 사용한 경우에는 감면된 관세가 징수될 뿐만 아니라 벌칙이 과하여 진다.(제한적 조건부감면세) 그러나 새로운 용도가 역시 감면세의 용도인 것이 확인된 경우에는 관세의 징수나 벌칙이 적용되지 아니함은 물론이다. 관세법은 이와 같은 조건부감면관세물품에 대하여 조건의 이행여부를 확인하기 위하여 사후관리제도를 두고 있고 또한 사후관리를 받는 감면세 물품은 모두 조건부감면세에 해당한다.

조건부감면세로는 ① 외교관면세품 중 자동차, 선박, 피아노, 전자오르간, 파이프오르간, 엽총, ② 학술연구용품 감면세, ③ 특정물품감면세, ④ 환경오염방지물픔 등에 대한 감면세, ⑤ 재수출면세, ⑥ 재수출감면세, ⑦ 수출용원자재 등의 감면세, ⑧ 세율불균형물품의 감면세, ⑨ 종교물품·자선용품·장애인용품 등의 면세, ⑩ 관세법 이외의 법령이나 조약 또는 협정에 의한 감면세 중 그 법령이나 조약 또는 협정에서 감면세 물품을 수입신고 수리일로부터 5년 내에 감면세용도외에 사용하거나 용도 외에 사용할 자에게 양도하더라도 감면한 관세를 징수하지 아니한다는 특별한 규정이 없는 감면세 등이 있다.

2 관세감면의 종류

1 외교관용물품 등의 면세

1. 외교관 면세의 의의

외교관은 국제법상 불가침권과 치외법권이라는 특권을 가지고 있다. 따라서 외교관에 대한 과세권의 면제는 당연히 치외법권 속에 포함되고 있으므로 이들이 수입하는 물품에 대하여는 관세를 면제하고 있다. 관세의 면제는 국제관행 또는 국제예

양으로 널리 행하여지고 있지만, 외교사절에 대한 특권 및 면제를 단순한 관행으로서가 아닌 국제법상의 규칙으로서 확립시키려는 운동이 각국간에 논의되기 시작하였으며, 마침내 1961년 4월 18일에 외교관계에 관한 「비엔나조약(Vienna Convention on Deplometic Relation)」이 성립되기에 이르렀다. 동 조약에서는 가맹국은 자국이 제정하는 법령의 규정에 따라 관세·조세 등을 면제하기로 되어 있는데, 그 면세의 적용범위는 대체로 우리 관세법과 유사하다.

외교사절에 대한 이와 같은 특권은 무조건으로 허용함이 원칙이나, 우리 나라로부터 파견된 외교사절에 대하여 면세특권을 인정하지 않거나 또한 면제에 제한을 가하는 국가가 있을 때에는 우리 나라에서도 이와 같은 수준의 대우를 취할 필요가 있게 된다. 그러므로 관세법도 상호주의원칙에 따라 관세의 면세를 하고 있다.

2. 외교관면세의 대상물품

외교관면세의 대상은 다음과 같다.

① 우리 나라에 있는 외국의 대사관·공사관 기타 이에 준하는 기관에 속하는 공용품
② 우리 나라에 주재하는 외국의 대사·공사 기타 이에 준하는 사절 및 가족에 속하는 자용품
③ 우리 나라에 있는 외국의 영사관 기타 이에 준하는 기관에 속하는 공용품
④ 우리 나라에 있는 외국의 대사관·공사관·영사관 기타 이에 준하는 기관의 직원 중 대통령령으로 정하는 직원과 그 가족에 속하는 자용품
 i) 대사관 또는 공사관의 참사관·1등 서기관·2등 서기관 · 외교관보
 ii) 총영사관 또는 영사관의 총영사·영사·부영사 또는 영사관보(명예 총영사 및 명예영사를 제외)
 iii) 대사관·공사관·총영사관 또는 영사관의 외무공무원으로서 전 각호에 해당하지 아니하는 자
⑤ 정부와의 사업계약을 수행하기 위하여 외국계약자가 계약조건에 따라 수입하는 업무용품
⑥ 국제기구 또는 외국정부로부터 정부에 파견된 고문관·기술단원 기타 이에 준하는 자가 직접 사용할 물품

3. 조건부면세품

외교관용 물품 등의 면세는 일반적으로 무조건면세함이 원칙이나 ① 자동차(자동삼륜차와 자동이륜차 포함), ② 선박, ③ 피아노, ④ 전자오르간과 파이프 오르간, ⑤ 엽총 등은 수입신고수리일로 부터 3년 내에 용도외에 사용하기 위하여 이를 양수할 수 없다. 다만, 대통령령이 정하는 바에 의하여 미리 세관장의 승인을 받은 때에는

그러하지 아니하다.

따라서 수입신고수리일로 부터 3년 안에 위의 조건부면세물품을 세관장의 승인을 얻어 용도외에 사용하기 위하여 양수한 때에는 그 양수자(비면세권자)로부터 면제된 관세를 즉시 징수한다. 이때에 추징하는 세액은 당초 면세받은 금액이나, 변질 또는 손상 및 사용으로 인하여 가치감소분은 손상감면규정에 따라 경감받을 수 있다. 그리고 용도외에 사용할 자가 세관장의 승인없이 양수한 때에는 당해 물품의 양수자는 처벌받게 된다. "용도외에 사용하기 위하여 양수할 수 없다"함은 법 제88조 제1항의 각호의 용도 상호간 이외의 용도에 사용하기 위하여 양수할 수 없음을 말한다. 그러므로 예컨대 법 제88조 제1항(외교관면세 대상물품) 제1호의 규정에 의하여 면세를 받은 공용의 선박을 제2호의 자용품이나, 제3호의 공용품 또는 제4호의 직원 자용품으로서 양수한 때에는 이에 해당되지 아니한다.

❷ 정부용품 등 면세

정부용품 등 무조건면세라 함은 수입되는 물품의 사용 목적 또는 그 물품의 특성으로 보아 무조건면세를 하는 것이 타당하다고 인정되는 물품이 수입될 때 그 관세를 면제하는 것을 말한다.

예컨대 국가기관에 기증된 물품 또는 우리 나라에 내방하는 외국의 원수에 속하는 물품 등은 그 사용목적, 그 물품의 특성 또는 국제적 관례 등으로 보아 관세를 무조건면세를 하는 것이 타당하다.

정부용품 면세대상은 ① 기증된 정부용품, ② 정부수입군수품과 국가원수 경호물품, ③ 재외국군 또는 공관에서 반환하는 공용품, ④ 비상통신용품, ⑤ 정부수입간행물, ⑥ 환경오염측정분석기구, ⑦ 상수도품질보전 향상용 물품, ⑧ 국가안전보장용품 등이다.

❸ 해외임가공물품 등의 감세

우리나라에서 수출된 물품이 어떤 사유에 의하여 다시 수입될 때의 관세의 감면에는 원재료 또는 부분품을 수출하여 정부에서 정하는 물품으로 제조·가공한 물품과 가공 또는 수리할 목적으로 수출하여 정부에서 정하는 기준에 적합한 물품을 수입할 때 그 관세를 경감하는 해외임가공물품 등의 감세와 수출된 물품이 다시 수입될 때 서로 동질성이 유지되는 것을 전제로 그 관세를 면제하는 재수입면세가 있다.

해외임가공물품 등의 감세라 함은 원재료 또는 부분품을 수출하여 정부에서 정하는 물품을 제조·가공한 후에 그것을 수입할 때와 가공 또는 수리할 목적으로 수출하여 정부에서 정하는 기준에 적합한 물품을 수입할 때 그 관세를 경감하는 것을 말한다. 재수입물품에 대하여는 국산품비과세와 이중과세방지라는 관세의 과세원리가 적용되어 그 관세가 경감되는 것이므로 무조건감세를 한다.

4 재수입면세

재수입면세라 함은 우리나라에서 수출된 물품이 어떤 사유에 의하여 다시 우리나라에 수입되는 경우에 그 관세를 면제하는 것을 말한다. 여기에는 수출품의 용기나 해외에서의 시험연구물품 등이 대상인데, 이 면세는 국산품비과세와 이중과세방지, 수출지원, 학술·과학·기술의 향상에 그 목적이 있다. 이 면세는 수출된 물품이 다시 수입될 때 원칙적으로 서로가 동질성이 유지되어야 한다. 이 면세는 국산품비과세와 이중과세방지라는 관세의 과세원리가 적용되어 그 관세가 면제되는 것이므로 무조건면세를 한다.

5 손상감세

손상감세는 수입신고한 물품이 수입신고 수리전에 변질 또는 손상된 때에 감면하는 경우와 관세감면받은 물품을 용도 외 사용 또는 양도시 추징하는 경우에 그 물품이 변질·손상 또는 사용으로 인하여 가치가 감소됨으로 인하여 감세하는 경우의 두 가지가 있다.

첫째, 수입신고 수리 전 손상감세라 함은 수입신고에 의하여 과세물건이 확정되었으나 수입신고수리 전에 그 물품이 변질 또는 손상되었을 때 그로 인한 가치감소에 상응한 관세를 경감하는 것을 말한다.

과세물건이 확정되었다 하더라도 관세가 소비세라는 성격에 비추어 볼 때 가치감소에 상응한 관세는 징수할 수 없으며, 또한 변질 또는 손상한 물품을 완전한 물품과 같은 금액의 관세를 징수할 수 없기 때문에 감세를 하는 것이다.

수입신고 전에 이미 변질 또는 손상된 경우에는 손상감세를 받을 수 없다. 이 경우는 과세물건 확정시에 이 사실이 고려되므로 손상감세에 의하지 않더라도 과세표준에 의하여 세액이 적어진다.

둘째, 감면관세 추징시의 손상감세라 함은 조건부감면세를 받은 물품에 감면한 관세의 징수사유가 발생하여 감면한 관세를 징수하게 될 때 그 물품이 변질 또는 손상되거나 사용으로 인하여 가치가 감소된 때에 그 가치 감소에 상응한 관세를 경감하는 것을 말한다.

사용으로 인하여 가치가 감소된 데 대하여 그에 상응한 감세를 하는 것은 감면세용도에 사용한 분에 상응한 관세는 경감하고 감면세용도에 사용하지 아니하게 되는 분에 상응한 관세는 징수하는 것이 과세의 형평에 맞기 때문이다.

감면세를 받은 수출용원재료의 경우는 재해 기타 부득이한 사유로 변질 또는 손상된 때에 한하여 감세한다.

손상감세를 할 때에 경감하는 관세액은 다음 두 가지 관세액 중에서 많은 관세액으로 한다.

① 수입물품의 변질, 손상 또는 사용으로 인한 가치의 감소에 따르는 가격의 저하분에 상응하는 관세액

② 수입물품의 관세액에서 그 변질 손상 또는 사용으로 인한 가치의 감소 후의 성질 및 수량에 의하여 산출한 관세액을 공제한 차액

①은 가격의 저하분을 기준으로 하여 감세액을 결정하는 방법이고, ②는 변질 또는 손상후의 그 물품의 성질 및 수량을 기준으로 하여 감세액을 결정하는 방법이다.

6 세율불균형물품의 감면세

관세정책상의 이유로 기계 또는 설비 등의 제작 설치에 쓰이는 부분품 또는 원재료의 관세율이 그 완성품보다 높은 경우가 있다. 이러한 경우에는 부분품 또는 원재료를 수입하여 국내에서 완성품을 제작하기보다 완성품을 수입하는 것이 관세상 이익이 되므로 완성품을 수입하게 되고 국내의 완성품 제조업은 발전할 수 없게 된다. 이와 같은 세율불균형으로부터 오는 모순을 없앰으로서 국내의 제조업을 보호육성하기 위하여 부분품 또는 원재료의 관세를 감면한다. 즉 부분품 또는 원재료의 관세를 감면함으로써 부분품 또는 원재료가 수입이 되고 수입된 부분품 또는 원재료로 국내에서 완성품을 제작하게 되어 국내의 제조업이 발전하게 된다.

감면세의 효과를 확보하기 위하여 감면세를 받은 물품은 세관장이 지정한 공장에서 제조 또는 수리에 사용하도록 그 사용장소를 제한하는 외에 일정기간내에는 감면세를 받은 용도 외로 사용하거나 양도 또는 임대할 수 없도록 제한하고 있으며 이를 위반하면 처벌한다.

이 감면세는 조건부감면세이다. 그 조건은 해제조건이며 그 내용은 감면세물품을 일정기간내에 감면세를 받은 용도 외로 사용하거나 용도 외로 사용하고자 하는 자에게 양도 또는 임대하면 감면된 관세는 즉시 징수한다는 것이다. 따라서 이 해제조건이 성취되면 감면된 관세는 즉시 징수한다. 세관장은 감면관세의 징수에 대비하여 그 관세채권확보책으로 이 감면세를 할 때에 감면 관세액에 상당하는 담보를 제공하게 할 수 있으며 일정기간 사후관리를 한다.

감면세 대상물품은 항공기(부분품을 포함한다)와 반도체 제조용 장비(부속기기를 포함한다)를 제조 또는 수리하는데 사용되는 부분품과 원재료는 그 관세를 감면할 수 있

다. 수출한 후 외국에서 수리·가공되어 수입되는 부분품 및 원재료의 가공수리분도 관세를 감면할 수 있다.

7 학술연구용품의 감면세

학술연구용품감면세는 교육, 학술, 문화, 과학, 기술, 산업기술 등의 진흥과 연구개발에 그 목적이 있다. 따라서 학교, 훈련원, 공공의료기관, 박물관 기타 공공기관에서 사용하는 학술연구용품, 교육용품, 실험실습용품, 학술연구자료, 과학기술의 연구개발용품, 시약류, 시험분석용품 등의 관세를 감면한다.

감면세의 효과를 확보하기 위하여 감면세물품은 일정기간내에는 감면세를 받은 용도 외로 사용하거나 양도 또는 임대할 수 없도록 제한하고 있으며 이를 위반하면 처벌한다.

감면대상물품은 다음과 같다.

① 정부 또는 지방자치단체가 교육 및 학술진흥을 위하여 학교에서 또는 훈련시 사용하게 할 목적으로 수입하는 학술연구용품·교육용품 및 실험실습용품으로서 재경부령이 정하는 물품

② 학교·공공의료기관·공공직업훈련원·박물관 기타 이에 준하는 재경부령이 정하는 기관에서 사용할 표본·참고품·도서·레코드·녹음된 테이프·녹화된 슬라이드·촬영된 필름 기타 이와 유사한 물품 및 자료

③ 제2호의 기관에서 학술연구·교육·실험실습용으로 사용할 물품 중 재경부령으로 정하는 물품

④ 제2호의 기관에서 사용할 학술연구용품 및 실험실용품으로서 외국으로부터 기증되는 물품. 다만, 재경부령이 정하는 물품은 제외한다.

⑤ 재경부령이 정하는 자가 산업기술의 연구·개발에 사용하기 위하여 수입하는 물품 중 국내 제작이 곤란한 것으로서 재경부령이 정하는 물품

8 특정물품의 면세

관세의 감면은 여러 가지 정책목적의 실현·국제관례 등의 이유에 의한다. 따라서 특별한 분야의 정책목적의 실현 또는 국제관례에 의한 감면세 등은 그 특수성을 고려하여 각 분야별로 관세법에 규정하고, 기타 일반 분야의 정책목적 실현과 수입물품 또는 수입물품의 용도의 특수성 등에 의하여 관세를 감면하여야 할 일반물품의 감면세는 “특정물품의 면세”로 일괄하여 관세법에서 규정하고 있다.

면세의 효과를 확보하기 위하여 면세물품을 일정기간내에 면세를 받은 용도 외로 사용하거나 양도 또는 대여할 수 없도록 제한하고 있으며 이를 위반하면 처벌한다.

이 면세는 조건부면세이다. 그 조건은 해제조건이며 그 내용은 면세물품을 일정기간내에 면세를 받은 용도 외로 사용하거나 용도 외로 사용하고자 하는 자에게 양도 또는 대여하면 면제된 관세는 즉시 징수한다는 것이다. 따라서 이 해제조건이 성취되면 면제된 관세는 즉시 징수한다.

세관장은 면제관세의 징수에 대비하여 그 관세채권 확보책으로 이 면세를 할 때에 면제 관세액에 상당하는 담보를 제공하게 할 수 있으며 일정기간 사후관리를 한다.

그 대상은 ① 동식물의 번식·양식 종자개량용 물품, ② 박람회 등 사용물품, ③ 항공기의 발착·항행 안전용품, ④ 외국에서 채집 또는 포획한 수산물 등이다.

9 환경오염방지물품 등에 대한 감면세

환경오염방지물품 등의 감면세는 고도기술산업과 공장자동화를 지원하고 산업발전에 따른 공해방지, 재해 및 직업병의 예방지원에 그 목적이 있다.

이러한 감면세의 효과를 확보하기 위하여 감면세물품은 일정기간내에 감면세를 받은 용도 외로 사용하거나 양도 또는 임대할 수 없도록 제한하고 있으며 이를 위반하면 처벌을 한다. 이 감면세는 조건부감면세이다. 그 조건은 해제조건이며 그 내용은 감면세물품을 일정기간내에 감면세를 받은 용도 외로 사용하거나 용도 외로 사용하고자 하는 자에게 양도 또는 임대하면 감면된 관세는 즉시 징수한다는 것이다. 따라서 이 해제조건이 성취되면 감면된 관세는 즉시 징수한다.

세관장은 감면관세의 징수에 대비하여 관세채권 확보책으로 이 감면세를 할 때에는 감면관세액에 상당하는 담보를 제공하게 할 수 있으며 일정기간 사후관리를 하도록 되어 있다.

감면대상물품은 국내제작이 곤란한 것으로서 재정경제부령이 정하는 물품으로 하고 있다.

① 오염물질의 배출방지 또는 처리를 위하여 사용되는 기계·기구·시설·장비

② 폐기물처리(재활용의 경우를 포함한다)를 위하여 사용되는 기계 · 기구

③ 산업재해 또는 직업병의 예방에 직접 사용하는 기계 · 기구

④ 기계·전자기술 또는 정보처리기술을 응용한 공장자동화 기계·기구·설비(그 구성기기 포함) 및 동물품의 핵심부분품.

⑤ 방위산업소요물품

⑩ 재수출면세

재수출면세라 함은 특정물품에 대하여 그 물품을 수입한 후 비교적 짧은 일정기간내에 다시 수출되는 것을 조건으로 관세를 면세하는 것을 말한다.

재수출면세는 일반수출입무역과 가공무역의 진흥, 관광산업진흥, 학술연구, 교육문화진흥, 과학기술연구 등을 목적으로 하며, 국내산업에 영향을 주지 않거나 국내에서 소비되지 아니하는 것을 면세하는 것이 원칙이다.

이러한 면세의 효과를 확보하기 위하여 면세를 받은 물품은 일정기간내에 면세를 받은 용도 외에 사용하거나 양도 또는 임대할 수 없도록 제한하고 있으며 이를 위반하면 처벌을 한다. 또한 면세받은 물품을 일정기간내에 수출하지 아니하면 수출의무 불이행에 대한 제재로서 가산세를 징수한다.

이 면세는 조건부면세이다. 그 조건은 해제조건이며 그 내용은 면세를 받은 물품을 일정기간내에 수출하지 아니하거나 면세받은 용도 외에 사용하거나 용도 외에 사용할 자에게 양도 또는 임대하면 감면된 관세는 즉시 징수한다는 것이다. 따라서 이 해제조건이 성취되면 감면된 관세는 즉시 징수한다. 세관장은 면제관세의 징수에 대비하여 그 관세채권의 확보책으로 면세를 할 때에 면제관세액에 상당하는 담보를 제공하게 할 수 있으며 일정기간 사후관리를 한다.

재수출면세의 대상은 ① 수입품의 포장용품, ② 일시 입국자용품, ③ 수출품 포장용품, ④ 취재용으로 수입하는 방송용의 녹화되지 아니한 비디오테이프, ⑤ 선원후생용품, ⑥ 박람회 등의 용품, ⑦ 국내회의용품, ⑧ 학술연구용품, ⑨ 과학장비용품, ⑩ 시험용품, ⑪ 가공, 수리품, ⑫ 수출입품의 시험용기계·기구, ⑬ 일시 입국자용 승용차 등, ⑭ 수출품운송차량, ⑮ 컨테이너 수리용 부품, ⑯ 수출인쇄물제작 원고용 필름, ⑰ 마스터테이프 및 니켈판, ⑱ 항공관계기구, ⑲ 항공 및 해상화물운송용 파렛트, ⑳수출품사양확인용 물품, ㉑ 항공기의 긴급수리용 엔진 및 부품 등이다.

재수출기간은 면세대상물품의 수입신고수리일부터 1년의 범위내에서 관세법 시행령이 정하는 기준에 따라 세관장이 정하도록 되어 있다.

한편, 면세받은 물품을 재수출기간내에 수출하지 아니하면 가산세를 징수한다.

11 재수출감면세

재수출감면세는 재수출감세와 재수출면세로 구분한다.

재수출감세라 함은 장기의 내용년수를 가진 물품으로서(수입신고수리일로 부터 2년, 장기간 사용이 부득이한 경우에는 4년의 범위내) 임대차계약에 의하거나 도급계약의 이행과 관련하여 우리 나라에서 일시적으로 일정기간 사용한 후 다시 수출하기 위하여 수입하는 물품에 대하여 국내에서 사용된 가치에 상당하는 부분에 대한 관세는 징수하고, 수출되는 잔여가치에 상당하는 부분에 대한 관세는 징수하지 아니하고 경감하는 것을 말한다.

내용년수가 긴 물품이 우리 나라에서 비교적 짧은 기간 사용된 후에 다시 수출되는 경우에 우리 나라에서 일시적이지만, 그 물품 본래의 용도에 사용된 것이므로 그 관세의 전부를 면제할 수 없고, 또 한편 일시적으로 사용한 후에 다시 수출되기 때문에 끝까지 국내에서 사용되는 물품과 같이 관세의 전액을 징수하는 것도 불합리하므로 과세의 균형상 국내에서 사용으로 인하여 소비된 부분에 상당하는 관세만을 징수하고 수출되는 잔여분에 상당하는 관세는 징수하지 아니하고 경감하는 것이 재수출감면세의 이유이다.

재수출면세라 함은 재수출감세 대상물품이 외국과의 조약, 협정 등에 의하여 수입될 때에는 상호조건에 따라 그 관세를 면제하는 것을 말한다.

12 수출용원재료 등의 감면세 및 환급

관세법 제104조는 수출물품을 제조·가공하기 위한 원재료 또는 재정경제부령이 정하는 바에 의하여 국내에서 외화로 판매하는 물품이나 이를 제조·가공하기 위한 원재료와 외화를 받은 공사에 공하는 물품은 수입신고 수리일부터 일정기간내에 수출 또는 판매를 하거나 그 공사에 공할 것을 조건으로 그 관세를 면제하거나 대통령령으로 정하는 물품에 대하여는 그 관세를 경감한다고 규정하고 있다.

그러나 이 규정은 관세환급특례법 제1조 "…… 관세법 …… 및 국세징수법에 대한 특례를 정함을 목적으로 한다". 제5조 "① 세관장은 수입하는 수출용원재료에 대하여는 관세법 등의 규정에 불구하고 수입하는 때에 당해 관세 등을 징수한다". 제9조 "① 세관장은 물품이 수출 등에 제공된 때에는 대통령령이 정하는 날부터 소급하여 2년이내에 수입된 당해 물품의 수출용원재료에 대한 관세 등을 환급한다"는 규정에 의하여 그 적용이 사실상 전면 중지된 사문화된 규정이다. 1975년 7월 1일부터 우리 나라는 수출용원재료에 대하여 관세환급을 전면 실시하고 있다.

13 소액물품 등의 면세

우리나라의 거주자에게 수여된 훈장 등 명예를 나타내는 물품·기록문서 등 가격으로 평가하기 어려운 물품·상업용견품, 광고용물품 또는 우리나라 거주자가 수취하는 선물 등의 소액물품과 같이 특수한 물품은 국가의 재정수입을 위하여 관세를 징수하는 것보다 그 특수성을 고려하여 관세를 면제하는 것이 보다 합리적이기 때문에 이들 물품의 관세는 무조건 면세를 한다.

14 여행자휴대품·이사물품 등의 면세

여행자 휴대품·이사물품·운송수단의 승무원 휴대품은 여행을 하거나 이사를 하거나 운송수단에 승무하는데 반드시 필요한 물품이므로 이들 물품의 수출입을 제한하여서는 아니 된다. 따라서 이들 물품의 수입에 따른 관세도 무조건 면세를 한다.

15 종교용품·자선용품·장애인용품 등의 면세

이 면세는 종교활동의 지원 또는 사회복지정책의 실현을 위한 면세로서 종교용품·자선 또는 구호용품·국제평화활동지원용품·장애인의 치료 또는 재활용품 등이 대상이다.

면세의 효과를 확보하기 위하여 면세물품을 일정기간내에는 면세를 받은 용도 외로 사용하거나 양도 또는 대여할 수 없도록 제한하고 있으며 이를 위반하면 처벌한다.

이 면세는 조건부면세이다. 그 조건은 해제조건이며 그 내용은 면세물품을 일정기간 내에 면세를 받은 용도 외로 사용하거나 용도 외로 사용하고자 하는 자에게 양도 또는 대여하면 면제된 관세는 즉시 징수한다는 것이다. 따라서 이 해제조건이 성취되면 면제된 관세는 즉시 징수한다.

세관장은 면제관세의 징수에 대비하여 그 관세채권 확보책으로 이 면세를 할 때에 면세액에 상당하는 담보를 제공할 수 있으며 일정기간 사후관리를 한다.

16 관세법 이외 법령·조약·협정 등에 의한 관세감면

관세법 감면에 관하여는 관세법에 규정하는 것이 원칙이다. 그러나 특수분야의 보호육성 등을 위한 종합입법, 기타 특수사정 또는 국제협력 등의 사유로 예외적으로 관세법 이외의 법령 또는 조약에서도 일부 규정하고 있다.

관세의 감면에 관한 규정을 두고 있는 관세법 이외의 법률은 조세특례제한법, 외국인투자촉진법, 제주도국제자유도시특별법, 경제자유구역의 지정 및 운영에 관한 법률, 자유무역지역의 지정 및 운영에 관한 법률, SOFA특례법이 있다.

3 관세의 환급

1 관세환급의 의의

관세의 환급이라 함은 납세의무자가 관세·가산금·가산세 또는 체납처분비를 과오납한 과오납금 또는 이미 관세를 납부한 물품에 관세관계법률에서 정하는 일정 사유가 발생하였을 때 이미 납부한 관세를 납세의무자에게 되돌려 주는 것을 말한다.

즉 관세의 환급이란 관세를 이미 납부한 수입물품에 대하여 일정한 법정요건을 충족할 경우에 관세의 전부 또는 일부를 되돌려 주는 제도를 말한다. 관세법상의 환급은 ① 과오납금의 환급, ② 수출용 원재료 등의 환급(적용정지), ③ 위약물품 등의 환급 등 세 가지가 있다.

2 과오납금 관세환급

과오납금의 환급이라 함은 납세의무자가 관세·가산금·가산세 또는 체납처분비를 과오납한 것을 되돌려 주는 것을 말한다. 과오납금이라 함은 법률상 관세·가산금·가산세 또는 체납처분비로서 납부하여야 할 원인이 없는 데도 불구하고 이미 납부되어 있는 금전을 말한다.

이것은 일종의 부당이득에 지나지 아니하므로 납부한 자는 당연히 환급청구권을 가지며, 국가는 이것을 환급할 채무를 진다. 과오납금은 이들을 납부할 때에는 그에 상응한 확정된 채무가 있었으나 뒤에 그 채무가 소멸하게 되었을 때 생기는 과납금과 이들을 납부할 때에 그 상응한 확정된 채무가 없는 경우 또는 납부한 금액이 확정된 채무의 금액을 초과하는 경우에 생기는 과납금을 총칭한다.

세관장은 과오납금의 청구가 있을 때에는 지체없이 환급함은 물론 세관장이 직접 확인한 과오납금은 납세의무자의 청구가 없는 경우에도 이를 환급하여야 한다.

납세의무자의 과오납금에 관한 권리는 제3자에게 양도할 수 있다.

3 위약물품 관세환급

위약물품관세환급에는 ① 수입물품이 계약내용과 상이하여 재수출하는 경우의 관세환급, ② 멸각물품의 관세환급, ③ 멸실·변질·손상 등의 관세환급으로 구분된다.

1. 수입물품이 계약내용과 상이하여 재수출하는 경우의 관세환급

수입신고가 수리된 물품이 계약내용과 상이하고 수입신고 당시의 성질 또는 형상이 변경되지 아니한 물품을 수입신고수리일로부터 1년내에 보세구역에 반입하여 수출한 때에는 그 관세를 환급한다. 이때에 관세를 환급하는 것은 수입업자가 수입물품을 국내에 인취한 후 그 물품에 대한 하자를 발견하였기 때문에 이를 다시 수출하였으므로 수입업자로서 수입에 의한 경제적 효과를 이루지 못하였기 때문에 그 물품에 대한 관세를 환급함으로써 수입업자를 구제하자는 데 의의가 있다.

위약품수출로 인한 환급요건으로는 ① 관세를 납부하고 수입신고수리를 받은 물품이어야 하며, ② 수입물품이 계약내용과 상이하여야 하고, ③ 수입신고 당시의 성질 또는 형상이 변경되지 아니한 물품을 다시 보세구역에 반입하여 수출하여야 할 것과, ④ 보세구역에의 반입은 수입신고수리일로부터 1년내에 이루어져야 하며, ⑤ 수출 또는 수출에 갈음하여 폐기되어야 한다는 것이다. 이때의 수출은 재수출로서 어느 때에 이루어지더라도 무방하지만, 보세구역에의 장치기간 등을 고려할 때 조속히 수출하여야 할 것이다.

이상과 같은 환급요건이 충족되면 환급세액은 수입업자가 이미 납부한 관세의 전액을 환급받는다. 일반수출의 경우에는 일부물품에 해당하는 관세액만 환급받을 수 있다.

2. 멸각물품의 관세환급

앞의 1에 의한 수입물품을 수출에 갈음하여 이를 멸각 또는 폐기하는 것이 부득이하다고 인정하여 그 물품을 수입신고수리일로부터 1년내에 보세구역에 반입하여 미리 세관장의 승인을 얻어 멸각 또는 폐기한 때에는 그 관세를 환급한다. 환급요건으로는 계약내용과 상이한 물품을 수출하지 않고 이를 국내에서 멸각하거나 폐기하는 경우에도 환급이 가능하지만, 이때에도 ① 위약물품이 수입시의 성질 또는 형상이 변경되지 않고, ② 1년내에 보세구역에 반입되어야 하며, ③ 멸각·폐기시 세관장의 승인을 받아야 환급이 된다. 멸각·폐기물품에 대한 관세환급액은 이미 납부한 세액이 되며, 다만 잔존물이 있을 때에는 그 멸각 또는 폐기한 때의 잔존물의 가치에 의거 부과될 관세액을 공제한 금액을 환급한다.

3. 멸실 · 변질 · 손상 등의 관세환급

수입신고수리를 받은 물품이 수입신고수리 후 계속 지정보세구역에 장치되어 있는 중에 재해로 인하여 멸실되거나 변질 또는 손상으로 인하여 그 가치가 감소된 때에는 대통령령이 정하는 바에 의하여 그 관세의 전부 또는 일부를 환급할 수 있다. 여기서 환급이 되는 경우는 다음과 같다.

① 지정보세구역에 수입신고수리 후 계속 장치되어 있어야 한다. 계속이라는 말은 수입신고수리 후 반출되었다가 다시 장치된 경우는 포함하지 않는다. 그리고 지정보세구역은 지정장치장과 세관검사장을 말하기 때문에, 예컨대 타소장치 중인 것에 대하여는 적용되지 아니한다.

② 재해로 인하여 멸실되거나 변질 또는 손상으로 인하여 그 가치가 감소된 때라야 한다. 따라서 부득이한 사유로 인하여 멸실된 경우에 한하고, 고의로 멸실하거나 또는 도난·분실 등의 사유로 멸실된 경우에는 적용되지 아니한다. 또 변질·손상은 화학적 또는 물리적인 변화로서 그 경제적 가치가 현저히 떨어지는 것을 말한다.

이상의 요건에 해당하면 ① 멸실된 물품에 대하여는 그 물품에 대하여 이미 납부한 세액전액을 환급하고, ② 변질·손상된 물품에 대하여는 손상감면의 규정에 의한 경감액산출방법에 따라 산출된 세액 중 다액의 것을 환급한다. 즉, 변질 ·손상으로 인한 가치감소에 따르는 가격하락분에 상응하는 관세액과 수입시의 관세액에서 변질·손상으로 인한 가치감소 후의 성질·수량에 의한 세액을 공제한 차액 중 다액의 것을 환급하게 된다.

4. 종합보세구역 판매물품 관세환급

외국인관광객의 유치를 위하여 외국인관광객 등 대통령령이 정하는 자가 종합보세구역에서 구입한 물품을 국외로 반출하는 경우에는 당해 물품을 구입할 때 납부한 관세 및 내국세 등("관세 등" 이라 한다)을 환급할 수 있다.

5. 위약물품의 부과취소

관세미납위약물품에 대한 부과취소란 전(前) 1) 내지 4)의 적용에 있어서 당해 물품이 징수유예중이거나 분할납부의 기간이 종료하지 아니하여, 당해 물품에 대한 관세가 징수되지 아니한 경우에는 당해 관세의 부과를 취소할 수 있음을 말한다.

부과취소를 받고자 하는 자는 당해 관세의 징수유예기간 또는 분할납부기간의 종료전에 신청서를 세관장에게 제출하여야 한다.

Chapter Ⅶ

수출용원재료에 대한 관세 등 환급제도

1 관세부담면제의 필요성과 방법

1 수출용원재료에 대한 관세면제의 필요성

관세영역을 출입하는 물품에 부과하는 관세에 있어서 수출되는 물품에 대한 수출세는 수출억제작용을 하기 때문에 일반적으로 부과하지 않고 극히 일부의 국가에서 일부 품목에 한하여 부과하고 있으며, 일반적으로는 수입되는 물품에 대하여 부과하는 수입세만을 보통 관세라고 한다.

이와 같이 수입물품에 부과하는 관세도 당해 수입물품이 국내로 들어와서 사용 또는 소비되는 것을 전제로 하고 있다고 할 수 있다. 따라서 단순히 특정 국가를 통과하는 물품에 대하여 부과하는 통과세는 Barcelona 협정(1921)이나 GATT에서도 금지시키고 있으며 수입물품에 대하여 관세를 부과하고 있는 세계 각국에서도 일시 입국자들이 휴대반입하였다가 재수출하고자 하는 물품이나 국제운송수단으로서의 컨테이너 등에 대해서는 관세를 부과하지 않고 있다.

또한 수출물품을 제조·가공하는데 사용되기 위하여 수입되는 수출용 원재료는 수출물품의 제조·가공 동안에만 국내에 있다가 재수출되는 물품이라고 할 수 있으므로, 궁극적으로 국내에서 사용 또는 소비되는 물품에 대하여 부과하는 관세의 부과대상에서 제외시키는 것이 보다 합리적이다.

그리고 수출물품의 제조·가공에 사용되는 수출용 원재료에 대하여 관세가 부과될 경우에는 수출물품의 총비용에 포함되어 수출물품의 가격상승을 초래하여 수출물품의 가격경쟁력을 저하시켜 수출을 저해하는 장애요인이 될 것이므로 제거해야 할 것이다. 따라서 수출물품의 제조·가공에 소요되는 수출용 원재료에 대해서는 이론적으로나 정책적인 측면에서 관세를 부과하지 않는 것이 타당하다.

이와 같은 수출용 원재료에 대한 관세부담면제의 필요성은 수출물품의 국내부가가치가 적고 수출용 원재료 수입시에 관세가 많이 부과되는 국가일수록 더욱 더 커질 것이다. 또한 수출용 원재료 수입시에 관세가 부과되지 않거나 매우 낮은 수준의 관세가 부과되고 수출물품의 국내부가가치가 많은 국가의 경우에는 수출용 원재료에 대한 관세부담을 면제시킴으로 발생할 부대비용 등과 비교하여 수출용 원재료라고 하더라도 일반적인 수입물품과 차별없이 관세를 부담시키는 경우가 많다.[125)]

2 수출용원재료에 대한 비과세제도

수출물품의 제조 · 가공에 소요되는 수출용 원재료에 대하여 관세부담을 면제시키는 방법으로는 ① 수출물품의 제조·가공에 사용될 예정인 수출용 원재료를 수입할 때에 관세부담을 지우지 않는 비과세제도와, ② 수출물품의 제조·가공에 사용된 수출용 원재료를 수입할 때에 납부하였던 관세를 수출 후에 환불해 주는 관세환급제도의 2가지로 대별할 수 있다.

이 중 수출용 원재료에 대한 비과세제도는 수출물품의 제조·가공에 사용될 예정으로 수입되는 수출용 원재료는 궁극적으로 국내에서 사용·소비되는 것이 아니라 외국으로 재수출되는 경우에 해당되므로 당해 수출용 원재료가 국내로 수입될 때에 수출할 것을 조건부로 관세를 부과하지 않는 제도로서 수출조건부 관세면제제도(통상 사전면세제도라고 함)와 보세공장제도, 수출자유지역제도 등이 있다. 이를 보다 상세히 살펴보면 다음과 같다.

1. 사전면세제도

수출용 원재료에 대한 사전면세제도는 수출물품의 제조·가공에 사용될 목적(예정)으로 수입되는 수출용 원재료에 대해서 일정기간내에 수출할 것을 조건으로 관세부과를 일시 유보(조건부면제)하였다가 당해 수입된 수출용 원재료가 수출되면 일시 유보했던 관세를 징수하지 않고, 수출 등에 제공되지 아니한 경우에는 수출용 원재료 수입시에 일시 유보하였던 관세를 징수하는 제도로서 경제발전단계가 비교

125) 미국이나 일본 등 선진국의 경우에는 수출용 원재료라고 하더라도 일반적으로는 관세부담을 면제하지 않고 특정한 경우에만 이를 면제하고 있다.

적 낮은 단순가공수출형태의 저개발국가에서 주로 사용하고 있다. 이와 같은 수출용 원재료에 대한 사전면세제도를 채택한 경우에는 수입되는 물품(원재료)이 수출물품의 제조·가공에 사용될 것인지, 내수용 물품의 제조·가공에 사용될 것인지에 따라 관세를 차별적으로 면세 또는 징수하고 있으므로 면세수입된 수출용 원재료에 대해서는 수출 등에 제공되는지를 확인하는 사후관리절차가 반드시 필요하다.

2. 보세공장제도

보세공장은 외국으로부터 원재료를 가지고 와서 이를 보세상태, 즉 내국물품화 하지 않은 외국물품상태로 공장에 반입하여 제조·가공한 것을 다시 외국으로 수출함으로써 가공무역을 진흥시키고자 하는 제도이다.

보세공장은 주로 수출물품을 제조·가공하는 공장을 보세구역으로 특허하여, 보세공장에서 원재료를 수입하는 것은 관세부과대상수입으로 보지 않고 단순한 반입으로 규정하여 원천적으로 관세부과대상에서 제외시키는 제도이다. 따라서 보세공장에서 수출물품의 제조·가공에 사용하기 위하여 수출용 원재료를 들여올 때에는 기본적으로 관세부과대상이 되지 않는다.

그런데 보세공장은 관세를 납부하지 않은 외국물품을 원재료로 하여 작업을 하는 공장이므로 일반적인 공장과 달리 원재료의 반입에서부터 제품의 제조·가공과정 및 제품의 수출에 이르기까지 원칙적으로 세관의 관리·감독을 받아야 한다. 외국물품인 원재료가 국내의 일반공장 등에 부당하게 유출되지 않도록 물품 반·출입시에는 원칙적으로 세관공무원이 입회를 하여야 하고, 보세공장에 반입된 외국물품인 원재료를 사용하기 전에 당해 물품에 대한 사용신고를 세관장에게 하여야 하며, 보세작업을 개시하고자 할 때에는 보세작업 개시신고를 하고 그 작업을 종료한 때에도 보세작업종료신고를 하여야 한다. 그리고 보세공장에서 제조·가공된 물품을 외국으로 반출하고자 할 때에도 세관장의 반출허가를 받아야 한다. 반면 보세공장에서 물품을 국내로 들여오고자 하는 경우에는 관세법상의 수입에 해당하므로 세관장에게 수입신고를 하여 관세를 납부하고 수입면허를 받아야 한다.

3. 자유무역지역제도

이 제도는 자유로운 제조·물류·유통 및 무역활동이 보장되는 제도로서 외국인투자유치, 무역진흥, 국제물류의 원활화, 지역개발 등을 촉진하여 국민경제발전을 목적으로 하고 있다(자유무역지역 지정 등에 관한 법률 참조). 예컨대 수출자유지역제도는 원래 중계무역의 진흥을 목적으로 설치된 제도로서 홍콩의 자유항이나 싱가포르의 Free Trade Zone을 흔히 그 대표적인 예로 들 수 있다. 이와 같은 자유항이나 자유무역지역은 관세의 부과없이 외국상품이 자유로이 출입할 수 있는 곳으로서 단순한 삼각무역뿐만 아니라 외국으로부터 들여온 원재료를 제조 · 가공하여 이를 다시 외국으로 수출하는 지역으로 통상 수출자유지역이라고 한다.

수출자유지역은 관세법의 규제가 거의 미치지 않은 관세영역 밖에 있는 특수지역이므로 수출자유지역에서 원재료를 들여올 때에는 관세부과문제가 제기되지 않을 뿐만 아니라 시설재를 외국으로부터 들여올 때에도 관세를 부과하지 않고 있다.

3 수출용원재료에 대한 관세환급제도

앞에서 살펴본 바와 같이, 수출용 원재료가 수입될 때에 수출물품의 제조·가공에 사용될 예정인 경우 관세부담을 면제해 주고 있다. 그러나 수입된 수출용 원재료로 제조·가공된 물품이 수출될 것인지 내수용으로 사용될 것인지는 사후에 확정된다고 할 수 있다.

그러므로 원재료가 수입될 때에는 일단 관세를 모두 징수하였다가 수입된 원재료로 제조·가공된 물품이 수출되면 당해 수출물품의 제조·가공에 사용된 원재료를 수입하였을 때 납부한 관세를 수출자에게 되돌려 주어 수출용 원재료에 대한 관세부담을 면제할 수도 있는데, 이를 통상 관세환급제도라고 한다.

즉, 관세환급제도에서는 원재료가 수입될 때에 수출물품을 제조·가공할 목적이든 내수용 물품을 제조·가공할 목적이든지 관계없이 관세를 부과하였다가, 수입된 원재료로 제조·가공된 물품이 수출된 후에 납부하였던 관세를 수출자에게 되돌려 주는 제도로서, 국내산업이 발전하여 원재료 수입이 많고 수출물품의 제조·가공에 사용될 것인지 내수용 물품의 제조·가공에 사용될 것인지의 여부가 확실하지 않은 경우에 주로 이용되고 있다.

4 비과세제도와 관세환급제도의 비교

수출물품의 제조·가공에 사용될 수출용 원재료 수입에 대해서 원재료의 수입단계에서 관세부담을 면제시키는 수출용 원재료에 대한 비과세제도가 수출업체의 입장에서 보았을 때에는 보다 유리하다고 할 수 있다. 즉, 수출용 원재료에 대한 비과세제도에서는 수출용 원재료 수입에 따른 관세부담이 전혀 없으므로 수출물품의 제조·가공에 사용될 수출용 원재료를 수입할 때에 관세를 납부하였다가 수출 후에 이를 되돌려 받는 관세환급제도보다 수출업체의 자금부담이 적다.

그러나 수출용 원재료에 대한 비과세제도에서는 수출용 원재료를 수입할 때에 수출물품의 제조·가공에 사용될 것이 확실시되어야 하며, 수입된 후에도 수출물품의 제조·가공에 사용되어 궁극적으로 수출되는지의 여부를 확인하기 위한 세관의 엄격한 관리감독을 받아야 한다.

따라서 수출용 원재료에 대한 비과세제도에서는 수출업체의 자금부담은 완화될 수 있지만 복잡한 관리절차가 발생하며, 수출용 원재료에 대한 관세환급제도에서는 수출업체의 자금부담은 발생하지만 관리절차는 비교적 간단하다.

그러므로 수출용 원재료에 대한 관세부담을 면제시키기 위한 방법으로서 어떠한 제도를 채택할 것인가에 대해서는 각국의 경제적 발전단계나 자원보유정도에 따라 상이하다. 일반적으로는 다음의 【표Ⅱ-7-1】에서 보는 바와 같이 단순조립가공형의 수출산업구조를 갖고 있는 저개발도상국가의 경우에는 사전면세제도를 채택하고, 다단계가공수출산업구조를 갖고 있는 저개발국가의 경우에는 관세환급제도를 채택하되, 보세공장제도와 수출자유지역제도 등으로 이들의 제도를 보완하고 있으며, 관세율수준이 아주 낮고, 산업구조가 고도화되어 있는 선진국의 경우에는 수출용 원재료에 대한 관세부담면제제도를 실시할 필요성이 적으므로 극히 한정된 분야에 국한시켜 보세공장제도, 재수출면세제도 및 관세환급제도를 실시하고 있다.

【표Ⅱ-7-1】 수출용원재료에 대한 관세부담면제방법

구분 단계	산업구조 및 경제여건	관세부담면제방법	비고
단계 1	- 단순조립가공형수출산업구조 · 고가공원재료수입→단순조립가공수출 - 높은 수준의 관세율 - 수입자율화율의 저조	- 사전면세제도 · 장점 : 관세부담완전면제 · 단점 : 사후관리절차 복잡 소요인력 및 부대비용 과중	· 저개발국
단계 2	- 다단계가공수출산업구조 · 일부 중간, 일부 기초원재료수입 →완제품 수출 - 상당한 수준의 관세율 - 수입자유화율의 제고	- 개별환급제도 · 장점 : 납부세액 전액환급 · 단점 : 환급절차 복잡 소요인력 및 부대비용 과중 - 정액환급제도 · 장점 : 환급절차 간편 · 단점 : 과소환급시 수출저해 정액환급액 산출곤란	· 개발도상국
단계 3	- 고가공수출 산업구조 (산업구조의 고도화) · 기초원재료 수입→완제품 수출 - 저수준의 관세율 · 기초원재료 : 0~3% - 수입자유화 정도(99% 이상)	- 관세환급제도 폐지 - 단, 필요부문 한정적 운영 · 일부 관세환급 대상물품 지정 · 보세공장제도 활용	· 선진국

2 수출용원재료에 대한 관세 등 일괄납부 및 정산제도

1 수출용원재료 수입시 관세 등 납부

일반적인 물품을 수입하고자 하는 경우 세관장에게 수입신고하고 관세 등을 납부한 후 통관하는 것이 원칙이다. 그러나 수출용원재료 수입의 경우, 관세 등을 납부하고 수입통관하게 되면 기업의 자금부담 문제와 통관의 장기간 소요로 인해 물류지체 등 문제가 발생하게 된다. 따라서 수출용원재료 수입시 담보를 제공한 경우에 한하여 관세납부 없이 수입통관 할 수 있다.

<수입시 납부하는 세액>

① 관세(관세법 제14조) : 포괄주의
② 내국세
- 특별소비세 : 특정물품(소지제한이 필요한 사치품)
- 주세 : 주류
- 교통세 : 휘발유, 경유 등
- 교육세 : 특별소비세 및 주세 부과물품

③ 부가가치세 : 수입재화
④ 농어촌특별세 : 관세감면 해당물품

2 수출용원재료에 대한 관세 등의 일괄납부

1. 일괄납부의 의의 및 기간

수입하는 수출용원재료에 대하여 관세 등을 수입할 때에 징수하는 것이 원칙이나 수출업체의 금융비용 절감을 위하여 수출용원재료에 대한 관세 등을 일괄납부하는 방식으로 운용되고 있다. 즉, 세관장은 관세법 등의 규정에도 불구하고 수출용원재료를 수입하는 자가 신청하는 경우 당해 원재료에 대한 관세 등을 6월의 범위내에서 대통령령이 정하는 일정기간(일괄납부기간) 별로 일괄납부할 수 있도록 하였는데, 이 경우 관세 등의 일괄납부기한은 당해 일괄납부기간이 종료되는 날의 다음날 말일이 된다.

관세 등의 일괄납부기간은 수출용원재료의 수입신고 수리일이 속하는 분기로 하는 것이 원칙이나 환급정산업무를 효율적으로 수행하기 위하여 필요하다고 인정되어 총리령이 정하는 경우 관세청장은 6월의 범위내에서 일괄납부기간을 따로 정할 수 있다.

즉, 수출용원재료에 대한 관세 등은 매 수입건별로 수입시에 징수하지 않고 일정기간(분기)중에 여러 건으로 수입된 원자재에 대한 세액을 1건으로 일괄징수하는 것이 관세 등의 일괄납부제도이다.

2. 일괄납부할 관세 등에 대한 담보의 제공

수입물품에 대한 관세 등은 수입할 때에 징수하는 것이 국가 조세수입 확보에 가장 확실한 수단이 된다. 즉, 수입물품은 관세의 담보역할을 하는데 관세를 납부하지 아니하면 수입통관을 허용하지 않아서 수입물품을 사용하거나 처분할 수 없다. 그러나 수출용원재료는 수입되기는 하지만 수출물품의 제조에 사용되어 다시 수출되고 수출물품의 제조에 사용된 원재료에 대하여는 제세를 환급하고 있기 때문에 수입된 수출용원재료가 확실히 수출만 된다면 수입시에 관세 등을 징수하지 않아도 환급금을 징수할 세액에 충당할 수 있다. 그리고 수출용원재료를 수입할 때 관세 등을 납부하고 수출후에 환급받는다고 하여도 기업 입장에서 보면 관세납부시부터 환급받기까지 자금 및 이자부담이 발생하게 된다.

이와 같은 문제점을 해결하기 위하여 수출용원재료를 수입할 때 관세 등에 대한 담보를 제공받고 징수는 분기별 또는 일정기간별로 일괄 징수한다.

수출용원재료에 대한 관세 등의 일괄납부를 위하여 제공할 수 있는 담보는 관세채권의 신속한 확보 및 담보물의 관세 등에 대한 충당을 용이하게 하고 실제 기업에서 세관에 제공하는 담보로 가장 많이 이용하고 있는 것으로 한정하였는데 그 담보물의 종류는 ① 금전 ② 국가 또는 지방자치단체가 발행한 채권 및 증권 ③ 은행지급보증 ④ 납세보증보험증권 ⑤ 신용보증기금법에 의한 신용보증 ⑥ 신기술사업금융지원에 관한 법률에 의한 신용보증 등이다.

수출용원재료에 대한 관세 등의 일괄납부를 위하여 관세 등의 담보를 제공하고자 하는 자는 담보제공서에 제공할 담보의 종류, 수량, 금액 등을 기재하여 세관장에게 제출하여야 한다.

수출용원재료에 대한 관세 등에 대한 담보는 일정기간동안 수입할 원재료 세액에 상당하는 담보를 포괄하여 제조공장을 관할하는 세관장에게 제공하는 것이 원칙이다. 그러나 기업의 입장에서 보면 담보제공에 따른 비용이 발생되기 때문에(예: 납세보증보험증권을 담보로 제공하기 위하여 보험회사에 수수료를 납부해야 함) 신용있는 기업에 대하여는 기업의 신용을 담보로 하고 별도의 물적담보를 제공받지 않는 것이 신용담보제도이다.

3 수출용원재료에 대한 관세 등 환급액의 정산

1. 정산제도의 의의

수출용원재료는 수출물품으로 제조되어 수출되고 수출된 경우 수출물품의 제조가공에 사용된 원재료에 대한 관세 등은 환급받게 된다. 관세 등의 정산제도는 수출용 원재료를 수입할 때 관세 등을 징수하지 않고(분기별 또는 관세청장이 정하는 기간이 종료하는 달의 다음 달 말일까지 일괄사후납부를 허용)당해업체가 수출물품에 대하여 그 기간 중에 환급신청하여 결정된 환급금은 지급을 보류하게 된다. 즉, 수출기업이 납부하여야 할 세액과 그 기업이 지급받아야 할 환급금을 서로 상계처리하고 차액만 징수 또는 환급하는 것이 "수출용원재료에 대한 관세 등 정산제도"이다.

2. 정산신고 및 신고서의 처리

관세 등의 일괄납부업체는 일정기간동안 관세 등을 납부하지 않고 수입한 수출용 원재료에 대한 세액과 그 기간 중에 환급신청하여 지급이 보류된 환급금을 정산하고 그 결과를 세관장에게 신고하여야 한다.

정산신고를 일괄납부기간이 종료되는 달의 다음달 15일까지 관할세관장에게 하여야 한다. 즉, 일괄납부기간이 분기로 지정된 업체의 경우 매분기 종료 다음달 15일까지, 일괄납부기간이 반기로 지정된 업체의 경우 매 반기 종료 다음달 15일까지이다. 관세 등의 일괄납부업체가 세관장에게 정산신고를 하고자 하는 경우 정산신고서를 작성하여 EDI방법에 의하여 관세청 전산시스템에 송부하여야 한다. 관세청 전산시스템은 기업이 송부한 정산신고내역과 정산관리하고 있는 관세 등의 세액내역 및 환급금지급보류내역을 즉시 확인하고 징수하여야 할 금액이 있는 경우 납부서번호를 해당업체에 EDI방식으로 알려주고 환급해야 할 금액이 있는 경우 즉시 환급금 지급지시서를 작성하여 정산신고인의 계좌에 입금이 되도록 조치한다. 그리고 세관장이 정산신고 사항을 심사한 결과 신고한 정산금액에 과부족이 있는 것을 안 때에는 이를 경정할 수 있다.

3. 세관장의 직권정산

세관장은 관세 등의 채권확보를 위하여 필요한 경우 납부기한 도래전의 관세 등과 지급보류된 환급금을 직권정산할 수 있다. 이러한 직권정산은 일괄납부기업의 부도발생 파산선고, 어음부도 또는 정산신고기간내 신고불이행 등 관세채권확보상 불가피한 경우에 하게 된다.

세관장은 직권정산사유가 발생된 경우 징수하여야 할 관세등과 지급하여야 할 환급액을 정산하고 차액이 있는 경우 즉시 납세고지하거나 환급금 지급결정을 하여야 한다.

세관장이 직권정산한 결과 지급하여야 할 환급금이 있는 경우 즉시 지급지시서를 작성하여 환급금을 지급하여야 하며, 징수하여야 할 관세 등이 있는 경우 납세고지하되 납기는 10일로 한다. 세관장은 납세고지를 받은 자가 관세 등을 납부하지 아니한 때에는 일괄납부를 위하여 제공한 담보물을 당해 관세 등에 충당하여야 하며 제공한 담보물이 없는 경우 체납처분 절차에 의하여 당해 관세 등을 강제징수하게 된다.

또는 세관장은 직권정산대상업체가 직권정산일 이후에 수입하는 수출용 재료에 대하여는 3년의 범위내에서 일괄납부를 제한한다.

3 수출용원재료에 대한 관세 등의 환급제도

1 관세환급의 요건

1. 환급대상수출의 요건

관세 환급특례법령상 환급의 정의는 수출용원재료를 수입하는 때에 납부하였거나 납부할 관세 등을 환급특례법에서 정한 수출 등에 제공한 때에 수출자 또는 수출물품의 제조자에게 되돌려주는 것이다. 그러므로 환급대상이 되기 위하여는 우선 제품을 수출 등에 제공하여야 하는 데 이를 환급대상수출이라고 한다.

환급특례법에서 정하는 환급대상수출의 범위는 다음과 같다.

(1) 관세법의 규정에 의하여 수출신고가 수리된 수출, 다만 무상으로 수출하는 것에 대하여는 재정경제부령이 정하는 수출에 한한다.

(2) 우리나라 안에서 대가를 외화로 받는 판매 또는 공사 중 재정경제부령이 정하는 것

(3) 관세법에 의한 보세구역중 재정경제부령이 정하는 구역 또는 자유무역지역 입주기업체에 대한 공급

(4) 기타 수출로 인정되어 재정경제부령이 정하는 것

일반유상수출이외의 환급대상수출을 한 경우 동 수출물품에 대하여 관세 등의 환급을 받고자 하는 자는 관세청장이 정하는 바에 따라 세관장에게 확인을 받아야 한다.

상기 (1)에서 "재정경제부령이 정하는 수출"이라 함은 다음 각 호의 수출을 말한다.

① 외국에서 개최되는 박람회 전시회 견본시장 영화제 등에 출품하기 위하여 무상으로 반출하는 물품의 수출. 다만 외국에서 외화를 받고 판매된 경우에 한한다.

② 해외에서 투자, 건설, 용역, 산업 설비수출 기타 이에 준하는 사업에 종사하고 있는 우리나라의 국민(법인을 포함한다)에게 무상으로 송부하기 위하여 반출하는 기계, 시설자재 및 근로자용 생활필수품 기타 그 사업과 관련하여 사용하는 물품으로서 주무부장관이 지정한 기관의 장(산업설비수출의 경우 산업수출협회장)이 확인한 물품의 수출

③ 수출된 물품이 계약조건과 서로 달라서 반품된 물품에 대체하기 위한 물품의 수출
④ 해외구매자와 수출계약을 위하여 무상으로 송부하는 견본용 물품의 수출
⑤ 해외로부터 가공임을 받고 국내에서 가공할 목적으로 반입된 수입원재료의 가공물품과 해외에서 위탁가공할 목적으로 반출하는 물품의 수출
⑥ 위탁판매를 위하여 무상으로 반출하는 물품의 수출(외국에서 외화를 받고 판매된 경우에 한한다)

상기 (2)에서 "재정경제부령이 정하는 것"이라 함은 다음 각 호의 판매 또는 공사를 말한다.

① 우리 나라 안에 주류하는 미합중국군대(이하 "주한미군"이라 한다.)에 대한 물품의 판매중 대가를 외화로 받는 판매
② 주한미군 또는 외국의 대사관 등이 시행하는 공사 중 대가를 외화로 받는 공사
③ 관세법 제88조 및 대한민국과 아메리카합중국간의 상호방위조약 제4조에 의한 시설과 구역 및 대한민국 내에서의 합중국 군대의 지위에 관한 협정에 의하여 수입하는 승용자동차에 대하여 관세 등의 면제를 받을 수 있는 자에 대한 국산승용차의 판매 중 대가를 외화로 받는 판매. 다만 주무부장관의 면세추천서를 제출하는 경우에 한한다.
④ 외국인 투자촉진법의 규정에 의하여 외국인 투자 또는 출자의 신고를 한 자에 대한 자본재(우리 나라에서 생산된 것에 한한다)의 판매중 대가를 외화로 받는 판매. 다만 당해 자본재가 수입되는 경우 외국인 투자촉진법의 규정에 의하여 관세가 감면되는 경우에 한한다.
⑤ 국제금융기구로부터 제공되는 차관자금에 의한 국제경쟁입찰에서 낙찰(낙찰받은 자로부터 도급을 받는 경우를 포함한다)된 물품 (우리 나라에서 제조·가공된 것에 한한다)의 판매중 대가를 외화로 받는 판매. 다만 당해 물품이 수입되는 경우 관세법에 의하여 관세가 감면되는 때에 한한다.

상기 (3)에서 "재정경제부령이 정하는 구역"이라 함은 다음 각 호의 1에 구역을 말한다.

① 보세창고. 다만, 수출한 물품에 대한 수리·보수 또는 해외조립생산을 위하여 부품 등을 반입하는 경우에 한한다.
② 보세공장. 다만, 수출용 원재료로 사용될 목적으로 공급되는 경우에 한한다.
③ 보세판매장
④ 종합보세구역(수출용원재료로 공급하거나 수출한 물품에 대한 수리·보수 또는 해외조립생산을 위하여 부품 등을 반입하는 경우 또는 보세구역에서 판매하기 위하여 반입하는 경우에 한한다.)
⑤ 자유무역지역 입주기업체에 대한 물품의 공급

상기 (4)에서 "기타 수출로 인정되어 재정경제부령이 정하는 것"이라 함은 다음

각 호의 1에 해당하는 수출을 말한다.

① 우리 나라와 외국간을 왕래하는 선박 또는 항공기에 선용품 또는 기용품으로 사용되는 물품의 공급

② 수산업법 제41조 또는 제42조의 규정에 의하여 해양수산부장관 또는 해양수산부장관이 지정한 기관의 장의 허가를 받은 자가 그 원양어선에 무상으로 송부하기 위하여 반출하는 물품으로서 해양수산부장관 또는 해양수산부장관이 지정한 기관의 장이 확인한 물품의 수출

끝으로 남북교류협력에 관한 법률이 규정에 의한 북한으로의 물품의 반출은 관세환특법에서 규정하는 환급용도인 "수출 등"으로 본다. 그러나 반출되는 물품이 북한에서 제조·가공 등의 공정을 거쳐 남한으로 다시 반입되는 경우에는 "수출 등"으로 보지 아니한다. 남북교류협력에 관한 법률의 규정에 의한 반출·반입이라 함은 매매·교환·임대차·사용대차·증여 등을 원인으로 하는 남한과 북한간의 물품의 이동(단순히 제3국을 경유하는 물품의 이동을 포함한다)을 말한다.

2. 환급대상수입의 요건

환급특례법령상 환급의 정의는 "수출용원재료를 수입하는 때에 납부한 관세 등을 대통령령이 정하는 기간내에 수출 등에 제공한 때에 수출자 등에게 되돌려 주는 것"이라고 할 수 있으므로 환급대상이 될 수 있는 원재료는 다음 세 가지의 요건을 모두 갖추어야 한다.

첫째, 수출용 원재료에 해당하여야 하고 둘째, 외국으로부터 수입하는 때에 관세 등을 납부한 물품이어야 하며 셋째, 수입면허일로부터 일정한 기간내에 수출 등에 제공하여야한다. 이러한 요건을 살펴보면 다음과 같다.

(1) 환급대상 원재료

환급특례법 제3조의 규정에 의하면「관세 등의 환급을 받을 수 있는 수출용원재료라 함은 수출물품을 생산한 경우에는 수출용품에 물리적 또는 화학적으로 결합되는 물품, 해당 수출물품을 생산하는 공정에 투입되어 소모되는 물품, 해당 수출품의 포장용품에 해당하는 것을 말하며, 수입한 상태 그대로 수출한 경우에는 수출물품을 말한다.」고 규정하고 있다.

이를 검토해 보면 수출용 원재료의 범위는 다음과 같이 볼 수 있다.

첫째, 수출물품 자체도 수출용 원재료로 규정하고 있으므로 우리나라에서 제조 가공을 거치지 아니하고 수입된 상태대로 수출하는 원상태 수출의 경우에도 환급이 가능하게 되는 것이다. 그러나 일단 국내에서 사용 수익한 물품은

환급대상이 되지 아니한다. 이는 관세란 간접소비세이므로 일단 본래의 용도에 사용한 물품의 환급의 사유에 벗어나는 것이기 때문이다.

둘째, 수출물품 제조에 사용된 원재료이면 내수용으로 수입된 원재료도 수출용 원재료의 범위에 포함된다.

국제규범인 GATT (1994)의 상계관세에 관한 협정, 부속서에 규정된 수출보조금의 예시목록에 의하면 상계관세의 부과 대상이 되지 아니하는 수출용 원재료의 범위는 "physically incorporated"되는 원재료로 표현하고 있으므로 수출물품에 포함된 원재료와 포장용품은 명백히 수출용 원재료에 포함된다.

(2) 수입시 관세 등을 납부한 수입물품

환급대상이 될 수 있는 수출용 원재료를 수입하는 때에 관세 등을 납부한 물품이라면 유환·무환 수입사유를 불문하고 환급대상이 될 수 있다. 다만 무환 수입물품인 경우에는 수입사유를 세관장이 개별적으로 심사하여 수입허용여부를 결정하고 있으며, 관세법시행령에서 수출용 원재료는 기본세율을 적용하도록 규정하고 있으므로 수입통관부호가 수출용 원재료인 경우에 한하여 환급대상이 된다고 할 것이다.

수입시에 관세 등을 징수하지 아니한 수입물품과 공매물품 등은 수출물품 제조용에 사용한 경우에도 환급대상수입에 해당하지 아니한다.

탄력세율 적용물품은 탄력세율을 정하는 대통령령에서 수입신고수리 조건이 없는 경우에는 일반 수입물품과 같이 환급대상수입으로 취급이 가능한 조건이 부여된 경우, 당해용도 외에 사용하고자 하는 때 (예: "내수용에 한한다"고 조건이 부여된 수입면장을 환급용에 사용하고자 하는 때) 에는 사전에 세관장의 용도세율적용물품 용도외 사용승인을 받고 기본세율과의 차액관세를 납부한 후 수출물품 제조에 사용한 때에만 환급수입으로 인정함이 가능하다.

환급에 갈음하는 인하세율(환특세율이라고도 한다)을 적용한 수입물품은 환급에 갈음하여 인하한 세율을 적용하는 수입물품이므로 환급대상수입에 해당하지 아니한다.

(3) 수출이행기간내에 수출 등에 제공된 물품

현행 환급특례법령에 의하면 수입한 원재료를 제조 가공 또는 원상태로 직접 수출한 때에는 원재료 수입신고수리일로부터 2년 이내에 수출 등에 제공한 때에 환급이 가능하며 관세 등의 세율이 변경되는 때에는 관세청장이 그 기간을 단축 지정할 수도 있다.

기간계산은 원자재수입신고필증의 수입신고수리일과 제품의 수출신고필증상 수출신고수리일을 기준으로 한다.

수출을 지원하기 위하여 시행하고 있는 환급제도에서 환급을 받을 수 있는 기간을 제한함은 당해 수출물품 제조에 소요된 원재료를 실물로 확인하지 아니하고 서류상으로 확인하기 때문이다.

2 관세 등의 환급 방법

1. 정액환급제도

(1) 정액환급제도의 의의

환급금의 산출방법에는 개별환급방법과 정액환급방법이 있다. 개별환급방법은 수출물품제조에 소요된 원재료의 품명·규격과 수량을 확인하고 동 원재료의 수입시 납부세액을 원재료별로 개별적으로 확인하여 환급금을 산출하는 방법이며, 정액환급 방법은 정부가 정하는 일정한 금액을 소요 원재료의 수입시 납부세액으로 보고 환급금을 산출하도록 하는 방법이다. 관세환급은 수출물품 제조에 소요된 원재료의 수입시 납부세액을 수출 등에 제공한 때에 되돌려 주는 것이므로 환급세액을 정확하게 산출하기 위하여는 개별환급방법에 의하는 것이 합리적이다.

그러나 관세환급제도는 수출을 지원하기 위한 제도이므로 원재료 수입시의 납부세액을 정확하게 환급하여야 하는 상반된 두 목표를 동시에 추구하여야 한다.

두 가지 목표 중 정확한 환급에 치중하다 보면 수출지원을 위한 제도 본래의 목적달성에 지장을 초래하게 되므로 간편한 환급을 위하여 환급액과 원재료 수입시 납부세액간에 다소간의 차이가 있다 하더라도 정액환급방법을 확대 운용하고자 하는 것이 환급제도의 필연적인 운용방향이 될 수밖에 없다. 이와 같이 정액환급제도는 환급절차를 간소화함으로써 환급비용을 절감시키는 제도일 뿐만 아니라 개별환급 신청시에 필요한 소요증명서류 또는 수입신고필증을 구비하지 못하여 환급이 불가능한 중소기업의 경우에는 환급을 가능하게 하기도 하며 수출용 원재료의 국산화를 촉진시키는 합리적인 환급제도이다.

그러나 원재료 수입시 납부세액은 수시로 변동되고 있어 정액환급율과 일치하기는 어려우므로 정액환급제도의 확대운용에는 한계가 있다.

(2) 정액환급제도의 분류

적용범위를 기준으로 보면 간이정액, 업체별 품목별 정액으로 나눌 수 있다. 간이정액은 중소기업의 수출을 지원하기 위하여 최근 2년간 매년도 환급 실적이 4억원 이하인 중소기업에서 저조한 수출물품에만 적용되는 정액환급제도이다.

특수공정물품의 정액환급, 즉 연산품 정액은 정액환급율의 책정이 잘못될 경우 엄청난 과다 또는 과소환급이 발생할 우려가 있으므로 6개월마다 원재료의 납부세액 변동사항을 신고하게 하는 등의 조치를 하고 있다.

정액환급제도는 정액환급율의 책정방법에 따라 종가환급과 종량환급으로 나눌 수 있다. 종가환급은 수출물품의 가격에 따라 정액환급율을 책정하는 제도이며 종량환급은 수출물품의 수량에 따라 정액환급율을 책정하는 제도이다. 정액환급율표에서는 간이정액환급율표는 종가환급율, 연산품 정액환급율표는 종량환급을 채택하고 있다.

또한 정액환급율을 책정 또는 적용할 때 업체 구분여부에 따라 물품별 정액과 업체별 정액으로 나눌 수 있다. 환급제도상 간이정액환급율표는 물품별 정액으로 동일한 수출물품에 대하여는 업체구분없이 동일한 환급액을 지급하는 것이며, 연산품 정액환급율표는 업체별 정액으로 동일한 수출물품이라 하더라도 수출업체에 따라 환급액을 달리 지급하고 있다.

(3) 정액 환급제도의 효과

1) 환급절차 간소화

개별환급방법에서는 수출물품 제조에 소요된 원재료의 품명, 규격, 수량을 확인하기 위하여 소요량증명제도를 두고 있으며 원재료 수입시의 납부세액을 산출하기 위하여 수입신고필증 등[기초원재료납세증명서(분할증명 포함), 분할증명서, 평균세액증명서를 포함]을 환급신청서에 첨부하여야 한다.

소요량은 수출물품을 구성하고 있는 원재료의 실량과 제조과정에서 소비되는 평균손모량을 합한 것인 바, 평균 손모량의 책정에 장기간이 소요되는 어려움을 겪고 있다.

정액환급방법에는 소요 원재료 별로 납부세액을 산출하지 않고 정액환급율표에 정해진 환급율을 적용하여 환급액을 산출하는 것이므로 환급신청 서류작성 및 확인절차가 간소화되어 환급소요인력, 시간 및 용지 등 환급비용을 절감할 수 있다.

정액환급제도는 소요량증명서류가 없어도 환급이 가능한 것이므로 동 증명서류 발급에 따른 인력 경비 및 시간의 절약으로 효율적인 수출지원제도라고 할 것이다.

특히 중소기업의 경우에는 능력의 부족 또는 인력의 부족 등으로 소요량증명의 절차를 밟지 못하거나 수입면장 등이 없어 개별환급이 불가능한 경우가 허다한 바, 정액환급에서는 이러한 경우에도 환급이 가능하게 되어 환급능력이 없는 중소기업에게 특히 유용하다.

2) 수출용원재료의 국산화 촉진

수출물품에 물품에 대한 환급액(개별환급방법에 의한 환급액)은 소요원재료를 외국으로부터 수입하느냐 아니면 국내에서 매입하느냐에 따라 달라진다. 일반적으로 수입원재료를 쓰는 경우에는 국산원재료(기초원재료를 수입해서 국내에서 제조 가공한 중간원재료가 대부분이다)를 쓰는 경우보다 환급액이 많다. 정액환급제도에서는 동일한 수출물품에 대하여는 수입원재료 또는 국산원재료 사용을 불문하고 동일한 환급액을 지급하는 것이므로 국산원재료를 많이 쓰면 쓸수록 과다환급폭이 커지고 수입원재료를 많이 쓰면 쓸수록 과소환급의 폭이 크게 된다.

국내 부족자원이 빈약하여 기초원재료를 해외수입에 의존할 수밖에 없는 우리나라의 입장에서는 수출에 따른 외화가득율을 높이기 위하여 수출용원재료의 국산화를 추진하지 않을 수 없는데 정액환급제도는 과다환급이라 보이지 않는 손에 의하여 수출용원재료의 국산화를 촉진할 수 있는 효과적이고 합리적인 제도이다.

(4) 간이정액환급제도

간이정액환급제도는 최근 2년간 매년도 환급실적(기초원재료납세증명서 발급신청포함)이 4억원 이하인 중소기업에서 제조한 수출물품에 대하여 환급액 산출시에 정부가 정하는 일정금액(간이정액환급율표상의 금액)을 수출물품 제조에 소요된 원재료의 수입시 납부세액으로부터 환급액 등을 산출토록 한 제도이다. 이는 환급규모가 적은 중소기업에서 제조한 수출품이어서 과다 과소 환급액이 크지 않을 것이므로 해당 수출업체에서 과소환급을 수용할 수 있으리라고 판단하여 전년도 환급실적(기초원재료납세증명실적 포함. 이하 같다)의 평균금액을 기초로 산정된 간이정액환급율을 적용토록 한 것이다.

(5) 특수공정물품의 정액환급제도

특수공정물품이란 하나의 원재료로 생산되는 제품이 여러 가지인 물품을 말한다. 즉, 원유와 같이 원유를 정제하면 비등점에 따라 휘발유, 경유, 등유, 벙커씨유 등 여러 가지 제품이 생산되는데 이러한 물품을 연산품이라 한다.

관세환급은 수출물품제조에 사용된 원재료에 대한 관세 등을 되돌려 주는 것이므로 원유와 같이 한 가지 원재료에서 여러 가지 제품이 생산되고 이중에서 경유와 방카씨유가 수출되었다면 개별환급의 경우 부산물공제방법을 적용하여 수출되는 물품과 수출되지 않는 물품에 대한 원재료의 세액을 배분해야 하는데 이러한 세액의 배분이 너무 복잡하므로 연산품에 대한 정액환급제도를 도입하여 환급절차를 간소화하기 위한 것이다.

즉, 각 업체별로 최근 6월 이상 기간 동안 수입하거나 내국신용장 등에 의하여 로칼매입한 원재료에 대한 평균세액을 기초로 각 연산품별로 환급액을 관세청장이 고시하고 연산품을 수출한 경우 정액환급을 하게 된다.

2. 개별환급제도

개별환급방법이란 수출품을 제조하는 데에 소요된 원재료의 수입시 납부한 관세 등의 세액을 소요 원재료별로 확인하여 환급금을 산출하는 방법을 말한다.

수출품의 가격 또는 수량에 따라 정부가 정하는 환급액으로 환급금을 산출하는 정액환급방법에 대비하여, 수출물품제도에 소요된 원재료별로 납부세액을 개별적으로 확인하여 환급액을 산출한다는 뜻에서 개별환급이라 한다.

환급특례법령상 환급이란 수출용원재료를 수입하는 때에 납부한 관세 등을 일정한 기간내에 수출 등에 제공한 때에 수출자 등에게 되돌려 주는 것이므로 환급신청건별로 환급금을 산출하는 경우에는 개별환급 방법에 의하여 환급금을 산출하는 것이 가장 정확하다고 하겠다. 그러나 구비서류가 복잡하고 환급금 산출에 많은 시일이 소요됨이 결점으로 지적되고 있다.

3 소요량 증명제도

1. 소요량 증명의 의의

수출을 지원하기 위한 각종 제도의 시행을 위하여는 수출물품의 제조에 소요되는 원재료의 종류와 양을 확인할 필요가 있다. 이를 소요량 증명이라 한다.

소요량증명은 환급특례법에 의한 관세 등의 환급용 이외에도 대외무역법령에 의한 수출입공고상 수입이 제한되는 물품에 대하여 수출용원재료이기 때문에 수입을 우선적으로 승인하는 경우, 대응수출 이행여부를 확인하기 위한 용도로서도 사용되고, 무역금융을 위하여 사용되기도 한다. 그러나 수입자유화비율이 높아짐에 따라 관세환급용 발급실적이 거의 대부분을 차지하고 있다.

관세환급용 소요량은 수출물품제조에 실제로 소요된 원재료의 양을 말하며, 이는 수출물품제조에 소요된 원재료의 실량에 제조과정에서 소비되는 손모량을 더하여 산출한다. 손모량은 제조시마다 일정치 않으므로 일정기간 동안의 평균손모량으로 소요량을 산출한다.

2. 소요량 책정방법

(1) 기업자율책정소요량

환급신청자는 대통령령이 정하는 바에 따라 수출물품에 대한 원재료의 소요량계산서를 작성하고 그 소요량계산서에 의하여 환급금을 산출한다. 즉, 환급에 사용하는 소요량은 기업이 스스로 산정한 소요량이 되는데 이렇게 기업이 소요량을 자율책정하고자 하는 경우에는 관세청장이 정하는 바에 따라 ① 수출물품명, ② 소요량 산정방법, ③ 소요량산정기준이 되는 기준 및 환급적용기간, ④ 수출물품의 제조공정 및 공정설명서, ⑤ 기타 관세청장이 정하는 사항을 관할세관장에게 신고하되 신고된 바에 따라 소요량을 산정하여야 한다.

기업은 이와 같이 관할지 세관장에게 신고한 후 다음 방법에 의하여 소요량을 산정한다.

① 일정기간동안 수출물품에 대한 평균실제소요량
② 원가계산방법에 의해 수출품목에 대한 실제소요량
③ 수출건별 또는 일정계약단위별 소요량산출
④ 기타관세청장이 정하는 기준에 의한 소요량 산출

(2) 기준소요량

소요량이란 관세청장이 수출품 1단위를 생산하는데 소요되는 원자재의 양을 고시한 것으로서 단위실량과 정상손모량을 합산한 양을 말한다.

수출물품의 생산기술, 시설, 원재료의 품질에 따라 소요량이 각 업체별로 서로 다르므로 각 업체별로 자사수출품목에 대하여 자율책정소요량에 의해 환급하는 것이 원칙이나 일부 중소기업의 경우 수출품목별로 소요량을 책정하기 어려운 경우가 있으므로 관세청장은 소요량계산업무의 간소화를 위하여 필요하다고 인정하는 경우에는 수출품목별 평균소요량을 기준으로 한 기준소요량을 정하여 고시할 수 있다.

기준소요량이 고시된 품목의 경우 환급신청자는 자율책정소요량을 적용하거나 기준소요량을 적용할 수 있다.

4 평균세액증명서 발급제도

평균세액증명제도는 그 달에 수입(매입)한 원재료의 수입신고필증과 기초원재료납세증명서 및 수입신고필증분할증명서를 HS10단위별로 통합함으로써 세부규격확인을 생략하고 전체 물량의 단위당 평균세액으로 환급함으로써 환급절차를 간소화하기 위한 제도이다.

평균세액증명서의 발급대상이 되는 원재료의 수출용원재료이면 원칙적으로 제한이 없다. 그러나 평균세액증명서는 환급대상이 되는 각각의 수입신고필증 등을 환급절차를 간편하게 하도록 HS10단위별로 통합하는 것이므로 통합후에 환급(기초원재료납세증명서의 발급 포함)이 가능하여야 한다. 평균세액증명서는 품목번호를 기준으로 매월 수입하거나 내국신용장 등에 의하여 매입한 수출용원재료 전량에 대하여 일괄신청하여야 한다.

5 관세 등 환급금 지급

수출물품에 대하여 관세 등 환급을 받고자 하는 자는 대통령령이 정하는 바에 따라 물품을 수출 등에 제공한 날로부터 2년 이내에 관세청장이 지정한 세관에 EDI에 의하여 환급신청을 하여야 한다. 환급신청권은 헌법 제23조의 규정한 재산권의 일종으로서 수출물품에 대한 환급신청은 물품을 선적한 경우에 발생되며 대통령령이 정하는 바에 따라 환급신청을 하여야 한다. 즉 관세법의 규정에 의하여 수출신고하고 신고가 수리된 일반 유상수출의 경우 관세 등의 환급을 신청할 수 있는 자는 수출자 또는 수출물품의 제조자가 환급신청인이 된다. 즉, 수출물품을 직접 제조하여 수출한 경우 수출자와 제조자가 동일인이므로 문제가 없으나 수출대행인 경우에는 수출자 외에 수출위탁자도 환급신청할 수 있으며, 완제품 내국신용장(완제품 구매확인서)에 의하여 완제품 공급을 받아 수출한 경우 수출자 또는 완제품공급자도 환급신청을 할 수 있다.

이상과 같이 일반 유상수출의 경우 수출자와 제조자에게 환급신청권이 있으므로 누가 환급신청할 것인지는 수출신고할 때 수출신고서에 환급신청인을 기재하여 한다.

한편 원자재 내국신용장 등에 의하여 중간원재료를 수출업체에 공급한 경우에는 동일품이 아직 수출되지 아니한 상태에 있으므로 중간원재료를 공급한 자는 환급신청할 수 없고 최종 수출자만이 환급신청할 수 있다.

환급신청을 세관장에게 한 경우에는 세관장은 신청내용을 심사하여 결정한 후 환급금지급은행을 통해서 환급금을 지급한다.

환급금을 결정한 환급세관장은 환급금지급지시서를 신청인이 지정한 환급금지급은행에 직접 송부하고 신청인에게는 환급금결정통지서를 교부하게 되며, 한국은행에는 환급금 이체지시를 하게 된다. 환급금이체지시를 받은 한국은행은 당해 금액을 해당은행에 즉시 송금하고 지급은행에서는 세관장이 송부한 지급지시서와 한국은행이 송부한 이체내역을 대조 확인한 후 신청인의 계좌에 환급금을 입금시키고 세관장에게 환급금지급필 통지를 한다.

수출업체에서는 환급금지급은행에 회사명의로 된 환급금 전용계좌를 개설하여야 하며 계좌가 개설되지 아니한 경우에는 환급금이 지급되지 않는다.

관세 등을 환급함에 있어서 환급금을 과다하게 지급한 경우에는 세관장은 과다지급분을 추가로 징수한다. 다만, 환급은행장이 과다환급하였음을 안 때에는 동 사실을 세관장에게 통보하여 추징하게 된다.

한편 관세 등의 환급금을 지급함에 있어서 환급기관의 사무착오로 환급금이 부족하게 지급된 경우에는 그 부족분을 일반환급절차에 의거 추가로 환급신청할 수 있다. 또한 수입면허 당시의 세율적용착오 등의 사유로 추징한 세액을 환급신청시에 누락하여 신청하였거나, 환급결정한 후에 관세적용착오 등의 사유로 추징한 경우에도 동 추징세액에 대하여 추가환급이 가능하다.

Chapter Ⅷ

관세상의 행정구제제도

1 관세상 행정구제제도의 의의

하자있는 행정행위를 시정하여 행정행위의 합법성 및 합목적성을 확보하기 위해서는 상급행정관청의 하급행정관청에 대한 행정감독이나 기타의 방법에 의해서도 어느 정도 이를 달성할 수 있으나, 위법 또는 부당한 행정작용에 의하여 직접 권리 또는 이익을 침해받은 자에게 행정상 쟁송의 길을 열어주어 당해 행정처분의 합법성·합목적성을 심사받을 수 있도록 할 필요가 있는데, 이를 가리켜 널리 행정구제제도라고 한다.

관세법이 규정하는 행정구제제도에는 이의신청과 심사청구 및 심판청구의 세 가지가 있다. 이의신청이라 함은 처분을 했거나 해야 할 세관장에게 처분의 취소·변경 또는 처분의 요구를 행하는 쟁송절차를 말한다. 이에 대하여 심사청구는 세관장에 대한 감독기관인 관세청장에게 처분을 취소·변경하게 하거나, 또는 필요한 처분을 하게 하도록 요구하는 쟁송을 말한다. 한편, 심판청구는 심사청구의 재결에 불복하거나 재결을 받지 못한 경우에 국세심판소에 이의 불복을 제기하는 쟁송을 말한다.

2 심사청구

1 심사청구의 의의

관세법에서 규정하는 심사청구는 다음과 같다.

"관세법 기타 관세에 관한 법률 또는 조약에 의한 처분으로서 위법 또는 부당한 처분을 받거나 필요한 처분을 받지 못함으로써 권리 또는 이익의 침해를 당한 자가 세관장에 대한 상급행정관청인 관세청장에게 처분을 취소·변경하게 하거나 또는 필요한 처분을 청구하는 행정구제절차이다."

2 심사청구의 요건

관세법상 심사청구의 요건으로는 위법 또는 부당한 처분을 받거나 필요한 처분을 받지 못함으로써, 권리 또는 이익을 침해당한 사실이 존재하여야 한다.

1. 처분의 주체

처분의 주체는 세관장 이외에 관세청장·재정경제부장관 기타 행정기관의 모든 처분을 대상으로 할 수 있지만, 심급제도의 성질상 이의신청의 경우에는 세관장 이외의 행정청의 처분을 그 대상으로 할 수 없고, 심사청구는 관세청장과 세관장 이외의 행정청의 처분을 대상으로 할 수 없다.

2. 처분의 대상

처분의 대상은 "관세법 기타 관세에 관한 법률 또는 조약에 의한 처분"으로서 관세의 부과·징수·감면·환급 등에 관한 처분이 중요한 심사청구의 대상이 될 것이다. 그리고 위법한 처분이라 함은 당해 처분이 법령에 위반하여 합법성을 결한 처분을 말한다. 이를테면, 면세물품에 대하여 담보를 제공케 하느냐 않느냐는 세관장의 재량에 속하는 문제인데, 객관적으로 보아 불필요함에도 불구하고 담보제공명령을 내리는 것과 같다.

3. 처분의 범위

처분의 범위로는 ① 법률행위적 행정행위와 준법률행위적 행정행위는 물론, ② 사실행위도 그것이 권리·이익을 침해하는 것일 때에는 처분으로 보아야 할 것이고, ③ 행정청의 입법행위 또는 공고 등의 일반처분도 그것이 직접 개인의 권익을 침해하는 것일 때에는 처분으로 보아야 할 것이며, ④ 행정지도 역시 직접 개인의 권리의무에 관계될 때에는 여기서 말하는 처분에 포함시켜야 할 것이다. 다만, 행정청의 내부적 의사결정, 또는 행정기관 상호간의 행위 및 상대방의 법률상의 지위에 변동을 초래하지 아니하는 알선이나 권유 등의 행위는 처분이라고 볼 수 없다. 한편, 소극적 행정행위도 거부처분으로서 심사청구의 사항이 된다. 관세법은 이를 "...필요한 처분을 받지 못함으로써..."라고 하여 입법적으로 심사청구제기의 요건으로 정하고 있다. 따라서 처분의 청구에 대한 부작위는 물론 행정청이 직권으로 행하여야 할 처분을 하지 않은 경우도 포함된다. ⑤ 이상과 같은 위법·부당한 처분이나 행정청의 부작위가 원인이 되어 권리 또는 권익의 침해를 당하였을 것을 요건으로 한다.

3 심사청구제기권자

관세법상 심사청구를 제기할 수 있는 자는 "권리 또는 이익의 침해를 당한 자"이다. 즉, 위법 또는 부당한 처분이나 필요한 처분을 받지 못함으로써 자기의 권리 또는 이익이 위법·부당하게 침해를 받은 자이다. 이때의 처분의 직접적인 상대방은 물론이고 그 밖의 이해관계자라 하여도 피해를 당한 자는 심사청구를 제기할 수 있다.

이의신청인·심사청구인 또는 심판청구인은 변호사 또는 관세사를 대리인으로 선임할 수 있다.

4 심사청구내용

관세법상 심사청구의 내용은 처분의 취소·변경 및 필요한 처분을 해 줄 것을 그 내용으로 한다. 처분의 취소는 원처분의 효력을 과거의 처분시로 소급하여 상실시키는 것을 말하며, 처분의 변경은 처분의 일부를 취소하거나 원처분의 내용을 변경하여 다른 효력을 발생하게 하는 행위를 말한다.

5 심사청구 제외처분

관세법상 심사청구를 제기할 수 없는 처분으로는 ① 심사청구나 심판청구에서 한 번 다루어진 사항(일사부재리의 원칙에 한함), ② 관세법상의 통고처분, 통고처분에 불복하면 자동적으로 고발되어 형소법에 의한 정식재판을 받을 수 있기 때문에 심사청구를 제기할 수 없다. ③ 감사원법에 의한 심사청구를 한 처분이나 그 심사청구에 대한 처분 등이다.

6 심사청구의 기간 및 절차

1. 심사청구의 기간

다음과 같은 기간 내에 소정의 절차에 따라 행하여야 한다. 즉, 심사청구는 당해 처분이 있는 것을 안 날(처분의 통지를 받은 때에는 그 받은 날)로부터 90일 내에 제기하여야 한다. 다만, 이의신청을 거친 후 심사청구를 제기하고자 할 때에는(현행법상 이의신청은 심사청구의 필요적 전심절차가 아니기 때문에 이의신청 없이 즉시 심사청구를 제기할 수 있음) 이의신청에 대한 결정의 통지를 받은 날로부터 90일내에 하여야 한다. 다만 결정의 통지를 받지 못한 경우에는 결정의 통지를 받기 전이라도 그 결정기간이 경과한 날부터 심사청구를 할 수 있다. 이 기간은 이른반 불변기간으로서 어떠한 경우라도 변경할 수 없다. 이는 처분이 오랫동안 불안정상태에 놓이는 것을 방지함으로써 가능한 법률관계의 조속한 안정을 도모하자는 취지이다.

2. 심사청구의 절차

심사청구의 절차는 대통령령이 정하는 바에 의하여 불복의 사유를 갖추어 당해 처분을 하였거나 하였어야 할 세관장을 거쳐 관세청장에게 하여야 한다. 심사청구서에는 주소·성명, 처분이 있는 것을 안 연월일(처분의 통지를 받은 경우에는 그 받은 연월일), 처분의 내용, 불복의 요지와 이유 등을 기재하여야 하고, 관계증거서류 또는 증거물이 있을 때는 이를 첨부하여야 하며, 심사청구의 대상이 된 처분에 관계되는 통관절차 등을 대행한 관세사·통관업자·통관법인 및 관세사법인 등의 경위서를 첨부하여야 한다.

전술한 심사청구 제기기간의 계산에 있어서는 심사청구서가 세관장에게 제출되면 심사청구서가 제출된 것으로 본다. 이의 제출을 받은 세관장은 이를 받은 날로부터 7일내에 의견서를 첨부하여 관세청장에게 송부한다. 관세청장은 심사청구의 내용이나 절차가 관세법상 절차에 관한 규정에 적합하지 아니하거나 수정할 수 있다고 인정할 때에는 20일내의 기간을 정하여 보정을 요구할 수 있고, 보정사항이 경미한 경우에는 직권으로 이를 보정한다. 보정을 요구할 때에는 보정할 사항, 보정을 요구하는 이유, 보정기간, 기타 필요한 사항을 기재한 문서로 행하여야 한다. 보정기간은 심사청구의 제기기간에 산입되지 않고 심사청구의 재결기간에도 산입되지 아니한다.

심사청구인은 변호사 또는 관세사를 대리인으로 선임할 수 있고, 이때에 대리인의 권한은 서면으로 증명되어야 한다. 대리인은 본인을 위해 심사청구에 관한 모든 행위를 할 수 있지만 심사청구의 취하는 특별히 위임을 받은 경우에 한한다.

한편, 심사청구인은 그 심사청구에 관계되는 서류를 열람할 수 있고 대통령령이 정하는 바에 의하여 당해 재결청에 의견을 진술할 수도 있다.

7 불복방법의 통지

이의 신청·심사청구 또는 심판청구의 재결청은 그 결정서에 그 결정서를 받은 날로부터 90일 이내에 이의신청인은 심사청구를, 심사청구인 심판청구를, 심판청구인은 행정소송을 제기할 수 있다는 뜻을 기재하여야 한다.

또한 이의신청, 심사청구 및 심판청구의 재결청은 당해 신청 또는 청구에 대한 결정기간이 경과하여도 그 결정을 하지 못한 때에는 지체없이 그 결정기간이 경과한 날로부터 60일 이내에 이의신청인은 심사청구를, 심사청구인은 심판청구를, 심판청구인은 행정소소의 제기를 결정의 통지를 받기전이라도 그 결정기간이 경과한 날부터 할 수 있다는 뜻을 서면으로 당해 신청인 또는 청구인에게 통지하여야 한다.

8 심사청구제기의 효과

심사청구의 제기는 관세법에 특별한 규정이 있는 것을 제외하고는 당해 처분의 집행에 효력을 미치지 아니한다. 이를 집행불정지원칙이라고 한다.

행정처분은 구속력과 확정력을 가지는데, 만일 국민이 행정청의 행정처분에 대하여 심사청구 등을 행사할 때만다 행정처분에 대한 집행정지의 효력을 인정한다면, 행정권의 지위를 보장하고 원활한 운영을 꾀하고자 하는 법의 본래의 취지에 부응하지 못하는 결과를 초래하고 말기 때문이다. 따라서 관세법상 집행불정지원칙은 행정처분의 구속력과 확정력을 인정함으로써 세관장에게 관세행정에 따른 자력집행권을 부여한 것이다.

그러나 심사청구는 처분이 위법 또는 부당하다는 이유 때문에 제기하는 것이므로, 어떠한 경우에도 그 집행을 정지하지 않는다면 부당하다. 따라서 당해 재결청이 필요하다고 인정할 때에는 그 처분의 집행을 중지하게 할 수 있다.

9 심사청구에 대한 결정

1. 결정형식

관세청장은 심사청구에 대한 심사결과, 각하(却下)·기각(棄却) 또는 용인(容認)의 결정을 내린다. 각하결정이라 함은 심사청구의 제기기간이 경과하였거나 또는 절차상의 불비를 보정하지 못한 경우에 내리는 결정을 말하고(형식요건의 불비), 기각결정은 심사청구의 내용을 심사(본안심리)한 결과, 그 주장하는 바가 없다고 인정될 때에 내리는 결정을 말하며, 용인결정은 심사청구가 이유 있다고 인정될 때에 그 심사청구의 대상이 된 처분의 취소·변경 또는 필요한 처분의 결정을 행하는 것을 말한다.

2. 결정범위

심사청구의 재결은 당사자의 청구범위에 구속되느냐(불고불리의 원칙), 특히 재결에 있어서 불이익변경이 인정되느냐의 문제에 관하여 관세법상 아무런 규정이 없기 때문에 이론이 있다.

첫째, 재결청이 처분청 자신이거나 그의 상급감독청일 때에는 그 처분권 또는 감독권의 당연한 결과로서 불고불리(不告不理)의 원칙이 적용되지 않으며(즉, 심사청구인의 주장에 구속되지 않고 원처분을 전면적으로 재심사할 수 있다). 따라서 심사청구인에게 불이익하에 변경할 수도 있다고 한다. 이 견해에 따르면, 예컨대 과세처분에 대한 심사청구가 있을 때에 심사의 결과 오히려 증액할 것을 결정하는 것과 같다(불이익변경금지원칙의 배제설).

둘째, 재결청이 처분청의 상급감독청이 아닌 제3기관인 때에는 일반감독권이 없는 결과로서 관세상의 행정구제제도의 취지에 비추어 불고불리의 원칙이 적용되고, 따라서 불이익변경은 원칙적으로 금지되며, 불이익한 처분을 하는 것이 정당하다는 특별한 이유가 있을 때에는 재결과는 별개의 행정처분에 의하는 것이 타당하다는 설도 있다.

셋째, 법무부유권해석(법무법 810-27451 66.11.22)에 따르면, 이르테면 어느 수입물품에 대하여 당초에 세관장이 세율 50%에 해당하는 것으로 처분하였으나, 화주는 30%에 해당하는 것이라고 주장하면서 심사청구를 제기하였을 때에, 심리의 결과 60%에 해당하는 물품이라고 판단이 되더라도 이 경우에는 시사청구를 단순히 기각할 수 있을 뿐이다라는 견해를 밝혔으며 국세기본법 제79조에서도 특히 이를 명시하고 있다. 생각건대, 불고불리의 원칙은 적용하되 일부용인 또는 일부취소의 결정은 내릴 수 있으며, 원처분보다 불이익한 결정은 할 수 없다고 봄이 타당하다고 생각한다.

3. 결정의 효력

한편 심사청구가 재결되면 동 재결에 대하여 불복이 있더라도 어느 기관에서나 심사청구를 다시 재결할 수 없고 형식적으로 확정이 되며(불가쟁력 혹은 형식적 확정력), 심사청구의 재결은 일종의 준사법적 행위이므로 재결청 자신뿐만 아니라 누구도 이를 시정할 수 없고(불가변력), 따라서 만일 위법·부당한 재결이라 하여도 그 자체를 취소 또는 변경할 수 없으며, 다만 행정소송에 의하여 쟁송을 하는 길밖에 없다.

또한 심사청구의 재결은 심사청구의 당사자를 구속할 뿐만 아니라 재결청 또는 처분청도 기속한다(기속력). 따라서 관세청장이 세관장의 원처분을 취소·변경하는 재결을 하면 세관장은 이에 따라야 한다.

이 밖에 심사청구의 재결에 대하여는 다시 심사청구를 제기할 수 없고(일사부재리의 원칙), 부당한 행정처분에 대한 재결은 최종적 효과를 가지며, 위법한 행정처분에 대한 재결은 후술하는 행정소송제기가 되는 효력도 있다.

재결은 심사청구를 받은 날로부터 60일내에 하여야 하나, 부득이한 경우에는 그러하지 아니하다. 재결을 한 때에는 재결기간내에 그 이유를 기재한 재결서에 의하여 통지하며 재결기간내에 재결의 통지가 없을 때에는 그 심사청구는 기각된 것으로 본다. 따라서 그 다음 쟁송단계인 심판청구를 하고자 할 때에는 재결기간 경과 후 90일내에 할 수 있다.

그리고 전술한 불복방법의 통지에서와 같이 심사청구의 재결청은 재결서에 심사청구인이 그 재결서를 받은 날로부터 90일내에 심판청구를 할 수 있다는 뜻을 부기하여야 하고(기각재결 및 일부용인, 일부기간의 재결례) 재결기간이 경과하여도 그 재결을 하지 못한 때에는 지체없이 심사청구인에 대하여 그 재결기간이 경과한 날로부터 심판청구를 할 수 있다는 뜻을 통지하여야 하며, 불복방법을 통지함에 있어 다음 단계의 쟁송기관을 잘못 통지하였거나 누락한 경우에 그 통지된 기관 또는 당해 처분기관에 불복의 신청이 제기될 때에는 정당한 기관에 제기된 것으로 보고 제기를 받은 기관은 정당한 기관에 즉시 이를 이송하고 그 뜻을 제기한 자에게 통지하여야 한다.

10 관세심사위원회

관세청장은 제기된 심사청구를 심의하기 위하여 관세청에 관세심사위원회를 둔다. 동 위원회의 조직과 운영에 관한 사항은 대통령령으로 정한다. 관세심사위원회는 의결기관이 아니므로 최종적인 결정을 내릴 수 없으나, 관세청장이 결정을 함에 있어서 기술적 자문에 응함으로써 거의 동 위원회의 결정대로 재결된다.

위원회의 위원장은 관세청 차장이 되며 위원은 관세청장이 지정하는 국장 또는 3급 이상의 일반직 국가공무원, 재정경제에 관한 학식·경험이 풍부한 자로 구상한다.

3 심판청구·이의신청 및 행정소송

1 심판청구

심사청구를 제기한 자는 그 청구에 대한 결정에 이의가 있거나 결정을 받지 못한 경우에는 국세심판소에 심판청구를 할 수 있다. 심판청구를 하려면 반드시 전심으로서의 심사청구를 경유하여야 한다. 그러므로 심판청구를 할 수 있는 대상도 심사청구제기의 요건에 해당하는 것이 된다.

심사청구의 결정에 불복하는 경우는 물론이고 심사청구를 제기하였지만 그 재결기간 60일내에 재결을 하지 않은 때에도 재결을 기다리지 않고 심판청구를 할 수 있다. 그런데 관세법상 심판청구의 절차는 국세기본법 제7장 제3절의 규정에 따르도록 하고 있고, 국세기본법상 세무서장은 세관장으로, 국세청장은 관세청장으로 한다. 이하 국세기본법에 의한 심판청구의 주요내용을 간추려 정리하면 다음과 같다.

첫째, 심판청구의 제기기간은 심사청구의 재결서를 받은 날로부터 90일내, 재결기간의 경과시까지 재결을 받지 못한 때에는 그 결정기간이 경과한 날부터 즉시 할 수 있다.

둘째, 심판청구의 제출은 처분을 하거나 하였어야 할 세관장과 관세청장을 경유하여 국세심판소에 제출하여야 하고, 이때에 관세청장은 의견서를 첨부하여 전달한다.

셋째, 심판청구에 대한 결정기관은 국세심판소에 설치된 국세심판관회의의 의결을 거쳐 결정한다. 동 회의는 심의기관이 아닌 의결기관으로서 심판청구에 대한 최종의 결정을 행하는 준사법적인 기능을 갖고 있는 기관이다. 그러나 소액의 심판청구사안에 관해서는 국세심판관회의의 의결에 갈음하여 주심국세심판관의 의견을 들어 이를 결정한다.

끝으로, 심판청구에 대한 결정은 심사청구의 경우에서와 같이 각하·기각·용인으로 하고, 결정을 함에 있어서는 불고불리의 원칙이 적용되며, 심판청구를 한 처분보다 청구인에게 불이익한 결정을 못한다. 그리고 동 결정의 효력은 관계행정청을 가속하며, 당해 행정청은 결정의 취지에 따라 즉시 필요한 처분을 하여야 한다.

2 이의신청

관세법상 이의신청은 심사청구의 필요적 전심절차가 아니기 때문에 이의신청없이 즉시 심사청구를 제기할 수 있다 함은 기술한 바와 같다.

따라서 이의신청의 요건도 대체로 심사청구의 그것과 같다. 즉, 관세에 관한 위법·부당한 처분 또는 필요한 처분의 부재로 인하여 권리나 이익의 침해를 당한 경우이다.

다만, 제외되는 처분으로는 ① 관세청장의 조사결정·처리에 의한(할) 처분이나, ② 이의신청·심사청구·심판청구에 대한 처분, ③ 관세법상의 통고처분, ④ 감사원법에 의한 심사청구를 한 처분이나 그 심사청구에 대한 결정 등이다.

한편, 이의신청의 절차는 심사청구에 관한 규정을 그대로 준용하고 있기 때문에 신청을 당해 처분을 하였거나 하였어야 할 세관장에게 하는 것만 다를 뿐, 제기기간, 신청서의 보정, 이의신청의 효과, 대리인결정, 불복방법의 통지, 서류의 열람 및 의사진술 등의 규정은 심사청구의 경우에서와 모두 같다.

다만, 이의신청에 대한 결정은 이의신청을 받은 날로부터 30일내에 하여야 한다.

3 행정소송

관세법상 행정구제제도의 최종단계인 심판청구에도 불구하고 불복하려는 자는 행정소송법에 의한 행정소송을 제기할 수 있다. 행정소송은 행정법규의 적용에 관하여 분쟁이 있는 경우에 당사자로부터 소송제기에 의하여 법원이 이를 유권적으로 심리 ·판결하는 일련의 절차로서, 국민의 권리·이익을 보호하자는 데 그 목적이 있다.

행정소송은 전술한 이의신청·심사청구·심판청구와 같이 행정청의 처분에 대한 쟁송이란 점에서 비슷하고 그 재결과정상에서도 유사하지만, 그 내용 및 효력면에서는 큰 차이가 있다. 즉, 행정소송은 위법한 처분에 대해서만 제기할 수 있고, 소송도 피고(처분청)의 소재지를 관할하는 고등법원에 제기하여야 한다.

행정소송을 제기할 수 있는 기간은 심판청구에 의한 결정의 통지를 받은 날부터 90일 이내에 제기하여야 한다.

다만, 결정기간내에 결정의 통지를 받지 못한 경우에는 결정의 통지를 받기 전이라도 그 결정기간이 경과한 날부터 행정소송을 제기할 수 있다.

4 감사원법에 의한 행정구제

감사원은 그 고유의 업무인 감사·감찰의 결과 위법 또는 부당하다고 인정되는 사실이 있을 때에는 재정경제부장관·관세청장 또는 세관장에게 시정을 요구할 수 있다. 이와 같은 감사원의 시정요구가 위법 또는 부당하다고 인정될 때에는 감사원에 재심의 청구를 할 수도 있다. 또한 감사원의 심사를 받은 자(세관장)의 직무에 관한 처분 기타 행위에 관하여 이해관계가 있는 자는 감사원에 그 심사의 청구를 할 수 있다.

이상과 같이 감사원의 감사를 받은 자의 직무에 관한 처분 기타 행위에 관하여 이해관계가 있는 자는 감사원에 심사의 청구를 할 수 있도록 감사원법에 규정하고 있다. 관세청장과 세관장은 감사원의 감사를 받은 자이며 관세청장과 세관장의 주된 직무는 관세법 기타 관세에 관한 법률 또는 조약을 집행하는 것이므로 이 직무를 집행하기 위한 관세청장과 세관장의 처분 또는 기타 행위에 대하여는 감사원에 심사청구를 할 수 있다. 이것을 감사원법에 의한 심사청구라 한다. 전술한 직무 이외의 관세청장과 세관장의 직무에 관한 처분 또는 기타 행위에 대하여도 감사원에 심사청구를 할 수 있으나 여기에서 설명하는 감사법에 의한 심사청구에서는 제외한다. 따라서 관세행정처분에 대한 관세법과 감사원법의 규정에 의한 행정심판의 대상은 같다 할 것이다.

감사원법에 의한 심사청구와 다른 행정심판과의 관계는 감사원법에 의한 심사청구를 한 처분이나 그 심사청구에 대한 처분에 대하여는 다른 행정심판을 제기할 수 없다. 다만 심판청구와 감사원법에 의한 심사청구의 결정 중 위법한 처분에 대한 결정에 이의가 있거나 결정기간내에 그 결정의 통지를 받지 못한 경우에는 다같이 행정소송을 제기할 수 있으므로 감사원법에 의한 심사청구를 할 것인지 또는 이의신청, 관세법에 의한 심사청구를 거쳐 심판청구를 할 것인지 여부는 이해관계가 있는 당사자가 선택적으로 결정할 수 있다.

한편, 세관장은 수입물품에 대하여 관세 이외에도 내국세를 징수한다. 이때에 세관장의 내국세의 부과·징수·감면·환급 등의 처분에 불복이 있는 자는 이의신청·심사청구·심판청구를 할 수 있다. 내국세의 경우에는 원칙적으로 국세기본법의 규정에 의함이 타당하나, 수입물품에 부과하는 내국세로서 세관장이 부과·징수·감면 및 환급할 때에는 관세법상의 행정구제절차에 따르도록 되어 있다.

【표Ⅱ-8-1】 관세상의 행정구제제도의 기본 구조

	이의신청	심사청구	심판청구
불복대상	관세에 관한 위법·부당한 처분 또는 필요한 처분의 부재로 인하여 권리·이익을 침해당하는 경우 [제외] : 1. 관세청장의 조사·결정·처리에 의한(할) 처분 2. 이의신청·심사청구·심판청구에 대한 처분 3. 관세법상 통고처분 4. 감사법원에 의한 심사청구를 한 처분이나 그 심사청구에 대한 결정	관세에 관한 위법·부당한 처분 또는 필요한 처분의 부재로 인하여 권리·이익을 침해당한 경우 [제외] : 1. 심사청구·심판청구에 대한 처분 2. 관세법상 통고처분 3. 감사원법에 의한 심사청구를 한 처분이나 그 심사청구에 대한 결정	심사청구에 대한 경정에 이의가 있거나 결정을 받지 못한 경우
제기기간	처분이 있은 것을 안 날(처분의 통지를 받은 때는 그 통지를 받은 날)로부터 90일	1. 이의신청을 거치는 경우 : 결정의 통지를 받은 날부터 90일내(결정통지를 못받은 경우는 결정기간 60일을 경과한 날로부터) 2. 이의신청을 안 거치는 경우 : 처분이 있을 것을 안 날(처분이 있을 것을 안 날(처분의 통지를 받은 때는 그 받은 날)로부터 90일	신사청구결정서를 받은 날로부터 90일, 결정기간 경과시까지 결정을 못 받은 경우에는 결정기간경과일로부터
제기기관	처분한(할) 세관장에게	처분한(할) 세관장을 거쳐(의견서 첨부) 관세청장에게	처분한(할) 세관장과 관세청장을 거쳐(청장의 의견서 첨부) 국세심판소에
결정 또는 재결	각하·기각·용인	각하·기각·용인	각하·기각·용인
결정기간	받은 날로부터 30일내. 다만, 부득이한 경우는 예외	받은 날로부터 60일내. 다만, 부득이한 경우는 예외	받은 날로부터 90일내.
심의결정기간		관세심사위원회 (심의기관)	국세심판관회의 (결정기관)

Chapter Ⅸ
보세제도

1 보세제도의 개요

1 보세제도의 의의

외국물품을 수입함에 있어 우리 나라에 도착한 외국물품에 대하여 외국물품상태 그대로 일정기간 동안 관세 및 제세의 과징을 유보하여 일정한 구역에 장치하고 세관의 감시를 받게 함이 국가정책상 필요하거나 행정절차상 불가피할 경우가 있다.

이와 같이 외국물품이 우리나라에 도착된 후에도 관세의 과징을 유보하고 외국물품상태 그대로 수입신고수리 미필상태하에서 일정기간 동안 일정한 보관·장치·운송·제조·건설·가동 등을 행하는데, 이에 따른 일련의 행정절차를 보세제도(bond system)라고 한다. 이러한 보세(in bond) 개념에 대하여는 의견이 같지 않다. 즉, 보세란 납세의무의 불확정상태라는 학설과 관세부과유보상태라는 학설 및 수입신고수리미필상태라는 학설로 대립된다.

생각컨대, 납세의무불확정상태설은 관세면제주의를 취하는 경우나 관세의무주의를 택하는 때에 무세품에 대하여 통일적으로 설명할 수 없고, 한편 관세부과유보상태설에 따르면 징수유예제도나 조건부면세 및 관세의 환급제도 등을 설명하기 곤란하다.

관세법에 보세의 정의를 내린 규정은 없지만, 요컨대 동법은 조세법적 성질을 가짐과 동시에 통관법적 성질을 갖고 있으므로 관세면제주의를 택하는 경우 관세율표에 표시되지 않은 품목뿐만 아니라 관세의무주의하의 유세품·무세품 및 수출신고수리를 받은 품목도 그 규제대상으로 하고 있다.

이상과 같은 관점에서 볼 때 보세란 수입신고수리가 종료되지 않은 상태, 즉 수입신고

수리미필상태설로 이해함에 타당하며 또한 다수설이기도 하다.

이제 이러한 수입신고수리미필상태설에 따라 보세의 개념을 정리하면 다음과 같다.

① 보세란 일정한 범위를 갖는 장소적 개념이다.

이러한 장소적 개념은 지정보세구역(government warehouse)이나 특허보세구역(customs-licensed warehouse)은 비교적 명백히 표시되고 있으나, 보세운송에 있어서는 그렇지 못하다. 그러나 보세운송도 개항보세구역 또는 타소장치의 장소간에 한하여 외국물품 그대로 이동하는 것이므로, 외국물품이 이동할 수 있는 장소의 범위는 한정되어 있다고 볼 수 있다. 이러한 의미에서 보세구역, 즉 지정보세구역이나 특허보세구역을 부동적(정적) 보세상태라 하고, 보세운송을 동적 보세상태라고도 한다.

② 보세란 외국물품을 수입신고수리미필상태로 장치·가공·전시·건설 및 이동할 수 있는 것을 뜻한다.

외국물품을 장치·제조·가공·전시·건설 및 이동하려면 원천적으로 수입신고수리를 필한 후에 가능한 것이지만, 보세가공무역의 증진이나 국내공장건설의 촉진, 기타 경제적인 요청과 관세행정의 편의(관세징수권의 확보, 통관질서의 확립, 세관업무의 효율화 등) 등을 고려하여 외국물품을 수입신고수리미필상태하에서 장치·가공을 하고 제조·전시·이동 및 건설을 할 수 있게 하는 것이다.

특히 보세상태로 외국물품인 원자재를 제조·가공에 사용할 수 있다는 점과 관세 등 수입제세의 부담을 덜어서 자금면에서 편익을 줄 뿐만 아니라 원자재의 수입통관이나 제품의 수출통관과 같은 복잡한 절차가 생략된다는 점에서 원자재의 대외의존도가 높은 우리 나라에서는 수출증대에 중대한 의의가 있다.

이러한 의미에서 보세제도는 자유항이나 자유무역지역, 또는 수출자유지역 등과 유사한 점이 많으나 관세법상 의미하는 보세제도와는 근거·목적·기능 등 여러 가지 면에서 서로 다르다.

③ 보세구역은 지정 또는 특허된 장소이다.

보세구역은 관세채권을 유보하는 장소이기 때문에 그 구역을 설치할 때부터 제한을 받고 있는데, 세관장은 일정구역을 지정하거나 또는 운영인의 신청에 의하여 보세구역을 특허하여 관세채권의 확보에 지장이 있다고 판단될 때에는 언제든지 그 지정 또는 특허를 취소할 수 있다.

④ 보세구역은 세관의 감시·감독을 받는다.

구체적인 규제의 내용은 각 보세구역에 따라 다르나 외국물품상태로 작업이 이루어지기 때문에 수입신고수리 후의 내국물품과는 다른 특별한 규제를 받게 된다.

⑤ 보세구역은 일정한 장치기간이 있다.

장치기간은 보세구역의 종류에 따라 차이가 있지만, 만일 장치기간이 경과하면 반출하여야 하고, 반출하지 아니하면 관세의 담보물로서 처분됨을 주의하여야 한다.

2 보세제도의 종류

1. 일정구역 유무를 기준으로 한 분류

관세법에 규정되어 있는 보세제도를 일정구역 유무를 기준으로 분류하면 보세구역제도와 보세운송제도로 대별된다. 전자는 보세화물을 반입·장치·가공·건설·전시·판매하는 구역이고, 후자는 국내에서 운송하는 것이다. 따라서 흔히 전자를 정적 보세제도, 후자를 동적 보세제도라고 한다.

【그림Ⅱ-9-1】 보세제도의 종류

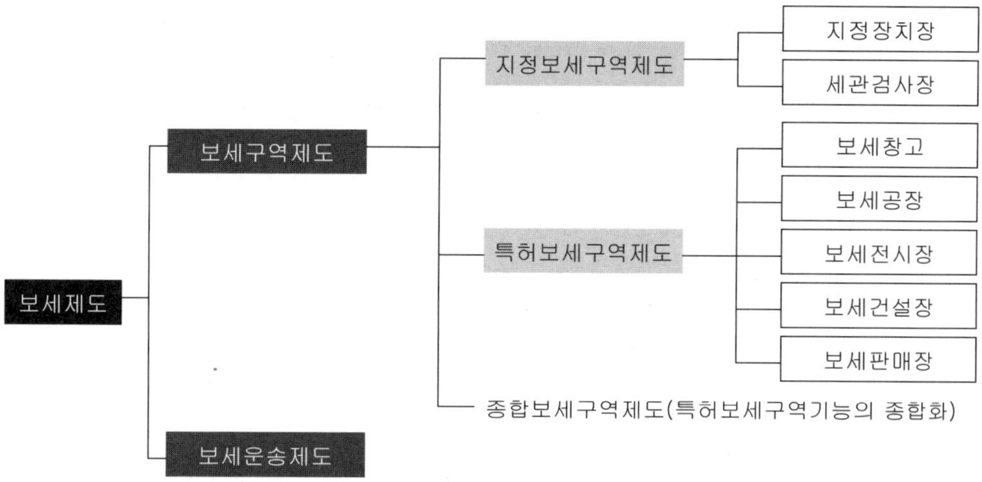

2. 설치목적에 따른 분류

(1) 소극적 보세구역

보세구역제도를 설치목적에 따라서 구별하면 소극적 보세구역과 적극적 보세구역으로 분류할 수 있다.

전자는 물품에 대한 수입절차이행유예를 목적으로 하는 것이 아니라 오로지 물품의 수출입절차, 수출입에 수반하는 세관절차수행의 편의상 물품을 임시적으로 세관의 감독하에 둘 필요성에 따라서 설치된 보세구역을 말한다. 세관은 수입절차가 끝나지 않은 외국물품에 대하여는 관세의 부과 여부, 수입·반송 또는 운송의 허가 여부 등을 결정할 때까지 이를 일정한 장소에 구속해 둘 필요가 있으며, 수출하려는 물품에 대하여는 수출면허 여부를 결정하고 또는 수출을 조건으로 한 감면세 및 환급물품에 대하여 그 조건이행을 확인하기 위해 세관의 감독하에 둘 필요가 있다. 따라서 소극적 보세구역에서는 원칙적으로 물품의 장치가 강제적이고 장치기간은 단기적이며, 물품의 가공·제조 등 복잡한 내용의 행위는 인정되지 않는다. 지정보세구역이 이에 속한다.

(2) 적극적 보세구역

적극적 보세구역은 물품에 대한 수입절차에 유예의 편익을 주어 상공경영상의 장해를 배제하고 무역을 진흥시킨다는 경제상의 적극적 요청에 따라 특허된 보세구역이다. 따라서 주로 관세행정상의 목적을 위하여, 그리고 경제적인 목적을 위하여 설치된다. 보세창고·보세공장·보세전시장·보세건설장·보세판매장이 이에 속한다.

① 보세창고는 수입물품에 대한 관세납부를 유예하여 금융 기타 거래상의 편익을 도모하려는 장기보관시설이다.

② 보세공장은 주로 중계·가공무역을 조장하기 위해 개장·분할 기타 작업과 같은 외국물품에 대한 수선·보수 이외의 가공·제조까지도 인정하는 시설이다.

③ 보세전시장은 무역 및 문화교류의 촉진에 기여하려는 것으로 국제적 규모로 개최되는 국제박람회·국제견본시 등에 출품되는 외국물품의 전시·사용 등을 인정하는 시설이다.

④ 보세건설장은 경제개발프로젝트의 신속한 건립을 위하여 발전소·제조공장 등의 건설에 필요한 외국물품인 기계류·설비품·공사용 장비 및 기타 자재를 장치하거나 사용하여 당해 건설공사를 하는 장소이다.

⑤ 보세판매장은 공항내 매점과 같이 외국물품을 외국으로 반출하거나 외교관용품만을 판매하는 구역을 말한다.

3. 설치형식에 따른 분류

보세구역을 설치형식에 따라 분류하면, 세관장의 지정에 의하여 설치되는 것과 세관장의 특허에 의하여 설치되는 것의 두 가지 종류가 있다. 전자는 지정보세구역이고 후자는 특허보세구역이다.

3 보세제도와 유사한 제도

이상에서 살펴본 보세제도와 유사한 제도로서 관세제도적 측면에서 볼 때 조건부감면세제도와 관세환급제도 및 관세징수유예제도와 신고수리전반출제도가 있으며, 지역적 관점에서 볼 때 타소장치제도와 자유항제도(free port system) 등이 있다.

1. 조건부감면세제도와 관세환급제도

조건부감면세는 수입물품통관이 종료되었지만 당해 물품에 대한 감면조치는 그 물품을 일정기간 동안 특정용도에 공할 것을 조건으로 한 것이므로, 만일 그 조건이 이행되지 아니하면 관세상당액을 추징하기 때문에 그 기간 동안은 보세효과가 있다. 그리고 관세환급은 관세를 납부하고 반입한 물품에 대하여 특정용도에 그 물품이 사용되었을 때에는 납부한 세액을 납세자에게 환부하는 제도로서, 관세가 환부되는 시점에서 파악할 때 역시 보세와 같은 효과를 초래한다.

그러나 보세와 감면 및 환급은 그 성격이 본질적으로 다르다. 보세는 보세구역으로부터 물품을 인취하기 전에 당해 물품에 대하여 대물적 규제를 가하는 제도임에 비추어, 조건부감면세는 일정조건에 감면세된 물품의 인취를 인정하는 것이며, 환급은 납세 후 인취한 물품에 대하여 일정한 경우 관세를 환급하는 제도이다.

2. 타소장치제도

타소장치제도는 관세법의 입장에서 볼 때에는 보세제도와 본질적으로 동일하다. 즉, 외국물품은 원칙적으로 보세구역 이외의 장소에는 장치할 수 없으나 물품의 성질상, 예컨대 거대중량·위험·부패·변질 등의 사유로 보세구역에 장치함이 부적당한 경우, 세관장의 허가를 얻어 보세구역 이외의 장소에 장치할 수 있는 제도로 볼 때 양자는 같다. 그러나 보세구역은 불특정의 외국물품을 상시 장치하기 위해 마련된 지역임에 비추어 타소장치는 허가를 받은 외국물품만을 장치하는 제도로서, 이는 임시적이고 예외적인 것이다.

3. 자유항제도

(1) 자유항의 개념

자유항과 자유무역지대의 정의에 관하여 UNCTAD에서는 "자유항(freeport) 또는 자유무역지역(free trade zone)의 형태는 자유공업지역(industrial free zone)과 자유상업지역(commercial free zone)으로 나뉘어진다. 자유공업지역은 수출품 제조에 초점이 있고, 자유상업지역은 중계무역과 환적 등의 활동에 초점이 있다. 또한 자유항은 항만인근에 있는 자유무역지역"으로 규정하고 있다.

자유항의 정의는 궁극적으로 관세절차로부터 자유스러운 지역이면서 항만의 기능을 보유하는 특정장소로 공통점을 찾을 수 있다. 자유항의 산업적 특성은 자유항의 기능 중 상업적 특성과 공업적 특성의 배합에 따라 상이하게 결정될 것이다. 자유항의 상업적 특성만을 설정하면 자유항을 통해 화물의 통과(환적), 보관, 단순가공, 제품실험 등의 물류서비스가 강조되며 공업적 특성만 고려하면 우리나라 마산자유무역지역과 익산자유무역지역과 같이 제조업의 특성이 강조된다.

(2) 자유항의 기능

1) 물류관련 기능

자유항의 물류서비스 기능은 일차적으로 국내경기를 촉진하는 투자를 유인하는데 그 초점이 있으며 검사(inspection), 포장(packing), 분류(sorting), 상표부착(labelling) 그리고 이선적(환적)을 통해 자유항에 있는 물류센터로 외국화물을 집중시키는 기능을 보유한다. 또한 각국의 무역장벽, 쿼터제도를 회피하거나 우회하기 위한 완충지대로서 혹은 각국의 수입품에 대한 품질조건을 충족하기 위한 보완지대로서 자유항이 이용되고 있다. 자유항은 이러한 기능들로 인해 중계무역의 거점이 되는 것이다.

자유항의 기능에 제조기능까지 허용하고 있는 항만으로는 함부르크항, 코펜하겐항, 홍콩 등이 있으며 이들 항만에서는 관세부과 절차 없이 외국원료로서 제조를 할 수 있으며 이들 항만은 대개 넓은 자유항지역을 보유하고 있다.

2) 선박입출항 기능

자유항에서 선박입출항에 대한 통제는 항만에 따라 상이하다. 자유항은 기본적으로 외국화물의 물류흐름에 대해 관세부과 절차가 없는 물류서비스 기능을 부여하고 있는데 반해, 선박 입출항에 대해서는 관세상의 출입항만이나 자유항이건 제항만요금과 절차상의 차별이 없는 것이 정상적이다. 다만 항만간의 경쟁으로 인해 선박을 유치하는 수단으로 자유항에서는 일반적으로 제항만요금을 감면하거나 면세유의 공급, 수속절차의 간편화 등의 인센티브를 부여하고 있다. 그러나 이러한 자유항에서도 보안, 검역, 도선, 예인선 등의 공공복리와 선박안전을 위한 통제는 이뤄지고 있다.

3) 거주기능

세계 자유항 대부분은 자유항지역내 거주를 금지하고 있으며 영국식민지였던 홍콩, 지브랄터 등에서는 지역내 일반인의 거주를 허용하고 있어 주민은 무관세의 외국상품을 소비할 수 있다. 거주기능이 허용된 자유항은 그 유형이 자유항시로 한정되고 시 전역이 자유지역으로 설정된다.

(3) 자유항의 유형

자유항은 상업적 행위 허용여부와 시민거주의 허용여부에 따라 크게 자유항시와 자유항지구 그리고 자유항구역으로 구분할 수 있다. 자유항의 정의가 주체에 따라 상이하듯이 자유항에 대한 유형도 서로 상이하게 구분되고 있다. 그러나 이러한 정의와 구분도 학술적으로 분류하는 의미를 지니고 있을 뿐이며 각국은 자국의 사정에 따라 자유항의 기능과 역할을 상이하게 부여하고 있다.

자유항시에서는 관세면제, 통관수속의 불요, 항만시설사용료의 감면, 외국화물에 대해 다양한 물류서비스가 허용되며, 가장 큰 특징은 자유항시에 시민거주가 허용되는 점이며 샘플전시도 당연히 허용된다.

자유항지구에서는 관세면제, 통관수속의 불요, 항만시설사용료의 감제, 외국화물에 대해 다양한 물류서비스가 허용되는 점은 자유항시와 유사하지만 지구내 시민거주는 허용되지 않으나 샘플전시는 허용된다.

자유항구역에서는 관세면제, 통관수속의 불요, 항만시설사용료의 면제, 외국화물에 대해 물류서비스가 허용되는 점은 자유항시 혹은 자유항구역과 유사하지만 지구내 시민거주는 허용되지 않고 지구내 샘플전시도 허용되지 않는다.

4 보세구역통칙

1. 물품의 장치

보세구역은 수입신고수리미필상태의 외국물품을 장치하기 위해 구획된 지역이다. 그러나 외국물품의 장치를 방해하지 않는 한도내에서는 내국물품도 장치가 가능한데, 수출물품은 수출통관을 위하여 대체로 보세구역에 장치하여야 한다. 따라서 보세구역에 장치할 수 있는 물품은 외국물품 수출을 하고자 하는 내국물품 및 내국운송물품이다.

내국운송물품이란 내국물품을 외국무역선에 의하여 운송하고자 하는 물품으로서, 이러한 물품은 운송형태의 특수성으로 인해서 그것을 세관의 규제하에 둘 필요가 있다.

그러나 모든 외국물품, 수출하기 위한 내국물품 또는 내국운송물품을 보세구역에 장치함은 물품의 특수성 및 여러 가지 사유에 의하여 곤란하다. 그것은 보세구역의 지역적 한계와 장치시설의 미비에도 기인된다.

따라서 관세법은 그 예외로서 ① 거대중량 기타의 사유로써 보세구역에 장치하기 곤란한 물품, ② 재해 기타 부득이한 사유로써 임시장치한 물품, ③ 검역물품, ④ 압수물품, ⑤ 우편물품, ⑥ 유치 및 예치 물품, ⑦ 수출신고가 수리된 물품 등은 보세구역장치원칙에도 불구하고 예외를 인정한다. 이 가운데에서 ⑦의 경우에는 수출신고가 수리된 날로부터 30일 이내에 선(기)적하여야 하나 다만 연장승인을 받은 것은 그러하지 아니한다. 이상과 같이 보세구역 아닌 타장소에 장치하고자 할 때에는 세관장의 허가를 받아야 하는데, 이를 타소장치허가라고 한다.

타소장치를 세관장이 허가한 경우에는 관세채권의 확보를 위해 담보를 제공하게 할 수 있고, 필요한 시설의 설치 등을 명할 수 있다.

2. 물품의 반출입

보세구역에 외국물품, 수출을 위한 내국물품 등을 장치한 때에는 세관장은 관세법상의 필요에 의해서 엄격한 규제를 가하게 된다. 보세구역에 물품을 반출·입하하고자 할 때에는 원칙적으로 세관에게 신고를 하여야 하고, 세관장이 필요하다고 인정하는 경우를 제외하고는 물품을 반출·입할 때에는 세관공무원을 입회시켜야 한다. 그리고 세관장은 보세구역에 반입할 수 있는 물품의 종류를 제한할 수 있다.

또한 보세구역에 장치된 외국물품의 전부 또는 일부를 견품으로 반출하고자 하는 자는 세관장의 허가를 받아야 하고, 세관공무원은 보세구역에 반입된 물품에 대하여 검사상 필요가 있는 경우에는 그 물품의 일부를 견품으로 채취할 수 있으며, 동물품이 사용·소비된 때에는 수입신고수리를 받은 것으로 간주한다.

보세구역에 장치된 물품이 부패·손상, 기타의 사유로서 멸각하는 경우가 있는데 이때에는 세관장의 승인을 얻어야 한다. 재해 기타 부득이한 사유로 인한 멸각과 미리 세관장의 승인을 얻어 멸각한 경우를 제외하고는 보세구역에 장치된 외국물품이 멸실되거나 멸각된 때에는 그 운영인 또는 보관인으로부터 즉시 관세를 징수한다.

그리고 세관장의 승인을 얻어 멸각한 외국물품 가운데 멸각 후에 잔존하는 부분에 대하여는 멸각 후의 성질에 따라 관세를 부여하도록 하고 있다. 보세구역에 장치된 외국물품은 통관미필물품이기 때문에 자의로 멸각을 못하게 함으로써 관세채권의 확보를 용이하게 하기 위해서이다.

3. 보수작업

보세구역에 장치된 물품에 대하여는 일정한 경우에 한해서 물품의 현상을 유지하기 위하여 필요한 보수작업과 그 성질은 변하지 아니하는 범위내에서 개장 ·구분·분할·합병 기타 이와 유사한 보수작업을 할 수 있다. 이 경우 보세구역에서의 보수작업이 곤란하다고 세관장이 인정한 때에는 기간 및 장소를 지정받아 보세구역밖에서 보수작업을 할 수 있다. 이와 같은 보수작업을 하고자 하는 자는 세관장의 승인을 얻어야 한다. 이는 당해 상품의 경제적 가치의 유지상 필요하기 때문이다.

그러나 이러한 보수작업에는 외국물품을 재료로 사용할 수 없으며, 오히려 내국물품으로만 가능하다. 이때에 보수작업으로 외국물품에 부가된 내국물품은 외국물품으로 본다.

보세구역에 장치된 물품에 대하여는 그 원형을 변형하거나 해체·절단 등의 작업을 할 수 있다. 이와 같은 작업을 하고자 하는 자는 세관장의 허가를 받아야 하고, 해체·절단 등의 작업을 할 수 있는 물품의 종류는 관세청장이 정하는 물품에 한한다.

그리고 세관장은 수입면허를 받고자 하는 물품에 대하여 필요하다고 인정할 때에는 화주 또는 그 위임을 받은 자에게 위와 같은 해체·절단 등의 작업을 명할 수 있다.

4. 자율관리보세구역

자율관리보세구역이란 보세구역 중 물품의 관리와 세관감시에 지장이 없다고 인정되는 보세구역에 대하여는 물품관리에 관한 세관절차의 일부를 생략하고 세관공무원의 파견도 하지 아니하는 대신 보세구역의 관리인 또는 운영인은 보세물품의 관리에 관한 경험 또는 지식이 있는 보세사를 채용하여 보세물품관리업무를 맡도록 하고 물품의 반입상황을 장부에 기재하고 이를 정기적으로 세관장에게 보고하도록 하고 있는데, 이와 같이 보세구역의 관리인 또는 운영인을 신뢰하고 보세구역의 물품관리를 이들이 자율적으로 하는 보세구역을 자율관리보세구역이라고 한다.

자율관리보세구역으로 지정받고자 하는 관리인 또는 운영인은 세관장에게 지정신청을 하여야 한다. 이 때 관리인 또는 운영인은 보세물품관리에 관한 경험 또는 지식이 있는 보세사라는 일정한 자격을 갖춘 자를 채용하여야 한다.

지정신청을 받은 세관장은 그 보세구역의 위치, 시설상황 등을 확인하고 물품의 관리 및 세관감시에 지장이 없다고 인정될 때에는 자율관리보세구역으로 지정한다.

자율관리보세구역의 지정을 받은 자가 관세법의 규정에 의한 의무를 위반하거나 세관감시에 지장이 있다고 인정되는 사유가 발생한 때에는 세관장은 자율관리보세구역의 지정을 취소할 수 있다. 이 때 세관장은 미리 운영인에게 진술할 수 있는 기회를 주어야 한다.

보세사는 자율관리보세구역의 관리인 또는 운영인의 채용에 의하여 동 보세구역에 근무하는 자로서 물품반출입시의 입회, 확인, 물품의 관리 및 취급시 입회, 확인, 보수작업의 입회, 확인 등 관세청장이 정하는 보세물품관리업무를 행한다.

2 지정보세구역

❶ 지정장치장

1. 지정장치장의 의의

지정장치장은 통관을 하고자 하는 물품을 일시 장치하기 위한 장소로서 세관장이 지정한 구역을 말한다. 즉, 통관절차의 간이·신속한 처리를 도모하기 위하여 설치된 소극적 보세구역의 일종이다. 여기서 통관을 하고자 하는 물품은 수출입신고수리를 받으려는 내외국물품과 반송신고수리를 받으려는 외국물품을 말하나, 보세공장 반입물품과 보세전시장 반입물품의 검사는 지정장치장 또는 세관검사장에서 행한다고 규정하고 있기 때문에 위 통관을 하고자 하는 물품외에도 보세공장 및 보세전시장 반입물품도 장치 할 수 있다. 그리고 일시장치하기 위한 장소이기 때문에 물품을 장기간 장치할 목적인 보세창고와 다르다.

세관장이 지정하는 구역은 일반적으로 세관구내와 국가나 공공의 토지·건설물의 일정구역이 된다. 따라서 지정장치장은 보통 세관의 구내창고나, 항만부두의 야적장, 비행장의 항공화물창고 등이 지정된다. 또한 지정장치장은 일반적으로 그 구역이 좁아서 장치한 물품을 휴대품이나 이사화물·탁송물 등 무환수입품이나 일부 수출품만으로 제한하는 경우가 많다. 통관하고자 하는 물품의 장치는 장치 자체가 목적이 아니고 통관이 목적이기 때문에 통관을 하려면 세관의 검사를 받아야 하므로 지정장치장은 장치와 동시에 검사를 행하는 구역이다.

지정장치장은 기능이 보세창고에서와 같이 물품을 장기적으로 장치하는 것이 아니고 수입물품의 간이·신속한 통관을 목적으로 하기 때문에 비교적 단기로 한정하고 있다.

2. 장치물품에 대한 보관책임

지정장치장에 반입한 물품의 보관책임은 원칙적으로 화주이다. 지정장치장은 공익을 위하여 설치·운영되고 보험료도 징수하지 않는다. 그러나 만일 세관장의 귀책사유로 인하여 보관물품에 손상을 초래하였을 경우에는 일반불법행위가 성립하나, 그렇다고 하여 세관장에게 그 물품보관책임의 불이행이 있다고는 할 수 없다. 이처럼 지정장치장에 반입한 물품에 대하여는 원칙적으로 화주가 보관책임을 지지만, 실제적으로는 화물의 안전관리를 위하여 화주가 지정장치장에 자유로이 출입, 필요한 조치를 취할 수 없으므로 불리한 점이 많다.

따라서 법은 세관장이 지정장치장의 질서유지와 화물의 안전관리를 위하여 필요하다고 인정할 때에는 화주에 갈음하여 보관의 책임을 지는 관리인[126]을 지정할 수 있도록 하고 있다. 다만, 시설관리인이 세관장이 아닌 경우에는 세관장은 시설관리인과 협의하여 화물관리인을 지정하게 된다. 관리인으로 지정될 수 있는 자로는 ① 직접 물품관리를 하는 정부기관, ② 관세행정 또는 보세화물관리와 관련이 있는 비영리법인, ③ 시설관리인이 요청한 자 중에서 지정한자 등이다.

---

126) 관리인이란 화물의 반출입을 관리하고 화주에 갈음하여 보관의 책임을 지는 자를 말하며, 시설관리인이란 당해 지정장치장인 토지 또는 시설을 관리하는 기관 또는 공공단체를 말한다.

지정장치장의 화물관리인은 화물관리에 필요한 비용을 화주로부터 징수할 수 있으며, 그 요율에 대하여는 세관장의 승인을 얻어야 한다.

❷ 세관검사장

세관검사장은 수출입물품의 신속한 검사를 위하여 마련한 구역이다. 즉, 전술한 통관을 하고자 하는 물품을 검사하기 위하여 세관장이 지정하는 구역을 말한다. 검사구역이라는 점에서 물품의 일시장치를 목적으로 하는 지정장치장과 다르기 때문에 검사장에는 물품장치는 허용되지 않는다. 따라서 대체로 세관공무원이 상주하는 세관청사 이외에 국제공항휴대품검사장, 통관우체국의 국제우편물검사장 등이 그것이다. 세관검사에서는 다른 장치장에 장치 또는 반입된 물품의 견본을 채취하여 그 견품만으로 검사를 함이 통례이다.

세관검사장 반입대상물품에 관하여 법은 관세청장이 정하는 바에 의하여 검사를 받은 물품의 전부 또는 일부를 세관검사장에게 반입, 검사할 수 있다고 하여 반입대상물품을 관세청장으로 하여금 정하도록 하고 있다.

세관검사장에 반입되는 물품의 채취·운반 등에 관한 비용은 화주가 부담한다.

3 특허보세구역

❶ 개요

1. 특허의 성격

특허보세구역은 개인의 영리를 목적으로 하는 사기업으로 세관장의 특허를 받아 설치한 보세구역을 말한다. 이는 적극적 보세구역이며 무역진흥 등의 목적하에 ① 보관, ② 제작, ③ 전시, ④ 건설, ⑤ 판매 등을 할 수 있는 장소로서 특허된 보세구역이다.

여기서 특허의 성격은 특정인을 위하여 특정한 권리를 설정하는 설권행위이다. 이 점에서 허가와 구별된다. 그리고 특허는 세관장의 공익재량행위로서 특허의 거부는 재량권을 일탈하였거나 남용한 경우를 제외하고는 위법이 되지 아니하며, 따라서 행정쟁송에 있어서도 제한이 있다. 한편 특허의 취소는 기득권을 침해하는 것이므로 기속재량행위에 속하며 부당한 특허취소처분에 대하여도 다툴 수 있음은 물론이다.

특허보세구역을 운영(설치·운영)하고자 하는 자는 세관장의 특허를 받아야 하고 재정경제부령으로 정하는 수수료를 납부하여야 한다. 특허보세구역은 타인의 물품장치가 주목적인 영업용과 운영인 자신의 물품만을 반입·장치하는 자가용으로 구분된다.

2. 특허의 요건 및 결격사유

특허요건으로서는 주로 ① 운영인의 자격(사회적 공신력, 자산 등), ② 보세구역의 입지적 조건(장소편리성 유무), ③ 구조의 조건(건물 등), ④ 시설조건(방화시설 등), ⑤ 특허화물장치장(위험물품장치장소구비 유무) 등을 기준으로 일정한 신청에 의해 결정한다.

운영인의 결격요건으로는 ① 미성년자, ② 금치산자와 한정치산자, ③ 파산선고를 받고 복권이 되지 아니한 자, ④ 징역형을 받고 그 집행이 종료되거나 집행을 받지 아니하기로 확정된 후 2년을 경과하지 아니한 자(단, 형의 집행유예기간이 만료된 자는 예외), ⑤ 이 법의 규정에 의하여 특허를 취소당한 자로서 2년이 경과되지 아니한 자, ⑥ 벌금형 또는 통고처분을 받은 자로서 그 벌금형 또는 통고처분을 이행한 후 2년이 경과되지 아니한 자, ⑦ 전② 내지 ⑥에 해당하는 자를 임원으로 하는 법인 등이다.

3. 특허의 취소 및 상실

관세법은 또한 특허보세구역제도의 운영의 합리화를 위해 특허의 취소와 반입정지 및 상실에 관한 규정을 두고 있다.

첫째, 취소사유로는 ① 위 운영인이 결격요건에 해당될 때, ② 1년 내에 3회 이상 물품반입의 정지처분을 받은 때 등이고, 둘째, 반입정지사유는 ① 장치물품에 대한 관세납부를 요하는 경우 이를 부담할 능력이 없다고 인정될 때, ② 본인 또는 그 대리인이 이 법에 의한 세관장명령에 복종하지 아니한 때, ③ 당해 시설의 불비 등으로 특허보세구역운영 목적달성이 곤란하다고 인정될 때 등이며, 셋째, 상실사유로는 ① 특허보세구역운영인이 보세구역의 운영을 폐업한 때, ② 특허보세구역운영인이 해산 또는 사망한 때, ③ 특허기간이 만료한 때, ④ 특허를 취소당한 때 등이다.

그리고 위 상실사유 중 ①, ②의 경우에는 운영인 또는 그 상속인, 이때 법인인 경우에는 청산법인 또는 합병·분할·분할합병후 존속하거나 합병·분할·분할합병으로 인하여 설립된 법인은 즉시 세관장에게 그 사실을 보고하여야 한다.

4. 운영에 대한 감독관리

세관장은 특허보세구역에 장치된 물품에 대하여 관세징수권을 확보하고 감시 및 단속의 철저를 위해 운영인에 대해서 여러 가지 감독(운영에 관한 보고·검사, 담보제공·설비명령 등)을 한다. 즉, 종업원에 대한 보고, 출입구개폐 등에의 입회, 출입구 자물쇠관리, 종업원 및 출입자단속, 안전관리상 필요한 시설·기계·기구설비명령 등이 그것이다.

2 보세창고

1. 의의

보세창고라 함은 외국물품 또는 통관을 하고자 하는 물품을 장치하기 위한 장소로서 세관장이 특허한 보세구역을 말한다. 이는 외국물품을 단순히 장치하기 위한 보세구역으로서, 반입되는 시점에서 볼 때 수입·반송 여부가 확정되어 있지 아니한 외국물품만을 장치하게 된다. 그러나 내국물품도 세관장에게 신고, 승인을 받아 장치할 수 있다.

특히 보세창고는 중계무역의 발전을 위하여 제3국으로 반출할 물품에 대하여 일단 보세창고에 반입하였다가 상담이나, 또한 보세창고내에서 개장·구분·분할·합병 등 보수작업을 거쳐 재반출한다.

현재 우리나라의 경우 순수한 중계무역이 활용되지 않고 있기 때문에 제도적인 목적에 부합하지 못하고 있으며 특수한 거래방식(예컨대 D/A, D/P, BWT 조건 등)에 의하여 반입되는 물품을 장치하는 데 일부 활용되고 있을 뿐이다.

보세창고에 반입된 물품에 대하여 수입신고를 하면 관세는 수입신고수리의 날에 시행되는 법령에 의하여 과세되며, 평가는 수입신고시점을 기준으로 한다. 그리고 납세의무자는 수입신고수리를 받은 화주가 된다. 보세창고에는 외국물품을 장치함이 원칙이나 다른 보세구역과 마찬가지로 세관장의 허가를 받아 통관을 하지 아니하는 내국물품을 장치할 수 있다. 종류로는 자가용 보세창고와 영업용 보세창고가 있다.

2. 특허기간

보세창고운영의 특허기간은 10년 내로 하여 특허하고, 계속하여 갱신을 받을 수 있도록 하고 있다. 특허기간이 비교적 장기인 것은 중계무역의 촉진을 꾀하기 위한 제도적 취지에서 이다.

3. 장치기간

보세창고에 있어서 물품의 장치기간은 외국물품은 반입일로부터 1년, 내국물품은 반입일로부터 1년이다. 다만, 외국물품에 대하여 세관장이 필요하다고 인정할 때에는 1년의 범위내에서 그 기간을 연장 할 수 있다.

또한 보세창고에 물품을 반입하고자 하는 자는 세관장의 반입허가를 받아야 한다. 반입 이후에 수입신고를 하거나 반송신고를 하게 되면 세관검사를 하게 되겠지만, 보세창고는 물품의 장치기간이 장기이므로 처음 반입할 때 물품의 상태를 미리 확정지우기 위하여 허가를 받도록 한다. 이 경우에 세관공무원은 반입한 물품에 대하여 검사를 하는데, 이는 과세목적에서가 아닌 장치기간의 장기로 인한 멸실·멸각·

분실 등의 사고를 방지하기 위해서이다.

3 보세공장

1. 의의

보세공장은 외국물품 또는 외국물품을 원료로 하거나 재료로 하여 제조·가공 기타 이와 유사한 작업을 하기 위한 구역으로서 운영인의 신청에 의하여 세관장이 특허한 보세구역이다. 보세공장은 외국물품을 장치할 수 있는 특허보세구역이란 점에서 보세창고와 유사한 점이 있으나, 그 구역내에서 외국물품을 원료로 하거나 재료로 하여 작업을 할 수 있다는 점에서 서로 다르다.

또한 작업을 완료한 후 제조된 물품을 외국으로 반출(수출)한다는 점에서 수출전용공장과 비슷하지만 공장내에서 수입통관을 하지 않은 보세상태인 외국물품을 원료나 재료로 하여 작업을 한다는 점에서 수출전용공장과는 다르다. 보세공장은 운용목적이 여러 가지가 있으나 그 중에서도 가장 경제적 의의가 있는 것은 수출(가공무역 포함)을 진흥하여 국민경제발전을 도모하는 데 있다.

물품을 수출하기 위해서는 수출물품을 제조·가공하기 위한 원재료가 필요하며, 이러한 수출용 원재료가 국내에서 조달되지 않고 해외에 의존할 경우에는 수출물품 제조업자는 여러 가지 부담을 가지게 되므로 이를 타개하기 위하여 보세공장제도가 크게 활용된다.

수출용 원재료에 대한 관세상의 지원정책은 관세환급제도를 비롯하여 감면제도 등이 있지만, 이는 수출용 원재료를 수입통관한 후 내국물품상태하에서 사용한다. 그러나 보세공장제도에 있어서는 관세유보상태에서 그 원재료를 통관하지 않고, 외국물품상태인 보세상태로 일정공장내에서 사용하여 생산 및 가공할 수 있다. 따라서 이 제도를 활용하게 되면 수출용 원재료의 통관에 따른 보관료·통관료·관세 및 제세, 원재료가격 등 비용면에서 크게 경감, 대외경쟁력이 강화된다.

이렇게 볼 때에 보세공장제도는 수출에 의한 외화의 획득, 고용의 증대 및 중소기업과 수출산업의 연계적 육성과 기술개발이라는 커다란 비중을 차지하고 있어 보세구역제도 중 관세정책적 측면에서 가장 경제적 의의가 크다.

2. 수출용 보세공장과 내수용 보세공장

보세공장에서 제조된 물품을 수요처별 기준으로 분류하면 수출용 보세공장과 내수용 보세공장으로 나눌 수 있다.

보세공장은 가공무역의 진흥을 목적으로 수출물품을 제조·가공하는 보세공장만을 운용하는 것이 일반적이지만 물품에 따라서는 그 수입된 상태에 따라 매번 과세하는 것이 기술상 곤란한 경우가 있으며, 수입원재료를 사용하여 제품을 제조·가공하기까지 상당한 기간을 요할 때 제조업자의 자금부담을 덜어주고, 또는 관세정책목적에 의하여 수입을 목적으로 제조·가공하는 보세공장도 불가피하게 필요한 경우가 있다.

이와 같이 외국물품 또는 내외국물품을 원재료로 하여 제조·가공한 후, 그 제품을 수입통관하여 내수용으로 사용하는 보세구역을 내수용 보세공장제도라고 한다. 내수용 보세공장과 유사한 제도로서는 지정공장제도가 있다. 지정공장은 그 자체로는 보세구역이 아니고, 단지 면세요건으로서 세관장의 지정을 받은 것이며, 또한 면세수입된 내국물품을 원재료로 하여 작업을 하는데 반하여, 내수용 보세공장은 그 자체가 보세구역이고 보세상태의 외국물품을 원재료로 하여 작업을 하기 때문에 근본적으로 양자는 서로 다르다.

한편, 내수용 보세공장은 통관절차의 간소화라는 측면에서 볼 때 필요하다.

예컨대, 여러 부분품이 소요되는 어떤 기기를 제작함에 있어 일반통관시에는 각각의 세율을 적용하여야 하는 어려운 점이 있으나 내수용 보세공장에서는 여러 부분품으로 완성된 기계를 제조했을 때, 완성된 제품의 단일세율을 적용받을 수가 있어 통관절차의 간소화를 꾀할 수 있다. 그러나 내수용 보세공장은 제품제조 기간 동안 징수유예 혜택을 받기 때문에 업종지정 등 여러 면에서 신중성을 기해야 한다.

3. 내국물품작업 및 운영특허

보세공장에서는 세관장이 허가한 범위내에서 내국물품만을 원재료로 하여 제조·가공 기타 이와 유사한 작업을 할 수 있는데, 이를 내국물품작업이라고 한다. 이는 보세공장 유휴시 내국물품만을 원재료로 하여 부득이 보세공장을 이용할 필요가 있을 때에 한하여 세관장의 허가를 받고 작업을 할 수 있다.

보세공장운영의 특허를 받을 수 있는 요건은 관세청장이 정한다. 보세공장제의 적용범위를 넓히게 되면 상대적으로 관세환급제의 적용범위가 좁아지므로 환급제의 시행효과가 그만큼 상쇄될 것이다. 따라서 관세환급제 시행과 함께 보세공장의 특허요건 기준대상을 관세청장의 고시로써 조정 · 운영하고 있다.

4. 물품의 반입허가 및 신고

보세공장에 물품을 반입하고자 하는 자는 세관장의 허가를 받아야 한다. 대체로 보세구역에 물품을 반입할 때에는 세관장에게 신고하도록 되어 있지만 보세공장에 물품을 반입할 때는 세관장의 허가를 받도록 규제하고 있다. 이는 외국물품에 대한 규제를 보다 철저하게 하려는 데에 있다.

운영인이 세관장의 허가를 받아 보세공장에 물품을 반입할 때는 사용 전에 당해 물품에 대하여 세관장에게 사용 신고를 하여야 하며, 이때 세관공무원은 그 물품에 대하여 검사할 수 있다. 또 사용신고를 한 외국물품이 허가·승인 기타 조건의 구비를 요하는 것인 때에는 이를 구비한 것임을 증명하여야 한다. 보세공장에서 보세작업을 하고자 하는 자는 세관장에게 신고하여야 하고, 작업을 종료한 때에도 같다. 보세작업을 함에 있어서 세관장의 승인을 받고 외국물품과 내국물품과를 혼용할 때는 그로써 생긴 제품 중 당해 외국물품의 수량 또는 가격에 상응하는 것은 외국으로부터 우리나라에 도착한 외국물품으로 본다.

제품은 이러한 원료가 물리적·화학적으로 결합하여 새로운 물품이 제조되어 새로운 가치가 부가된 것이다. 이 제품을 국내에 수입하는 경우에 이것을 외국물품의 부분과 내국물품의 부분으로 구별함은 과세기술상 어려운 일이다. 따라서 작업시 사용된 외국물품에 본격적 변화가 초래되었을 때에는 그 제품의 전부를 외국물품으로 본다.

그리고 보세공장에서는 세관장이 허가한 범위내에서 보세작업 이외의 작업, 즉 외국물품과 관계없는 순수한 내국물품만을 원료로 하거나 재료로 하여 제조 ·가공 기타 이와 유사한 작업을 할 수 있다. 따라서 보세공장작업의 형태를 보면, ① 외국물품만을 사용하여 보세작업을 하는 경우, ② 내외국물품을 혼용하여 보세작업을 하는 경우, ③ 내국물품만을 사용하여 보세작업을 하는 경우의 세 가지 유형이 있다.

5. 특별보세공장

(1) 의의

보세공장을 세관장이 감시하는 정도에 따라서 분류하면 일반보세공장과 특별보세공장으로 나눌 수 있다.

특별보세공장이라 함은 보세작업에 의하여 제조·가공되는 제품의 원재료로서 손모율이 인정되어 있고 감시상 곤란함이 없다고 인정하여 세관장이 지정하는 보세공장을 말한다. 이러한 특별보세공장에 대하여는 일반보세공장에 적용되는 물품의 반입허가신청, 물품반출입시의 세관공무원의 입회, 사용신고, 검사, 작업개시신고, 작업종료신고 등과 같은 번거로운 관리를 취하지 않고, 특별히 그 관리를 운영인의 자율적인 관리에 맡김으로써 신뢰하는 관세행정풍토 조성과 세관관리의 간소화를 꾀하려는 데 그 의의가 있다.

(2) 지정요건 및 지정취소

특별보세공장 지정요건으로는, 첫째 손모율이 안정되어 있어야 한다. 즉, 로스율의 변동이 극히 적어 원재료 소요량이 대체로 고정적인 것을 요건으로 한다.

둘째, 세관감시상 곤란함이 없어야 한다. 이를테면, 제품에 의해서 원재료의 사용량을 확실히 알 수 있는 것과 같이 세관감시단속이 필요 없거나 또한 재정상태가 확고하여 보세공장의 자율적 관리체제가 확립될 것 등을 그 요건으로 한다.

이상의 요건에 해당되어 특별보세공장 지정서를 교부받은 특별보세공장에 대해서는 전술한 일반적 관리내용의 적용을 모두 배제하는 대신 월례보고만 세관장에게 하면 된다. 특별보세공장은 운영인의 신청에 의하지 않고 기특허된 보세공장 중에서 세관장의 일방적 의사표시로 지정하기 때문에 그 취소도 일방적이다. 따라서 세관장은 존속시킬 필요가 없다고 인정할 때는 지정을 취소한다.

지정취소의 일반적 요건으로는 ① 지정요건불비, ② 물품장치·관리상태 미흡, 보고의무이행 해태, ③ 기타 존속 필요사유 결여 등이다. 지정이 취소되면 당해 특별보세공장은 일반보세공장으로 운영된다.

6. 장치기간 및 공장외작업 허가

보세공장에 있어서 물품의 장치기간은 당해 보세공장운영의 특허기간으로 한다.

세관장은 가공무역의 진흥에 필요한 때에는 대통령령으로 정하는 바에 의하여 기간 및 장소를 지정하여 당해 보세공장외에서의 보세작업을 허가할 수 있는데, 이를 공장외작업이라고 한다. 공장외 작업의 필요성은 보세공장내 시설만 가지고서는 보세작업을 완성할 수 없거나, 하청가공에 의하여 제품을 제조하는 부득이한 경우이다. 따라서 이 경우에는 보세공장의 특허를 받은 자가 하청공장의 작업에 대하여 관세법상 일괄책임을 질 때에는 장외에서의 작업을 인정하여 가공무역의 진흥을 꾀하고자 하는 것이다. 그러나 공장외 작업은 극히 제한된 범위내에서 허용되어야 하고, 하나의 보세공장은 특허받고 수개의 공장에서 반복적으로 보세작업이 되어서는 안 되며, 다만 예외적으로 일시 작업량 급증으로 인한 사유로 일관작업이 필요할 때 등에 허용되어야 할 것이다. 이상과 같은 공장외 작업을 허가받고자 할 때에는 소정의 신청서를 세관장에게 제출하여야 한다.

세관장은 재해 기타 부득이한 사유로 인하여 필요하다고 인정할 때에는 신청에 따라 작업기간이나 장소를 변경할 수 있다. 그리고 공장외 작업허가를 받은 외국물품은 사실상 세관의 직접 규제·감독으로부터 벗어나 여러 가지 문제가 발생할 가능성이 있어 세관장은 공장외 작업허가시 필요한 경우에는 당해 물품의 관세 상당액을 담보로 제공할 수 있도록 하였다. 보세공장이 작업허가를 받은 물품이 원료과세의 규정에 의하여 검사를 받지 아니한 물품으로 당해 물품을 반출할 때에는 세관공무원의 검사를 받아야 한다.

또한 공장외 작업허가를 받아 지정한 장소에 반입된 외국물품은 지정된 기간이 만료될 때에는 보세공장에 있는 것으로 의제하며, 공장외 작업허가에 의거 지정기간이 경과하여도 그 지정된 공장외 장소에서 외국물품 또는 제품이 원보세공장으로 재반입되거나, 반송신고수리를 받고 반송을 하지 않거나 수입신고수리를 받지 않는 등 필요한 조치를 취하지 않고 지정장소에 그대로 있을 때에는 당해 물품의 허가를 받은 보세공장 운영인으로부터 관세를 즉시 징수한다.

7. 제품의 원료과세

(1) 제품과세

외국물품 또는 외국물품과 내국물품을 원료로 하거나 재료로 하여 작업을 한 때에는 그로써 생긴 물품은 외국으로부터 우리나라에 도착된 외국물품으로 본다. 다만, 대통령령이 정하는 바에 의하여 세관장의 승인을 받고 외국물품과 내국물품을 혼용할 때에는 그로써 생긴 제품 중 당해 외국물품의 수량 또는 가격에 상응하는 것은 외국으로부터 우리나라에 도착된 외국물품으로 본다. 이 규정은 과세의 기술적·정책적 측면에서 고려된 규정이다.

보세작업을 함에 있어서 내외국물품을 혼용하여 제조한 물품을 국내에 수입하는 경우 외국물품인 부분과 내국물품인 부분으로 구별한다는 것은 과세기술상 곤란하다. 따라서 보세작업에 사용한 외국물품의 본질에 변화가 없고, 내외국물품 사용상황이 명백한 개장·분류 등의 작업을 제외하고는 그 제품 전부를 외국물품화함으로써 물품에 대한 단속과 관세징수의 확보를 도모한다. 그러나 예외적으로 사전에 세관장의 승인을 받고 혼용한 경우에는 제품에서 점하는 외국물품인 원료부분의 비율에 해당하는 분만을 외국물품으로 보아 과세한다. 이처럼 세관장의 사전승인하에 내외국물품을 혼용한 때에는 그로써 생긴 제품 중에서 그 원료 또는 재료 중 외국물품의 가격(종량세물품인 때에는 그 수량)이 차지하는 비율에 상응하는 분을 외국물품으로 본다. 따라서 내외국물품 혼용의 결과 생긴 제품을 수입하려면 이때의 과세가격은 제품의 과세가격 중 원재료 가운데에서 외국물품이 차지하는 비율에 해당하는 부분이고, 세율은 당해 제품의 세율을 적용한다.

(2) 원료과세

원료과세는 보세공장(수출자유지역 포함)에서 제조된 물품을 수입함에 있어 당해 물품의 원료인 외국물품에 대하여 반입당시 신청에 의하여 미리 검사를 받은 것은 과세물건의 확정시기의 규정에도 불구하고 검사한 때의 그 원료의 성질 및 수량에 의하여 관세를 부과함을 말한다.

보세공장에서 제조·가공된 물품은 수출함이 원칙이지만 보세공장육성을 위한 정책적 고려라든가, 국내외시장의 급변으로 일정부분을 내수용으로 환원하는 경우가 있는데, 이때에는 관세법상 소위 수입과 같다. 이 경우 과세는 제품을 기준으로 할 것인가 아니면 제품의 제조·가공한 것은 내국작업에 의하여 제조·가공한 것이기 때문에 원료에 과세하는 것이 타당하다고 생각한다. 또한 원료과세시에는 관세는 수입신고할 때의 성질 및 수량에 의하여 부과하게 되어 있으므로 보세공장으로부터 수입할 때 과세를 하게 되면 물품이 제조된 후이므로 과세행정기술상 곤란하다.

따라서 법은 보세공장에서 제조된 물품을 수입할 때 당해 물품의 원료인 외국물품에 대하여 수입 당시 신청에 의하여 미리 검사를 받은 것은 과세물건확정시기에 있어 수입신고일원칙주의에도 불구하고, 검사할 때의 그 원료의 성질 및 수량에 의거 관세를 부과하게 한다.

(3) 원료과세와 제품과세의 차이점

원료과세와 제품과세의 다른 점은 전자는 제품에 사용된 외국물품인 원료의 세율과 그 원료의 과세가격에 따라 세액을 산출하고 과세물건확정시기도 원료의 반입검사시기가 되나, 후자는 보세공장에서 제조된 제품의 수입신고시점이라는 데에 큰 차이가 있다.

우리나라 관세율은 일반적으로 제품이 원료보다 고율로 책정되어 있어 제품을 부득이한 사유로 국내에 수입할 때 고율의 제품과세가 되며, 또 내외국물품을 원료로 하여 만든 제품은 전부 외국물품으로 간주되므로 외국물품의 원료가 그 일부임에도 불구하고 전부에 대해 과세함은 합리적이 아니다. 따라서 제품과세의 예외로서 수출가공무역에 의의가 있는 보세공장 운영인으로 하여금 예상외의 손실을 입지 않게 하기 위한 조치로서 원료과세제도에 관한 규정을 두고 있다.

8. 보수작업 및 특허기준

보세공장에서 작업의 원료나 재료 또는 작업에서 생긴 물품에 대하여 장치 또는 반출하기 위한 보수작업을 하고자 하는 자는 세관장의 승인을 얻어야 한다. 이 보수작업은 본래의 보세작업, 즉 가공·제조 기타 이와 유사한 작업이 아니므로 세관장의 승인을 얻도록 함으로써 물품에 대한 관리를 보다 철저히 하자는 취지이다.

보수작업의 재료에 대하여는 관세법 규정에 의한 장치기간을 적용하지 아니한다. 보수작업을 하기 위한 재료는 관세부과의 대상이 되는 보세제품용 외국원료와는 달리 이와 같은 원재료 또는 제품의 장치 또는 반출을 하기 위한 단순한 보수용 재료라는 특수성 때문에 신속한 관세징수를 목적으로 하는 장치기간의 제한이 없도록 한 것이다. 그러나 보세공장의 운영·감시상 세관장이 필요하다고 인정할 때에는 언제든지 운영인에 대하여 이 보수작업용 재료를 반출할 것을 명할 수 있다.

4 보세전시장

보세전시장이라 함은 박람회·전람회·견본시 등의 운영을 위하여 외국물품의 장치·전시 또는 사용을 하는 구역을 말한다.

박람회 등에 출품하기 위하여 수입되는 물품에 대하여는 이들 물품이 다수인에게 공개·전시되고 우리 나라의 산업·경제·문화 발전에 기여하는 바 크며, 특별한 사정이 없는 한 회기 종료 후에는 외국으로 반출되는 것이므로 관세를 면제하는 것이 국제적 관례로 되어 있으나, 면세방법은 재수출을 조건으로 면세하는 일시수입방법과 전시장을 보세구역으로 하여 관세미납상태로 전시를 허용하고 종료후 반송하게 하는 전시방법이 있다. 일시수입방법은 회기가 짧고 규모가 작은 전시회 등에 출품된 전시용품 처리를 위해서는 적당하다. 그러나 박람회의 규모가 대형화되면 다수참가국이 회장내에 자국의 전시점을 건설하고 전시 기타의 행사를 하는데 필요한 업무용품, 건축자재까지 자국에서 반입하게 되면 이러한 대규모 박람회 운영을 위해서는 그 회장을 보세구역으로 하여 전시용품만이 아니라 박람회운영을 위한 외국물품까지도 보세상태로 사용할 수 있도록 보세구역을 설치할 필요가 있는 것이며, 박람회 회기 종료 후 회장내에서 사용된 외국물품을 다시 반출시키거나 국내처분을 하는 등 사후처리를 할 때 그 대상물품을 보세상태로 함으로써 일시수입방법에 비하여 적절한 규제를 할 수 있는 장점이 있다.

이상과 같은 보세전시장의 운영특허는 박람회 등 주최자의 신청에 의하여 세관장이 타당성을 심사한 후 운영특허를 하고 특허장을 교부한다. 보세전시장 운영의 특허기간은 당해 박람회 등 회기를 고려하여 세관장이 정하고, 장치기간은 특허기간과 같다.

전시물품의 성질 또는 수량에 변경을 하지 아니하는 범위내에서 전시물품을 작동할 수 있으며, 수입면허물품은 전시장내에서 사용할 수 있다.

특허소멸 후에는, 첫째 원칙적으로 당해 전시장내 외국물품은 반송면허를 받아 반송하고, 둘째 기증·매각 등 국내인취시에는 수입면허를 받아야 하며, 셋째 전시장내 외국물품을 멸각한 때에는 세관장의 승인을 받아야 한다. 이 경우, 특히 잔존물이 경제적 가치를 보유하는 것으로서 국내 인취할 때에는 수입면허를 받아야 한다.

5 보세건설장

보세건설장이라 함은 산업시설의 건설에 소요될 외국물품인 기계류·설비품 또는 공사용 장비를 장치·사용하여 당해 건설공사를 하는 구역을 말한다. 수입물품에 의존하여 주로 공장이나 발전소 등 산업건설을 하는 경우에 있어서는 건설에 소요될 물품의 통관이 문제된다. 이와 같이 대형플랜트 건설공사에는 많은 기계·설비품·공사용 장비가 소요되는데, 이러한 설비용 기자재 등을 매건 검사하고 통관을 한다면 장기간이 소요될 뿐만 아니라 검사기술상에도 곤란한 점이 많다. 따라서 이러한 경우에는 특허보세건설장을 운영하게 하고 공사가 완료되었을 때 당해 공사에 공한 외국물품을 수입신고하게 하여 통관을 하는 것이 공장 등의 건설을 신속하게 하고 관세행정기술상에도 편리하다. 이와 같은 관점에서 볼 때 보세건설장은 앞에서 설명한 내수용 보세공장제도와 매우 유사하다. 그러나 특허대상이 전자는 특정물품을 반복하여 생산하는 공장으로서 제조·가공되는 물품을 보고 운영특허하지만, 후자는 건설되는 플랜트 자체를 보고 운영특허 한다는 점, 그리고 특히 수입신고시점이 전자는 제품이 완성된 후이지만, 후자는 반입 후 사용전(공사투입)이란 점에서 상이하다.

보세건설장을 운영하고자 하는 자는 특허를 받아야 한다. 특허기간은 보세전시장과 같이 당해 건설공사를 고려하여 세관장이 정하고, 또한 세관장은 공사의 진행상 부득이하다고 인정할 만한 사유가 있을 때에는 특허기간을 연장할 수 있다.

보세건설장은 설치하여 공장을 건설하려면 외국물품의 반입이 필요하다. 이러한 외국물품을 반입하고자 할 때에는 세관장에게 반입허가를 받아야 하며, 보세건설장에 외국물품을 반입하였을 때에는 사용 전에 수입신고를 하고 세관공무원의 검사를 받아야 한다. 이것은 건설에 필요한 물품 이외의 물품반입 여부를 확인하기 위한 조치이다. 다만 세관공무원이 필요 없다고 인정하는 경우에는 검사를 하지 아니한다.

보세건설장에 물품을 장치할 수 있는 기간은 특허기간과 같으며, 세관장은 보세건설장에 반입된 외국물품에 대하여 필요하다고 인정할 때에는 보세건설장내에서 그 물품을 장치할 장소를 제한하거나 그 사용 상황에 관하여 운영인으로 하여금 보고하게 할 수 있다. 그리고 보세건설장은 수입면허미필상태의 물품으로서 발전소나 제조공장을 건설한 것이므로 건설이 완료되면 수입통관절차를 마쳐야 한다.

따라서 운영인이 수입신고수리를 받아야 할 시점은 원칙적으로 건설공사의 완료시점이다. 그러나 공사완료 전에 일부를 가동할 경우도 있으므로 이러한 경우 그 일부를 가동하고자 할 때에는 수입신고를 하여 수입신고수리를 받아야 한다.

6 보세판매장

보세판매장은 외국물품을 외국으로 반출하거나 외교관면세규정에 의하여 관세의 면제를 받을 수 있는 자가 사용하는 것을 조건으로 판매하는 구역을 말한다. 따라서 보세판매장은 공항내의 매점과 같이 외국물품을 외국으로 반출하는 경우와 외교관용품만을 판매하는 구역으로 구분된다.

공항내의 면세매점에서 외국물품을 출국수속을 마친 출국하는 여객에게 판매하는 경유를 보면, 판매할 지정상품을 외국으로부터 먼저 수입하여 이를 보세창고에 입고한 후에 다시 반송면허를 받아서 보세판매장인 출국인전용매점에 반입, 출국외국인에게 외화 또는 원화를 받고 판매하게 된다.

한편 외교관전용매점은 외국으로부터 수입한 외국물품을 판매장에 반입하여 이를 면세권자인 주한외교관에게 판매한 후 면세통관절차를 경유하는 제도이다.

세관장은 이상과 같이 보세판매시 외국물품의 불법유출이나 안전관리상 판매할 수 있는 물품의 종류나 수량, 장치장소 등 각종 규제를 취하고 있다.

4 종합보세구역

1 종합보세구역의 의의 및 기능

종합보세구역이라 함은 수출입보세화물관리의 효율성을 제고하기 위하여 외국화물의 처리·보관·가공 및 전시를 한곳에서 종합적이며 집중적으로 추진하여 다기능화, 복합화를 꾀함으로써 집단화·대형화된 보세구역을 말한다.

관세법 제197조 ②항은 「종합보세구역에서는 보세창고·보세공장·보세전시장·보세건설장 및 보세판매장의 기능 중 둘이상의 기능을 종합적으로 수행할 수 있다」 고 규정함으로써 이를 뒷받침해주고 있다. 따라서 종합보세구역은 다음과 같은 종합적 기능을 한곳에서 수행할 수 있다.

① 통관을 하고자 하는 물품을 장치하기 위한 '장치장'으로서의 기능을 갖는다.
② 외국물품을 단순히 장치하기 위한 '보세창고'로서의 기능을 갖는다.
③ 외국물품 또는 외국물품과 내국물품과를 원료로 하거나 재료로 하여 제조·가공 기타 이와 유사한 작업을 하기 위한 '보세공장'으로서의 기능을 갖는다.
④ 박람회·전시회·견품시 등의 운영을 위하여 외국물품의 장치·전시 또는 사용을 하는 '보세전시장'으로서의 기능을 갖는다.
⑤ 산업시설의 건설에 소요될 외국물품인 기계류 설비품 또는 공사용 장비를 장치·사용하여 당해 건설공사를 하는 '보세건설장'으로서의 기능을 갖는다.
⑥ 외국물품을 외국으로 반출하거나 외교관면세의 규정에 의하여 관세의 면제를 받을 수 있는 자가 사용하는 것을 조건으로 판매하는 '보세판매장'으로서의 기능을 갖는다.

2 종합보세구역의 지정

1. 지정주체

관세청장은 직권 또는 관계중앙행정기관의 장이나 지방자치단체의 장 및 지정요청자의 요청에 의하여 무역진흥에의 기여정도 및 외국물품의 반입·반출물량 등을 고려하여 일정한 지역을 종합보세구역으로 지정할 수 있다.

종합보세구역의 지정을 요청하고자 하는 관계중앙행정기관의 장 또는 지방자치단체의 장은 당해 지역의 소재지·면적·도면·구역내의 시설물 현황 또는 시설계획 및 사업계획을 기재한 지정요청서를 관세청장에게 제출하여야 하며, 관세청장이 직권으로 종합보세구역을 지정하고자 하는 경우에는 관세중앙행정기관의 장 또는 지방자치단체의 장과 협의하도록 되어 있다.

2. 지정대상

종합보세구역은 다음 각 호의 1에 해당하는 지역으로서 관세청장이 종합보세구역으로 지정할 필요가 있다고 인정하는 지역을 그 지정대상으로 한다.

① 외국인투자촉진법에 의한 외국인투자지역
② 산업입지 및 개발에 관한 법률에 의한 산업단지
③ 산업집적활성화 및 공장설립에 관한 법률에 의한 외국인투자기업전용산업단지
④ 유통산업발전법에 의한 집배송센터 및 공동집배송단지
⑤ 유통단지개발촉진법에 의한 유통단지
⑥ 기타 종합보세구역으로 지정됨으로써 외국인투자촉진·수출증대 또는 물류촉진 등의 효과가 있을 것으로 예상되는 지역

3 종합보세구역의 운영

1. 종합보세구역의 운영신고

종합보세구역에서 종합보세기능을 수행하고자 하는 자는 그 기능을 정하여 세관장에게 종합보세사업장의 설치·운영신고를 하여야 한다.

그러나 다음의 각 경우에는 종합보세사업장의 설치·운영신고를 할 수 없다.

① 미성년자
② 금치산자와 한정치산자
③ 파산선고를 받고 복권되지 아니한 자
④ 관세법을 위반하여 징역형의 실형을 받고 그 집행이 종료되거나 또는 집행을 받지 아니하기로 확정된 후 2년을 경과하지 아니한 자. 다만, 형의 집행유예기간이 만료

된 자는 예외로 한다.

⑤ 관세법의 규정에 의하여 특허보세구역운영의 특허를 취소당한 자로서 2년이 경과되지 아니한 자.

⑥ 제269조(밀수출입죄)·제270조(관세포탈죄)·제271조(미수범)·제274조(밀수품 취득죄)의 규정에 의하여 벌금형 또는 통고처분을 받은 자로서 그 벌금형 또는 통고처분을 이행한 후 2년이 경과되지 아니한 자. 다만, 제279조(양벌규정) 및 제280조(법인처벌)의 규정에 의하여 처벌된 본인 또는 법인은 제외한다.

⑦ 제2호 내지 제6호에 해당하는 자를 임원(당해 보세구역의 운영업무를 직접담당하거나 이를 감독하는 자에 한한다)으로 하는 법인

또한 종합보세사업장의 설치·운영신고를 한 자(이하 이절에서 "운영인"이라 한다)는 그가 수행하는 종합보세기능을 변경하고자 하는 경우에는 세관장에게 이를 신고하여야 한다.

종합보세사업장의 설치·운영특허를 받고자 하는 자는 보세구역의 종류, 명칭, 소재지, 구조, 동수 및 평수, 수용능력, 장치할 물품의 종류와 운영기간을 기재한 신청서에 재정경제부령이 정하는 서류를 첨부하여 세관장에게 제출하여야 한다.

종합보세구역 중 보세공장 운영특허를 받고자 하는 자는 공장의 명칭, 소재지, 구조, 동수 및 평수, 작업설비, 그 능력, 작업의 종류, 작업의 원재료와 운영기간을 기재한 신청서에 사업계획서와 그 구역 및 부근의 도면을 첨부하여 세관장에게 제출하여야 한다. 이 경우 세관장은 행정정보의 공동이용을 통하여 법인등기부등본을 확인하여야 한다.

2. 종합보세구역에의 물품반출입절차

(1) 반출입신고

종합보세구역에 물품을 반입·반출하고자 하는 자는 종합보세기능별로 물품을 구분하여 대통령령이 정하는 바에 따라 세관장에게 신고하여야 한다.

그러나 종합보세구역에 반입·반출되는 물품이 내국물품인 경우에는 재정경제부령이 정하는 바에 따라 신고를 생략하거나 간이한 방법으로 반입·반출하게 할 수 있다.

한편, 종합보세구역이 공항 또는 항만을 포함하여 지정된 경우 당해 공항 또는 항만에 출입하는 선박 및 항공기의 입출항절차, 물품의 적재절차, 하선(기) 및 승선(기)절차 등은 대통령령이 정하는 바에 따라 간이한 절차를 적용할 수 있다.

(2) 반출입절차

종합보세구역에서의 물품의 반입신고는 다음 각 호의 사항을 기재한 신고서에 의하여야 한다.

① 수입물품의 경우 : 당해 물품을 외국으로부터 운송하여 온 선박 또는 항공기의 명칭·입항일자·입항세관·적재항·물품의 반입일시·선하증권번호 또는 항공화물운송장번호·화물관리번호, 물품의 품명·포장의 종류·반입개수 및 장치위치

② 내국물품(수출신고가 수리된 물품을 포함한다)의 경우 : 반입일시·품명·포장의 종류·반입개수 및 장치위치와 장치기간

이상의 규정에 따라 반입신고된 물품의 반출신고는 반출신고번호·반출일시·반출유형·반출근거번호·화물관리번호·반출개수 및 반출중량을 기재한 신고서에 의하여야 한다.

반출입 신고서는 적하목록·보세운송신고서 사본 또는 수출신고필증을 제출하여 반출입하는 경우에는 그 제출을 면제하거나 기재사항의 일부를 생략하게 할 수 있다.

한편, 세관장은 검사를 함에 있어 반입신고서와 송품장 등 검사에 필요한 서류를 제출하게 할 수 있다.

3. 운영인의 물품관리의무

첫째, 종합보세구역에서 소비 또는 사용되는 물품으로서 재정경제부령이 정하는 물품은 수입통관후 이를 소비 또는 사용하여야 한다.

둘째, 종합보세구역에 반입한 물품의 장치기간은 이를 제한하지 아니한다.

셋째, 세관장은 종합보세구역에 반입·반출되는 물품으로 인하여 국가안전·공공질서·국민보건 또는 환경보전 등에 지장이 초래되거나 종합보세구역의 지정목적에 부합되지 아니하는 물품이 반입·반출되고 있다고 인정하는 경우에는 당해 물품의 반입·반출을 제한할 수 있다.

넷째, 운영인은 종합보세구역에 반입된 물품을 종합보세기능별로 구분하여 관리하여야 한다.

다섯째, 운영인은 종합보세구역에 반입된 물품을 종합보세구역안에서 이동 · 사용 또는 처분을 하는 경우에는 장부 또는 전산장치를 이용하여 그 기록을 유지하여야 한다. 이 경우 재정경재부령이 정하는 물품에 대해서는 미리 세관장에게 신고하여야 한다.

4. 운영인의 설비유지의무

종합보세구역 운영인은 대통령령이 정하는 바에 따라 종합보세기능의 수행에 필요한 시설 및 장비 등의 설비를 유지하여야 한다.

종합보세구역 운영인이 유지하여야 하는 시설 및 장비 등의 설비는 다음 각호의 설비로 한다.

① 제조·가공·전시·판매·건설 및 장치 기타 보세작업에 필요한 기계시설 및 기구
② 반입·반출물품의 관리 및 세관의 업무검사에 필요한 전산설비
③ 소방·전기 및 위험물관리 등에 관한 법령에서 정하는 시설 및 장비
④ 보세화물의 분실과 도난방지를 위한 시설

위의 설비가 천재지변 기타 불가피한 사유로 일시적으로 기준에 미달하게 된 경우에는 관세청장이 정하는 기간내에 이를 갖추어야 한다.

또한, 운영인이 보수작업을 하거나 종합보세구역 밖에서 보세작업을 하고자 하는 경우에는 대통령령이 정하는 바에 따라 세관장에게 신고하여야 한다.

4 종합보세구역에 대한 세관의 관리

세관장은 관세채권의 확보 및 감시단속 등 종합보세구역의 효율적인 운영을 위하여 종합보세구역에 출입하는 인원 및 차량 등의 출입을 통제하거나 휴대 또는 운송하는 물품을 검사할 수 있다.

또한 세관장은 종합보세구역에 반입·반출되는 물품의 반입·반출 상황, 그 사용 또는 처분내역 등을 확인하기 위하여 장부 또는 전산장치를 이용한 기록을 검사 또는 조사할 수 있으며, 운영인으로 하여금 업무실적 등 필요한 사항을 보고하게 할 수 있다.

관세청장은 종합보세구역 안에 있는 외국물품의 감시단속에 필요하다고 인정되는 때에는 종합보세구역의 지정요청자에게 보세화물의 불법유출, 분실, 도난방지 등을 위한 시설의 설치를 요구할 수 있다. 이 경우 지정요청자는 특별한 사유가 없는 한 이에 응하여야 한다.

5 종합보세구역의 지정취소와 기능중지

관세청장은 종합보세구역에 반입·반출되는 물량의 감소나 종합보세구역의 지정요청자가 지정취소를 요청한 경우 및 종합보세구역의 지정요건이 소멸한 경우 등의 사유로 인하여 종합보세구역을 존속시킬 필요가 없다고 인정되는 경우에는 종합보세구역의 지정을 취소할 수 있다.

한편, 세관장은 운영인이 다음의 각 경우에 해당하는 경우에는 운영인의 종합보세기능의 수행을 중지시킬 수 있다.

① 운영인이 종합보세구역 운영인의 결격사유에 해당하게 된 경우
② 운영인이 수행하는 종합보세기능과 관련하여 반입·반출되는 물량의 감소 기타 대통령령이 정하는 사유가 발생한 경우

여기 대통령령이 정하는 사유란 다음의 각 경우를 말한다.

① 1년 동안 계속하여 외국물품의 반입·반출실적이 없는 경우
② 운영인이 설비유지 의무를 위반한 경우

5 유치 및 처분제도

1 유치 및 예치

유치라 함은 여행자 또는 우리 나라와 외국간을 왕래하는 운송기관에 종사하는 승무원의 휴대품으로서 수출·수입 또는 반송 등에 관한 요건을 구비한 것임을 세관장에게 증명하지 못하는 경우, 세관장의 점유하에 두는 대물적 강제처분이다. 예치는 여행자 또는 우리 나라와 외국간을 왕래하는 운송수단에 종사하는 승무원의 휴대품으로서 수입할 의사가 없는 이들 휴대품을 세관장에게 신고하여 귀국할 때 다시 가져가는 것을 조건으로 일시 세관에 맡겨 두는 것을 말한다.

따라서 유치는 수입 또는 수출할 의사가 있으나 이에 따른 요건을 구비하지 못한 경우이고, 예치는 처음부터 수입할 의사가 없는 물품이다.

그리고 유치할 물품이든 예치할 물품이든 세관장이 여행자 및 승무원의 신분 등 여러 가지 사정을 고려하여 원칙적으로 세관장이 관리하는 장소에 보관한다.

또한 유치한 물품에 대하여는 유치할 사유가 해소되었거나 반송하는 경우에 한하여 그 유치를 해제하게 되어 있으며, 유치물품에 대하여는 그 비용과 위험을 소유자가 부담하고, 살아 있는 동식물, 부패하거나 부패할 우려가 있는 것, 또는 창고나 다른 외국물품 등을 해할 우려가 있는 것과 실용시효가 경과될 우려가 있는 것에 대해서는 기간경과 전이라도 언제든지 공고한 후 매각할 수 있다.

유치 또는 예치된 물품의 장치기간은 지정장치의 그것과 동일한 6월이다. 장치기간 경과물품은 후술하는 매각규정에 따라 매각하고, 매각대금 중 세액을 충당하며, 남은 부분을 일정기간 유보하였다가 화주에게 교부하며, 매각되지 않은 물품은 국고에 귀속된다.

2 장치기간 경과물품의 매각

세관장은 보세구역에 반입한 외국물품의 장치기간을 경과한 때에는 공고한 후 매각할 수 있다.[127)] 다만, 전술한 살아 있는 동·식물, 부패하거나 부패할 우려가 있는 것과

4) 장치기간이 경과한 경우라도 ① 관세법 위반으로 심리중인 물품이나, ② 통관지연의 귀책사유가 국가에 있는 경우, ③ 외자도입 물자로서 재정경제부장관의 처분보류 요청이 있는 경우에는 매각이 보

실용시효가 경과될 우려가 있는 것에 대하여는 장치기간 경과 전이라도 공고한 후 매각할 수 있다. 그러나 급박하여 공고할 여유가 없을 때에는 매각한 후 공고할 수 있다. 또한 세관장은 공고하여 매각하는 경우 그 물품의 화주나 반입자 또는 그 위임을 받은 자에 대하여 통고일로부터 1월내에 수출·수입 또는 반송할 것을 통고하여야 하며, 이때에 화주나 반입자 또는 그 위임을 받은 자가 분명하지 아니하거나 그 소재가 불명하여 통고를 할 수 없을 때에는 공고로써 이에 갈음할 수 있다. 매각방법은 일반경쟁입찰·지명경쟁입찰·수의계약·경매 및 위탁판매 등의 방법이 있다.

장치기간이 경과한 물품은 경쟁입찰에 의거하여 매각하는 것을 원칙으로 한다. 이것은 매매할 기회를 일반인에게 널리 공개함으로써 매각의 공정을 꾀하고, 또한 최고가로 매각하여 물품의 소유자를 보호하며 관세수입확보를 꾀하는 데 의의가 있다.

경쟁입찰에 의거 매각하고자 하는 경우에 매각되지 아니한 때에는 5일 이상의 간격을 두어 다시 입찰에 붙일 수 있으며, 그 예정가격은 최초 예정가격의 100분의 10 이내의 금액을 입찰시마다 체감할 수 있다. 이 경우에 체감될 예정가격 이상의 응찰자가 있을 때에는 대통령령이 정하는 바에 의하여 그 금액으로 수의계약을 할 수 있다.

이상에서와 같이 2회 이상 경쟁입찰에 붙여도 매각되지 아니한 때 또는 매각물품의 성질·형태·용도 등에 따라 경쟁입찰의 방법에 의하여 매각할 수 없을 때에는 수의계약에 들어간다. 수의계약은 특정의 매수희망자와 가격을 협정하여 매매계약을 체결하는 것을 말한다. 이 방법에 의할 때에는 경비를 절약하고 처분을 신속하게 할 수 있다는 장점이 있으나, 부당하게 염매로 매각될 우려가 있어 신중을 요한다.

그러나 위와 같은 수의계약에 의하여도 매각되지 아니한 때에는 경매 또는 위탁판매의 방법에 의하여 매각한다. 경매에 관해서는 국세징수법을 준용하고, 위탁판매에 관한 사항은 대통령령으로 정하고 있다.

현행 관세법은 이상과 같이 체화를 방지하여 보세구역의 활용을 극대화하고 관세 등의 우선 확보를 도모하며, 국내물자유통을 원활히 하기 위해 여러 수단을 강구 활용한다. 이렇게 하여 매각된 물품에 대한 과세가격은 법 제15조에서 정한 과세표준에 관한 원칙에도 불구하고 매각된 가격을 기초로 하여 과세가격을 산출한다. 즉, 매각된 가격에 공매역산율을 승하여 산출하는데, 여기서 공매역산율이란 매각된 가격에서 제세·이윤·비용 등을 공제하여 과세가격을 산출하는 율을 말하는 것으로서, 현재 공매역산율표가

류된다. 일반적으로 공매절차는 장치기간경과→반출공고(30일)→매각공고(10일)→공매실시→긴급처리 또는 국고귀속통고→국고귀속의 순으로 진행된다. 그리고 만일 매각된 물품에 대하여 질권자 또는 유치권자가 있을 때에는 타법령의 규정에도 불구하고 그 물품을 매수인에게 인도하여야 한다. 다만, 공매대금의 잔금교부에 있어서는 이들에 대한 우선권을 부여하여 권리를 보호한다.

획일적으로 제정되어 운용되고 있다.

❸ 매각대금의 처리

세관장은 매각대금 중에서 관세·제세 및 그 물품매각에 관한 비용에 충당하고 잔금이 있을 때에는 화주에게 교부한다.

여기서 관세의 과세가격은 앞에서 지적한 바와 같이 매각된 가격에 공매역산율을 승하여 산출하고, 제세란 수입물품에 부과된 내국세를 말하며, 물품매각에 관한 비용은 매각하기까지에 소요된 물품운반비·매각공고비·문서송달비·공매장소 또는 기구 등의 사용료 등을 말한다.

따라서 매각대금은 우선적으로 관세 및 제세 그리고 물품매각비용에 충당하고, 잔금이 있을 때에 한하여 화주에게 교부한다. 매각물품에 대하여 질권자 또는 유치권자가 있을 경우에는 당해 물품을 매각한 날로부터 1월내에 그 권리를 증명하는 서류를 세관장에게 제출하면 화주에 우선하여 담보된 채권의 금액을 질권자 또는 유치권자에게 교부하도록 함으로써 이들의 권리보호를 아울러 꾀하고 있다.

이 경우에 그 잔금액이 질권 또는 유치권에 의하여 담보된 채권액에 미달하고, 교부받을 권리자가 2인 이상인 때에는 세관장은 민법 기타 법령의 규정에 의하여 배분할 순위와 금액을 정하여 배분한다.

이때에 교부할 잔금을 교부할 수 없을 때에는 공탁할 수 있다. 그리고 매각대금은 관세 등 제세에 우선 충당하고, 또한 질권자나 유치권자에게 당해 채권액을 교부하고도 남은 잔금이 있을 때에는 원칙적으로 법정 교부순위에 따라 화주에게 교부하지만, 이때에 관세청장이 정하는 바에 의하여 그 잔금교부를 일시 보유할 수 있도록 함으로써 공매제도의 악이용을 방지하고 있다.

한편, 장치기간이 경과한 물품을 이상에서 설명한 절차에 따라 공매에 부하였지만 매각이 이루어지지 아니한 물품에 대하여는 그 물품의 화주나 반입자 또는 그 위임을 받은 자에 대하여 장치장소로부터 지체없이 반출할 것을 통보하여야 한다.

이 통보일로부터 당해 물품이 1월내에 반출되지 아니할 때에는 소유권이 포기된 것으로 보고 이를 국고에 귀속시킬 수 있다.

또한 세관장은 보세구역에 장치된 물품이, 첫째 사람의 생명이나 재산을 해할 우려가 있는 물품, 둘째 부패 또는 변질된 물품, 셋째 실용시효가 경과된 물품, 넷째 상품가치를 상실한 물품에 해당한다고 생각할 때에는 법정의 장치기간에도 불구하고 화주나 반입자, 또는 그 위임을 받은 자에게 폐기를 명할 수 있으며, 급박하여 통고할 여유가 없을 때에는 세관장이 긴급 폐기처분한 뒤 즉시 통고하도록 규정한다.

이는 위험물품 등에 대한 세관장의 긴급폐기처분권을 인정함으로써 공공의 안전과 복리 및 보세구역에 있어서의 합리적이고도 명랑한 풍토조성을 취하자는 데 그 목적이 있다.

이상과 같이 세관장이 통고를 함에 있어서 화주나 반입자 또는 그 위임을 받은 자의 주소 및 거소가 불명하거나 기타의 사유로 인하여 통고를 할 수 없을 때에는 공고함으로써 통고에 갈음하고 있다.

6 보세운송제도

1 보세운송

1. 보세운송의 의의

보세운송(bonded transportation)이란 수입신고수리미필상태의 외국물품을 보세상태로 개항·보세구역 및 타소장치의 허가를 받은 장소·세관관서·통관역·통관장간에 운송하는 것으로서, 세관장에게 신고하고 승인을 받아 운송하는 제도를 말한다.

본래 수입신고수리미필상태의 물품, 즉 보세물품은 수입·수출 또는 반송할 것인가 또는 보세공장에서 제조·가공하여 수출한 것인지가 불확정한 상태의 물품이다. 그러나 불확정한 상태의 물품이라 하여도 물품의 목적에 따라 장소적인 이동을 수반하는 경우가 있다. 이를테면 선박 등에 의하여 외국으로부터 도착된 외국물품은 일단 지정한 장소에 장치하게 되지만 이 물품을 다시 소비지로 운송하여야 할 경우 물품의 도착지와 소비지가 서로 다르므로 관할하는 세관을 달리할 수가 있는데, 이러한 경우 소비지를 관할하는 세관에서 통관함이 비용과 시간을 절약할 수 있으며, 가장 적합한 시기에 물품을 통관할 수 있는 효과가 있다. 이와는 반대로, 물품을 수출할 경우에는 수출물품 선적지를 관할하는 세관에서 물품을 통관하는 것보다 수출물품제조장을 관할하는 세관에서 물품을 통관하는 것이 화주로 하여금 비용과 시간의 절약을 가져 올 수 있다.

보세운송은 외국물품을 특정장소 상호간에 운송하는 것을 인정하는 제도이기 때문에 수출입업자는 자기가 원하는 장소에서 수출·수입·반송 등의 절차를 밟을 수 있고, 또한 보세공장·보세건설장·보세전시장을 이용하는 업체도 충분히 그 기능을 활용할 수가 있다. 이러한 관점에서 볼 때 보세운송제도는 화주의 편의물품의 용도 및 물품에 따른 제반사정에 의하여 세관행정상 인정되는 제도로서 다소의 위험이 수반된다 하여도 장려할 의의가 있다.

2. 보세운송의 방법

보세운송의 방법에는 선박에 의한 해로운송, 철도 및 차량에 의한 육로운송 및 항공기에 의한 항로운송 세 가지 종류가 있으며, 원칙적으로 세관의 관할구역이외의 구역으로 운송될 때에만 적용된다. 동일 세관의 관할구역내에서의 가까운 거리의 운송, 즉 세관구내에서의 선적을 위한 부두까지의 운송은 세관장으로부터 교통특허를 받아 행하며, 보세운송에 의하여 운송되지 않는다. 그리고 보세운송절차를 요하지 않는 물품은 ① 우편물품, ② 검역물품, ③ 압수물품, ④ 이사물품, ⑤ 관할내 운송물품 등이며, 동 운송을 불허하는 물품은 ① 수출입금지품, ② 방역을 요하는 물품으로서 그 필요한 조치를 취하지 않은 물품, ③ 의약품·향료 등과 같이 보세운송이 곤란하다고 세관장이 인정한 물품 등이다.

3. 보세운송의 신고 및 승인

외국물품을 보세운송하고자 하는 자는 관세청장이 정하는 바에 따라 세관장에게 보세운송의 신고를 하여야 한다. 이 신고만으로 바로 보세운송을 하는 것이 원칙이다. 그러나 물품의 감시 등을 위하여 필요하다고 인정하여 대통령령이 정하는 경우에는 세관장의 승인을 얻어야 보세운송 할 수 있다.

보세운송의 승인을 얻어야 하는 물품은 다음과 같다.

① 보세운송된 물품 중 다른 보세구역 등으로 재보세운송하고자 하는 물품
② 검역법, 식물방역법, 가축전염병예방법 등의 규정에 의하여 검역을 요하는 물품
③ 위험물안전관리법, 유해화학물질관리법에 의한 위험물
④ 비금속설
⑤ 화물이 국내에 도착된 후 최초로 보세구역에 반입된 날부터 30일이 경과한 물품
⑥ 통관이 보류되거나 수입신고수리가 불가능한 물품
⑦ 통관지가 제한되는 물품(즉 원산지 확인이 필요하다고 인정하는 물품)
⑧ 귀석·반귀석·한약재·의약품·향료 등과 같이 부피가 작고 고가인 물품
⑨ 화주 또는 화물에 대한 권리를 가진 자가 직접 보세운송하는 물품
⑩ 타소장치허가를 받은 장소로 운송하는 물품
⑪ 적하목록상 동일한 화주의 선하증권 단위의 물품을 분할하여 보세운송하는 경우 그 물품
⑫ 불법 수출입의 방지 등을 위하여 세관장이 지정하는 물품
⑬ 법 및 법에 의한 세관장의 명령을 위반하여 관세법으로 조사를 받고 있거나 기소되어 확정판결을 기다리고 있는 보세운송업자 등이 운송하는 물품

보세운송이 승인을 얻어야 하는 물품 중 관세청장이 보세운송 승인대상으로 하지

아니하여도 화물관리 및 불법 수출입의 방지에 지장이 없다고 판단하여 정하는 물품에 대하여는 신고만으로 보세운송을 할 수 있다.

수출신고가 수리된 외국물품에 대하여는 수출지원책의 일환으로 관세청장이 따로 정하는 것을 제외하고는 보세운송의 절차를 생략한다. 이 물품 이외에도 다음 외국물품은 국가기관에서 운송하므로 보세운송의 절차를 이행하지 아니하고 국내운송을 할 수 있다.

① 우편법에 의하여 체신관서의 관리하에 운송되는 우편물품

② 검역법 등에 의하여 검역관서의 관리하에 지정장소로 운송하는 검역대상물품

4. 보세운송통로

보세운송물품은 일반수송용 철도, 혹은 이와 직통하거나 연락하는 전용철도에 의하는 경위 이외에는 세관장이 지정한 통로에 의하여 운송하여야 하고, 세관장이 지정한 기간내에 운송을 완료하여야 한다. 다만, 세관장은 재해 기타 부득이한 사유로 필요하다고 인정한 경우에는 그 기간을 연장할 수 있다. 그리고 보세운송의 면허를 받은 자는 당해 물품이 운송목적지에 도착할 때에는 출발지에서 확인을 받은 운송목록을 첨부하여 즉시 도착지 세관장에게 보고하여야 한다.

2 내국운송

내국운송(inland transportation)이란 내국물품을 외국무역선 또는 외국무역기에 의하여 운송함을 말한다.

내국물품은 내항선이나 내항기에 의하여 운송함이 원칙이고, 외국무역선 또는 외국무역기가 내국물품을 운송하려면 내항선 또는 내항기로 그 자격을 변경하여야 할 것이다. 그러나 관세법은 내국운송제도를 인정하여 내국물품을 외국무역선이 그 자격을 변경하지 아니하고 내국운송을 할 수 있도록 허용하고 있다. 이와 같은 취지는 물품의 운송을 원할히 하려는 것과 재해 기타 부득이한 경우에 외국무역선에 내국물품을 운송하지 않으면 안 되는 경우에 대비할 목적하에 인정된 제도이다.

이러한 내국운송을 하고자 하는 자는 세관장에게 신고하여야 한다.

7 운송수단

❶ 선박과 항공기

1. 개설

수입하는 외국물품을 우리 나라까지 운송하기 위하여 또는 수출신고수리를 받은 물품을 외국으로 운송하기 위하여서는 국제운송을 할 수 있는 운송수단이 필요하다. 관세법상 운송수단은 외국물품을 운송하기 때문에 여러 가지 규제를 받고 있는데, 특히 외국무역선(기)에 대하여는 가장 강력한 규제를 가하는 반면, 내국선(기)은 관세법이 극히 예외적인 경우에 한하여 규제하는 입장을 취한다.

원래, 외국무역선(기)은 오로지 무역을 위하여 외국간을 왕래하는 운송수단이기 때문에 이에 적재된 외국물품에 대한 관세확보와 통관질서를 유지한다는 견지에서 강력한 규제를 가하는 것이 각국의 통례이다.

여기서 관세법상 운송기관에 대한 규제내용 및 관계되는 사항을 살펴보면 다음과 같다.

2. 개항과 불개항의 출입

외국무역선(기)은 원칙상 개항에 한하여 운항할 수 있다. 다만, 예외적으로 대통령령으로 정하는 바에 의하여 선장 또는 기장이 허가수수료를 납부하고 세관장의 불개항출입허가를 받은 경우에는 개항이 아닌 불개항에도 출입할 수 있다. 여기서 개항(open port)이라 함은 일반적으로 타국과 통상 또는 교통을 하기 위하여 조약 또는 법령에 의하여 일정한 지역을 지정하여 지정된 장소간에만 통상 또는 교통하게 함으로써 관세법상의 단속을 용이하게 하고, 선박의 출입 또는 항공기의 이륙과 기착에 대한 제반 시설을 구비하게 하여 통상과 교통이 편리하게 한 곳을 말하고, 개항이 아닌 항구 또는 공항을 불개항(non-open port)이라고 한다.

이와 같이 외국무역선(기)을 원칙상 개항에 의하여서만 입출항하게 하는 까닭은 개항은 세관의 감시가 용이할뿐더러 무역규모의 확대와 함께 장래 항만시설의 집중개발이 필요하고 아울러 개항질서의 유지를 합리적으로 할 수 있다는 필요에 의해서 개항이 아닌 불개항의 입출항을 못하도록 하고 있다.

그리고 개항은 불개항에 비해서 관세법규의 적용면에서 다음과 같은 이익이 있다.

즉, 외국무역선(기)의 출입이 자유롭고 세관절차가 용이하며, 외국물품의 장치 및 운송의 편리와 보세구역정비, 물품검사장 설치운영 관계로 수수료부담이 적어 매우 경제적이다.

우리 나라는 법 제133조에 따라서 개항은 대통령령으로 지정하게 되어 있으며, 개항지정령에 의하면 개항에는 항구와 공항의 2종류가 있고, 그 개항의 항계는 개항질서법 또는 항공법에 의한 범위로 정하고 있다.

이제 입출항절차를 살펴보면, 첫째 입항절차로서는 외국무역선(기)이 개항에 입항하였을 때에는 선장 또는 기장은 지체 없이 세관장에게 입항보고를 하고 적화목록·선(기)용품목록·여객명부·승무원명부 및 승무원휴대품목을 제출하고, 외국무역선은 선박국적증서와 최종출발항의 출항면장 또는 이에 갈음할 서류를 제시하여야 한다. 외국무역선(기)이 입항[128]하면 이상과 같은 법정의 절차(세관절차, customs)와 함께 출입국관리사무소(immigration) 및 검역(quarantine) 등을 각 해당 기관에서 받아야 한다.

특히, 위 세관에서의 입항절차는 세관공무원이 외국무역선에 승선하여 입선신고를 받고, 선용품·승무원휴대품과 여객휴대품 등에 대하여 확인을 함으로써 입항절차는 종료하게 된다.

한편, 외국무역선(기)이 개항을 출항하고자 할 때에는 선(기)장은 출항하기 전에 세관장에게 출항보고를 하고 그 허가를 받아야 하며, 이 때에 선장 또는 기장은 그 개항에서 적재한 물품의 목록을 제출하여야 한다. 외국무역선이 개항에서 출항하고자 할 때에는 출항신고만으로는 되지 아니하고 반드시 출항허가를 얻어야 한다. 이 때의 제출서류로서는 그 개항에서 적재한 물품의 목록을 제출하여야 한다. 외국무역선이 개항에서 출항하고자 할 때의 제출서류로는 그 개항에서 적재한 물품을 적하목록·승무원명부·여객명부·휴대품목록 등이다.

그러나 외국무역선(기)이 개항에 입항하여 승무원의 휴대품 및 선(기)용품 이외의 물품을 적재 또는 하선(기)을 하지 아니하고 입항한 때로부터 24시간 이내에 출항할 때에는 세관장은 입항절차의 규정에 의한 적하목록·선(기)용품·여객명부·승무원명부 및 승무원 휴대품목으로 또는 출항절차의 규정에 의한 적재목록의 제출을 생략하게 할 수 있도록 간이입출항절차를 마련해 두고 있다.

128) 여기서 입항은 일정시간 동안 우리나라의 특정지점에 정박할 목적으로 그 지점에 도착함을 말하며, 입항시기는 그 정박예정지점에 도착한 때이다. 정박목적은 물품의 적재, 하선에 있거나 또는 검역을 위한 것이냐를 불문한다.

3. 물품의 하역

(1) 승선허가

외국무역선(기)에 여객 또는 승무원 이외의 자가 승선하고자 할 때에는 세관장의 허가를 받아야 한다. 다만, 세관장이 인정하는 경우에는 예외로 한다. 우리 나라와 외국간의 왕래하는 무역선은 관세법상으로는 보세구역으로 취급하고 있기 때문에 여기에 물품을 싣거나 내릴 때에는 세관장에게 신고하도록 하고 있으며, 여객 또는 승무원 이외의 자가 승선할 때에는 세관장의 승선허가를 받도록 하고 있다.

특히, 하역작업을 하는 자·선용품 등을 납품하는 자·선박대리점종업원·수리업자·선원가족 등이 자주 선박에 출입하는데 이들은 승선할 때마다 세관장의 허가를 받아야 한다. 다만, 세관장이 별도로 인정하는 자, 예컨대 검역이나 출입국관리를 담당하는 공무원이나 도선사 등은 세관장의 허가를 받지 아니하고 승선할 수 있다.

(2) 물품의 적재 · 상선(기)

외국무역선(기)에 물품을 적재 또는 하선(기)하고자 할 때에는 세관장에게 신고하여야 하고 현장에서 세관공무원의 확인을 받아야 한다. 다만, 세관공무원이 확인할 필요가 없다고 인정하는 경우에는 그러하지 아니한다. 물품의 적재·상선(기)시에 하역허가는 받을 필요가 없지만 반드시 세관장에게 신고하여야 하며, 이의 신고를 받은 세관장은 감시단속을 목적으로 필요시에는 세관공무원을 파견하여 감시하게 할 수 있다.

물품의 적재·하선(기)은 세관장의 허가를 받은 경우를 제외하고는 입항절차를 종료한 후가 아니면 행할 수 없으며, 물품을 적재 또는 하선하고자 할 때에는 세관장이 지정한 통로에 의하여야 한다. 세관장이 지정한 통로를 이용하지 아니할 때에는 운송통로 지정허가(교통특허라고도 함)를 별도로 받아야 한다. 이 때에는 보세운송면허는 요하지 않는다.

외국무역선 또는 외국무역기에 내국물품을, 내항선 또는 내항기에는 외국물품을 적재할 수 없다. 다만, 세관장의 허가를 받은 때에는 예외로 한다. 한편, 외국물품을 일시적으로 양륙(하선 또는 하기를 포함)하고자 할 때에는 선·기(장)은 세관장의 허가를 받아야 한다. 따라서 허가를 받고자 하는 자는 ① 선박·항공기의 종류·명칭·국적, ② 입항년월일, 양륙일시 및 양륙기간, ③ 양륙하고자 하는 품명·수량·가격·포장종류·기호·번호·개수 및 최종도착지, ④ 양륙하고자 하는 장소 등의 사항을 기재하여 세관장에게 제출하여야 한다. 일시양륙장소에 과한 범위는 관세청장이 따로 정하게 되는데 이는 운송수단의 왕래의 편의를 도모하기 위해서이다.

(3) 물품의 이동과 교통금지

세관장의 허가를 받지 않고는 외국물품을 적재한 선박과 타선박과의 물품의 이적 또는 교통을 금하고 있다.

보세물품의 관리 또는 밀수의 예방을 위하여 외국물품을 적재한 선박과 다른 선박간에 물품을 옮겨 실을 수 없도록 규제하고 옮겨 실을 필요가 있을 때에는 세관장의 허가를 반드시 받도록 하고 있다.

이러한 경우로는, 예컨대 본선에서 하역작업을 하기 위하여 부선에 옮겨 싣는다든가, 수출품을 부선에 싣고 가서 외항에 정박 중인 본선에 옮겨 싣는 것, 그리고 본선과 본선간의 이적·교통 등으로서 이 때에 만일 세관장의 허가를 받지 아니하면 150만원 이하의 벌금에 처한다.

(4) 항외하역

외국무역선이 항외에서 물품을 적재·하선 또는 이적하고자 할 때에는 세관장의 허가를 받아야 하며, 이때에는 허가수수료를 납부하여야 한다.

개항의 항계는 개항질서법이나 항공법에 규정되어 있으며, 이러한 항계외에서 하역작업을 할 때에도 세관장의 허가를 받도록 하고 있다. 물품의 성질상 또는 항계내의 수심이 낮거나 기타 개항의 여건상 항계내에서 하역작업이 곤란한 경우에는 항외에서도 허가를 받아 작업을 할 수 있도록 하고 있다.

항외하역이란 개항에 입항하거나 입항하였던 외국무역선이 적재화물의 거대중량 및 성질 등으로 인하여 항내에서 하역할 수 없는 부득이한 사유로 일부를 항외에서 하선작업을 하고 입항할 경우나 항외로부터 출항하여 선적하는 것을 말하며, 그렇지 않고 항외에서만 하역을 할 경우에는 불개항출입허가를 받아야 한다. 이 경우 불개항출입허가를 받은 장소에서 하역을 할 때에는 별도로 항외하역허가를 받을 필요는 없다.

(5) 선용품 또는 기용품의 적재

선용품 또는 기용품으로 외국무역선(기)에 적재하고자 할 때에는 세관장의 허가를 받아야 하고, 외국적 외국무역선에 내국물품을 적재하거나 용역제공을 할 때에는 대외지급수단으로 영수하여야 하며, 외국물품을 내국적 운송수단이나 외국적 운송수단에 적재할 때에는 관세법상 제한을 받게 된다.

선용품이나 기용품 등은 세관장이 그 종류 및 수량이 선박 또는 항공기의 종류·톤수·항해일수 및 여객과 승무원의 수 등을 고려하여 타당하다고 인정하는 범위내이어야 하며, 그 선용품 또는 기용품이 외국으로부터 우리 나라에 도착한 외국물품인 때에는 보세구역으로부터 외국무역선 또는 외국무역기에 적재하는 경우에 한하여 그 외국물품 그대로를 적재할 수 있다.

외국물품인 선용품 또는 기용품을 세관장의 적재허가를 받고도 운송수단에 적재를 하지 않았을 때에는 당해 적재허가를 받은 자로부터 즉시 해당 관세를 징수한다. 다만, 세관장이 지정한 기간내에 그 물품이 다시 보세구역에 반입되거나 재해 기타 부득이한 사유에 의하여 멸실되거나 미리 세관장의 승인을 받아 멸각한 경우에는 예외로 한다.

4. 재해 기타 불가항력으로 인한 면책

외국무역선이나 또는 외국무역기에 대하여 재해 기타 부득이한 경우에는 다음과 같은 여러 가지의 관세법상 제한에 관한 적용을 배제한다. 즉, ① 외국무역선은 개항으로만 출입하여야 하고, 그렇지 않은 경우에는 불개항출입허가를 받아야 하며, ② 개항에 입항할 때는 지체없이 입항보고를 하여야 하고, 출항하고자 할 때에는 출항보고를 하여 그 허가를 받아야 하며, ③ 물품을 적재·하선하고자 할 때에는 입항절차가 종료된 후에 세관장에게 신고한 후 지정통로에 의하여야하고, 그렇지 못할 때에는 세관장의 승선허가를 받아야 하며, ④ 외국무역선에 승선하고자 할 때에는 세관장의 승선허가를 받아야 하고, ⑤ 세관장의 허가없이는 외국물품을 적재한 선박과 타선박과의 이적·교통을 금하며, ⑥ 항외하역을 하려면 세관장의 허가를 받아야 하고, ⑦ 선(기)용품의 적재는 세관장의 허가를 받아야 하며, 외국물품을 허가받은 대로 적재하지 않으면 추징을 받도록 되어 있는데, 위 모든 규정은 재해 기타 불가항력으로 인한 경우에는 면책된다.

이와 같은 경우에는 선장 또는 기장은 지체없이 그 이유를 세관공무원, 세관공무원이 없을 때에는 경찰공무원에게 신고하여야 한다. 이 경우 경찰공무원이 신고를 받았을 때에는 지체없이 그 요지를 세관공무원에게 통보하여야 한다. 선장 또는 기장은 재해 기타 부득이한 사유가 종료하였을 때에는 지체없이 세관장에게 그 전말을 보고하여야 한다.

5. 외국기착의 보고

(1) 외국기착의 보고

우리 나라 안에서만 운항하도록 되어 있는 내항선(기)이 재해 기타 부득이한 사유로 인하여 외국에 불시기항하고, 우리 나라로 돌아왔을 때에는 선(기)장은 그 사실을 세관장에게 보고하여야 한다. 이때에 외국에서 수리·보수를 한 것에 대하여는 세관에 수입신고를 하고 소정의 관세를 납부하여야 하며, 적재한 외국물품에 대하여도 수입신고를 하고 소정의 관세를 납부, 통관을 완료하여야 한다.

(2) 자격변경

외국무역선(기)이 내항선(기)으로, 내항선(기)이 외국무역선(기)으로 그 자격을 변경하고자 할 때에는 선(기)장은 세관장의 승인을 얻어야 한다. 세관장은 이러한 자격변경신청이 있을 때에는 당해 선박에 적재되어 있는 물품을 검사하여야 하며, 특히 외국무역선이 내항선으로 자격을 바꿀 때에 있어서의 선용품과 승무원의 개인용품에 대하여 원칙적으로 과세된다.

대체로 자격변경의 예는 많지 않지만 활선어수출선과 같이 고기를 잡으러 나갈 때에는 내항선으로 취항하고, 잡은 고기를 수출하려고 할 때에는 외국무역선으로 자격을 바꾸는 예를 볼 수 있다. 외국무역선은 원칙적으로 내국물품을 적재할 수 없으며, 내항선은 원칙적으로 외국물품을 적재할 수 없는 것이다. 따라서 자격변경에 관하여는 선박이나 항공기간에 차이는 없지만 선박에서 그 예가 많다.

(3) 선장의 직무대행자

선(기)장에게 적용할 규정은 선(기)장을 대리하여 그 직무를 행하는 자에게도 적용된다.

관세법상 선박·항공기에 관한 제한이나 의무에 관한 규정은 선(기)장에게 귀책되도록 규정되어 있다. 그러나 실제에 있어서는 선(기)장이 하는 것이 아니고 항해사나 갑판장·사무장·선박회사와 그 대리인이 하고 있는 경우가 있으며, 이러한 경우 그 책임소재를 분명히 하기 위하여 관세법은 실제의 책임있는 자가 권한과 의무를 갖도록 규정하고 있다.

(4) 기타 선박 또는 항공기

외국무역선 또는 외국무역기 이외의 선박이나 항공기로서 외국에 왕래하는 선박 또는 항공기에 대하여는 외국무역선이나 외국무역기에 관한 규정을 준용한다. 다만, 대통령령이 정하는 선박 및 항공기에 관하여는 그러하지 아니한다.

무역을 위하여 우리 나라와 외국간을 왕래하는 외국무역선(기)에 관한 규정이 그대로 적용된다. 이를테면, 경찰용·기상관측용·해난구조용·공작용·준설용·실습용 등의 선박이나 항공기가 이에 해당될 것이다. 다만, 군함과 군용기 및 국가원수 또는 정부를 대표하는 외교사절이 전용하는 선박·항공기는 대통령령에 따라 적용이 배제된다. 그리고 국경에 놓여 있는 하천만을 항행하거나 무역에 종사하지 아니하는 내국선에 대해서도 외국무역선에 관한 규정을 적용하지 아니하기 때문에 관세법상에 규정되어 있는 각종의 제한의무를 부담하지 아니한다.

2 차량

국가간의 물품의 이동은 주로 선박이나 항공기에 의해서 이루어지고 있지만, 예컨대 국가간에 육지로 상호 연결되어 있는 경우에는 철도차량이나 차량 등도 이들 물품의 국제운송수단으로서 중요한 역할을 갖게 된다. 우리 나라의 경우, 장래 국토가 통일되고 대륙지역간의 교류가 정상화되면 무역거래가 반드시 이루어질 터이지만, 현재는 남북분단으로 인하여 육접국경이 없으므로 중요성은 없다. 관세법상 육로에 의한 수단으로는 철도차량, 철도차량 아닌 차량과 선박·차량 또는 항공기 아닌 기타 운송기관으로 구분되어 있는데, 기타 운송기관은 철도차량 아닌 차량으로 보고 있다. 이상을 총괄하여 차량이라 부른다.

국경을 출입하는 차량은 관세통로를 경유하여야 하고, 통관역 또는 통관장에 정차하여야 한다. 이것은 국경을 출입하는 내국물품에 대한 감시·단속·관세징수 등 관세행정을 용이하게 하기 위해서이다. 관세통로라 함은 육접한 국경으로부터 통관역에 이르는 일반수송용 철도와 육접된 국경으로부터 통관장에 이르는 육로 또는 수로로서 세관장이 지정한 노선을 말하는데, 아직은 지정공고된 바 없다.

그리고 통관역은 국외와 연락하며 국경에 근접한 일반수송용 철도 중에서 관세청장이 지정하는데, 아직 공고되지 않고 있다. 또한 통관장은 관세통로에 접속한 장소 중에서 세관장이 지정한 장소를 말하는데, 이것도 아직 공고되지 않고 있다.

한편 철도차량이 외국으로부터 통관역에 도착하였을 때에는 역장은 지체없이 그 적재물품의 목록을 제출하여야 한다. 이것은 당해 물품에 대한 세관의 감시나 단속을 용이하게 하기 위한 것이다. 즉, 앞에서 본 외국무역선(기)의 입항절차에 있어서 입항보고와 함께 적화목록을 세관장에게 제출하는 것과 동일한 취지에서 인정된 것이다. 역장은 철도차량이 외국을 향하여 발차하고자 할 때에는 세관장에게 그 열차에 관한 사항을 보고하고 발차허가를 받아야 한다. 이것은 외국무역선(기)이 출발시에 출항보고를 하고 출항허가를 받아야 하는 것과 같은 취지이다.

또 통관역이나 통관장에서 외국물품을 상하차하고자 하는 자도 세관장의 승인을 받도록 하고 있는데, 이것은 외국물품의 적재·하선(기)의 규정과 동일한 취지에서 인정된 것이다.

끝으로, 상시 국경을 출입하는 철도차량 아닌 차량은 세관장으로부터 그 자격을 증명할 서류를 받아 출입시마다 세관공무원에게 제시하고 사증을 받아야 한다. 이는 철도차량 아닌 차량의 국경출입에 대한 세관의 감시 및 단속상의 필요에 의하여서이다.

Chapter X
수출입 통관제도

1 통관제도의 개요

1 통관의 개념

관세법은 제1조에서 「이 법은 관세의 부과·징수 및 수출입 물품의 통관을 적정하게 하여 ...중략...관세수입의 확보를 기함을 목적으로 한다」고 규정함으로써 관세법이 '통관법'으로서의 중대한 기능을 갖고 있음을 명백히 하고 있다. 관세행정의 기능 중 통관행정보다 더 중요한 기능 또한 없다고 하여도 지나치지 않을 만큼 오늘날과 같은 거의 완전한 개방체제하에서는 수출입 최종단계에서의 통관절차가 매우 중요하다.

통관(customs clearance)[129]이라 함은 수입·수출 및 반송물품에 대하여 관세법을 기초로 관세를 징수하고, 무역관계법령(주로, 대외무역법과 외국환거래법)에서 규정한 수출입에 관한 적법요건 등을 확인하여 수출입 또는 반송물품의 실체를 검사하고 확인함으로써 수출·수입 또는 반송 등을 행하는 일련의 행위를 말한다. 따라서 이 부분은 관세행정의 중심분야로서 수출입 또는 반송을 하기 위한 연속된 일련의 행위의 절차를 의미한다.

통관의 넓은 의미로는 수출입에 수반되는 물품의 이동 가운데 우리 나라 영역내에서 세관에 의한 여러 법정의 절차가 개시된 때로부터 그 절차가 완료되어 세관의 규제상태에서 완전히 벗어날 때까지의 일련의 절차를 말한다. 좁은 의미로는 일련의 행위 중 일시점, 즉 물품에 대한 수출입의 신고수리를 말한 것으로서, 이것은 통관절차라기보다는

129) 광의의 통관은 수출의 경우 수출신고로부터 선적까지의 세관절차이며 수입의 경우에는 물품의 하선에서 보세구역에서의 물품의 인취까지를 말한다. 협의의 통관은 수출 · 반송의 경우 신고에서 신고수리까지의 절차를 말하고, 수입의 경우에는 수입신고→신고수리→관세 등 납부까지의 세관절차를 말한다.

통관으로서의 의의에 불과하여 흔히 관세행정상으로는 넓은 의미의 통관절차로 이해하는 것이 일반적이다.

관세법상 통관은 '관세징수'와 함께 양대 산맥을 형성하고 있는 요체이다.

2 통관의 목적과 유형

통관제도는 수출입되는 물품에 대한 관세·내국세 등 제세를 부과징수하여 재정수입을 확보하는 외에 국가정책상 필요한 각종의 규제사항에 대한 실효성 확보에 그 목적이 있다.

통관은 대상물품의 성질과 이동경로에 따라 수입통관·수출통관·반송통관으로 구분하는 것이 일반적인데, 수입통관은 물품이 외국에서 국내로 이동하는 경우의 통관이며, 수출통관은 물품이 국내에서 외국으로 이동하는 경우의 통관을 의미하고, 반송통관은 외국물품이 국내에 이동했다가 외국물품 상태대로 다시 외국으로 이동하는 경우의 통관을 말한다.

통관은 또한 물품의 대금결제방식에 따라 유환통관·무환통관으로, 통관절차의 편의도에 따라 일반(정식)통관과 간이통관으로 분류할 수 있으며, 수입통관은 다시 관세의 부과방식에 따라 신고납부통관과 부과고지납부통관으로 나눌 수 있다.

3 통관절차의 개요

수출 · 수입 또는 반송하고자 하는 물품은 세관장에게 수출·수입 또는 반송의 신고를 하여야 한다. 수입의 신고는 그 물품을 선(기)적한 선박 또는 항공기가 입항된 후에 할 수 있으며(예외 : 신속통관 요청시 입항전 수입신고가능), 반송의 신고는 그 물품이 관세법에 규정한 장치장소에 있는 경우에 한하여 할 수 있고, 수출·수입 또는 반송의 신고는 그 물품의 화주, 관세사, 관세사법인 또는 통관취급법인의 명의로 하여야 한다. 수출·수입 또는 반송의 신고를 할 때에는 과세자료 즉, 수출·수입 또는 반송에 관하여 허가·승인·표시 기타 조건을 구비할 것을 법령에서 정한 물품에 대하여 그것을 증명하는 서류, 선하증권사본 기타 참고서류를 제출하여야 하고, 수입물품 중 신고납부대상물품을 수입신고할 때에는 납세신고를 하여야 하며 수출·수입 또는 반송을 하고자 하는 물품에 대하여는 세관공무원은 검사를 할 수 있다.

세관장은 수출·수입 또는 반송의 신고가 있을 때에는 그 신고가 형식적 요건을 갖추었는지의 여부를 심사하며, 심사결과 그 신고가 관세법의 규정에 따라 적법하고 정당하게 이루어진 경우 즉 형식적 요건을 갖추었을 때에는 이를 수리한다. 통관은 수출 또는 반송의 경우는 수출 또는 반송의 신고에서 시작하여 세관장의 신고의 수리로서 끝나고, 수입의 경우는 수입신고에서 시작하여 세관장의 신고의 수리 및 납부하여야 할 관세 및 내국세의 납부로서 끝난다.

세관장이 수출신고를 수리하면 그 물품은 외국물품이 되므로 즉시 선(기)적하여 수출할 수 있으며, 수입신고를 수리하면 그 물품은 내국물품이 되므로 즉시 그 물품을 국내로 인취하여 소비·사용 기타 처분을 할 수 있고, 반송신고를 수리하면 즉시 선(기)적을 하여 외국으로 반송할 수 있다.

관세 또는 내국세를 납부하여야 할 수입물품 중 신고납부대상물품은 수입신고가 수리된 날부터 15일 이내에, 부과고지납부대상물품은 납세의 고지를 받은 날부터 15일 이내에 그 관세 또는 내국세를 세관장에게 납부하여야 한다.

간이통관절차의 주요 내용은 다음과 같다.

조약 또는 협정에서 특별히 통관절차에 관한 규정이 있을 때에는 그 규정에 의하며, 우리 나라에 대하여 통관절차의 편익을 제공하는 나라에서 수입되는 물품에 대하여는 상호주의에 따라 간이한 통관절차를 적용할 수 있고, 여행자 또는 승무원의 휴대품, 우편물, 무세인 컨테이너, 관세가 면제되는 일부 물품에 대하여는 그 물품의 특수성을 고려하여 수출입의 신고를 생략하거나 간이한 방법으로 신고를 하게 할 수도 있다.

2 수출통관제도

❶ 수출통관절차의 개요

수출물품에 대하여 수출신고를 하고자 하는 자는 수출물품 선적일정을 고려하여 적절한 시간을 선택하여 수출신고를 한다. 수출신고는 원칙적으로 전자문서로 작성된 신고자료를 통관시스템에 전송하여야 한다. 다만, 특별히 필요하다고 인정되는 경우에 한하여 수출신고서등 서류를 제출하도록 하고 있다.

전송신고자료에 대하여 오류사항을 전산통보받거나 신고내용을 수정하고자 하는 경우에는 신고번호가 부여되기 전까지 당초 제출번호에 의하여 다시 전송하면 된다. 수출신고시점은 통관시스템에서 신고번호를 부여한 시점이다.

세관에서는 CRT화면상의 전송신고자료가 수출신고서 작성요령에 적합하게 작성되었는지 여부를 검토한 후 원칙적으로 수출검사를 생략하고서 수출신고를 수리한다.

그러나 서류신고를 하여야 하는 경우, 위조상품 수출등 지적재산권을 침해할 우려가 있는 경우, 관세환급과 관련하여 위장수출의 우려가 있는 경우, 기타 불법수출에 대한 우범성 정보가 있는 경우에는 전송자료에 대하여 다시 신고서 및 첨부서류를 제출받아 그 내용을 확인한 후에 수출신고를 수리하고 이 경우 현품을 확인할 필요가 있는 경우에는 현품검사를 할 수 있다.

이와 함께 세관장은 통관업무를 신속하게 처리하기 위하여 수출신고금액이 5천 달러 이내로서, 서류제출대상에 해당하지 않고, 통관시스템에서 우범성 선별기준에 해당하지 않은 물품에 대하여는 세관은 CRT화면 접수/심사절차를 생략하고 통관시스템에서 자동으로 수출신고를 수리한다.

수출신고필증은 일반적으로 관세사가 Paperless 수출신고하여 신고사실을 전산통보 받은 후 관세사가 날인하여 수출화주에게 교부한다. 그러나 화주가 직접신고한 경우는 화주가 날인한 수출신고필증을 교부하며, 신고서류가 제출된 경우는 세관의 처리담당자가 날인한 후 수출신고필증을 교부한다.

수출물품을 선적한 후 선사 또는 포워더는 수출신고가 수리된 날로부터 30일 이내에 선적 적하목록(Manifest)에 수출신고번호를 기재하여 EDI방식으로 세관에 신고하여야 한다.

【그림Ⅱ-10-1】 수출통관절차도

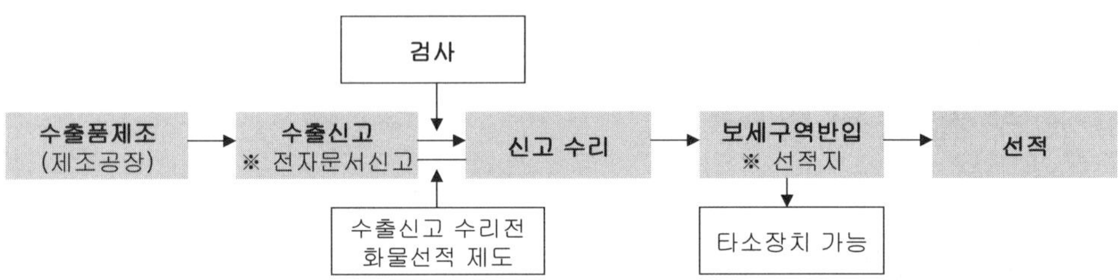

2 수출신고

1. 수출신고지 세관확정

수출하고자 하는 물품의 수출통관은 수출자의 편의에 따라 전국 어느 세관에서도 할 수 있는 것이 원칙이다. 그러나 세관의 감시상 필요하다고 인정하는 때에는 관세청장 또는 세관장은 통역·통관장 또는 특정한 세관에서 통관할 수 있는 물품을 제한할 수 있다. 따라서 수출통관을 하고자 하는 수출자는 자기가 수출하고자 하는 물품이 수출통관 세관제한물품에 해당하는지 여부부터 확인한 후에 통관절차를 이행하여야 한다.

일반적으로는 수출하고자 하는 물품의 장치장소를 관할하는 세관장에게 수출신고를 한다.

2. 수출신고사항

물품을 수출하고자 할 때에는 세관장에게 그 물품의 품명·규격·수량 및 가격 기타 대통령령(관세법 시행령)이 정하는 사항을 세관장에게 신고하여야 한다. 이것을 수출신고라 하며, 수출신고는 세관장에게 물품을 수출하고자 하는 의사표시를 하는 것을 말한다. 그러나 통관업무의 전산화에 따라 수출신고는 원칙적으로 전자문서로 작성된 신고자료를 통관시스템에 전송함으로써 수출신고에 가름한다(수출통관절차도 참조).

휴대품·탁송품 또는 별송품·우편물 및 기본세율이 무세인 국제운송을 위한 컨테이너에 대하여는 그 물품의 특수성을 감안하여 수출신고를 생략하거나 관세청장이 정하는 간이한 방법으로 수출신고를 하게 할 수 있다. 이들 물품 중 여행자 휴대품·승무원 휴대품·우편물(세관장에게 수출신고를 하여야 하는 것은 제외한다) 기본세율이 무세인 국제운송을 위한 컨테이너·서류·소액물품 등 신속한 통관을 위하여 필요하다고 인정하여 관세청장이 정하는 탁송품 또는 별송품은 수출신고를 생략하게 한다. 그러나 물품의 수출에 대하여 허가 또는 승인을 받거나 표시 기타 조건의 구비를 할 것을 법령에서 정하고 있는 물품은 수출신고를 하여야 한다.

물품을 수출하고자 할 때에는 세관장에게 수출신고를 하여야 하는데 이를 하지 아니하고 물품을 수출하면 처벌한다.

3. 수출신고인

수출신고인은 화주, 관세사, 관세사법인, 통관법인 및 완제품 공급자 등이 할 수 있으나 대부분 관세사, 관세사법인 및 통관법인에게 위탁하여 처리한다.

공급자는 수출물품을 선적할 때까지의 업무처리를 조건으로 수출자에게 물품을 공급하는 경우가 많으므로 이들이 직접 수출신고를 할 수 있게 하였는바, 주로 중소기업인의 편의를 도모하는데 그 뜻이 있다.

특히 완제품공급자의 제조공장에서 수출통관을 하는 경우가 대부분이며, 수출자와의 거리가 멀기 때문에 수출통관업무를 수출자가 완제품공급자에 위임하여 처리하고 있으므로 더욱 그러하다.

4. 서류없는 EDI신고와 예외

수출신고자가 서류없이 EDI를 신고내용을 세관에 전송하면, 세관에서 컴퓨터상의 신고화면을 확인하고 신고수리를 신고자에게 전산통보해 주는 EDI수출신고를 원칙적으로 모든 물품에 허용하고 있다.

그리하여 수출신고를 하고자 하는 자는 전자문서로 작성된 신고자료를 EDI수출통관시스템에 전송하여야 한다. 화주 직접신고의 경우에도 서류없는(Paperless) 수출신고를 전면적으로 허용하고 있다. 다만, 다음 각 호의 1에 해당하는 물품에 대하여는 문서로 된 수출신고서를 세관장에게 제출하여야 한다.

① 관세법의 규정에 의한 세관장의 확인대상물품 : 확인물품 및 확인방법지정고시에 의한 구비서류
② 전략물자 허가대상물품 : 전략물자 수출허가서
③ 위약수출 및 재수출조건이행사실 입증서류(위약물품의 재수출용으로 관세환급대상이므로 철저한 심사를 하기 위해 서류제출을 요구한다).

5. 수출신고 취하(取下)와 각하(却下)

수출신고는 정당한 이유가 있는 경우에 한하여 세관장의 승인을 얻어 취하할 수 있다. 예컨대 수출에 관한 신용장이 취소되는 경우, 수출상대국의 전쟁으로 수출을 할 수 없게 되는 경우 등을 들 수 있다.

수출의 신고를 수리한 후에 수출신고의 취하를 승인하였을 때에는 그 신고수리의 효력은 상실된다.

수출신고의 각하는 수출신고가 그 요건을 갖추지 못하였거나 사위(詐僞) 기타 부정한 방법으로 된 경우에는 세관장은 직권으로 수출의 신고를 각하할 수 있다.

3 수출품검사

수출품에 대한 검사는 수출통관에 있어서 가장 핵심적인 사항으로서 수출검사의 목적은 수출물품이 수출신고서상에 기재된 물품과 동일품명, 동일규격의 물품인가 또는 수출이 금지된 물품이 아닌가를 확인하고, 당해 수출물품의 제조·가공에 사용된 원재료의 소요량을 확인하여 관세 등 환급액을 산출하는 데 있어서 정확을 기하고자 하는데 있다.

수출신고된 물품에 대하여 세관에서 전부 검사할 수도 있으나 세관의 인력이 한정되어 있고 물품의 성격상 세관에서 현품확인검사를 하지 않아도 별 문제가 없는 물품 등에 대해서는 굳이 수출검사를 하지 않아도 되기 때문에 모든 수출신고 물품에 대해서 반드시 수출검사를 하도록 강제하지 않고 검사할 필요가 있는 물품에 대하여만 예외적으로 수출검사를 하고 원칙적으로는 수출검사를 생략하도록 하고 있다.

특히, 우범물품 선별기준에 의하여 선별된 물품, 무작위선별장식에 의하여 선별된 물품 등에 대하여는 수출검사를 하고 있다.

관세청장은 검사의 효율화를 위하여 검사대상, 검사범위, 검사방법 등 필요한 기준을 정할 수 있다.

검사는 그 물품이 장치되어 있는 장소에서 하는 것이 원칙이다. 그러나 부정수출 또는 부정한 관세의 환급 등 우범성 정보가 있거나 물품의 성질, 업체의 성실도 등을 감안하여 세관장이 효율적인 검사를 위하여 부득이 하다고 인정하는 경우에는 관세청장이 정

하는 바에 따라 그 물품을 보세구역에 반입하게 한 후에 검사를 할 수 있다.

지정장치장 또는 세관검사장이 아닌 장소에서 물품의 검사(파출검사)를 받고자 하는 수출신고인은 재정경제부령이 정하는 바에 따라 수수료를 납부하여야 한다.

4 수출신고수리

세관장은 수출신고가 관세법의 규정에 따라 적법하고 정당하게 이루어진 경우에는 이를 지체없이 수리하고 신고인에게 신고필증을 교부하여야 한다.

세관장은 통관업무의 신속한 처리를 위하여 다음의 경우에 해당하는 때에는 EDI수출통관시스템에서 자동으로 신고수리하게 할 수 있다.

① 문서수출 신고서의 서류제출대상에 해당되지 아니하는 경우
② 수출신고금액이 5,000불 이내에서 세관장이 정하는 금액 이하인 경우
③ EDI통관시스템에 의한 우범물품 선별기준(C/S : Cargo Selectivity))에 해당하지 아니하는 물품

Paperless 신고와 자동신고의 차이점은 Paperless신고는 신고화면을 세관직원이 검토하여 신고를 수리하나, 자동신고수리는 세관직원의 개입없이 컴퓨터가 자동으로 신고수리를 통보해 주는 것이므로, 소액수출물품에 대한 자동신고수리가 확대되어 중소수출업체의 경쟁력을 향상시킬 수 있게 되었다.

세관장은 문서에 의한 수출신고 서류가 제출된 경우에 대하여 수출신고를 수리하는 때에는 수출신고 수리인과 신고서 처리담당자의 인장을 날인한 수출신고필증을 신고인에게 교부한다.

수리는 준법률적 행정행위로서 타인의 행위를 유효한 것으로 행정청이 받아들이는 것을 말한다. 수리는 수동적 행정행위로서 단순한 사실인 도달 또는 접수와는 달리 행정청의 의사행위이며, 행정청이 타인의 행위를 유효한 행위라고 판단하여 법령에 따라 받아들이는 행위이다.

여기에서 수출신고 수리의 법률적 효과는 법률이 정하는 바에 따라 다르다. 수출신고를 수리한 경우에는 그 물품은 외국물품이 되고, 따라서 언제든지 수출할 수 있는 법률적 효과가 있다.

수출신고는 수출지원을 위하여 그 물품이 어느 장소에 있어도 할 수 있다. 그러나 수출신고가 수리되면 그 물품은 관세법상의 외국물품이 되므로 이를 무한정으로 관세법의 규제대상에서 제외시키면 통관질서가 문란해지므로 수출신고 수리된 물품은 수출신고일부터 30일 이내에 선(기)적하여야 한다. 이 경우 선(기)적기간은 재정경제부령이 정하는 바에 따라 연장할 수 있다. 이 선(기)적기간을 초과하는 물품에 대하여 세관장은 대

통령령이 정하는 바에 따라 수출신고의 수리를 취소할 수 있다.

그러나 수출신고의 취하신청이 있고 그 신청이 정당한 사유가 있다고 인정되는 경우, 선(기)적기간의 연장신청이 있고 그 신청이 정당한 사유가 있다고 인정되는 경우, 세관장이 선(기)적기간내에 선(기)적이 곤란하다고 인정하는 경우에는 선(기)적기간이 초과하였다 하더라도 그 수출신고의 수리를 취소하지 아니한다.

세관장은 수출신고의 수리를 취소하는 경우에는 즉시 신고인에게 그 내용을 통지하여야 한다.

5 수출입의 의제(擬制)

체신관서가 수취인에게 교부한 우편물, 관세법에 의하여 매각 또는 몰수된 물품, 밀수출입죄, 밀수전용운반기구몰수, 범죄공요물품몰수, 밀수품의 취득죄 등에 해당하여 관세법에 의한 통고처분으로 납부된 물품, 법령에 의하여 국고에 귀속된 물품, 몰수에 가름하여 추징된 물품 등은 관세법에 의하여 적법하게 수입된 것으로 보고 관세 등은 따로 징수하지 아니한다. 이를 수출입의 의제라고 한다.

3 수입통관제도

1 수입통관절차의 개요

수입통관이라 함은 물품을 수입하고자 하는 자가 당해 물품을 선적한 선박이 입항하기 전, 당해 물품이 보세구역에 도착하기 전, 또는 당해 물품을 보세구역에 반입장치한 후에 세관에 수입신고를 하고, 세관장은 수입신고가 적법하게 이루어진 경우에는 지체없이 수입신고를 수리하여 물품이 반출될 수 있도록 아는 일련의 과정을 말한다.

이러한 일련의 절차를 수입통관절차 또는 통관수속이라고도 하는데, 이 수입통관절차를 거쳐 외국물품을 내국물품화 하는 것을 수입신고 수리라고 한다.

수입통관절차의 일반적 진행과정을 요약 설명하면 다음과 같다.

우선, 수입하고자 하는 물품은 세관장에게 수입신고를 하여야 한다. 이 때 그 물품의 가격에 대한 신고(이하 가격신고라 한다)를 하여야 하고, 그 물품이 신고납세대상물품인 경우에는 납세신고를 하여야 한다.

다음, 세관공무원은 수입하고자 하는 물품에 대하여 검사를 할 수 있으므로 신고한 물품과 현품의 동일성을 현품에 의하여 확인할 필요가 있다고 인정될 때에는 그 물품의 검사를 행한다.

그리고 세관장은 수입신고가 형식적 요건을 갖추었는지 여부를 심사하고, 그 심사결과 그 신고가 관세법의 규정에 따라 적법하고 정당하게 이루어진 경우, 즉 형식적 요건을 갖춘 경우에는 지체없이 이를 수리하고 신고인에게 신고필증을 교부하여야 한다.

마지막으로, 납부하여야 할 관세 및 내국세가 있을 때에는 그 관세 및 내국세를 납부기한까지 납부하여야 한다.

수출통관절차 역시 앞에서의 수출통관과 크게 다르지 않지만 다만 원칙적으로 수입물품은 관세를 납부해야 하기 때문에 선통관 후 관세납부정산원칙에 따라 수출에 비하여 절차가 까다롭다.

2 수입신고

1. 수입신고의 의의

수입신고(import declaration)는 물품을 수입하려는 의사표시를 소정의 신고서에 의하여 공식적으로 표현하는 것이며, 원칙적으로 이 시기에 과세물건·적용법령·납세의무자가 확정되는 것이기 때문에 그 의사표시에 하자가 없도록 주의를 요한다.

수입신고의 주체는 수출신고의 경우와 같이 원칙적으로 화주·관세사·통관법인 또는 관세사법인이다. 통관은 전문적이고 기술적인 업무이기 때문에 전문지식이 없는 자가 직접 수행하게 되는 경우 통관의 지연과 불편이 초래되고, 경우에 따라서는 통관절차의 착오에서 오는 피해를 피할 길이 없다.

여기서 화주란 수입신고를 할 물품에 대하여는 당해 물품을 수입한 자를 말하며, 수출신고를 할 물품에 대하여는 수출신고서상의 수출업자를 말하고, 수출입대행시의 화주는 수입을 위탁한 자와 수출대행자를 말한다. 관세사 및 통관법인에 대해서는 앞에서 설명한 바와 같다.

수입신고는 수입하고자 하는 물품의 품명·규격·수량 및 가격 기타 대통령령이 정하는 사항을 기재한 수입신고서를 세관장에게 제출함으로 이를 한다. 구체적인 수입신고의 절차는 신속한 통관을 위한 통관업무의 전산화에 따라 신고 자료를 통관시스템에서 인정한 관세청사서함으로 전송한 후에 수입신고서를 세관장에게 제출한다.

또한 신고납세대상물품(부과과세 대상물품 이외의 모든 수입품은 원칙적으로 신고납세대상이다)을 수입하는 자는 수입신고시 세관장에게 관세의 납부에 관한 자진신고를 하여야 한다.

2. 수입신고기간

수입하고자 하는 물품을 소극적 보세구역인 지정장치장 또는 보세창고에 반입하거나 타소장치한 자는 그 반입일 또는 타소장치허가일로부터 30일 이내에 수입신고를 하여야 한다. 이를 위반할 때에는 신고의무불이행에 따른 가산세를 징수한다. 가산세의 부과대상은 신속한 유통이 긴요하다고 인정하여 보세구역의 종류와 물품의 특성을 감안하여 관세청장이 정하는 물품으로 한다. 가산세는 그 물품의 과세가격의 100분의 2에 상당하는 금액의 범위내에서 대통령령이 정하는 금액을 가산세로 징수한다.

이와 같이 수입신고기간을 제한하는 것은 수입물품을 신속히 통관하여 국내시장에 유통하게 함으로써 국내의 물자수급을 원활히 하고 보세구역의 효율적 활용을 하기 위하는 데 그 목적이 있다.

세관장은 여행자가 휴대품을(정부용품 면세휴대품 제외) 신고하지 아니하여 과세하는 경우 당해 물품에 대하여 납부해야 할 세액의 100분의 20을 징수한다.

앞에서의 가산세액은 다음 각 호의 율에 의하여 산출한다.

여기서 가산세는 보세구역 체화방지의 목적과 수입신고의 조기촉구의 취지에서 반입일로부터 30일내 미신고시 부과하는 일종의 과태료적 성격을 갖는다.

3. 수입신고시기의 4가지 유형

(1) 출항전 신고와 입항전 신고

입항 전 수입신고는 당해 물품을 선(기)적한 선박 또는 항공기가 동 물품을 적재한 항구 또는 공항에서 출항한 후에 하여야 한다.

다만, 출항부터 입항까지의 기간이 단기간인 경우 당해 선박 등이 출항한 후에 신고하는 것이 곤란하다고 인정되어 출항하기 전에 신고하게 할 필요가 있거나 출항부터 입항까지의 기간이 장기간인 경우 등 신고기간을 제한할 필요가 있는 경우에는 관세청장이 정하는 바에 따라 그 신고시기를 조정할 수 있다.

이는 입항 전 수입신고시기를 한정하지 아니하면 물품이 선적되지 않았음에도 수입신고가 수리되어 내국물품이 되어 관세를 납부하게 되므로 최소한 우리 나라에 수출하기 위하여 선적된 후에 하게 하되, 출항 후 입항까지 기간이 단기간인 경우에는 출항전에, 동 기간이 장기간인 경우에는 입항예정일로부터 일정기간 전에 할 수 있도록 관세청장이 조정할 수 있게 된 것이다.

이에 근거하여 관세청장은, 출항 전 신고라 함은 항공기로 수입되는 물품 또는 일본·중국·대만·홍콩으로부터 선박으로 수입되는 물품을 선(기)적한 선박 또는 항공기(이하 "선박 등"이라 한다)가 당해 물품을 적재한 항구 또는 공항에서 출항하기 전에 수입신고하는 것을 말한다고 정의하였다.

또한 입항 전 신고는 수입물품을 선(기)적한 선박 등이 물품을 적재한 항구 또는 공항에서 출항한 후 입항하기 전에 수입신고하는 것을 말한다.

(2) 입항후 보세구역도착 전 신고

입항 후 보세구역도착 전 신고제도라 함은 수입물품을 선(기)적한 선박 등이 입항하여 당해 물품을 통관하기 위하여 반입하고자 하는 보세구역(부두 밖 컨테이너 보세장치장 및 컨테이너 내륙통관기지(ICD를 포함한다)에 도착하기 전에 수입신고하는 것을 말한다.

3. 보세구역장치후 수입신고

보세구역장치 후 신고라 함은 수입물품을 보세구역에 장치한 후 수입신고하는 것을 말한다. 이는 종전의 가장 전형적인 수입통관제도이며, 당해 물품이 보세구역에 도착후 당해 보세구역을 관할하는 세관에 수입신고하는 것을 말하며, 신고대상물품이나 신고대상업체에는 아무런 제한이 없고 검사대상여부 통보시기는 수입신고일이 되며, 검사생략물품의 신고수리시기는 수입신고일 이후가 된다. 그리고 검사대상물품의 신고수리시기는 검사 후가 된다.

【표Ⅱ-10-1】 수입신고시기 구분에 따른 통관절차 비교

구분	출항 전 신고	입항 전 신고	입항후보세구역 도착 전 신고	보세구역 장치후 신고
신고시기	선박(항공기) 출항 전	선박(항공기) 출항 후 입항[하선(기)신고] 전	입항 후 당해 물품이 반입될 보세구역 도착 전	당해 물품이 보세구역 도착 후
신고대상물품	항공기로 수입되는 물품과 일본·중국·대만·홍콩으로부터 선박으로 수입되는 물품. Container화물은 FCL에 한함	제한없음	제한없음	제한없음
신고대상업체	담보면제 및 포괄담보 운영에 관한 고시에 의한 담보면제한도액 또는 담보사용 한도액이 있거나 신고수리전에 담보를 제공하거나 미리 관세를 납부하고자 하는 업체. 다만, 컨테이너 화물은 FCL에 한함.	좌동	제한없음	제한없음
신고세관	입항예정지 세관(부산항은 부산세관)	입항예정지 세관(부산항은 부산세관)	입항지·내륙지세관 불문	보세구역을 관할하는 세관
검사기대상 여부 통보시기	선박(항공기)이 출항하였음을 입증하는 자료제출일(출항신고서 및 적하목록)	수입신고일	수입신고일	수입신고일
검사생략물품의 신고수리시기	적하목록 제출 후	적하목록 제출 후	보세구역 도착일	보세구역 도착일
검사대상물품의 신고수리시기	검사 후	검사 후	검사 후	검사 후

4. 수입신고서 심사 및 물품검사

수입신고서를 접수한 세관공무원은 그 신고서에 기재되어 있는 물품과 현품과의 동일성을 확인하기 위하여 그 물품을 검사할 수 있다. 수입물품에는 관세를 부과하므로 수입물품에 대한 검사는 수출물품에 대한 검사보다 검사생략비율이 낮을 뿐만 아니라 검사도 세밀하게 한다. 그러나 수입물량이 계속 증가하고 있기 때문에 수입물품에 대하여도 그 물품의 종류·성질, 화주의 성실성 등을 감안하여 검사생략을 많이 하고 있다.

물품의 검사생략은 수입물품의 종류·성질·수입자의 성실성 등을 감안하여 물품검사를 하지 아니하여도 신고물품과의 현품이 일치한다고 추정하는 경우이다.

관세청장은 검사의 효율화를 위하여 검사대상, 검사범위, 검사방법 등 필요한 기준으로 할 수 있다.

세관장은 입항 전 수입신고를 한 물품에 대하여는 그 물품을 검사할 것인지 여부를 결정하여야 하고, 그 결과 검사하기로 경정한 경우에는 그 물품을 수입신고한 신고인에게 그 사실을 통보하여야 하며, 그 물품은 검사를 위하여 보세구역(타소장치장소 포함)에 반입되어야 한다. 검사대상물품으로 결정되지 아니한 물품은 입항 전에 수입신고를 수리할 수 있다.

3 수입신고수리 전 반출

물품을 수입하고자 세관장에게 수입신고를 하면 세관장은 그 신고가 형식적 요건을 갖추었는지 여부를 심사한 후에 형식적 요건을 갖추었을 때 즉 그 신고가 관세법의 규정에 따라 적법하고 정당하게 이루어진 때에는 그 신고를 지체없이 수리하고 신고인에게 신고필증을 교부한다.

수입신고한 물품은 세관장이 그 신고를 수리하여야 장치장소에서 반출하여 수입할 수 있다. 그러나 수입신고의 형식적 요건의 내용확인 기타 사유로 세관장이 그 신고를 수리하는 데 장시일이 소요되는 반면 그 물품의 수입은 빨리하여야 할 경우에는 납부하여야 할 관세에 상당하는 담보를 제공하고 수입신고를 수리하기 전에 그 물품을 장치장소에서 반출할 수 있도록 승인하여 줄 것을 세관장에게 신청할 수 있으며, 세관장이 그 신청을 승인하면 그 물품을 수입신고수리 전이라 하더라도 그 장치장소에서 반출하여 수입할 수 있다. 이것을 신고수리 전 반출이라 하며, 신고수리 전 반출한 물품은 내국물품으로 본다. 신고수리 전 반출을 한 물품에 대하여는 수입신고의 형식적 요건이 갖추어지고 그 내용이 확정되면 세관장은 수입신고를 수리한다.

4 수입신고전 즉시 반출

관세 등의 체납이 없고 최근 3년 동안 수출입실적이 있는 제조업자 또는 외국인 투자자가 수입하는 시설재 또는 원부자재, 담보제공이 생략된 물품, 기타 관세청장이 체납우려가 없는 경우로서 정하는 물품을 수입신고전에 운송수단·관세통로 또는 관세법에 규정한 장치장소로부터 즉시 반출하고자 할 때에는 세관장에게 즉시 반출신고를 하고 반출할 수 있다. 이 경우 10일 이내에 수입신고를 하여야 한다.

4 통관의 제한

1 수출입의 금지

물품의 수출입에 관하여는 관세법은 물론 대외무역법·외국환거래법, 기타 특별법에서 여러 가지 규제를 하고 있다.

이 중 관세법에서 규정한 사항은 여하한 경우에도 수출입을 금지하는 절대적 수출입 금지사항이며, 대외무역법 등 타법령에서 규제하는 사항은 일반적 금지로서 특정한 경우에는 그 금지를 해제할 수 있는 상대적 금지이다. 법 제226조(허가·승인 등의 증명 및 확인) 사항이 상대적 금지의 전형적인 예인데, 이러한 관세법상의 수출입 금지사항은 법 제234조에 규정되어 있으며, 본조는 국가의 안보와 선량한 풍속을 해치는 물품과 경제유통질서를 어지럽힐 위조유가증권 등의 수출입을 금지함으로써 국가와 사회의 안전을 도모하자는 데 그 목적이 있다.

다음 각 호의 1에 해당하는 물품은 수출입할 수 없다.

① 국헌을 문란하게 하거나 공안 또는 풍속을 해할 서적·간행물·도서·영화·음반·조각물 기타 이에 준하는 물품

국헌을 문란하게 하는 물품이란 우리 나라의 헌정체제를 부정하거나 국가원수 등 헌법기관을 모독하는 것, 자유민주주의를 부정하고 공산주의를 찬양 고무하는 것, 반국가단체나 그 구성원 또는 국외공산계열의 활동을 찬양 고무 동조하거나 선동하는 것 등을 말한다. 공안 또는 풍속을 해할 물품이란 국가안보를 위해하는 물품, 사회활동의 안정·평온을 해칠 물품, 미풍양속을 해칠 음란성·잔학성을 표현한 물품 등을 말한다. 대상물품의 종류는 서적·간행물·그림·영화·음반·조각물 이외에 뉴스필름·사진·제조가공물·CD·컴퓨터디스켓·비디오테이프 등도 포함될 것이다.

② 정부의 기밀을 누설하거나 첩보에 공하는 물품

국가존립과 국가안보에 위해를 가져올 물품들로서 군사기밀뿐만 아니라 보안업무규정에 의하여 보안을 대상으로 하고 있는 정부의 각종 비밀(문서 및 시설)과 대외비문서 이외에 중요산업시설에 관한 것을 포함한다.

③ 화폐·채권 기타 유가증권의 위조품·변조품 또는 모조품

2 지적재산권 보호

1. 상표권 침해물품의 수출입금지

관세법에서는 주로 무역관련 상표권과 저작권의 보호에 관하여 규정을 두고 있다. 무역관련 상표권 또는 저작권의 가장 효율적인 보호방법은 이들 권리를 침해하는 물품이 수출입되지 않도록 수출입단계에서 규제하는 것이다.

수출입통관단계에서 이들 권리를 보호하는 방법은 수출입 금지, 통관보류 또는 유치가 있다.

상표권 침해물품은 근본적으로 수출입할 수 없다. 그러나 여행자 휴대품 또는 우편물 등 상업적 목적이 아닌 개인용도에 사용하기 위하여 소량으로 수출입되는 물품은 수출입할 수 있다.

2. 상표권 침해물품의 통관보류

관세청장은 상표권을 침해하는 물품의 효율적 단속을 위하여 필요한 경우에는 상표권을 등록한 자로 하여금 그 상표권에 관한 사항을 신고하게 할 수 있다.

세관장은 수출입신고된 물품이 상표권에 관한 사항을 신고한 상표권을 침해하였다고 인정되는 경우에는 그 상표권을 신고한 자에게 수출입신고의 사실을 통보하여야 한다.

관세청장에게 상표권을 신고한 자로서 세관장으로부터 신고한 상표권을 침해하는 물품이 수출입 신고되었다는 사실을 통보받은 자. 그 이외의 상표권을 보호받고자 하는 자, 또는 저작권을 보호받고자 하는 자는 세관장에게 담보를 제공하고 상표권 또는 저작권을 침해하는 물품의 수출입통관을 보류하여 줄 것을 요청할 수 있다. 이 경우 세관장은 특별한 사유가 없는 한 그 물품의 통관을 보류하여야 한다.

그러나 수출입신고자가 이들 권리를 보호받고자 하는 자가 통관보류요청시에 제공한 담보액에 100분의 25를 가산한 금액을 담보로 제공하고 수출입의 통관을 요청할 경우에는 통관을 할 수 있다.

5 특수통관제도

1 반송통관

관세법에서 반송(reshipment)은 우리 나라에 도착한 외국물품이 어떤 사유로 인하여 수입신고수리를 받지 않고, 보세구역 또는 타소장치장으로 부터 다시 외국으로 적송하는 것을 말한다. 이러한 반송을 하게 되는 사유로는 우리 나라에 도착한 외국물품이 제3국으로 적송되어야 할 것이 착오로 우리 나라에 도착한 경우라든가, 또는 우리 나라에 도착한 물품의 품질과 규격 등이 당초의 계약조건과 상이한 경우 및 수출국에서 선적된 후에 무역계약이 취소되거나 계약의 내용이 변경되었을 경우 등이다. 이때에 반송지는 반드시 당초의 수출국일 필요는 없고 제3국이라 하여도 무관하다. 또한 반송은 절차상 수출하는 경우나 다를 바 없으므로 반송물품의 검사·반송신고·반송신고수리 등은 수출하는 경우와 동일하게 취급한다. 반송은 우리 나라에서 물품을 외국으로 적송하는 것이라는 점에서 수출과 같지만 적송하는 물품이 전자는 당초부터 외국물품임에 비추어 후자는 내국물품이라는 점에 차이가 있다.

한편 형식상으로는 반송이면서 수출통관제도로 취급하고 있는 제도가 있다. 예컨대, 보세공장에서는 외국물품을 재료로 하여 제조·가공한다든가, 외국물품과 내국물품을 혼합하여 제조·가공하여 수출하는데, 이때에 외국물품이 보세구역에서 다시 외국으로 적송되는 것으로 보면 형식상으로는 반송과 같으나, 보세공장에서 제조·가공된 물품에 대하여서는 수출신용장을 개설하여 대금을 회수하고 있기 때문에 반송과는 다르다.

끝으로, 반송통관의 경우에는 일반적으로 수출통관에 관한 규정이 그대로 적용되며 세관에서의 업무취급절차도 수출통관의 경우와 같으므로 수출통관에서 규정한 내용은 반송통관에도 그대로 준용된다. 그러므로 외교물품을 반송하려면 세관장에게 반송신고를 하고 심사 및 검사를 거쳐 세관장으로부터 반송신고수리를 받아야 한다.

2 간이통관

물품을 수입하려면 원칙적으로 세관장에게 수입신고를 하고 심사·검사를 마친 후, 관세를 납부하고 수입신고수리를 받은 후 반출하여야 한다. 그러나 물품의 종류와 성질상 이상과 같은 원칙적인 절차가 곤란한 경우가 있다. 즉, 여행자 및 우리 나라와 외국간을 왕래하는 운송수단의 승무원이 휴대하여 수출입하는 물품이라든가, 또한 우편물 등에 대하여는 그 물품의 성질상 간소하고도 신속한 통관절차가 요청된다. 따라서 관세법은 이러한 물품에 대하여는 일반적인 경우에 비하여 간이한 방법으로 통관절차를 이행하게 하고 있는데,

이를 간이통관이라 한다. 간이통관에는 우편물통관과 휴대품통관이 있다.

1. 우편물의 통관

서신을 제외한 우편물을 수출입 또는 반송하고자 하는 자는 통관우체국을 경유하여야 하고, 통관우체국은 체신관서 중에서 관세청장이 지정한다. 이와 같이 우편물은 특수한 절차에 따라 통관이 이루어진다. 우편물통관절차를 개관하면 다음과 같다.

첫째, 서신을 제외한 우편물이 외국으로부터 통관우체국에 도착하면 통관우체국장은 우편물목록을 작성하여 세관장에게 제출하는 동시에 통관우체국은 그 물품에 대한 조사를 받아야 한다. 여기서 우편물목록의 작성 제출은 일괄수입신고와 같은 성질의 것이므로 우편물에 대한 수입신고인은 통관우체국장이 되고, 따라서 통관우체국은 자기의 책임하에 그 물품에 대한 조사를 받아야 한다.

둘째, 세관장은 우편소포에 대한 검사를 하고, 관세를 징수하고자 할 때에는 통관우체국에 그 금액을 통지하여야 하며, 만일 수입을 허용할 수 없다고 결정하였을 때에는 그 결정사항을 통관우체국에 통지한다.

셋째, 이와 같은 통지를 받은 통관우체국은 우편소포의 수취인에게 이를 통지한다.

넷째, 그 통지를 받은 수취인은 수입인지 또는 금전을 그 통지서와 함께 통관우체국에 제출한다.

끝으로, 이를 수납한 통관우체국은 우편소포를 수취할 자에게 교부한다.

우편물 가운데 서신과 우편법상 통상의 우편물은 이상과 같은 일련의 통관절차를 경유할 필요가 없고 다만 이를 수취인에게 교부함으로써 수입신고수리가 된 것으로 간주하며, 체신관서가 외국으로 서신을 발송함으로써 수출신고수리가 된 것으로 본다.

한편, 우편물에 대하여는 일반적으로 간이세율이 적용된다. 즉, 이러한 물품에 대하여는 총국내도매가격을 합산하여 하나의 간이세율만을 적용하도록 하고 있는 것이다. 우편물은 대체로 무환으로 기증되는 소액의 물품이며, 수증자가 개인용(**私用**)으로 사용하는 것이기 때문에 관세를 부과한다 하여도 그 금액이 아주 적은 경우가 많다.

【그림Ⅱ-10-1】에서 보는 바와 같이 우편물을 수출입 또는 반송하고자 할 때에는 반드시 관세청장이 지정한 통관우체국을 경유하도록 하고 있다. 이는 세관검사의 편의 및 외국물품인 우편물관리의 정확을 꾀하려는 데 그 목적이 있다. 현재 관세청장이 지정한 통관우체국으로는 서울국제우체국·서울영동우체국·대전둔산우체국·부산국제우체국·인천우체국·대구우편집중·익산공단우체국 7개가 있다.

【그림Ⅱ-10-1】 우편물통관구조

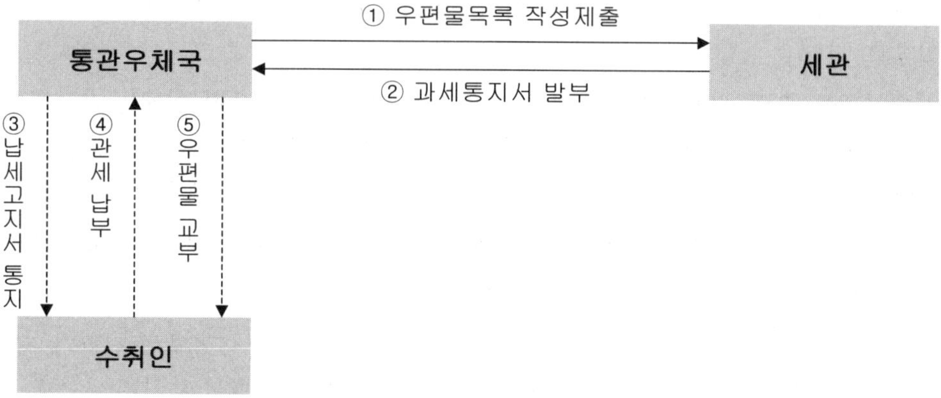

우편물의 통관은 통관우체국에서만 할 수 있으나 그 접수와 교부는 통관우체국이 아닌 일반 우체국에서도 할 수 있다. 수입된 우편물에 대하여 통관우체국에서 검사를 마치게 되면 각 지역배달우체국으로 배달이 되고 거기에서 교부를 받을 수 있으며, 수출물품은 각 우체국에서 접수하고 통관우체국으로 집배되어 거기에서 세관조사를 받는다. 세관의 검사가 끝난 후 세관장은 수출·수입 또는 반송의 결정을 하여야 하나 수출입 또는 반송을 할 수 없다고 결정하였을 때에는 통관우체국은 그 물품을 발송하거나 수취인에게 교부할 수 없고, 대외무역법의 규정에 의한 수출입의 승인을 받은 것일 때에는 당해 우편물의 수취인 또는 발송인은 수출입 또는 반송의 신고를 받아야 한다. 여기서 통관불허의 결정사유로는, 예컨대 우편물을 검사한 결과 수출입금지품목에 해당된다든가 승인 등 조건의 구비를 요하는 경우 그 조건이 불비된 경우 등인데, 이러한 경우에는 통관불허의 결정을 내리고 그 물품을 발송하거나(수출은 국내, 반송은 국외로), 수입우편물은 수취인에게 교부하지 못한다. 규정에 의한 신고란 수출입신고를 행하고 그 신고수리를 받는 절차를 말한다. 다시 말해서 비록 우편물이라 하여도 일반 무역거래대상물품과 같이 고가이고 수량이 많은 경우에는 일반 통관절차와 같이 신고 및 신고수리를 경유하도록 한다. 그러나 이와 같은 경우에도 우편물은 보세구역에 반입하거나 타소장치허가를 받을 법상 의무는 없다. 세관장이 통관불허의 결정을 하였을 때에는 그 결정사항을, 그리고 관세를 징수하고자 할 때에는 그 금액을 통관우체국에 통지하여야 하고, 통관우체국은 다시 그 우편물의 수취인 또는 발송인에게 그 결정사항을 통지하여야 한다.

수입우편물에 대한 통관우체국의 납세통지를 받은 자는 당해 관세를 수입인지 또는 금전으로 납부하여야 한다. 이처럼 우편물에 대하여 부과된 관세를 납부함에 있어서 수입인지로 납부하게 한다는 점이 특이하다. 그러나 정상무역품에 대하여 부과된 관세에 대해서는 수입인지 납부를 금하고 반드시 금전으로 납부하도록 한다. 수입인지로 납부하게 되면 그 수입은 체신부수입으로 되고, 금전으로 납부하면 관세수입으로 된다.

우편물에 대한 관세는 우체국에서 징수하며, 관세를 징수하기 전에는 우편물을 수취인에게 교부할 수 없다. 이 경우에도 부과된 관세에 대하여 이의가 있을 때에는 관세상의 행정구제절차에 따라 각각 심사청구 등을 제기할 수 있음은 물론이다.

그리고 우편물에 관한 관세의 납부장소는 체신관서이며, 정상무역품우편물의 관세는 세관장, 즉 세관장국고수납대리점인 은행이다.

우편물에 대한 관세납부의 의무는 당해 우편물이 반송됨으로써 소멸한다. 즉, 우편물이 수취인의 주소·거소불명으로 배달할 수 없거나, 통관이 불허되는 경우 등이다. 이러한 우편물은 원칙적으로 발송인에게 환부되고, 환부할 수 없을 때에는 일정절차를 거쳐 폐기 또는 매각처분한다.

2. 휴대품의 통관

여행자(여행자 또는 우리 나라와 외국간을 왕래하는 운송수단의 승무원)의 휴대품에 대하여는 통관의 간이·신속한 절차가 요청된다. 따라서 여행자휴대품의 통관절차는 일반의 경우와는 달리 간이한 방법으로 통관절차를 이행하게 할 수 있도록 규정한다. 즉, 구두신고·구두고지·현장수납 등의 간이절차가 시행되어지고 있다.

여행자의 휴대품은 여행자가 출입국시 수출입하는 것으로서 복잡한 통관절차로 인하여 장시간 세관에 체류한다는 것은 여행자의 여행을 저해하는 것이 되어 출입국과 동시에 통관할 필요가 있어 인정된 것이다. 그러나 여행자가 휴대하는 모든 물품이 이에 해당된다고는 말할 수 없고, 여행자의 입국사유나 여행목적·체류기간 등 제반사정을 감안하여 결정될 문제이다.

관세법은 여행자휴대품의 경우 수출통관보다는 수입통관에서 보다 상세한 규정을 둔다. 그것은 밀수입의 위험이 많고, 또한 밀수가 국민경제 전반에 미치는 영향이 크기 때문에 당연한 것이다.

휴대품의 수입에 있어서도 여행자가 직접 휴대하고 수입하는 경우가 있는가 하면 별송품도 있다. 별송품의 경우 휴대품의 전송절차에 관하여는 관세법은 인정하지 않는다. 이는 여행자가 도착하기 이전에 물품이 먼저 도착하므로 여행목적이나 체류기간 등 제반사정을 고려하기가 곤란하기 때문이다. 따라서 별송품은 원칙적으로 후송하는 것만 인정하고 있다.

6 관세사와 통관업

관세사라 함은 통관절차를 이행하거나 화주 또는 관세의 납세의무자를 대리하여 관세법상, 행정상 쟁송, 즉 이의신청·심사청구 및 심판청구의 대리와 관세상담 등의 업무를 하는 자를 말한다. 통관업자는 통관업을 하는 자로서 화주의 위탁을 받아 세관에 대하여 물품의 수출입·반송·반입에 관한 절차와 기타 이에 부수되는 절차만을 대리한 자이다.

관세사의 법률적 성격은 화주 및 세관과 3면 관계를 띄고 있어, 이들 상호간의 법률관계를 분석함으로써 그 성격을 알 수 있다.

관세사는 법상 자기명의로 신고 등의 업무를 행함으로써 세관에 대하여 권리·의무의 주체가 되나, 화주의 위탁을 받아 통관절차 등의 업무를 대리하기 때문에 그 법률상 효력은 본인(화주)에게 귀속된다. 그리고 화주와 관세사와의 관계는 법률행위만 대리하는 것이 아니기 때문에 소위 준위임관계라고 말할 수 있다. 따라서 관세사는 선량한 관리자의 주의로서 모든 의무를 수행하여야 한다.

관세사의 직무범위는 다음과 같다.

① 수출입물품에 대한 세번·세율의 분류 과세가격의 확인과 세액의 계산
② 관세법에 의한 수출·수입 또는 반송의 신고와 이와 관련되는 절차의 이행
③ 관세법에 의한 이의신청·심사청구 및 심판청구의 대리
④ 관세에 관한 상담 또는 자문
⑤ 관세환특법에 의한 환급청구의 대리

이 업무는 신속성과 전문성이 요구되므로 이 업무에 대한 전문지식과 경험이 있는 자로 하여금 이 업무를 담당하게 하여야 납세자의 편의와 통관절차의 능률을 기할 수 있다. 따라서 국가에서 시험 또는 기타의 방법으로 이 업무에 대한 전문지식과 경험이 있다고 인정하여 일정한 자격을 준 자 또는 이 자를 고용한 자만이 이 업무를 할 수 있도록 하였다.

관세사가 통관업을 하고자 할 때에는 관세사법의 규정에 따라 관세청장에게 등록을 하고 관세청장 또는 세관장에게 개업신고를 하여야 하며 관세사가 사원인 법인이 통관업을 하고자 할 때에는 관세청장의 인가를 받아야 하고, 일정한 자격요건을 갖춘 법인이 관세사를 고용하여 통관업을 하고자 할 때에는 관세청장의 허가를 받아야 한다. 관세사를 사원으로 하는 법인은 관세사법인이라 하고 일정한 자격요건을 갖춘 법인이 관세사를 고용한 법인은 통관취급법인이라 한다.

Chapter XI 관세형벌제도

1 관세형벌제도의 개요

1 개요

관세법은 관세수입의 확보와 통관질서의 유지를 목적으로 하고 있기 때문에 화주 또는 이해관계자에게 각종의 의무를 부과하는 동시에 그 의무를 위반하는 경우에는 제재 및 형벌을 과한다.

관세법상의 의무에는 하명(下命)·금지(禁止)·급부(給付)·수인(受忍)등이 있는데 이러한 의무에 위반하는 행위로 인하여 이 법에 따라 처벌되는 것을 관세법이라고 한다.

일반 형사법은 사회공공의 이익을 침해하거나 침해할 우려가 있는 행위를 위법행위라고 인정하여 처벌하는 것이지만, 관세법은 국가 재정상의 이익을 침해하거나 침해할 우려가 있는 행위를 처벌한다. 그리고 형사범은 그 행위 자체가 반도덕성을 내포하고 있기 때문에 처벌하는 것이나, 관세범은 행위 자체의 악성 때문에 처벌하는 것이 아니라 관세법규의 위반 그 자체가 처벌의 이유가 된다. 그러나 최근 관세범에 대해서도 그 사회악의 일종으로 간주하여 일반형사범과 동일시하는 경향이 있으며 처벌에 있어서도 재산형은 물론 체형을 과하는 등 엄벌주의를 취한다. 다만, 관세범의 특수한 성격에 비추어 일반형사범과 같이 취급할 수 없는 경우도 있다.

우리 나라의 관세형벌에 관한 법률규정은 실체적 법규로서 관세법 제11장의 벌칙규정과 특정범죄가중처벌 등에 관한 법률 제6조[130] 등이 있고 관세범에 대하여 관세청장이나

130) 특정범죄가중처벌 등에 관한 법률 제6조(관세법위반행위의 가중처벌)
① 관세법 제269조(밀수출입죄)제1항에 규정된 죄를 범한 자는 다음의 구분에 따라 가중처벌한다.

세관장의 종국처분(통고처분과 고발처분)권을 행사하기 위한 절차적 법규로서 관세법 제12장의 조사와 처분에 관한 규정이 설정되어 있으며 관세범을 일반 검사에게 고발한 후에는 일반 형사소송법에 규정된 절차에 의하여 형사사건으로 다룬다.

단순명료한 범법행위에 대하여 복잡하고 오랜 시일을 요하는 일반 형사소송 절차에 의하지 아니하고 간단한 방법으로 일반 형사소송 절차에 의한 것과 동일한 효과를 거둘 수 있는 형벌권을 행사할 수만 있다면 이는 국가적으로 보나 범인 측에서 볼 때 실리적이기 때문에 이와 같은 이점을 제도화한 것이 통고처분제도이며 조세범, 전매범 등에도 그와 같은 통고처분제도가 널리 채용되고 있다.

관세법은 조세법으로의 성격과 통관법으로의 성격을 갖고 있으며 그 목적 또한 전술한 바와 같이 재정수입과 수출입물품의 통관이기 때문에 관세행정 목적을 원활히 달성하기 위하여 관세청장 및 세관장은 통관처분권을 행사하게 되고, 이로써 국가는 형벌권의 적정한 행사를 한 것과 같은 효과를 얻게 된다.

---

1. 수출 또는 수입한 물품의 가액(이하 이 조에서 "물품가액"이라 한다)이 1억원 이상인 때에는 무기 또는 7년 이상의 징역에 처한다.
2. 물품가액이 3천만원 이상 1억원 미만인 때에는 3년 이상의 유기징역에 처한다.

② 관세법 제269조제2항에 규정된 죄를 범한 자는 다음의 구분에 따라 가중처벌한다.
1. 수입한 물품원가가 5억원 이상인 때에는 무기 또는 5년 이상의 징역에 처한다.
2. 수입한 물품원가가 2억원 이상 5억원 미만인 때에는 3년 이상의 유기징역에 처한다.

③ 관세법 제269조제3항에 규정된 죄를 범한 자로서 수출 EH는 반송한 물품원가가 5억원 이상인 때에는 1년 이상의 유기징역에 처한다.

④ 관세법 제270조(관세포탈죄)제1항제1호·제4항 또는 동조제5항에 규정된 죄를 범한 자는 다음의 구분에 따라 가중처벌한다.
1. 포탈·감면·면탈 또는 환급받은 세액이 2억원 이상인 때에는 무기 또는 5년 이상의 징역에 처한다.
2. 포탈·감면·면탈 또는 환급받은 세액이 5천만원 이상 2억원 미만인 때에는 3년 이상의 유기징역에 처한다.

⑤ 관세법 제270조제1항제2호 또는 동조 제2항에 규정된 죄를 범한 자는 다음의 구분에 따라 가중처벌한다.
1. 수입한 물품원가가 5억원 이상인 때에는 3년 이상의 유기징역에 처한다.
2. 수입한 물품원가가 2억원 이상 5억원 미만인 때에는 1년 이상의 유기징역에 처한다.

⑥ 제1항 내지 제5항의 경우에는 다음 각호의 1에 상당하는 벌금을 부과한다
1. 제1항의 경우에는 물품가액의 2배 이상 10배 이하
2. 제2항의 경우에는 수입한 물품원가의 2배
3. 제3항의 경우에는 수출 또는 반송한 물품원가
4. 제4항의 경우에는 포탈·감면·면탈 또는 환급받은 세액의 2배 이상 10배 이하
5. 제5항의 경우에는 수입한 물품원가

⑦ 관세법 제271조(미수범 등)에 규정된 죄를 범한 자는 제1항 내지 제6항의 예에 의한 그 정범 또는 본죄에 준하여 처벌된다.

⑧ 단체 또는 집단을 구성하거나 상습으로 관세법 제269조 내지 제274조 또는 제274조에 규정된 죄를 범한 자는 무기 또는 10년 이상의 징역에 처한다.

관세법은 또 법적 안정성이 아닌 합목적성을 원리로 하는 행정법이고 재정법이므로 이를 침해할 때에는 간단한 방법에 의하여 재정상의 손실을 보전하고 또 형벌도 아울러 과할 수 있는 특수한 형벌제도를 채택 운용한다.

2 관세형벌제도의 특수성

첫째, 실체적인 면에서 관세범에 대하여 책임능력과 책임저각사유나 형량의 범위 등에 관하여 형법총칙규정의 적용에 있어 그 일부를 배제하였고 형법상 범죄 주체나 형벌의 주체가 될 수 없는 법인에 대하여도 재산형벌을 과할 수 있게 하였으며 자기 행위 아닌 타인의 행위에 의하여 영업주 본인이나 법인도 처벌하는 양벌제도를 채용하고 있다.

둘째, 관세청장이나 세관장의 종국처벌을 위하여 조사기관 아닌 세관 공무원에게 관세범에 대하여 수사관과 유사한 조사권을 부여하고 있다. 이는 관세에 관한 전문적이고도 기술적 측면을 잘 알고 있는 세관 공무원으로 하여금 1차적 조사권을 부여하여 관세형벌제도의 실효를 확보하기 위한 것이다.

셋째, 전술한 바와 같이 관세청장 및 세관장에게 관세범에 대하여 행정처분인 통고처분권을 부여한다.

넷째, 관세청장 및 세관장의 관세범에 대한 고발을 검사의 공소제기요건으로 하고 있다. 이는 관세범의 이중처벌의 위험성을 배제함과 동시에 세관공무원에게 관세범조사의 일원화를 보장하여 주려는 데 그 목적이 있다.

이상과 같이 우리 나라 관세형벌제도는 일반적으로 세관에 그 처분권을 부여하고 있다는 점이 특징이지만 그렇다고 하여 국민의 기본권인 재판을 받을 권리가 박탈되는 것은 아니다. 왜냐하면 피통고자는 여하한 경우에 있어서도 통고요지의 이행이 강제되지 아니하기 때문이다.

이와 같은 특수성에도 불구하고 관세형벌에 관한 규정은 고유의 형법과 그 지도원리를 공통으로 하고 있으며 여기서 특별한 경우를 제외하고는 형법상의 일반 원칙이 그대로 적용된다. 다만, 관세형법에 있어서는 관세범의 특성을 고려하여 고유의 형법상의 일반 원칙이 수정되는 일이 있으나 이러한 특수성이 있다고 해서 그 기본적 성격으로서의 형법적 성격을 부정하는 것은 아니다.

3 형법조치규정의 적용배제

관세형법은 앞에서 설명한 바와 같이 그 특수성 때문에 고유한 형법상의 원칙과는 다른 원칙이 적용되어야 하는 경우가 있다. 형법 제 8조는 “본법 총칙은 타법령에 정한 죄에 적용한다. 단, 그 법령에 특별한 규정이 있는 때에는 예외로 한다"고 규정하여 형법 총칙이 원칙적으로 관세법상의 벌칙에도 적용되는 것임을 명백히 하는 동시에 "타법령에 특별한 규정이 있을 때"에는 형법총칙이 배제되는 것을 인정한다.

관세법 제11장 벌칙에서는 제278조의 형법규정의 배제, 제279조 양벌규정, 제280조의 법인 처벌, 제271조 제2항의 미수범의 정범에 준한 처벌 등의 규정을 특별히 규정하고 있다.

관세법에 규정한 벌칙에 위반되는 행위를 한 자에 대한 형법규정의 적용배제 내용을 살펴보면 다음과 같다.

1. 형법 제9조 형사 미성년자의 적용배제

형법 제9조에 "14세가 되지 아니한 자의 행위는 벌하지 아니한다."라고 규정하여 14세가 되지 아니한 자에 대해서는 그 행위가 구성요건을 충족하고 위법하여도 처벌하지 않는다. 일반적으로 14세 미만의 자는 신체 정신적 능력이 충분히 성장하지 아니 하였다고 판단되므로 그 윤리적 의사결정의 책임능력이 없음은 물론 형사정책상의 요청도 고려하여 처벌하지 않으나 관세범에 대하여는 타인의 주관적 요건에 구애됨이 없이 객관적 범법 행위를 표준으로 하여 재산형을 과하도록 하고 있어(벌금형) 형사미성년자의 행위도 처벌 된다. 그러나 그 실효성은 의문이다.

2. 형법 제10조 제2항 심신 장애자의 적용배제

형법 제10조 제2항의 "심신장애로 인하여 사물을 변별할 능력이나 의사를 결정할 능력이 미약한 자의 행위는 그 형을 경감한다."라고 하여 심신상실 상태에는 이르지 않았으나 정신능력이 불완전하여 사물을 정상적으로 분별하지 못하든가, 자기의사의 결정능력이 현저하게 부족한 심신미약자에 대해서는 범죄행위에 대하여 형을 경감하도록 하였다. 그러나 관세법은 벌금형을 과할 경우 이 규정의 적용을 배제한다.

3. 형법 제11조 농아자의 적용배제

형법 제11조에 "농아자의 행위는 형을 경감한다"고 규정하여 농아자를 한정책임능력자로 본다. 형법이 농아자를 한정책임능력자로 하여 그 형을 경감하는 것은 이들은 지각기관의 결함으로 인하여 정상적인 심신발육이 저지되어 있는 것으로 보기 때문이다. 그러나 관세형법은 일반형법에 대한 특수성을 고려하여 이들에 대하여 벌금형으로 처벌할 때에는 경감하지 아니한다.

4. 형법 제32조 제2항(종범)의 적용배제

형법은 종범의 처분에 관하여 "종범의 형은 정범의 형보다 경감한다"고 규정한다. 이것은 종범을 정범의 법정형에 대하여 법률상의 경감을 한 형으로 처벌한다는 취지이다. 그러나 관세법 위반행위에 대하여는 종범이라 하여도 정범의 법정형에 대하여 법률상 경감을 하지 않고 정범에 준하여 처벌한다.

5. 형법 제38조 제1항 제2호(경합범)의 적용배제

형법에 있어서는 경합범을 동시에 판결할 때에는 형법각칙상 각 죄에 정한 형이 사형, 또는 무기징역이나 무기금고 이외의 동종의 형인 때에는 가장 중한 죄에 정한 장기 또는 다액에 2분의 1까지 가중하되 각 죄에 정한 형의 장기 또는 다액을 합산한 형기 또는 액수를 초과할 수 없다. 단, 과료와 과료, 몰수와 몰수는 병과할 수 있다고 규정한다. 그러나 관세법의 있어서는 벌금형에 처할 경우 각 죄에 정한 벌금형을 가산하여 처벌하여야 하고, 최고액수를 제한하지 않는다.

6. 형법 제53조 (작량감경)의 적용배제

형법 제53조에서는 범죄의 정상에 참작할 만한 사유가 있는 때에는 일반 형사범에 대하여는 범행의 동기·수단·결과와 범인의 성격과 평소의 행동, 피해자에 대한 관계, 범행 후의 정황 등을 참작하여 형을 경감할 수 있도록 하였으나, 관세법에 있어서는 벌금형에 처할 경우 본조의 적용을 배제하여 범죄의 정상에 참작할 사유를 형의 경감사유로 할 수 없게 하여 정상참작을 배제한다. 다만, 징역형에 처할 경우에는 작량감경을 할 수 있음은 물론이다. 그리고 관세법 위반사건에 관하여 벌금형을 선고할 경우에 작량감경은 할 수 없지만 선고유예는 할 수 있다.

7. 형법 제16조(법률의 부지)의 적용배제

법률의 착오, 즉 법률의 부지 또는 오해로 인하여 법률상 죄가 되는 사실을 인식하지 못한 행위에 대하여는 정당한 이유가 있는 때에 한하여 벌하지 아니하도록 형법은 규정한다.

여기서 정당한 이유라 함은, 과실이 없는 경우로서 사회통념상 행위자에게 그러한 착오가 없기를 기대하기 곤란한 경우를 말한다. 그러나 관세법은 법률을 알지 못하였거나 위법이 되지 않는 것으로 오인하였고, 그 부지나 오인에 정당한 사유가 있다 하여도 면책되지 않는다.

8. 평가

우리는 이상에서 형법총칙 규정중 현행관세법은 그 실효성을 보장하기 위하여 몇몇 규정의 적용을 배제하고 있음을 살펴보았다. 그 중 몇 가지 문제점을 제시하면 다음과 같다.

첫째, 형사미성년자에 대하여 벌금으로 처벌하는 경우에는 형법 제9조를 적용배제하여 관세사범으로 처벌하도록 하는 데에 문제점이 있다고 본다. 형사미성년자에 대한 범법행위는 그 사건수도 거의 무시할 수 있는 정도에 그칠 것이며, 또 주범보다는 종범의 경우에 국한될 것이다. 뿐만 아니라 벌금형으로 처벌할 때 그 소송행위는 법정대리인인 부모나 특별대리인이 행하며, 통고처분도 그 법정대리인에 대하여 행한다. 그러나 벌금형의 집행은 민사소송법 소정의 방법으로 벌금을 징수하며, 이 경우 법정대리인이 자기의 계산으로 벌금을 납부하도록 되어 있는 것은 아니다. 벌금은 범법행위자인 미성년자의 재산으로 납부하는 것이다(물론, 친권자인 부모가 대납할 수는 있을 것이다). 그런데 미성년자인 관세범이 벌금을 납부할 경제적 여유가 있는 경우는 별 문제가 없겠지만, 경제적 여유가 없는 14세 미만의 형사 미성년자는 관세사범이 될 이유가 없을 것이다. 그렇다면 벌금의 형을 집행할 수가 없게 되며, 이런 경우에는 환형처분으로 작업장에서의 3년 이하의 노역을 과하도록 형법이 규정하고 있으나, 한편 소년법(제62조)에서는 이 환형처분(換刑處分)을 금하고 있다. 따라서 관세법에서 형사미성년자에 대한 형사총칙 제9조의 적용배제는 실제적으로는 실효성이 없다고 말할 수 있다.

둘째, 법률의 착오에 관한 관세법상의 형법총칙 규정배제조항도 불합리하다. 즉, 관세범 중 질서범은 소위 법정범으로 위법성의 인식이 범죄성립에 필요하다고 본다. 그런데 착오에 있어 정당한 이유가 있다면 적법성을 인식하지 못한 경우가 되며, 이때 처벌한다는 것은 비록 관세범이 결과적 책임주의에 입각하여 처벌하는 것이라고 하더라고 불합리하다고 보이기 때문이다.

셋째, 작량감경에 관한 형법총칙 규정을 적용배제하는 데 관한 우리 나라 관세법 규정과 유사한 규정을 영국·미국·프랑스·캐나다의 관세법에서는 두고 있지 아니하다. 오히려 영국·캐나다의 관세법은 작량감경을 할 수 있는 법원의 권한을 관세법상 명문으로 규정하고 있다는 점을 음미할 필요가 있다.

4 업무주체처벌에 관한 규정

업무주체처벌에 관한 규정은 종업원이나 사용인 등이 법규에 위반하는 행위를 한 경우에 그 업무의 주체를 처벌할 것을 정한 규정으로서, 행정법규의 처벌에는 일반적으로 이와 같은 규정을 설정하고 있다. 이는 현대경제구조에 있어서의 경제활동이나 경제행위가 일개인만으로 영위하는 소규모의 경우는 대단히 적고 다수인의 종업원을 고용하거나 대리인 등에 의하여 영위하는 것이 보통이다.

이처럼 경제활동은 경영주체와 종업원·사용인과의 계약에 의하여 유기적으로 영위되고 있기 때문에 업무주체와 경제행위의 사실상의 집행자와는 각기 별개인 때가 많으므로, 그 사업을 영위함에 있어 위법한 행위를 한 종업원이 있을 때에 업무주체의 책임을 간과한다는 것은 정당하지 못하며, 이에 업무주체처벌에 관한 규정설정이 요청된다 할 것이다.

이상과 같은 업무주체처벌의 입법형식은 소위 전가벌규정과 양벌규정으로 구분되는데, 전가벌규정은 대리인·호주·가인·고용인 기타의 종업원의 업무에 관한 위반행위에 대하여 그 업무주체를 처벌하고, 또 그 업무주체가 법인인 때에는 대표이사·이사 기타 임원을, 미성년자 또는 금치산자인 때에는 법정대리인을 처벌하는 것으로서, 이전의 입법에 있어서는 이러한 전가벌규정, 즉 대위책임이 일반적이었다. 그러나 그 후 행위자 이외의 업무주체도 처벌하는 양벌규정이 일반화하여 우리 나라 관세법도 제279조(양벌규정)에 양벌규정을 설정하는 입법형식을 취한다.

1. 양벌규정

관세법 제279조에 의하면 ① 특허보세구역 또는 종합보세구역의 운영인, ② 수출입(환특법규정에 의한 수출포함) 또는 운송을 업으로 하는 자, ③ 관세사, ④ 전자문서중개업자, ⑤ 개항장 안 용달업자의 사용인이 본인의 업무에 관하여 관세법에 위반되는 행위를 한 때에는 그 행위자를 처벌하는 외에 본인도 처벌한다라고 하여 영업주 본인의 업무에 관하여 사용인이 관세법상 위반행위를 한 때에는 영업주 본인에게도 그 책임을 물어 처벌한다는 양벌규정을 두고 있다. 여기서 처벌의 주체인 본인은 사업주, 즉 영업주를 말하고, 영업주는 자연인만을 의미하는 것으로 해석된다. 왜냐하면 관세법 제280조에 법인처벌에 관한 양벌규정이 있고, 또 동 조의 해석상 본조의 본인은 자연인인 영업주를 뜻하는 것으로 보아야 할 것이다. 영업주처벌에 있어서는 그 형벌주체를 관세행정을 원만히 집행하는 데에 있어서 세관과 매우 밀접한 관계가 있는데다가 그 감독하에 있는 영업주만을 제한하여 처벌하고 있다.

영업주 본인의 범위로는 법인이 아닌 자연인으로서,

첫째, 특허보세구역 및 종합보세구역의 운영인이다. 즉, 보세창고·보세공장·보세전시장·보세건설장 및 보세판매장의 운영특허를 받은 자를 말하며, 특허의 상실이나 취소가 있는 때에는 특허의 의제에 의하여 그 특허가 계속되는 것으로 간주될 때까지는 그 영업주도 처벌대상이 된다.

둘째, 수출·수입 또는 운송을 업으로 하는 자이다. 여기서는 반드시 유자격자임을 요하지 아니하고, 광의로 사실상 그러한 업을 하는 자도 포함된다. 그러나 대외무역법상의 소위 내국수출입업자와 무역대리업자는 이에 포함되지 않는다. 운송의 경우는 보세운송과 내국운송을 불문하고 또는 그 운송수단이 육상·해상 및 공중 수단을 묻지 않는다.

셋째, 관세사로서 관세사 법에 따라 수출입 또는 반송신고 등의 업무를 하는 자를 말한다. 즉, 세번·세율의 분류, 과세가격의 확인과 세액의 계산, 수출입의 신고와 이에 부수되는 절차의 이행, 이 법에 의한 이의신청·심사청구 및 심판청구의 대리 및 관세에 관한 상담 등의 업무를 수행하는 자를 말한다.

넷째, 개항장 내에서의 용달업자로서 이들은 개항장 안에서 화물의 배달을 업으로 하는 자를 말한다. 이들 영업주를 처벌하려면 사용인의 행위가 영업주인 본인의 업무에 관한 것이어야 하며, 업무와 무관한 사용인 개인에 관한 것이면 영업주를 처벌할 수 없다. 업무는 주업무뿐만 아니라 주업무에 부수하는 업무도 포함되며, 또한 사용인이 주관적으로 업무상 사업목적으로 수행하는 것이면 충분하나 사업주에게 그 결과가 영향을 주는 것이어야 할 것이다.

그리고 사용인은 반드시 영업주 자신이 직접 자기의 사업에 종사시키는 자임을 필요로 하지 않으며, 사용인이 일용노동자를 고용한 자도 포함되고, 사업을 위하여 직접·간접으로 사업주의 통제감독하에서 그 사업에 종사하는 자를 말하기 때문에 넓은 의미로 해석하여야 옳을 것이다.

또한, 본인의 업무에 관한 사용인의 행위에 대해서는 그 사용인이 처벌되거나 되지 않거나를 불문하고 영업주는 처벌되는 것이며, 행위자인 사용인과는 별개의 구성요건충족으로서 처벌되는 것이고, 과형은 벌금형이 원칙이다.

한편, 관세법 제281조 제1항에는 이상의 경우에 있어서 본인이 위반행위를 방지하는 방도가 없었음을 증명하는 때에는 처벌하지 아니한다라고 하여 전술한 본인에 대한 처벌은 전가책임이 아니고 과실책임이라는 것을 명시하고 있다. 이 책임은 경과실책임이므로 통상적 주의의무를 다하여도 책임을 면치 못한다. 방지할 방도가 없음을 증명할 경우란 고도의 주의의무를 다해도 방지할 수 없었다는 증명으로서, 불가항력적인 사유가 아니면 면책이 어려울 것이다. 이때에 방지할 방도가 없었다는 증명의 거증책임은 영업주 본인에게 있다.

또한 추정의 경우 영업주를 범인으로 보는 특례규정이 있다. 즉, 양벌규정에 있어서 영업주인 본인과 제280조의 법인 등의 사용인에 대하여 몰수에 갈음하는 추징을 할 때에는 범인인 사용인으로부터 추징하는 것이 아니라 영업주 본인을 범인으로 간주하여 영업주로부터 추징한다.

2. 법인처벌에 관한 규정

법인인 임원·직원·사용인이 법인의 업무에 관하여 이 법에 규정한 벌칙에 위반되는 행위를 한 때에는 그 행위자를 처벌하는 외에 법인도 처벌한다.

법인의 범죄능력을 부정하는 학설도 있으나 행위자를 처벌하는 동시에 법인도 처벌함으로써 침해된 재정권을 효과적으로 회복할 뿐만 아니라 범죄의 예방도 꾀할 수 있기 때문에 법인도 처벌하는 것이 재정범처벌의 통례로 되어 있다. 그러나 불가항력이 경우로서 면책사유에 해당될 때에는 그 법인을 처벌하지 아니한다.

2 관세형법각칙

1 밀수출입죄

관세법 제269조 ①항에서 "수출입금지물품을 수출하거나 수입한 자는 10년 이하의 징역 또는 2,000만원 이하의 벌금에 처하고 그 물품은 몰수한다"라고 규정하고 있고, 그리고 이러한 밀수출입행위의 예비 및 미수행위도 본법에 준하여 처벌하도록 정하고 있다. 동조에서 금지품으로 규정된 물품은 국헌을 문란하게 하는 물품, 공안 또는 풍속을 해하는 물품, 정부의 기밀을 누설하거나 첩보에 공하는 물품, 그리고 화폐 등의 위조품·변조품·모조품 및 상표권침해물품 등이다. 이러한 물품은 본조의 객체로서 국가의 안보, 사회 공안의 질서, 선량한 풍속, 유가증권의 진정과 공공의 신용, 기타 공익을 해할 우려가 있기 때문에 관세법에서 수출입을 금지하고 있는 것이며, 타법률에서도 이러한 물품의 수출입을 금하고 있다. 따라서 본조의 범의는 본조의 객체를 수출입한다는 인식만으로 충분하며 위법의 인식은 요하지 않는다.

또한 행위는 이의 수출입행위이다. 본조는 수출입행위를 벌하는 것이므로 밀수를 하든, 정상적인 절차에 의하여 세관에 신고한 후 통관하든 관계없이 본조를 구성한다. 본조의 처벌은 10년 이하의 징역 또는 2,000만원 이하의 벌금에 처하고, 그 물품은 몰수하나 그 시가가 2,000만원 이상인 때에는 전술한 특가법 등에 관한 법률에 따라 무기 또는 10년 이상의 징역에 처벌됨을 주의할 필요가 있다.

2 밀수입죄

관세법 제241조 제①, ②항에서는 물품을 수출·수입 또는 반송하고자 할 때에는 그 물품의 품명·규격 및 가격 기타 대통령령이 정하는 사항을 세관장에게 간이신고 및 입항전 수입신고를 하여야 한다고 규정하고 있으며, 그 신고를 세관장이 수리하면 그 물품을 수출·수입 또는 반송을 할 수 있다. 이 규정은 관세법의 통관법적성격의 핵심이므로 이 규정에 의한 수입의 신고를 하지 아니하거나 수입신고는 하였으나 당해 수입물품과 다른 물품으로 신고하여 물품을 수입하면 본 죄가 성립하도록 하여 통관법으로서의 관세법의 목적을 달성할 수 있도록 하였다.

죄의 객체 즉 행위의 대상은 수입의 신고를 하여야 수입을 할 수 있는 물품이다. 따라서 관세법 제241조 제①,②항의 규정에 의한 수입의 신고를 하지 아니하여도 수입을 할 수 있는 다음 물품은 이 죄의 객체가 아니다.

① 관세법의 규정에 의하여 수입의 신고를 생략하는 다음 물품. 다만 수입에 있어서 법령이 정하는 바에 의하여 허가·승인·표시·기타 조건의 구비를 요하는 물품은 제외한다.

i) 관세가 면제되는 여행자휴대품

ii) 관세가 면제되는 승무원휴대품

iii) 우편물(세관장에게 수입신고하여야 하는 것은 제외한다)

iv) 국제운송을 위한 컨테이너(별표 세율표 중 무세인 것에 한한다)

v) 기타 서류, 소액면세물품 등 신속한 통관을 위하여 필요하다고 인정하여 관세청장이 정하는 탁송품 또는 별송품

② 운송수단에 해당하는 선박·항공기 또는 차량

이들 물품은 관세법의 규정을 적용받지 아니하고 관세법의 다른 규정 또는 그 하부 규정 등에서 정하는 간이한 절차의 이행으로 수입을 하기 때문에 이 죄의 객체가 될 수 없다.

③ 관세법 '즉시반출'규정에 따른 수입신고전 물품 즉시 반출대상자는 역시 본죄의 객체가 아니다.

본죄의 구성요건은 수입신고를 하지 아니하거나 수입신고는 하였으나 당해 수입물품과 다른 물품을 신고하여 수입하는 행위이다.

이 경우 5년 이하의 징역 또는 관세액의 10배와 물품원가 중 높은 금액이하에 상당하는 벌금에 처한다.

3 밀수출죄

본 죄는 세관장에게 수출신고 또는 반송신고를 하지 아니하거나, 신고는 하였으나 당해 수출물품 또는 반송물품과 다른 물품으로 신고하여 물품을 수출 또는 반송함으로써 성립하는 범죄이다. 이러한 행위를 범죄로서 처벌하는 것은 정확한 수출신고 또는 반송신고를 하여 수출 또는 반송하게 함으로써 통관법으로서의 관세법의 목적을 달성하고 아울러 무역통계의 정확을 기하는 데 그 목적이 있다.

본 죄의 객체 즉 행위의 대상은 수출 또는 반송의 신고를 하여야 수출 또는 반송을 할 수 있는 물품이다. 따라서 관세법 제241조 제①,②항의 규정에 의한 수출 또는 반송의 신고를 하지 아니하여도 수출 또는 반송을 할 수 있는 다음 물품은 이 죄의 객체가 아니다.

① 관세법의 규정에 의하여 수출 또는 반송의 신고를 생략하는 다음 물품. 다만, 수출 또는 반송에 있어서 법령이 정하는 바에 의하여 허가·승인·표시·기타 조건의 구비를 요하는 물품은 제외한다.

i) 우편물(세관장에게 수출 또는 반송의 신고를 하여야 하는 것은 제외한다)

ii) 국제운송을 위한 컨테이너(별표 세율표 중 무세인 것에 한한다)

iii) 기타 서류, 소액면세물품 등 신속한 통관을 위하여 필요하다고 인정하여 관세청장이 정하는 탁송품 또는 별송품

② 선(기)용품 및 선(기) 내 판매용품

③ 운송수단에 해당하는 선박·항공기 또는 차량

이들 물품은 관세법의 규정을 적용받지 아니하고 관세법의 다른 규정 또는 그 하부 규정 등에서 정하는 간이한 절차의 이행으로 수출 또는 반송을 하기 때문에 이 죄의 객체가 될 수 없다.

본 죄의 위반에 대한 처벌은 전술한 밀수입죄와 같다

4 관세포탈죄

① 수출입신고·반송의 신고·간이물품신고 및 입항전신고의 규정에 의한 수입신고를 한자 중 다음의 각호의 1에 해당한 자는 3년 이하의 징역 또는 포탈한 관세액의 5배와 물품원가 중 높은 금액이하에 상당하는 벌금에 처한다.
이 경우 제1호의 물품원가는 전체물품 중 포탈한 세액의 전체 세액에 대한 비율에 해당하는 물품만의 원가로 한다.

i) 세액결정에 영향을 미치기 위하여 과세가격 또는 관세율 등을 허위로 신고하거나 신고하지 아니하고 수입한 자

ii) 법령에 의하여 수입이 제한된 사항을 회피할 목적으로 부분품으로 수입하거나 주요 특성을 갖춘 미완성·불완전한 물품 또는 완제품을 부분품으로 분해하여 수입한 자

② 상기 ①의 규정에 의한 수입신고를 한자 중 법령에 의하여 수입에 필요한 허가·허가·승인·추천·증명 기타 조건을 구비하지 아니하거나 허위 기타 부정한 방법으로 구비하여 수입한 자는 3년 이하의 징역 또는 3천만원 이하의 벌금에 처한다.

③ 수출입신고·반송신고 규정에 의한 수출신고를 한자 중 법령에 의하여 수출에 필요한 허가·승인·추천·증명 기타 조건을 구비하지 아니하거나 사위(사위(詐僞)) 기타 부정한 방법으로 구비하여 수출한 자는 1년 이하의 징역 또는 2천만원 이하의 벌금에 처한다.

④ 사위 기타 부정한 방법으로 관세의 감면을 받거나 관세의 감면을 받은 물품에 대한 관세의 징수를 면탈한 자는 3년 이하의 징역 또는 면탈관세액의 5배 이하에 상당한 벌금에 처한다.

⑤ 사위 기타 부정한 방법으로 관세의 환급을 받은 자는 3년 이하의 징역 또는 환급 받은 세액의 5배 이하에 상당하는 벌금에 처한다.

이 경우 세관장은 사위 기타 부정한 방법으로 환급받은 세액을 즉시 징수한다.

본 죄의 주체는 물품을 수출입하고자 세관장에게 수출입신고, 반송신고, 간이신고 등을 한 자이다. 수출입신고를 할 수 있는 자는 화주·관세사·관세사법인 또는 통관취급법인이다.

본 죄의 객체 즉 행위의 대상은 관세율표상의 유세품이다. 따라서 관세율표상의 무세품은 본 죄의 객체가 될 수 없다.

본 죄가 성립하기 위해서는 사위 기타 부정한 방법으로 ① 관세의 전부 또는 일부를 포탈하거나, ② 관세의 감면을 받거나, ③ 관세의 감면을 받은 물품에 대한 관세의 징수를 면탈하거나, ④ 관세의 환급을 받은 자를 처벌하는 바, 처벌의 목적은 탈세를 방지함으로써 국고수입을 확보하려는 데 있다.

본 죄는 가장 중대하고 주종적인 범죄이며 근원적인 범죄로서 전형적인 재정범에 속하나 근래에 와서 밀수수법이 전문화 내지 대형화 되어가므로 자유형을 병과하는 등 중형에 처하고 있다.

본 죄는 유세품에 대한 관세포탈행위를 대상으로 하는 것이므로 무세품의 수출입행위에 대하여는 성립하지 않는다.

본 죄는 관세채권의 구체적인 확정을 위배하는 일체의 경우를 말한다.

예를 들면 ① 정상적으로 수입신고를 하더라도 고의로 저가신고를 하여 과세가격 결정에 착오를 일으키게 하는 경우, ② 보세구역에 장치한 물품을 수입신고 수리전에 무단반출한 경우, ③ 밀수입을 하여 관세의 부과를 불능케한 경우, ④ 면세조건을 허위로 신고하여 관세의 감면을 받은 경우라 하겠다.

본 죄가 성립하려면 부정한 수단으로 물품을 수입 또는 보세구역으로부터 무단반출하여 이로 인하여 관세를 포탈하려는 고의성이 있어야 한다.

5 밀수전용운반기구몰수

금지품수출입죄 및 밀수출입죄에 전용되는 선박·자동차 기타 운반기구를 그 소유자가 범죄에 사용되는 것을 알고 있으면서도 ① 범죄물품을 적재하거나 적재하고자 한 때 또는 적재하였던 사실이 있는 때, ② 검거를 기피하기 위하여 권한있는 공무원의 정지명령을 받고 정지하지 아니하거나, 적재된 범죄물품을 해상에서 투기·파기 또는 훼손한 때, ③ 범죄물품을 해상에서 인취하거나 인취하고자 한 때, ④ 범죄물품을 운반한 때에는 이를 몰수한다고 규정한다.

몰수요건으로서는, 첫째 선박소유자가 자기 소유의 선박이 범행에 사용되는 것을 알고 있어야 하며, 둘째 밀수에 전용되어야 하고, 셋째 밀수의 실행수단으로 이용되었거나 되려고 하여야 하며, 넷째 선박 이외 자동차·항공기·수레 등 운반기구이어야 한다.

여기에서 전용(used only for)이라고 함은 오로지 밀수에만 사용되어야 한다는 뜻이지만 그 전용의 범위는 상대적 의미이며 절대적은 아니다. 따라서 선박운항의 주목적은 밀수에 있고, 부수적으로 또는 위장하기 위하여 수출품을 선적하는 경우도 전용되었다고 보아야 옳은 것이다.

전용한 운반구 역시 처음부터 밀수품만을 운반하기 위하여 제작 또는 취득한 운반구를 지칭하는 것이라고 협의로 해석해서는 안 될 것이다. 그리고 전용운반구의 몰수는 필요적인 몰수로서 몰수할 수 있다는 임의규정과는 다르다. 이와 같이 밀수용 운반기구를 몰수함으로써 밀수품의 양육·거래·운반 등의 행위를 못하게 근절하고자 함이 본조의 취지이다. 여기서 주의하여야 할 것은 그 물품의 소유주가 밀수품운반에 사용된다는 정을 몰랐다면 누구의 소유이든 불문하고 몰수할 수는 없다. 이는 범죄와 관련없는 자의 사유재산을 몰수한다는 것은 실정에 위배되기 때문이다.

그리고 본 조의 몰수는 병과되는 것이 보통이며, 불법이득의 경우의 밀수품에 대한 몰수형과 달리 그 대가를 추징당하지는 아니한다.[131)]

6 범죄공용품몰수

금지품수출입죄 밀수출입죄에 공하기 위하여 특수한 가공을 한 물품은 누구의 소유이든 이를 몰수하거나 그 효용을 훼멸한다. 그리고 전죄에 해당하는 물품이 타물품에 포함되어 있을 때에는 그 물품이 범인의 소유인 경우에는 다른 물품도 몰수할 수 있다라고 하여, 범죄공용물품의 몰수나 효용의 훼멸과 밀수품이 타물품에 포함되어 있을 때 몰수할 수 있는 경우 등에 대하여 규정하고 있다. 따라서 전자는 밀수전용운반기구가 아닌 특수한 가공을 한 물품으로서, 예컨대 이중가방이나 이중상자나 기타 의류·신발류·완구 등에 보석·귀금속·시계 등의 고가품을 밀수입하기 위하여 특수장치를 한 경우 등을 말하고, 그렇게 가공한 물품이면 그 소유주를 불문하고, 범행에 사용하였던 것이든지 하려고 하는 것이든지 밀수하기 위하여 특수가공을 한 이상 몰수하거나 멸각한다.

그리고 후자의 경우에는 몰수품이 타물품에 포함되어 있을 경우에 그 물품이 범인의

131) 법령에 있어서는 법인이 범죄공용품이나 공용하려면 물품과 소유하거나 범죄공용품이나 장물이라는 정을 알면서 범인 이외의 자가 취득하였을 경우에 이를 몰수할 수 있게 하였고, 또 몰수할 수 없을 때에는 그 가액으로 추징하도록(형법 제48조 '몰수의 대상과 추징' 참조)하였는데, 이 규정과 취지가 전혀 다른 특별규정을 관세법은 설정한 것이다.

소유인 때에 한하여 몰수할 수 있도록 하였는데, 이를테면 보석을 밀수입하여 금은방에서 반지를 만들었다든지, 금을 밀수입하여 은과 같이 녹여서 합제품을 제조한 경우 등으로서, 이때에는 그 물품이 범인의 소유인 경우에 한하여 몰수할 수 있도록 하였으나, 그 비율로 보아 서 몰수 여부를 결정하되 그렇지 않을 때에는 밀수품의 범칙 당시 국내도매가격을 추징하는 것이 타당하리라고 생각한다. 후자의 몰수는 임의적인 규정으로서 경우에 따라서는 몰수하지 않을 수도 있을 것이다. 본조는 밀수행위의 방지와 예방 및 밀수품의 거래를 방지하려는 데 그 목적이 있다.

7 밀수품의 취득죄

밀수품의 취득죄 등은 금지품수출입죄 · 밀수출입죄 및 관세법 제270조(관세포탈죄) 제①항2호(법령에 의하여 수입이 제한된 사항을 회피할 목적으로 부분품으로 수입하거나 주요 특성을 갖춘 미완성·불완전한 물품 또는 완제품을 부분품으로 분해하여 수입한 물품), 동조 제②, ③항(수출입조건미구비 또는 사위 기타 부정한 방법으로 구비하여 수출입한 물품)에 해당하는 범칙물품을 취득·양여·운반·보관하거나 알선함으로써 성립하는 범죄이다. 본 죄는 밀수행위에 따른 밀수품을 취득·양여·운반·보관하거나 알선하는 행위를 한 자를 밀수범의 종범으로 하지 않고, 독립범으로 규정하여 이를 처벌함으로써 간접적으로 밀수방지를 꾀하려는 데 그 목적이 있다. 따라서 본 죄는 밀수죄의 발생을 억제하기 위하여 이들 범죄를 조장·유발하거나 또는 그 실행을 용이하게 하려는 모든 행위를 배제하려는 데 의의가 있다.

본 죄는 본범(밀수범인 주범) 이외의 자가 범행하는 것이 필요하다. 본 범의 공범은 공동으로 범죄를 실행한 자이기 때문에 공동정범이 되며, 공범자가 본 조에서 정한 각 행위를 하여도 본 죄를 구성하지 아니한다. 그리고 본 죄가 성립하기 위해서는 행위자가 위법으로 수입된 것이라는 인식이 필요하다.

본 죄의 객체는 금지품수출입죄·밀수출입죄 및 관세포탈죄의 물품이다. 그러므로 본 죄가 성립하려면 이상 범죄의 위법요건을 갖추어야 하며, 본 범은 범죄성립의 책임요건을 갖추어야 할 필요는 없다. 따라서 책임무능력자의 행위에 의하여 위법으로 수입된 경우에는 본 죄가 성립함은 물론이다. 또한 본 범이 관세법의 효력이 미치지 않는, 즉 외교관 등에 의하여 실행된 경우나 본 범에 고의가 없는 경우에도 본 죄의 장물로서의 성질을 갖는다. 밀수장물의 본질은 밀수에 의하여 위법으로 취득된 것이므로 그 물품이 적법하게 취득된 때에는 장물성이 상실된다.

한편, 본 죄의 행위는 그 정을 알고 장물을 취득·양여·운반·보관하거나 알선하는 것이다. 여기서 취득은 유상·무상으로 장물의 소유권을 취득함으로써 성립한다.

취득은 의사표시만으로는 부족하고 현실적으로 처분권을 취득하여야 하며, 매매 · 교환 또는 변제 등에 의하거나 그 방법은 불문하며, 반드시 그 물품의 점유를 요하지 않는다. 취득시에는 밀수장물의 정을 몰랐으나 그 후에 알았을 때에는 취득죄는 성립하지 않고 보관죄가 성립될 뿐이다.

양여는 유상 · 무상을 불문하고 장물을 제3자에게 수여하는 것이지만, 현실적으로는 장물의 수여가 있어야 하며, 상대방의 밀수장물에 대한 인식의 유무는 상관없다. 그러나 양여는 본 범이나 장물을 취득하는 자만이 할 수 있는데, 이 경우 전자는 본 범으로 처벌되고 후자는 취득죄에 해당되어 입법론으로는 의문이다. 다만 밀수장물인 정을 알지 못하고 취득한 뒤에 그 정을 알면서 이를 제3자에게 양여하는 경우에는 양여죄가 성립되며, 이 경우에는 역시 전술한 보관죄도 성립될 것이다.

그리고 운반은 밀수장물의 장소적 이전, 즉 이전하는 것으로서 유상·무상을 불문하고, 밀수공범자인 본 범이 장물을 운반한 때에는 취득죄의 하나로 처벌된다. 그리고 밀수범죄행위의 기수 전 밀수품을 운반하는 것은 본 죄의 방조행위로서 종범이 되는 것이며 본 죄가 성립되는 것은 아니다.

보관은 위임을 받아 장물을 현실적으로 자기의 관리하에 두는 것으로서 유상·무상을 불문하고 은닉 여부도 본죄 성립에는 영향이 없다. 보관은 밀수장물을 화물로서 받거나 담보물로서 또는 임대차에 의하여 보관한 것도 포함하고, 보관 당시 장물이란 정을 몰랐는데 뒤에 알고 계속하여 보관한 경우에는 그 정을 안 때로부터 본죄가 성립한다.

알선은 법률상 또는 사실상 유상이나 무상을 불문하며, 처분행위를 원활히 성립할 수 있도록 양당사자간에 주선하는 행위이다. 또한 자기의 명의로 하든 타인의 명의로 하든 처분행위를 주선하는 행위는 알선하는 것으로 볼 수 있다.

끝으로 본죄의 처벌은 3년 이하의 징역 또는 그 물품원가 이하의 벌금에 처하고 범인의 소유 또는 점유하는 물품은 몰수한다. 예비를 한자와 미수범도 이를 처벌한다.

8 허위신고죄

다음 각 호의 1에 해당하는 자는 물품원가 또는 2천만원 중 높은 금액이하의 벌금에 처한다.

① 관세법 제198조(종합보세사업장의 설치·운영에 관한 신고 등) 제①항의 규정에 의한 종합보세사업장의 설치·운영에 관한 신고를 하지 아니하고 종합보세기능을 수행한 자

② 관세법 제204조(종합보세구역지정의 취소 등) 제②항의 규정에 의한 세관장의 중지조치에 위반하여 종합보세기능을 수행한 자

③ 관세법 제238조(보세구역의 반입명령)의 규정에 의한 보세구역반입명령에 대하여

반입대상 물품의 전부 또는 일부를 반입하지 아니한 자

④ 관세법 제241조(수출·수입 또는 반송의 신고) 또는 제244조(입항전수입신고)의 규정에 의한 신고를 함에 있어서 제241조 제①항에 규정된 사항을 신고하지 아니하거나 허위신고를 한 자

⑤ 관세법 제248조(신고의 수리) 제③항의 규정에 위반한 자

3 관세질서벌

1 관세질서벌과 형법총칙

관세법상의 의무위반에 대한 제재로서 일반통치권에 의하여 과하는 처벌을 관세행정벌이라 하고 그 처벌의 내용에 따라 관세형벌과 관세질서벌로 구분된다.

관세질서벌은 관세법상의 의무위반에 대한 제재이긴 하나 형법상의 형명이 없는 벌 즉 과태료를 부과하는 것으로서 이는 직접적으로 관세행정 목적을 침해하는 것이 아니고 일정한 보고·신고·등록 등의 의무를 태만히 함으로써 간접적으로 행정목적 달성에 장해를 미치는 위험성이 있는 행위 즉 관세행정질서를 문란케 하는 행위에 대한 제재로 과하여 지는 것이다.

따라서 형법상의 형벌이 아닌 과태료를 부과하는 관세질서벌에 대하여는 형법총칙이나 형법이론이 적용될 여지가 없는 것이다.

또한 관세법상의 양벌이나 법인처벌을 할 수 없다.

2 과벌(科罰)절차

행정질서벌인 과태료는 과태료에 처할 자의 주소지를 관할하는 지방법원이 비송사건 절차법에 따른 재판절차에 의하여 과하는 것이 원칙이나 관세질서벌의 경우는 관세법 제277조(과태료)에 특례규정을 두어 일차적으로 세관장이 과태료를 부과 · 징수하도록 하고 불복이 있을 경우에는 법원에 통보하여 비송사건 절차법에 따라 재판을 받도록 규정하고 있다.

과태료를 부과할 때에는 세관장은 당해 위반행위를 조사 · 확인한 후 위반사실과 과태료 요금 등을 명시한 서면으로 이를 납부할 것을 과태료처분 대상자에게 통지하여야 한다.

또한 세관장은 과태료를 부과하고자 하는 경우에는 10일 이상의 기간을 정하여 동 처분대상자에게 구술 또는 서면에 의한 의견진술의 기회를 주어야 하며 지정된 기일까지 의견진술이 없는 경우에는 의견이 없는 것으로 간주한다.

과태료 처분을 받은 자가 소정의 기간 내에 이의를 제기하지 아니하고 과태료도 납부하지 아니한 때에는 국세기본법과 국세징수법의 예에 의하여 징수한다.

과태료 처분에 불복이 있는 자는 그 처분의 신고를 받은 날로부터 30일 이내에 세관장에게 이의를 제기할 수 있다.

이의제기가 있을 때에는 세관장은 지체없이 관할법원에 그 사실을 통보하여야 하며 그 통보를 받은 관할법원은 비송사건절차법에 의한 재판을 한다.

4 관세범의 조사와 처분

❶ 개요

관세범이라 함은 관세법 또는 관세법에 의한 명령에 위반하는 행위로서 관세법에 의하여 처벌되는 자를 말한다. 이와 같은 관세범에 대한 국가의 과형권을 실행하기 위하여 국가기관이 소정의 법적 절차에 의거 그 죄의 존부와 그 범위를 확정하려면 죄가 될 사건의 유무를 조사하여야 하고, 이러한 조사가 끝나면 일정처분을 하여야 하는데, 이상과 같은 조사와 처분에 대하여 관세법은 형사소송법 규정과는 별도로 제12장에 규정하고 있다.

관세법에 이러한 조사와 처분에 대한 특별규정을 둔 것은 관세범의 특수성으로 인하여 일반형사소송 절차에 의하여 수사하지 아니하고 세관공무원에게 제1차적인 조사 · 처분권을 부여하여 관세법 규정에 따라 일단 조사하고 심리판정하게 하여 사법재판에 대신하는 행정처분을 하도록 한 것이다. 즉 관세범의 조사와 처분은 기술적이고 전문적 지식을 가진 세관공무원에게 관세법상 특별히 규정된 조사절차에 따라서 관세범죄의 존부와 형벌의 범위 등을 판정하여 형사소추에 의한 판결은 아니지만 이에 준하는 행정처분(통고처분)을 한다는 것이다.

일반적으로 사법재판은 복잡한 절차와 시간을 요하며, 일상 빈번히 발생하는 관세범을 전부 사법재판에 의하여 복잡한 절차를 거치고 오랜 시일을 요하게 하는 것보다 범인에 대해서도 세관공무원의 간편한 조사를 받아 그 처분에 응하도록 한다는 것은 현실적인 것이다. 물론 이와 같은 행정처분으로서 관세범을 처리한다고 해서 국가의 과형권을 포기하는 것은 결코 아니며, 그 과형권의 실행절차에 앞서 행정처분으로서 1차적 조치를 취하고 이로써 처리할 수 없는 경우에는 2차적으로 국가의 형사소송 절차에 의하여 과형을 한다는 것이다. 따라서 국민의 기본권인 헌법상의 재판을 받을 권리를 박탈하는 것이 아니고 세관의 행정처분에 승복할 수 없을 때에는 정식재판절차에 따라서 처리하게 한다. 한 가지 주의하여야 할 사실은 비록 관세범에 대한 조사·처분에 관한 권한을 세관공무원에게 전담시키고는 있지만 관세범의 조사·처분도 형사범과 같이 개인의 인권과 직접적인 관계가 있으며 또 처벌절차에 있어서도 관세청장 또는 세관장의 고발권을 인정하고 있다는 점에서 형사범에 관한 일반적인 절차법인 형사소송법의 제규정이 준용되고 아울러 개인의 기본적 인권보장에 저해를 초래하는 결과는 방지되어야 한다.

2 관세범의 조사

1. 세관공무원의 조사전담권

관세법은 관세범에 관한 조사처분을 세관공무원이 이를 행한다고 규정하여 세관공무원만이 관세범조사를 전담하도록 하였다. 관세사범에 대하여는 관세법규 등에 정통한 세관공무원으로 하여금 조사를 하게 함으로써 범죄사실에 대한 증거의 확증을 정확하게 하여 국가재정권의 침해에 대한 회복과 범인에 대한 처벌 등 실효성을 거둘 수 있기 때문이다. 따라서 다른 기관이 관세범에 관한 사건을 발견하거나 피의자를 체포하였을 때에는 즉시 관세청 또는 세관에 인계하여야 하고, 또한 관세범이 현행범인이 그 장소에 있을 때에는 누구든지 체포할 수 있으나 범인을 체포한 때에는 지체없이 세관공무원에게 인도하여야 한다. 그리고 관세법에는 관세범에 대한 제 1차적인 처벌권을 관세청장 또는 세관장에게 부여하고, 관세청장 또는 세관장의 고발없이는 관세범에 대한 사건을 검사가 공소를 제기하지 못하도록 규정한다.

한편, 세관공무원의 관세범조사전담권한의 실효를 꾀하기 위하여 관세청장의 제청에 의하여 검찰청장의 지명을 받은 세관공무원과 세관장의 제청에 의하여 그 관할지방검찰청장 검사장이 지명한 세관공무원은 관세범에 관한 사법경찰관리의 직무를 대행하도록 하고 있다. 이 경우에 사법경찰관리로서 지명된 세관공무원은 사법경찰관리의 본질상 수사에 있어서 형사소송법 또는 검찰청법에 의하여 검사의 지휘·감독을 받아야 함은 물론이다.

2. 조사개시 및 방법

(1) 임의조사

관세범에 관한 조사는 세관공무원이 관세범이 있다고 인정할 때에 개시한다. 관세범이 있다고 인정하는 사유는 불문하며, 주관적 확신이나 객관적 근거를 요하지 않고 다만 범죄혐의가 있다고 인정하면 충분하나 조사에 착수할 만한 합리적 근거는 있어야 할 것이다. 세관공무원의 주관적 판단하에 시작한 조사는 점차 객관적인 사실로 발현될 것이다. 조사방법으로는 임의조사와 강제조사가 있다. 전자는 법률의 규정에 의한 근거가 없이도 행할 수 있으며 피조사자의 의사에 반하지 않고 피조사자의 자의적인 동의하에 행하는 조사이다. 조사는 개인의 기본적 인권에 대한 침해를 수반하는 것이므로 인권을 존중하는 견지에서 볼 때 엄격한 법률적 규제를 받게 되어 있기 때문에 가능한 한 임의조사방법에 의하여 조사함을 원칙으로 하되, 범죄사실의 신속한 발견 및 확실성을 보장하기 위하여 부득이한 경우에 한하여 강제조사를 인정하여야 할 것이다. 관세법상 임의조사에 의한 방법에는 소환·출석 및 동행, 심문, 임검, 개시요구 등이 있다.

1) 소환 (召喚)

소환이라 함은 피의자·증인 또는 참고인에 대하여 일정한 일시에 지정한 장소에 출석할 것을 명하는 처분이며, 출석은 이와 같은 출석요구에 대하여 지정장소까지 출두하는 것을 말하고, 동행은 지정장소까지 세관공무원과 함께 가는 것을 말한다. 소환·출석 및 동행명령은 임의처분이므로 그 처분을 받은 자가 이에 응하지 않을 수도 있다. 그리고 이러한 소환 등의 처분은 세관공무원이 관세범죄 조사상 필요하다고 인정할 때에 한하며, 특히 소환의 경우에는 소환장을 발하도록 되어 있다.

2) 심문 (訊問)

심문이라 함은 권한있는 국가기관이 어떤 사람에 대하여 어떤 사건에 관하여 자기가 지득한 사실 또는 의사의 공술을 명하는 처분으로서, 관세범칙 사건에 관한 범인, 범죄사실 및 증거 등의 조사시 필요하다고 인정할 때에 한하여 피의자·증인·참고인에게 행한다. 세관공무원이 피의자·증인 또는 참고인을 심문하였을 때에는 조서를 작성하여야 하고, 조서는 세관공무원이 공술자에게 읽어주거나 열람하게 하여 그 기재사항의 상위 유무를 문의하여야 하며, 공술자가 증감변경의 청구를 하였을 때에는 그 공술을 조서에 기재하여야 하고, 당해 조서에는 연월일과 장소를 기재하고 심문을 한 자, 공술자와 입회인이 같이 서명·날인하도록 한다.

한편 세관공무원이 심문을 할 때에는 제복을 착용하거나 그 신분을 증명할 증표를 휴대하고, 그 처분을 받은 자의 요구가 있을 때에는 이를 제시하여야 한다. 이는 세관공무원의 처분이 정당하고 합법적임을 피심문자에게 인식시키기 위한 때문이며, 이때에 처분을 할 세관공무원이 제복을 착용하지 아니한 경우 그 신분을 증명할 증표제시의 요구에 불응할 때에는 처분을 거부할 수 있다. 세관공무원이 피의자·증인 또는 참고인에 대하여 심문을 할 때에는 누구를 막론하고 그 장소에 출입을 금할 수 있고, 필요하다고 인정할 때에는 경찰관리의 원조를 요구할 수도 있다.

3) 임검 (臨檢)

임검이라 함은 일정한 장소에 임하여 장소 또는 물건의 존재와 상태를 오관의 작용에 의하여 실험하고 인식하는 처분을 말한다. 임검은 반드시 수색하기 위하여 행하는 것이며, 이에 의하여 범칙사실의 인식을 얻으려고 하는 세관공무원의 독립된 처분이다. 관세법은 세관공무원이 관세범조사상 필요하다고 인정할 때에는 선박·차량·항공기·창고 기타의 장소에서 임검할 수 있다고 규정한다. 임검조서의 작성, 세관공무원의 신분증명, 조사중 출입금정, 경찰관리의 원조 등에 관한 사항은 심문의 경우에서 본 바와 같다. 다만, 임검시점은 일몰로부터 일출까지는 할 수 없도록 제한함으로써 사생활의 안정을 못하도록 임검의 야간집행을 제한한다. 그럼에도 불구하고, 현행범이나 이미 개시한 임검은 계속할 수 있다.

4) 개시요구 (開始要求)

개시요구는 신변에 은닉 또는 소지하고 있는 물품의 제시를 요구하는 것을 말한다. 관세법은 세관공무원이 피의자와 범죄사실을 증명하기에 충분한 물품을 신변에 은닉하였다고 인정할 때에는 그 개시를 요구할 수 있다고 규정한다.

(2) 강제조사

이상과 같이 관세범의 조사에 있어서는 임의적 조사에 의함이 원칙이지만 임의적 조사로 목적을 달성할 수 없을 때에는 강제조사방법에 의할 수밖에 없다. 관세법상 강제조사의 방법에는 수색, 압수, 현행범이 체포 및 구속 등이 있다.

강제조사는 인권침해의 위험성이 많기 때문에 관세법 또는 형사소송법에 규정이 있는 경우에만 할 수 있다. 헌법에도 원칙적으로 법관의 영장을 가지고 강제처분을 할 수 있도록 규정한다.

1) 수색

수색이라 함은 일정장소에 관하여 물건 또는 사람의 발견을 목적으로 하는 수색이며, 압수와 밀접한 관련을 갖는다. 따라서 영장도 압수수색영장이라는 동일한 영장이 발부된다. 관세법이 인정하는 수색의 범위는 선박·차량·항공기·창고 및 기타의 장소와 그 소지인 · 관리인 또는 동거의 친척·용인·인인(隣人)등이고, 이중 친척·용인·인인(隣人)은 성년자라야 하며 세관공무원의 수색을 공정하게 집행하도록 하기 위해서 입회제도를 두고 있다. 특히, 부녀자의 신변수색시에는 성년의 부녀를 입회하도록 하지만, 급속을 요구하는 경우에는 그러하지 아니한다라고 규정함으로써 수색의 공정성 확보와 부녀자라는 신체적 특수성을 고려할 때 입법론으로서는 찬성할 수 없다고 본다.

그 밖에 수색조서의 작성, 세관공무원의 신분증명, 조사 중의 출입금지, 야간집행의 제한, 경찰관의 원조 등에 관한 규정은 이미 앞에서 설명한 바와 같다.

2) 압수

압수할 수 있는 경우에 대하여 관세법은 세관공무원이 관세범조사에 의하여 발견한 물품이 범죄의 사실을 증명하기에 충분하거나, 또는 몰수 할 것으로 인정될 때라고 규정하고 있다. 압수한 물품에는 봉인하여야 한다. 다만, 물품의 성상에 따라 봉인할 필요가 없거나 봉인이 곤란하다고 인정하는 경우에는 예외로 한다.

몰수할 것으로 인정될 때라 함은 필요적 몰수뿐만 아니라, 임의적 몰수의 대상도 포함된다. 압수할 때에는 수색에서와 같이 관할지방법원판사의 압수영장에 의하여 집행하지만, 소유자·점유자 또는 보관자가 임의로 제출한 물품이나 유루한 물품은 영장없이도 압수할 수 있다.

세관공무원의 신분증명, 경찰관리의 원조요구, 조사중의 출입금지, 압수조서의 작성 등은 앞에서 지적한 바와 같다. 다음, 압수물품에 대한 조치와 관련하여 관세법은 보관·매각처분·폐기·국고귀속 등에 관한 일련의 조치사항을 규정하고 있다. 즉, 압수물품은 편의에 의하여 소지자 또는 시·군·읍·면사무소에 보관시킬 수 있도록 하고 이때에는 영수증을 받고 그 요지를 압수 당시의 소지자에게 통지하도록 하고 있다. 압수물품은 원칙적으로 세관관세에 보관하여야 하나 운반 또는 세관관서에 보관이 곤란한 물품에 대하여는 예외적인 보관방법을 인정한 것이다. 그리고 압수물품이 부패 또는 손상 기타 실용시효가 경과될 우려가 있거나 보관상 극히 불편하다고 인정될 때에는 관세청장 또는 세관장은 피의자 또는 관계인에게 통고한 후 매각하여 그 대금을 보관 또는 공탁할 수 있다. 다만, 통고를 함에 있어서 피의자 또는 관계인의 주소 및 거소가 불명하거나 기타의 사유로 인하여 통고할 수 없을 때에는 공고로서 이를 갈음할 수 있다.

또, 압수물품이 사람의 생명 또는 재산을 해할 우려가 있는 것과 부패 또는 변질하였거나 실용시효가 경과되었거나 상품가치를 상실한 것에 대하여는 피의자 또는 관계인에게 통고한 후 폐기할 수 있다. 이때에 통고할 여유가 없을 경우에는 폐기 후 즉시 통고하여야 한다.

그리고 금지품수출입죄·관세포탈죄·밀수출입죄·밀수전용운반기구몰수·범죄공용물품몰수·밀수품의 취득죄 등의 규정에 의하여 몰수할 것으로 인정되는 물품을 압수한 경우에 있어서 범인이 당해 관서에 출두하지 아니하거나 또는 범인이 도주하여 그 물품을 압수한 날로부터 6월을 경과한 때에는 당해 물품을 유실물로 간주하여 유실물 공고를 하고 동 공고일로부터 1년이 경과하여도 소유자 및 범인을 알 수 없는 경우에는 당해 물품을 국고에 귀속한다. 이것은 범인이 불출두 또는 도주로 인하여 몰수 해당 물품을 무조건 장기간 압수해 둘 수 없으므로 일정 기간 경과 후에는 국고에 귀속시켜 국가재정의 확보를 꾀하려는 것이다.

3 관세범의 처분

1. 통고처분

(1) 통고처분의 의의

관세청장 또는 세관장은 관세범의 조사결과 범죄의 확증을 얻은 때에는 그 이유를 명시하고 벌금에 해당하는 금액, 몰수에 해당하는 물품 또는 추징금에 해당하는 금액을 납부할 것을 통고할 수 있으며, 그 통고처분을 받은 자는 벌금 또는 추징금에 상당한 금액에 대하여 가납시킬 수 있다. 그리고 이상과 같은 통고가 있을 때에는 공소의 시효는 중단된다.

관세청장 또는 세관장의 통고처분은 행정처분으로 그 처분을 받은 자가 이를 이행하지 아니하게 되면 그 처분은 효력을 잃게 되고, 이에 따라 세관장은 고발할 수 있을 뿐이지 그 통고처분의 이행을 강제할 수 없다. 통고처분은 어디까지나 그 처분을 받을 자의 보호를 위한 조치이지 세관을 위한 처분은 아닌 것이며, 통고처분으로는 벌금·몰수·추징 이외의 형벌을 과할 수 없는 것이다. 피의자는 법관에 의한 재판을 받을 권리는 언제든지 보유하고 있는 것이지만 관세범은 주로 금전적인 이익을 얻으려는 데 있으므로 금전적인 제재를 과함으로써 어느 정도의 성과는 얻을 수 있다고 기대되는 것이며, 따라서 벌칙자로서도 금전적인 제재를 받고 풀려나는 것이 더 이익이 될 것이므로 통고처분에 대하여 이행을 하게 되는 것이다. 통고처분을 할 때, 첫째 세관공무원의 조사에 의하여 범죄사실을 인정하여야 하고, 둘째 세관장이 통고처분에 의하여 벌 할 것인가 하는 결정이 있어야 하며, 끝으로 벌금액·몰수물품·추징금액을 결정하여 통고처분을 받을 자에게 통고를 하게 된다.

일반적으로 피의자 자신이 범죄사실을 시인하고 개전의 정을 뚜렷하게 가지고 범죄사실이 징역형에 처할 것으로 인정되지 아니할 때 통고처분을 하게 된다. 만약 피의자가 범죄사실을 시인하지 아니함에도 불구하고 세관장이 일방적으로 통고처분을 한다 하여도 그 처분을 받은 자는 통고를 이행하지 아니할 것이므로 통고처분을 할 실익이 없으므로 이때는 통고처분을 하지 아니하고 즉시 고발을 하여야 할 것이다. 통고처분은 세관장의 기속재량으로서 범죄사실이 그 규모·범죄수법·정상으로 보아

징역형에 해당될 때는 세관장은 통고처분을 할 수 없으며, 이때는 고발을 하여야 한다. 최근 통고처분의 기준이 일반적으로 좁혀지고 있으나 고발을 하여야만 범죄가 예방되고 발본색원된다고 볼 수 없는 한, 정상에 따라 통고처분의 범위를 좀 더 넓힐 필요가 있다고 생각된다.

(2) 통고처분의 절차

통고처분의 고지는 통고서의 송달에 의하여야 한다. 따라서 통고처분을 할 때에는 통고서를 작성하여야 하며, 통고에서는 ① 처분을 받을 자의 성명·연령·성별·직업과 주소, ② 벌금에 상당한 금액, 몰수에 해당하는 물품 또는 추징금에 상당하는 금액, ③ 범죄사실, ④ 적용법조, ⑤ 이행장소, ⑥ 통고처분 연월일 등의 사항을 기재하고 처분을 한 자가 이에 서명날인하여야 한다. 그리고 통고처분의 고지에 의하여 관세징수권과 관세환급청구권의 소멸시효가 중단됨은 물론 공소의 시효도 중단된다. 관세범에 관한 공소시효는 처벌될 형량에 따라서 그 기간이 다르다. 공소시효기간은 범죄행위가 종료한 날로부터 진행되어 기간이 만료되면 공소권은 소멸하는 것인데, 관세청장이나 세관장의 통고처분이 있을 때에는 공소시효는 중단되고 그때부터 새로이 공소시효가 기산되도록 하였다. 이것은 시효가 완성되기 직전에 발각된 사건에 대하여 통고처분을 하였을 경우 그 이행을 기다리는 동안 공소시효가 완성된다면 처벌할 방법이 없기 때문에 이에 대비하기 위하여 취하여진 것이다.

색인

숫자 / 영문색인

국문색인

ㄱ

著者 이춘삼(李春三)教授 略歷 및 著作目錄

- 성균관대학교 법과대학 법학과 졸업(법학사)
- 성균관대학교 대학원 무역학과 수료(경제학석사·경제학박사)
- 경남대학교 경상대학 무역학과 교수 및 동대학원 교수 역임
- 성균관대학교 무역대학원·한국외국어대학교 무역대학원 강사 역임
- 사단법인 한국중재학회 감사 역임
- 충청북도 세계화 추진위원회 위원 역임
- 한국무역학회 부회장 역임

▸ **현재**

- 청주대학교 경상대학 경제통상학부 교수
- 한국문화무역학회 부회장
- 전국경제인연합회 자문위원
- 한국관세·무역연구원 자문위원
- 관세사 자격시험 전형위원
- 대한상사중재원 중재인
- 행정자치부 각급 공무원 공채 및 승진시험위원
- 지방고등고시 시험위원

▸ **저서 및 논문**

【저서】

『무역관계법』 법문사, 1980. 『신무역실무론』 박영사, 1981. 『무역학개론, 박영사』 1983. 『무역학세미나(공저)』 박영사, 1985. 『한국관세사(공저)』 한국관세연구소, 1985. 『미국의반덤핑법』 한국경제신문사, 1987. 『대외무역법』 대왕사, 1988. 『국제관세제도론』 동성사, 1991. 『국제상무론』 동성사, 1992. 『무역관계법(전정판)』 법문사, 1995. 『국제통상연습(공저)』 도서출판 두남, 1996. 『무역실무연습(공저)』 도서출판 두남, 1996. 『현대무역학개론』 동성사, 1997. 『세계화와 국제무역(공저)』 동성사, 1997. 『국제통상법,법문사』 1999. 『한국통상법』 법문사, 1999. 『신국제반덤핑법』 청주대학교출판부, 2000. 『신용장과무역결제』 영미디어, 2000. 『시사무역경제』 영미디어, 2000. 『주객관식대외무역법』 영미디어, 2001. 『국제계약론』 대왕사, 2003. 『중국통상법』 대왕사, 2004. 『글로벌 전자무역 상무론』 우용출판사, 2006. 『글로벌 무역의 이해』 우용출판사, 2006. 『글로벌 통상법』 범한, 2007

【논문】

"무역거래상의 대리점제도에 관한 연구", 성균관대학교 무역연구소, 1975. 2. 10.
"무역거래상의 대리점제도의 사법적 측면", 한국관세연구소, 「관세」, 1975. 11. 30.
"해운동맹의 경제적 의의", 한국관세연구소, 「관세」, 1976. 4. 20.
"외국환관리법 위반행위의 사법상 효력", 한국관세연구소, 「관세」, 1976. 10. 10.
"무역계약의 불이행 및 이행불능에 관한 비교법적 고찰", 「명지대학 논문집(II)」, 1976. 12. 25.
"우리나라 수출기업의 해외판매망 확립에 관한 소고", 한국무역협회, 「무역」, 1977. 5. 10.
"무역의 확대와 관세정책의 방향", 한국무역학회, 「무역학회지 제 3 권」 1978. 9. 20.
"외환관리상 지정통화의 확대의의", 한국관세연구소, 「관세」, 1979. 11. 28.
"외화가득율에 관한 연구", 한국관세연구소, 「관세」 , 1980. 2. 28.
"무역관리의 원칙과 내용", 한국관세연구소, 「관세」, 1980. 5. 31.
"탄력관세의 제도적 장치와 운영", 한국관세연구소, 「관세」, 1980. 7. 30.
"수출입절차 간소화 개선안", 한국관세연구소, 「관세」, 1980. 9. 30.
"산업정책과 관세지원", 한국관세연구소, 「관세」, 1980. 9. 30.
"수출주도형 경제개발정책하의 관세개선방향", 한국관세연구소, 「관세」, 1980. 2. 30.

"관세환급에 관한 이론적 검토", 한국관세연구소, 「관세」, 1981. 6. 30.
"국제거래상 대외적 부정경쟁을 방지하기 위한 법률규정", 한국관세연구소, 「관세」, 1981. 8. 30.
"우리나라 관세율 구조의 개선방안에 관한 연구", 청주대학교, 「경상논총 제 22 집」, 1981. 12. 30.
"수출과 관세환급제도", 매일경제신문사, 「매일경제신문」, 1982. 2. 15.
"GATT에 의한 세계자유무역의 운용과 수정", 한국관세연구소, 「관세」, 1982. 2. 30.
"무역계약의 불이행 및 이행불능에 관한 비교 고찰", 대한상사중재원, 「중재」, 1982. 11. 30.
"현행관세의 평가와 방향", 한국관세연구소, 「관세」, 1982. 12. 30.
"관세정책의 체계적 분석", 매일경제신문사,「매일경제신문」, 1983. 2. 7.
"수출지원을 위한 관세환급제의 역할과 과제", 한국관세연구소, 「관세」, 1983. 6. 10.
"관세감면제도 개편과제", 전국경제인연합회, 「전경련」, 1983. 10.10.
"관세제도개편과 그 운용과제", 매일경제신문사, 「매일경제신문」, 1983. 12. 26.
"광고비관세부과의 문제점", 매일경제신문사, 「매일경제신문」, 1984. 1. 23.
"개정관세법의 문제와 운용과제", 대한상사중재원, 「중재」, 1984. 1. 28.
"관세의 관세가격 평가문제", 전국경제인연합회, 「전경련」, 1984. 2. 9.
"관세평가에 관한 비교연구", 한국무역학회, 「학술발표대회논문집」, 1984. 6. 22.
"미국의 수입규제에 관한 법적환경", 전경련, 국제경영원(국제상거래연구세미나), 1984. 12. 20.
"무역거래상의 대리점계약의 본질", 청주대학교 「경상논총 제 25 집」, 1984. 12. 30.
"효율적 수입관리", 전국경제인연합회, 「전경련」, 1985. 2. 18.
"관세의 과세가격결정에 관한 연구", 사단법인 한국조세학회, 「조세논총 제1권」 1985. 12. 20.
"무역관계법의 새로운 정립방향", (1985년도 산학협동재단 학술연구과제), 청주대학교 기업경영연구소, 「경영학논집 제8집」 1986. 1. 30.
"미국통상법의 변천과 불공정무역관행법조의 운영메카니즘", 청주대학교, 「경상논총 제 27 집」, 1986. 11. 25.
"미국의 통상규제에 관한 연구 - 반덤핑법제를 중심으로 -", 성균관대학교 대학원 무역학과 박사학위청구논문, 1987. 4. 1.
"선진국형 간이통관절차방향에 관한 연구", (1986년도 산학합동재단 학술연구과제), 청주대학교 「경영논총 제 28 집」 1987. 12. 30.
"미국반덤핑법의 전개", 청주대학교 산업경영연구소, 「산업경영연구」, (제11권 1호 제11집), 1987. 8. 25.
"미국반덤핑법상 산업피해기준의 해석론", (설곡 한동호박사 정년기념논문집), 1988. 8. 20.
"덤핑의 결정기준에 관한 가격구조의 검토", 청주대학교 산업경영연구소, 「산업경영연구」(제 12권 1호 제13집), 1988. 8. 25.
"산업피해의 범위 및 기준에 관한 연구", 청주대학교 산업경영연구소, 「산업경영연구」(제13권1호 제14집), 1990. 8. 25.
"미국EC의 상계관세제도에 관한 연구", (1989년도 교육부 학술연구과제), 한국무역학회, 「무역학회지(제15권), 1990. 3. 10.
"개방경제시대에 대응한 관세환급제도의 효율적 운용방안", (1990년도 재무부 관세국 관세연구용역과제), 1990. 6. 30.
"관세환급제도를 중심으로한 일본관세정책의 평가와 시사점", 한국관세연구소, 「관세」 1991. 2. 3. 4. 5. 월호(제23권 제245호 내지 제248호).
"관세환급제도의 개편방향", 한국관세연구소, 「관세」, 1991, 6. 7. 8. 9월호 (제23권 제 249~252 호).
"미국반덤핑법의 문제점과 대응전략", 한국관세연구소, 「관세」, 1991.12, 1992. 1. 3. 4. 5. 6. 7. 8. 9. 10. 11월호, (통권 제23권 제255호 및 통권 제24권 제 256 호, 제258호~266호).
"관세환급제도의 개선방안". 한국국제상학회, 「국제상학」 제7권 2호 1992. 11.
"일본의 관세정책에 관한 실증적분석", 한국무역학회. 「무역학회지」, 제19권1. 1994. 4.
"새 신용장통일규칙의 적용에 따른 약간의 문제", 청주대학교 산업경영연구소, 「산업경영연구」, 제16권 2호, 1994. 2.
"덤핑의 판정기준에 관한 가격구조의 검토", 한국무역상무학회, 「무역상무」, 제 17 권 1호, 1994. 8.
"신용장거래에 있어서 지정은행의 의무에 관한 연구", 청주대학교 산업경영연구소 「산업경영연구」, 제17권 1호, 1994. 8.
"반덤핑관세분야에 대한 UR 협상결과의 분석", 한국무역학회, 「무역학회지」, 제20권 1호, 1995. 6.
"UR신관세평가협정의 법적고찰, (`94~95 청주대 특별연구지원과제), 청주대산업경영연구소, 「산업경영연구」, 제18권 2호, 1995. 10.

"중국흑룡강성 학술연구보고", 충청북도 국제통상협력실, 1996. 1.
"WTO통일원산지규정의 체계화과정", 사단법인 한국중재학회, 「중재학회지」, 제6권, 1996. 12.
"WTO 신 상계관세협정의 법적고찰", (`96~`97 청주대 특별연구지원과제), 청주대학교 산업경영연구소, 「산업경영연구」, 제20권 1호, 1997. 4.
"WTO체제하에서의 대외무역법과 관세법의 개편방향", (1996년도 산학협동재단 학술연구과제), 한국무역학회, 「무역학회지」, 제22 권1호, 1997. 6.
"무역통관행정의 효율화방안", (1998년도 관세청 연구용역과제), 청주대학교 산업경영연구소, 「산업경영연구」, 제21권 1호, 1998. 2.
"관세환급행정의 발전방향", (1998년도 관세청 연구용역과제), 한국무역학회, 「무역학회지」, 제23권 1호, 1998. 6.
"미국반덤핑법상 국내산업 피해의 범위와 기준에 관한 해석론", 법무부, 「통상법률」, 통권 제23·24호, 1998. 10·12.
"WTO협정의 국내법적 효력에 관한 제 문제", (`98~`99 청주대 특별연구지원과제), 청주대학교 산업경영연구소, 「산업경영연구」, 제22권 1호, 1999. 2.
"21세기 새로운 관세제도 마련을 위한 관세법 전면 개편방향", 한국무역학회, 「학술발표논문집」, 1999. 12.
"관세법체계의 정비와 개선에 관한 연구", 한국무역학회, 「무역학회지」, 제24권 제3호, 1999. 12.
"관세법전면개편에 대한 연구", (1999년도 재정경제부 조세개혁연구과제), 한국관세연구소, 2000. 1.
"관세납세자제도의 개선에 관한 연구", 청주대학교 산업경영연구소, 「산업경영연구」, 제23권 제1호, 2000. 2.
"WTO와 미국의 사법적 반덤핑제도", 청주대학교 산업경영연구소, 「산업경영연구」, 제23권 2호, 2000. 8.
"WTO의 당면과제", (2000~2001 청주대 특별연구지원과제), 청주대학교 산업경영연구소, 「산업경영연구」, 제24권 1호, 2001. 2.
"미국의 사법적 반덤핑법이 WTO에 위배되는지의 여부", 한국문화무역학회, 문화무역연구, Vol. 1, 2001. 2.
"전자상거래와 관세 시스템", 청주대학교 산업경영연구소, 산업경영연구, 제25권, 제1호, 2002. 2.
"통상문제로서의 세이프가드", 2002~2003 청주대 특별연구지원과제, 청주대학교 산업경영연구소, 산업경영연구, 제25권 제2호, 2002. 8.
"WTO 세이프가드 협정의 해석과 적용에 관한 분석", 강원대학교 경제무역학부, 문철한 박사 정년기념논문집, 2003. 1.
"국제거래계약과 법적 문제", 청주대학교 산업경영연구소, 산업경영연구, 제26권 제1호, 2003. 2.
"WTO 농업협상의 쟁점과 한국농업", 한국동서경제학회, 한국동서경제연구, 제15집, 제1권, 2003. 1.
"국제계약상의 Frustration", 청주대학교 산업경영연구소, 산업경영연구, 제25권 2호, 2003. 8.
"중국통상의 법적 구조", 청주대학교 산업경영연구소, 산업경영연구, 제26권 3호 , 2003. 12.
"중국반덤핑제도의 규범체계", 청주대학교 산업경영연구소, 산업경영연구, 제27권 1호, 2004. 2.
"중국 세이프가드 사건분석", 청주대학교 산업경영연구소, 산업경영연구, 제27권 2호, 2004. 8.
"중국의 무역구제제도와 WTO DDA규범과의 비교연구 -반덤핑 및 상계관세제도를 중심으로- ", 청주대학교 산업경영연구소, 산업경영연구, 제27권 3호, 2004. 12.
"중국 무역중재제도의 법리", 청주대학교 산업경영연구소, 산업경영연구, 제28권 1호, 2005. 1.
"중국 반덤핑 실행의 법적문제", 청주대학교 산업경영연구소, 산업경영연구, 제28권 2호, 2005. 2.
"중국의 반덤핑제도와 WTO 반덤핑협정과의 적합성 비교연구", 산업경영연구, 제28권 3호, 2005. 1.
"WTO 체제하에서 농산물 무역에 대한 위생 및 검역 규제", 산업경영연구, 제28권 4호, 2005. 12.
"서비스무역과 FTA", 산업경영연구, 제29권 1호, 2006. 2.
"WTO협정상 환경보호를 위한 무역규제의 성립요건에 관한 분석", (사)한국무역학회 무역학회지 제31권 제2호, 2006. 4
"국제통상과 환경문제", 청주대학교 산업경영연구소, 산업경영연구, 제29권 2호, 2006. 6
"GATT/WTO상의 비차별원칙", 청주대학교 산업경영연구소, 산업경영연구, 제29권3호, 2006. 8
"무역계약 위반의 법적문제", 청주대학교 산업경영연구소, 산업경영연구, 제29권4호, 2006. 11
"중국 대외무역법의 개정과 전망" 청주대학교 산업경영연구소, 산업경영연구, 제29권5호, 2007. 2
"한국의 관세율구조에 관한 연구", 청주대학교 산업경영연구소, 산업경영연구, 제30권1호, 2007. 6
"무역계약의 불이행 및 이행불능에 관한 비교법적 연구", 한국무역학회, 무역학회지, 2007. 4
"무역계약의 해제와 손해배상에 관한 비교연구", 한국국제상학회, 국제상학, 제22권제2호, 2007. 6

최신 무역관계법

2008년 2월 15일 초판 인쇄
2008년 2월 19일 초판 발행

저자 / 이춘삼
발행인 / 고종식
발행처 / 우용출판사
등록일 / 1997년 11월 25일
출판등록 / 제 2001-1호
주소 / 서울특별시 마포구 망원1동 338-53
전화번호 / 02)324-6577
팩시밀리 / 02)324-6177

정가 / 23,000원

ISBN / 89-87951-83-9 03320

www.choolpansa.com